إدارة واستراتيجية منظمـات الأعمال المتوسطة والصغيرة

Management and Strategy for Medium and Small Business Organization

الدكتور

طاهر محسن منصور الغالبي

Ph.D (Strategic Management)

جامعة الزيتونة الأردنية

قسم إدارة الأعمال

دار وائل للنشر

الطبعة الأولى

2009

رقم الايداع لدى دائرة المكتبة الوطنية : (2008/11/3819)
الغالبي ، طاهر محسن
إدارة واستراتيجية منظمات الأعمال المتوسطة والصغيرة - Management and Strategy for Medium and small business Organization / طاهر محسن الغالبي.
- عمان ، دار وائل 2008
(464) ص
ر.إ. : (2008/11/3819)
الواصفات: إدارة الأعمال

* تم إعداد بيانات الفهرسة والتصنيف الأولية من قبل دائرة المكتبة الوطنية

****

رقم التصنيف العشري / ديوي : 658
(ردمك) ISBN 978-9957-11-784-9

* إدارة واستراتيجية منظمات الأعمال المتوسطة والصغيرة
* الدكتور طاهر محسن منصور الغالبي
* الطبعـة الأولى 2009

دار وائـل للنشر والتوزيع

* الأردن - عمان - شارع الجمعية العلمية الملكية - مبنى الجامعة الاردنية الاستثماري رقم (2) الطابق الثاني
هـاتف : 00962-6-5338410 - فاكس : 00962-6-5331661 - ص. ب (1615 - الجبيهة)
* الأردن - عمـان - وسـط البـلد - مجمـع الفحيص التجـاري- هـاتف: 00962-6-4627627
www.darwael.com
E-Mail: Wael@Darwael.Com

بسم الله الرحمن الرحيم

(قُلِ اللَّهُمَّ ملِكَ المُلْكِ تُؤتِي المُلكَ مَن تَشَاءُ وَتنزِعُ المُلْكَ مِمَّن تَشَاء وَتُعِّزُ مَنِ تَشَاءُ وَتُذِلُّ مَن تَشَاءُ بيدِكَ الخَيْرُ إنَّكَ على كُلِّ شيء قِدَيرٌ)

صدق الله العلي العظيم

سورة آل عمران (26)

(إنَّمَاَ أَمرُهُ إِذاَ أَرادَ شيئاً أَن يَقُولَ لَهُ كَن فَيكُونُ فَسُبْحنَ الَّذي بِيَدِهِ مَلَكُوتُ كُلِ شَيءٍ وَاَلَيهِ تُرجَعُون)

صدق الله العلي العظيم

سورة يس (82 ، 83)

الإهـــداء

... إلى سيد الخلق أجمعين المبعوث رحمة للعالمين سيدي ومولاي رسـول الله وحبيبـه محمد أبن عبد الله (صلى الله عليه وآله وسلم) المشتق اسمهُ من اسم البـاري المحمـود، وإلى آله بيته الطيبين الطاهرين أولي المكارم والجود عليهم السلام، اللذين جعل الباري عز وجـل مودتهم أجر الرسالة المحمدية الإسلامية العظيمة.

" قُل لاَّ أَسئلُكُمُ عَلَيهِ أَجراً إلاَّ المَوَدَّةَ فِي القُربَى "

... وإلى روح والـديَّ الطـاهرتين رحمهـما الله تعـالى برحمتـه الواسـعة وإلى زوجتـي وأولادي تقديراً لمساعدتهم

... وإلى الرواد أصحاب الأعـمال الصغيرة السـاعين لخدمـة بلادهـم في ظـل مسـعى ريادي واخلاقي مسؤول.

المؤلف

المقدمة العامة

الحمد لله رب العالمين والصلاة والسلام على سيد الخلق أجمعين سيدنا محمد وآله الطيبين الطاهرين، وبعد من دواعي السرور أن اقدم كتابي هذا للتعريف بإدارة الأعمال الصغيرة، بجميع أشكالها واختلاف انواعها، **منظمات، وشركات، ومؤسسات، ومشروعات، ومنشآت** وأية مسميات قد تأخذها **هذه الأعمال**. ان هذه الأعمال التي يتزايد دورها باستمرار على جميع الأصعدة وفي كافة دول العالم، تحتاج إلى اهتمام خاص في إدارتها ومتابعة أوجه عملها وانشطتها. ونجد هذا متجسداً في المساقات الدراسية لأغلب الجامعات بمسميات من قبل، إدارة المشروعات الصغيرة أو ادارة منظمات الأعمال الصغيرة، أو إدارة الأعمال المتوسطة والصغيرة أو إدارة واستراتيجية الأعمال الصغيرة والمتوسطة وغيرها. لقد حاولت ان اركز جهداً على المفاهيم الأساسية من خلال تعميق جوانب التمايز والاختلاف في ادارة هذا النوع من الأعمال قياساً للشركات الكبرى.

ففي **الفصل الأول** تم استعراض مدخل عام للأعمال المتوسطة والصغيرة، حيث الخصائص، وعوامل النجاح، وجوانب الريادة، والقطاعات التي تتواجد فيها هذه الأعمال المتوسطة والصغيرة. أما **الفصل الثاني** فقد كرس لجوانب المسؤولية الاجتماعية والاخلاقية في هذه الأعمال، والتي قد يتبادر لذهن البعض عدم أهمية هذه الجوانب في نجاح واستمرار هذه المشاريع المتوسطة والصغيرة. وجاء **الفصل الثالث** مكرساً لاختيار نوع الملكية والشكل القانوني المناسب، وكذلك كيفية اقامة هذه الأعمال ضمن أساليب وآطر معروفه، حيث التأسيس لعمل جديد، أو شراء لعمل موجود وقائم أو الحصول على امتياز مناسب. ثم **الفصل الرابع** وفيه عرضنا بالتفصيل كافة الجوانب المتعلقة بتطوير خطة العمل وكيفية ايجاد الصيغة التمويلية المناسبة لهذه الأعمال. أما **الفصل الخامس** فقد ركز على استراتيجية هذه الأعمال الصغيرة، حيث تبين ضرورة استخدام صيغ عملية مناسبة بالتركيز على جوانب التفرد واستغلال جوانب القوة في مفردات فهم الأسواق والزبائن لتعزيز أطر المنافسة والحصول على ميزات تنافس مستدامة. واخيراً جاء **الفصل السادس** مستعرضاً لاوجة الممارسة الادارية السليمة في كافة الأنشطة المحتمل وجودها في هذه المنظمات الصغيرة. لقد حاولنا اينما امكن تأشير جوانب التمايز في الممارسات الادارية في هذه الأعمال رغم وجود مساحات واسعة مشتركة في الإدارة بين مختلف أنواع وحجوم المنظمات.

ونعتقد أن هذا الكتاب موجة لأطراف وجهات عديدة في مقدمتها رجال الأعمال المهتمين في تطوير أعمالهم المتوسطة والصغيرة، وكذلك لطلاب كليات الاقتصاد والعلوم المالية والادارية في مساقات معروضة لهم ضمن برامجهم بمسميات قد تتباين بالعناوين ولكنها متقاربة ومتشابهة في المحتوى. كذلك الكتاب موجهة لطلبة كليات المجتمع والمعاهد الفنية وجميع المهتمين بتطوير واقامة الأعمال والعمل لحسابهم الخاص.

نسأل الله التوفيق والسداد

المؤلف

د. طاهر محسن الغالبي

عمان 2009

E.mail: Galtaher9999@yahoo.com

المحتوى العام للكتاب

المحتويات التفصيلية للكتاب

الفصل الأول

المنظمات المتوسطة والصغيرة الحجم

Small and Medium Size Organizations (S.M.Os)

الفصل الأول

المنظمات المتوسطة والصغيرة الحجم

Small and Medium Size Organizations (S.M.Os)*

بعد دراستك لهذا الفصل تستطيع ان تعطي اجابات بلغتك الخاصة على الآتي :

1. وصف أهم خصائص المنظمات الصغيرة والمتوسطة الحجم، واعطاء تعريف لها.
2. أهم عوامل قوة ونجاح هذه المنظمات وأسباب فشلها.
3. الريادة والتنوع، كابعاد مهمة لعمل هذه المنظمات.
4. أهمية انسجام الأفعال، وبناء فريق الرجال في المنظمة.
5. تصنيف الأعمال المتوسطة والصغيرة (S.M.B) * والمجالات التي تتواجد فيها.

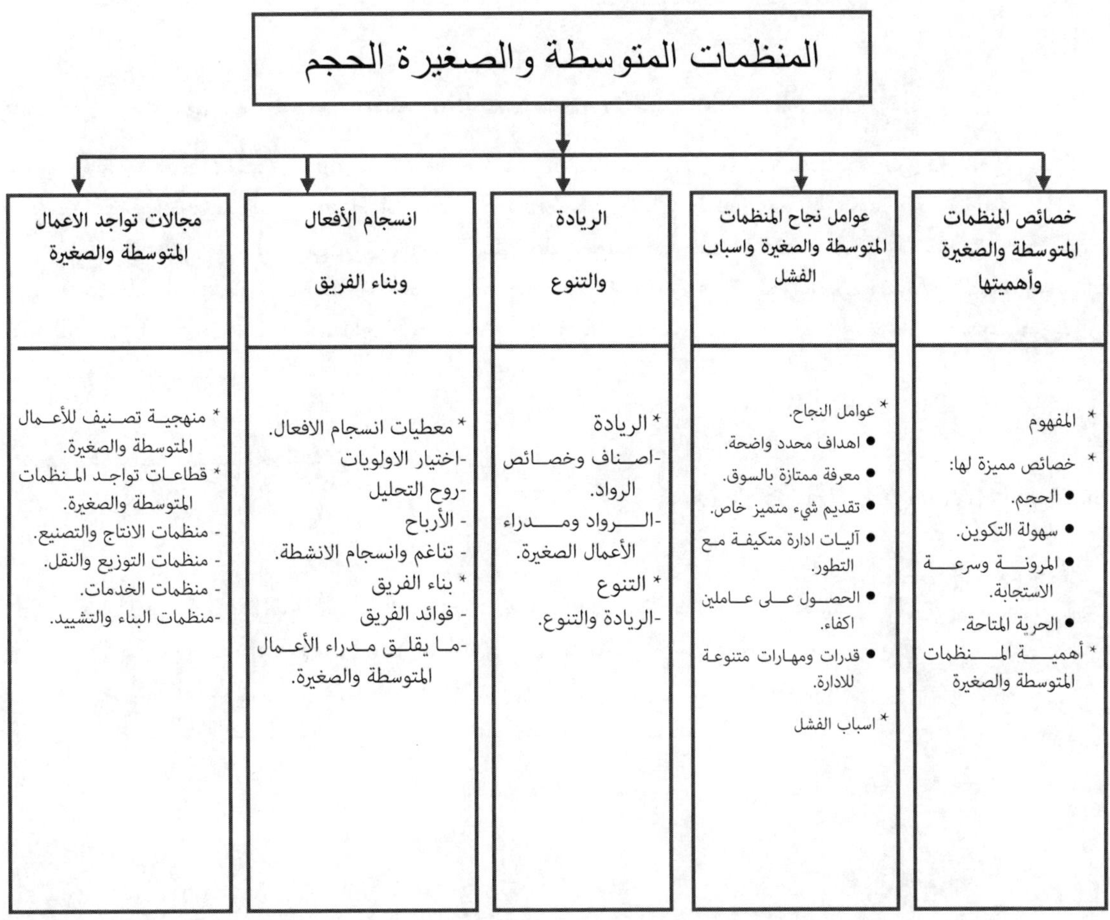

---

* Small and Medium Organizations = S.M.Os .
* Small and Medium Business = S.M.B.

المقدمــــــة Introduction

تلعب المنظمات المتوسطة والصغيرة دوراً رائداً في الاقتصاد المعاصر سواء كان ذلك في الدول الصناعية المتقدمة أو في الدول النامية. ويتجسد دور هذه الأعمال في العديد من المؤشرات سواء كانت على مستوى التوظيف والمساهمة في حل مشاكل البطالة، أو في سد حاجات السوق وتلبية رغبات الزبائن في مجالات لا تدخلها الشركات الكبيرة، كذلك تعتبر المنظمات المتوسطة والصغيرة الحجم مصدراً مهماً للإبداع التكنولوجي والريادة في الأعمال وتطوير الحياة .

في هذا الفصل الأول سنحاول أن نعطي رؤية عامة حول الأعمال المتوسطة والصغيرة، من خلال استعراض خصائصها وتعريفها، وأهم عوامل نجاحها وقوتها وأسباب الفشل وكذلك عرض الريادة والتنوع كابعاد مهمة لعمل هذه المنظمات. وسنتطرق أيضاً إلى أهمية الانسجام في الأفعال وبناء فريق من الرجال المتحمسين للعطاء والعمل، وأخيراً سوف نستعرض منهجية تصنيف الأعمال المتوسطة والصغيرة والمجالات التي تتواجد فيها هذه الأعمال.

خصائص المنظمات المتوسطة والصغيرة الحجم Characteristics of S.M.Os

في عصر الاقتصاد المعرفي Knowledge Economic والذي يتسم بالمنافسة الشديدة وسريعة التغيير وعمقه، أصبح من الضرورات المهمة لمديري المنظمات المتوسطة والصغيرة ان يعرفوا طبيعة ومحتوى المهام الإدارية والاستراتيجية التي يؤدونها في اطار هذه المنظمات. وان المنطلق الأساسي للنجاح هو هذا التفرد والخصوصية والتميز في أداء هذه المهام بطرق لا يستطيع المنافسون مجاراتها. إن الانطلاقة الصحيحة للقيام بهذا الدور الحيوي تتطلب معرفة الخصائص المميزة لهذا النوع من المنظمات، وبالتالي اشتقاق الآليات والأساليب المناسبة لجعل هذه الخصائص والخواص مفردات حيوية في استراتيجية هذه المنظمات.

* مفهوم المنظمة المتوسطة والصغيرة الحجم
Small and Medium Organization Concepts

*** المنظمة الصغيرة**
Small Organization
منظمة مملوكة ومدارة من قبل فرد أو عدد محدود من الأفراد ويعمل فيها عدد قليل ولا تهيمن على القطاع الذي تعمل فيه.

من المعلوم ان المنظمة المتوسطة أو الصغيرة الحجم هي منظمة وجدت بفعل المبادرات الفردية أو الجماعية بهدف تحقيق عوائد وأرباح مجزية من خلال تقديم سلع وخدمات مفيدة للمجتمع. ورغم كثرة إعداد هذا النوع من المنظمات في الدول المختلفة، إلا أن الملاحظ أن سمة الوفاة العالية في مثل هذه المنظمات وخاصة عند بدء

التأسيس أو في السنوات الأولى من العمل عالية جداً. لذلك تبذل جهود كبيرة في السنوات الأولى لغرض ان يقف العمل على قدميه ويستطيع الاستمرار والمنافسة لاحقاً من قبل المؤسس أو المؤسسين أو من قبل الإدارة بشكل عام. والمنظمة الصغيرة Small Organization في العادة هي منظمة مملوكة أو مدارة من قبل فرد أو مجموعة أفراد ويعمل فيها عدد قليل ولا تهيمن على القطاع الذي تعمل فيه. اما المنظمة متوسطة الحجم Medium Organization ، فهي منظمة مملوكة من عدد أكبر من الأفراد وقد تكون تساهمية الملكية وتدار من قبل إدارة مستقلة تتمتع بمهنية وان عدد العاملين فيها يتجاوز عدد العاملين في المنظمة الصغيرة، لكنه لا يتجاوز حداً معيناً وفق احصاءات الدولة التي تعمل فيها، وان هذه المنظمة لا تحتكر القطاع الذي تعمل فيه رغم أهمية دورها فيه.

*** المنظمة متوسطة الحجم Medium Organization**

منظمة مملوكة من عدد اكبر من الأفراد قياساً للمنظمة الصغيرة، تدار من قبل إدارة مهنية ويعمل فيها عدد أكبر من العاملين، وقد تمثل حالة وسطية بين الحجم الصغير والكبير.

ويرى البعض ان المنظمة متوسطة الحجم تمثل مرحلة وسطية بين الحجم الصغير والحجوم الأكبر والانطلاق إلى ممارسة الأعمال على صعيد البيئة العالمية. ويلاحظ ان المنظمات متوسطة وصغيرة الحجم اليوم تمارس أعمالاً وتقدم سلع وخدمات على صعيد بيئة دولية وليس فقط في اطار محلي، وهي بذلك تقدم فرص عمل لملايين الأشخاص بغض النظر عن الخلفيات العلمية والتأهيلية لهم.

وفي اطار هذه المنظمات نجد العديد من الأعمال التي تمارس نشاطات في مختلف القطاعات. كذلك نجد صيغ من قبيل الأعمال الصغيرة جداً Micro Business والتي توجد في مكان واحد ويعمل فيها أقل من خمسة أفراد (في المجموعة الأوروبية أقل من عشرة أفراد) ويضم هذا النمط العديد من الأعمال الحرفية في مختلف القطاعات والتي تعتمد على الموارد المحلية، وعادة ما تسوق هذه الأعمال منتجاتها في مناطق محدودة ضمن البلد. وهناك أيضاً الأعمال العائلية Family Business وهي مملوكة ومدارة من قبل أفراد عائلة صغيرة واحدة ومن أمثلتها الصيدليات ومختبرات الفحص والتحليل والأسواق بل وحتى ورش الانتاج والخدمات والتصليح والتدوير. وفي السنوات الأخيرة ساعد الحاسوب وانتشار تكنولوجيا الاتصال على ازدهار الأعمال المنزلية Home-Based Business وهي أعمال تمارس في المنزل ومملوكة مباشرة من قبل فرد أو عدد محدود من الأفراد. لقد تم الاستفادة من شبكة الانترنت والخدمات التي تقدمها لدعم هذا النوع من الأعمال، كما ان العمل عن بعد Telecommuting تشجع عليه العديد من الشركات اليوم.

واذا أخذنا كلا النوعين من المنظمات (المتوسطة والصغيرة) فيمكن القول انهما يلعبان دور محوري ومهم جداً في الاقتصاديات المعاصرة، بل ويمكن ان يكونا النوعين الوحيدين في البلدان النامية - اذا ما أخذنا مقياس

عالمي موحد لتصنيف المنظمات - حيث انتشارهم في جميع القطاعات الصناعية والتجارية والخدمية. وهنا يمكن ان تكون هذه المنظمات تمثل اعمال قانونية يقيمها الأفراد لتحقيق الربح وتقدم سلع وخدمات ضرورية للمجتمع، وان عدد العاملين فيها لا يتجاوز 500 شخص (في الولايات المتحدة يصل عدد العاملين في المنظمات متوسطة الحجم إلى 5000 شخص) وتعمل برؤوس أموال متوسطة، ومن النادر ان يكون لهذه المنظمات الهيمنة الكاملة على السوق.

*** خصائص مميزة لها Distinctive Characteristics**

تتقاسم المنظمات المتوسطة والصغيرة الحجم مجموعة من الخصائص المميزة لها، رغم أن البعض من هذه الخصائص لا ينطبق عليها بشكل موحد، لوجود تمايز بين هذه المنظمات وفق العديد من الاعتبارات. ان لهذه الخصائص المميزة انعكاس قد يكون ايجابي أو سلبي على المنظمة وفق اعتبارات رؤية الإدارة ومنهجها في التعامل مع مختلف أصحاب المصالح المرتبطة بهم منظمة الأعمال. ويمكن إجمال أهم هذه الخصائص بالآتي:

(1) الحجم :

يمثل الحجم خاصية مهمة للأعمال المتوسطة والصغيرة، فقد ترى الإدارة والمالكين ضرورة بقاء المنظمة متوسطة أو صغيرة ولا تتطلع ان تأخذ حجماً آخر، ويكون مرد هذا التطلع الحصول على ميزات تفرد خاصة ترافق أساليب ومناهج عمل هذا المستوى من الحجم ولا ترغب المنظمة الانتقال إلى الحجوم الأكبر رغم توفر الفرص المؤاتية لها.

ويلاحظ في إطار هذه الخاصية بعض الأعمال المتوسطة والصغيرة التي بقيت بهذا الحجم مرغمة ومضطرة لعدم امكانية النمو والتوسع لأسباب عديدة (**برنوطي**: 2005 : 77)، وهنا فأن ميزات الحجم تمثل فوائد مرحلية تحصل عليها المنظمة وهي تنتقل بعد ذلك إلى الحجم الأكبر وتوسيع المنظمة.

ان حصول منظمة الأعمال المتوسطة والصغيرة على ميزات تفرد من الحجم ترتبط بقدرتها على الفهم المتعمق والواسع لطبيعة السوق والزبائن والمنافسين فيه. وفي احيان عديدة تجد هذه المنظمات نفسها في سوق محدود وغير جاذب للمنظمات الأخرى - خاصة الكبيرة - من الدخول فيه، وهنا ترتضي منظمة الأعمال المتوسطة أو الصغيرة من تحقيق عوائد تجدها مجزيه لطبيعة عملها واستثماراتها. وهناك من المنظمات الصغيرة من ترى ان هذه الصفة هي مرحلة للمرور إلى الحجم المتوسط ثم الحجم الكبير، وفي هذه الحالة عادة ما ينظم العمل ويدار وفق تتابع منطقي يتم فيه سهولة الانتقال من مرحلة إلى أخرى والحصول على الميزات التي يتيحها كل مستوى من مستويات الحجوم.

ان منظمات الأعمال المتوسطة والصغيرة التي ارتضت البقاء بهذا الحجم اختيارياً رغم امكانية الكبر وتوفر القدرة التنافسية هي تلك المنظمات التي تحاول ان تجعل من الحجم خاصية تفرد وميزة تدخل من خلالها حلبة المنافسة سواء مع المنظمات الصغيرة أو الكبيرة العملاقة.

ان الاشكالية تكمن هنا في عدم المطابقة بين السلوك الاستراتيجي المعتمد والحجم الذي تتبناه منظمة الأعمال. فقد نجد ان ادارات بعض منظمات الأعمال الصغيرة تتصرف في اتخاذ القرارات الاستراتيجية واختيار بدائل العمل كما لو كانت منظمات أعمال كبيرة. فقد تنمو المنظمة الصغيرة بسرعة غير محسوبة العواقب لتجد نفسها أمام اشكالية تمويل هذا النمو او فقدان السيطرة والتوجه الصحيح. من الضروري ان نشير هنا إلى أن عدم التطابق والفهم الصحيح لجعل الحجم ميزة وتفرد للمنظمة يجعلها تعمل بطرق تقليدية تحاكي فيها الآخرين مهما كان هؤلاء سواء أعمال كبيرة أو صغيرة عادية. في العديد من الحالات نجد ان الحجم المتوسط والصغير يمثل صفة تركيز استراتيجي تتعمد إدارة المنظمة البقاء عليها رغم امكانية الذهاب الى الحجوم الأكبر.

فمثلاً تختار جامعة مرموقة البقاء صغيرة أو متوسطة الحجم والتخصص العالي والمتميز لتقديم خدمات تعليمية وبحثية مركزه جداً لتخريج كوادر عالية التأهيل، هنا يتم تركيز الموارد لحصول هذا التميز النوعي. وتشكيل دفعة استراتيجية مذهلة يصعب على الجامعات الأخرى مجاراة هذه الجامعة فيها، لتشكل بالتالي ميزات تنافسية استراتيجية مرتكزة إلى هذا المستوى من الحجم ولطبيعة سلوك استراتيجي وممارسات إدارية عند هذا المستوى.

أن القول بأن الأعمال الصغيرة تستفيد من خاصية الحجم لايجاد ميزات لها، لا يعني بأن الحجوم الأخرى الأكبر فالأكبر تمثل مشاكل فقط دون فوائد تذكر، لكن الأمر هنا يتجسد بكيفية جعل هذا المستوى من الحجوم خاصية مميزة ومفيدة للمنظمة.

2-سهولة التكوين

أن منظمات الأعمال الصغيرة، يسهل ايجادها من الناحية القانونية والفعلية، وهذا الأمر نجده متجسد في أغلب الدول وقوانينها الخاصة بمزاولة الأعمال والأنشطة التجارية والخدمية. ان متطلبات التكوين عادة ما تتسم بالبساطة والسهولة والوضوح والتحديد فيكفي الحافز الفردي أو الجماعي الصغير ان يكون وراء قيام أعمال صغيرة تنطلق لاحقاً إلى شركات ومنظمات متوسطة الحجم.

وفي الغالب نجد أن هذا الأمر يعطي الامكانية لقيام هذه المنظمات من قبل أشخاص عاديين أو اقارب أو عوائل أو اصدقاء حيث لا يحتاج الأمر إلى مزيد من الدراسات والوثائق أو ان اقامة هذه الأعمال تتطلب ثقافة خاصة للمؤسسين أو امكانات كبيرة. وبالإضافة إلى سهولة الإجراءات القانونية والرسمية هناك ايضاً بساطة مستلزمات ومتطلبات ايجاد المنظمة والعمل الصغير. فعادة ما تكون الأفكار النيرة وراء هذه الأعمال وليس الامكانات الكبيرة والهائلة، سواء كانت رؤوس أموال أو مستلزمات أخرى.

3-المرونة وسرعة الاستجابة

هكذا يفترض ان يكون الأمر حيث البساطة ورشاقة الهيكل التنظيمي وترابط مفردات العمل وعدم وجود آليات بيروقراطية رسمية جامدة تجعل عملية التغيير نحو الاحسن والافضل تجري بطريقة أفضل وأسرع، كذلك تمكن هذه الخصائص الأعمال المتوسطة والصغيرة من التكيف السريع والمرن للاحداث والمفاجئات في بيئة التنافس. تشير العديد من البحوث والدراسات الميدانية والنظرية إلى امتلاك المنظمات الصغيرة ملكة الابداع

والريادة بنسبة اكبر من امتلاك الشركات والمؤسسات الكبيرة (**Horovitz et Pitol-Belin**: 1984) (**Scarborough and Zimmerer**: 1996) . وان خصائص المرونة (Flexibility) والابداع (Innovation) والريادة (Entrepreneurship) والاهتمام بالنوعية للمنتج (Product Quality) وغيرها تساهم في ايجاد ميزات تنافسية واضحة ومحسوسة من قبل الزبائن تجاه طبيعة عمل المنظمات المتوسطة والصغيرة .

ان الميزة التنافسية (Competitive advantage) تعني إن العمل الصغير هو أفضل من المنافسين، وان هذه الافضلية تأتي والميزات تبنى وتتواجد من خلال الاهتمام والتركيز على العديد من العوامل يقع في مقدمتها التركيز على أهداف محددة من قبل الادارة باعتبارها مالكة للمنظمة في أغلب الأحيان وتعي أهمية وجود أولويات صحيحة للعمل. وكذلك الفهم الواعي الكبير لطبيعة السوق وحاجات الزبائن فيه. وان القرب من المستهلكون يجعل العمل الصغير والمتوسط اقدر على تلبية متطلبات هؤلاء المستهلكون مما يزيد من ولائهم لمنتجات وخدمات العمل الصغير.

هكذا يصبح أمر وجود قابليات مميزة (Distinctive competence) أو قدرات جوهرية (محورية) (Core competency) ضرورة حتمية تتجسد بشكل واضح في المنظمات المتوسطة والصغيرة الحجم.

ان هذه القابليات المميزة تمثل حقيقة اختلاف وتركيز هذه المنظمات على جوانب قوة حقيقية ومطلوبة في المنافسة لغرض النجاح المستمر والدائم. فالقابلية المميزة هي نقاط قوة معينة تمتلكها المنظمة وقد لا يحصل عليها الا عدد محدود من المنظمات الاخرى، ويكون من المفضل انفراد المنظمة بهذه القابلية المميزة دون غيرها من المنظمات المنافسة. ان ادارة المنظمة تستطيع ترجمة هذه القابليات المميزة بصيغ عملية في مختلف جوانب عملها وأنشطتها بحيث تستطيع من خلال ذلك تقديم شيء مميز خاص للزبائن.

> * **الميزة التنافسية**
> **Competitive Advantage**
> ميزة (أو ميزات) تحصل عليها المنظمة وتبنى من خلال عوامل عديدة وتجعل المنظمة افضل من المنافسين لكونها تمتلك القدرة على العمل بأساليب ناجحة يصعب تقليدها.
>
> * **القابلية المميزة**
> **Distinctive competence**
> هي نقاط قوة تمتلكها المنظمة وتنفرد بها عن المنظمات الاخرى، أو قد يمتلكها عدد محدود من منظمات منافسة.

4- الحرية المتاحة للمؤسسين والادارة في التعامل مع المواقف المختلفة

وهذه الخاصة تجعل العديد من المستثمرين والافراد والمجموعات تفضل اقامة منظمات صغيرة خاصة بهم بدلاً من العمل كموظفين واجراء لدى الغير. ان هذه الحرية نجدها متجسدة بالعديد من المزايا مثل اختيار اسلوب الادارة ومنهجها، حيث امكانية العمل وفق الطريقة الملائمة وخاصة بالنسبة للنساء وكذلك ميزة الاستفادة من العائد والارباح المتحققة من المنظمة، وهذه مدعاة لبذل الجهود والعمل بأقصى الطاقات والامكانات من قبل المالكين ومن يرتبط بهم من افراد. ويلاحظ أيضاً ان اصحاب الاعمال الصغيرة يرتبطون بعلاقات شخصية مميزة مع العاملين معهم من جانب وكذلك الزبائن من جانب أخر وهذا يؤدي إلى اشباع حاجات انسانية ونفسية مهمة ويعطي مزيد من الرضا والمقبولية.

وفي اطار نظرة تحليلية متفحصة نجد ان العوائد المالية والتي تكون في العادة كبيرة وجيدة قياساً لرأس المال المستثمر، فأن هذه العوائد تمثل حصيلة توافق جهود واستغلال امكانات متميزة. ان هذه العوائد العالية تمثل خاصة ايجابية للاعمال الصغيرة قياساً للشركات والمنظمات الكبيرة **(Baumback: 1988: 6-9)**.

* أهمية منظمات الاعمال المتوسطة والصغيرة

Medium and small Business Importance

ان منظمات الاعمال المتوسطة والصغيرة ذات أهمية كبيرة في الاقتصادات المعاصرة وعلى صعيد مختلف البلدان النامية منها وكذلك الصناعية وقد يبدو ان الشركات والمنظمات العملاقة والمتعددة الجنسيات هي المسيطرة على الاسواق، حيث الاهتمام الكبير بها من قبل المتخصصين في الاقتصاد والعلوم الادارية والسياسيون وسائل الاعلام والحكومات. لكن الدور الذي تلعبه منظمات الاعمال الصغيرة لا يقل أهمية عن دور منظمات الاعمال الكبيرة، حيث الانتشار الواسع لها والقيمة التي تضيفها في مختلف الاقتصادات الحالية. ففي الولايات المتحدة الامريكية قدرت Small Business Administration (SBA) عدد الاعمال الصغيرة في أمريكا بحوالي (22.9) مليون عمل عام 2002.

وهذه الاعمال الصغيرة تعطي المؤشرات أدناه:

- تمثل أكثر من نسبة (99.7) من جميع عارضي التوظيف.
- توظف أكثر من نصف العاملين في جميع القطاع الخاص.
- توظف ما نسبه (39) من العاملين ذوي المهارات التكنولوجية العالية (علماء، مهندسون، عاملين في حقل الحاسوب).
- تخلق ما نسبه بين (60) الى (80) وظائف جديدة سنوياً.
- تمثل ما نسبه (97) من جميع المصدرين للسلع.
- تخلق أكثر من نسبه (50) للقطاع الخاص من الناتج المحلي الاجمالي (GDP).
- تدفع ما نسبه (44.5) من الرواتب الاجمالية للقطاع الخاص.

وهذه الاعمال تحوي كل شيء بدءاً من رعاية الاطفال في المنازل إلى العمل في الورش إلى المؤسسات الصناعية إلى المطاعم والفنادق وغيرها. ويعرض الشكل (1-1) نسبة الاعمال الصغيرة وعددها، ويلاحظ ان ما نسبه (60%) هي أعمال صغيرة جداً يقل فيها عدد العاملين عن (5) افراد، وان ما يقارب نسبته (98%) هي أعمال صغيرة تستخدم أقل من 100 عامل.

شكل (1-1)

أعداد المنظمات الصغيرة (بالالاف) ونسبة العاملين فيها في (USA)

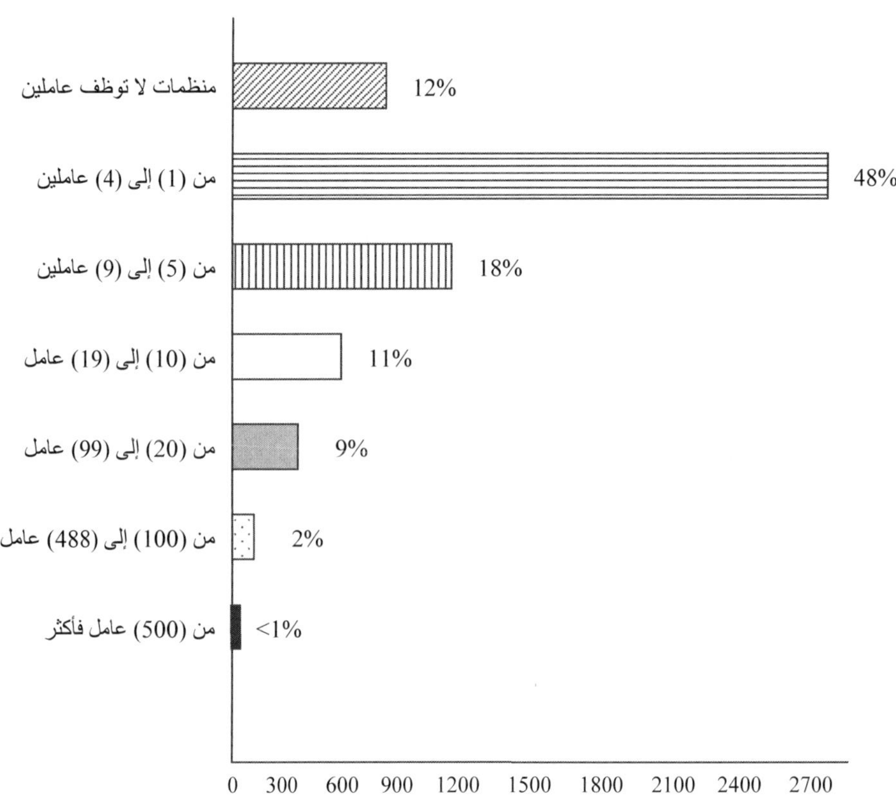

ان الاقتصاد الامريكي يوجد فيه ما يزيد قليلاً عن (100000) منظمة وعمل فقط توظف ما يزيد على (100) عامل، وان ما يقارب الـ (17000) منظمة فقط تستخدم (500) عامل أو أكثر **(Hatten: 2006 : 4).**

وفي حقيقة الامر فان الاقتصادات الغربية والاقتصاد الامريكي وكذلك بعض الدول الصناعية الاخرى، تطورت عبر فترات زمنية كانت بدايتها التركيز على الحجوم الواسعة للانتاج لكي يلعب (Economy of Scale) دوراً في خفض الكلف والحصول على الارباح الكبيرة من قبل المنظمات، لكن بقى دور الاعمال الصغيرة مهماً ومتكاملاً مع المؤسسات الكبيرة. وفي فترات لاحقة وعندما تم التركيز على الابعاد التسويقية لغرض كسب مزيد من الزبائن، اتضح الدور المهم للمنظمات الصغيرة باعتبارها اقدر على تلبية حاجات الزبائن.

*** مفهوم التسويق**
Marketing Concept
تركيز فلسفة الاعمال لاكتشاف ما يرغب الزبائن والعمل على ارضائهم وتلبية حاجاتهم من خلال طرح المنتجات والخدمات المحققة لذلك.

* **قطاعات الخدمات**
Service Sector
الاعمال والمؤسسات التي تجهز وتقدم الخدمات، وليس السلع الملموسة.

وفي فترات زيادة دور قطاع الخدمات (Service Sector) وتجهيز الزبائن بالخدمات بدلاً من السلع الملموسة فأن دور الاعمال الصغيرة تصاعد بوتائر عالية بل ان هذا الدور قد ازداد قياساً للدور السابق في الاقتصاد الصناعي، هكذا اصبحت المنظمات الصغيرة تنافس بفاعلية في قطاع الخدمات. وعندما ازداد التقدم العلمي وتطورت الاتصالات والحواسيب والتكنولوجيا المرافقة والمرتبطة بها، لعبت الاعمال الصغيرة دوراً محورياً في هذا التقدم. ونجد اليوم قطاعات واسعة مثل البنوك والتمويل، وتجارة التجزئة، والخدمات الاخرى تنافس بها الاعمال الصغيرة والمتوسطة بفاعلية وكفاءة وتحقق في اغلب الاحيان سبق تنافس حتى أمام الشركات العملاقة الكبيرة المعروفة.

وعند بداية السبعينات من القرن الماضي، وعندما بدءت الارباح بالهبوط والتراجع في أغلب الشركات والمنظمات وخاصة الكبيرة في الاقتصاد الغربي فأن موجة من الرواد بدءت تعمل على اقامة اعمال ومشاريع صغيرة ريادية. هكذا كان الامر بالنسبة **(Steve Jobs)** لانشاء (Apple Computer) وكذلك **(Bill Gates)** مع (Microsoft) وغيرهم. هذه الشركات الكبيرة اليوم كانت صغيرة مطلع عام (1970)، حيث ان القضية الاساسية هي ان خفض الكلف من خلال حجوم الانتاج الكبيرة ليس هي الحقيقة الوحيدة في الاعمال وعرف المديرين ان الكبر ليس بالضرورة أفضل دائماً. في نفس هذه الفترات بدءت اعمال في قطاع الخدمات والتجزئة هي اليوم يشار لها بالبنان مثل (Wal – Mart) و (Sears) وغيرها. لقد ركزت اغلب المنظمات على ضرورة اعادة النظر بالصيغ التنظيمية والهيكل ليكون اكثر مفلطح بدلاً من الهيكل الطويل متعدد المستويات الادارية. وفي اطار هذه الهياكل الجديدة فأن المنظمة تستطيع الاستجابة بسرعة ومرونة عالية لطلب الزبائن وفهم افضل لمتطلبات الاسواق والمنافسة. وحتى الاعمال الكبيرة نجد انها اليوم تحاول ادخال صيغة البساطة والمرونة في هياكلها وأساليب عملها مستمدة من ان الصغر مدعاة للحركة وانتشار الروح الريادية.

* **تقليل الحجم**
Dowinsizing
الممارسات المؤدية إلى تقلص حجم الاعمال والمنظمات.

* **الامداد (التزويد) الخارجي**
outsourcing
يحدث هذا عندما تستخدم المنظمة أخرين (أعمال اخرى) لتزويدها بالمنتجات والخدمات بدلاً من صناعتها بنفسها.

وخلال اعوام التسعينات بدءت عمليات تقليص حجوم (Dowinsizing) المنظمات والتي انصبت على تقليل عدد العاملين وخاصة في الشركات الكبيرة. ان هذه الظاهرة. وكذلك ما يسمى بالامداد الخارجي (outsourcing) ولدتا فوائد عديدة للاعمال والمنظمات الصغيرة. هنا تم التركيز على ما يتم القيام به بشكل افضل واحسن من قبل المنظمة، وان أي عمل لا تمتلك فيه المنظمة مهارات ممتازة يمكن التخلي عنه سواء عن طريق البيع أو نقله إلى مورد أو مزود خارجي للقيام به. ان تأثير تقليص الحجم والتجهيز الخارجي على الاعمال الصغير ظهر من خلال :

- عدد كبير من الافراد الذين فقدوا عملهم في الشركات الكبيرة بدءوا اعمالهم الخاصة والمملوكة لهم .
- ان هذه الاعمال الصغيرة قامت باعمال لم تستطيع المنظمات الكبيرة الاداء فيها بشكل جيد، مثل خدمات التنظيف، والعمل الجزئي والمؤقت وغيرها. لقد لعبت عمليات تقليل الحجم والامداد الخارجي دوراً مهماً في تحسين الانتاجية والتنافسية للاعمال **.(Tyson:** 2004 : 26 – 27)

ان ميل الأفراد للعمل في المنزل ولد العديد من الأعمال (Home-Based Business) تساهم في التوظيف بشكل فعال. وكذلك العمل عن بعد (Telecommuting) والذي تشجع عليه الكثير من الشركات اليوم ساهم في زيادة دور الاعمال الصغيرة في الاقتصادات المعاصرة.

*** الاعمال المنزلية**
Home-Based Business
أعمال مملوكة مباشرة من قبل فرد أو مجموعة وهي سهلة التمويل وتمارس في المنزل.

واذا ما أردنا ان نعطي تلخيصاً مفيداً وسريعاً حول أهمية المنظمات المتوسطة والصغيرة الحجم في الاقتصادات المعاصرة فيمكن الاشارة إلى الاتي:-

1- **منظمات كثيرة العدد** سواء في الاقتصاديات الصناعية أو الدول النامية وهذه الكثرة تعني زيادة الدور والاهمية وبمؤشرات عديدة، كذلك يلاحظ تزايد اعداد المنظمات الصغيرة الجديدة من سنة الى أخرى ففي الولايات المتحدة كانت الاعمال الصغيرة الجديدة عام (1970) هي (264000) في حين أصبحت عام (1990) حوالي (585000) لتكون عام (2000) بحدود (574000). كذلك اشارت دراسة اجرتها مديرية الابحاث والسياسات الاقتصادية في وزارة التخطيط في المملكة الاردنية الهاشمية عام (1991) إلى ان عدد المنظمات والاعمال الصغيرة (تستخدم أقل من 5 افراد) كانت أكثر من (41000) منظمة. ان هذه الاعداد تعتبر كبيرة قياساً الى اعداد باقي المنظمات كبيرة الحجم والتي تكون أقل بكثير من ذلك. وهكذا الحال في أغلب الاقتصادات العربية والاسلامية.
2- **تساهم بشكل فاعل بايجاد الوظائف** (jobs creation)، وبذلك فأنها مصدر مهم للوظائف الجديدة في الاقتصاد وتساعد الدول والحكومات في حل مشكلة البطالة. ان البدء باعمال جديدة بهذا العدد الكبير يؤدي إلى توظيف عالي، حيث ان المنظمات الصغيرة في الولايات المتحدة تساهم في ثلاثة من كل أربع وظائف جديدة في عام (2000) ويتوقع استمرار ذلك حتى عام (2012) (**Hatten** : 2006 : 10**)**. ان البعض من الصناعات تساهم اكثر من غيرها في عرض وظائف لكون الاعمال الصغيرة هي المسيطرة في هذه الصناعات كما هو الحال في الخدمات الشخصية، وخدمات الحاسوب، وأعمال الكهرباء، وخدمات الهندسة والعمارة. ولا يقتصر هذا الامر على الولايات المتحدة الامريكية، بل في أغلب الدول الصناعية مثل ألمانيا وفرنسا وبريطانيا (**Barrow**: 1993 : 34**)**. وفي الدول العربية على سبيل المثال فأن مدينة الرياض في المملكة العربية السعودية بلغت نسبة المصانع الصغيرة فيها (98%) من مجموع المصانع، كما انها توظف حوالي (89%) من القوة العاملة في المدينة **(العامري والغالبي:** 2007 : 174).

3- تعتبر هذه المنظمات **مصدراً مهماً للتجديد والابتكار والابداع**، ان المنظمات المتوسطة والصغيرة تمتاز بجهودها الحثيثة لتطوير المنتجات سواء كانت سلع أو خدمات أو تحسينها أو تطوير استخدامات جديدة لها.

ففي مجال خلق الافكار (creativity) فأن الاعمال الصغيرة تساهم بذلك وفي مختلف القطاعات المتواجدة فيها، ويعود ذلك في بعض جوانبه إلى المرونة التي تتمتع بها هذه المنظمات وعدم تحول انشطة البحث والتطوير فيها الى آليات عمل تثقل سرعة التغيير، وضرورة استرداد الاموال المنفقة على هذه الانشطة - خاصة في المنظمات الكبيرة - وبذلك تتباطىء امكانية طرح الافكار الجديدة.

*** الابتكار**
(القابلية على خلق الافكار)
Creativity
قدرة المنظمة على توليد أفكار جديدة وابداعية تساهم عند التطبيق في تحقيق ميزات للمنظمة.

كذلك تمتاز المنظمات الصغيرة بقدرة عالية على الابداع (Innovation) حيث تبذل الجهود لتطوير منتجات (سلع أو خدمات) جديدة أو تحسين ما هو موجود أو تطوير الاستخدامات الجديدة لها. ويلاحظ أيضاً ان الاختراعات (Invention) والتي تعبر عن ابتكار لشيء جديد غير موجود في أي مكان سمه مهمة للاعمال المتوسطة والصغيرة. هكذا لعبت الورش والاعمال الصغيرة باعتبارهم رياديون في تقديم ابداعات عديدة متواصلة في مجالات اقتصادية مهمة، مثل صناعة طائرات الهليكوبتر وصناعة البنسلين والحواسيب والكاميرات المتطورة والعديد من التطورات في صناعة الاجهزة الطبية وغيرها.

*** الابداع Innovation**
مجمل الجهود التي تقوم بها المنظمة لتطوير المنتجات الجديدة أو تحسين المنتجات الحالية أو تطوير استخدمات جديدة لها.

*** الاختراع Invention**
امكانية المنظمة في ابتكار شيء جديد تماماً وغير موجود في أي مكان أخر.

يضاف الى ذلك فأن الاعمال المتوسطة والصغيرة لها دور مهم جداً في مجال التحسين المستمر (Continuous improvement) وهو الانتقال بالمنتجات من حالة الى حالة افضل من خلال زيادة القيمة. ويرى البعض (**النجار والعلي**: 2006 : 25) ان خاصية التجديد والابتكار ترتبط بقدرة الاعمال الصغيرة على ردم الهوة بين الجوانب المعرفية وحاجات السوق، وبذلك فان الرياديون هم أكثر مجازفة وتبني انتاج سلع جديدة وتتسم بالابداع.

*** التحسين المستمر**
Continuous improvement
البحث الدائم والمستمر عن اساليب وطرق وآليات جديدة تساهم في الارتقاء بمستوى الاداء الحالي وجعله افضل.

ان المنظمات المتوسطة والصغيرة يشار إليها باعتبارها مصدر مهم للابداع التكنولوجي (Technological Innovation) وفي جميع القطاعات المتواجدة فيها، وهو يعني القدرة على تحسين منتجات موجودة أو اطلاقه منتجات جديدة أو تحسين عملية موجودة أو جميع هذه الجوانب.

*** الابداع التكنولوجي**
Technological Innovation
هو تحسين منتجات حالية أو تقديم منتجات جديدة أو تحسين عملية موجودة حالياً أو استخدام عملية جديدة بالكامل.

4- تساهم **الاعمال المتوسطة والصغيرة في تنشيط وتطوير حالة المنافسة** (Competition) حيث يلاحظ ان هذه الاعمال تمثل تحدي ومنافس قوى حتى للمنظمات الكبيرة والمعروفة على الصعيد العالمي. ان حالة المنافسة تنشط وتنعش الاقتصاد وتجعل عمليات المبادلة أكثر كفاءة وفائدة وترتقي بالاداء وتشبع حاجات الزبائن. ان المنظمات المتوسطة والصغيرة لها أهمية كبيرة في تحسين ميزان مدفوعات الدولة حيث التصدير للخارج، ففي الولايات المتحدة الامريكية ساهمت الصناعات الصغيرة في عام (2000) بما نسبته (33%) من اجمالي التصدير الامريكي للخارج. ان القدرة التنافسية ترتبط بقدرة هذه المنظمات على الابداع التي تفوق قدرة المنظمات الكبيرة **(Siropolis: 1997: 6-8)** من جانب وكذلك انتشارها في كافة القطاعات الاقتصادية من جانب أخر. ان تواجد هذه المنظمات في الصناعات الاستخراجية والانشائية والانتاجية وكذلك في قطاعات الزراعة والخدمات جعل منها فاعلة في المنافسة وتنشيط الاقتصادات المعاصرة. هكذا اعتمدت أغلب الدول انشطة وفعاليات تشجع المنافسة بين هذه الاعمال ومع المنظمات الكبيرة، مثل اسبوع المشروعات الصغيرة الوطنية في الولايات المتحدة الامريكية وجائزة الملك عبدالله الثاني للتميز والريادة في المملكة الاردنية الهاشمية **(النجار والعلي:** 2006 : 26).

5-**زيادة اهتمام الكليات والجامعات في المنظمات المتوسطة والصغيرة** وما يرتبط بها من موضوعات ذات علاقة. ففي عام (1971) لم يكن هناك سوى (16) مدرسة في العلوم الادارية والمالية تدرس كورسات ومواضيع في الريادة في الولايات المتحدة الامريكية وبحلول عام (1993) أصبح هذا العدد يتجاوز (370) هذا ما اشارت اليه مقاله في مجلة النجاح بعنوان (The Boom in entrepreneurial education) **(Success: 1994: 43).**

أما موقع مؤسسة كوفمن (Kauffman Foundation)، فقد بين ان تعليم الريادة في الكليات والجامعات الامريكية يتم من خلال عدد كبير من المؤسسات وكالاتي:

- مراكز الريادة 127
- تخصص رئيسي الريادة 491
- حاضنات الاعمال 128
- مراكز الاعمال العائلية 38
- منح الكليات للمواقع الريادية 108

كما يلاحظ استمرار هذا التطور وتفرع الاختصاصات والموضوعات ذات العلاقة في الجامعات الامريكية والغربية. ومن المؤسف ان جامعات وطننا العربي وفي عموم الدول النامية فان الاهتمام بهذه الموضوعات بدء متأخراً وبشكل متواضع من خلال تدريس مواد متفرقة حول الريادة وادارة الاعمال الصغيرة، دون وجود جهات تسجل التجارب الرائدة لكي تعرض للبحث والدراسة في الجامعات ومراكز البحوث. ولكن بدء الاهتمام الجدي بهذه الموضوعات حديثاً نظراً لزيادة دورها في جمع الجوانب الاقتصادية والاجتماعية. ويقف وراء هذا أمرين اساسيين، يتمثل الاول انفجار المعرفة والمعلومات والبيانات حول الاعمال الصغيرة والثاني الفشل المتزايد في المنظمات الصغيرة وما وراء ذلك من تكاليف في الوقت والموارد.

6- تمثل المنظمات المتوسطة والصغيرة **مصدر مهم لتوليد الناتج القومي والثروة الاقتصادية**، ويتأتى هذا من دورها ومساهمتها في تعظيم العوائد الاقتصادية وتطوير الاقتصاد. وبنظرة سريعة في الاقتصاد الصناعي نجد ان الشركات العملاقة اليوم كان وراء انشائها رياديون كانوا عاملين فيها أو مؤسسين لها. وبشكل عام فأن الاعمال الصغيرة وراس المال المستثمر فيها يؤدي الى فائض اقتصادي أفضل قياساً للمنظمات الكبيرة.

كما يمكن للدولة - خاصة في الدول النامية - ان توجه الانشطة إلى مناطق مستهدفة لغرض تنميتها أو ايقاف عمليات الهجرة إلى المدن المزدحمة بالسكان أو غير ذلك. هنا يمكن للاعمال الصغيرة ان تلعب ادواراً كثيرة باعتبارها اعمال ريادية، حيث التوظيف وزيادة دخل الفرد والتغيير في هيكل الاعمال في المجتمع وغيرها **(النجار والعلي:** 2006 : 24 - 25)، **(صيام وجيجان :** 1999 : 475 - 482).

7- تساهم الاعمال المتوسطة والصغيرة في **اشباع حاجات لفئات المجتمع المختلفة**، فقد يكون هذا الاشباع تحقيق مردود واداء مالي (financial performance) بالنسبة لمالكي هذه الاعمال من الرواد أو اشباع حاجات الزبائن من سلع وخدمات أو اشباع رغبات باقي فئات المجتمع المتعاملين بشكل مباشر أو غير مباشر مع هذه الاعمال. تشير الدراسات إلى ان العائد على حقوق الملكية في الصناعات الصغيرة أعلى بكثير منها في الصناعات الكبيرة (**Siropolis:** 1997 : 7 . وقد يرجع هذا الامر للعديد من العوامل يقع في مقدمتها قدرة الاعمال الصغيرة على الاستجابة السريعة وبتكاليف أقل قياساً للاعمال الكبيرة وهكذا تكون نسبة التغير في المنتجات والعمليات والاسواق أسرع، وكذلك يلاحظ ان الاعمال المتوسطة والصغيرة أكثر جذباً للكفاءات والمهارات والخبرات الشخصية من الرجال والنساء.

8- **ضرورية للمنظمات والصناعات الكبيرة**، ان الاعمال الصغيرة تستفيد منها الشركات الكبرى حيث توفير مستلزمات الانتاج وقطع الغيار والتجهيز بما تحتاج اليه من مواد. ففي الاقتصاد الامريكي يمكن ملاحظة اعتماد شركة جنرال موتورز لصناعة السيارات في تجهيزها بالمستلزمات على ما يزيد عن (32000) منظمة صغيرة وتعتمد في مبيعاتها على اكثر من (12000) وكيل ووسيط لايصا المنتج الى المستهلكين (**Siropolis:** 1997: 9) **(العامري والغالبي:**2007 : 175) ان البعض من الاحتياجات لزبائن بسبب محدودية الطلب لا تستطيع الشركات الكبيرة تلبيتها، وهنا يكون دوراً مهماً للمنظمات الصغيرة كذلك تحافظ الاعمال الصغيرة على العديد من الصناعات والفلوكلور الشعبي والحرف التقليدية في مختلف دول العالم.

ويرى العديد من الباحثين (**Hagedroom and Roijakkers:** 2002: 235) ان العلاقة بين الشركات الكبيرة والمنظمات المتوسطة والصغيرة لا تقتصر على ما ذكرناه أعلاه، بل تمتد هذه العلاقة لتشكل منظور تكاملي يساهم في التطوير والتحديث للتكنولوجيا الحيوية ذات الاهمية الكبيرة في التطور المعاصر. ان الاعمال الصغيرة الريادية ذات علاقة وطيدة ومهمة مع الصناعات ذات التكنولوجيا العالية المتقدمة، حيث تساهم في ردم العديد من الفجوات العلمية التي لا تجد الشركات الكبرى في هذه الصناعات الوقت والقدرة على متابعتها نتيجة تركيزها على الجوانب الحيوية من التطوير.

9- **تساهم منظمات الاعمال الصغيرة في التنوع الثقافي** (Multiculturalism) حيث تستطيع الاعمال الصغيرة الحفاظ على خصوصية الاقليات المتواجدة في بلدان أخرى كالمهجر أو غيره. هكذا توجد المحلات التجارية والمطاعم العربية والاسلامية أو المطاعم اليابانية أو الصينية التي تقدم منتجات أو خدمات تحتاجها هذه المجموعات العرقية في بلدان أخرى، وهذا يساهم في اشباع حاجاتهم الخاصة المتميزة. كما ان ظاهرة التنوع الثقافي في الاعمال المتوسطة والصغيرة تساهم أيضاً في دفع الشركات الاكبر في قبول واحتضان التعدد واحترام الاختلاف والتنوع في قوة العمل لديها.

هكذا نتخلص من الظواهر السلبية كالتمييز (Discrimination) والذي تتم فيه التفرقة بين الافراد العاملين بناء على خصائص لا علاقة لها باجواء العمل المثابر.

*** التمييز**
Discrimination
التفرقة بين العاملين بناء على جنسهم أو دينهم أو معتقدهم أو غير ذلك والذي لا يرتبط بجوانب موضوعية وعلمية.

وكذلك العنصرية (Ethocentrism) والذي بموجبه تعتقد مجموعة معينة أو ثقافة فرعية أو مختلفة بكونها افضل ومتفوقين على الاخرين دائماً في جميع المواقف والازمنة دون مبرر موضوعي أو حقيقي مقبول. ان هذا التنوع يجعل اقتصاد الدولة أكثر حركية بسبب مساهمات ثقافات عديدة وبالتالي تطوير المجتمع وزيادة قبول الاختلاف والتغيير فيه، حيث تمتلك الاقليات العديد من الاعمال الصغيرة في مختلف المجتمعات.

*** العنصرية**
Ethocentrism
اعتقاد وتصور لدى أعضاء مجموعة او ثقافة فرعية بكونهم متفوقين على الاخرين عرقياً.

وفي ختام هذه الفقرة حول أهمية المنظمات المتوسطة والصغيرة في الاقتصادات المعاصرة، يبدوا ان هذه الاهمية تتجسد على الاصعدة الاقتصادية والاجتماعية، حيث العدالة في توزيع الثروات والقضاء على البطالة كظاهرة اجتماعية سلبية ويمكن كذلك ان تعزز هذه المنظمات مساهمات الاقليات والمرآه في العمل والانتاج والمبادرات وتعمل على التنمية المتوازنة والحد من الهجرة الداخلية بين الريف والمدينة وكذلك الهجرة الخارجية بايجاد فرص العمل الريادية المبدعة. وتلعب المنظمات المتوسطة والصغيرة دوراً على الصعيد التكنولوجي من خلال قدرتها على الابداع والتحسين والاختراع في مختلف الانشطة التي تتواجد فيها.

عوامل نـجاح المنظمات المتوسطة والصغيرة الحجم واسباب الفشل

Medium and small organizations success and Failures factors

* **عوامل النجاح success factors**

يمكن القول ان فرص نجاح الاعمال بصورة عامة تزداد اذا تم الاهتمام بالخصائص والمفردات التالية:-

1- المالك والمالكون لديهم أهداف محددة

يعرف مدير العمل أو مالكه تحديد أهداف واضحة وصريحة لذلك العمل. ان هذه المعرفة تتسجد بوجود اجابات دقيقة وواضحة على العديد من الاسئلة من قبيل ما هي الاهداف العامة للمنظمة؟، لماذا وجدت المنظمة وماذا تخدم؟ ما هي اهداف الافعال في الامد القصير؟ اذا لم تكن هذه الاسئلة قد عرضت بوضوح، وان العاملين لم تناقش معهم ويستوعبوها بما فيه الكافية، فان المنظمة ستكون معاقة في طريق نموها وازدهارها.

2- المعرفة الممتازة بالسوق

وجود السوق، بمعنى عدد كافي من الزبائن، يتطلب الامر خلق الاسواق حتى لو بدت ضمنية غير ظاهرة في بداية الامر او ان بعض ما تنتظره الاسواق لم يتحقق بعد ولم يصل حد الاشباع والرضا المطلوب. تستطيع الاعمال المتوسطة والصغير بواسطة منتجاتها (السلع والخدمات)، وسلوكيات عامليها، وردود افعال المنافسين لها النجاح أو الفشل في خلق زبائنها الخاصين لها. ويرى العديد من الباحثين **(Yusaf : 1995 : 70-72)**, **(Hatten : 2006 : 16)** ان العلاقة الحميمة بين الاعمال الصغيرة والزبائن هي السر وراء نجاح هذه الاعمال، حيث ان هذا النمط من العلاقات يسمح للاعمال الصغيرة بتقديم خدمات شخصية تفردية، وليس خدمات قائمة على اساس معرفة الاراء من خلال عينات محدودة أو حتى واسعة من اسواق كما هو الحال في الاعمال الكبيرة.

ان الاعمال الصغيرة لها المرونة والقدرة على تلبية احتياجات الزبائن ضمن جزء محدود من السوق (Niche) والتي في حقيقتها جزء سوق أو مجموعات من الزبائن قد لا تكون جذابة للشركات والمنظمات الكبيرة، وبذلك فأن المنظمات الصغيرة لديها مبادرات وقدرات متميزة على اشباع تلك الحاجات من خلال أساليبها التسويقية الخاصة.

> * **جزء أو قطاع سوق (Niche)**
> جزء من السوق قائم بوجود طلب وتلبية حاجات مجاميع صغيرة أو قطاع محدود من السوق

3- قدرة المنظمة على تقديم شيء متميز خاص

تقدم المنظمة وتجلب شيء جديد أو أصيل للسوق، حتى لو بدت هذه السوق مزدحمة ومتخمة بالمنافسين والمنتجات المعروضة. تستطيع المنظمة ان تميز نفسها عن المنافسين لها من خلال المنتج والتكنولوجيا الجديدة أو باستخدام خاص ومتفرد لطرق التوزيع المعروفة. يفترض ان يكون نادراً أن يبدء العمل دون قدرة على الابداع والتجديد أو تصور رؤية ريادية يستطيع ان يجسدها في أفعاله وأنشطته المختلفة **(Trott : 2002 : 35)**.

4- آليات ادارة متكيفة مع التطور

ان نجاح الاعمال الصغيرة اذا ما أريد لهُ الاستمرارية فانه يستند على وجود قابليات استيعاب وفهم جيد للتطور مرتبط بالجوانب التنظيمية والادارية، ويعبر البعض عن هذه الاليات بكونها تساعد على البدء بالخطوة الصحيحة **(Hatten: 2006: 17-18)**. أن معرفة حجم السوق يساهم في تحديد راس المال الكافي للبدء بالاعمال ويتطلب الامر ان يكون صاحب العمل مبدع في الحصول على المال اللازم لقيام العمل. وفي الغالب تكون القروض من الاصدقاء والمعارف أو الائتمان من البنوك والاتحادات المالية أو توليفة من هذه الوسائل تساهم أما في نجاح المنظمة الصغيرة أو عكس ذلك اذا لم تدرس بعناية.

5- الحصول على عاملين اكفاء وجذب متميزين والمحافظة عليهم، ان الاعمال الصغيرة قد لا يوجد لديها الوقت الكافي وعمليات الاختيار المعقدة والمطولة للعاملين لذلك يتطلب الامر ان تعير هذه الجوانب الاهمية البالغة لكون نجاح العمل يرتبط بقدرة ادارته على حسن الاختيار والتدريب والتحفيز لهؤلاء العاملين وتوظيفهم والحصول على أفضل ما لديهم من قابليات وقدرات **(برنوطي:** 2005 : 98).

ان العاملين اليوم يمثلون أهم الموارد في المنظمة، فلا يكفي ان تمتلك المنظمة الموارد الملموسة مثل الاموال والمباني والاراضي، بل اصبحت الموارد غير الملموسة مثل العاملين تلعب دوراً مهماً في تحقيق ميزات تنافسية للمنظمة، ويعبر اليوم عنها بكونها راس مال فكري (Intellectual capital) حيث المهارات والمعرفة والقدرة على التعامل مع المعلومات وتحقيق نجاح المنظمة.

* **راس المال الفكري**
Intellectual capital
المهارات والمعارف التي يمتلكها العاملون في المنظمة ويستخدمونها في العمل لايجاد التميز ونجاح المنظمة.

6- قدرات ومهارات متنوعة لدى الادارة وخصائص شخصية لدى المالكين والمديرين تساعد على نجاح المنظمة الصغيرة. ان امتلاك رؤية ورسالة واضحة يتقاسمها الجميع شرط ضروري لزيادة تحفيز العاملين والاندماج بالعمل، ان واحدة من أهم اسباب فشل المنظمات الصغيرة هو الرؤية الضيقة والاهتمام بجانب واحد واهمال الاخريات **(برنوطي:** 2005 : 97). لقد عبر البعض **(المنصور وجواد:** 2000 : 50 – 51) عن عوامل نجاح الاعمال الصغيرة بجانبين يرتبط الاول بكفاءة الادارة ويرتبط الجانب الاخر بمجموعة من العوامل المساعدة من قبيل تحديد الاهداف وحسن استيعاب المهام والانشطة الادارية.

ان نجاح الاعمال الصغيرة – وخاصة بعد استمرار تطورها ونموها – يتطلب من صاحب العمل مؤهلات متعددة ومتنوعة، ويتجسد هذا عندما يتطلب الامر منه القيام بدور قيادي للادارة العليا (Top level Management) اضافة الى العمل وفق مستوى الادارة الوسطى (Meddle level Management) وكذلك المستويات الدنيا (التشغيلية) (Lower level Management) ، ان هذه الجوانب تستدعي قدرات مرونة وابداعية عالية كبيرة. هذا يظهر ان نجاح الاعمال الصغيرة والمتوسطة يرتبط بوجود ادارة ومديرين تم بناء الشخصية القيادية لديهم في ضوء الخبرة الجيدة والمعلومات والمعرفة العامة اضافة إلى المعارف التخصصية، الشكل (1-2) **(النعيمي:** 2008: 107 – 109**)**. حيث ان هذه المعالم ضرورية للاعمال الصغيرة كما هي ضرورية للاعمال والشركات

الكبيرة، لكن اهميتها للاعمال الصغيرة نجدها متجسد بسبب كثرة حالات الفشل المرتبطة بعدم معرفة الادارة وخبرتها الواضحة في المجال الذي اعتمد لانشاء العمل الصغير.

شكل (1-2)

بناء الشخصية القيادة (ضرورة لنجاح الاعمال الصغيرة)

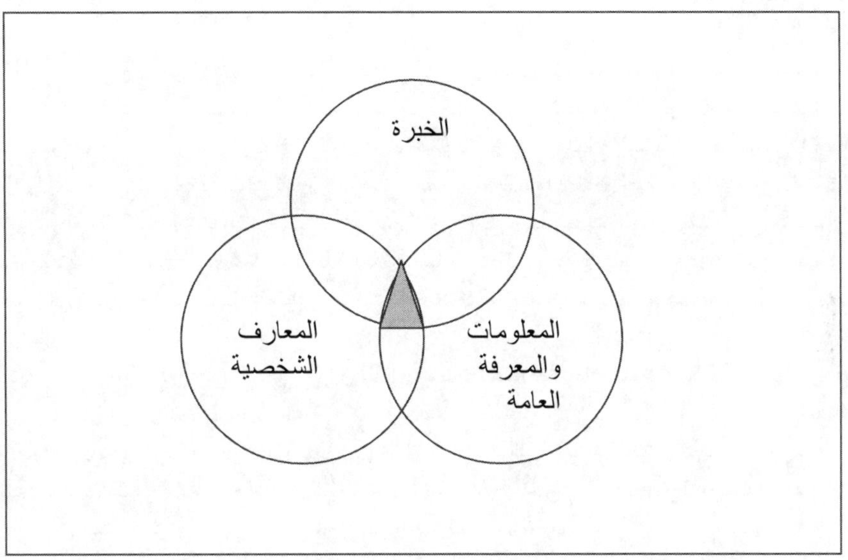

* **أسباب الفشل** **Failure Causes**

تبقى نسبة الفشل عالية في منظمات الاعمال الصغيرة في الاقتصادات الصناعية وكذلك النامية رغم تفاوت هذه النسبة من قطاع لاخر. فقد اشارت احصاءات مؤسسة (Dun and Bradstreet) الى ان أعلى نسبة فشل في امريكا هي في قطاع النقل والمواصلات يليه قطاع التشييد والبناء وان اقل نسبة للفشل هي في القطاع المالي والتأمين والقطاع الزراعي والغابات والصيد (**Dun and Bradstreet Corporation**: 2001: 561). ويلاحظ تكرار أسباب الفشل نفسها من سنة الى أخرن رغم ان هناك بعض الاسباب الاخرى التي تظهر في مواقف معينة ولقطاعات اقتصادية معينة.

* **انتهاء الاعمال**
Business termination
يحصل عندما تتوقف العمليات لأي سبب كان.

* **فشل الاعمال**
Business failure
عندما تغلق الاعمال أبوابها مع خسائر مالية للدائنين.

لقد فرق بعض الباحثين (**Hatten:** 2006: 20) بين انتهاء العمل Business termination لأي سبب كان حيث يتوقف عن الاستمرار في تقديم السلع والخدمات الى السوق وبين فشل العمل (Business failure) حيث يغلق العمل ابوابه مع خسائر مالية للدائنين له.

ويمكن وضع اسباب فشل الاعمال رغم تعددها في مجموعتين الاولى ترتبط بالادارة غير المناسبة والثانية بالتمويل غير المناسب. فاذا كانت ادارة العمل تعني الاستخدام الفاعل والكفوء للموارد. فان **الادارة غير المناسبة Inadequate Management** تعني ان المدير أو المالك والمالكين ليس لديهم المهارات والمعارف الادارية اللازمة، كذلك هناك نقص في الخبرة والتجربة اللازمة للاعمال وادارتها. وتمثل هذه الجوانب ما نسبته (92%) من اسباب فشل الاعمال الصغيرة في الولايات المتحدة الامريكية (نقص المهارات والقدرات، نقص التجربة الادارية، تجربة غير متوازنة، عدم خبرة وتجربة في انتاج السلعة أو الخدمة) (**Siropolis:** 1997 : 12 - 15). وحتى في الدول النامية فأن هذه الاسباب تعتبر الاسباب المهمة وراء فشل الاعمال الصغيرة والمتوسطة سواء في بداية عملها (السنة الاولى أو الثانية) أو بعد ذلك وفي فترات النمو السريع غير المحسوب جيداً مما يدخلها في العديد من الاشكالات التي إذا لم تعالج بشكل صحيح تؤدي إلى الفشل. ان الاعمال الصغيرة بشكل خاص تتطلب مدير لديه تصور شمولي للعمل وليس مدير متخصص بشكل ضيق يركز على جانب ويهمل الجوانب الاخرى. كذلك لا يستطيع العمل الصغير تحمل اخطاء متكررة بسبب محدودية القدرات المالية.

ان الرياديون بشكل عام على حق عندما يشيرون الى ان اسباب الفشل للاعمال الصغيرة عادةً ما ترتبط بعوامل داخلية كأسباب لهذا الفشل، وهذه العوامل تسبب ما نسبته (89%) من حالات الفشل في الاعمال (**Zacharakis et al:** 1999: 1-14). هذه العوامل الداخلية يفترض ان تكون تحت سيطرة المديرين من قبيل راس مال كافي، سيولة نقدية، تسهيلات، تجهيزات، رقابة مخزنية، موارد بشرية، قيادة، هيكل تنظيمي، نظام محاسبي وغيرها. ان مدراء الاعمال المتوسطة والصغيرة يجب ان يكونوا قادة فاعلين ومخططين جيدين وعاملين متحفزين وملمين بشكل متوازن بجوانب العمل المختلفة.

أما المجموعة الثانية من اسباب الفشل فهي **التمويل غير مناسب (Inadequate financing)**، وقد يكون هذا الامر مرتبط برقابة ادارية ومالية غير ملائمة وكذلك نقص برؤوس الاموال اللازمة للاعمال أو غير ذلك. كذلك يفترض الاهتمام بتوفر الاموال الكافية والمناسبة لبدء الاعمال، كما يجب عدم اهمال اهمية وجود الموارد البشرية اللازمة والجيدة للاعمال من جانب أخر. ومن الضروري ادارة هذه الاموال بشكل متميز لخلق حالة موازنة صحيحة ومطلوبة لنجاح المنظمة. وفي الجانب المالي يوجد العديد من الطرق لجعل الاعمال فاشلة، مثل التوسع غير المدروسة في منح الائتمان، زيادة الاستثمار في الاصول الثابتة دون مبرر وتوظيف افراد غير ملائمين للعمل في الانشطة المحاسبية والمالية (**Wall street Journal:** 1995) (**المنصور وجواد:** 2000 : 153).

واذا ما اردنا اختصار هذه الفقرة بطرح مجموعة من الاسباب التي تؤدي الى فشل الاعمال الصغيرة، فيمكن الاشارة الى الآتي (**العامري والغالبي:** 2007 : 177):

(1) نقص الخبرة، نقص التجربة لدى المؤسسين مما يجعل العمل الصغير يتخبط في السوق الذي يعمل فيه.

(2) عدم وجود استراتيجية واضحة للعمل.

(3) عدم وجود قيادة واعية للمحيط البيئي.

(4) رقابة مالية غير كفوءة.

(5) النمو السريع غير المسيطر عليه.

(6) قلة الالتزام وعدم تكريس الوقت الكافي لمتابعة العمل.

(7) المشاكل الاخلاقية وما يرتبط بحالات الغش والاحتيال وغيرها.

(8) اسباب ترتبط بالكساد الاقتصادي والمنافسة الشديدة والوضع الاقتصادي بشكل عام.

(9) الافراط في مصاريف التشغيل أو المخزون وكذلك الاحتفاظ بمخزون مواد أولية يتجاوز الحاجة الفعلية.

(10) سوء اختيار مواقع البيع وقنوات التوزيع واهمال المنافسين وما يرتبط بالمتغيرات التسويقية الاخرى.

الريادة والتنوع Entrepreneurship and Diversity

اصبحت الريادة والتنوع سمة اساسية من سمات الاقتصادات المعاصرة. ان التطور التكنولوجي وتقدم الاتصالات وازدياد المعرفة وانتقال الاقتصاد الى اقتصاد رقمي مترابط ساهمت في ازدياد دور الافكار الابداعية والريادية وتطلبت اشراك الجميع بتنوعهم الثقافي والحضاري لغرض تحقيق النجاح والتقدم على مختلف المستويات. في منظمات الاعمال المتوسطة والصغيرة تعتبر الريادة والتنوع سمة ضرورية لنجاح وتطور هذه الاعمال. سيتم التطرق للريادة اولاً ثم التنوع في هذه المنظمات.

* الريادة Entrepreneurship

الريادة، مفهوم بالغ الاهمية للاعمال الصغيرة والمتوسطة، بل وحتى الشركات الكبيرة في الاقتصاد المعرفي المعاصر. قديماً اتخذ هذا المفهوم اشكال أخرى ومسميات شكلت الاساس المعرفي للوصول الى هذا المفهوم اليوم.

فمفاهيم من قبيل "المنظمين" و "المستثمرين" و "المقاولين" استخدمت في فترات سابقة لتعبر عما نطلق عليهم اليوم الرواد (entrepreneurs) الذي هم افراد يتمتعون بقدرات وقابليات على تحمل المخاطرة وقبول المجازفة المحسوبة ورؤية الفرص والتخطيط العلمي السليم والادارة الابداعية لاعمال خاصة بهم ونجاح هذه الاعمال والعمل على تطويرها باستمرار.

ان هؤلاء الرواد يتمتعون بالروح الريادية التي تجعلهم اكثر قدرة على رؤية الفرص ضمن ما يراه الاخرون اشكالات ومحددات كثيرة وكبيرة.

فالريادة (Entrepreneurship) هي خصائص ومتطلبات سلوكية تتجسد بعمليات ومراحل لتحديد الفرص التي تتعلق باحتياجات موجودة فعلاً في الاسواق، وتحمل المخاطر لتكوين منظمة لتلبية هذه الاحتياجات. هكذا يبدوا ان الريادة والرواد يشكلون اليوم عصب التطور الاقتصادي والتكنولوجي والمعرفي في المجتمعات الحديثة.

*** الرواد Entrepreneurs**

افراد متميزون لديهم قدرات وقابليات على تحمل المخاطرة وقبول المجازفة المحسوبة ورؤية الفرص والتخطيط العلمي السليم والادارة الابداعية لاعمال خاصة بهم.

*** الريادة**

Entrepreneurship

خصائص وسلوكيات تتعلق بالابتداء بعمل والتخطيط له وتنظيمه وتحمل مخاطرة والابداع في ادارته وتطويره.

ان الرواد يرون فرصاً لا يستطيع الافراد العاديون رؤيتها ويترددون في التعامل معها. ان الدول التي يزداد فيها اعداد الرواد يؤمل لها الازدهار الاقتصادي وتكون حالة السوق فيها اكثر تنافسية وحركية. هكذا الحال في الاقتصاد الياباني والامريكي والالماني ففي هذه الدول يزداد الرواد الذين يتحملون الجهد ويثابرون في العمل وتهيئة المستلزمات وتحمل المخاطر لاقامة أعمال جديدة باستمرار وخاصة في الصناعات الحديثة (**Zimmerer and Scarborough:** 2005) . ان هؤلاء الرواد هم فعلاً المحرك الاساسي للفعاليات الاقتصادية، لذلك عبر عنهم بـ " قباطنة الصناعة " باعتبارهم قادة النمو الصناعي والاقتصادي لقدرتهم على اقامة الاعمال الصغيرة وتحويلها الى اعمال كبيرة وناجحة تؤدي انشطة مهمة وضرورية (**Holt:** 1999 : 3 - 7 . ويلاحظ قلت هؤلاء الرواد في الاقتصادات النامية ويرجع ذلك لاسباب عديدة يقع من مقدمتها طبيعة السلوكيات التي تقدم من خلال الانظمة التعليمية التقليدية والمحافظة والتي لا تزود الشباب بجرعات كافية حول الرواد والسلوك الريادي. ويلاحظ اليوم هذا الاهتمام من قبل الحكومات والجامعات بتدريس مواد متخصصة بالرواد والريادة والمشاريع الصغيرة (**برنوطي:** 2005 : 27). تتصل بالريادة جوانب اساسية لحصول التطور والتقدم، فالقيام بعمل، وتحمل المخاطر والالتزام الطوعي والذاتي لاستمرار العمل وبذل الجهد كلها متطلبات ضرورية لوجود الروح الريادية لدى الفرد. ورغم أهمية الدافع المادي والمكافآت المرتقبة من قيام العمل الجديد الا ان ذلك مدفوع برغبة بالاستقلالية وعدم الاعتماد على الاخرين يمثل ايضاً معطى مهم في معطيات الريادة، وهكذا فأن خاصية التفرد والتميز والاختلاف والتنوع السلوكي مفردات مهمة نجدها لدى الرواد أصحاب الاعمال الصغيرة (**Hisrich and peters** : 2002 : 9-12).

- **اصناف وخصائص الرواد** **Entrepreneurs Types and characteristics**

ان السلوك الريادي يمثل قدرة على تتابع مراحل عديدة لوضع الافكار والابداعات الجديدة من افكار مجردة وتفكير نظري الى واقع التنفيذ والوجود الحقيقي. وفي اطار الاعمال فأن عمليات الريادة entrepreneurship process تمثل خطوات مهمة في حياة العمل تبدأ بالأبداع ثم الومضة أو الشرارة كحدث ينقل الفكرة الابداعية الى المرحلة الاخيرة وهي التنفيذ.

وعند المرحلة الأخيرة تصبح المنظمة حقيقية موجودة في الاسواق وتمارس النشاط الفعلي. هكذا يبدوا ان اتمام عمليات الريادة ضرورة لانجاز فعلي، فقد تكون هناك افكار ابداعية جديدة تهمل ولا تتابع إلى نهاية تنفيذها.

* **عمليات الريادة**
entrepreneurship process
خطوات مهمة في وجود الاعمال تحوي على الابداع فاحدث الانطلاق ثم التنفيذ ليصبح العمل حقيقة موجودة.

لذلك يعتبر الالتزام والمثابرة وبذل الجهد المطلوب صفات ضرورية للسلوك الريادي المنجز، حيث ادخال منتجات جديدة، استخدام طرق جديدة في الانتاج، فتح اسواق جديدة، فتح مصادر تجهيز جديدة، اعادة تنظيم جديدة وغيرها.

ان الرواد في اطار هذه العمليات الريادية تختلف الدوافع لديهم، كما تتباين الطرق المتبعة من قبلهم لقياس المكافآت المرضية لهم، سواء كانت مادية، نفسية، اجتماعية، معنوية أو غيرها. ان هذا الامر يعني ان الرواد ليس صنفاً واحداً، حيث قياس الطموح والرضا للتوقعات مختلفة. صنفت احدى الدراسات (**Yorklovich** : 2002 14 – 16) ، (**العامري والغالبي:** 2007 : 168) الرواد الى خمس مجموعات كالاتي:-

- المجموعة الاولى، **المثاليون** (Idealists) ، وهم الذين يحبون العمل الجديد المبدع أو يشعرون ان له معنى ومتعة شخصية، وتشير نفس الدراسة الى ان نسبتهم تصل الى (24%) في عينة من الرواد مئوية. ان ما يثير اهتمام هؤلاء هو الرضا الشخصي والمعنوي من متابعة الافكار الجديدة.

- المجموعة الثانية، **الباحثون عن الامثلية** (Optimizers) ، ويرى هؤلاء ان امتلاك عمل معين هو الغاية الاساسية حيث يتحقق لهم الرضا الكامل بهذا التملك. وفي العادة يرغب هؤلاء بالاستقلالية وايجاد منظمتهم لخاصة، وتصل نسبتهم الى (21%).

- المجموعة الثالثة، **المثابرون** (Hard Workers)، يعمل هؤلاء بجد ومثابرة لساعات طويلة ويسعون الى زيادة حجم الاعمال والكسب لمزيد من الارباح. وفي الغالب فأن المردود المالي بالاضافة الى الموقع الاجتماعي يولد مزيد من الرضا لهذه المجموعة من الرواد، والذي تصل نسبتهم الى (20%).

- المجموعة الرابعة، **الشطار** (Jugglers) ، وهم ذوي طاقات هائلة وهمة عالية، يستمتعون بمعرفة كامل التفاصيل مهما كانت صغيرة ومهما فرضت عليهم من محددات وقيود تعوق تحقيق ذلك. وفي العادة هؤلاء طموحون ويصعب ارضائهم من خلال جانب واحد في العمل، وتصل نسبتهم الى (20%).

- المجموعة الخامسة، **المؤازرون** (Sustainers)، وهـذه المجموعـة تركـز عـلى ايجـاد موازنـة بـين عملهـم الخـاص وحياتهم الشخصية ولا يرغبون بالتضحية في جانب لصالح الاخـر. وهكـذا نجـدهم لا يريـدون ولا يحبـذون نمـو الاعمال لتصبح كبيرة لاعتقادهم ان ذلك سيكون على حساب الحياة الشخصية، وتصل نسبة هؤلاء الى (15%).

وفي اعتقادنا ان هذه الاصناف الخمسة من الرواد وخصائصهم لا يعني انهم - أي الـرواد - لا يحملـون مجمـل الصفات والخصائص المميزة لكل مجموعة، ولكن ربما يكون لدى البعض سلوكيات أكثر تأكيداً على الصفات المرتبطة بهـذه المجموعة أو تلك. ان الضرورة تقتضي أن يحمل الرواد خصائص عامة مميزة لهم تجعلهم متميزين ومختلفـين عـن الافـراد العاديين، وبذلك فهم اكثر نجاحاً وتألقاً في انشاء الاعمال الصغيرة وتطويرها ونجاحها.

ان البحوث والدراسات اشارت إلى مجموعـة كبـيرة مـن خصـائص يتمتـع بهـا الـرواد يمكـن ان نـذكر منهـا الاتي: **(Longenecker et al**: 2006 : 9-12) (**Goodman** : 1994 : ، (120 – 119 : 1987 : **مترجم شحاته** : **Leavitt** : 1986) 29 ، (**النجار والعلي:** 2006 : 10 – 13)، (41 – 40 : 2006 : **Hatten**) ، (**العامري والغالبي** : 2007 : 169 – 170)

(1) قدرة عالية للتحكم الذاتي، والرواد يعتقدون بأن مصـيرهم يحددونـه بأنفسـهم لـذلك فهـم يحبـون الاسـتقلالية وادارة انفسهم، هكذا هم يميلون إلى انشاء أعمالهم الصغيرة والعمـل بجـد ومثـابرة لتطويرهـا وجعلهـا ناجحـة متميزة، ان الرواد يتمتعون بطاقة عمل هائلة، يمارسون العمل بجد ومثابرة ورغبة كبيرة في التميز والنجاح.

(2) الرواد يسعون وراء انجاز وتحقيق اهداف فيها قدر كبير من التحدي وهم في العادة راغبـون في الاسـتفادة مـن التغذية العكسية لادائهم المتميز. ان هذا الامر يلبي حاجة وشعور لتحقيق انجازات غير عادية بل متميزة يشـار لها بالبنان.

(3) يتقبل الرواد حالات الغموض ويتحملون المخاطرة والمواقف التي يبدوا فيها عدم تأكد عـالي. ان هـذا الاسـتعداد والميل نحو المخاطرة يفسر تكرار حصول الابتكارات والابداع بوتائر أعلى في منظمات الاعمال المتوسطة والصغيرة قياساً للشركات الكبيرة ذات الاسس الثابتة وآلاليات التي يغلب عليها الطابع الرسمي البيروقراطي (**نجم** : 2003 : 65 – 68).

(4) الثقة العالية بالنفس، وشعور عالي بالقدرات الذاتية، كذلك الرواد يجسـدون طاقـة كبـيرة للمنافسـة واسـتعداد لاتخاذ القرارات في المواقف الصعبة والغامضة. انهم رجال اعمال غير مترددين ولهم القدرة على تنظيـم وترتيـب الاشكالات التي تواجههم لغرض التعامل معها بطريقة منهجية منظمة وعلمية، ان هذه الخصائص تسـاعد عـلى النجاح والتطور (**Anderson and Dunkelberg**: 1993 : 6 – 8).

(5) صبورون يهتمون بالافعال والانجاز أكثر من اهتمامهم بالاقوال، فالرواد يركزون على حل المشاكل والاشكالات بطرق منظمة ومنهجية ولا يضيعون الوقت (**شعاع:** 1998 : 6 – 8). كما انهم يمتازون بالالتزام العالي وعدم التراجع، حيث ان هذا الالتزام يتجسد بنجاح في الاعمال.

(6) مرونة في التفكير والعمل والاستعداد لقبول حالات الفشل ومن ثم التصحيح والاستفادة من التجربة واخذ العبر واستنباط الدروس النافعة. ان الرواد على استعداد لتغيير الخطط باستمرار فهم يفضلون الديناميكية وعدم الجمود والتحجر أمام المواقف ذات التحدي العالي. يلاحظ غلبة صفه التفاؤل على الرواد فهم لا يعرفون اليأس وانهم يعتقدون بصدق وقوة انهم يستطيعون تحقيق النجاح اذا عملوا طويلاً وبجد ومثابرة وهمة عالية تحدوهم الرغبة في الانجاز العالي هكذا يبين الامر أحد المهتمين الاوائل ببحوث الرواد والريادة، حيث ان الانجاز العالي يدعم السلوك الملتزم ويدعم القدرات الريادية الابداعية (**McClelland**: 1965 : 6) (**Miron and McClelland**: 1979: 13-28).

(7) معرفة معمقة وكافية في المجالات التي يعملون فيها، وهذه المعرفة تجعل الزبائن ينظرون للمنظمة الريادية والتي يديرها رواد على انها مصدر يعول عليه لحل مشاكلهم وتلبية حاجاتهم.

هكذا يمكن الاشارة الى مزيد من الصفات والخصائص الايجابية لدى الرواد من قبيل الرؤية الواضحة والنظرة المستقبلية، والتضحية والايثار أو امتلاكهم قدرات تحليلية وتركيبية متميزة ينفردون بها عن المديرين العاديون. كذلك يمتازون بخصائص سلوكية تسجدها قابليات ادارية وتنظيمية ووجود مهارات التفاعل مع الاخرين وكذلك المهارات الفكرية التشجيعية وهم راغبون حتى في مزيد من المهارات الفنية (**المنصور وجواد:** 2000 : 18 – 19).

وفي مقابل هذه الخصائص التي يمتلكها الرواد، فقد تكونت لدى العديد من الافراد تصورات خاطئة أو على الاقل لا تتسم بالدقة حول من يكون رائداً في مجال الاعمال، هكذا وجدت العديد من الافتراضات غير الصحيحة نذكر منها:

1- الرواد يولدون بموهبة، أنهم رواد ويحملون الخصائص الريادية بالوراثة، وبالتالي لا يمكن صناعتهم. ان هذا افتراض خاطىء حيث اثبتت التجارب ان الخبرة والممارسة والمثابرة يمكن ان تقوي السلوك الريادي وتجعل من فرد معين رائداً في مجال عمله.

2- الرواد مغامرون، ان هذه ليست حقيقة فالرواد يقبلون المخاطرة المحسوبة ولكونهم غير مترددون بل يحاولون ويجربون يعتقد الكثير انهم مغامرون وهم ليس كذلك.

3- الاموال هي من يصنع الرواد لكونها مفتاح النجاح والقيام بالاعمال الصغيرة، رغم اهمية الاموال لكن هذه المقولة ليست صحيحة لأن الكثير من الرواد بدأوا باموال قليلة أو مقترضة. هنا يرتبط الفكر الاستراتيجي بالفكر الريادي، فليس الاكثر اهمية ماذا لدينا من الاموال بل ماذا لدينا من أفكار ابداعية وماذا لدينا من رؤية نعمل ضمن اطارها في تطوير هذه الاموال. تحدثنا التجارب العملية ان هنا المزيد

من الناس من هدر أموال طائلة بمغامرات غير محسوبة. العواقب (**الغالبي وادريس:** 2007 : 562 - 563).

4- الرواد هم الشباب، أو انهم من صغار السن، ان هذا الامر ليس صحيح فالعمر ليس حاجزاً او مانعاً للريادة وتنمية السلوك الريادي، تشير بعض التجارب الى ان الريادة تأتي مع تقدم العمر.

5- ضرورة ان يكون الريادي حاملاً لشهادة جامعية وفي تخصص معين، لا يشترط ذلك فقد تساعد الشهادات في الحصول على عمل ولا يمكن القول انها كل شيء، ويمكن للاطلاع والمعرفة ان تساعد على تطوير وترشيد السلوك.

- الرواد ومدراء الاعمال الصغيرة Entrepreneurs and small Business Managers

ان اسئلة من قبيل، هل ان جميع مدراء الاعمال الصغيرة هم رواد ويمتلكون السلوك الريادي؟، أو هل ان جميع الرواد هم مالكي اعمال صغيرة يديرونها بأنفسهم؟ بمعنى الا توجد الريادة خارج اطار عمل المنظمات الصغيرة؟ وهل ان جميع من يملك عمل صغير هو من الرواد؟ ان هذه الاسئلة وغيرها - رغم انها سهلة الاجابة وواضحة - الا ان امر توضيحها يرتبط بمعرفة الفوارق المحتملة بين مدراء الاعمال الصغيرة والرياديون.

يبدوا ان كلاً من الريادة وادارة الاعمال الصغيرة هي عمليات، وهذه تكون فكرية تحليلية تركيبية او غيرها تمارس لغرض تحقيق نتائج وانجاز انشطة.

ويلاحظ ترابط هذه العمليات (الريادية/ الادارية للعمل الصغير). لقد عرضنا سابقاً ان الريادة هي خصائص سلوكية تجسد بعمليات البحث عن الفرص في الاسواق والقيام باشباع الحاجات من خلال اقامة منظمة تنجز ذلك. كذلك تبين ان عمليات الريادة (Entrepreneurship process) هي خطوات مهمة على طريق انشاء الاعمال، حيث تحوي على الابداع ومن ثم حدث الانطلاق (الومضة أو شرارة البدء) واخيراً التنفيذ. هكذا يبدوا ان عمليات الريادة يمكن ان تكون للقيام بعمل صغير أو أي شيء أخر.

اما ادارة العمل الصغير (Small Business Management) فهي عمليات مستمرة لامتلاك والقيام بمهام وأنشطة لمنظمة اعمال صغيرة قائمة. انها الفلسفات والآليات والطرق التي بموجبها يدار عمل صغير والتي هي بالتأكيد تختلف عن ادارة الشركات والمنظمات الكبيرة العالمية.

*** ادارة الاعمال الصغيرة**
Small Business Management
عمليات مستمرة تتجسد بفعاليات وانشطة لامتلاك وادارات منظمات اعمال صغيرة قائمة.

ان مدير الاعمال الصغيرة يجب عليه التعامل مع جميع التحديات والقيود والمحددات لحركة وتطوير هذه الاعمال الى امام، مستخدماً ومكافئاً ومحتفظاً بأفضل العاملين، ومتجاوباً مع تغييرات الاستهلاك والزبائن كحاجات ورغبات، ومحققاً مبيعات، ومحتفظ بسيولة نقدية مناسبة وغير ذلك من فعاليات مهمة لنجاح الاعمال الصغيرة وتطورها (**Hatten:** 2006: 32)

وهكذا يبدوا ان كل من عمليات الريادة وعمليات ادارة الاعمال الصغيرة تواجه تحديات وتحاول ان تصل الى ما يؤدي الى تقدم وتطور الاعمال في مختلف المراحل. ففي الوقت الذي تركز فيه عمليات الريادة على البدايات والمقدمات (Startup process) فأن تركيز ادارة الاعمال الصغيرة ينصب على جعل العمل يسير ويتقدم ويستمر للامد الطويل، وان هذا الاستمرار يأتي بالارباح المتصاعدة وينافس وفق اسس سليمة تتصف بالجده والابداع. هنا يمكن القول ان دراسة أي من هذه العمليات يفترض ان يأخذ بنظر الاعتبار العمليات الاخرى، لكونها مترابطة ومتممة لبعضها. في ادارة الاعمال الصغيرة يظهر ان اغلب الجوانب الريادية قد حدثت منذ زمن بعيد، حيث البدايات الاولى للافكار الابداعية الابتكارية وتنفيذها ثم اصبحت العديد من ادارات الاعمال الصغيرة تمارس مهام تتصف بالاستمرارية بل والرتابة والتكرار. هذا لا يعني ان المديرين الجيدين للاعمال الصغيرة لا يمارسون انشطة البحث عن الطرق الجديدة لارضاء وكسب ولاء الزبائن، لكن الابداعات الاصلية واحداث انطلاق الشرارة (الومضة التجديدية) والبعد عن البدايات الاولى في التنفيذ، لقيام الاعمال جعل الاعمال والمديرين يختطون طرق وآليات عمل اكثر استقرار وصولاً الى مراحل النضج (maturity). ان مدراء الاعمال الصغيرة هنا يحتاجون مثابرة ومواظبة، صبر، ومهارات تفكير ناقد للتعامل مع التحديات اليومية والتي تظهر نتيجة استمرار الاعمال لفترات طويلة.

هكذا عرض الباحث (**Moore**) نموذج شامل لمجمل عمليات الريادة وترابطها مع عمليات ادارة الاعمال الصغيرة وكيف يمكن لمجموعة كبيرة من متغيرات البيئة ان تؤثر على مختلف المراحل في هذه العمليات، ويعرض الشكل (1-3) مختلف هذه الجوانب.

شكل (1-3)

عمليات الريادة وعمليات ادارة الاعمال الصغيرة وتأثير عوامل البيئة عليها

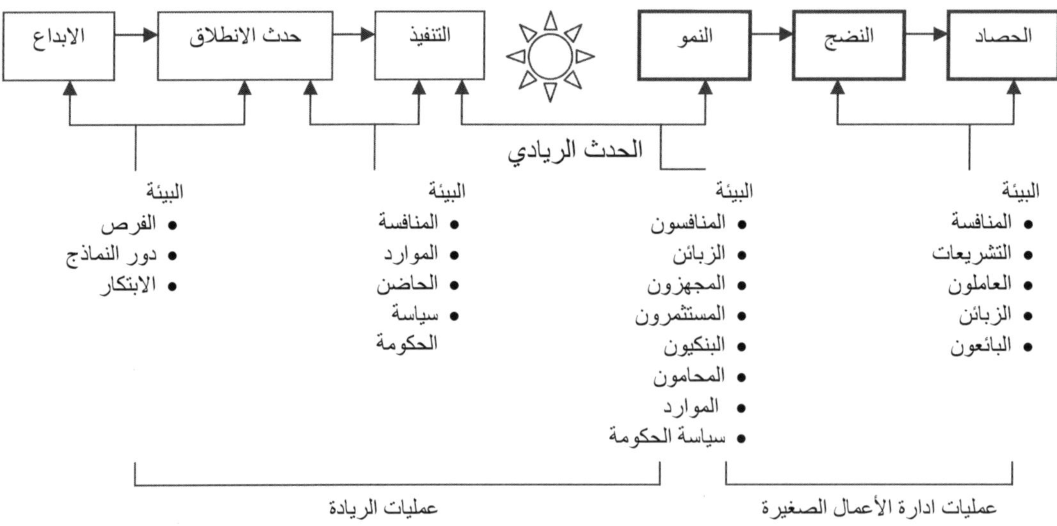

ان المقصود بعمليات ادارة الاعمال الصغيرة small Business Management process هنا هي المراحل المختلفة التي تمر بها الاعمال في فترة حياتها وتشمل النمو، النضج واخيراً الحصاد، كما عرضها الشكل (1-3) السابق.

ففي مرحلة النمو (growth) تحاول ادارة العمل الصغير انجاز حجوم واسعة لانتاج السلعة أو الخدمة إلى النقطة أو الحد المناسب للمالكين ومع هذا الحد المرضي للنمو يستمر العمل وتتطور المنظمة باستمرار.

ان مدير المنظمة الصغيرة يوجه الانشطة والأفعال ويغذيها بالحماس اللازم للحصول على مستوى النمو الملائم.

أما مرحلة النضج (maturity) فيصل اليها العمل الصغير عندما يكون قد اسس جيداً، واصبحت الصيغ التنظيمة وآليات العمل معتمدة وواضحة.

> *** عمليات ادارة الاعمال الصغيرة**
> **small Business Management process**
> المراحل في حياة الاعمال الصغيرة وتشمل النمو، النضج، والحصاد، وكيفية الادارة ضمنها لتحقيق مزيد من النجاح لهذه الاعمال الصغيرة.
>
> *** النمو Growth**
> الوصول إلى حجوم مناسبة في الاعمال، وإلى الحد الملائم للمالكين، ومع هذا الحد المرضي للنمو تستمر الاعمال.
>
> *** النضج Maturity**
> المرحلة التنظيمية التي تعتبر فيها الاعمال قد بلغت المؤسسية الجيدة.

ويلاحظ ان الرواد الحقيقيين لا يبقون في العادة حتى هذه المرحلة من عمليات ادارة الاعمال الصغيرة، بل يذهبون للبحث عن فرص أخرى جديدة. أما مدراء الاعمال الصغيرة فهم على عكس الرواد اكثر التزاماً بالتوجهات البعيدة الامد. ان مرحلة النضج هذه قد تكون قصيرة جداً او عكس ذلك، هنا تكون المنظمة الصغيرة أكثر استقرار عند مقارنتها في مرحلتي النمو أو التنفيذ.

*** الحصاد Harvest**
مرحلة يتحرك فيها المالك من المنظمة، وحصاد الاعمال يشابه جني ثمار بعد سنوات طويلة من العمل.

أما مرحلة الحصاد (harvest) ففيها يحرك المالك نفسه من الاعمال، باتجاه جني ثمار سنوات عديدة وطويلة من العمل والنشاط. في اطار هذا المعنى فأن المدير المالك للاعمال الصغيرة والذي لديه روح ريادية عالية وسلوك ريادي واضح فانه يبدأ مع تصور النهاية في مخيلته وعقله كما يقول **(Covey: 1989: 95)**. واذا كان الامر كذلك تكون مرحلة الحصاد فاعلة وتحقق نتائج مستهدفة مقدماً وليس مرحلة ارباك وتخبط. يمكن أن يأخذ الحصاد صيغ واشكال مختلفة مثل بيع الاعمال لاخرين قد يكونوا في موقع المديرين، أو تحويل الملكية لاخرين، أو الاندماج مع منظمات أخرى قائمة أو غير ذلك. ويمكن ان يتحول الحصاد الى فشل عندما تغلق أبواب المنظمة الصغيرة وتصفى لأي شبب كان. ويلاحظ ان الرواد يشترون الاعمال وقت تدهورها ونزول قيمتها - من المديرين أو المالكين - ليعدوا نشر الافكار الابداعية والريادية، والعمل بجد ومثابرة لاعادة صعودها على سلم النجاح ويمكن لهم كذلك بيع هذه الاعمال الناجحة بأعلى الاثمان.

*** العوامل البيئية**
environmental factors
القوى الموجودة خارج المنظمة الصغيرة والتي لها تأثير عليها وعلى المالكين لها.

ان مجمل عمليات الريادة وعمليات ادارة الاعمال الصغيرة تتأثر بالعوامل البيئية الخارجية للاعمال (environmental factors) في كل مرحلة من مراحل التطور. هكذا فان الابداع يتأتى استجابة للفرص، ليقوم الريادي وضمن دور النموذج والابتكار وفي اطار مرحلة الانطلاق ليتم تنفيذ العمل الصغير. وهكذا حين تظهر المنظمة الصغيرة للوجود، تواجه عوامل بيئية خارجية كمؤثرات في طبيعة عملها، مثل قوى المنافسة تغير حاجات الزبائن، قدرات التجهيز، التشريعات القانونية وغيرها. ان العوامل البيئية الخارجية التي تؤثر على طريقة عمل المنظمات الصغيرة تتغير هذه العوامل من مرحلة الى أخرى.

ويلاحظ أيضاً ان الخصائص الشخصية للرواد ومدراء الاعمال الصغيرة والتي لها التأثير الأهم والأكبر في توجه الاعمال تتغير وتختلف من مرحلة إلى مرحلة أخرى في اطار هذه العمليات الريادية والادارية لاحظ الشكل (1-4).

شكل (4-1)
نموذج متكامل للريادة وإدارة الأعمال الصغيرة

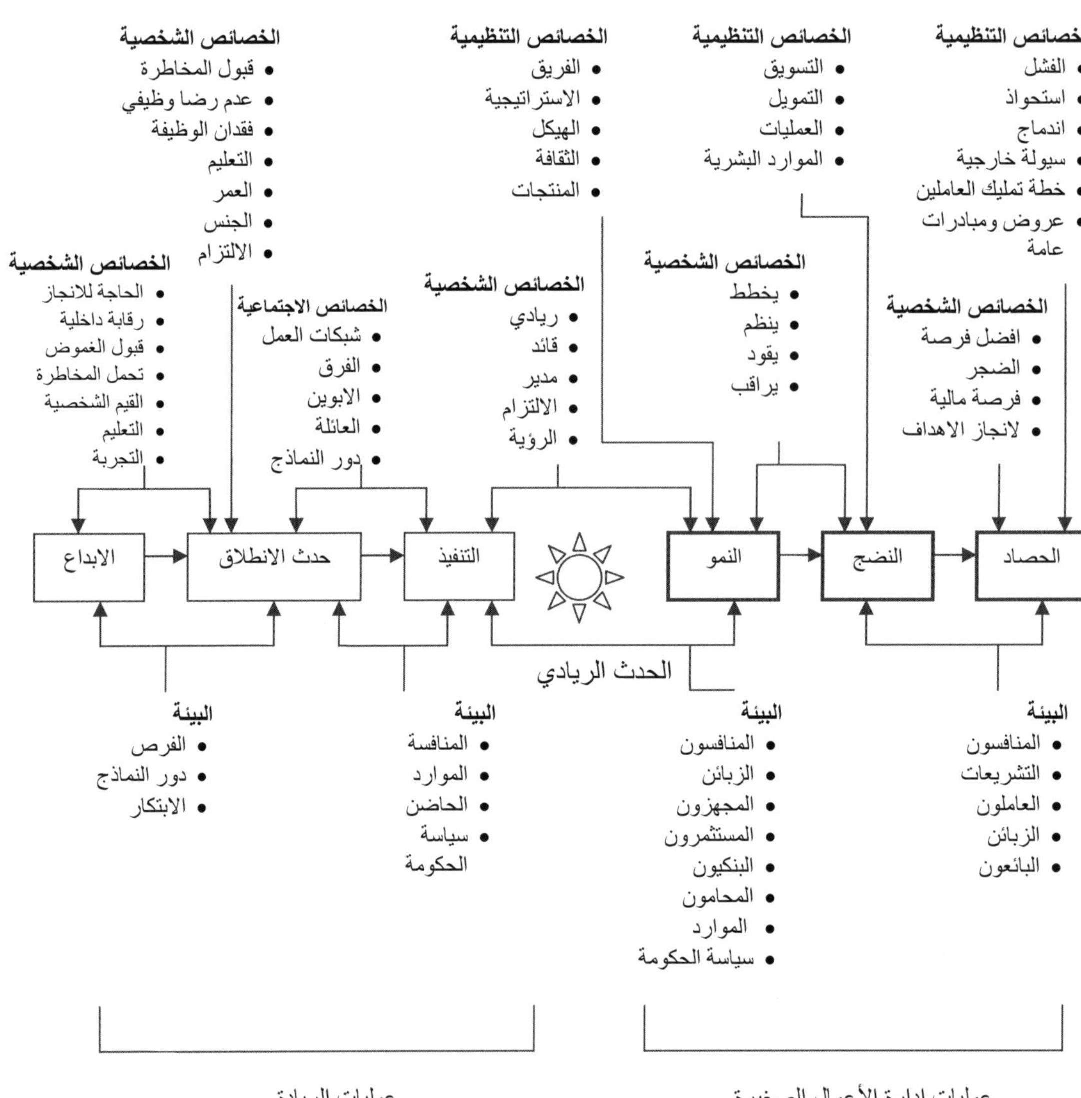

ففي مرحلتي الإبداع وحدث الانطلاق تكون خصائص قبول الغموض العالي، والحاجة الكبيرة للإنجاز، والرغبة في قبول المخاطرة مهمة جداً للريادي. وفي مرحلتي النمو والنضج فإن الخصائص الشخصية المطلوبة لنجاح مدير الأعمال الصغير تختلف عن تلك المطلوبة ليكون الشخص ريادي ناجح. ويلاحظ أيضاً أن المنظمة الصغيرة تتغير باختلاف المراحل، ففي مرحلة النمو تعار أهمية أكبر لبناء الفريق، وتحديد الاستراتيجيات وبناء الهيكل وثقافة المنظمة. أما في مرحلة النضج فالتركيز يكون على الأنشطة التخصصية للمنظمة، الأفراد العاملين أكثر انجذاب في المكافئات، التخصص، التركيز على ما يعملونه جيداً سواء بالتسويق أو التمويل، أو إدارة الموارد البشرية.

هكذا يظهر لنا في ختام هذه الفقرة أن الرياده خصائص مهمة لنجاح العمل الصغير، وبالتالي فإن التركيز يتم لجعل مدراء العمل الصغير يحملون ويمارسون السلوك الريادي. لكن واقع الحياة العملية يشير إلى أن عدد قليل من مدراء المنظمات الصغيرة هم رياديون قياساً إلى تواجد أعداد كبيرة أخرى منهم يمكن أن نطلق عليهم مدراء فاعلون وجيدون وإن الغالبية العظمى من مدراء الأعمال الصغيرة هم مدراء عاديون. كما يلاحظ أيضاً ليس جميع الرياديون هم مالكين لأعمال صغير، فهناك عدد كبير منهم يعملون في شركات كبرى ضمن أطر أكثر إبداعية تتاح لهم في هذه الشركات.

إن هذه الشركات الكبرى بحاجة إلى تنمية الروح الريادية والسلوك الريادي المتجدد، هكذا أصبحت الريادة الذاتية (Entrapreneurship) والتي تصف سلوك ريادي يلعبه الأفراد أو الوحدات التنظيمية الفرعية في هذه المنظمات الكبيرة وتستطيع من خلاله تعزيز الأفكار الجديدة المؤدية إلى سلع جديدة باستمرار. إن المنظمات الكبيرة وبسبب الآليات الرسمية والبيروقراطية فإن الروح الريادية والسلوك الريادي يصبح ضعيفاً، لذلك حاولت إدارات هذه المنظمات أن تعمل وفق أسس الأعمال الصغيرة، لذلك أوجدوا وحدات صغيرة فعالة تسمى (Skunk works) وفيها يسمح بتشكيل فرق عمل ذات قدرات إبداعية عالية مع حرية كاملة بعيداً عن جميع القيود والمحددات التي تفرضها طبيعة العمل في هذه المنظمات الكبيرة.

كما إن الريادة الذاتية تحفز باستمرار باتجاه تطوير الخصائص الريادية في العمل وتدعيم هذا الأمر بشكل مستمر، إن هذا يتم من خلال وحدات تسمى حاضنات الأعمال (Business Incubators)، وهذه متخصصة بتقديم الدعم والإسناد سواء بشكل مواد، تجهيزات، مكان العمل، فحص الأفكار الإبداعية، استشارات فنية أو إدارية لبدء عمل صغير لتطوير منتج بناء على فكرة ريادية.

*** الريادة الذاتية**

Entrapreneurship

تمثل مجمل السلوك الريادي الذي يلعبه الأفراد العاملون والوحدات الفرعية في منظمة أعمال كبيرة الحجم.

*** وحدات السلوك الريادي**

Skunk works

وحدات فرعية تشكل فيها فرق عمل ذات قدرات إبداعيه عالية وروح ريادية يسمح لها بالعمل بكل حرية بعيداً عن قيود ومحددات تنظيمية وإدارية في المنظمات الكبيرة.

*** حاضنات الأعمال**

Business Incubators

وحدات متخصصة توفر التسهيلات والمستلزمات وتقدم الخدمات والاستشارات لمساعدة الأعمال الصغيرة على الانطلاق.

وإذ ترغب الدول والمؤسسات التي تشجع إقامة الأعمال الصغيرة، أن يكون مالكي هذه الأعمال رياديون بخصائصهم الشخصية وسلوكهم الإداري والتنظيمي، فإننا نجد أيضاً من يمتلك عمل صغير لكنه لا يحمل معطيات الريادة الشخصية أو السلوكية، أو أن البعض الآخر منهم كان ريادياً عند بدء العمل ولكنه أصبح مديراً عادياً بحكم الممارسة الإدارية الطويلة.

وفي الدول النامية بشكل عام والعربية بشكل خاص، فإننا نجد قلة أعداد الأفراد الرياديون وإن أغلب المالكين والمديرين في الأعمال الصغيرة والمتوسطة هم عاملون عاديون يحاولون جاهدين جعل هذه الأعمال رابحة ومستمر. إن المؤمل هو هذه النقلة النوعية التي تجعل البعض من هذه الأعمال الصغيرة منظمات يشار لها بالبنان كما هو عليه الحال في الدول المتقدمة لتنعكس ايجابياً على واقع اقتصاديات بلدانها. ويلاحظ أيضاً شيوع المفاهيم الخاطئة حول الريادة والأعمال الصغيرة بين الشباب العربي.

ففي دراسة استطلاعية في مصر (**رزق الله**: 1997) تبين وجود مفاهيم خاطئة كثيراً حول بدء الأعمال الصغيرة، وقد اعتبر المال هو الأساس في قيام هذه المشاريع في حين يشير واقع الحال إلى الأعداد الكبيرة من حالات الفشل وهدر الأموال (**أبو ناعم**: 2002: 36، 55). هنا فإن أحد أهم الخصائص الريادية مفقودة ولا يتم تطويرها، حيث الاعتقاد بأن حياة الفرد يتحكم بها كثيراً جانب الحظ والقضاء والقدر المحتوم والنصيب والقسمة وليس الجهد والمثابرة الشخصية، ويعبر عن هذا التوجه باعتباره سيطرة وتحكم ذات تموضع خارجي (external locus of control).

على عكس ذلك فإن الريادة تتطلب خصائص فرد يرى أن النجاح يعتمد على الجهد الذاتي، بمعنى سيطرة وتحكم داخلي (Internal locus of control) (**Brockhaus and Horwitz** : 1986: 25-48)

*** تحكم تواجد خارجي**
external locus of control
الاعتقاد بأن حياة الفرد يتحكم ويسيطر عليها كثيراً الحظ والقضاء والقدر وليس الجهود الشخصية لهُ.

*** تحكم تواجد داخلي**
Internal locus of control
الاعتقاد بأن نجاح الفرد يعتمد على جهوده الذاتية.

* التنـــوع Diversity

أصبحت المنظمات اليوم أنظمة مفتوحة على بيئة معقدة شديدة المنافسة وكبيرة الاختلاف. ورغم أن المنظمات المتوسطة والصغيرة الحجم تجد نفسها في الأعم الغالب تمارس نشاط محلي أو إقليمي، لكن المنظمات الريادية من بينها تحاول أن تجد أسواق أوسع لتصبح عالمية الاتجاه مستفيدة من إمكانية الاتصال بالزبائن في إطار التسهيلات التكنولوجية الحديثة والانترنت. هذا يعني ضرورة فهم التنوع الثقافي الموجود في هذه البيئات. من جهة أخرى فإن المنظمات المتوسطة والصغيرة تجد نفسها وبحكم السلوك الريادي إلى توظيف قوة عمل ماهرة وبداعية ومختلفة، وبالتالي يصبح التنوع (Diversity) حقيقة موجودة فيها يتطلب الأمر الاستفادة منه

*** التنوع Diversity**
مجمل الاختلافات الموجودة بين العاملين كأفراد أو مجموعات أو وحدات تنظيمية من حيث خصائص عديدة كالجنس والعمر والدين والعرق والانتماء السياسي أو التوجهات والسلوكيات وغيرها.

* **التنوع الثقافي**

Multiculturalism

قدرة المنظمة على احتضان التعدد والاختلاف واحترام التنوع في الموارد البشرية فيها.

لغرض النجاح. إن التنوع مصدر مهم لأداء أفضل ونجاح وتميز عالي للأعمال اليوم وذلك لأنه يؤطر ويدمج ويمازج المهارات والمعارف لعدد من الناس المختلفين في قدراتهم وقابليتهم، وهذا يعطي المنظمة إمكانية وقدرة في التعامل مع التعقيد وعدم التأكد في البيئة المعاصرة (**العامري والغالبي:** 2007: 129-130). وإذا استطاعت منظمة الأعمال المتوسطة أو الصغيرة على احتضان الاختلاف والتنوع والتعدد واحترامه في قوة العمل فأنها ستكون منظمة ذات تنوع ثقافي (Multiculturalism) وسينعكس ذلك ايجابياً على الأداء. هنا يجب ملاحظة أن التنوع لا يرتبط بالعدد فقط، فقد تكون منظمة متوسطة أو صغير أكثر تنوعاً ثقافياً من منظمة أكبر منها حجماً، بسبب الروح الريادية والتميز لدى العاملين فيها.

هكذا أصبحت المنظمات تحصل على ميزات ومزايا ايجابية من خلال:

- **التعددية**، يساهم الجميع سواء كانوا نساء أم رجال، أكثرية أم أقلية بوضع السياسات والأهداف وتحديد القيم الرئيسية للعمل.
- **التكامل الهيكلي**، تكون النساء والأقليات ممثلة في جميع الوظائف والمستويات الإدارية دون تمييز، بل الكفاءة والروح الريادية هي الأهم.
- **التكامل مع مجاميع غير رسمية** ودعم المسار الوظيفي للنساء وأعضاء الأقليات في المنظمة.
- **غياب الأحكام المسبقة والتمييز** وتوجيه أنشطة التدريب على معرفة التعامل مع التنوع وإزالة الفوارق والتحيز المرتبط بخصائص لا علاقة لها بالأداء والانجاز والنجاح.
- **تقليل الصراع السلبي** بين المجاميع والأفراد بفضل الفهم والوعي بالتنوع والاختلاف.

* الريادة والتنوع Entrepreneurship and Diversity

إن عدم ارتباط الريادة بجنس معين أو عرق أو دين أو قومية جعل من التنوع والتمايز والاختلاف ذو مردود ايجابي لمنظمات الأعمال إذا أحسن التعامل مع هذا التنوع. وقد لاحظنا في فقرة أهمية منظمات الأعمال المتوسطة والصغيرة إن هناك فائدة مهمة لهذه المنظمات تتمثل في إيجاد التنوع الثقافي في الاقتصاد حيث الأعمال المملوكة من قبل الأقليات والنساء ومختلف شرائح المجتمع. كما أن هذه الأعمال تحافظ على الفولكلور الشعبي والصناعات التراثية، وهذا التنوع يعطي غنى كبير للاقتصاد وتنوع حضاري وتوسيع قاعدة المشاركة والبناء الاجتماعي ورضا معنوي ونفسي وتقليل الاضطرابات بالمجتمع والعوازل غير المستندة إلى أسس موضوعية.

لقد أشارت إحدى الدراسات في الولايات المتحدة إلى ارتفاع نسبة النساء اللاتي يملكن أعمال (توجهات ريادية) من (22%) إلى (38%) للأعوام من (1976) لغاية (2000) (**Walthall:** 2001: 3) وفي نفس تلك الفترة ارتفع العائد للنساء المالكات أعمال بنسبة (33%) قياس لارتفاع العوائد بنسبة (24%) في جميع الأعمال. ويلاحظ كذلك دخول النساء في صناعات غير تقليدية مع خطط طموحة لتوسيع هذه الصناعات وزيادة النمو والأرباح (**Longenecker et al**: 2006 : 12). كذلك أشارة المؤسسة الوطنية لسيدات الأعمال الأمريكية (NEWBO) إلى أن سيدات الأعمال أقمن أعمالهن الخاصة بعد تركهن العمل في منظمات أعمال كبرى أو إدارات حكومية لأسباب عديدة في مقدمتها عدم الاحترام الكامل لقدراتهن أو بسبب السقف الزجاجي (Glass Ceiling). أو الجدران الزجاجية (Glass Walls) أو التحرش الجنسي في مكان العمل (Sexual Harassment). وتشير نفس المؤسسة إلى أن الأقليات العرقية ازدادت نسبة الأعمال التي تملكها بشكل كبير، وأن العديد منها هي أعمال ريادية ناجحة.

وهكـذا يبـدو أهميـة الـترابط والعلاقـة بـين التنـوع وإيجـاد ثقافـة تحتضـن هـذا التنوع وازدياد مستويات السلوك الريادي في منظمات الأعمال المتوسطة والصغيرة.

* **السقف الزجاج**
Glass Ceiling
حاجز غير مرئي يمنع أو يعيق تقدم النساء أو الأقليات من الوصول إلى المناصب الإدارية العليا.

* **الجدران الزجاجية**
Glass Walls
حواجز غير مرئية تمنع أو تعيق الأقليات أو النساء من الاستعارة من الامتيازات المتاحة في نفس الموقع الوظيفي.

* **التحرش الجنسي في مكان العمل**
Sexual Harassment
التجاوز أو التطاول اللفظي أو السلوكي ذي طابع جنسي يوجه بشكل خاص للنساء العاملات في المنظمة.

انسجام الأفعال وبناء الفريق **Actions Harmony and Team Building**

إن نجاح منظمات الأعمال المتوسطة والصغيرة، تتجسد بعمل تتابعي وتراكمي يساهم فيـه أعـداد من العاملين يتزايد باستمرار بسبب دواعي النمو والتوسع. وهذه الأعمال تنطلق بهذا الاتجاه بعد فترة التأسيس ووجود المنظمة من قبل المؤسس (Founder). وبذلك يصبح العمل المتوسط والصغير جـذاباً لقدرتـه العاليـة عـلى توليـد الأربـاح للمالكـين. وهنـا يكـون بنـاء الفريـق الريـادي (Entrepreneurial team) ضرورة بعد أن تتكامـل المجهـودات وتوضـع في توليفـه إبداعيـة مناسـبة بحيث يعمل هؤلاء الرواد لمسعى موحد. في إطار هذا الأمر فأن المواهب والمهارات والموارد لاثـنين أو أكثر من الرياديين تركز باتجاه غاية ومسعى موحد. في هذه الفقرة سيتم التطرق لأمـرين عـلى درجة من الأهمية وهما، معطيات الانسجام في الأنشطة والأفعـال والمـدراء والفريـق ومـا يقلقهـم بشكل أكبر بالنسبة للأعمال المتوسطة والصغيرة.

* **المؤسس (للعمل)**
founder
الريادي الذي يعطي المنظمة الجديدة وجودها الحقيقي.

* **الفريق الريادي**
Entrepreneurial team
اثنان أو أكثر يعملون مع بعض كرياديين باتجاه مسعى واحد.

* **معطيات انسجام الأفعال** **Data action harmony**

كثيرة هي معطيات انسجام أفعال الفريق الإداري في منظمات الأعمال، لكن هذا الانسجام ليس أمراً سهلاً ويأتي تحصيل حاصل للفعل الجماعي المشترك، أنه يحتاج إلى جهود إبداعية وريادية في العديد من المواقف التي تجد منظمة الأعمال المتوسطة والصغيرة نفسها في كنفها. وندرج أدناه أهم تلك الجوانب بشكل مختصر.

-**اختيار الأولويات** **Priorities choice**

حالما تظهر المنظمة للوجود وتتعامل مع أطراف مختلفة خارجية فأن حواراً مستمراً وتبادل المنافع يجري باستمرار مع هذه الأطراف والتي يعبر عنها بأصحاب المصالح (Stakeholders) الخارجيين مثل المجهزون، والمنافسون، والزبائن، والدولة، والبنكيون (الممولون) والمساهمون وغيرهم لاحظ الشكل (1-5).

* **أصحاب المصالح**
Stakeholders
أفراد أو منظمات تستطيع التأثير أو التأثر بأداء منظمة الأعمال المتوسطة أو الصغيرة.

شكل (1-5)
أصحاب المصالح الخارجيون الرئيسيين للمنظمة المتوسطة والصغيرة

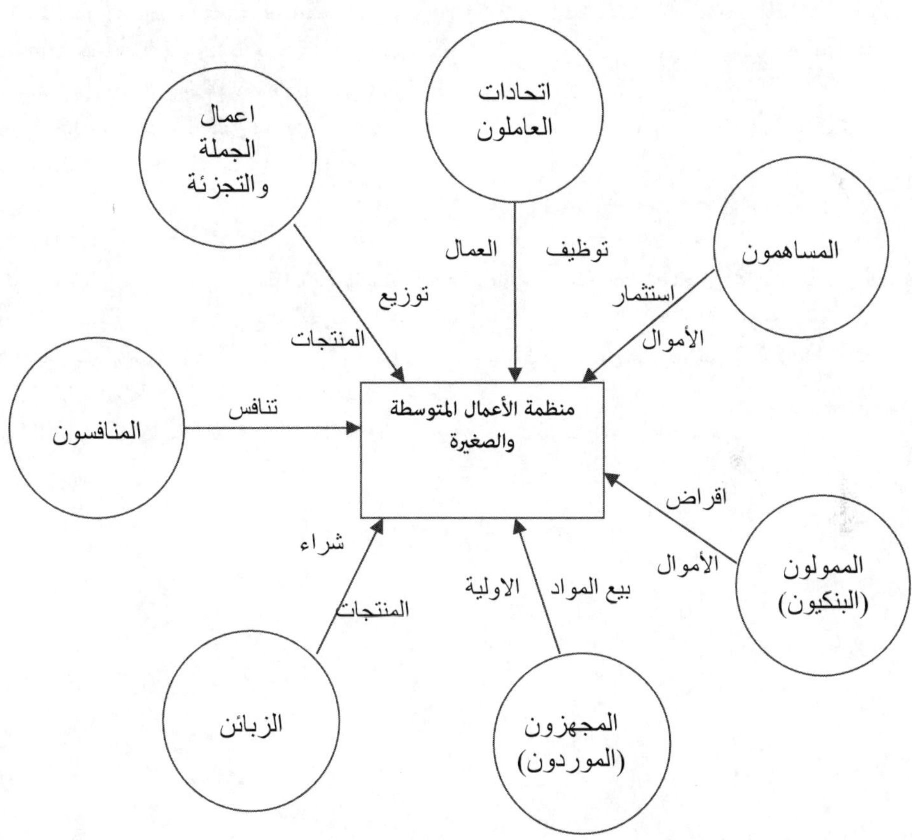

في جميع قراراتهم المهمة يجب على المدراء الأخذ في الاعتبار ردود الأفعال لهذه الأطراف لكونها مؤثرة على حياة المنظمة ومستقبلها، ويجد الفريق الإداري ومدير المنظمة نفسهُ في العديد من المواقف التي تتطلب عمل خيار وإعطاء تحكيم للاشتراطات والمتطلبات المتقاطعة والمتضادة لهذه الجهات التي تضغط بوسائل وطرق مختلفة على سلوك المدراء وبالتالي المنظمة. هكذا الحال عند تفضيل مجهز مهم أو مساهم رئيسي في قضايا معينه بالضد من مقترحات الممولون، أو يتم الاحتفاظ بالأرباح دون توزيع على المساهمين لزيادة قدرة التمويل الذاتي للمنظمة المتوسطة والصغيرة. وهكذا، فأن كل قرار متخذ اتجاه طرف أو جهة من أصحاب المصالح الخارجيين لهُ تأثير عاجلاً أو آجلاً على واحد أو أكثر آخرين. هذا الأمر يتطلب أن يحتفظ المدير والفريق الإداري بنظره شمولية للأعمال تتيح إمكانية تبرير الأولوية في الخيارات المعتمدة، وهكذا فأنه باختيار الأولويات يعطي المدير الصورة الصحيحة للمنظمة وتطورها، أخذاً في الاعتبار التهديدات والفرص في البيئة الخارجية وقبل اعتماد القرارات التي تحدد مستقبل المنظمة.

- روح التحليـــــل Spirit Analysis

ما هو عملنا، وما هي صنعتنا؟، من هم زبائننا الحاليين والمستقبليين؟ إلى ماذا يحتاجون؟، ما هي سلوكياتهم في الشراء؟ عن ماذا يبحثون؟ هذه الأسئلة وغيرها تبدوا سهلة، لكنها ليست بديهيات مطلقاً. أن المنظمة يمكن أن يكون لديها رؤية واضحة لما تريد أن تعمل، لكن الأحداث والتداعيات-غير المحسوبة - والضغوط عليها قد تجبرها على تحوير أو تعديل فكرتها الأولية. إن المنظمة مستمرة بوجود زبائنها، لكن كيف يتم التنبؤ بالضبط بسلوكيات الزبائن؟. إن هذا يمثل تحدي كبير لمديري الأعمال المتوسطة والصغيرة، ويزداد هذا التحدي من سنه إلى أخرى. إن قطاعات الأعمال تعرف أن دورة حياة المنتج أصبحت قصيرة، وأن الإبداع يبقى دائماً حاجة ماسة وحيوية للمنظمة. هنا فأن قيمة المديرين وأهميتهم تتأتى في جانب كبير منها استناداً إلى قدرتهم على تحليل القيود والفرص السوقية بالإضافة إلى معرفة قوة وضعف المنظمة.

وفي الحقيقة، هناك ميل لدى مديري الأعمال الصغيرة بإعطاء أهمية أكبر للآراء بدلاً من الحقائق والوقائع. ففي مواجهة ظواهر معينه ومشاكل تواجه المنظمة، عادة ما يثار تساؤل من هو على حق؟ بدلاً من أن يبدأ المديرين بإثارة سؤال ما هي الوقائع التي تسند حقائق معينه.

- الأرباح Profit

الربح ضروري لتطور المنظمة المتوسطة والصغيرة، ويمثل الربح نتيجة الأداء المتحقق في المنظمة. إن الفريق الإداري أو المدير يفترض أن يبحث عن الربح في إطار معرفة قواعد وأسس الفشل في الأعمال لغرض تجنبها والعمل على ردم الفجوة إن وجدت. هنا يثار العديد من الأسئلة مثل، هل تم تحديد الأهداف بوضوح؟، هل السوق موجودة فعلاً؟، منتجات المنظمة هل ترضي حاجات الزبائن؟، معدات وأساليب التصنيع هل تعتبر مناسبة؟.

إن دوراً مهماً للمديرين في المنظمات المتوسطة والصغيرة يجب أن يكون واضحاً في هذا الجانب.

- **تناغم وانسجام الأنشطة** **Harmony of Activities**

كيف تنجح الأفعال وتحقق النتائج المرجوة منها؟، مع ضغوط البيئة على منظمة الأعمال المتوسطة والصغيرة وكذلك الحراك بين القوى الداخلية في المنظمة. إن كل مدير أو مسؤول في إدارته أو وحدته التنظيمية يحاول أن تنجز أهدافه بشكل جيد، هكذا يحاول التصنيع إنتاج أفضل منتجات والتسويق بيع أكبر عدد ممكن من الوحدات متجاهلين في بعض الأحيان مشاكل التصنيع والخزانة. إن الأهداف، في إطار هذا التصور هو مصلحة كل نشاط على حدة، وهذه ليست دائماً متوافقة مع بعضها البعض.

شكل (6-1)
انسجام وتناغم الأنشطة

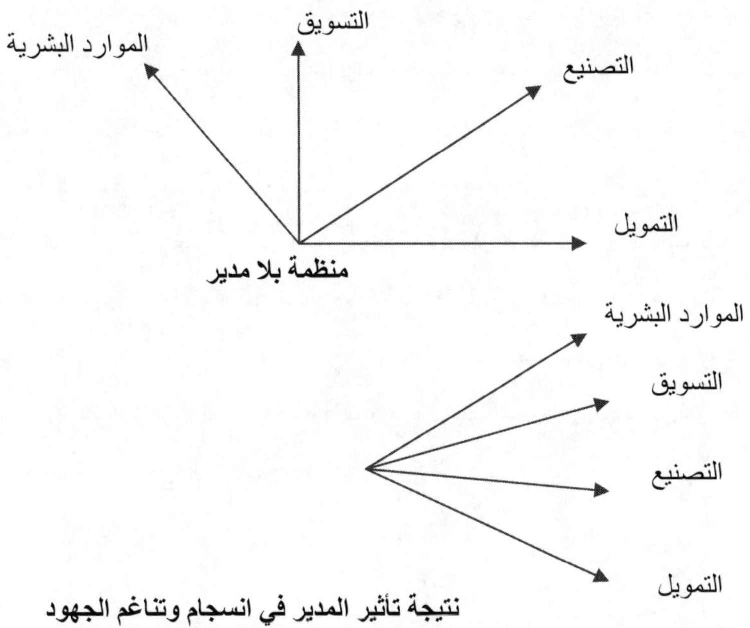

إن المدير وفريقه الإداري تقع عليه مسؤولية توحيد الجهود وإيجاد انسجام بين الأنشطة المختلفة، وهذه مهنة المدير ومسؤوليته الأولى.

إن التناغم والانسجام يخلق في منظمة الأعمال المتوسطة والصغيرة جهد تداؤب (Synergy) عالي نتيجة تفاعل ايجابي للجهود، وهذه تأتي من السلطات الممنوحة للمدير وقابليته التنظيمية، وكذلك قدرته في الاتصال والتواصل مع الجميع لتحفيزهم ومن ثم قياس النتائج المتحققة. إن القابليات الإدارية والتنظيمية للمدير تأتي لتعزز الأداء في إطار وضع الصيغ التنظيمية للأعمال القادرة على تنفيذ الخيارات الإستراتيجية المعتمدة (**Negel** : 1984).

* **التداؤب (التآزر)**
Synergy
حالة توجد عندما تتفاعل أنشطة المنظمة وأجزائها مع بعضها لإيجاد تأثير ايجابي مشترك يفوق عمل هذه الأنشطة والأجزاء منفردة.

* بنـــاء الفريق **Team Building**

المنظمة قبل كل شيء عدد من الأفراد يعملون مع بعض لانجاز أهداف مشتركة. إن وحدة وتوحد هؤلاء الأفراد يعتبر عامل أساسي في تحقيق النجاح من خلال أداء أفضل تتصاعد وثائرة باستمرار. هكذا يعبر العديد من المديرين في الأعمال المتوسطة والصغيرة بكلمات بليغة عن هذا المضمون، فهذا مدير ومالك أحد الأعمال الألمان يعبر عن نجاح أعماله بالقول " يرجع الفضل، وأنا مدين في نجاح أعمالي لكوني محظوظ لأنني محاط برجال ونساء سعداء جداً بعملهم مع بعض ويتجاوبون بالعمل كما تتجاوب أصابع اليد الواحدة. إن هذا الأمر ليس سهل التحقق دائماً، بل العكس لغرض الوصول إلى الحالة السابقة الموصوفة بكلمات رجل الأعمال الألماني والمدير في نفس الوقت تخفي خلفها جهود جبارة تبذل من قبلهِ وكذلك من قبل جميع المسؤولين للوصول إلى حالة انسجام في فريق العمل تجعل هذا العمل ممتع ومثمر وهادف للجميع. هذا ما يفترض أن يركز عليه مدراء الأعمال المتوسطة والصغيرة، بجهود حثيثة في المنظمات لدينا، حيث أن هذه المهمة إذا لم يؤديها المدير فأنها تجعل من الجهد المبذول والوقت المنفق والموارد المكرسة مجرد مضيعة وهدر ويؤدي إلى تراجع المنظمة.

- فوائد الفريق **Team Advantages**

ضمن الفلسفات الإدارية الحديثة نتحدث اليوم عن الفريق المدارة ذاتياً (Self Managed Team) وهذا الفريق يحوي أعضاء لانجاز مهمة أو مهام وبأدنى مستوى من الإشراف والتدخل من قبل المدراء، حيث الثقة العالية بإمكانات وقدرات الأعضاء والروح المعنوية العالية لديهم للإنجاز والعطاء. هنا فأن الإدارة تمكن العاملين من أقصى حالات المشاركة فعاليه، وليس مجرد مشاركة شكلية لا تستند إلى تمكين عالي لهؤلاء العاملين.

إن الإدارة التشاركية (Participative Management) هي إدارة تعطي العاملين الإمكانات والقدرات والتمكين (Empowerment) من ممارسة رقابة كبيرة على بيئة العمل وظروفها.

* **الفريق المدار ذاتياً**
Self Managed Team
فريق من عدد من الأعضاء لانجاز مهمة أو مهام بأدنى قدر ومستوى من الإشراف والتدخل من المديرين.

* **الإدارة التشاركية**
Participative Management
إدارة تمكن العاملين من ممارسة رقابة وسيطرة كبيرة على بيئة العمل وظروفها.

هكذا تتوقع الإدارة أعلى النتائج الإيجابية وانجاز الأهداف بأفضل الصيغ وبالتالي تطوير القدرات التنافسية للأعمال المتوسطة والصغيرة (**العامري:** 2004)، (**طه:** 2007) ، (**Shermerhorn,** 2005)، ورغم أن المنظمات المتوسطة والصغيرة قد لا تحتاج إلى فرق عمل كثيرة، إلا أنها يوجد فيها فرق بحكم وجود أعداد من العاملين ومرتبطين بصيغة العمل الجماعي المشترك. كما أن أهم فريق هو فريق الإدارة العليا للمنظمة والمسئول عن التوجهات العامة لها، وهذا يفترض أن يلعب المدير دوراً في إطاره لجعل حالة الانسجام إيجابية تنعكس على الأداء بشكل جيد وتؤدي إلى نجاح الأعمال المتوسطة والصغيرة.

*** التمكين**
Empowerment
منح وتزويد العاملين بالخبرات والتجارب وكذلك المسؤوليات التي تجعلهم يؤدون وظائفهم بفاعلية وكفاءة أكبر.

*** جلسات العصف الذهبي**
Brainstorming
جلسات مفتوحة، ضمن آليات محددة تطرح فيها الأفكار والتصورات بكل حرية من قبل الأعضاء وتهدف إلى التطوير والتقدم.

ويمكن أن نلخص فوائد الفرق بالآتي (**العامري والغالبي:** 2007 : 481-480):

- تكريس موارد أكثر لحل المشكلات سواء كانت هذه الموارد خبرات أو أفكار تطرح من قبل أعضاء الفريق.
- تحسين القابلية على توليد الأفكار الإبداعية، حيث يمكن للفريق أن يعمل جلسات للعصف الذهبي (Brainstorming) لتقديم أفكار جديدة، وهذه جلسات مفتوحة تطرح فيها الأفكار بحرية وتجرد ويعتمد الأسلوب على قواعد وآليات محددة، (**Osborne :** 1962)، (**Parnes:** 1962**)**.
- تحسين الالتزام العالي تجاه العمل والمهام.
- تحسين عملية صنع واتخاذ القرارات وجودة هذه القرارات.
- تحفيز أعلى من خلال الأفعال المشتركة وتنمية روح التعاون.
- رقابة ونظام أكثر في مكان العمل.
- إشباع أكبر لحاجات الأفراد وبالتالي مزيد من الرضا عن العمل.

- ما يقلق مدراء الأعمال المتوسطة والصغيرة Small and Medium Business Manager Concers

كثيرة هي الجوانب في العمل والتي يمكن أن تقلق المديرين في المنظمات المتوسطة والصغيرة، وربما يكون هذا القلق مشروعاً إذا كان مدعاة إلى عدم فقد التوازن والتفكير العلمي لكي يصار إلى الأخذ في الاعتبار هذه الجوانب لكونها ذات أثر كبير على الأداء ومستقبل المنظمة ونموها وتطورها. وفي واقع الحياة العملية وعند سؤال مديري الأعمال المتوسطة وبالأخص الصغيرة عما يمثل لهم تحدي كبير ويسبب قلقاً، نجد أن الغالبية العظمى من هؤلاء المديرين يعطي قائمة طويلة بسبب فقدان حالة وضوح الأولويات كما ذكرنا سابقاً، ففي دراسة قام بها باحثون من فرنسا حول ما يقلق المديرين وأصحاب الأعمال المتوسطة والصغيرة في عدد من الدول الأوربية، وجد

هؤلاء الباحثين أن هناك (12) اثنى عشر أمراً هم الأكثر تردداً (Horovitz and Pitol-Belin :1984: 12)؛ نلخصهم في أدناه:

لدى مالكي ومديري الأعمال المتوسطة والصغيرة خوف وقلق من:

1- الوقوع في الخطىء	* أن المعروف بأن الخطىء مرتبط بالفعل والعمل، لذلك لا داعي لتقديم الخوف من الخطىء، إذا ما اعتمدت أسس سليمة وصحيحة في النشاط.
2- ممارسة قيادة الآخرين	* يرجع هذا إلى الاعتقاد بأن السلطة اليوم غير مقبولة في حين يشير واقع الحال بأنها غيرت شكلها ومظهرها ومحتواها.
3- التفويض	* أن التفويض يتطلب أولاً الأعداد والتمكين والتأهيل والاطلاع، وليس بخس قدرات الأفراد العاملين .
4- أن لا يكون المدير على قدر المسؤوليات المناطه به.	* لكون السلطة يعترض عليها، إذاً من يكون مديراً أو رئيساً بحق وحقيقة قد أعد نفسه لمسؤوليات كبيرة وعظيمة وليس لعمل روتيني عادي.
5- أن لا يكون مطلع أو خبير.	* قد يكون سبب ذلك أن المدير لا يأخذ الوقت الكافي للإطلاع والاستعلام وتراكم الخبرة، كما أن الفعل يتناسب مع الحدث الواقع.
6- النقابات.	* كيف يمكن أن نحكم العلاقات ونديرها مع النقابات؟ وجدت النقابات للدفاع عن حقوق العاملين ثم أصبحت مسيسه، هل هم أكثر منا دفاعاً عن حقوق مواردنا البشرية.
7- العاملين	* هل يقدروني كمدير؟ هل يفهموني وسلوكياتي في العمل؟ أن قدرة الاتصال والتواصل وبناء فريق عمل متناغم ومتماسك يذلل العقبات.
8- الصيرفي أو الممول	* هل يقبل المصرفي أو الممول مرة أخرى تقرير لتأجيل الاستحقاق، دون ضمان أو على المكشوف؟ إن تأطير العلاقة الجيدة مع الممول يعطي قدرات مالية تكون الأعمال المتوسطة والصغيرة بحاجة ماسة لها.
9- المنافسون	* يجب العمل على التنافس بكل جد ومثابرة، ولا يجوز الانتظار والتردد، لموقف مشترك يرضي الجميع.

10- استقطاب معاون أو مساعد أكثر مقدرة وقابليات من المدير أو صاحب العمل ويسمح لهُ بالتقدم بسرعة.

11- أخذ وقت كافي للتفكير
* يعتقد أغلب المديرين أنهم لا يعملون شيء أثناء هذا الوقت. يرتبط هذا الأمر بكون المدراء والمالكين في الأعمال الصغيرة هم من ينفذ بشكل مباشر وبالتالي يجد صعوبة في تكريس وقت للتفكير، يجب التغلب على هذه الإشكالية فالتفكير مهم جداً قبل بدء العمل والتنفيذ.

12- معرفة ضعفه واخطاءة.
* لأن السياسة التي يضعها جيدة، فلا يقبل التصريح والاعتراف بما يعرفه الجميع داخل المنظمة.

إذا كانت هذه الجوانب هي ما يثير خوف وقلق المالكين والمديرين في منظمات الأعمال المتوسطة والصغيرة في بعض الدول الأوربية، وهي بحق جوانب مهمة وجديرة بالعناية فأن الوضع في دولنا العربية والإسلامية يحتاج مزيد من البحوث والدراسات الميدانية لتحديد ما يقلقهم ومن ثم وضع البرامج التدريبية لتحسين وتطوير قابليتهم ومهاراتهم للتعامل مع هذه الجوانب. كما يلاحظ أن هناك موضوعية في تأشير جوانب الخوف والقلق لدى المديرين الأوربيين حيث القلق من نقص الخبرة والقدرة في الممارسة الإدارية والتنظيمية (القيادة، التفويض، المسؤوليات، التفكير) أو التعامل مع الأطراف المهمة (النقابات ، المنافسون، المولون).

كذلك هناك العديد من المشكلات التي تواجه الأعمال الصغيرة بصورة عامة، بمعنى أن هذه المشاكل ترتبط بجوانب البدء بالأعمال الصغيرة وإعدادها، وليس فقط ما يرتبط بقدراتها الإدارية وممارساتها التنافسية، لقد نشر الباحثان(**عفانه وأبو عيد**: 2004: 248 - 249) قائمة طويلة بأهم تلك المشاكل والإشكالات التي تواجهها الأعمال الصغيرة في الأردن. وربما تكون هذه وعوامل أخرى أهم ما يثير قلق مدراء ومالكي الأعمال الصغيرة في البلدان العربية.

مجالات تواجد الأعمال المتوسطة والصغيرة

Sectors Attracting small and Medium Business

قبل البدء بعرض المجالات والقطاعات التي تتواجد وتعمل فيها منظمات الأعمال الصغيرة، سيتم استعراض منهجية للتصنيف أكثر ملائمة لهذه الأعمال المتوسطة والصغيرة.

* منهجية تصنيف للأعمال المتوسطة والصغيرة

Typology for small and medium organizations

منظمات الأعمال المتوسطة والصغيرة هي في حقيقة الأمر عنوان يحتوي في إطاره العديد من المنظمات المختلفة في شكلها وخصائصها ومجالات عملها في جميع دول العالم. هذه المنظمات ضرورية للاقتصاد ويجب أن تطور ويعار لها أهمية كبيرة وخاصة من قبل جهات متخصصة في الدولة. وفي العادة يُستخدم مفهوم الأعمال الصغيرة والمتوسطة كتلة متجانسة تُعرض قبالة الشركات والأعمال الكبيرة، وهكذا فأن هذه الكتلة تعامل بطرق موحدة أو متقاربة، سواء كانت منظمات صناعية أو مؤسسات مالية أو خدمية أو غيرها. إن التعامل يجري وفق منهج اختياري قائم على أسس جغرافية أو قطاعية وليس ارتباطاً بالخصائص الحقيقية الفعلية لكل منظمة من المنظمات المتوسطة والصغيرة، من هنا يُركَزّ على خصائص عامة- كما ذكرنا سابقاً- وهذه الخصائص العامة مع خصائص أخرى سنذكرها هنا تعطي الإمكانية للتعامل معها ككتلة متجانسة بحدود معقولة. إن أهم هذه الخصائص ما يلي:

- اعتبارها منظمات إنتاج، لكون المديرين يطورون المنظمة وبنجاح من خلال منتج مختلف بالنوعية، أو السعر، أو الأصالة. كما أن المديرين وبسبب ضغط الأفعال اليومي يتولد لديهم تركيز على المدى القريب على حساب الاهتمام بتطوير الاستثمار للمدى البعيد.
- بشكل عام ينقص مدراء هذه المنظمات معرفة إدارية متكاملة وعلى وجه الخصوص في الجانب التسويقي (قلة معرفة بالأسواق وبالتحديد في التصدير)، كذلك التمويل فالعديد من هذه الأعمال يُمْوَل استثمارات للمدى البعيد بواسطة تسهيلات مالية للأمد القصير.
- تواجه في الغالب مشاكل مالية مهمة.

وخلف هذه النظرة العامة توجد العديد من الإشكالات والمشاكل المختلفة والمتنوعة وفق اعتبارات البلدان والقطاعات التي تعمل فيها وغير ذلك. ويصبح القول أن كل منهجية عامة لدراسة المنظمات المتوسطة والصغيرة الحجم يعتريها نواقص ويثار ضدها انتقادات عديدة. لقد طور بعض الباحثين (Galliano : 1976 :99 -108)، (AIT ELHadj et Bidault: 1979)، (Horovitz:1984) تصنيف قائم على بعدين، هما الأسواق التي تتواجد فيها وتخدمها المنظمة (محلي، إقليمي، وطني، دولي)، وطراز أو نموذج المنتجات (حسب الطلب (عقود)، غير متنوع (متشابه)، عالي التخصص).

هنا يمكن أن يوجد ثلاث أصناف من المنظمات مختلفة في توجهاتها وتركيزها وكذلك في طبيعة المشاكل التي تواجهها:

- مقاولي - الداخل.
- الأعمال المتوسطة والصغيرة في الأسواق الإقليمية والوطنية بدون ميزات تنافس محددة.
- الأعمال المتوسطة والصغيرة ذات التخصص العالي.

ويعرض الجدول (A-1) تصنيف وتوجهات هذه الأعمال المتوسطة والصغيرة.

جدول (A -1)

منهجية تصنيف للأعمال المتوسطة والصغيرة

تراجع التوجه العائلي ....

تراجع المنظور المحلي ....

غير عائلي ديناميكي	ليس بالضرورة عائلي تنافسي وطني	عائلي قليل النزوع نحو النمو وقليل الديناميكية	عائلي قليل النزوع نحو النمو	المنظمة التوجهات السوق صنف النشاط		
دولي		أقليمي	محلي			
		مشكلة موارد بشرية (التأهيل للعاملين قبل المتطلبات اللازمة)	مشكلة موارد بشرية	مقاولي الداخل (الباطن)	يعتمد على زبون مهم (استدلال قصير الأمد)	تفكير قصير الأمد
	مشاكل • تسويق • تشريعية وقانونية • إنتاجية	مشكلة انتاج ومشاكل مالية	مشكلة الانتاج (امداد وتجهيز المواد الأولية)	سوق تنافسي	قليلة التنويع للمنتجات، قليلة الميزات التنافسية	
مشاكل • تمويل للصناعات المتوسطة والصغيرة • ضريبة للصناعات المتوسطة والصغيرة الأكبر حجماً	مشاكل • تسويق • تمويل وللأمد الطويل			سوق تخصص عالي جداً	منظمات مستقبل واعد بالنمو (استدلال طويل الأمد)	تفكير طويل الأمد

تزايد مهنية الإدارة ....

تزايد ديناميكية الأعمال ....

- محلي، المنظمة تغطي سوق محدود لمنطقة واحدة متقاربة (محافظة واحدة).
- اقليمي،المنظمة تغطي سوق يتكون من مجموعة محافظات(مناطق) على صعيد بلد ما.
- وطني، المنظمة تغطي وتعمل في سوق دولة كاملة.
- دولي، المنظمة تعمل وتغطي أسواق في أكثر من دولة.

وإذا كان مدراء الأعمال المتوسطة والصغيرة ذوي نظرة ورؤية قصيرة الأمد بشكل عام، فأن الاستدلال يبدو للأمد القصير أكثر كلما كان العمل مركزاً على مقاولي الباطن والتي تعتمد على زبون مهم تعقد لصالحة صفقات بشكل عقود مؤقتة أو دائمة. ونجد عكس ذلك كلما اتجهت الأعمال لأن تكون عالية التخصص والاختصاص فأن مدرائها يعطون أهمية أكبر للنمو والتنافس والاستدلال طويل الأمد. أن منظمات المقاولات الداخلية لديها ميل وموهبة وتوجه محلي أو إقليمي، في حين تكون منظمات التخصص العالي ذات توجه دولي، وهكذا كلما نحت المنظمة نحو الأسواق الأوسع (وطني، دولي) قل لديها الهيكل العائلي. إن المشاكل التي يواجهها المديرين في المنظمات المتوسطة والصغيرة تختلف استناداً إلى الأسواق المتوجه لها أو تعمل فيها والأنشطة المعتمدة كما عرضت في الجدول (A-1).

فمنظمات المقاولات الداخلية ذات السوق المحلي أو الإقليمي، إن مدراء هذه المنظمات أكثر انشغالاً بمشاكل الموارد البشرية، باعتبار أن هذه الموارد البشرية هي التي تنفذ المقاولة بالطريقة والأسلوب الذي يرضي الزبون المهم، أما بالنسبة للريادي الذي يتجه نحو السوق الإقليمية بمنتجات لا يوجد فيها تمايز أو اختلاف فأن انشغاله الأكبر ينصب على الإنتاج (**Rochet : 1981**).

أما منظمات الأعمال المتوسطة والصغيرة التي تخدم سوق وطني وتنتج منتجات تواجه منافسة شديدة أو متخصصة عالياً، فأن مشاكل التسويق هي المسيطرة وتعطي أولوية كبيرة (**Choffray and Lilien** :1980). ويلاحظ أن المنظمات ذات التخصص العالي وتمارس أنشطتها على صعيد دولي فأن قلقها الأكبر هو التمويل والمشاكل ذات الطابع المالي .

وإذا ما أردنا عرض المساعدة اللازمة لمنظمات الأعمال المتوسطة والصغيرة فيمكن القول أن هذه تعتمد على نمط المنظمة وطبيعة المشاكل والإشكالات التي تواجهها.

فالمنظمات ذات الصبغة المقاولاتية الباطنية، فأنها وبسبب حاجتها إلى موارد بشرية مؤهلة من الضروري لها أن توجد مراكز تأهيل والتي تعطي الجرعات اللازمة من التأهيل والمهارات لنجاح العاملين والعمل. هنا فإن المديرين تنصب جهودهم الأساسية على التأهيل الفني وأدوات والآلات الإنتاج المستجيبة لأداء أفضل. أما منظمات الأعمال الإقليمية فإن المشاكل المالية بشكل عام لا ترتبط بحاجتها إلى رأس مال عامل ولكن بالسيطرة على الأسعار. والمديرين في الغالب يلعبون دور محافظ، وغير المستعد لبذل جهود إضافية لغرض نمو الأعمال. أنهم-أي المديرين- يساهمون قليلاً في ديناميكية الأعمال على الصعيد الوطني، قليلي الانفتاح على الحوار مع الموارد البشرية بشأن سياسات الأعمال الرئيسية وكذلك مع النقابات. وبعض هؤلاء المديرين يرون بالمنظمة مصدر كسب يرضي حاجاتهم الشخصية. هنا فأن المشكلة الأساسية بنسبة لهم عن مشكلة إنتاج وبالأخص التزود بالمواد الأولية.

أما منظمات الأعمال الإقليمية الأكبر والتي لا ترغب بالنمو وقليلة الديناميكية فيتطلب الأمر تقوية وتغيير روح الاكتناز لديها وجعلها أكثر قبولاً لحالات المنافسة وهذا سيكون مهماً لتفعيل قدرات الإبداع والتجديد والابتكار.

وأخيراً فأن منظمات الأعمال المتوسطة والصغيرة ذات التخصص العالي وتمتاز بالديناميكية والاستدلال للأمد البعيد والأقل عائلية والمتجهة نحو السوق الدولية، فإن مشاكلها في الغالب ذات طابع مالي، وإذا ما كبرت هذه المنظمات أصبح لديها مشاكل قانونية أو ضريبية.

* قطاعات تواجد المنظمات المتوسطة والصغيرة

Sectors of Small and Medium Organizations

تشير البحوث والدراسات إلى تواجد منظمات الأعمال المتوسطة والصغيرة في أغلب القطاعات والمجالات ويندر وجود قطاعات لا توجد فيها هذه المنظمات بشكل مباشر أو غير مباشر. ويلاحظ هذا الأمر للغالبية العظمى من دول العالم الصناعي أو النامي، لاحظ على سبيل المثال (**Steinhoff and Burgess**: 1993: 7-11)، (**المنصور وجواد:** 2000: 45 – 47)، (**توفيق :** 2002: 20-23) ، (**العامري والغالبي:** 2007 : 173-174). كذلك قد يكون هناك قطاعات أكثر جذباً للأعمال الصغيرة الجديدة، لكونها واعدة في نموها وتطورها، ونشير في أدناه لأهم المجالات التي تعمل فيها المنظمات المتوسطة والصغيرة:

- منظمات الإنتاج والتصنيع Production and Manufacturing Business

توجد الأعمال المتوسطة والصغيرة، في القطاع الصناعي لإنتاج السلع الملموسة وإيجاد منفعة (Utility) للزبائن والمجتمع. والأعمال هنا هي منظمات صناعية (Manufacturing Organizations) تنتج سلع مادية ملموسة. وتلعب هذه المنظمات دوراً مهماً في الاقتصاديات الصناعية المتقدمة، أما في الدول النامية فيلاحظ قلة أعداد المنظمات الصناعية الصغيرة بسبب كون الاستثمارات في هذا القطاع تحتاج إلى رؤوس أموال كبيرة وخبرات عاليه وتقانه متطورة (**المنصور وجواد:** 45:2000). لذلك فأن الطابع الإنتاجي الحرفي أو التصنيع البسيط أو التجميع الأولي يمكن أن يكون هو السائد في الدول العربية، يضاف لذلك وجود الصناعات الفولكلورية أو التراثية. وعادة ما تخدم هذه المنظمات الأعمال والشركات الكبيرة وتتكامل بالعمل معها.

> *** المنفعة Utility**
> قابلية السلعة أو الخدمة على إشباع حاجات الزبون.
>
> *** منظمات صناعية**
> **Manufacturing Organizations**
> وهي منظمات تنتج سلع مادية ملموسة.

ويوجد العديد من المنظمات المتوسطة والصغيرة في مجالات:

- **التصنيع والتجميع:** وهذه تنتج سلع نهائية وتستخدم مواد أولية لتكون واحدات منتجة ملموسة وذات طبيعة خاصة؛ أو تجمع مكونات طورت من قبل منظمات أخرى لتشكل منتجات للزبائن أو منتجات صناعية. التصنيع والتجميع تعطي منفعة بشكل ما للمنتجات وتجعل منها ممكنه الاستخدام للزبائن. إن

هذه المنتجات توزيع للمستهلك النهائي مباشرة أو من قبل آخرين، منظمات جملة، وكلاء، سماسرة وفي بعض الأحيان من قبل تجار التجزئة.

- **التعدين والتقطيع**: منظمات تستخرج المواد الأولية من الأرض، العديد منها تجري عمليات تحويل لما تستخرجه في حين يبيع البعض الآخر هذه المواد الأولية إلى المنظمات الصناعية الأخرى ومنظمات التصفية والتكرير أو لتجار لإيصالها إلى الزبون النهائي.
- **النجارة وتصنيع الأخشاب**: منظمات تحصد وتقطع الأخشاب من الغابات بعضها يصنعها من خلال عمليات النجارة بشكل منتجات مختلفة مثل رقائق الخشب أو الورق وبعض المنظمات تبيع الأشجار كمادة أولية أو تصدر إلى بلدان أخرى.
- **صيد الأسماك**: منظمات تجني الأسماك وموجودات البحر الأخرى، أو من البحيرات، أو الأنهار ثم تهيئ ذلك للاستخدام البشري أو تبيع الصيد لمنظمات أخرى تجري عليه عمليات مختلفة ويصبح جاهزاً للزبائن.
- **الزراعة**: منظمات تنتج جميع أنواع وأصناف الفواكه، المكسرات، الخضراوات، الحبوب. وغيرها، الحقول ومربي الماشية ينتجون الأبقار، الأغنام، الماعز ومختلف أنواع الطيور والدواجن وغير ذلك من اللحوم أمثال الجاموس والخيول والإبل وأيضاً طيور الصيد، الأعشاب، الأصواف، الزراعة والغرس الطبي الدوائي، الجلود والدباغة، الفراء، القطن والكتان، الألياف والخيوط، نباتات الزينة، الورود، العصائر والمشروبات، بصيلات الأشجار وغير ذلك الكثير.

- منظمات التوزيع والنقل Distribution and Transportation Organizations

ويشمل هذا أنواع من الأعمال على درجة كبيرة من الاختلاف والتنوع مثل تجارة الجملة وتجارة التجزئة وخدمات النقل والمواصلات. إن منظمات البيع بالجملة توزع السلع الاستهلاكية والصناعية لمنظمات أخرى، وهذه المنظمات على قدر كبير من الأهمية لإيجاد القيمة الاقتصادية للمنتجين وأعمال تجارة التجزئة التي توصل السلع إلى المستهلك النهائي. إن منظمات هذا القطاع تركز بشكل عام على حركة وانتقال السلع والخدمات من المنتجين إلى المستهلكين. وهذا المجال من أوسع المجالات لأن الجهات الحكومية لا يمكن لها أن تغطي مثل هذه الأعمال لذلك فالفرص متاحة وأجزاء مهمة من السوق (Niches) تبقى غير مغطاة وغير مخدومة بما فيه الكفاية من قبل المنظمات الكبيرة (**العامري والغالبي:** 2007: 173) يبادر الرياديون لإقامة أعمالهم الصغيرة التي قد تكون خدمات متكاملة أو محدودة لذلك نجد الوكلاء والسماسرة وعارضي خدمات التوظيف وغيرهم.

أما منظمات التجزئة فهذه تشكل النسبة العالية من المنظمات الصغيرة في هذا القطاع المهم. إنها تبيع جميع أنواع المنتجات وتقديم جميع الخدمات المطلوبة لبيع هذه المنتجات. وتعتبر التجزئة مجال المعرفة للرواد الجدد الذين يحاولون إقامة أعمالهم وتقديم شيء مختلف ومتميز.

أغلب منظمات تجارة التجزئة تحصل على المنتجات من منظمات الجملة والوسطاء أو منظمات توزيع أخرى وبالطريقة التي يمكن للمستهلك النهائي أن يستفيد منها. وظيفة تجار التجزئة هو إعطاء منفعة مكانية تضاف لقيمة المنتج.

- منظمات الخدمات Services Organizations

إن الغالبية العظمى من الأعمال الصغيرة توجد في قطاع الخدمات ويصل إلى نصف مجموع الأعمال الصغيرة في الولايات المتحدة الأمريكية. وهذه المنظمات تظم خدمات متعددة مثل الصحة والخدمات الطبية والمطاعم والفنادق وخدمات التنظيف وخدمات تصليح الأجهزة على اختلاف أنواعها وغيرها من الخدمات الأخرى. ويمكن لمنظمات الخدمات أن تقدم خدماتها إلى الشركات الصناعية الإنتاجية، مثل الخدمات المحاسبية والاستشارية والقانونية أو تصليح الأجهزة والمعدات، تنظيف الملابس وغيرها (**أبو ناعم:** 2002: 28).

كذلك توجد المنظمات المالية، وهذه منظمات متوسطة وصغيرة، مثل البنوك التجارية والمؤسسات المالية، مؤسسات الرهون، وبيوت الحسومات والخصم ومؤسسات الإقراض من مختلف الأنواع. هذه المنظمات الخدمية المالية تجهز السيولة والنقد اللازم لتمويل العمليات الصناعية والتجارية للمنظمات الأخرى أو للأعمال الصغيرة والمتوسطة.

إن احتياجات كافة المنظمات والأعمال إلى المال ساهم في ازدهار هذه المنظمات المالية الصغيرة في الاقتصاديات المتقدمة، فالتسهيلات المصرفية وفحص الحسابات والقروض لتمويل المخزون وشراء المعدات وغيرها أعطت الإمكانات الواسعة لتطور هذه الأعمال.

- منظمات البناء والتشييد Construction Organizations

توجد العديد من الأعمال الصغيرة والمتوسطة في هذا القطاع الحيوي، وتعمل هذه المنظمات في مجال المقاولات والبناء وترميم المباني وإقامة المطارات وطرق السكك الحديد والجسور والإنشاءات وغيرها. وفي دولنا النامية تعمل هذه المنظمات كمشاريع مقاولات أساسية أو مقاولين فرعيين، ولدى أصحابها خبرات جاءت فعل بداية عملهم مع منظمات في مجالات البناء أو الكهرباء أو النجارة والحدادة وغيرها.

حالة نقاشية (1)

بعد أن أنهى عبد الرحمن دراسة في كلية الزراعة متفوقاً على دفعته في الجامعة، انهالت عليه عروض التوظيف في منظمات حكومية وأعمال خاصة للعمل لديها براتب جيد. وفي خضم ذلك أختار العمل في منظمة تعمل في مجال تربية الأسماك في البحيرات والأحواض الكبيرة وتسويقها إلى منافذ توزيع متخصصة والمولات الكبيرة. وسرعان ما وجد أن هذا العمل الجديد لا يلبي رغباته وطموحاته الشخصية، ولكنه وبعد فترة سنتين من العمل والجد والمثابرة، قرر القيام بعمله الصغير مستفيداً من تعليمه وخبرته التي تشكلت أثناء العمل. أقام عبد الرحمن في البداية مطعم صغير متخصص في تقديم الوجبات السمكية، ومن خلال مدخراته الخاصة ومساعدات قدمت لهُ من العائلة أنجز ذلك العمل الصغير. ووجد بعد فترة عمل استمرت ستة أشهر أن هذا العمل لا يحقق دخلاً كافياً وأن المطلوب بيع ما يقارب (25) خمس وعشرون وجبة يومياً لتسديد تكاليف ونفقات المطعم الذي وظف فيه أربع أفراد (طباخ، مجهز مواد غذائية، مقدم الوجبات، وعامل يساعد حسب الحاجة بقضايا عديدة) بالإضافة لهُ شخصياً. وبعد دراسة وتحليل الوضع وجد أن هناك مجموعة من المطاعم غير المتخصصة تقدم وجبات سمك بأسعار مناسبة في المدينة، وأنه في هذا العمل الصغير لم يقدم شيئاً جديداً متميزاً. وبعد إتمام السنة الأولى من عمر عمله، تقدمت له نصائح من أصدقاء والعائلة بضرورة ترك وتصفيه هذا العمل والبدء بعمل جديد قائم على أساس بيع أسماك الزينة والزهور وأسمدة زهور ونباتات الظل داخل المنازل والمكاتب. وبعد خسارة مدخراته في المحاولة الأولى، بدء بعمله الجديد الثاني، حيث استأجر مكتب وقاعة كبيرة وحصل على قرض ملائم من أحد المصارف التجارية بضمان خاله التاجر المعروف بالمدينة.

وبعد فترة من العمل وجد أن السوق ضيقة جداً وأنه لا يحقق دخل مناسب لكون المدينة ليست بالتأهيل الاجتماعي لاحتضان وتطوير أعمال من هذا النوع. وقد أضاع السيد عبد الرحمن مدخراته وجهوده دون تحقيق طموحاته ورغباته بإقامة عمل صغير متميز.

والمطلوب:

(1) مناقشة الحالة، وتبيان صلاحية السيد عبد الرحمن لأن يكون صاحب عمل صغير، أم أنه من الأفضل له أن يكون موظف يعمل لدى شركات ومنظمات أخرى.

(2) وضع قائمة بجوانب قوة وضعف السيد عبد الرحمن في إطار اختيار نوع العمل والبدء فيه.

(3) لماذا يكتشف بعد القيام وتنفيذ العمل بأنه لا يعطي دخلاً كافياً، ما الذي يفترض أن يحصل عليه من معلومات وحقائق ليقرر قبل البدء بالتنفيذ.

(4) لو كنت مكان السيد عبد الرحمن، كيف يكون خيارك الأولي وعبر مراحل تطور الأعمال، علل ذلك بكتابه تقرير مناسب.

* أسئلة عامة

1- ماذا نعني بالمنظمة الصغيرة، لماذا يصعب إيجاد تعريف محدد وموحد لها؟

2- هل تعتبر المنظمات المتوسطة والصغيرة كتله متجانسة وموحدة قبالة المنظمات الكبيرة؟، هل توجد منهجية ملائمة للتصنيف؟

3- هل أن خاصية المرونة وسرعة الاستجابة، مفيدة للمنظمات المتوسطة والصغيرة، وماذا تعطي هذه الخاصية المنظمات من فوائد؟

4- استعرض مجموعة من المؤشرات تدلل من خلالها على أهمية المنظمات المتوسطة والصغيرة في الاقتصاديات المعاصرة؟ رتب هذه المؤشرات حسب أولوية أهميتها وعلل ذلك؟

5- كيف يمكن أن تكون الأعمال الصغيرة ضرورية للشركات والأعمال الكبيرة؟

6- أذكر أهم ثلاثة عوامل مهمة لنجاح الأعمال المتوسطة والصغيرة؟

7- كيف يتجسد التمويل غير المناسب (غير الملائم) في منظمات الأعمال المتوسطة والصغيرة؟

8- أذكر بعض أسباب فشل الأعمال المتوسطة والصغيرة؟

9- عرف الريادة، من هم الرياديون (الرواد)، أذكر أصنافهم؟

10- أذكر أهم خصائص الرواد؟

11- أعط فكرة واضحة حول أهم الفروق بين الرواد في الأعمال الصغيرة، والمديرين لهذه الأعمال؟

12- هل يمكن أن تتواجد الروح الرياديه في منظمات الأعمال الكبيرة، كيف يكون هذا؟

13- هل تساهم الأعمال المتوسطة والصغيرة في تطوير التنوع في المجتمع، كيف يتم ذلك؟

14- ماذا يقصد بالفريق، وما هي الفوائد التي تحصل عليها منظمات الأعمال من العمل بروح الفريق؟

15- أذكر أهم مجالات عمل وتواجد منظمات الأعمال المتوسطة والصغيرة؟

** أسئلة نقاش وتفكير ورأي

1- بعد حصولك على شهادة التأهيل المناسب، هل تفضل العمل لصالح الغير في مؤسسات حكومية أو منظمات أعمال خاصة أم ستحاول إقامة عملك الصغير؟ وضح الأسباب وراء خيارك هذا.

2- ما طبيعة العلاقة الصحيحة بين القابليات المميزة والميزات التنافسية في منظمات الأعمال المتوسطة والصغيرة، هل يمكن توضيح ذلك من خلال أمثلة عملية؟

3- برأيك، هل أن جميع مالكي الأعمال الصغيرة هم رياديون؟ ، وهل أن الرياديون هم أصحاب أعمال صغيرة دائماً؟ ، وضح ذلك.

4- لو أردت إنشاء عمل صغير في سنطقتك التي تسكن فيها، ولديك فكرة أولية لتطوير هذا العمل تباعاً للمدنية ثم الإقليم ثم البلد كاملاً، ماذا يجب أن تعمل أولاً، اكتب تقرير حول ذلك تبين في هذا التقرير، أسباب اختيار مجال العمل، دراسة الجدوى والسوق، التمويل، أسلوب الإدارة الذي تعتمده؟ ناقش ذلك مع زملائك.

5- مستعيناً بالنموذج في الشكل (1-4)، وفي ضوء الخصائص الشخصية والتنظيمية الواردة فيه، أين تجد نفسك أقرب في خصائصك.

*** أسئلة خيارات متعددة

1- تسمى جوانب القوة التي لدى الأعمال الصغيرة وتتفرد بها على المنظمات الأخرى بحيث يكون أدائها متميزاً بـ:

A- ميزة الدخول الأول للسوق
B- الميزات التنافسية
C- الريادة
D- القابليات المميزة

2- تدعى المنظمات والأعمال التي تنتج سلع مادية ملموسة

A- منظمات صناعية
B- منظمات خدمات
C-منظمات كبيرة
D- مؤسسات عامة

3- عندما تستدعي المنظمة آخرين لتزويدها بالمنتجات أو الخدمات بدلاً من القيام بذلك ذاتياً:

A- التجهيز
B- التزود (الإمداد) الخارجي
C- عمليات الشراء
D- سلسلة التوريد

4- تسمى إمكانية منظمة الأعمال المتوسطة والصغيرة في ابتكار شيء جديد تماماً وغير موجود في أي مكان آخر:

A- الإبداع Innovation
B- الاختراع Invention
C- الابتكار Creativity
D- التحسين المستمر Continuous Improvement

5- إن أكثر المعايير والمؤشرات استخداماً لتحديد الأعمال المتوسطة والصغيرة هو

A- الإيرادات المتحققة
B- حجم المبيعات
C- عدد العاملين
D- رأس المال

6- يسمى جزء السوق غير المشبع من قبل المنظمات الكبيرة، والذي لا يكون جذاب لها في بعض الأحيان

A- الحصة السوقية Market Share
B- سوق جديد New Market
C- عمل صغير Small Business
D- جزء أو قطاع سوق Niche

7- تدعى المهارات والمعارف التي يمتلكها العاملون في المنظمة الصغيرة والمتوسطة ويستخدمونها في العمل لإيجاد التميز والنجاح للمنظمة بـ:

A- الموارد البشرية
B- رأس المال الفكري (المعرفي)
C- المهارات الإدارية
D- الخبرات المتراكمة

8- عندما تغلق الأعمال أبوابها مع خسائر مالية للدائنين فهذا يدعى

A- انتهاء الأعمال
B- توقف الأعمال
C- فشل الأعمال
D- خسائر الأعمال

9- عندما تحاول المنظمات خفض تكاليف الوحدة المنتجة من خلال الإنتاج بحجوم كبيرة واسعة فهذا هو

A- اقتصاديات النطاق
B- اقتصاديات المعرفة والخبرة
C- اقتصاديات الأعمال
D- اقتصاديات الحجم

10- جميع ما يلي هي أسباب لفشل منظمات الأعمال الصغيرة ما عدا

A- النمو السريع غير المسيطر عليه
B- العمل لساعات طويلة
C-المشاكل الأخلاقية
D- نقص الخبرة والتجربة

11- تسمى الخصائص والسلوكيات التي تتعلق بالابتداء بالعمل والتخطيط لهُ وتنظيمه وتحمل مخاطره والإبداع في إدارته وتطويره:

A- الرواد Entrepreneur's
B-عمليات الرياده Entrepreneurship Process
C-الريادة Entrepreneurship
D- التنوع Diversity

12- يرى هؤلاء الرواد أن امتلاك عمل صغير معين هو الغاية الأساسية حيث يتحقق لهم الرضا من خلال الاستقلالية

A- Idealists
B- Optimizers
C- Jugglers
D- Sustainers

13- جميع ما يلي هي مراحل أو خطوات في عمليات الريادة ما عدا

A- الابداع Innovation
B- حدث الانطلاق Triggering event
C- النمو Growth
D- التنفيذ Implementation

14- جميع الآتي هي صفات للرياديين ما عدا:

A- انجاز أهداف اعتيادية
B- قدرة عالية للتحكم الذاتي
C- الثقة العالية بالنفس
D- يتقبلون الغموض ويتحملون المخاطرة

15- الافتراضات الآتية خاطئة حول الرواد والريادة ما عدا

A- الرواد هم الشباب فقط
B- الرواد مغامرون
C- الرواد يحملون الريادة بالوراثة
D- بدء كثير من الرواد بأموال قليلة

16- تسمى الوحدات المتخصصة التي توفر التسهيلات والمستلزمات وتقدم الخدمات والاستشارات لمساعدة الأعمال الصغيرة على الانطلاق.

A- Skunk Words
B- Business Incubators
C- Franchising
D- Innovators

17- عندما يحمل الأفراد العاملون والوحدات الفرعية في منظمة أعمال كبيرة سلوك ريادي، يمارسونه بعيداً عن قيود العمل الرسمية في هذه المنظمات الكبيرة فهذا يسمى

A- الريادة الذاتية Entrapreneurship
B- تحكم تواجد خارجي External locus of control
C- التداؤب Synergy
D-التمكين Empowerment

18- تسمى الأفراد والمنظمات التي تتبادل العلاقة المباشرة وغير المباشرة ولها تأثير على أداء منظمة الأعمال المتوسطة والصغيرة بـ:

A- المساهمون Shareholders
B- أصحاب المصالح Stakeholders
C-التحالف الخارجي External Coliation
D- الزبائن Clients

19- العصف الذهني Brainstorming

A- فريق من عدد من الأعضاء لانجاز مهام محددة بأدنى مستوى من الرقابة.
B- إدارة تمكن العاملين من ممارسة رقابة وسيطرة على ظروف العمل.
C-حالة توجد عندما تتفاعل أجزاء المنظمة مع بعضها.
D-جلسات مفتوحة، ضمن آليات محددة تطرح فيها الأفكار بكل حرية من قبل الأعضاء وتهدف إلى التطوير وحل المشكلات.

20- إن قابلية السلعة أو الخدمة على إشباع حاجات الزبون هو:

A- المنفعة
B- الرضا
C- المرونة
D- الولاء

المصـــادر

* تم ترتيب المصادر كما وردت في تسلسلها في المتن:

1. برونوطي، سعاد (2005): " **إدارة الأعمال الصغيرة، أبعاد للريادة** " ، دار وائل للنشر، عمان - الأردن.

2- Scarborough, N.M and Zimmerer, T.W (1996): "**Effective Small Business Management**", Prentice-Hall, London, UK.

3- Horovitz, Jacques et Pitol – Belin , J.P (1984): "**Strategies pour La P.M.E**", McGraw – Hill, Paris, France.

4- Baumback, Clifford, M. (1988): "**How to organize and operate a small Business**", Prentice-Hall, Englewood cliffs، N.J, U.S.A.

5- S.B.A, office of Advocacy: "Small Business Economic Indicators for 2002, " June، 2003.

6- Hatten, Timothy, S. (2006): "**Small Business Management, Entrepreneurship and beyond**", 3ed edition, Houghton Mifflin Company,، New-York, U.S.A .

7- Tyson Laura D' Andera: " outsourcing: who's safe Anymore?" **Business week**, 23 February, 2004.

8- **W.W.W Sba. Gov/advo.** Small Business by the Numbers, May, 2003.

9- وزارة التخطيط، مديرية الأبحاث والسياسات الاقتصادية: "**دراسة المؤسسات الصغيرة في الحضر الأردني، دراسة ميدانية**، 1991، عمان- الأردن.

10- Barrow, Colin (1993): "**The essence of small Business**"; Prentice- Hall , U.K.

11- العامري، صالح مهدي والغالبي، طاهر محسن (2007): " **الإدارة والأعمال** " ، دار وائل للنشر والتوزيع، عمان، الأردن.

12- النجار، فايز جمعة والعلي عبد الستار محمد (2006): " **الريادة وإدارة الأعمال الصغيرة**" ، دار الحامد للنشر والتوزيع، عمان، الأردن.

13- Siropolis, Nicholas (1997): "**Small Business Management**", Houghton Mifflin Company , Boston, U.S.A

14- "The Boom in Entrepreneurial education", **Success Review**, September, 1994.

15- Kauffman foundation, **w.w.w. entreworld**. Org، January، 2004.

16- صيام، وليد زكريا وجيجان، سلمان طلال (1999): " محاسبة الشركات الصغيرة الأردنية وأثرها في تنمية الريف والبادية الأردنية"، **ورقة عمل، مؤتمر آفاق التنمية الاقتصادية والاجتماعية في الريف والبادية الأردنية**، جامعة آل البيت، المفرق، الأردن.

17- Hagedroom, John and Roijakkers, Nadine: "**Small entrepreneurial firms and large companies in inter-firm R and D network- the International Technology Industry**," In Hitt, Michael et al (Eds) (2002) "strategic entrepreneurship، creating a new Mindset," Blackwell Publishing, London.

18- Yusaf, A. "Critical factors for small business", **Journal of small Business Management**, April, 1995.

19- Trott, Paul (2002): "**Innovation Management and New product management**" 2ed edition, Prentice-Hall, New-York, U.S.A.

20- المنصور، كاسر نصر وشوقي ناجي جواد (2000): " **إدارة المشروعات الصغيرة**"، دار الحامد للنشر والتوزيع ، عمان – الأردن.

21- النعيمي، صلاح عبد القادر (2008): "**المدير... القائد والمفكر الاستراتيجي**"، إثراء للنشر والتوزيع، عمان- الأردن.

22 - Dun and Bradstreet corporation, Business failure record, as reported In "Business Failure by Industry, 1990 to 1998", **Statistical Abstract of the United States**, Washington, DC US government Printing office, 2001.

23- Zacharakis, Andrew. L. et al: "Differing perception of new venture failure, A matched exploratory study of venture Capitalists and entrepreneurs ", **Journal of small Business Management**, July 1999.

24- "Avoiding the pitfalls ", **wall street Journal** report on Small Business, 22 May, 1995.

25- Zimmerer, Thomas, W and Scarborough, Norman, M (2005) "**Small Business and Entrepreneurship**", 4th edition, Pearson Education Inc. New-Jersey, U-S-A.

26- Holt, David (1999): "**Entrepreneurship** ", Prentice- Hall، N-Y، U.S.A.

27- Hisrich, Robert and Peters Michael (2002): "**Entrepreneurship** ", 5th edition, Irwin, Mc Graw-Hill Company Inc.

28- Yorklovich, Partner: "Types of entrepreneurs", In Mark, Henricks, "**entrepreneurship**", Report IV, Geneva, 2000.

29- Leavitt, Harold, J (1986) "**corporate Pathfinders**"
مترجم شحادة، طايل السعيد (1987): "**الإدارة الرائدة، بناء الإبداع والتصميم والقيم في المنظمات**"، شركة المكتبات الكويتية المحدودة، الكويت.

30- Goodman, Jon (1994): "what makes an entrepreneur", **Inc. The State of Small Business**, October.

31- Longenecker Justin, G et al (2006): "**Small Business Management an entrepreneurial emphasis**", south-western college, Thomson Publishing company.

32- نجم، نجم عبود (2003): " **إدارة الابتكار، المفاهيم والخصائص والتجارب الحديثة** "، دار وائل للنشر، عمان- الأردن.

33- Anderson, Robert, L. and Dunkelberg, Joh,s. (1993) "**Managing Small Businesses**", Minneapolis, west publishing company.

34- تاركنتون، فران (1998): " ماذا علمني الفشل عن النجاح، دليل جديد لإدارة المشروعات الصغيرة "، ترجمة الشركة العربية للإعلام العلمي (**شعاع**) خلاصات كتب المدير ورجال الأعمال، السنة السادسة، العدد الثاني، يناير.

35- McClelland, David. C.: "Achievement motivation can be developed", **Harvard Business Review (HBR)**, November-December 1965.

36- Miron, David and McClelland, David: "The Impact of achievement motivation training on Small business", **California Management Review**, Summer, 1979.

37- الغالبي، طاهر محسن وإدريس، وائل محمد صبحي (2007): "**الإدارة الإستراتيجية، منظور منهجي متكامل**"، دار وائل للنشر والتوزيع، عمان، الأردن.

38- Covey, Steven (1989): "**The seven Habits of highly effective people**", Simon and Schuster, New-York, U.S.A.

39- رزق الله، عايدة (1997): " **دراسة استطلاعية لمفاهيم الشباب الخاطئة عن المشروعات الصغيرة ودور الجامعة في تصحيحها**" ، ندوة تنمية المشروعات الصغيرة وتوسيع قاعدة رجال الأعمال في مصر، جامعة عين شمس، القاهرة، سبتمبر.

40- أبو ناعم، عبد الحميد مصطفى (2002): " **إدارة المشروعات الصغيرة** "، دار الفجر للنشر والتوزيع، القاهرة، جمهورية مصر العربية.

41- Brockhaus, Robert, H. and Horwitz, Ramela, S. "**The psychology of the entrepreneur** ", In Donald L. Sexton and Raymond, W. Smilor (eds) (1986) " The art and Science of entrepreneurship", MA Ballinger, Cambridge.

42- Walthall, Susan, M. (2001): "Message from the acting chief counsel," **Small Business Advocate**, voL 20, No.8.

43- Negel, A. (1984): "organizing for strategic management", **Long Range Planning (L.R-P),** Vol.17, No.5.

44- العامري، أحمد بن سالم: " القيادة التحويلية في المؤسسات العامة، دراسة استطلاعية لآراء الموظفين"، **مركز البحوث، كلية العلوم الإدارية**، جامعة الملك سعود، العدد (4)، 2003.

45- طه، طارق (2007): " **إدارة الأعمال، منهج حديث معاصر**"، دار الفكر الجامعي، الاسكندرية، جمهورية مصر العربية.

46- Shermerhorn, John, S. (2005) "**Management** ", 8th edition, Wiley and Sons, New-York, U.S.A.

47- Osborne, A (1962): "**Applied Imagination** ", Scribner، N-Y, U.S.A.

48- Parnes, S.J (1962): "**Do we really understand Brainstorming**" Scribner, N-Y., U.S.A.

49- عفانه، جهاد عبد الله وأبو عيد قاسم موسى (2004): " **إدارة المشاريع الصغيرة** "، دار اليازوري للنشر والتوزيع، عمان- الأردن.

50- Galliano, Alain (1976): "Les P.M.E Fran caises sur le marchè amèricain," **R.F.G**, No.6.

51- Ait EL Hadj, Smail et Bidault, Francis (1979): "Les P.M.I règionales et les èchanges technologiques, **W.P, IRE/E.S.C Lyon**, November.

52- Horovitz, Jacques (1984): "La petite entreprise en Europe," Association Europèenne, La **documentation Française**, Paris , France.

53- Rochet, C، (1981): "**Diversification et redeploiement de l'entreprise**", edition d'organisation, Paris, France.

54- Choffray, J.M and Lilien, G. (1980): "**Market planning for new industrial products**". John wiley and Sons, N-Y، U.S.A.

55- Steinhoff, Dan and Burgess, John (1993): "**Small Business Management fundamentals**", 6th edition, McGraw- Hill International editions, Singapore.

56- توفيق عبد الرحيم يوسف (2002): " **إدارة الأعمال التجارية الصغيرة** "، دار صفاء للنشر والتوزيع، عمان، الأردن.

الفصل الثاني

المسؤولية الاجتماعية والاخلاقية في منظمات الأعمال المتوسطة والصغيرة

Social Responsibility and Ethics in Small and Medium Organizations

الفصل الثاني

المسؤولية الاجتماعية والاخلاقية في منظمات الأعمال المتوسطة والصغيرة

Social Responsibility and Ethics in Small and Medium Organizations

بعد دراستك لهذا الفصل تستطيع ان تعطي اجابات بلغتك الخاصة على الآتي :

1) ماهية المسؤولية الاجتماعية ومستوياتها ومجالاتها الرئيسية.
2) أهم الإستراتيجيات المعتمدة من قبل منظمات الأعمال لتبني المسؤولية الاجتماعية.
3) تصور عن الأداء الاجتماعي لمنظمات الأعمال المتوسطة والصغيرة.
4) ماهية أخلاقيات الأعمال، ومصادر هذه الأخلاقيات.
5) أهم الإشكالات الأخلاقية، وتبرير السلوك اللاأخلاقي.
6) بناء ركائز السلوك الأخلاقي في المنظمات المتوسطة والصغيرة.

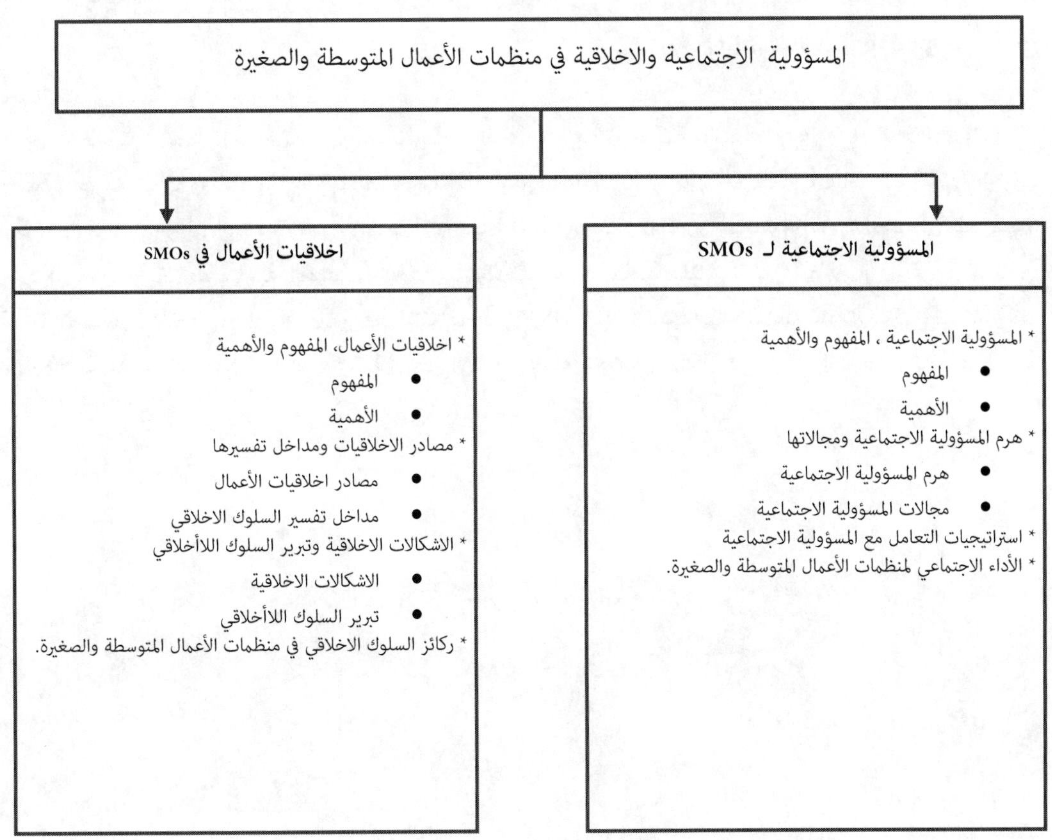

المقدمة Introduction

في البيئة المعاصرة للأعمال، أصبحت الجوانب الأخلاقية للأعمال والأدوار الاجتماعية التي تلعبها ذات أهمية كبيرة لنجاح وتطور هذه الأعمال، ومد جسور الثقة والتعاون مع مختلف أصحاب المصالح. وقد يتوهم البعض أن الشركات والمنظمات الكبيرة هي وحدها المعنية في موضوعات كهذه، وأن الأعمال المتوسطة والصغيرة غير معنية بها نظراً لمحدودية قدراتها. إن هذا الأمر غير دقيق فالجوانب الأخلاقية في الأعمال والإدارة لا تتجزأ مهما كبرَ أو صغر الخرق الأخلاقي وعدم الالتزام الاجتماعي. إن منظمات الأعمال المتوسطة والصغيرة تتعامل مع العديد من الأطراف وتتأثر وتؤثر في المجتمع وأن هذا يفرض عليها التزامات اجتماعية وسلوك أخلاقي قويم لكي تنال ثقة هذه الأطراف وتحقق النجاح والتقدم.

في هذا الفصل سيتم التطرق لموضوعات ذات أهمية بالغة حيث المسؤولية الاجتماعية (Social Responsibility) * للأعمال المتوسطة والصغيرة، وأهميتها، ومستويات هذه المسؤولية واستراتيجيات التعامل معها وعواقب ذلك للأعمال المتوسطة و الصغيرة. كذلك أخلاقيات الأعمال المتوسطة والصغيرة، ومداخل تفسير السلوك الأخلاقي والعوامل المؤثرة في هذا السلوك ثم إمكانية تعزيز الجوانب الأخلاقية من خلال التدريب وعواقب ذلك للأعمال المتوسطة والصغيرة.

المسؤولية الاجتماعية لمنظمات الأعمال المتوسطة والصغيرة

Social Responsibility of S.M.Os

إن منظمات الأعمال تجد نفسها وباستمرار أنها تعمل في بيئات حركية واسعة تترابط فيها العلاقات وتتشعب المصالح مع عناصر وجهات وفئات وأطراف عديدة. ورغم ازدياد مساحة التأثير والتأثر للمنظمة بازدياد هذا التفاعل وتوسع عملها وحجمها، لكن يبدو أن الجميع- جميع المنظمات- مهما اختلف الحجم والدور واتسع أو قل مطلوب أن يلعب هذا الدوري بشكل صحيح نظراً لحساسية الجوانب الاجتماعية والأخلاقية وانعكاسها المباشر على المنظمات. فيكفي أن تتدهور المنظمة بسرعة وتفقد الثقة مع أطراف المجتمع المختلفة من خلال خطأ يرتكب من العاملين أو الإدارة بأحد الجوانب الاجتماعية والأخلاقية المهمة لهذه الأطراف. هكذا تحرص الإدارات الفاعلة وتعني بشكل كبير في قراراتها خوفاً من حصول هذا الأمر.

* Social Responsibility = S.R

* المسؤولية الاجتماعية، المفهوم والأهمية Concept and Importance of S.R

- المفهوم S.R Concept

تطور مفهوم المسؤولية الاجتماعية للأعمال عبر الزمن وفي فترات مختلفة من تاريخ الشركات والصناعة. أن النقد الحاصل للمنظمات باعتبارها أكثر اهتماماً بتراكم وجني الأرباح على حساب البيئة أو صحة المستهلك أو باقي فئات المجتمع ولد بوادر لاهتمام الإدارات بهذه الجوانب. هكذا عرضت المسؤولية الاجتماعية باعتبارها اهتمام من قبل المنظمة بمصالح المجتمع الذي تعمل فيه بالإضافة إلى مصالحها الذاتية (**Drucker: 1977:584**). ولكن مصالح المجتمع هذه من يقررها ويطالب المنظمات أن تتبناها. بعد ذلك عرضت الباحثة (**Holmes:** 1985:435) المسؤولية الاجتماعية بكونها التزام على المنظمات والأعمال تجاه المجتمعات التي تمارس أنشطتها وأعمالها فيها عن طريق المساهمة بمجموعة من الفعاليات الاجتماعية مثل محاربة الفقر، تحسين خدمات الصحة، مكافحة التلوث، إيجاد فرص عمل، المساهمة في حل مشاكل النقل والمواصلات الإسكان التعليم وغيرها.

*** الاستجابة الاجتماعية**
Social Responsiveness
مبادرات المنظمة الآنية لغرض الاستجابة لما يجري من تغييرات وأحداث اجتماعية للأمد القصير.

لقد ميز بعض الباحثين (**Robbins:1999:149**) بين المسؤولية الاجتماعية (Social Responsibility) والاستجابة الاجتماعية (Social Responsiveness)، باعتبار أن الأولى تستند إلى اعتبارات أخلاقية مركزه على الأهداف بعيدة الأمد بشكل التزامات في إطار رؤية ورسالة المنظمة، في حين أن الثانية أي الاستجابة الاجتماعية باعتبارها الرد العملي بوسائل مختلفة على ما يجري من تغييرات واحدات اجتماعية على المدى القريب وفي حالات معنية المدى المتوسط.

*** المسؤولية الاجتماعية**
Social Responsibility
هي مبادرات والتزامات المنظمة والتي لها تأثير ايجابي على المجتمع أو بعض الفئات فيه في إطار أربعة مستويات اقتصادية، قانونية، أخلاقية وخيّرة.

وفي إطار مفهوم المسؤولية الاجتماعية، يمكن اعتبار الأبحاث التي أنجزها (**Carroll:1991:42**) رائدة في هذا المجال، فقد اعتبر هذا الباحث أن المسؤولية الاجتماعية ومهما حدد لها من توجهات وأعطيت من تعاريف فأنه يتطلب الأمر من إدارة منظمة الأعمال أن تضطلع بأربعة مستويات من المسؤولية متكاملة وهي المسؤولية الاقتصادية، والمسؤولية القانونية والمسؤولية الأخلاقية والمسؤولية الخيرة. وهكذا تصاعد الاهتمام بجوانب المسؤولية الاجتماعية المختلفة من قبل منظمات الأعمال الكبيرة منها والصغيرة. وقد ساهمت عوامل عديدة في استمرار هذا الاهتمام وتطوره ومنها:

- تصاعد ضغوط المجتمع وتناميها مع بروز فئات أصحاب مصالح جديدة بحكم التطور.
- مطالبة منظمات الأعمال في تطوير نوعية الحياة والارتقاء بها وكذلك تعزيز القيم الإنسانية والاجتماعية.
- التطور في وعي الإنسان وإدراكه لذاته ومجتمعه وهذا الإنسان بحكم وجودة في المنظمات فإن اهتمامه سيزداد بهذه الجوانب.
- تراكم البحوث النظرية والعملية، وخاصة تلك التي أشرت وجود علاقة إيجابية بين تبني المسؤولية الاجتماعية وتحسين الأداء المالي لمنظمات الأعمال(**Cochran and Wood**:1984). كذلك علاقة المسؤولية الاجتماعي بباقي المؤشرات مثل دوران العمل وغيرها (**الغالبي ومنهل:** 2004).
- أهمية رضا المجتمع وقبوله لأهداف منظمات الأعمال وو سائل عملها (**الغالبي والعامري:** 2005 : 48).

*** البعد الداخلي للمسؤولية الاجتماعية**
Internal Responsibility
يركز هذا البعد أو الجانب على أداء اجتماعي مسؤول تجاه العاملين ومن هم داخل المنظمة.

*** البعد الخارجي للمسؤولية الاجتماعية**
External Responsibility
يركز هذا البعد أو الجانب على دور اجتماعي تتبناه المنظمة اتجاه مختلف أصحاب المصالح في المجتمع.

إن منظمات الأعمال المتوسطة والصغيرة،يمكن أن تتبنى إداراتها مسؤولية اجتماعية لكي تعزز علاقاتها مع مختلف فئات المجتمع وبما يتماشى مع القدرات المتاحة لهذه المنظمات. ونعتقد بالنسبة لمنظمات الأعمال الصغيرة في دولنا، فإنه يمكن لها أن تتبنى من المسؤولية الاجتماعية بشكل أكبر بعدها الداخلي Internal Responsibility وهذه تتمثل بإسهام المنظمة في تطوير العاملين وتحسين حياتهم على جميع المستويات وذلك من خلال الأجور والرواتب المناسبة أو ساعات العمل أو ظروف العمل ومستلزماته أو المشاركة الواسعة في صناعة القرارات المهمة أو السكن للعاملين أو النقل أو أماكن العبادة أو أماكن خاصة للنساء أو الأندية الاجتماعية والإجازات المدفوعة وغيرها.أما المسؤولية الاجتماعية ببعدها الخارجي External Responsibility فيمكن أن تمارسه المنظمة استناداً إلى قدراتها ومحدودية هذه القدرات والإمكانات، وبذلك يمكن أن تعير أهمية خاصة للجوانب التي ترتبط وتنعكس ايجابياً على الأداء المالي. هنا يمكن للمنظمة الصغيرة أن تتبنى جانب يعزز صورتها في المجتمع ولا يكلفها إمكانات لا تستطيع الاستمرار في إنفاقها على البرنامج المعتمد من قبلها كمساهمة اجتماعية.

- **الأهمية** **S.R Importance**

إن هناك اتفاق عام يرى أن ممارسة إدارة المنظمات لدور اجتماعي وتحمل مسؤولية اجتماعية بحدود معينه يمثل صيغة عملية مفيدة لمنظمات الأعمال الكبيرة منها والمتوسطة والصغيرة. وفي واقع الممارسة العملية لا توجد منظمات أعمال تقبل أن يكون دورها الاجتماعي هداماً لوجودها ومعرقلاً لاستمراريتها وقدرتها التنافسية. في حين تشير البحوث والدراسات إلى وجود الكثير من منظمات الأعمال التي لا تتحمل دوراً اجتماعياً رغم أنها

قادرة على ذلك، وهذا على وجه الخصوص في دولنا العربية (**عبد الحميد:** 1987)، (**الغالبي والعامري:**2001)، (**البكري والديوه جي:** 2001)، (**العامري والتميمي:**2002)، (**التويجري:** 1998 : 35-52) ورغم وجود من يتبنى دور معارض للمسؤولية الاجتماعية لمنظمات الأعمال، فإن المؤيدون لهذا الدور الاجتماعي يرون أن هناك فوائد عديدة تحصل عليها كافة الأطراف ذات العلاقة من تبني هذا الدور وهم منظمة الأعمال، والدولة ، والمجتمع.

ونعرض في الشكل (2-1) خلاصة مركزة لأهم الحجج التي يطرحها المؤيدون والمعارضون لتبني منظمات الأعمال مسؤولية اجتماعية متزايدة (**العامري والغالبي:** 2007: 90)، (**نجم:**2006: 214-215) (**Pride et al** : 2005 :41).

شكل (2-1)

حجج المؤيدون والمعارضون للمسؤولية الاجتماعية في منظمات الأعمال

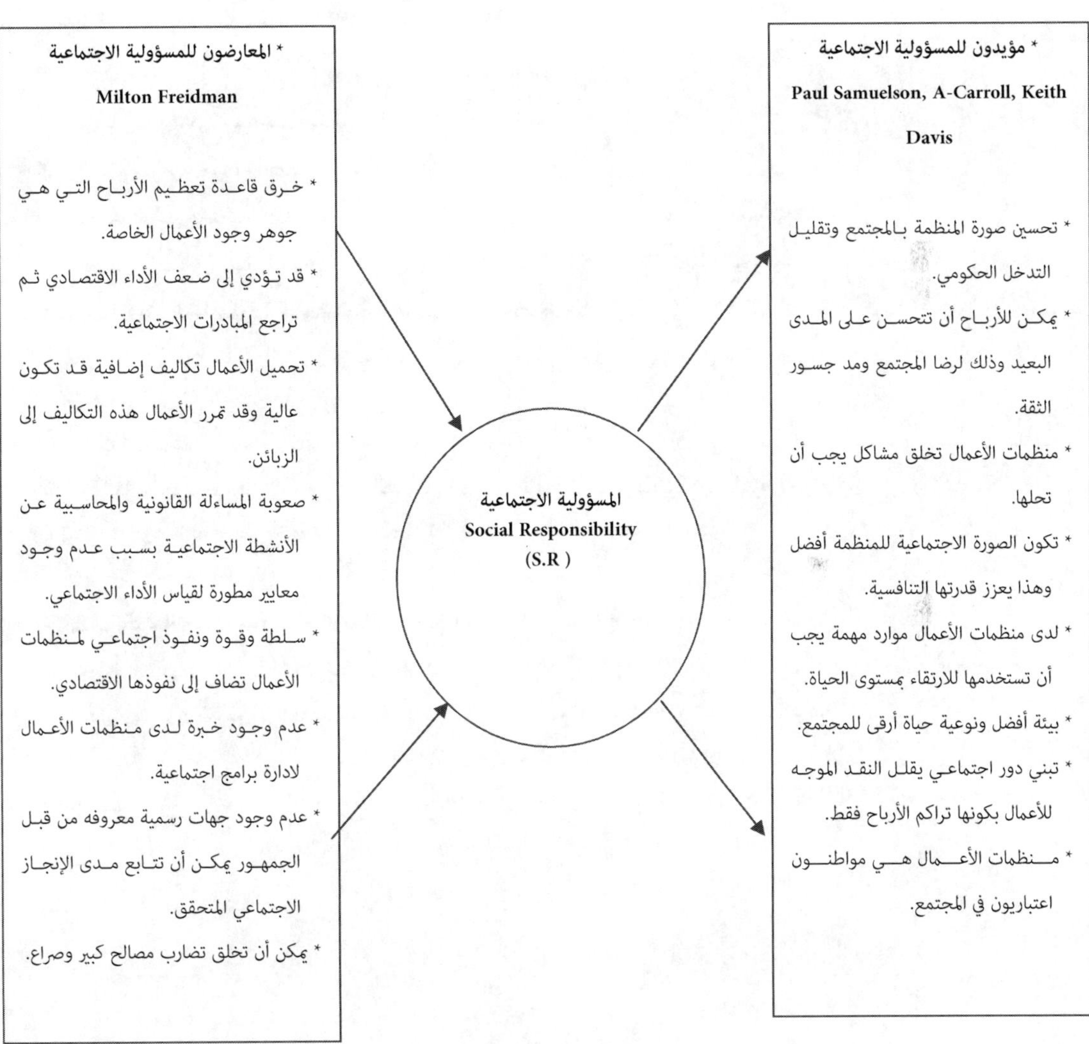

هكذا يبدو أن منظمة الأعمال هي المستفيد الأول جراء تبنيها مسؤولية اجتماعية بشكل مبادرات طوعية، حيث تحسين مناخ العمل السائد في المنظمة، وإشاعة روح التعاون والترابط بين مختلف الأطراف. إن المسؤولية الاجتماعية تمثل تجاوب فعال مع التغييرات الحاصلة في حاجات العاملين والمجتمع، لينعكس هذا التجاوب بعلاقات إيجابية ترفع من مستويات الأداء وتحقيق مردود مالي أفضل.

أما الدولة فأن قيام منظمات الأعمال بمسؤولياتها الاجتماعية سيؤدي إلى تخفيف الأعباء عنها وتجد بذلك شركاء حقيقيون يساهمون معها في التصدي وحل مزيد من جوانب الإشكالات الاقتصادية والاجتماعية. يضاف لهذا فأن الوعي بالدور الاجتماعي يجعل الدولة أكثر رقياً في إطار تحمل التكاليف الاجتماعية المختلفة وتحصل الدولة على مستحقاتها من الرسوم والضرائب لتساهم في حل مشكلة البطالة والانفاق على التطور التكنولوجي وغيرها.

كذلك فأن المجتمع بشكل عام سوف يكون الرابح الأكبر من الالتزام الإيجابي لمنظمات الأعمال بمسؤولياتها الاجتماعية حيث (**الغالبي ومنهل :** 2004: 106 - 107):

- زيادة التكافل الاجتماعي بين مختلف شرائح المجتمع وفئاته.
- ازدياد العدالة الاجتماعية وتطور حالة الاستقرار الاجتماعي.
- تحسين نوعية حياة المجتمع من الناحية المادية والثقافية.
- زيادة الوعي بأهمية الاندماج بين منظمات المجتمع ومختلف فئات أصحاب المصالح.
- تحسين التنمية السياسية وزيادة الوعي والمسائلة وهذا يساهم في الاستقرار السياسي.
- نظراً لارتباط المسؤولية الاجتماعية بمفاهيم الشفافية وتقليل السرية بالعمل والصدق فأنها تزيد من الترابط الاجتماعي وتقليل الفساد المالي والإداري والسياسي.

هكذا يبدو أن الأعمال المتوسطة والصغيرة الحجم يفترض أن تراعي إداراتها قضايا المسؤولية الاجتماعية باعتبارها ذات أهمية كبيرة لها. ولكون الأعمال الصغيرة في الغالب تعمل محلياً فأن الممارسات الاجتماعية تكون أقرب إلى زبائنها وفئات المصالح الأكثر ارتباطاً بها وهذا يعزز من سمعتها ويدفع أدائها باتجاه التطور والتحسن المستمر.

* هرم المسؤولية الاجتماعية ومجالاتها Pyramid and Areas of S.R

نظراً لتشعب جوانب المسؤولية الاجتماعية وكثرة مفرداتها في إطار المجالات العديدة التي تغطيها، فقد أصبحت هناك ضرورة لمناقشة هذين الأمرين في إطار المسؤولية الاجتماعية لمنظمات الأعمال المتوسطة والصغيرة.

- **هرم المسؤولية الاجتماعية Pyramid of S.R**

طور الباحث (**Carroll** : 1991 : 42) ضمن بحوثه الرائدة في مجال المسؤولية الاجتماعية للمنظمات ما أطلق عليه هرم المسؤولية الاجتماعية، والذي يمثل أربعة مستويات متكاملة ومترابطة لهذه المسؤولية يجب أن تضطلع بها إدارة المنظمة لكي تستطيع التطور والنمو والبقاء وتحقيق الأهداف المختلفة. ويعرض الشكل (2-2) هذه المستويات.

شكل (2-2)

هرم المسؤولية الاجتماعية (مسؤوليات منظمات الأعمال)

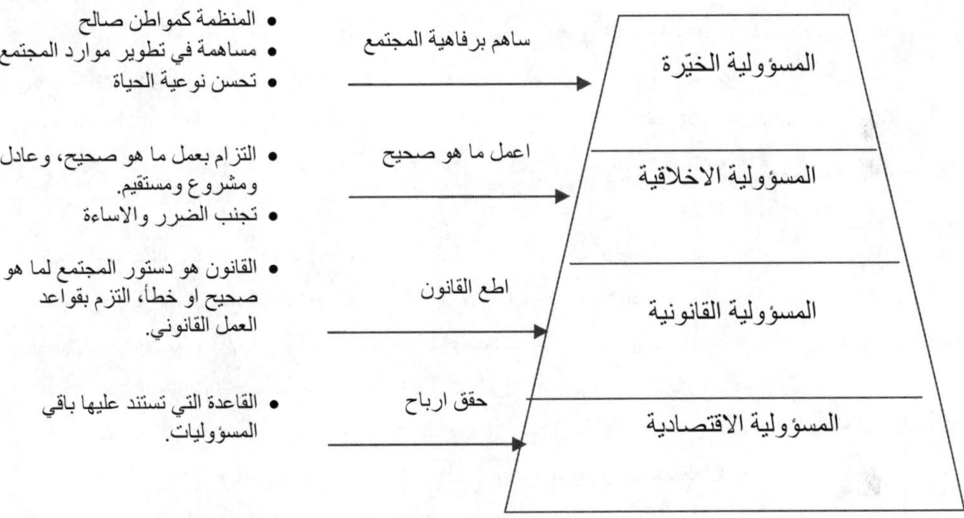

1) المسؤولية الاقتصادية Economic Responsibility

أن هدف الأعمال الأول هو العمل بكفاءة وفاعلية لتحقيق مردود اقتصادي وبالتالي أرباح مجزية من ممارسة النشاط. أن تحقيق الأرباح يعتبر المسؤولية الأولى للإدارة، وهذا يتحقق في الأعمال من خلال تقديم سلع وخدمات مطلوبة ومرغوبة من قبل الزبائن. إن المنظمة التي لا تستطيع تحقيق الأرباح لا يتسنى لها الاستمرار في الأسواق، وربما التوقف والخروج من المنافسة وبالتالي لا وجود للمسؤوليات في المستويات الأخرى. يمكن القول أن المسؤولية الاقتصادية تمثل الدور الأول للأعمال في إطار تطورها التأريخي، فعندما يقوم الرياديون بإنشاء الأعمال فأن الدافع الأساسي لتحملهم المخاطرة هو الأرباح والعوائد التي سيحصلون عليها من جراء ممارسة

النشاط. وهكذا إذا لم تنجز المنظمة هدف الربح فأنها لا تستطيع الاهتمام بأي مسؤولية أخرى. ويلاحظ أن تحمل المسؤولية الاقتصادية للمنظمة تعني العديد من الجوانب، مثل الجد والمثابرة والالتزام بالانجاز والعمل، وحث وتحفيز العاملين، ودفع مستحقات الموردين، الحفاظ على وضع تنافسي قوي وترقية الأداء بمختلف العمليات في المنظمة وغيرها.

هكذا طرح الاقتصادي الشهير (**Milton Friedman**) الجانب الاقتصادي ببالغ الأهمية في إطار المسؤولية الاجتماعية للمنظمات. واعتبر أن المسؤولية الوحيدة للأعمال هي إنتاج سلعة وخدمات ذات مواصفات جيدة والعمل على تسويقها وتحقيق أرباح من خلال ذلك. وأن هذه الأرباح يعاد استثمار جزء منها وبذلك تنمو الأعمال، وتوظف عاملين جدد. ولا داعي لأن تزج منظمات الأعمال في قضايا إيجاد حلول للمشاكل الاجتماعية فهذا ليس دورها، بل هو دور الدولة ومنظمات الخدمة العامة.

2) المسؤولية القانونية Legal Responsibility

تتعامل المنظمات مع جهات عديدة بعضها حكومية وأخرى خاصة أو مؤسسات مجتمع مدني أو أي أطراف خارجية أخرى، ويحكم هذه التعاملات والعلاقات أطر قانونية وتشريعات يجب الالتزام بها واحترامها وعدم خرقها وتعطيل دورها. والقانون ينظر إليه باعتباره دستور مجتمعي أو مدونه تؤشر ما هو صواب أو خطأ، ووجود القانون للتأكد وضمان أن الأفراد والأعمال تنهج الأسلوب الصحيح في العلاقات والتعامل. ويلاحظ أن القوانين تتغير، تحدث، تعدل، تطور أو تلغى لأسباب عديدة وهذا نابع من تطور الحياة الاقتصادية والاجتماعية والثقافية والسياسية والتكنولوجية وتبدلها.

وفي العالم المتقدم فأن قوانين الأعمال والشركات والتجارة تغطي العديد من الجوانب لمنظمات الأعمال، وأن البعض من هذه القوانين تراعي بشكل خاص المنظمات المتوسطة والصغيرة. وإذا ما أردنا أن نشير لأهم التشريعات والقوانين الحاكمة لنشاط الأعمال فهي (**Hatten:** 2006 : 69 – 70) :

- **حماية المستهلك**، وهذه اليوم تمثل العديد من التشريعات الخاصة بحقوق المستهلكين لسلع وخدمات منظمات الأعمال. سلامة وصحة المستهلك، وحقه في حرية الاختيار، وحصوله على المعلومات الكاملة حول المنتجات وغيرها. ويمارس المستهلك أدوار بالضغط على الأعمال من خلال جمعيات حماية المستهلك، والأعلام المرئي والمسموع والمقروء مثل لوبي الضغط على الوكالات الحكومية والمقاطعة للشركات التي لا تلتزم بمسؤولياتها وغير ذلك.

وتمثل حركة المستهلك (Consumerism) اليوم قوة كبيرة لمواجهة التصرفات غير المسؤولة للأعمال والشركات وبذلك فأنها ساهمت بتطوير وعي المستهلك ونظمت جهود هؤلاء المستهلكين لجعل قدرة تأثيرهم على منظمات الأعمال أكبر (**Megginson et al :** 2003: 426) (**نجم** : 2006 : 141) .

> *** حركة المستهلك (المستهلكية)**
> **Consumerism**
> تنظيم الجهود المستقلة والحكومية ومجاميع الأعمال لحماية المستهلكين من التأثيرات غير المرغوبة للمنتجات سيئة التصميم والإنتاج.

- **حماية المنافسة والتجارة**، من خلال قوانين منع الاحتكار واحترام آليات العمل الشفافة ووضوح إجراءات التعامل والعقود، منع القيود والمحددات على حرية التجارة والأعمال وغيرها. إن مجمل هذه الجوانب تساهم في وضع المنافسة على أسس سليمة وعادلة وترتقي بنوعية الخدمات والسلع وتجعل أسعارها معقولة.
- **حماية البيئة**، وهذه مجمل القوانين التي تحافظ على البيئة، الأرض، الهواء، الماء، الغابات الطبيعية والمحميات وغيرها. لقد كانت البداية متواضعة من قبيل وضع معايير ومقاييس للأعمال وممارساتها بشأن الهواء والماء والضوضاء أما اليوم فقد تطورت كثيراً هذه التشريعات في العالم الصناعي.
- **حماية العاملين**، وتمثل عدد كبير من قوانين خاصة بالعمل والعاملين تصدر من جهات عديدة بعضها يرتبط بالحقوق المدنية وحقوق الإنسان وبعضها بالسلامة المهنية والصحة العامة وبعضها بالأجور والرواتب وساعات العمل وظروف العمل ومستلزمات العمل وغيرها (**Milton:** 2000**)**.

وبالنسبة للمنظمات المتوسطة والصغيرة على المالك أو المالكين أو الإدارة أن تحتفظ بالصورة الكلية للأعمال، بحيث تعامل الموارد البشرية بوضوح وباعتبار شخصي لكل فرد بمعرفة جوانب القوة والضعف فيه، وهذه أحد المتطلبات الأساسية لإدارة تنوع العمل، والحصول من كل فرد على أقصى مساهمة ممكنة في نجاح المنظمة وتطورها. ويلاحظ أن بعض التشريعات والقوانين لا يمكن التحكم بانعكاساتها على الأعمال الصغيرة، فمثلاً إذا ما أريد التعامل مع الأعمال الصغيرة بثقة واعتمادية عالية لحمايتها من جوانب إساءة المنافسة فربما ينعكس هذا الأمر سلباً على هذه الأعمال وخاصة الناجحة منها ويجعلها لا تستفيد من عروض ومبادرات الجمهور بشأن الأسهم وتطوير الاستثمار. كذلك في الإشكالات الأخرى المهمة التي تواجه المنظمات المتوسطة والصغيرة مثل التحرش الجنسي Sexual Harassment في مكان العمل، حيث يؤدي هذا إلى هدر الكرامة الإنسانية، الإنتاجية وارتفاع نسب الغياب عن العمل والذي هو مكلف للفرد العامل وكذلك للمنظمة التي يعمل فيها (**Zachary:** 2003 :21). لقد اقترحت الجمعية الأمريكية للإدارة (American Management Association) الخطوات التالية لجعل المنظمة خالية من التحرش (**Bohren:** 1993: 60-63**):**

- وجود سياسة مكتوبة واضحة تمنع وتحرم التحرش الجنسي.
- وجود الزامي لبرامج تدريب يتم الاشراف عليها ومراقبتها في مجال السياسات وتحريم التحرش.
- ضمان خلو مكان العمل من المواد التي قد تستخدم للهجوم والاعتداء.
- وجود برنامج ينفذ على مراحل وخطوات عند حصول التحرش.
- ضمان إعلام كافة المشتكين أو المتذمرين بالخطوات المتخذة.
- التأكد من وجود التزام ضد التحرش على كافة المستويات.

إن هذه الجوانب وغيرها يجب أن تعار أهمية كبيرة باعتبارها تدلل على تحمل مسؤوليات مهمة للأعمال اتجاه أطراف التعامل المختلفة.

يرى بعض الباحثين (**Wheelen and Hunger**: 2006)، (**الغالبي وادريس**: 2007) بأن المسؤولية الاقتصادية والمسؤولية القانونية ضروريتان لتشكيل القاعدة الأساسية لبروز الدور الاجتماعي الأكبر للأعمال في المستويين الآخرين (الأخلاقي والخيّر)، حيث لا معنى لأن تتبنى المنظمة المتوسطة والصغيرة مسؤولية اجتماعية وهي تقوم بخرق للقواعد القانونية ولا تستطيع أن تقدم السلع الضرورية للمجتمع. لاحظ (الشكل 2-3).

شكل (2-3)

المسؤولية الاجتماعية ومسؤوليات المنظمة الأخرى

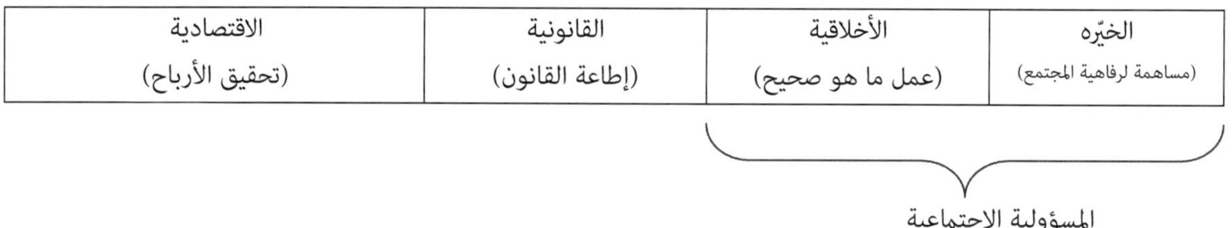

3) المسؤولية الأخلاقية Ethical Responsibility

إن أقل ما يتوقعه المجتمع من سلوك مسؤول من منظمات الأعمال هو الوفاء بالمسؤوليات الاقتصادية والقانونية. ولكن الأمر يتطلب من الأعمال الالتزام بالسلوك الأخلاقي المستوعب للجوانب القيمية والمعتقدات في المجتمع الذي تعمل فيه. إن المسؤولية الأخلاقية تمثل السلوك الموجة للقرارات في المنظمة بحيث لا يتم خرق للقيم والأعراف والتقاليد الاجتماعية المقبولة، وأن يلتزم المديرين بما هو صحيح مبتعدين عن ما هو خطأ وغير مقبول.وإذا ما التزمت الإدارة بذلك نتوقع سيادة مفاهيم العدالة والنزاهة والاستقامة والإخلاص وهذا يؤدي إلى شيوع الفضيلة في العمل والمجتمع. إن ما يقود السلوك ويجسد مسؤولية أخلاقية لدى مدراء الأعمال المتوسطة والصغيرة هو واحد أو توليفه مناسبة من منظورات مثالية، نفعيه، نسبية أو افتراضيه مرتبطة بالخصائص الشخصية للمديرين (**Dawson at al**: 2002:302-313). فالمدراء يحاولون حل المشكل الأخلاقي من خلال واحد من هذه المنظورات، رغم أنه لا يوجد منظور واحد هو المهيمن في التعامل مع الإشكالات الأخلاقية. إن المعايير الأخلاقية والقيمية في العادة تسبق عملية وضعها في القوانين، لذلك فإن ما تم وضعه في قوانين هو جانب من تلك المعايير لتبقى المسؤوليات الأخلاقية ضرورية لنجاح الأعمال المتوسطة والصغيرة.

4) المسؤولية الخيّرة Philanthropic (Discretionary) Responsibility

إن هذا المستوى هو الأعلى في جانب المسؤولية الاجتماعية، ويتمثل بمساهمة الأعمال في برامج للارتقاء وتحسين نوعية الحياة، تشييد معايير المعيشة المتطورة وترويج القيم المعنوية. ويرى البعض (Post et al:1996:43) ، (Hatten: 2006 : 71). إن هناك فرق بين المسؤولية الخيّرة وترقية القيم المعنوية الخيّرة والإنسانية (philanthropic Goodwill) فهذه الأخيرة لا ترى بكونها التزامات ومسؤوليات ولكن مساهمات لجعل المجتمع مكان أرقى للحياة والعيش، وأن المنظمات التي لا تساهم في هذه الأنشطة لا تعتبر منظمات غير أخلاقية أو إنها قد خرقت السلوك الأخلاقي للأعمال. ففي مجمل هذه المساهمات والأفعال لا تريد ولا تنتظر المنظمة جزاءً ولا شكورا وهي حالة من الرقي والمثالية العالية.

*** الرضا والارتياح الخيّر**
Philanthropic Good will
مستوى المسؤولية الاجتماعية تكون فيه المنظمات مستعدة لعمل ما هو جيد وخيّر دون انتظار أي مردود كان من مثل هذا العمل أو الفعل من أي جهة كانت للمنظمة ذاتها.

إن المسؤولية الخيّرة تمثل مبادرات طوعية غير ملزمة ولا حتى أخلاقياً للمنظمة وتبادر فيها بشكل إنساني تطوعي، وترجع إلى تقدير الإدارة لذلك تعتبر استنسابية (Discretionary). إن البرامج الخاصة بتأهيل المعاقين أو مساعدة كبار السن أو أي فئات أخرى تساهم فيها المنظمة ولا تنتظر منظمة الأعمال ارتباط هذه البرامج المباشر بزيادة الأرباح أو الحصة السوقية أو غيرها هي مبادرات إنسانية يقدرها المجتمع. ولا يتصور البعض أن هذه الأنشطة والبرامج الخيّرة هي حكراً على الشركات الكبيرة، بل إن المنظمات المتوسطة والصغيرة يمكن أن ترعى فريق صغير لكرة القدم أو المكتبة العامة المحلية أو لقاءات للرياضة المحلية أو غير ذلك.

وفي العالم الصناعي نتحدث اليوم عن الريادي الاجتماعي(Social Entrepreneur) الذي يساهم بطرق إبداعية بترقية الموارد والمهارات واستخدامها بفاعلية وكفاءة لخدمة المجتمع من خلال إيجاد منظمات رائدة يراد من خلالها تغيير المجتمع إلى الأحسن. إن هذه المنظمات تساهم في قضايا مجتمعية ملحة ومهمة من قبيل إعادة اكتشاف التعليم الحكومي، توظيف الأفراد البائسين والمتسكعين في الشوارع وغير ذلك. ويلاحظ أن هذا النوع من المنظمات والتي يراد لها أن تلعب دور محرك التغيير قائم على خصائص مهمة وهي (72: 2006: Hatten).

- الريادية، قدرة على عمل الكثير من خلال القليل.
- الإبداع، أفكار جبارة، وهذه تعكس فجوة كبيرة بينها وبين المعروف والمطبق من أفكار.
- تأثير اجتماعي، نتائج متحققة سهلة وواقعية.
- الطموح والآمال، أهداف مرغوبة منسجمة مع الموارد المتاحة.
- الاستدامة، قدرات على توليد نتائج مستمرة وفي المستقبل.

ونود أن نشير في نهاية فقرة هرم المسؤولية الاجتماعية إلى أمرين الأول ضرورة تبني منظمات الأعمال مسؤولية اجتماعية من خلال الالتزام الأخلاقي والمبادرة الخيّرة التي تستطيع هذه الأعمال المتوسطة والصغيرة تحمل الإنفاق عليها وربط علاقات جيده مع فئات المجتمع من خلالها والثاني عرض أمثلة مختصرة للعناصر الرئيسية والفرعية المحتملة للمسؤولية الاجتماعية ضمن المسؤوليات الأربعة آنفة الذكر يلخصها الجدول (A-2) (Ferrell and Fraedrich : 1994: 70-86) **(الغالبي والعامري: 2005 : 82)**

جدول (A-2)

العناصر الرئيسية والفرعية للمسؤولية الاجتماعية ضمن هرم المسؤولية

المستوى	العناصر الرئيسية	العناصر الفرعية
الاقتصادي	المنافسة العادلة	• منع الاحتكار وعدم الإضرار بالمستهلكين. • احترام قواعد المنافسة وعدم إلحاق الأذى بالمنافسين بطرق غير مشروعة.
	التكنولوجيا	• استفادة المجتمع من التقدم التكنولوجي والخدمات التي يمكن أن يوفرها. • استخدام التكنولوجيا في معالجة الأضرار التي تلحق بالمجتمع والبيئة.
القانوني	حماية المستهلك	• عدم الاتجار بالمواد الضارة على اختلاف أنواعها. • حماية الأطفال صحياً وثقافياً. • حماية المستهلك من المواد المزوّره والمزيفة. • التزام بحقوق المستهلك في المعلومات، وحرية الاختيار والتعويض والخدمة.
	حماية البيئة	• منع تلوث المياه والهواء والتربة. • التخلص من المنتجات بعد استهلاكها بطرق صحيحة. • معالجة مخلفات وعوادم الإنتاج. • منع الاستخدام التعسفي للموارد. • صيانة الموارد وتنميتها وتطويرها وكذلك استخداماتها.
	حماية العاملين (السلامة والعدالة)	• منع التمييز على أساس العرق أو الجنس أو القومية أو الدين أو المذهب أو المعتقد السياسي أو غيرها. • العناية بظروف العمل ومنع عمل الأحداث وصغار السن. • تقليل إصابات العمل والعمل على القضاء التام عليها.

		• احترام قوانين التقاعد وخطط الضمان الاجتماعي. • العناية بالمرأة وخصوصيتها بالعمل ومنع التحرش الجنسي. • التزام بقواعد عمل المهاجرين وتشغيل غير القانونيين. • رؤية واضحة وعناية بعمل المعاقين.
الأخلاقي	المعايير الأخلاقية	• مراعاة الجوانب الأخلاقية في الاستهلاك والإنتاج والتوزيع. • مراعاة مبدأ تكافؤ الفرص في التوظيف. • مراعاة حقوق الإنسان.
	الأعراف والقيم الاجتماعية	• احترام العادات والتقاليد • مكافحة المخدرات والممارسات اللاأخلاقية.
الخيّر	نوعية الحياة والرفاهية	• نوع التغذية • الملابس • الخدمات • النقل العام • الذوق العام

- **مجالات المسؤولية الاجتماعية** **Areas of S.R.**

إن منظمات الأعمال المتوسطة والصغيرة تلعب دوراً اجتماعياً وتتحمل مسؤولياتها اتجاه العديد من الأطراف والجهات الأخرى وتتطلع من خلال ذلك إلى تطوير المجتمع من جانب وتحقيق الأهداف الخاصة بالمنظمات من جهة أخرى. ويمكن ذكر أهم هذه الجهات بالآتي:

1) **أصحاب المصالح** **Stakeholders**

أصحاب المصالح هم العديد من الجهات والأطراف، أفراد أو مجموعات أو منظمات أخرى تتعامل معهم المنظمة ولهم تأثير وتأثر بسلوك المنظمة وعلاقة مباشرة أو غير مباشرة بأدائها المتحقق. ولكون هؤلاء عديدون فإن منظمة الأعمال تتابع العلاقة وتطورها معهم في ضوء قدرتهم التأثيرية على فعل المنظمة وأنشطتها. بمعنى إن الإدارة تضع سلم أولويات للتعامل مع هذه الأطراف وكذلك نلاحظ ظهور أطراف ومجموعات جديدة على ساحة عمل المنظمة. ويتم هذا الأمر من خلال البيانات والمعلومات واللقاءات والاتصالات والتفاعل المباشر مع هذه الأطراف لغرض جعل العلاقات معهم في صالح المنظمة بالإضافة إلى الاهتمام بمصالحهم. والبعض من هذه الأطراف يوجد داخل المنظمة كالعاملون، والإدارة في حين هناك أطراف خارجية مثل الزبائن، المجهزون، المنافسون، الحكومة ودوائرها المختلفة، جماعات الضغط والمجتمع المحلي وغيرهم.

2) البيئة الطبيعية Natural Environment

يمكن القول أن الاهتمام بالأرض ومواردها الطبيعية كان قديماً، لكن العناية بالبيئة الصحية وتزايد الاهتمام بالماء والهواء والتربة حديث نسبياً، ومع ذلك فإن هذا الاهتمام تصاعد بوتائر عاليه ضمن فترات زمنيه متقاربة. ويلاحظ اليوم أن جماعات حماية البيئة هم قوة ضاغطة لا يستهان بها سواء على السياسيين أو رجال الأعمال والمنظمات على اختلافها. لقد أصبحت هذه الجماعات تستقطب اهتمام ملايين الناس ولهم وسائلهم بالضغط والدفاع والاستعلام عن مختلف أوجه عمل المنظمات وخاصة تلك التي لا تعتبر صديقه للبيئة. ومع صدور الحزمة الخاصة بالأمان البيئي المتمثلة بالآيزو (ISO 1400)، فقد تصاعد الاهتمام بالجوانب المختلفة للبيئة الطبيعية من قبل مختلف أنواع المنظمات التي حاولت أن تفي بجانب من تلك المتطلبات أو على الأقل أن لا تضع نفسها في تعارض معها. ورغم أن المنظمات الكبيرة والعاملة في قطاعات معينة مثل الصناعات النفطية والكيماوية والأدوية والطاقة الذرية وغيرها هي الأكثر من حيث التلوث إلا أن جميع المنظمات وحتى المتوسطة والصغيرة والعاملة في الصحة والتعليم والأغذية والملابس والخدمات الأخرى تحتاج إلى عناية واهتمام بالبيئة لمنع التلوث في الماء والهواء والتربة.

ونتحدث اليوم عن الشركة الخضراء (Green Company) والشركة البيئية (Environmentalist Company) ليعبرا عن اهتمام عالي وعناية كبيرة للمفردات المهمة في البيئة (**نجم**: 2006: 286-327). وهكذا تمتد ظاهرة التخضير والعناية بالبيئة لمجمل الأنشطة الاقتصادية والإنتاجية والممارسات الإدارية والتنظيمية (**Hunt and Johnson** : 1995).

> *** البيئوية**
> **Environmentalism**
> مجمل الجهود المرتبطة بحماية وصيانة البيئة من كل ما يؤثر عليها سلباً.

إن منظمات الأعمال المتوسطة والصغيرة يمكن أن تكون صديقه للبيئة وأن تأخذ مسؤولياتها كاملتاً اتجاه البيئة الطبيعية التي تعمل فيها دون أن تتكلف كثيراً، بل العكس يمكن أن يكون هذا الاهتمام مدخلاً لتعزيز ترابطها وعلاقاتها مع أطراف أصبحت ذات وزن وأهمية عالية. ويمكن لإدارة هذه الأعمال المتوسطة والصغيرة أن تجسد اهتمامها من خلال الآتي (**العامري والغالبي:** 2007 : 92): -

- ازدياد وعي الأفراد العاملون بأهمية العمل في بيئة صحية خالية من التلوث والضوضاء.
- التوعية من خلال المجتمع المحلي بأن أداء المنظمة سيكون أفضل عند عملها في مجتمع يقدر الصحة والنظافة والأمان والتخضير.
- الارتقاء بأداء المنظمة من خلال التعامل الإيجابي المسؤول مع البيئة الطبيعية وتنمية وتطوير المصادر والموارد في هذه البيئة الطبيعية.
- جعل الاهتمام والعناية بالبيئة الطبيعية وحمايتها منظور متكامل وهدفاً بعيد المدى ومستمر.
- ترقية السمعة الحسنه للمنظمة في مجال حماية البيئة وصيانتها، وهذا له مردودي ايجابي كبير، بل هو استثمار مستقبلي مطلوب.

3) رفاهية المجتمع بشكل هام **Society Welfare in General** :

إن الاهتمام بالرفاه الاجتماعي من خلال المساهمة في الأنشطة الخيرية وأعمال البر والإحسان ودعم الفعاليات المفيدة في المجتمع والتي تزيد الترابط والتلاحم الاجتماعي والإنساني، مثل الجوانب الثقافية والفنية والارتقاء بالذوق العام تعتبر مجال يمكن لمنظمة الأعمال المساهمة فيه وفق قدراتها وإمكاناتها.

* استراتيجيات التعامل مع المسؤولية الاجتماعية Strategies Concerning S.R.

أن منظمات الأعمال المتوسطة والصغيرة، وهي تقدم سلع وخدمات مفيدة للمجتمع بمختلف فئاته، فإنها تتوقع قبول المتعاملين معها لهذه المنتجات لكي تستمر في النشاط وتحقق أرباح مرضيه. إن رضا الزبائن أمر حيوي لاستمرار التعامل معهم وتطوير هذا التفاعل والتعامل لصالح كافة الأطراف. لقد بدأ التعامل مع الدور الاجتماعي متأخراً قياساً للاهتمام بالأداء الاقتصادي للأعمال، واليوم تحاول منظمات الأعمال أن تكون فاعلة وكفوء في الأداء الاقتصادي وكذلك الأداء الاجتماعي الأخلاقي وبصورة متوازنة دون التركيز على جانب وإهمال الجانب الآخر (Post et al: 1996: 23) (**الغالبي والعامري:** 2005: 74-75) شكل (2-4).

شكل (2-4)

توازن الأداء في منظمات الأعمال

منخفض ← **الأداء الاجتماعي الأخلاقي** → عالي

الأداء الاقتصادي (عالي ↑ / منخفض ↓)

ضعف الأداء الاجتماعي الأخلاقي	أداء متوازن عالي (اقتصادي / اجتماعي أخلاقي)
ضعف الأداء الاقتصادي والأداء الاجتماعي الأخلاقي	ضعف الأداء الاقتصادي

وفي واقع الممارسات الفعلية، نجد منظمات الأعمال لا تعتمد إستراتيجية واحدة في تعاملها مع دورها الاجتماعي المرتقب، بل إن هذا الأداء الاجتماعي قد يكون متميزاً لدى بعض الأعمال في حين يكون ممارسات قليلة لدى أعمال أخرى أو يكون معدوماً في بعض المنظمات. وهكذا يمكن الإشارة إلى الاستراتيجيات الخاصة بتعامل منظمات الأعمال مع الدور الاجتماعي والمسؤولية الاجتماعية بالآتي (**العامري والغالبي :** 2007 : 92-93):

1) إستراتيجية عدم تبني للمسؤولية الاجتماعية أو إستراتيجية الممانعة Obstructionist strategy

تمثل هذه الإستراتيجية نظرة تقليدية للدور الاجتماعي لمنظمة الأعمال، حيث ترى إدارة المنظمة أنها غير ملزمه وبالتالي غير مسؤولة عن ممارسة دور اجتماعي اتجاه أي طرف من أصحاب المصالح. إن الدور الأساسي من وجود منظمات الأعمال هو تحقيق العوائد والأرباح من خلال ممارسات اقتصادية فاعلة وكفوءة وإن القيام بهذا الدور الاقتصادي كما يجب هو المسؤولية الوحيدة للأعمال والمنظمات وأن ما يترشح من خلال هذا الدور الاقتصادي من ممارسات مفيدة اجتماعياًّ يمثل ناتج عرضي محتمل. لذلك فأن الإدارة لا تنفق على الأنشطة الاجتماعية لكونها تمثل تكاليف لا يفترض أن تحمل لمنظمة الأعمال. إن مجمل القرارات المتخذة يجب أن تعرض في أولوية فحص اقتصادي، وهكذا ترفض القرارات التي لا تلبي معطيات الأرباح والعوائد المالية حتى لو كانت جيدة من الناحية الاجتماعية (**جاب الرب**، 1995: 202-204)،(**نجم:** 2005 : 204 -206)**.(Ivancevich et al** :1989).

وبالعودة إلى هرم المسؤولية الاجتماعية فأن المنظمات التي تتبنى هذا النوع من الاستراتيجيات للتعامل مع الدور الاجتماعي نجدها في المستوى الأول، وهو المسؤولية الاقتصادية وتحاول أن تتحاشى حتى المسؤولية القانونية بشتى الأساليب والطرق والتبريرات، وقد تعرض نفسها لإشكالات قانونية ودعاوى مثارة ضدها.

*** إستراتيجية الممانعة**
Obstructionist strategy
بموجب هذه الإستراتيجية فأن إدارة منظمة الأعمال تتجنب الالتزام بأي دور اجتماعي وتتحاشى الإنفاق على الأنشطة الاجتماعية ويتم التركيز على الأولويات الاقتصادية.

2) الإستراتيجية الدفاعية Defensive Strategy

في إطار هذا النمط من التبني للمسؤولية الاجتماعية فأن منظمة الأعمال تحاول القيام بدور اجتماعي محدود جداً وبما يتطابق مع المتطلبات القانونية المفروضة وبالقدر الذي يجعل المنظمة تحمي نفسها من الانتقادات الموجهة لها. وتركز منظمة الأعمال على الجوانب المرتبطة بمتطلبات المنافسة وحالات تغيير سلوك الزبائن لتحقيق أداء مالي عالي، كما يمكن أن تستجيب بالحد الأدنى للضغوط الناشئة من قبل جماعات الضغط وحماية البيئة وفق معايير قانونية معتمدة فقط. ويلاحظ أن هذا النمط والنمط السابق ترى بموجبها إدارة منظمة الأعمال أن المسؤولية الاجتماعية هي كلف فقط لا يفترض أن تتحملها منظمة الأعمال. وبالعودة إلى هرم المسؤولية الاجتماعية سابق الذكر فأن هذا النمط من استراتيجيات التعامل مع المسؤولية الاجتماعية يطاول المستوى الثاني للمسؤوليات الأربع، وهو المسؤولية القانونية. وقد بين البعض أن القيام بالدور الاقتصادي والدور القانوني يمثل متطلبات ملزمة لمنظمة الأعمال وهو لا

*** الإستراتيجية الدفاعية**
Defensive Strategy
بموجب هذه الإستراتيجية تتبنى إدارة منظمة الأعمال القيام بالحد الأدنى القانوني المفروض كدور اجتماعي وتهدف الإدارة إلى حماية المنظمة من الوقوع في مسائلة قانونية.

يمثل مسؤولية اجتماعية بل القاعدة الضرورية للقيام بالدور الاجتماعي لاحقاً (Strier: 1979) (Zairi :2000).

3) إستراتيجية التكيف Accommodative strategy

في إطار هذا النمط من التعامل مع المسؤولية الاجتماعية فأن منظمة الأعمال تتقدم بخطوات إلى أمام باتجاه تبني دور اجتماعي أكبر من الأنماط السابقة. فهنا تساهم منظمة الأعمال بالأنشطة الاجتماعية من خلال الإنفاق على الجوانب المختلفة والمرتبطة بحس أخلاقي يتجاوز اشتراطات الناحية القانونية. إن الملاحظ على إدارات منظمات الأعمال التي تتبنى هذا النمط من الاستراتيجيات تكون في العادة تفي بالمتطلبات والمسؤوليات الاقتصادية والقانونية وبالتالي تراعي المسؤوليات الأخلاقية من خلال الاهتمام بالقيم والأعراف والسلوكيات المقبولة اجتماعياً ويركز عليها المجتمع الذي تعمل فيه (Donaldson and Freeman:1994). إن هذا النمط المتكيف من استراتيجيات التعامل مع المسؤولية الاجتماعية إذا ما نظرنا إليه في إطار هرم المسؤولية الاجتماعية آنف الذكر فأنه يطاول المستوى الثالث وهو المسؤولية الأخلاقية الذي يراعي الجوانب القيمية والسلوك الأخلاقي في قرارات منظمة الأعمال.

4) إستراتيجية المبادرة التطوعية Proactive strategy

وهذه تمثل إستراتيجية تبني طوعي للمسؤولية الاجتماعية من قبل إدارة منظمة الأعمال. أن أخذ زمام المبادرة في الفعاليات والأنشطة الاجتماعية من خلال الاستجابة المسؤولة والفاعلة يمثل هذا النمط من تحمل المسؤولية الاجتماعية. إن إدارة منظمة الأعمال ووفق تقديراتها في المواقف المختلفة تبادر إلى المساهمة في الارتقاء بنوعية الحياة في المجتمع. إن ما يؤخذ في الاعتبار هنا هو الأداء الشامل ورؤية الدور الاجتماعي باعتباره ضرورة للنجاح في البيئة المعاصرة للأعمال. وعند العودة إلى هرم المسؤولية الاجتماعية فأن هذا النوع من تبني الدور الاجتماعي يطاول جميع مستويات المسؤولية وبالأخص المسؤولية الخيّرة .

* **إستراتيجية التكيف**

Accommodative strategy

تبادر المنظمة إلى تبني دور اجتماعي يتجاوز المتطلبات القانونية المفروضة وفي اطار منظور اخلاقي مسؤول.

* **إستراتيجية المبادرة التطوعية**

Proactive strategy

تتبنى منظمة الأعمال بموجب هذه الإستراتيجية دور اجتماعي واسع جداً، حيث تأخذ مصالح المجتمع وتطلعاته في جميع قراراتها.

ويعرض الشكل (2-5) استراتيجيات التعامل مع المسؤولية الاجتماعية من قبل منظمات الأعمال.

شكل (2-5)

استراتيجيات التعامل مع المسؤولية الاجتماعية

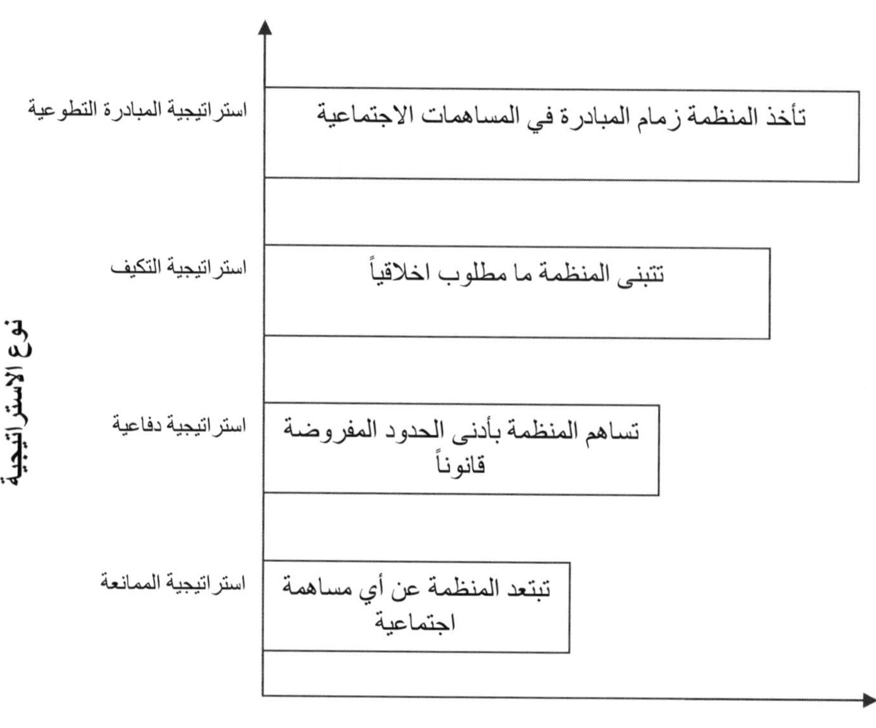

* الأداء الاجتماعي لمنظمات الأعمال المتوسطة والصغيرة

Social Performance of S.M.Os

إن بيئة الأعمال المعاصرة تتطلب من منظمات الأعمال المتوسطة والصغيرة أن تكون فاعلة وكفوءة في أدائها الاجتماعي بالإضافة إلى أدائها الاقتصادي.لذلك يفترض بالمدير أو المالك للمنظمة الصغيرة وكذلك المتوسطة أن يقيم أداء منظمته في المجال الاجتماعي للحكم عليه بصورة شمولية وتكاملية إن هذا التقييم يعتمد مؤشرات عديدة ارتباطاً بالتوجهات العامة للمنظمة، لمعرفة أدائها ومساهمتها تجاه مختلف أصحاب المصالح من مالكين وعاملين وموردين ومجتمع محلي وبيئة طبيعية وأقليات وذوي احتياجات خاصة وغيرهم.

ويلاحظ اليوم ظهور مفاهيم حديثه نسبياً من قبيل تدقيق المسؤولية الاجتماعية Responsibility Social Audit وبموجبه يتم فحص وتدقيق المساهمات والفعاليات الاجتماعية للمنظمة في المجالات المختلفة.

كذلك ظهور حقل محاسبي يعنى بالمسؤولية الاجتماعية وهو محاسبة المسؤولية الاجتماعية : Social Responsibility Accounting (**مطر**:2000: 50).إن هذه المحاسبة تهدف إلى تحديد نتيجة أعمال المنظمة ومركزها المالي من خلال مدخل اجتماعي تفصح بموجبه الإدارة عن المساهمات الاجتماعية للمنظمة حيال مختلف الأطراف باعتبار أن المجتمع له الحق بالاطلاع على ما تقوم به المنظمة في الإطار الاجتماعي من خلال مبدأ الإفصاح المحاسبي.

إن هذه الجوانب مهمة للأعمال المتوسطة والصغيرة باعتبارها تبني جسور الثقة والعلاقات الوطيدة مع المجتمع المحلي وبمختلف فئاته وهذا يعزز سمعة المنظمة في الأسواق.

إن المصداقية تصبح أكبر في حالة وجود تقارير ملحقه في ميزانية المنظمة المتوسطة والصغيرة تفصح فيها عن أدائها الاجتماعي لجهات محددة، هكذا يتم الاستفادة من هذا الاستثمار الاجتماعي (**بدوي**:2000) وتمارس منظمات الأعمال اليوم تطبيقات أكثر فاعلية وكفاءة عند استخدام الموارد وفي إطار اعتبار مهم لحاجات المجتمع الآنية والمستقبلية (Conservation).إن واحدة من هذه الممارسات للحفاظ والإبقاء والصيانة للموارد هو التدوير (Recycling) والذي بموجبه تعاد العمليات للوحدات المستخدمة لغرض الاستفادة منها مستقبلاً في استخدامات أخرى (**Megginson et al**: 2003: 427).

*** تدقيق المسؤولية الاجتماعية**

Social Responsibility Audit

الإجراءات والأساليب والطرق والمؤشرات التي بموجبها يتم تقييم وفحص المساهمات الاجتماعية للمنظمة في مختلف المجالات.

*** محاسبة المسؤولية الاجتماعية**

Social Responsibility Accounting.

فرع من فروع المحاسبة يهتم بالإفصاح عن مختلف جوانب الأداء الاجتماعي للمنظمة حيال مختلف فئات أصحاب المصالح.

*** الصيانة والحفاظ**

Conservation

ممارسة أفضل استخدام كفء وفاعل للموارد في إطار اعتبار مهم لحاجات المجتمع الحالة والمستقبلية.

*** التدوير Recycling**

إعادة وحدات مستخدمة إلى العمليات مجدداً لاستخدامات مستقبلية.

ويمكن لمنظمات الأعمال الصغيرة على وجه الخصوص أن تلعب دور مهم في مثل هذه الصناعات وتخدم مجتمعاتها، حيث في كثير من الأحيان إذا لم يتم استعادة تدور هذه الوحدات المستخدمة فأنها تصبح نفايات ضارة بالبيئة.

وبشكل عام يمكن لمنظمات الأعمال المتوسطة والصغيرة أن تحدد مدى التزامها من خلال الإجابة على الأسئلة التالية (**Steinhoff and Burgess:** 1993:25)

- هل إن المجتمع يستفيد ويتحسن أو يتضرر بالأنشطة والأفعال التي تمارسها المنظمة؟
- هل يتم أخذ البيئة في الاعتبار في مجمل عمليات المنظمة؟
- ما هو التأثير الاقتصادي الكلي والشمولي لأفعال المنظمة؟

إن الإجابات الصادقة والواضحة التي تقدمها الإدارة حول هذه الأسئلة وغيرها، تعطي جدية واهتمام منظمة الأعمال بمسؤوليتها الاجتماعية أو عكس ذلك. ويجب أن لا يتهاون العمل الصغير بتأثيراته السلبية إن وجدت رغم صغرها، لأن تراكم هذه التأثيرات عبر فترات زمنية طويلة يجعل فئات المجتمع أكثر عدم قبولاً وسلبية اتجاه العمل وأنشطته المختلفة. ومع أن بعض الدراسات تشير إلى أولوية هدف الاستمرار والبقاء في إطار توجه اقتصادي مهم لمدراء المنظمات الصغيرة في بداية التأسيس مع اهتمام أقل بالتوجه الاجتماعي، إلا أنه مع تطور المنظمة تصبح المسؤولية الاجتماعية ضرورة لتطورها اللاحق (**Aupperle et al :** 1990). ونجد تجسيد المسؤولية الاجتماعية للمنظمات المتوسطة والصغيرة في إنتاج وتسويق منتجات وخدمات خالية من الضرر وتستخدم من الزبائن دون تأثيرات ضارة. هكذا تعمل المنظمات على الارتقاء بالنوعية وجودة هذه السلع باستمرار باعتباره معيار للمسؤولية تجاه فئات المجتمع. كذلك يمكن للأعمال أن تكون أكثر تحملاً للمسؤولية من خلال الأرباح، وهذا يعني الحصول على أرباح مجزية ومناسبة من خلال الاهتمام بتبني أفكار ابتكاريه وإبداعات مستمرة.

أخلاقيات الأعمال في المنظمات المتوسطة والصغيرة Business Ethics in SMOs

أصبحت أخلاقيات الأعمال والإدارة موضوع حيوي اليوم ويحظى باهتمام بالغ من قبل الجميع، حكومات، شعوب، منظمات أعمال، جامعات وغيرها. إن هذا الاهتمام ينطلق من ضرورة الالتزام بالمبادئ والقيم السلوكية الأخلاقية على الصعيد الفردي في الوظيفة أو المهني أو على الصعيد الجماعي وكذلك منظمات الأعمال. إن تقوية الالتزام بمبادئ العمل الصحيح والصادق يبعد منظمات الأعمال أن ترى مصالحها بمنظور ضيق لا يستوعب غير المعايير المالية وتحقيق الأرباح على المدى القصير في حين يمكن أن تكون سلبية على المدى البعيد.

* أخلاقيات الأعمال، المفهوم والأهمية

Concept and Importance of Business Ethics

- المفهـــوم Business Ethics Concept

تشير الأخلاق (Ethics) إلى مجموعة المبادئ والقيم التي يستند إليها المديرين (الأفراد) لغرض التمييز بين ما هو صحيح أو خطأ في قراراتهم وتصرفاتهم. ولقد تطورت هذه المبادئ والقيم عبر الزمن وتراكم المعرفة والرقي الحضاري والإنساني لتشكل مقاييس يتم فرز السلوكيات في إطارها. إن هذه المبادئ والقيم تشكلت من خلال مصادر عديدة تختلف من مجتمع لآخر فالتاريخ والدين واللغة والتقاليد والأعراف والثقافة والتكوين العائلي والعشائري والمرجعيات الدينية والسياسية ووسائل الإعلام والخبرة العلمية والعملية للفرد كلها تشكل مصادر مهمة لتشكيل الأخلاق الفردية وكذلك تحدد السلوك الأخلاقي (Ethical Behavior). إن هذا السلوك الأخلاقي يتجسد بالمواقف العملية بسلامة وصحة الخيارات المعتمدة من قبل المدير وابتعادها عن مواقف خرق الناموس العام وقواعد العمل النزيه والعادل والشفاف.

إن مدراء الأعمال يواجهون العديد من المواقف التي تتطلب اتخاذ قرارات صائبة ولا تحدث ضرراً مقصوداً لفئات أصحاب المصالح أو البيئة الطبيعية التي تعمل فيها المنظمة. لذلك فهؤلاء المدراء توجه سلوكياتهم وقراراتهم في ظل معايير أخلاقية ومهنية محددة وواضحة، ونتوقع ان تكون الاخلاقيات الادارية (Managerial Ethics) لديهم سليمة وتعي طبيعة المبادىء والقيم التي تستند عليها لكي لا تقع منظماتهم في اشكالات أخلاقية أو قانونية جراء هذه التصرفات والقرارات.

ولا نتوقع ان جميع المواقف والاشكالات هي حالات من الوضوح التام والتي يسهل على المديرين التعامل معها واتخاذ السلوك الاخلاقي المناسب والمؤدي الى قرار مرضي دائماً. فهناك دائماً مواقف يصعب معها التمييز بين الصواب والخطأ وتشكل اشكالية اخلاقية (Ethical Dilemma) ينجم عنها عواقب سلبية تثير العديد من المواقف المنتقدة وغير الودية حول المدير وقراراته المعتمدة.

*** الأخلاق Ethics**

مجموعة القيم والمبادىء التي تحكم سلوك المديرين (الأفراد) للتمييز بين الصواب والخطأ في المواقف المختلفة

*** السلوك الأخلاقي**

Ethical Behavior

هو السلوك الذي يخضع للمبادىء والقيم الاخلاقية الصحيحة، لذلك فهو سلوك صائب وسليم عكس السلوك اللاأخلاقي *unethical Behavior* الذي لا يخضع لهذه المبادىء والقيم الصحيحة.

*** الاخلاقيات الادارية**

Managerial Ethics

معايير أخلاقية توجه سلوك المديرين في العمل.

*** اشكالية اخلاقية**

Ethical Dilemma

مواقف ترتبط بخيارات سلوكية ينجم عنها عواقب سلبية يصعب معها التمييز بين ما هو صحيح أو خطأ.

ونتحدث اليوم عن المدخل الموقفي للأخلاق، وهذا يأتي في اطار الرؤية النسبية للامور، فقد يقف المدير موقف أخلاقي في مواضيع معينة ويبدو في مواقف أخرى مناقض لهذه الحالة (**الغالبي والعامري:** 2005 : 134). ان كون المدراء يجدون أنفسهم في اطار منظمات اصبحت لها آليات عمل واجراءات وطرق وفلسفات وثقافات قد تطورت عبر فترات زمنية مختلفة، نتوقع ان هذا الامر ينعكس بأسلوب وهيئة ما على سلوكيات هؤلاء المدراء عند تطوير واتخاذ قراراتهم في المواقف المختلفة.

لذلك فان الاعمال لها اخلاقياتها الخاصة والتي تتغيير عبر المواقف والازمنة المختلفة. واخلاقيات الاعمال (Business Ethics) هي قواعد القيم السلوكية التي توجه صناعة واتخاذ القرارات وتمكن المديرين من التفرقة بين ما هو صحيح وجيد وما هو خاطىء وسيء. ويرى البعض ان اخلاقيات الاعمال، ما هي الا تطبيق للمعايير الاخلاقية الفردية في مواقف الاعمال المختلفة (**Pride et al:** 2002: 37). ان اتخاذ قرار سليم من الناحية الأخلاقية والانسانية يحتاج الى قواعد قيم سليمة وناضجة.

والقيم (Values) بما تمثله من قناعات عامة حول السلوك المناسب في المشاكل والمواقف التي يواجهها المدير أو المنظمة، يفترض أن يكون بناء وتشكيل هذه القيم صحيحاً، ولا يكفي أن تكون القيم المعلنة نظرياً مثالية وممتازة، بل يتطلب الامر ان تكون هذه القيم المعلنة هو ما تعمل على أساسها الادارة والمنظمة.

وبعكس ذلك يعني فجوة قيم (Value Gap) تثير اشكالية، مصداقية وريبة وشك بين المنظمة والمتعاملين معها (**نجم:** 2006 : 129).

*** اخلاقيات الاعمال**

Business Ethics

قواعد القيم السلوكية التي توجه صناعة واتخاذ القرارات وتمكن المديرين من التفرقة بين الصحيح والجيد وما هو خاطىء وسيء في الاعمال.

*** القيم Values**

قناعات ومعتقدات عامة حول السلوك المناسب.

*** فجوة القيم value gap**

الفرق بين ما تعلنه المنظمة من قيم وبين ما تمارسه فعلاً.

وهناك من يعرف اخلاقيات الاعمال بكونها الدراسة والتحليل المنهجي للعمليات التي يتم من خلالها تطوير القرارات الادارية بحيث تكون هذه القرارات خيارات أخلاقية تأخذ بنظر الاعتبار ما هو صحيح وجيد للفرد والمجموعة والمنظمة (**Van valock:** 1993 : 38 – 48)

وهكذا يبدو ان منظمات الاعمال المتوسطة والصغيرة معنية بشكل كبير في تطوير الاخلاقيات فيها لكي لا تقع في اشكالية عند تعاملها مع الاطراف المختلفة. ان كون المديرين في هذه الاعمال يحتاجون دائماً وباستمرار إلى حكم قيمي (اجتهاد قيمي) عند اتخاذ القرارات، سواء كانت متعلقة بجوانب اخلاقية أو غير ذلك. لذلك فهم مدعوون إلى تطوير أنظمة القيم لتكون مستمدة من اصول سليمة. ان الاعمال التي طورت قيمها لتصبح نظام متكامل يتقاسمه الجميع هي اقدر على معالجة المشاكل الاخلاقية حيال مختلف الاطراف من تلك الاعمال التي تهمل هذه الجوانب الحيوية. ويمكن هنا الاشارة إلى ثلاثة مجالات مهمة للتعامل الاخلاقي:-

- تعامل منظمة الاعمال مع العاملين فيها وما يرتبط بهذا التعامل من عقود توظيف أو انهاء خدمة أو الاجور والرواتب أو ساعات العمل أو احترام خصوصية العاملين وغير ذلك، وهذه جميعها جوانب ترتبط بالاخلاق والسلوك.
- تعامل العاملون مع المنظمة، حيث يمكن ان تظهر اشكالات اخلاقية متعلقة بهذا النوع من التعامل. ان ما يعرف بصراع المصالح (تضارب المصالح)، والنزاهة والثقة وحماية اسرار العمل يمكن ان تخرق من قبل بعض العاملين في الاعمال الصغيرة والمتوسطة.
- تعامل المنظمة والعاملين مع الاطراف الاخرى، وهنا يمكن للاعمال ان تجسد سلوك اخلاقي بتعاملها مع اطراف مثل الزبائن والموردون والمنافسون وغيرهم. ويمكن ان يحدث غموض اخلاقي في اطار انشطة الاعلان والترويج والافصاح المالي والمفاوضات والمساومات الجماعية وغير ذلك (**العامري والغالبي:** 2007 : 79).

- الأهميـــة Importance

رغم أهمية السلوك الاخلاقي في منظمات الاعمال، الا انه من النادر ان نجد مكافئات مجزية لهذا السلوك. وتحاول منظمات الاعمال ان تعطي لنفسها صبغة الممارسات الاخلاقية القويمة في جميع افعالها وانشطتها، وخلف هذا الامر افتراض ضمني صحيح وهو ان السلوك الاخلاقي مفيد وضروري جداً لنجاح المنظمات. لذلك تهتم الادارة العليا في المنظمات ببناء نظام قيمي سليم ليسند هذه الممارسات والسلوك الاخلاقي (**الغالبي ونعوم:** 2005 : 119 - 149). ان مجتمعاتنا النامية والاسلامية على وجه التحديد يشكل الاسلام الوعاء الحضاري والثقافي والانساني الذي يشذب الممارسات الفردية والجماعية، ويبني الصلة الوثيقة بين الاخلاق الدينية الفاضلة ووعي الضمير الحر الفاضل. هكذا عبر سيد الكونين ورسول الرحمة محمد (صلى الله عليه وآله وسلم) "اذا اراد الله بعبدٍ خيراً جعل له واعظاً من نفسه يأمره وينهاه "، ان هذا الواعظ هو الضمير الاخلاقي (**العلامة مغنية:** 2007: 24). ونجد اليوم تركيز كبير من منظمات الاعمال لجعل الاخلاق والسلوك الاخلاقي ممارسة مستمدة من ذاتيه الفرد وليس مفروضة بحكم القانون والرقابة الخارجية. وتتوقع منظمات الاعمال ان تحصل على مزايا وفوائد عديدة جراء العناية الكبيرة والممارسة الفعلية لاخلاقيات الاعمال والممارسات والسلوكيات الاخلاقية نذكر منها:-

- الارتباط الايجابي بين الالتزام الاخلاقي والممارسات الاخلاقية والمردود الاقتصادي والمالي الذي تحققه منظمة الاعمال، وان لم يكن هذا على المدى القصير ولكل حالة منفردة، فانه سيكون في صالح المنظمة على المدى الطويل. ان هذا الامر تعزز بعد رفض المنظور التقليدي الذي يرى تعارض بين تحقيق مصالح المنظمة (الربح بشكل خاص) وبين الالتزام بالمعايير الاخلاقية، والتي اعتبرت ضمن المنظور التقليدي بكونها تقلل من كفاءة المنظمة (**Bhide and Stevenson:** 1990 : 118 - 121).

- ان تجاهل السلوك الاخلاقي وعدم الالتزام بالمعايير الاخلاقية قد يكلف منظمة الاعمال كثيراً، حيث يضع التصرف اللاأخلاقي منظمة الاعمال في مواجهة دعاوى قضائية أو حتى جرمية في بعض الاحيان (**الغالبي والعامري:** 2005 : 137). واذا ما تمادت المنظمة بتركيزها على الارباح بغض النظر عن الوسائل المؤدية لها فأنها تبتعد عن النموذج الاجتماعي الاخلاقي ويصبح التوجه الاقتصادي هو المسيطر في قيم المنظمة مما يؤثر سلباً على سمعتها في الاسواق ولدى فئات أصحاب مصالح مهمين.
- يعزز السلوك الاخلاقي والتزام به سمعة المنظمة على صعيد بيئة عملها المحلية أو الاقليمية بل وحتى العالمية إذا كانت متوجه لتصدير منتجاتها إلى الاسواق الدولية.
- ان الالتزام باخلاقيات الاعمال يضع منظمة الاعمال في اطار المصلحة الذاتية المستنيرة ويبعدها عن المصلحة الذاتية الضيقة والانانية المفرطة وبالتالي تفقد الاطراف الاخرى ثقة التعامل معها.
- ان الالتزام بالمعايير الاخلاقية اصبح ضرورة للولوج إلى السوق العالمي والحصول على شهادات التميز المعروفة. هكذا يقترن حصول (أيزو 9000 و أيزو 14000) من قبل المنظمة ضرورة التزامها بالعديد من المعايير الاخلاقية في اطار الانتاج والتوزيع والاستهلاك والاستخدام والاعتراف بالخصوصية في مكان العمل ومعالجة مخلفات الانتاج ودقة وصحة المعلومات وغيرها.

* مصادر الاخلاقيات ومداخل تفسيرها **Ethics Resources and approaches**

من أي المصادر يستمد المديرين والاعمال الاخلاق، ثم كيف يفسر هؤلاء المديرين هذه الاخلاق والسلوكيات المعتمدة في اتخاذ القرارات من قبلهم.

- مصادر اخلاقيات الاعمال **Business Ethics Resources**

في واقع الحياة العملية نجد ان المنظمات المتوسطة والصغيرة تختلف في مواقفها الاخلاقية حيال الاشكالات المطروحة، وأسلوب معالجتها للمواقف المختلفة. وربما يعود ذلك الى اختلاف المصادر أو المؤثرات في السلوك الاخلاقي للمديرين والعاملين في هذه المنظمات. ففي الواقع يتجسد سلوك الاعمال من خلال الممارسات الفعلية والقرارات المتخذة من قبل الادارة والعاملين في هذه الاعمال، وتصبح بعض الآليات سياسات وسلوك وثقافة ومدونات اخلاقية ضمنية أو مكتوبة تشجع أو لا تشجع على الممارسات الاخلاقية في جميع الظروف والمواقف.

ان ما يمثل مصادر لاخلاقيات الادارة والاعمال يشكل مؤثرات فعليه في السلوك الاخلاقي. ويمكن اجمال هذه المؤثرات في ثلاثة مكونات اساسية (**العامري والغالبي** 2007 : 82 – 84)، (**الغالبي والعامري:** 2005 : 139 – 147).

* **الفـرد The person**

ان الفرد كمدير أو موظف هو اساس السلوك الاخلاقي للاعمال، وان سلوك هذا الفرد يتأثر بمجموعة من العوامل بعضها يرتبط بتكوينه العائلي والشخصي أو بنظامه القيمي والبعض الاخر يتشكل عبر مؤثرات أخرى. ان المعايير الشخصية والمؤثرات العائلية والمتطلبات المالية تدفع الفرد إلى سلوك أخلاقي أو غير أخلاقي. اشارة بعض الدراسات الى ان (56%) من العاملين في الولايات المتحدة يشعرون بضغوط قوية لممارسات سلوكية غير اخلاقية، وان (48%) منهم قد ارتكب فعلاً ممارسات تتضمن مساءلات قانونية وتصرفات غير أخلاقية (**Gellerman**: 1986) (**Bonhman**: 1992) . ان المدير أو المالك للعمل المتوسط والصغير الذي لا يمتلك قاعدة رصينة من الاخلاق اكتسبها من العائلة والدين والجماعات المرجعية ونظام التعليم والخبرة وغيرها قد تصبح قرارته مقادة في اطار تعظيم مصلحته الشخصية فقط وتبتعد عن الاخلاق المقبولة والصحيحة. ان المدير الذي يعزز قيم النزاهة، والاستقامة، والعدالة، والكرامة، واحترام الاخرين والشفافية تكون قراراته مستندة إلى قاعدة اخلاقية سليمة حتى في المواقف الغامضة والحالات التي يتعرض فيها لضغوط كبيرة.

* **المنظمة The Organization**

ان منظمة الاعمال هي المؤثر والمتأثر بالسلوك الاخلاقي أو اللاأخلاقي الذي يمارسه المديرين والعاملين فيها. ويلاحظ ان مجمل مفردات عمل المنظمة وآليات تطوير القرارات وتوزيع الادوار والصلاحيات في الهيكل التنظيمي وقواعد العمل ونظام التحفيز هي مفردات تجسد سلوكيات اخلاقية أو عكس ذلك. هكذا فأن مجاميع العمل والتنظيم غير الرسمي السائد لهُ أثر كبير على سلوكيات العاملين.

كما ان الثقافة التنظيمية (Organizational Culture) والتي هي في حقيقتها مجموعة المفاهيم والمعتقدات والقيم الراسخة والطقوس والشعائر ذات الدلالات المهمة. ويعبر عنها بأنها طريقة عمل الاشياء المتعلقة بالمنظمة، وان أهم فوائدها يتمثل بكونها مرجعية للعاملين ومرشد للسلوك الملائم (**Deal and kennedy:** 1982: 4).

وتحاول منظمات الاعمال اليوم ان تصدر مدونات اخلاقية (Code of Ethics) تتضمن على الاقل مجموعة القيم والمبادىء المرتبطة بالسلوكيات المقبولة والمرغوبة أو السلوكيات الخاطئة وغير المرغوبة داخل المنظمة أو بتعاملها مع الاطراف الاخرى. ونتوقع ان تلعب دوراً مهما في اطار حماية المديرين والعاملين من سوء التصرف الاخلاقي، وحماية العاملين من أحد الاسباب المهمة المؤدية إلى الانتهاكات الاخلاقية وهو الضغط من الاعلى (**نجم:** 2006 : 73).

* **الثقافة التنظيمية**

Organizational culture

مجموعة القيم والمعتقدات والافتراضات والرموز والطقوس والاعراف المشتركة التي تتحكم بالتفاعلات داخل المنظمة ومع الاطراف الخارجية، وتعطي توحد للسلوك خاصة اتجاه القضايا الاخلاقية والسلوكية.

* **المدونة الاخلاقية**

Code of Ethics

وثيقة تصدرها المنظمة وتمثل اداة ووسيلة توصل من خلالها الادارة توقعاتها الاخلاقية لجميع من له علاقة بالمنظمة.

* البيئة The Environment

ان منظمات الاعمال وهي تعمل في بيئة تنافسية، فأنها تتأثر بما يصدر من تعليمات وقوانين من قبل الحكومة وكذلك بما يوجد في هذه البيئة من اعراف وقيم وتقاليد اجتماعية سائدة. ان القوانين التي تصدرها الدولة تمثل معايير للتصرف وتحدد السلوكيات المقبولة قانونا، كذلك الحال بالنسبة للاعراف والتقاليد المقبولة في المجتمع تجد منظمة الاعمال ملزمة للالتزام بها وهكذا. ان البيئة بجميع ابعادها تؤثر بشكل مباشر أو غير مباشر في تشكيل السلوك الاخلاقي للاعمال العاملة في تلك البيئة.

وبعد هذا الاستعراض لمصادر السلوك الاخلاقي، يمكن ان نعرض في الشكل (2-6) المؤثرات الاساسية في السلوك الاخلاقي لمنظمات الاعمال.

شكل (2-6)

مؤثرات السلوك الاخلاقي في المنظمات الاعمال

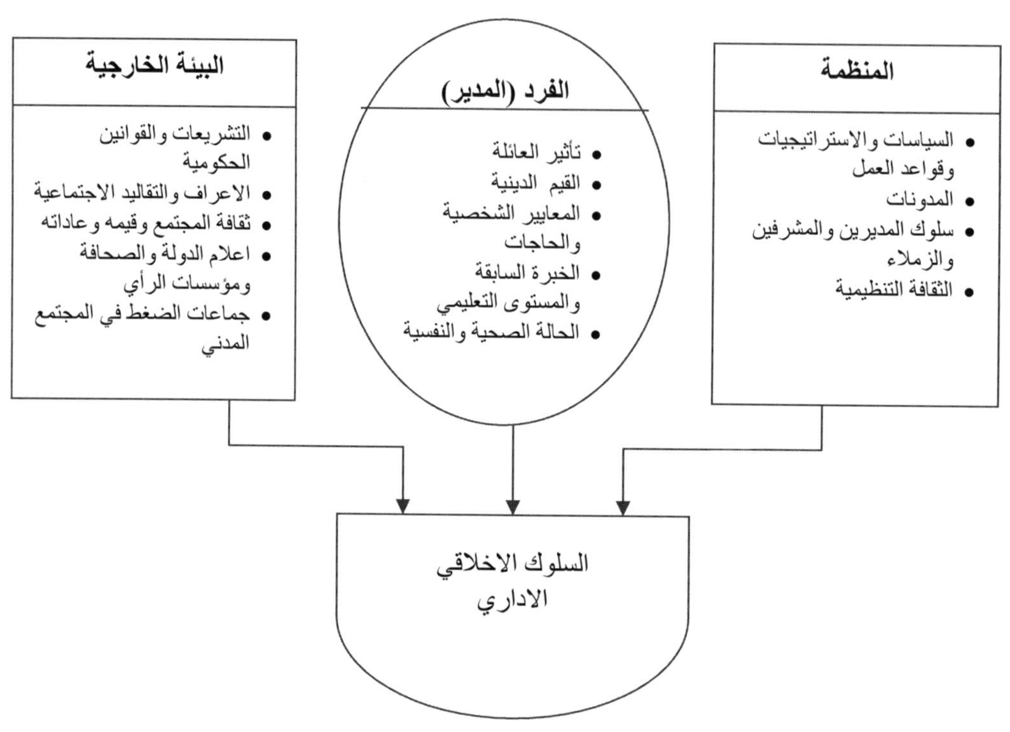

- مداخل تفسير السلوك الاخلاقي Approaches for Ethical Behavior

ان المدراء والعاملين يستندون إلى رؤى اخلاقية مختلفة في تفسير السلوك المعتمد في المواقف المتنوعة وكذلك في تعاملهم مع القرارات المتخذة حيال مختلف الاطراف سواء كانت داخل المنظمة أو خارجها. ان المدير أو الموظف كفرد في المنظمة، يمكن ان يكون تفسيره للسلوك مرتبطاً بمستوى المنظور المعنوي ونظرته الاخلاقية لتأثيرات هذا السلوك على مختلف الاطراف. لقد اشار الباحث (Kohlberg: 1976) الى ثلاثة مستويات في اطار التطور الاخلاقي للفرد وهي:-

- **المستوى البدائي**، وهنا يكون السلوك مبرراً بالنظر الى المصلحة الشخصية ويقيم هذا السلوك وفق اعتبارات هذه المصلحة. ويمكن اعتبار الاطفال خير مثال لهذا المستوى، لكن يجب توقع وجود مديرين لا يبتعدون كثيراً في تفسير وتبرير العديد من القرارات ضمن هذا المستوى.
- **المستوى القانوني**، يبرر السوك في اطار وجود تعليمات، قوانين، أعراف، تقاليد خارجية، لذلك تؤخذ هذه القوانين والاعراف السائدة في المجتمع بأهمية عند تقييم واعتماد السلوك.
- **المستوى المبدئي**، يقيم السلوك وفق معايير ومبادىء عالمية وهذه تتجاوز حدود القانون والاعراف المفروضة على الفرد. ان هذا المستوى يمثل أرقى وارفع مستوى لتطور السلوك وتقييم الاخلاق.

لقد طرح الباحثون والفلاسفة مداخل مختلفة لتفسير السلوك الاخلاقي للادارة، وقد يركن المدير الى مدخل واحد أو توليفة منها عند اتخاذ قرارات يثار في اطارها مواقف اخلاقية متباينة. وهذه المداخل هي (**العامري والغالبي:** 2007 : 79 - 81).

(1) مدخل الفردية (شخصي) Indvidualism Approach

ان السلوك الاخلاقي المقبول وفق هذا المدخل يقوم على اساس قدرته على تعظيم مصلحة الفرد بذاته على المدى البعيد. ان المديرين يتخذون قراراتهم ومواقفهم التي تحقق مصالحهم الشخصية اولاً، ثم تأتي بعد ذلك مصالح الاطراف الاخرى. هكذا يعطل المدير أي قرار يتعارض مع مصلحته الشخصية حتى لو أدى هذا القرار إلى تعظيم وتحقيق مصالح أطراف عديدة.

(2) مدخل النفعية Utilitarian Approach

بموجب هذا المدخل فإن السلوك يعتبر اخلاقياً اذا تحقق من هذا السلوك أكبر فائدة أو نفع لاكبر عدد من الناس. ومن منظمات الاعمال، فإن بعض المديرين ممن يؤثر هذا المدخل في قراراتهم قد يبررون تسريح نسبة معينة من العاملين بسبب ظروف السوق للاحتفاظ بالنسبة الاكبر الباقية من الموارد البشرية. ان العواقب الناجمة من القرار يفترض ان تقدم أكبر منفعة لاكبر عدد من العاملين والاطراف الاخرى.

*** مدخل الفردية (شخصي)**

Indvidualism Approach

وفق هذا المدخل يحكم على السلوك الاخلاقي بقدرته على تحقيق المنفعة الشخصية الذاتية على المدى الطويل.

*** مدخل النفعية**

Utilitarian Approach

ان السلوك الاخلاقي هو الذي ينجم عنه أكبر فائدة أو منفعة لاكبر عدد من الناس.

(3) **مدخل الحقوق Moral - Right Approach**

ان السلوك يعتبر اخلاقياً وفق هذا المدخل اذا احترم وحافظ على الحقوق الاساسية للافراد. وفي اطار منظمات الاعمال فأن القرار الاخلاقي هو الذي يحافظ ويحترم حقوق المتأثرين به. ان الحقوق الاساسية تتضمن حقوق الانسان في الحرية والرأي والمعتقد والمعاملة الانسانية والعمل والصحة والامان. وقد توسعت الحقوق وتطورت عبر الزمن ووضعت القوانين والمبادىء اللازمة لذلك.

(4) **مدخل العدالة Justice Approach**

وفق هذا المدخل فالسلوك الاخلاقي هو الذي يستند إلى معاملة الاخرين بحيادية واستقامة وعدالة اعتماداً على قواعد قانونية واضحة ومعروفة. وفي اطار منظمات الاعمال فإن الحكم على القرار يستند إلى مقدار عدالته ومساواته واستقامته بين الجميع دون تمييز لقواعد غير مقبولة. ويرى الباحثون ان الاستقامة والامانة Integrity ضرورة في تحقيق جوانب العدالة في السلوك الاداري (**Longenecker et al:** 2006: 23 - 35).

ان هذه العدالة يمكن ان تكون :

- **عدالة اجرائية Procedural Justice** وتعني مستوى ودرجة ووضوح صياغة سياسات وقواعد العمل في المنظمة واستقرار وحيادية ونزاهة واستقامة تطبيقها على الجميع دون تمييز وتفرقة. فاذا ارتكب خطأ ما من قبل مدير القسم أو عامل بسيط في أحد الاقسام يجب أن يعاملا بنفس الطريقة والاسلوب.
- **عدالة موزعة Distributed Justice** وتشير هذه إلى مدى أو درجة توزيع وتخصيص الموارد والمخرجات دون تمييز بسبب العمر او الجنس أو القومية أو المعتقد اذا تساوت الكفاءات والمهارات. الواقع يشير إلى عدم حصول المرآة في موقع معين على نفس مرتب الرجل الذي يحمل نفس الكفاءة والخبرة.

- **عدالة تفاعلية Interactional Justice** ويشير الى مدى معاملة الجميع بكرامة ونزاهة واحترام وتقدير، مثال على ذلك المدى الذي يعامل فيه موظف التسجيل في الجامعة الجميع بنفس الطريقة ويخصص لكل طالب نفس الوقت الذي خصصه للاخرين من أجل توضيح اجراءات التسجيل وتقديم النصح والارشاد.

* **مدخل الحقوق**

Moral-Right Approach

السلوك الاخلاقي هو السلوك الذي يحترم ويحافظ على الحقوق الاساسية للانسان.

* **مدخل العدالة**

Justice Approach

السلوك الاخلاقي هو السلوك الذي يعتمد معاملة الناس بنزاهة وحيادية واستقامة وعدالة.

* **الاستقامة والامانة**

Integrity

الحرص الشديد وعدم التهاون بعمل ما هو صحيح ونظيف.

* **عدالة اجرائية**

Procedural Justice

مدى تطبيق الاجراءات والسياسات بعدالة.

* **عدالة موزعة**

Distributed Justice

توزيع الموارد أو المخرجات بعدالة على الجميع بغض النظر عن الخصائص الفردية للعاملين.

* **عدالة تفاعلية**

Interactional Justice

مدى معاملة الاخرين جميعاً بكرامة واستقامة ونزاهة واحترام.

وفي واقع الحياة العملية، فإن المطلوب من المديرين في منظمات الاعمال المتوسطة والصغيرة اعارة أهمية وعناية كبيرة للجوانب الاخلاقية في العمل وعدم التهاون فيها بحجه عدم اهميتها أو صغر وقلة تأثيرها. ان المطلوب تركيز واهتمام عالي في جميع المواقف وجعل هذا الامر ثقافة يتقاسمها الجميع دون استثناء لاحد. ان كون هذه المداخل متداخلة فيمكن ان يكون الحكم على السلوك الاخلاقي يأتي في اطار مدخل تكاملي يلبي كافة المتطلبات الواردة في المعايير المستخدمة من قبل المداخل الاخلاقية السابقة (شكل 2-7).

شكل (2 - 7)

مداخل تفسير السلوك الاخلاقي

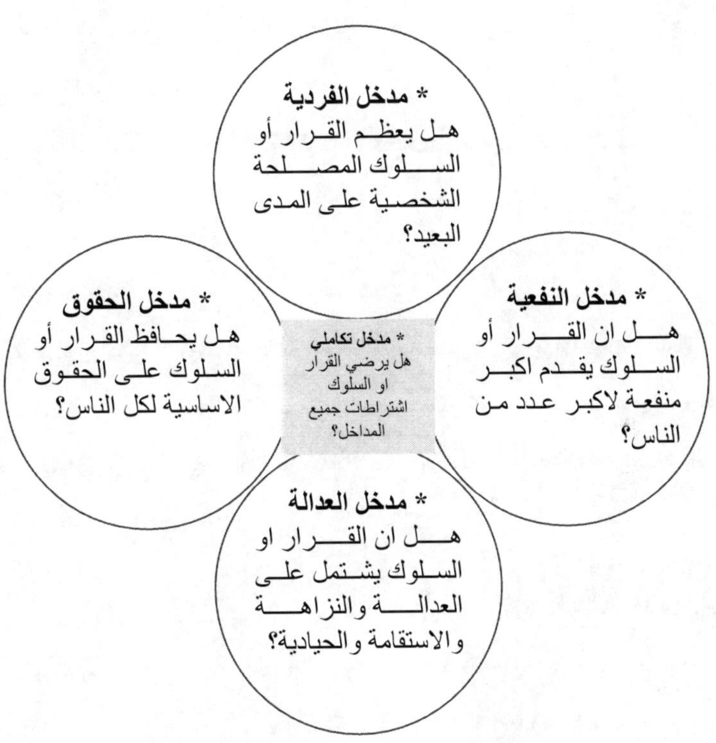

* الاشكالات الاخلاقية وتبرير السلوك الاخلاقي

Ethical Issues and Rationalization for Unethical Behavior

* قضايا اخلاقية

Ethical Issues

مواقف واستفهامات حول الصح والخطأ في القرارات والسلوك.

في اطار شركات الاعمال بشكل عام ومنظمات الاعمال المتوسطة والصغيرة بشكل خاص يمكن ان تثار العديد من القضايا الاخلاقية (Ethical Issues) المرتبطة بالاجابة على ما هو صحيح أو خطأ في المواقف والقرارات المعتمدة. ويمكن في اطار فحص اولي للقرار اثارة أسئلة تتطلب اجابات دقيقة وواضحة مثل:-

- ما هو الموقف الحقيقي والصحيح في هذا الأمر؟
- هل هو عادل ومشروع لجميع المعنيين بالامر؟
- هل يؤسس ويبني لرضا وارتياح وعلاقات صداقة افضل؟
- هل هو مفيد ونافع لجميع المعنيين بالامر؟

لكن اجابة هذه الاسئلة ليست دائماً سهلة وواضحة لذلك نتوقع ان تواجه الاعمال المتوسطة والصغيرة العديد من الاشكالات الاخلاقية.

- الاشكالات الاخلاقية Ethical Issues

ما هي أهم الاشكالات والمشاكل المحتملة والاكثر أهمية والتي يمكن ان تواجهه ادارات الاعمال المتوسطة والصغيرة؟ ان اجابة هذا السؤال ربما تكون واسعة وتتعدد اتجاهاتها، لان ذلك يعتمد على معرفة العديد من الامور في مقدمتها طبيعة الاعمال، وطبيعة البيئة التي تعمل فيها. ولكن يمكن القول ان أهم قضايا اخلاقية محتملة للاعمال المتوسطة والصغيرة يمكن وضعها في المجموعات التالية (**Longenecker et al:** 2006 : 26):-

- العلاقات مع المستهلكين والزبائن والمنافسين، بمعنى علاقات مع اطراف خارجية.
  - في الضروري تجاوز تضارب المصالح مع هذه الاطراف.
  - وضع اجزاء قديمة بزخرفة جديدة وبيعها كونها جديدة تماماً.
  - الخداع والكذب على المستهلكين بشأن نتائج الفحص للسلع.
  - التأثير على المنافسة في السوق بطرق غير مشروعة.
  - تسريب معلومات ذات علاقة بالزبائن ونشاطاتهم الى أطراف أخرى.
  - سحب العاملين الممتازين من المنافسين بطرق غير قانونية وغير مشروعة.

- القرارات المتعلقة بالموارد البشرية (التوظيف والترقيات)
  - عدم الصدق مع العاملين واستغلال من لم يستطيعون ايجاد اعمال أخرى.

	- التمييـز بـين العـاملين بـدواعي غـير مرتبطـة بالكفـاءة والخـبرة والمهـارة في العمل. - التحيز غير الموضوعي في الرواتب والاجور وسوء استخدام نظام المكافأت. - التجاوزات والتحرش الجنسي.
• واجبـات ومسـؤوليات العـاملين اتجـاه المنظمـة (تعارض مصالح العاملين مع مصالح المنظمة)	- قبول الهدايا والرشوة من قبل العاملين مقابل اتخاذ مواقف لصـالح دافعـي الرشوة. - سرقة موجودات المنظمة. - اساءة استخدام موارد المنظمة وتسخيرها للاغراض الشخصية، مثل الانترنت، التلفون، التجهيزات الورقية والمكتبية والسيارات.
• الممارسـات الاداريـة والعلاقـات (الرؤوسـاء – المرؤوسين)	- تقديم تقارير لاشخاص غير اخلاقيين. - استغلال المواقع الاداريـة لتحقيـق مصـالح شخصـية في اطـار العلاقـات مـع المرؤوسين. - طلب الرؤوساء من العاملين عمل اشياء غير جيدة للمنظمة والعاملين فيها.
• الالتزامات تجـاه الحكومـة (الاذعـان لمتطلبـات الحكومة وتقديم تقارير لوكالات الدولة)	- التعامل مع قوانين التمييز وتلك التي تجبر الادارة على ممارسـة التمييـز لأي سبب كان. - الخضوع للتعليمات والقوانين الصادرة والسارية المفعول. - توظيف اشخاص غير مسموح لهم قانوناً العمل.
• العلاقـات مـع المـوردين (الممارسـات والخـداع بهدف الاحتيال على الموردين)	- قضايا الحفاظ على حقوق الملكية. - استمرار طلب التجهيز رغـم انعـدام السـيولة وشـحة المـوارد وقـرب حلـول الافلاس. - المبالغة والكذب وبث الشائعات والاشاعات حول الموردين.
• المســؤولية الاجتماعيــة والبيئيــة (التزامــات المنظمة تجاه البيئة والمجتمع)	- رمى مخلفات العمليات الانتاجية الضارة. - السلامة البيئية مقابل التكاليف المخصصة لتقليل الحوادث أثناء العمل. - الجوانب البيئية ذات العلاقة بالتصنيع. - الاستخدام التعسفي للموارد البيئية.

ان ما يلاحظ هو ضرورة تأصيل الجانب الاخلاقي والقيمي في كافة جوانب العمل في المنظمة، ويمكن اعتماد فحص موضوعي لمعرفة مدى التزام المنظمة والمديرين والعاملين بمختلف القضايا التي يحتمل ان يثار في اطارها سلوك اخلاقي أو عكس ذلك سلوك لا أخلاقي (**Nash** : 1981 : 79 - 90)، وان يأتي هذا السلوك الاخلاقي كاسلوك حقيقي وليس مدفوعاً بالمواعظ والخطب التشجيعية من جهات أخرى.

ويجب ان لا يغفل المديرين والمالكين للاعمال الصغيرة ضرورة التركيز على الجوانب - والتي نعتقد قليلة - المحتملة لانحراف السلوك، كما هو الحال في لجان الشراء والتوريد التي تعطي صورة ايجابية عن المنظمة وصحة تصرفاتها وسلامة موقفها واجراءاتها.

- تبرير السلوك اللاأخلاقي Justification for unethical behavior

ليس المقصود هنا هو تبرير السلوك اللاأخلاقي الذي تمارسه الادارة والعاملين ليصبح بعد هذا سلوكاً اخلاقياً مقبولاً، ولكن توضيح الهفوات المحتملة والوساوس التي تساور الفرد قبل واثناء وبعد القيام بالعمل غير المبرر اخلاقياً. فالرشوة يمكن ان تصبح هدية عادية، وسرقة اوراق أو اقلام من المنظمة تصبح حالة أخذ عادية لقضايا لا قيمة لها، والتلاعب قليلاً بأرقام فواتير الايفاد والمياومة ليست عملية ضاغطة على السلوك لان الجميع يفعل هذا الامر وهكذا.

ان اقناع النفس بصحة السلوك غير الصحيح غالباً ما تكون مدخلاً لاسناد تبريرات لا تصمد كثيراً امام الحجج الموضوعية والصادقة، ونذكر منها:

- اقناع النفس ان السلوك الحاصل لا يدخل حقيقة ضمن اطار اللامشروعية أو عدم القانونية، لذلك يقوم بعض المديرين والعاملين بهذا السلوك.
- يحاول البعض اقناع ذاتهم بكون السلوك الحاصل يقوم به جميع الافراد في المنظمة، حيث يتصرفون وفق مصالحهم الشخصية اولاً لغرض تعظيم هذه المصالح، لذلك فأن تقليدهم لا يثير الريبة والشك.
- التبرير بأن ما يقومون به لن يتم اكتشافه من قبل الاخرين سواء من داخل المنظمة أو من خارجها، لكونه ليس بذي شأن ولا يلفت النظر اليه.
- اقناع النفس في حالات معينة بكون المنظمة التي يعمل فيها من قام بالسلوك اللاأخلاقي سوف تحميه من طائلة العقوبة لان ما قام به هو لصالح المنظمة (**العامري والغالبي:** 2007 : 84).

وهكذا يتضح ان لا مبرر مقبول للسلوك اللاأخلاقي مهما يكن هذا السلوك بسيطاً لان ذلك ربما يكون بداية لتكرار التصرفات في مواقف اعقد وأوسع. ولماذا التبرير اذا عرفنا ان افضل المنظمات اداءً أكثرها التزاماً باخلاقيات الاعمال والسلوك الاخلاقي. هكذا اعتبر (**Peters and Waterman:** 1982 : 6 - 12) ان العناية بالجانب القيمي والاخلاقي هي أحد السمات الاساسية للشركات الاكثر نجاحاً في أمريكا.

* ركائز السلوك الاخلاقي في منظمات الاعمال المتوسطة والصغيرة

The Foundation of Ethical Behavior in SMOs

ان الاتجاه الحديث في مجال اخلاقيات الاعمال يركز على فلسفة اخلاقية مفادها تحقيق الربح للجميع من خلال عمليات التبادل والتفاعل بين مختلف الاطراف. وتبتعد هذه الفلسفة الاخلاقية عن المضمون القديم الذي يرى في التبادل التجاري والصناعي كونه قائم على معادلة ربح لطرف وخسارة للطرف الاخر (**Steinhoff and Burgess**: 1993 : 28).

ويمكن لمنظمات الاعمال المتوسطة والصغيرة ان ترتقي بأدائها الاخلاقي وتطوير سلوكيات التفاعل الايجابي من خلال (**Post et al: 1996 : 130 - 137**).

* الادارة العليا وجهودها المبذولة لتطوير الجوانب الاخلاقية في العمل والنشاط، وان تعطي هذه الادارة القدوة الحسنة في التصرف الاخلاقي للعاملين. ولا يشترط ان تكون الادارة العليا متكونة من عدد كبير من القادة، بل ان القائد الريادي الذي يدير العمل الصغير يمكن ان يكون دورة فاعلاً في هذا المجال.
* التدريب الاخلاقي Ethical Training، ان مفهوم التدريب لبناء منظومة اخلاقية في المنظمة والافراد، يتمحور حول اعداد برامج تخص تدريب العاملين على معرفة الجوانب الاخلاقية في القرارات التي يتخذونها وكذلك امكانية تمييز الجوانب الاخلاقية في المواقف الغامضة والمعقدة. ان دمج المعايير الاخلاقية الممتازة في السلوك والتصرفات اليومية للعاملين تصبح ضرورة لتعزيز السلوك الاخلاقي لمنظمات الاعمال المتوسطة والصغيرة. واليوم تعرض أشهر الجامعات ومراكز البحوث والاستشارة مقررات دراسة وبرامج تدريب في مناهجها.
* التدقيق الاخلاقي Ethical Audits، تطور الاعمال منهجيات خاصة أو تستفيد من منهجيات عامة لفحص وتدقيق مختلف جوانب العمل والنشاط من الناحية الاخلاقية وقد يجري هذا الفحص بشكل دوري للتأكد من وجود المعايير الاخلاقية السليمة، وكذلك اعتماد السلوكيات الاخلاقية في العمل على مختلف المستويات وفي جميع الظروف والمواقف. ويمكن كذلك تشجيع هذا السلوك الاخلاقي من خلال حوافز مجزية للعاملين.

*** التدريب الاخلاقي**
Ethical Training
برامج تدريبية تهدف إلى مساعدة العاملين على معرفة مختلف الجوانب الاخلاقية في قراراتهم وسلوكياتهم.

*** التدقيق الاخلاقي**
Ethical Audits
اساليب وطرق ومنهجيات يتم بموجبها والمعايير الواردة فيها فحص مختلف جوانب السلوك الاخلاقي في المنظمة.

كذلك يمكن فحص القرارات التي يروم المدير اتخاذها في اطار دليل ارشادي عام لمعرفة الجوانب الاخلاقية فيها، الشكل (2 - 8) يعرض دليل مقترح.

شكل (2 - 8)

دليل ارشادي لتدقيق وفحص الجوانب الاخلاقية في القرار

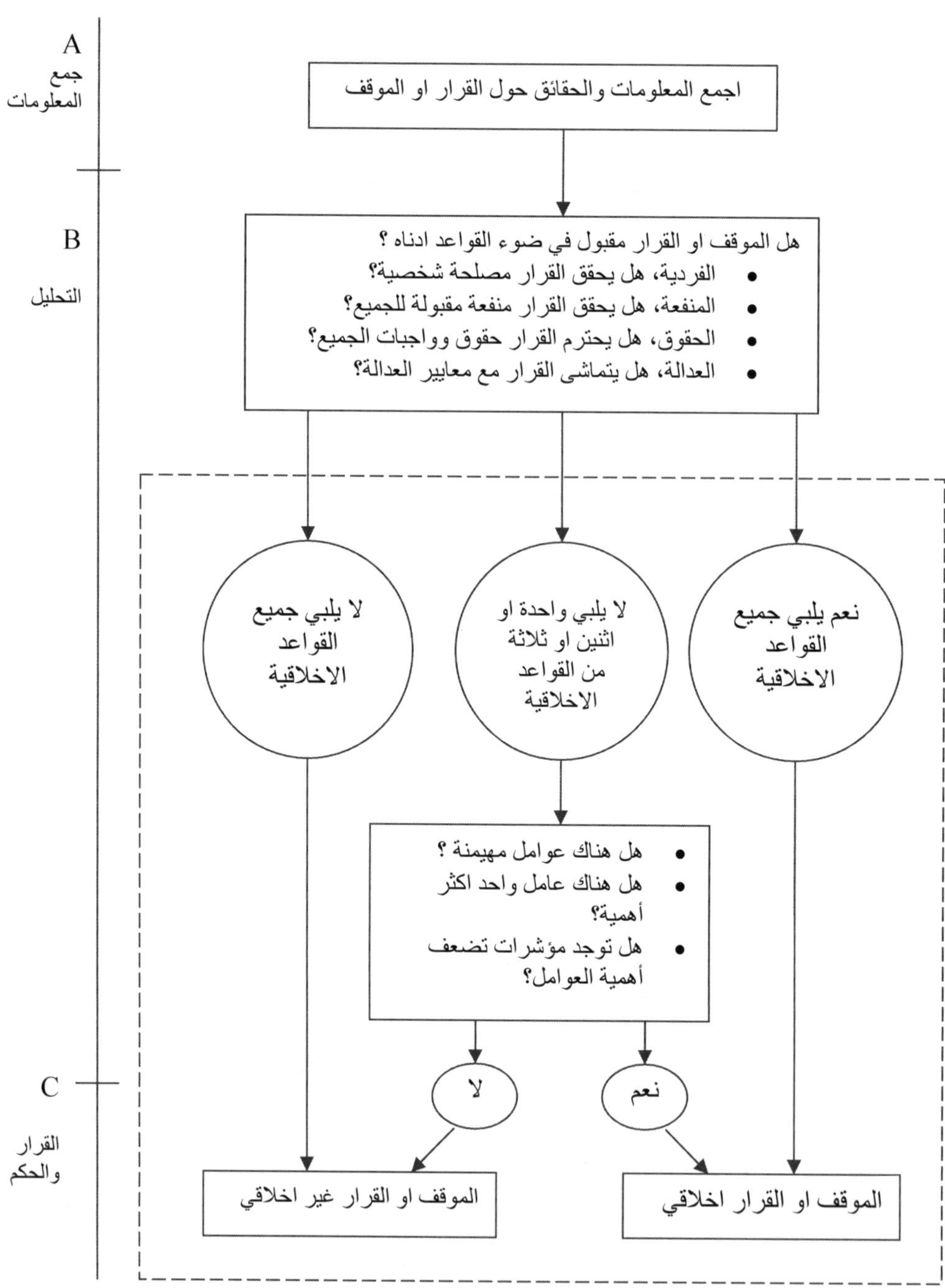

يتطلب الامر أولاً ادراك الاشكالات الاخلاقية المحتملة، ثم جمع المعلومات والتأكد من الحقائق، بعد ذلك تشخيص للخيارات المتاحة واختبار وفحص كل خيار من ناحية الشرعية والصواب والدقة والفوائد المرجوة واخيراً يتم خيار معين. ويمكن تكرار التدقيق بالنسبة للمدير من خلال السؤالين أدناه:-

- كيف سيكون موقفي اذا عرفت عائلتي بقراري هذا؟
- كيف سيكون موقفي اذا نشر القرار أو تداوله الصحف المحلية؟

في اطار هذه الاجوبة نتصرف بالقبول أو الرفض.

ان الامر يمكن ان يتعزز بوجود مدونه اخلاقية، وهذه بالنسبة للمنظمات الصغيرة يمكن ان تكون وثيقة مختصرة ومركزة على الاهم في القضايا الاخلاقية والقيمية. كذلك احتمالية وجود لجنة لمتابعة الجوانب الاخلاقية والسلوكية في العمل.

*** الافصاح عن الجوانب اللاأخلاقية**
Whistle - blowing
افصاح بعض العاملين عن الممارسات غير الاخلاقية التي ترتكب في المنظمة إلى جهات خارجية.

وقد يحصل في منظمات الاعمال حالات من الافصاح عن القضايا اللاأخلاقية Whistle - blowing ويقوم فيها بعض العاملين أو كبار المديرين. ان هذا الافصاح يقوم به شخص أو مجموعة لجهات خارجية مثل الصحف أو المسؤولين الحكوميين أو غيرهم. ويتعرض من يقوم بهذا الامر إلى مضايقات وضغوط بحيث يحجم الاخرون عن الكشف للممارسات الخاطئة أو غير الشرعية واللاأخلاقية في المنظمة. ويمكن للادارة ان توفر خط ساخن (Ethics hot line) يضمن سرية المتحدث ولا يفصح عن شخصيته، لغرض تشجيع الافصاح داخل المنظمة بدلاً من التعرض للفضائح من خلال الافصاح الخارجي **(Post et al: 1996 : 134).**

ان منظمات الاعمال الصغيرة والمتوسطة اذا ما ارادت تعزيز وتقوية السلوك والممارسة الاخلاقية وتقوية الشعور بالمسؤولية والالتزام فإن عليها ان تدعم ركائز السلوك الاخلاقي ويتم بناء وتقوية هذه الركائز المتمثلة بالافراد، والقيادة وبنية المنظمة وأنظمتها المختلفة ويعرض الشكل (2 – 9) هذه الجوانب.

شكل (2 - 9)

ركائز وقواعد السلوك الاخلاقي في المنظمة

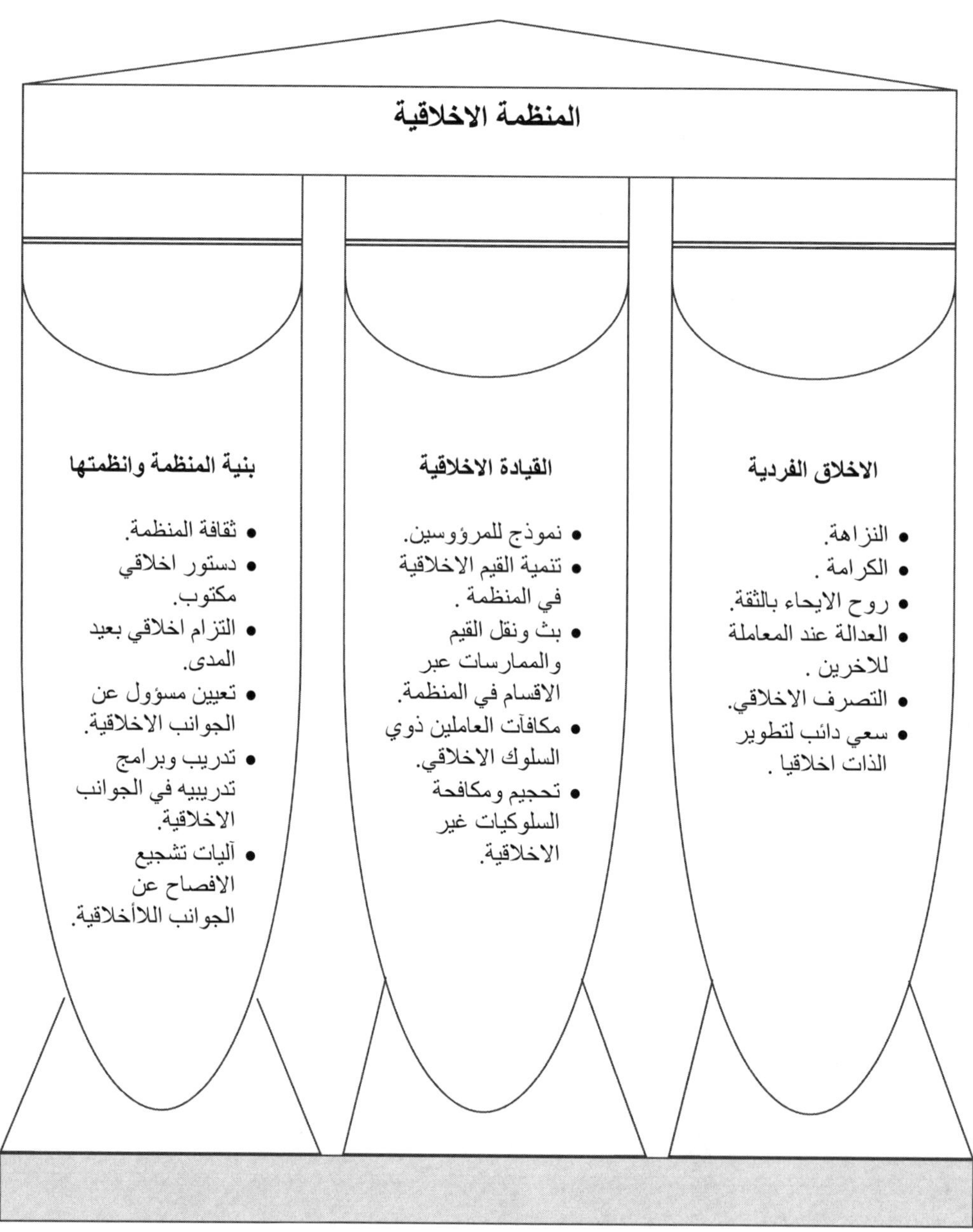

حالة نقاشية (2)

يبدو ان السيد علي من المعروفين بالتزامه الديني وحبه للخير، وهو حاصل على شهادة البورد العربي في الجراحة ويعمل رئيساً لقسم الجراحة في أحد المستشفيات الخاصة في العاصمة عمان. وبعد خبرة عمل تجاوزت عشرة سنوات، تم تعيينه بمنصب مدير عام للمستشفى الذي يعمل فيه. وعند استلامه لمنصبه الجديد اراد ان يغير من النظرة السائدة في المجتمع بكون المستشفيات الخاصة هي اعمال بعيدة عن الجوانب الانسانية وان ما يهمها بالدرجة الاولى مقدار الارباح المتحققة. ولكونه من المطلعين جيداً على مختلف جوانب العمل في المستشفى فان لديه معلومات مؤكدة من ان الارباح المتحققة سنوياً تعتبر عالية جداً وتصل بحدود (30%) على راس المال المستثمر. وعند بدء التفكير بوضع خطة لتطوير الجوانب الانسانية والارتقاء بالمسؤولية الاجتماعية للمستشفى، واجههُ مجلس الادارة في اول اجتماع له كمدير عام، بضرورة الاستغناء عن بعض الكوادر الادارية والتمريضية باعتبارها فائضة عن حاجة المستشفى بحدود (12) أثنى عشر موظف. لكنه لم يوافق على هذا القرار باعتباره لا يتصف بالمسؤولية الاجتماعية والاخلاقية وطلب من المجلس فترة خمسة أشهر لتأهيل هؤلاء الموظفين للعمل في اقسام أخرى بالمستشفى هي بحاجة إلى خدماتهم وفعلاً حقق هذا الامر بجدارة.

لقد حاول السيد علي القيام بما يلي:-

(1) اعادة نظر بأساليب التعامل مع المخلفات والنفايات في المستشفى، واوضح ان انفاق معقول للتعامل مع المخلفات يجعل المستشفى بوضع أفضل من جانب ويساهم في تحسين الوضع البيئي وينعكس ايجابياً على حدائق المستشفى.

(2) يتحمل المستشفى جزء يصل الى (25%) من نفقات العلاج والعمليات الجراحية للاحداث الايتام ممن ليس لديهم تأمين صحي أو عملاً يدر عليهم دخلاً مناسباً.

(3) زيادة نسبة مساهمة المستشفى من (1500) دينار الى (2500) دينار والتي تقدم لتطوير المكتبات العامة في المناطق الريفية والبادية.

ويتمتع المستشفى اليوم بسمعة انسانية عالية من قبل المجتمع والحكومة وكذلك ثقة كبيرة من قبل الزبائن المرضى على الصعيد المحلي والاقليمي.

والمطلوب

(1) مناقشة رأيك الخاص بالاجراءات التي اتخذها السيد علي لغرض الارتقاء بمسؤولية المستشفى الاجتماعية.

(2) ما هي المجالات الاخرى التي ترى أنها ضرورية ليساهم بها المستشفى بشكل عملي وتعزز من موقفه التنافسي.

(3) باعتبارك زبون محتمل للمستشفى هل تجد بالاجراءات المتخذة انعكاساً ايجابياً عليك، كيف؟

(4) لو كنت مستثمراً ومالكاً في المستشفى هل تؤيد هذه الاجراءات بنفس القوة والحماسة كما لو كنت زبون محتمل ومستفيد مباشر من هذه الاجراءات؟

(5) ضع مجمل هذه الجوانب بتقرير مفصل وحاول مناقشته مع مجموعتك الدراسية.

* اسئلة عامة

1- ماذا يقصد بالمسؤولية الاجتماعية، ما أهميتها للفرد، والمنظمة والمجتمع؟

2- استعرض بتركيز واختصار أربع من الحجج المؤيدة وكذلك المعارضة لتبني منظمات الاعمال لمسؤولية اجتماعية متزايدة؟

3- في اطار هرم المسؤولية الاجتماعية الذي طوره الباحث (كارول) Carroll، ما الذي يمكن ان يعتبر مسؤولية اجتماعية واضحة لمنظمات الاعمال؟

4- المستهلكية (حركة المستهلك) ماذا يقصد بها، وهل تساهم في دفع المنظمات لتبني دور اجتماعي اكبر، كيف وضح ذلك؟

5- استعرض بعض ما يمكن ان يعتبر مسؤولية اجتماعية في اطار حماية البيئة؟

6- ما المقصود بمفهوم اصحاب المصالح stakeholders في منظمات الاعمال المتوسطة والصغيرة؟

7- اذكر باختصار اهم الاستراتيجيات التي يمكن ان تعتمدها منظمات الاعمال للتعامل مع مسؤوليتها الاجتماعية؟

8- ما المقصود بتدقيق المسؤولية الاجتماعية لمنظمة الاعمال؟

9- حدد معنى الاخلاق والسلوك الاخلاقي للاعمال؟

10- ما هي المزايا والفوائد المحتملة التي تحصل عليها المنظمة الصغيرة عند التقيد بالممارسات والسلوك الاخلاقي؟

11- ما المقصود بثقافة المنظمة، كيف يمكن ان تؤثر هذه الثقافة على السلوك الاخلاقي أو اللاأخلاقي في المنظمة؟

12- المدونة الاخلاقية، ما هي ولماذا أصبح دورها مهماً للاعمال في الوقت الحاضر؟

13- اذكر مداخل تفسير السلوك الاخلاقي؟

14- اذكر بعض الاشكالات الاخلاقية التي يمكن ان تثار بين المنظمة المجهزين؟

15- اذكر ركائز وقواعد السلوك الاخلاقي في المنظمة وأهم مفرداتها.

** اسئلة نقاشي وتفكير ورأي

1- أخذاً في الاعتبار الحجج المؤيدة والمعارضة لتبني المنظمات المتوسطة والصغيرة لدور اجتماعي، أين تجد نفسك أقرب، ولماذا؟

2- تم تعيينك مديراً للبلدية في منطقة صغيرة، ووجدت أن المحلات والاهالي في المنطقة غير متعاونين وغير واعين بأهمية النظافة والحفاظ على البيئة وجمالية المنطقة. ووجدت ان الاشكالات المطروحة تتجاوز الامكانات المتوفرة في البلدية وباعتبارك ريادي اجتماعي، ماذا تعمل، ضع خطة مبسطة وناقش مفرداتها مع مجموعتك الدراسية؟

3- بوصفك طالب جامعي، ما هو رأيك بالسلوكيات والممارسات التالية، وضح نوع المشكلة الاخلاقية.

- استخدام الوساطة من قبل بعض الطلاب لغرض النجاح.
- تمييز بعض الاساتذة بين الطلاب والطالبات في المعاملة.
- قيام بعض الطلاب بالغش بالامتحانات لغرض النجاح.
- العبث بموجودات واصول المنظمة بشكل عفوي.
- استخدام التحريف والكذب لتبرير عدم حضور الامتحان في الوقت المحدد.

4- أجري تحليلاً ذاتياً تبين فيه فجوة القيم الموجودة لديك. في هذا التحليل ضع في جدول القيم النظرية والمثالية التي تدعو لها وفي المقابل ما تمارسه فعلاً من هذه القيم، كن دقيقاً وصادقاً في طرح الأمور، حاول ان تضع تصورات عملية لردم هذه الفجوة القيمية. (حاول اجراء نفس الشيء لمديرك ان كنت موظف أو لصديق حميم تعرفه جيداً، اعرض عليه هذا التقييم وطلب منه أن يجري لك نفس الامر، ثم قارن بين ما أجريته انت لنفسك مع ما أجراه صديقك لك).

5- بين رأيك وموقفك بالاتي:-

A- ابلغك زميلك في العمل انه يقوم باقتطاع مبلغ صغير جداً من الزبائن بحجة عدم وجود قطع نقدية صغيرة لإرجاعها اليهم، ماذا تعمل.

B- اقترح عليك زميلك في لجنة المشتريات المصغرة، امكانية الحصول على هدية ممتازة وبتكرار عند الشراء من محلات ومخازن معينة، ماذا تعامل.

C- طلب منك مديرك وضع مقترح مبسط لبرنامج تدريب اخلاقي، كيف تعمل ومن أين تبدأ.

D- تجد ان مسؤولك المباشر، لا يطبق السياسات والاجراءات وقواعد العمل بصيغة موحدة على جميع الموظفين، أي نوع من العدالة يفتقد هذا المسؤول، ماذا تعمل بصدد ذلك.

*** اسئلة خيارات متعددة

1- أي مما يلي لا يعتبر من اصحاب المصالح الخارجيين للمنظمة الصغيرة:-

A- الزبائن
B- جماعة حماية المستهلك
C- العاملون
D- الحكومة

2- تسمى مبادرات المنظمة الآنيه لغرض التعايش والتكيف مع التغييرات البيئية للامد القصير

A- المسؤولية الاجتماعية
B- الاستجابة الاجتماعية
C- المسؤولية القانونية
D- المبادرات الانسانية

3- جميع الاتي هي مبادرات مسؤولة من قبل المنظمة متمثلة بالاهتمام بالبعد الداخلي للمسؤولية الاجتماعية عدا واحدة اشرها.

A- الرواتب والاجور
B- ظروف العمل ومستلزماته
C- توفر سكن مناسب للعاملين
D- تشجيع المبادرات الثقافية المحلية

4- واحد من الباحثين ادناه يعتبر معارض لتبني دوراً اجتماعياً من قبل منظمات الاعمال

A- A. Carroll
B- K. Davis
C- M. Friedman
D- P. Samuelson

5- جميع ما يلي هي حجج يقدمها المعارضون ليبني منظمة الاعمال مسؤولية اجتماعية عدا واحدة اشرها.

A- تؤدي الى ضعف الاداء الاقتصادي.
B- سلطة ونفوذ اجتماعي يضاف للاعمال اضافة للنفوذ الاقتصادي.
C- يمكن ان تخلق تضارب مصالح كبير وصراع.
D- بيئة افضل ونوعية حياة ارقى للمجتمع.

6- أي من المسؤوليات التالية تُعبر عن التزام ومسؤولية اجتماعية أكبر لمنظمات الاعمال

A- الخيّرة
B- الاقتصادية
C- القانونية
D- الاخلاقية

7- عندما تتجنب منظمة الاعمال أي انفاق على الانشطة الاجتماعية فإنها تمارس استراتيجية:-

A- ممانعة　　B- دفاعية

C- مبادرة تطوعية　　D- تكيف

8- يسمى ممارسة افضل استخدام كفوء وفاعل للموارد في اطار اعتبار مهم لحاجات المجتمع الحالية والمستقبلية.

A- التدوير　　B- الصيانة والحفاظ

C- تدقيق المسؤولية　　D- محاسبة المسؤولية الاجتماعية

9- تسمى مجموعة القيم والمبادىء التي تحكم سلوك المديرين للتمييز بين الصواب والخطأ في المواقف المختلفة.

A- المسؤولية الاجتماعية　　B- المشكلة الاخلاقية

C- الأخلاق　　D- الحاكمية المؤسسية

10- ان الفرق بين ما تعلنه منظمة الاعمال المتوسطة والصغيرة من قيم وبين ما تمارسه فعلاً يسمى.

A- القيم　　B- الاخلاقيات الادارية

C- المدونة الاخلاقية　　D- فجوة القيم

11- ان استخدام الهاتف الخاص بالمنظمة للاغراض الشخصية يمثل مشكلة اخلاقية تصنف ضمن.

A- تضارب المصالح　　B- اساءة استخدام موارد المنظمة

C- الاتصالات　　D- ثقة الزبون

12- في اطار هذه الاستراتيجية تبادر المنظمة الى تبني دور اجتماعي يتجاوز المتطلبات القانونية المفروضة وفي اطار منظور اخلاقي مسؤول:-

A- استراتيجية التكيف　　B- استراتيجية الممانعة

C- استراتيجية المبادرة التطوعية　　D- الاستراتيجية الدفاعية

13- تدعى الوثيقة التي تصدرها المنظمة وتمثل اداة ووسيلة توصل من خلالها الادارة توقعاتها الاخلاقية لجميع من له علاقة بالمنظمة.

A- الثقافة التنظيمية　　B- المدونة الاخلاقية

C- الاخلاقيات الادارية　　D- التدقيق الاخلاقي

14- ان المدخل الذي يفسر السلوك الاخلاقي بكونه يقوم على اساس معاملة الناس بنزاهة وحيادية واستقامة هو

A- مدخل الحقوق B مدخل النفعية

C- مدخل الفردية D- مدخل العدالة

15- عندما يفشل المدير في تعزيز وتقوية سياسية معالجة تأخر العاملين عن العمل بشكل متساوي بين جميع العاملين، فان هـذا يعتبر خرق اخلاقي للعدالة:-

A- التوزيعية B- الاجرائية

C- التفاعلية D- المعنوية

16- واحد من بين الاتي ليس من المصادر المهمة للسلوك الاخلاقي للعاملين في المنظمة.

A- العاملين انفسهم B- البيئة الخارجية المحيط بهم

C- عدد مصادر التجهيز D- المنظمة التي يعملون فيها

17- ان القناعات العامة والمعتقدات حول السلوك المناسب هي:-

A- القيم B- العدالة

C- الشفافية D- المساومة الجماعية

18- عندما نتحدث عن حالة Whistle – Blower فإن هناك .

A- اصحاب مصالح يشتكون من سوء ادارة المنظمة.

B- فريق عمل يناقش الخطة الخاصة بالعمل ضمن الفريق.

C- عاملون يفضحون سلوكيات بعض المديرين لزملائهم في العمل.

D- عاملون يفضحون سلوكيات غير اخلاقية للمديرين للصحف المحلية وغيرها من الجهات الخارجية.

19- تسمى الطرق والاساليب والمنهجيات التي يتم بموجبها فحص مختلف جوانب السلوك الاخلاقي في المنظمة بـ

A- التدريب الاخلاقي B- التدقيق الاخلاقي

C- الممارسات اللاأخلاقية D- القضايا الاخلاقية

20- اذا استخدم المدير مبادىء عالمية تتجاوز حدود القانون والاعراف المفروضة على الفرد في تقييم السلوك فإن هـذا المـدير ذي مستوى ... من مستويات التطور الاخلاقي.

A- بدائي B- قانوني

C- مبدئي D- عام

المصـــادر

* تم ترتيب المصادر كما وردت في تسلسلها في المتن

(1) Drucker, Peter, F. (1977): "**An introductory view of Management**", Harper's college press. U.S.A.

(2) Holmes Sundra: "Corporate social performance and present areas of commitment", **Academy of Management Journal**, vol. 20، 1985.

(3) Robbins, Stephen (1999): "**Management concept and application**", Prentice – Hall, Inc, U.S.A.

(4) Carroll, Archie، B.: "The pyramid of corporate social responsibility Toward the moral Management of organizational stakeholders", **Business Horizon**, July – August, 1991.

(5) Cochran، P.L and wood، R.A: "Corporate social responsibility and financial performance", **Academy of Management Journal**, vol, 27, No. 1, 1984.

(6) الغالبي، طاهر محسن منصور ومنهل، محمد حسين: "الاداء الاجتماعي الداخلي وعلاقته بدوران العمل، دراسة ميدانية في شركة نفط الجنوب والشركة العامة للحديد والصلب في العراق "، **مجلة ابحاث اليرموك**، المجلد (20)، العدد (1)، 2004.

(7) الغالبي، طاهر محسن منصور، والعامري صالح مهدي محسن (2005)": **المسؤولية الاجتماعية واخلاقيات الاعمال (الاعمال والمجتمع)**، دار وائل للنشر، عمان، والاردن.

(8) عبد الحميد، علي عبد المجيد: "الافصاح عن الاداء الاجتماعي لوحدات القطاع العام الصناعي في تقارير تقييم الاداء المنشورة، دراسة ميدانية "، **مجلة البحوث التجارية المعاصرة**، العدد (1)، يونيو، 1987، جامعة اسيوط، مصر.

(9) الغالبي، طاهر محسن منصور والعامري، صالح مهدي محسن: " المسؤولية الاجتماعية لمنظمات الاعمال وشفافية نظام المعلومات، دارسة تطبيقية لعينه من المصارف التجارية الاردنية "، **وقائع المؤتمر العربي الثاني في الادارة، المنظمة العربية للعلوم الادارية**، 6-8 تشرين الثاني، 2001، مصر.

(10) البكري، ياسر ثامر والديوه جي، أبي سعيد: " ادراك المديرين لمفهوم المسؤولية الاجتماعية "، **المجلة العربية للادارة**، المجلد (2) العدد (1)، 2001.

(11) العامري، صالح مهدي محسن، والتميمي، شذى احمد علوان: "المرتكزات الاخلاقية في قرارات ادارة الانتاج والعمليات ومؤشرات قياسها "، **مجلة آفاق اقتصادية**، العدد (92)، 2002، الامارات العربية المتحدة.

(12) التويجري، محمد بن ابراهيم: "المسؤولية الاجتماعية في القطاع الخاص في المملكة العربية السعودية، دراسة ميدانية استطلاعية "، **المجلة العربية للادارة**، المجلد (18) العدد (2)، 1998.

(13) العامري، صالح مهدي محسن والغالبي، طاهر محسن منصور (2007) " **الادارة والاعمال** " دار وائل للنشر، عمان، الاردن.

(14) نجم عبود نجم (2006): " **اخلاقيات الاعمال ومسؤولية الاعمال في شركات الاعمال** "، الوراق للنشر والتوزيع، عمان، الاردن.

(15) Pride, William, M. et al (2005): "**Business**", 8th edition, Houghton Mifflin Co. Boston, U.S.A.

(16) Hatten, Timothy, (2006): "**Small Business Management entreprenearship and beyond**" 3ed edition, Houghton Mifflin Company, NewYork, U.S.A.

(17) Megginson, Leon, G. et al (2003): "**Small Business Management, an entrepreneur's guidebook**", 4th edition, International edition, Irwin, McGraw – Hill.

(18) Milton Zall (2000): "**Small Business and EEOC, an overview**", Fleet Equipment, March. (EEOC=Equal Employment Opportunity Commission).

(19) Zachary, May – Kathryn: "Another blond, another situation, another outcome", **Supervision**, November, 2003.

(20) Bohren, Jan: "Six Myths of sexual harassment", **Management Review**, May, 1993.

(21) Wheelen, Thomas, L. and Hunger, David, J. (2006): "**Strategic Management and business policy**" 10th edition, Person education Inc., Upper saddle River, New – Jersey, U.S.A.

(22) الغالبي، طاهر محسن منصور وادريس، وائل محمد صبحي (2007): "**الادارة الاستراتيجية، منظور منهجي متكامل**"، دار وائل للنشر، عمان، الاردن.

(23) Dawson, Stuart et al: "The ethical outlook of Micro Business Operators", **Journal of Small Business Management**, October, 2002.

(24) Post, James, E et al (1996): "**Business and society corporate strategy, public policy, Ethics**", 8th edition, International edition, McGraw – Hill, New – York, U.S.A.

(25) Ferrell, M.E. and Fraedrich, John (1994): "**Business Ethics**", Houghton Mifflin Company, Boston, U.S.A.

(26) Hunt, D. and Johnson, C. (1995): "**Environmental Management systems**, "McGraw – Hill Book Co. London, U.K.

(27) جاب الرب، سيد محمد (1995): "**ادارة منظمات الاعمال**"، مكتبة الجلاء الحديثة، بور سعيد، مصر.

(28) Ivancevich, J.M. et al (1989): "**Management, Principles Functions**, " Richard D. Irwin.

(29) Strier, Franklin: "The Business Manager's dilemma defining social responsibility", **Journal of Engineering Management**, vol. 12, No. 1, 1979.

(30) Zairi, Mohammed: "Social responsibility, and impact on Society", **The TQM Magazine**, vol. 12، No.3, 2000.

(31) Donaldson, Thomas, J. and Freeman, R. Edward (1994): "**Business as a humanity**", Oxford University Press, New – York, U.S.A.

(32) مطر، محمد: " محاسبة المسؤولية الاجتماعية "، **مجلة المجمع العربي للمحاسبين القانونيين**، العدد (14)، 2000.

(33) بدوي، محمد عباس (2000): " **المحاسبة عن التأثيرات البيئية والمسؤولية الاجتماعية للمشروع، بين النظرية والتطبيق** "، دار الجامعيين، مصر.

(34) Steinhoff, Dan and Burgess, John (1993): "**Small Business Management fundamentals**", 6th edition, McGraw – Hill, International edition, Singapore.

(35) Aupperle Kenneth E. et al: "**An impirical investigation into how Entrepreneurs view their social responsibility**" paper presented at the Academy of Management meeting, San Francisco, California, U.S.A. 1990.

(36) Van Valock, P.W. (1993): "**Ethics of management**", In H.B Maynard (editor) "Handbook of business Administration", McGraw - Hill book Co. New - York, U.S.A.

(37) الغالبي، طاهر محسن منصور ونعوم، أمال فؤاد: "نظام القيم لدى المديرين العراقيين، دراسة ميدانية في عينة من المنشآت الصناعية والخدمية، محافظة البصرة، العراق"، **مجلة المنارة للبحوث والدراسات**، المجلد (11) العدد (2)، جامعة آل البيت، الاردن، 2005.

(38) العلامة الشيخ محمد جواد مغنية (2007): "**فلسفة الاخلاق في الاسلام** "، مؤسسة دار الكتاب الاسلامي.

(39) Bhide, A and Stevenson, H. "Why be honest if honesty doesn't pay", **Harvard Business Review**, vol - 68، No. 5, Sep - Oct, 1990.

(40) Bondman, Wallance, B: "Business Ethics, a general survey", **Harvard Business Review**, vol. 70، No.5, Sep - Oct, 1992.

(41) Gellerman, S.W. "Why good Managers make bad Ethical choices", **Harvard Business Review**, vol. 64، No.4, July - August, 1986.

(42) Deal, T.E and Kennedy, A.A (1982): "**Corporate Culture, the Rites and Rituals of corporate life**", Addison Wesley publishing, Boston, U.S.A.

(43) Kohlberg's L. (1976): "**Moral stage and Moralization, the cognitive development approach**", In "Moral development and behavior", edited by T. Lickonal, Holt Rinchart and Winston, New - York, U.S.A.

(44) Longenecker, Justin، G. et al (2006): "**Small Business Management an entrepreneurial emphasis**" south - Western college, Thomson publishing company.

(45) Nash, Laura, L.: "Ethics without the sermon", **Harvard Business Review**, vol. 59, No.6, December, 1981.

(46) Peters, T. and Waterman, R. H. (1982): "**In search of excellence lessons from America's best - run companies**", Harper and Row publishers Inc. New-York, U.S.A.

الفصل الثالث

اختيار الشكل القانوني واقامة الأعمال الصغيرة

Choosing the Legal Forms and Starting a Small Business

الفصل الثالث

اختيار الشكل القانوني واقامة الأعمال الصغيرة

Choosing the Legal Forms and Starting a Small Business

بعد دراستك لهذا الفصل تستطيع ان تعطي اجابات بلغتك الخاصة على الآتي :

1) تحديد ماهية الشكل القانوني للأعمال والعوامل المؤثرة فيه.
2) البدائل المتاحة لاختيار الشكل القانوني المناسب للأعمال.
3) اقامة الأعمال من خلال تأسيسها بشكل تام.
4) كيفية شراء عمل قائم، وكيفية ايجاده وتقييمه بشكل صحيح.
5) الحصول على امتياز وتملك عمل من خلال هذا الأسلوب.

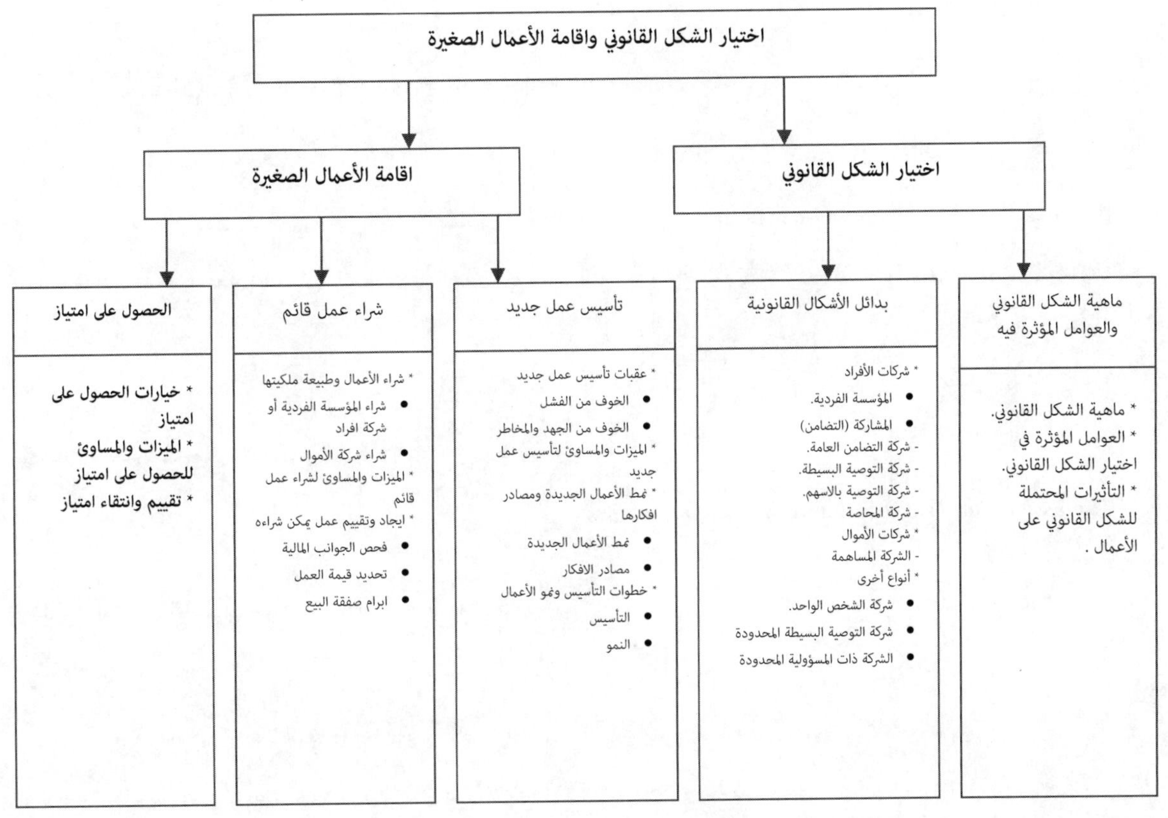

المقدمة Introduction

ان اختيار الشكل القانوني ونوع الملكية، يمثل القرار الاستراتيجي الاول الذي يتطلب الامر من الريادي أو المؤسسين لمنظمة الاعمال الاجابة عليه بوضوح وروية وتصور شمولي. لذلك يتطلب هذا الجانب العناية الكبيرة، لكونه يحدد مستقبل الاعمال واسلوب نموها وتطورها اللاحق، وهكذا يجب توخي الدقة والصحة في هذا الخيار. ان الشكل القانوني ونوع الملكية له أثر واضح على خصائص الأعمال وأساليب عملها، ومع وجود امكانية تغيير الشكل القانوني لاحقاً الا ان هذا لا يعفي الرواد والمؤسسين للاعمال الصغيرة من ضرورة معرفة البدائل والاشكال القانونية المتاحة وعواقب اختيار أي واحد منها للبدء بالعمل الصغير. ان مجمل هذه الجوانب سوف يتم التطرق اليها في الجزء الاول من هذا الفصل الثالث. بعد ذلك سيتم في الجزء الثاني استعراض ما يمكن ان نطلق عليه القرار المبكر الاخر وهو كيف يمكن ان نبدء بالاعمال الصغيرة؟، هل يتم تأسيس واقامة عمل جديد بالكامل، أم يتم شراء عمل قائم وموجود في السوق أم يتم الحصول على امتياز من شركات معروفة. ان لكل واحد من هذه الخيارات فوائد وميزات وكذلك اشكالات واضرار يجب التعرف عليها ودراستها بعناية لغرض ان تكون البداية صحيحة.

اختيار الشكل القانوني Choosing the legal Forms

ان اختيار الشكل القانوني، يعني اختيار الشكل المناسب للملكية من بين بدائل متاحة وممكنة. ان هذا الامر يوصل الرياديون إلى التفكير الجدي والصائب ليكون هذا الخيار صحيحاً، خاصة وانه لا يوجد شكل قانوني مفضل في جميع الظروف والاحوال ويناسب الجميع.

ماهية الشكل القانوني والعوامل المؤثرة فيه

The Essence of legal forms and influencing factors

* ماهية الشكل القانوني The Essence of legal forms

يقصد بالشكل القانوني (legal form) الاطار أو الهيئة التي يتخذها العمل من الناحية القانونية عندما يحصل على الترخيص والاجازة اللازمة لاقامته وحصوله على وجود فعلي قانوني ورسمي لممارسة النشاط الذي اقيم في اطاره هذا العمل. ان هذا الشكل القانوني يحدد ملكية الاعمال من الناحية الرسمية

*** الشكل القانوني**

legal form

هو الشكل أو الهيئة التي يتخذها العمل من الناحية القانونية عند الترخيص والاقامة.

الفعلية وبذلك فأن الحقوق والواجبات "للمالكين" و "الاعمال" والعلاقة بينهما تصبح واضحة من الناحية القانونية (**برنوطي**: 2005 : 109). ان قرار الشكل القانوني يلعب دوراً مهماً في طبيعة الاجراءات والخطوات المتتابعة التي يلزم اتخاذها للتقديم الفعلي بطلب الترخيص إلى الجهات المعنية المسؤولة في كل بلد من البلدان، وحصول الموافقات الاصولية لتأسيس المنظمة الصغيرة وظهورها إلى الوجود الفعلي والسماح لها بممارسة نشاطها الانتاجي أو الخدمي.

ان اختيار الشكل القانوني يمثل تصور مالك أو مالكي العمل للخصائص الاساسية لهُ متجسدة بالحقوق والواجبات التي ترافق تكوين هذا العمل.

وكذلك يعطي هذا الاختيار الامكانية لادخال تعديلات أو تغيير في هذا الشكل القانوني وفق اعتبارات نمو وتطور العمل واحتياجه إلى اشكال قانونية جديدة. ان الضرورة تقتضي الدراسة الدقيقة والتي تتيح الاستفادة القصوى من الشكل القانوني الذي تم اختياره للبدء بالعمل ليكون كيان مؤسسي ذو وجود مادي ومعنوي يتلمسه الجميع في السوق التي يخدمها. ان المتابع للاعمال الصغيرة لا يتوقع تغيير الشكل القانوني بعد فترة قليلة ودون وجود مبررات موضوعية وذات فائدة ايجابية كبيرة من هذا التغيير، خاصة وانه يكلف المال والوقت والجهد وربما تكون الاجراءات معقدة في بعض الاحيان (**توفيق**: 2002: 35 – 52).

ان التتابع المنطقي لنمو المنظمة الصغيرة وتطورها، تعطي الامكانية والمبرر الموضوعي لتغيير الشكل القانوني للعمل. فاذا قرر فرد يحمل الصفات الريادية اقامة منظمة فردية يديرها ويملكها بمفرده، فقد يجد ان نمو هذه المنظمة وتوسعها بعد عدد من السنين ان هناك فرص أكبر قد يحصل عليها من خلال ادخال شركاء وهكذا يتم تغيير الشكل القانوني إلى شركة تضامن. وقد يستمر التطور والاتساع ليصار إلى تغيير الشكل القانوني إلى شركة مساهمة ذات مسؤولية محدودة أو شركة مساهمة عامة وهكذا. ان العكس يمكن ان يحصل فقد يتم تغيير الشكل القانوني من شركة تضامن (مشاركة بين عدد كبير من الاعضاء) إلى منظمة فردية نتيجة احتفاظ واحد فقط من الشركاء بهذه المنظمة وخروج الاخرين منها (**برنوطي**: 2005 : 110).

ان الاعمال الصغيرة، وهي تختار الشكل القانوني، عليها ان تتعامل مع جوانب مهمة بالفحص والتحليل، مثل القواعد والاجراءات الحكومية، التشريعات على صعيد المنطقة والبلد، القوانين المتخصصة بالناحية التنظيمية للاعمال في القطاع وغيرها من جوانب مهمة، خاصة وانه تواجد مزايا وعيوب لكل شكل من الاشكال القانونية (**Steingold**: 2003 : 10 – 17) , (**Steinhoff and Burgess**: 1993: 105-121)

* العوامل المؤثرة في اختيار الشكل القانوني

Factors influencing choosing legal forms

في حقيقة الامر توجد العديد من العوامل المؤثرة في اختيار الشكل القانوني للاعمال، ونظراً لتعدد هذه المؤثرات يتطلب الامر دراستها بعناية ودقة من قبل الفرد أو الافراد المؤسسين للعمل الصغير لغرض تحديد دورها وأهميتها بالنسبة لهم وللعمل حالياً ومستقبلاً. وقد يتم الاستعانة بمراكز بحوث ودراسات متخصصة لتعطي رأيها وتصورها قبل القيام بالاختيار النهائي للشكل القانوني، وفي ضوء خبرتها وتجربتها يتم توجيه عناية الريادي المؤسس للعمل الصغير أو المشاركين في العمل لغرض مساعدتهم في هذا الخيار استناداً لهذه المؤثرات والعوامل ودورها في ذلك.

ويمكن استعراض أهم تلك المؤثرات في اختيار الشكل القانوني للاعمال وكالاتي:-

(1) الرؤية والرسالة والاهداف الاستراتيجية. يتأثر اختيار الشكل القانوني بالتوجه الاستراتيجي الذي يروم الفرد أو الافراد المالكون أو المؤسسون لهذا العمل الصغير. فاذا كان هذا العمل يروم المنافسة في الاسواق وتحقيق عوائد مالية وارباح يمكن احتجاز جزء منها ليعاد استثماره في العمل لغرض توسعته وتطويره وزيادة نموه فأن اشكال قانونية معينة هي الافضل لانجاز مثل هذه التوجهات والاهداف. أما اذا كان العمل الصغير يروم تقديم خدمات تطوعية خيرية وانسانية فقد تكون اشكال أخرى هي الافضل لانجاز ذلك (**عبد السلام وآخرون**، 2001: 21).

(2) الرغبة لدى المالك أو المالكين في السيطرة على العمل واسلوب وطرق ادارته، فاذا رغب المالك المدير في ان تكون له سيطرة كبيرة والتحكم عالي في الادارة فربما المنظمة الفردية هي الشكل القانوني المناسب. أما إذا رغب بالتضحية بهذه السيطرة مقابل مساعدة الاخرين فقد يكون الشكل التشاركي هو الانسب وهكذا (**العطية:** 2002: 30).

(3) هيكل الضرائب وكيفية الاستفادة منه وفق اعتبارات الشكل القانوني المعتمد. في اغلب الدول تعطي القوانين الضريبية امتيازات أو غير ذلك لبعض الاشكال القانونية لتسهيل اقامتها، فيلاحظ وجود اعفاءات ضريبية تشجع المستثمرين للدخول في قطاعات واماكن واشكال قانونية معينة (**عفانة وأبو عيد:** 2004 : 26). وفي العالم الصناعي، فان هذا العامل له أثر كبير على اختيار شكل الملكية، كما هو الحال في الولايات المتحدة الامريكية، حيث الاستفادة من عدم حصول ازدواج ضريبي وكذلك تسهيلات واعفاءات لتشجيع قيام المؤسسات والاعمال الفردية (**Kuratko and Hodgetts:** 1998)، (**Duquette:** 1991 : 8 – 9) .

(4) المتطلبات المالية وحجم رأس المال المطلوب لقيام المنظمة، ان ما يلاحظ هنا ان بعض الاشكال القانونية تتاح امامها فرص أكبر لتوفير راس مال اكبر من الاشكال الاخرى. فاذا توفر راس مال مناسب لدى فرد معين – وعادة ما يكون قليل ومحدود – فربما تكون المنظمة أو العمل الفردي هو الشكل القانوني الانسب أو قد يتم اللجوء إلى الشكل المشترك والتضامني عند توفر راس مال مناسب لدى مجموعة من الافراد، ويصار الى شكل الشركات المساهمة عند طرح اسهم للاكتتاب المحدود. وفي الغالب فأن النسبة العظمى من المنظمات

المتوسطة والصغيرة هي شركات فردية أو تضامنية. ان صعوبة التمويل في بداية العمل الصغير وربما الكلف العالية للحصول على راس المال المناسب تجعل عملية اختيار الشكل القانوني ذات أهمية كبيرة (**المنصور وجواد:** 2000: 47 - 48).

(5) المخاطر المحتملة من العمل ودرجة تحمل المسؤولية من قبل المالك أو المالكين ان بعض الاعمال تنطوي على مخاطر مالية عالية، لذلك تستدعي ان تكون منظمات مساهمة، مثل شركات الطيران وقطاع البنوك وصناعات التحويل، في حين تكون المخاطر أقل في مؤسسات تجارة التجزئة أو محلات الخياطة والورش لذلك يفضل ان تكون شركات فردية أو عائلية أو بحدود معينة شركات تضامن (**برنوطي:** 2005 : 130).

ويلاحظ أيضاً تأثر الشكل القانوني للاعمال بدرجة تحمل المسؤولية والوقت المتاح لدى المالك المؤسس للعمل، فاذا كانت المسؤولية اتجاه العمل مرتفعة وهناك رغبة في تكريس وقت أكبر لادارته كان الميل الى تكوين شركة فردية أو شركة اشخاص ويكون الاتجاه إلى الشركة المساهمة في الحالات عكس ذلك.

(6) المدة اللازمة لاقامة العمل ومدى الحاجة لاستمرارية هذا العمل لآماد طويلة. ان الشركات المساهمة هي شركات اموال ذات عمر طويل واجراءات تكوين وتأسيس اكثر تعقيد وتحتاج الى فترة أطول لاقامتها، عكس المنظمة الفردية التي تحتاج اجراءات تأسيس بسيطة وسهلة وتحتاج فترة اقل ويؤمل لها العيش والاستمرار لآماد اقصر من الشركات المساهمة فاذا رغب الريادي المؤسس بسرعة الاستفادة من العوائد وعدم الانتظار طويلاً لكي يتم استرداد راس مال ضخم مستثمر في شركات الاموال فانه يصار الى شكل الشركة الفردية وهكذا (**برنوطي:** 2005: 130) ، (**Siropolis:** 1997 : 178-190).

(7) التدخل الحكومي والقوانين السائدة في البلد والتي تختص بتنظيم عملية اقامة الاعمال على اختلاف قطاعاتها. ان القانون التجاري المعمول به وكذلك قوانين الشركات والاعمال تحدد في الغالب الشكل القانوني المسموح به للعديد من الاعمال ويأتي هذا في اطار توجيه المستثمرين ورجال الاعمال إلى مراعاة العديد من العوامل المهمة المرتبطة بالواقع الاقتصادي والاجتماعي في الدولة. ففي العديد من دول العالم لا تجيز القوانين اقامة مصرف أو شركة تأمين على شكل منظمة فردية بسبب المخاطر العالية التي تصاحب هذه الاعمال.

(8) الاشكال القانونية والتنظيمية السائدة في اقتصاد البلد، هنا يحاول المؤسس أو المؤسسين للاعمال الصغيرة تقليد ما هو موجود وناجح في السوق الوطني أو الاقليمي أو المحلي.

(9) خطط التتابع الاداري، حيث التفكير بمستقبل المنظمة وامكانية نقل الملكية من الجيل المؤسس إلى الاجيال اللاحقة، أو حتى التفكير في نقل الملكية لمشتري جديد. ان بعض اشكال الملكية تمتاز بسهولة عملية تحويل الملكية وضمن اجراءات بسيطة واضحة (**العطية:** 2002: 30).

* التأثيرات المحتملة للشكل القانوني على الاعمال

Legal forms influencing in Business

يبدو ان الشكل القانوني للمنظمة ذو أثر مهم على العديد من جوانب العمل، لذلك يعار هذه الاهمية الكبيرة. ان الاعمال الصغيرة ليست مجرد اعمال أصغر حجماً وتأثيراً من مثيلاتها الاعمال الكبيرة، وبذلك فانها تدار كما لو كانت منظمات اعمال كبيرة ولكن بموارد وامكانات ومستلزمات أقل

(**Welsh and White**: 1981 : 18 - 32)

> *** فريق الادارة**
> **Management team**
> المدير أو المديرين الرئيسيين مع بعض الافراد الاساسيين في المنظمة الصغيرة الذين يعطون التوجه الاساسي لها.

من الضروري بناء فريق الادارة Management team في منظمة الاعمال الصغيرة حتى لو كان هذا الفريق صغير جداً. حيث مؤسس العمل الصغير قد يكون هو المدير الرئيسي- مع بعض الافراد المهمين في الوظائف الاساسية. ان فريق الادارة يتكون من اشخاص ذوي مسؤولية رئيسية يعطون المنظمة الصغيرة التوجه الاساسي لها. ان الادارة القوية والفاعلة في منظمات الاعمال المتوسطة والصغيرة، تزود المنظمة بالافكار الابداعية المتجددة وتستخدم الموارد وفق الاتجاهات الصحيحة التي تساعد على تحقيق الاهداف المعلنة من قبل الاعمال. وتحاول الادارة والفريق الاداري ان توازن العمل بصيغ تجعل منه كفوء في مختلف مجالات العمل، وليس مركزاً في نشاط واحد مهم واخريات اقل اهمية. من المعلوم ان مختلف اوجه العمل في المنظمات المتوسطة والصغيرة تتأثر بالصيغة أو الشكل القانوني المعتمد لهذا العمل

.(**Longenecker et al**: 2006 : 149)

ويمكن القول أن جوانب مهمة في الاعمال تتأثر باختيار شكل الملكية والناحية القانونية نذكر منها:-

- الهوية القانونية والاعتبار المعنوي وتجسيد شخصية العمل أو المنظمة قبالة شخصية المالك أو المالكون أو المساهمون. ان وجود هوية واعتبار للمنظمة مستقلة ومنفصلة عن المالك أو المالكين يعني أن المنظمة كيان أكثر استقرار وثبات وامكانية بقاء لكون حملة الاسهم يستطيعون بيع هذه الاسهم وشرائها دون أن تتأثر المنظمة في وجودها الحقيقي. اما الاعمال الفردية فلا وجود لانفصال بين مسؤولية المالك وكيان ومسؤولية المنظمة، وهنا فانها أقل عمراً واكثر تأثراً برغبات وتوجهات هذا المالك.

- تتأثر آليات واساليب واجراءات التأسيس بالشكل القانوني الذي يتم اختياره. ففي المنظمات والشركات الفردية تكون هذه الاجراءات بسيطة وسهلة وسريعة في الغالب، وتكون هذه الاجراءات أكثر تعقيد واكثر كلفة وتحتاج إلى وقت طويل في حالة الشركات المساهمة.

- يؤثر الشكل القانوني على مدى التزام المنظمة في الافصاح والتعريف بالوضع المالي والمحاسبي لها وفق اجراءات وقيود معينة يتم مراقبتها من قبل الجهات المسؤولة في الدولة أو دولية أو اقليمية. ان بعض الاشكال القانونية (الشركات المساهمة مثلاً) ملزمة بأن تعلن للجمهور من خلال الصحف والمجلات

العامة عن الارباح والخسائر والميزانية العمومية، وبعض مفردات الخطط وما يتطلبه القانون التجاري وقانون الاعمال والشركات، ويمكن لاعمال أخرى ان تكون غير ملزمة بمثل هذه الاجراءات (**برنوطي:** 2005 : 111).

- الممارسات الادارية والتنظيمية ومدى تحديد وتقييد هذه الممارسات والمسؤوليات أو عكس ذلك. تفرض تعليمات واجراءات معينة وشكل او اشكال محددة لصيغ تنظيمية وفق الاشكال القانونية المعتمدة من قبل المنظمات. ومن الطبيعي ان تختلف صيغ الادارة وآليات تطوير القرار وفق - ليس فقط من الناحية القانونية - نوع المنظمة وشكلها القانوني واتساع أو ضيق نطاق عملها، باعتبار ان التأثيرات والرقابة الخارجية هي أكبر على شركات الاموال منها على المنظمات الفردية في عملية صناعة القرار (138 - 130 : 1998 :**Brouthers et al**).
- مدى الالتزام والمسؤولية المالية والقانونية التي يتحملها المالك أو المالكون. ان هذه المسؤوليات المالية تتحدد وفق الصيغة أو الشكل القانوني، ففي الشركات المساهمة محددة بالاموال المستثمرة في هذه الشركات في حين ان المسؤولية تعود حتى للممتلكات الشخصية اذا تعرض العمل الفردي لخسائر وضرورة تسديد الالتزامات اتجاه الاطراف الاخرى (**برنوطي:** 2001 : 104).

بدائل الاشكال القانونية The types of legal forms

عندما يقف شخص ما على مفترق طريق بين اقامة عملة الخاص أو العمل في منظمة مملوكة من أخرين (الدولة أو أشخاص) فأن هذا القرار الاولي تتوقف عليه أمور أخرى مهمة.

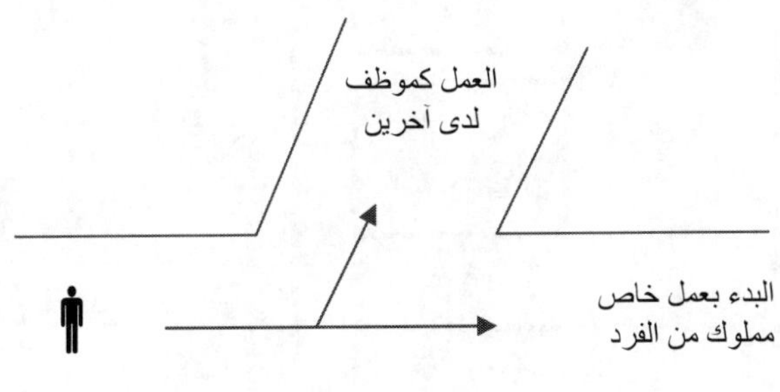

فاذا كان القرار المتخذ هو أقامة عمل خاص وتكريس الجهد والمال والوقت لادارة العمل ونجاحه فأن هذا الامر يعطي ممارسة فعلية لخصائص ريادية يتسم بها الفرد ويحاول تحقيق ذاته وقدراته من خلال عمله هذا. هنا يكون الفرد قد حقق الاستقلالية ويأمل كذلك الحصول على ارباح ودخل عالي لمساعدة عائلته وأيضاً تقديم منتج أو خدمة لم يقدمها أخرين على صعيد السوق المحلي وهو يحاول اقامة هذا العمل ونجاحه وتطويره لاحقاً (Megginson et al: 2003 : 25). ان ما يتاح أمام الشخص أو الاشخاص المؤسسين للاعمال مجمل الاشكال القانونية الممكنة، حيث يلاحظ ان لكل شكل من هذه الاشكال ميزات ومساوىء يجب معرفتها والاطلاع عليها لتقرير الشكل القانوني المناسب (لاحظ الشكل 3 - 1).

شكل (3-1)

الاشكال القانونية الاساسية للاعمال

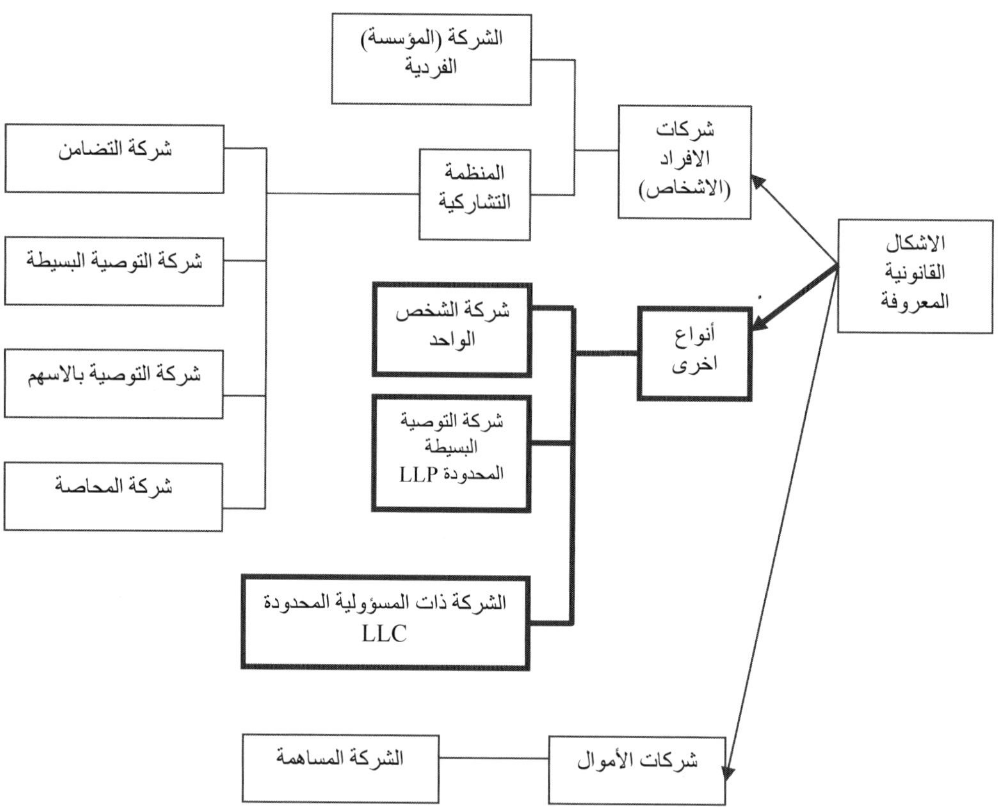

* **شركات الافراد (الاشخاص) Private Ownership Companies**

ان هذا الشكل القانوني، هو المتعارف عليه منذ القديم، بل يمكن القول انه السائد قبل الثورة الصناعية والتقدم الصناعي وازدهار منظمات الاعمال المتوسطة ثم الكبيرة بشكل شركات اموال مساهمة. وتمثل شركات الافراد اليوم النسبة الاكبر من الاعمال الصغيرة في الدول الصناعية والنامية، وتأخذ مجموعة من الاشكال والانواع بعضها مملوكة من شخص واحد أو عائلة والبعض الاخر تشاركية بين اثنين أو اكثر من الافراد بصيغ عديدة.

واذا ما اردنا ان نستعرض أهم خصائص هذه الاشكال القانونية من شركات الافراد فنذكر الاتي:-

- ارتباط شخصية الشركة بشخصية المالك أو المالكون، حيث لا وجود منفصل للشركة خارج الاطار المادي والمعنوي للمالك أو المالكون لها. ومن وجهة النظر القانونية فالمالكون هم شخص واحد يمثلون الشركة أمام الغير دون تمييز.
- المسؤولية الكاملة Unlimited Liability للمالك أو المالكين عن الالتزامات اتجاه مختلف الاطراف الاخرى. ان المشاركون يعتبرون فرد واحد من الناحية القانونية وان الشركة هي ملك خاص لهم، لذلك يحصلون على كامل الارباح وتكون المسؤولية مطلقة غير محدودة عن الالتزامات بمعنى تستخدم كامل الثروة الشخصية لتسديد هذه الالتزامات للاطراف الاخرى. ولقد تم معالجة جزئية لهذه الاشكالية من خلال شركة التوصيه البسيطة وشركة التوصية بالاسهم.
- اجراءات تأسيس في الغالب بسيطة فلا وجود لاجراءات معقدة في أغلب الدول. ان الشخص الذي يستطيع ان يشتري أراضي وعقارات، يمكن ان يؤسس شركة فردية أو بالمشاركة مع أخرين وان الاجراءات بسيطة ومتقاربة في الحالتين (**برنوطي:** 2005 : 113).

* **المسؤولية الكاملة**

Unlimited Liability

تمتد مسؤولية المالك للتجاوز جزء ملكيته في الشركة تجاه الاطراف الاخرى من خلال ثروته الشخصية.

أو هي احتمالية يخسر المالك اكثر مما استثمره في العمل أو المنظمة.

ان اهم انواع الشركات الشخصية أو شركات الافراد ما يلي:

(1) الشركة الفردية (الملكية الفردية) Sole Proprietorship

الشركة الفردية Sole Proprietorship هي منظمة أو عمل مملوك من قبل شخص واحد. ويمثل هذا النوع الشكل السائد من بين شركات الاشخاص أو الافراد في أغلب الدول. ان هذه الشركة الفردية أو المشروع الفردي يكون فيه المالك مسؤول بشكل مطلق عن الديون ويتحمل كامل المخاطر والالتزامات ويحصل لوحده على الارباح. والشركة الفردية تحمل في العادة اسم المالك أو أي اسم اخر يتم اختياره، ويسجل العنوان الشخصي للمالك كعنوان للشركة الفردية التي يفترض ان تسجل

* **الشركة الفردية**

Sole proprietorship

هي عمل أو منظمة مملوكة من قبل شخص واحد.

في السجل التجاري حيث تدون قيمة راس المال ونوع النشاط الذي يتم مزاولتـه (**النجـار والعـلي:** 2006 : 295-297) ويلخص الشكل (3-2) أهم الميزات والمساوئ لهذا الشكل القانوني.

شكل (3-2)

ميزات ومساوئ الشركات الفردية (المشروع الفردي، المؤسسة الفردية)

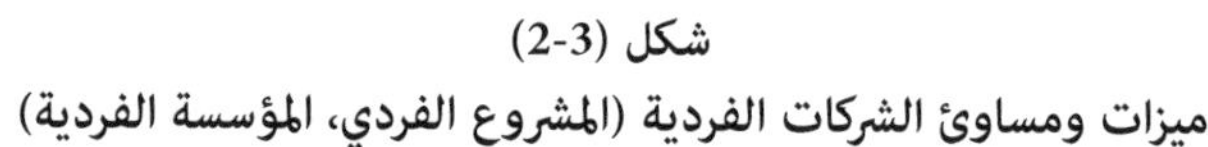

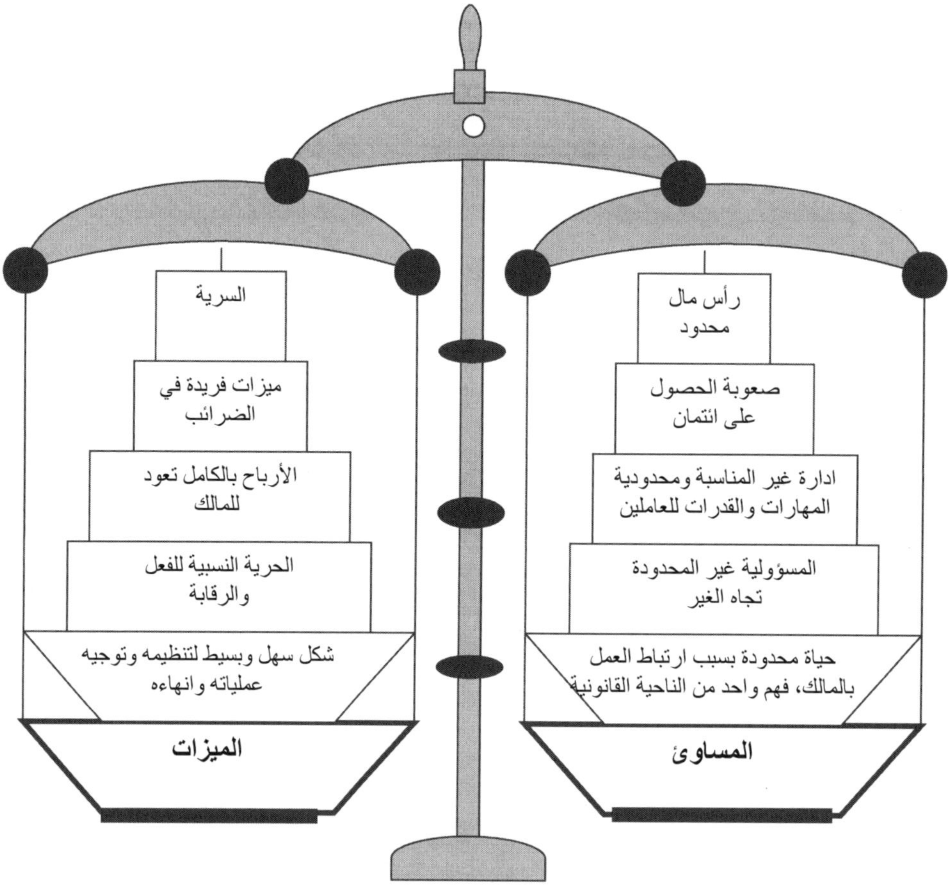

(2) المشاركة او التضامن Partnership

هنا تقام منظمات تشاركية، أي شركات أفراد يملكها أكثر من شخص واحد. فقد يتفق شخصان أو اكثر لاقامة شركة (مؤسسة) برغبة التعاون الطوعي الطبيعي باعتبارهم مالكون معاً لهذه المؤسسة التي يودون اقامتها بسرعة نسبية بعيداً عن متطلبات كثيرة قانونية لانشاء شركة مساهمة عامة (Longenecker et.al: 2006: 150-151) . ويعرض الشكل (3-3) الميزات (الحسنات) والمساوئ (العيوب) لمثل هذا الشكل القانوني للأعمال بشكل عام.

* **منظمة تشاركية**
Partnership
كيان قانوني يقام من قبل شخصين أو اكثر باعتبارهم مالكين لهذا العمل لغرض تحقيق الأرباح ويأخذ الكيان صيغ متعددة .

شكل (3-3)
ميزات ومساوئ شركات التضامن

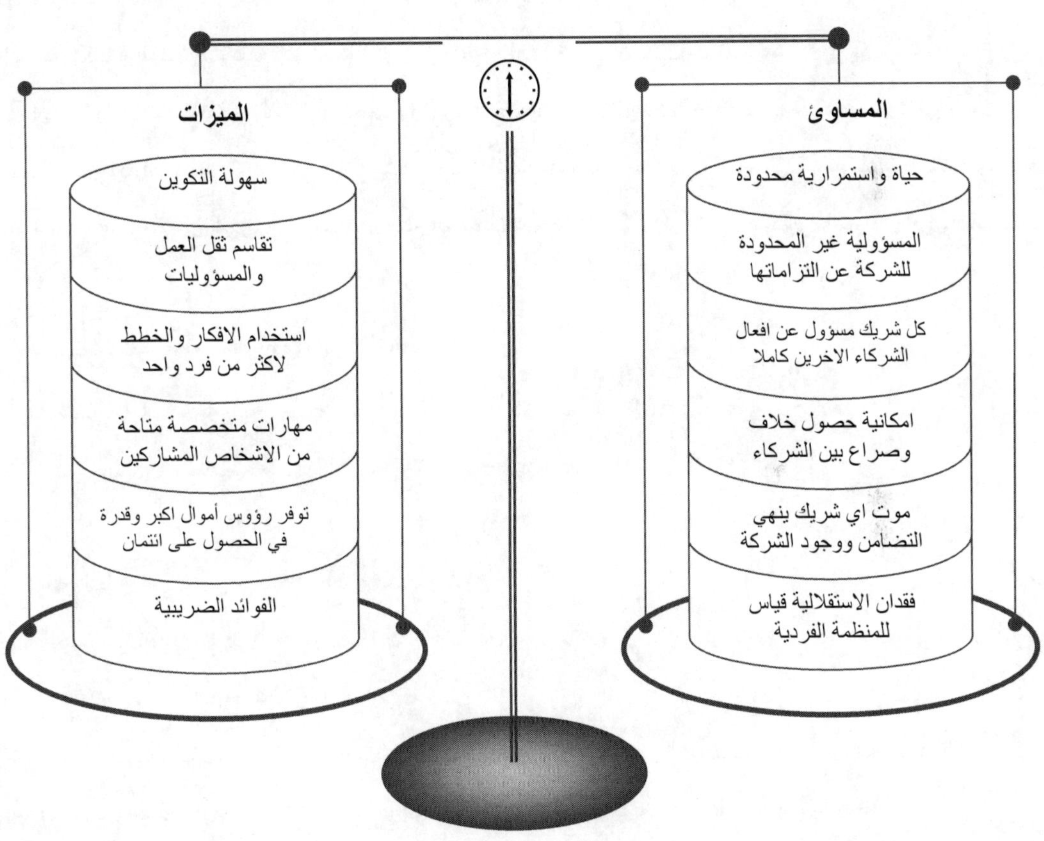

وفي الأعمال التضامنية توجد عدة أنواع وهي :

- **شركة التضامن العامة general partnership**

وهي شركة أو مؤسسة أفراد تضامنية يملكها أكثر من شخص واحد وهؤلاء الشركاء متضامنون أمام القانون ويعتبرون شخص واحد قباله الالتزامات والديون الخارجية للاطراف المختلفة، ان مسؤولية هؤلاء المتضامنون غير محدودة وبالتالي فأن ثروتهم الشخصية هي امتداد لتسديد ديون الشركة. ولا يتم نقل حصص الشركاء لآخرين أو ورثه لكون هذا النوع من الاعمال يمثل شراكة باتفاق شخصي كامل. ولا يشترط أن تكون حصص الاعضاء في هذه الشركة التضامنية متساوية بل يمكن أن تكون مختلفة حسب الاتفاق بين الأعضاء. ورغم ان القوانين لا تحدد عدد الشركاء فانه يسمح ان يصل عدد الأعضاء (20) عشرون شخص، ولكن في الواقع ان العدد يكون أقل من ذلك في أغلب الشركات التضامنية لكون الزيادة في العدد تخلق اشكالات عديدة.

*** شركة التضامن العامة**
General Partnership
أعمال أو مؤسسات مهيكلة أو مبنية في اطار تقاسم المالكين لها للادارة والمخاطر بتضامن وضمان كامل.

ان شركات التضامن تصلح للاعمال الصغيرة والتي تحتاج رؤوس أموال يمكن أن يوفرها عدد محدود من الأعضاء أو تكامل الاموال مع المهارات والمعارف والتخصصات. لذلك نجد مكاتب المحاماة والتدقيق المحاسبي والعيادات الطبية ومذاخر الأدوية أو الورش أو غيرها مثل تجارة الجملة أو في قطاع الخدمات الأخرى. ويمكن أن تكون شركات التضامن (**برنوطي:** 2001: 108).

- شركات عائلية (Family business) افراد العائلة متضامنون في العمل.
- شركات تضامن ريادية (Entrepreneurial partnership)، مثل الشركات التي تستثمر براءة الاختراع أو الافكار الريادية والابداعية لدى الشباب، حيث التكامل بين الأموال والأفكار الريادية.

ومع التطور الحاصل في الحياة المعاصرة والتقدم الاقتصادي وانتشار الاعمال نجد ان الشركاء يمكن أن يكون بعضهم معروف وظاهر (Ostensible) للاطراف الخارجية باعتباره المسؤول أو مدير العمل أو البعض غير ظاهر وغير معروف ويدعى شريك كامن (ساكن) (Dormant) (**زياره:** 2006 : 430).

ان شركات التضامن العامة تظم نوع واحد من الشركاء وهم الشركاء الضامنون (general partners) حيث يكون هؤلاء الاعضاء مسؤولون عن كامل التزامات الشركة رجوعاً الى ثروتهم الشخصية.

- **شركة التوصية البسيطة Limited partnership**

* **شركة التوصية البسيطة**
Limited partnership
أعمال أو مؤسسات مهيكلة أو مبنية على اساس أن واحد أو أكثر من المالكين لديه مسؤولية محدودة بحدود ما ساهموا فيه من أموال ووجود مالك أو شريك واحد على الاقل كاشريك ضامن مع مسؤوليات غير محدودة.

وهذه تماثل شركة التضامن العامة مع وجود نوعين من الشركاء المالكين. الاولى اعضاء بمسؤوليات مطلقة غير محدودة هم الشركاء أو الشريك الضامن، والنوع الثاني هم الشركاء الموصون (limited partners) وهؤلاء تتحدد مسؤولياتهم بقدر مساهمتهم المالية فقط. ان الاعضاء الضامنون هم من يدير اعمال الشركة ويتحمل المسؤولية كاملة، بينما الشركاء الموصون يوظفون أو يستثمرون أموالاً في الشركة وتكون مسؤوليتهم محدودة. ورغم ان القوانين لا تحدد عدد الشركاء في مثل هذا النوع من الملكية، إلا انه يشترط لوجود هذا الشكل القانون وجود شريك ضامن واحد على الاقل مع شريك موصي واحد على الأقل. وهذا النوع من الشركات يعالج بعض اشكالات شركات التضامن العامة ويتيح الامكانية للاستفادة من حسناتها (**Hatten:** 2006: 50)

قد تحمل شركة التوصية البسيطة اسم أو أسماء بعض الشركاء الضامنون مقرونة بكلمة " وشركاءه ". ولكون هذه الشركة هي شركة أشخاص فأن انسحاب أي من الشركاء الموصون أو بيع حصته لاخرين يخضع لموافقة الشركاء المتضامنون (**برنوطي:** 2005: 127) (**النجار والعلي:** 2006 : 301).

- **شركة التوصية بالاسهم Join stock partnership**

* **شركة التوصية بالأسهم**
Join stock partnership
هي شركة تضامن تقسم فيها حصص الشركاء إلى أسهم وليس مبالغ مقطوعة كما في شركة التوصية البسيطة.

ان هذا النوع من الشركات أو المؤسسات هي اعمال تماثل أو تشبه شركات التوصية البسيطة في أغلب القضايا عدا كون حصص الشركاء تكون قد قسمت الى أسهم وليس مبالغ مقطوعة. ان هذه الاسهم قد تكون صغيرة القيمة، وهكذا يستطيع الشركاء الموصون ان يساهموا بعدد من الاسهم ويمكنهم تداولها أو التنازل عنها دون الحاجة إلى أخذ الموافقات من باقي الشركاء (**برنوطي:** 2001 : 110).

- **شركة المحاصة Joint venture**

* **شركة المحاصة**
Joint venture
تشارك يوجد لغرض انجاز أهداف محددة لذلك تكون محدودة الفترة وتنتهي بنهاية العمل أو الهدف المحدد.

وهذه شركات أفراد مؤقتة تنتهي بانتهاء العمل الذي اقيمت من أجله وقد تطول هذه الفترة أو تقصر. وهذا النوع من الشركات قد ينشأ في بعض الحالات باتفاق شفوي بين الشركاء أو بعقد مكتوب يحدد الواجبات والالتزامات (**Hopson and Hopson:** 1990: 69 - 83). ويلاحظ أيضاً وجود هذا النوع من التشارك بين منظمات الاعمال، لكننا هنا نهتم بشركات التضامن محدودة الاجل partnership for a term.

ان التشارك يتطلب اتفاق قد يكون شفوي بين الأعضاء، ولكن يفضل وجود اتفاق أو اتفاقية partnership agreement وهذه تمثل اتفاقية ببنود تؤشر بشكل واضح الحقوق والواجبات للشركاء. لذلك يطلق عليها البعض بنود الشراكة (articles of partnership) (Hatten: 2006 : 51) ان بنود الشراكة هذه تمثل عقد قانوني بين الاعضاء الشركاء في المؤسسة أو العمل يعرف ويحدد بشكل واضح التزامات ومسؤوليات المالكين للمؤسسة.

* اتفاقية الشراكة
Partnership agreement
وثائق ومستندات مكتوبة تحدد بوضوح الحقوق والواجبات (المسؤوليات) للشركاء في المؤسسة.

ويلاحظ في حالات معينة في المنظمات التشاركية قد يعطى احد الشركاء ما يسمى agency power وهذه تمثل قابلية وامكانية تعطي لاي أحد من الشركاء بحيث تستطيع قانونياً ان يقيد ويحدد المشاركين الاخرين (Longenecker et al: 2006 : 153) (Steingold : 2003) وفي الغالب تعطى هذه الامكانية والسلطة لاحد الشركاء الضامنون.

* قوة وكالة للشريك
agency power
قابلية أحد الشركاء تقييد الشركاء الاخرين وبشكل قانوني شرعي.

* شركات الاموال Corporation

وهذه شركات مساهمة، تعتبر من أكثر أشكال الملكية والقانونية تعقيد مقارنة مع الاشكال الاخرى من شركات الاشخاص. والشركة هنا هي كينونة ووجود قانوني واعتباري مستقل عن المساهمين. وبالتالي فان هذه الشركات تقوم بتنفيذ أعمال والتعاقد ومقاضاتها الاطراف الاخرى، وكذلك يمكن لهذا الغير من مقاضاة الشركة (**العطية**: 2002: 37).

وفي العادة فان التمويل الاولي في الشركة يتأتى من المساهمين (Stockholders) الذين يطلق عليهم حملة الاسهم. ويستطيع هؤلاء المساهمون التخلي عن الاسهم ببيعها إلى أطراف أخرى بسهولة ودون أي اجراءات كما في شركات الاشخاص. ويمكن ان نذكر اهم خصائص هذا النوع من الشركات بالآتي:-

* الشركة المساهمة
Corporation
اعمال مهيكلة وموجودة ككيان قانوني مستقل عن المساهمين الذين تتحدد مسؤولياتهم فقط بمساهماتهم المالية في الشركة.

- انفصال شخصية الشركة عن شخصية المساهمون (المالكون)، فهي كيان مستقل تتجمع لديه أموال اكبر من خلال تقسيم رأس المال الى عدد كبير من الاسهم (Shares) يحمل كل منها قيمة اسمية مصرح بها، يتم شرائها من المستثمرين. وتتداول هذه الاسهم في السوق المالي (البورصة) حيث البيع والشراء، وتأخذ هذه الاسهم قيمة سوقية تتحدد في ضوء قدرات وأداء وأرباح الشركة في الاسواق والمنافسة (Evanson: 1995: 13 – 71)
- المسؤولية المحدودة للمساهمين Limited liability of shareholders تنحصر مسؤولية المساهمين المالية بحدود قيمة الاسهم التي حصلوا عليها فقط، ويأمل هؤلاء المساهمون الحصول على ارباح مناسبة جراء هذا الاستثمار. ان هذه الخاصية تمكن الشركات المساهمة من جذب أموال أكبر لغرض

النمو والتوسع، كما أن قدرتها في الحصول على قروض وائتمان عالية قياس للشركات الفردية أو شركات التضامن.

- اجراءات تأسيس في الغالب معقدة ومطولة، حيث تفرض أغلب الدول مجموعة من المتطلبات قبل قيام الشركة المساهمة وأخذ الترخيص لمزاولة الاعمال. ان هذا الامر مرتبط بحفظ حقوق الجهات والاطراف المتعاملة مع الشركة وكذلك حقوق هذه الاخيرة كشخصية قانونية قائمة بذاتها. هكذا نتوقع ان يكون عمر هذه الشركات طويل وتبقى ما دامت رابحة وتحصل على عوائد دون أن تتأثر بالمساهمين وحركة تداول الاسهم. ويمكن تلخيص أهم المزايا والعيوب لشركات الاموال المساهمة في الشكل (3-4) (**زيارة**: 2006 : 438 – 439)، (**Siropolis** : 1997: 180-189).

شكل (3 - 4)

مزايا ومساوىء الشركات المساهمة العامة

ورغم ان الشكل السائد في شركات الاموال هو الشركات المساهمة العامة، الا انه يمكن ان تتباين انواع هذه الشركات بين شركات مساهمة يتم تداول أسهمها بالسوق المالي لعموم الجمهور وهناك شركات أكثر انغلاق، حيث تداول الاسهم بين مجموعات محدودة - كذلك هناك شركات مساهمية محلية وأخرى أجنبية (**زيارة:** 2006 : 441).

وفي أغلب الدول تلزم هذه الشركات بالكشف عن وضعها المالي وطبيعة انشطتها، حيث الحسابات الختامية والميزانية، التي تقدم لغرض الضرائب. ان الضرورة تقتضي اعلان هذه الجوانب في الصحف المحلية الرئيسية سنوياً، وكذلك خضوع انشطة هذه الشركات للرقابة الحكومية.

ان الشركات المساهمة تدار في العادة من قبل ادارة عليا يعينها مجلس الادارة (Board of Directors) الذي يتم انتخابه من قبل الجمعية العامة للمساهمين. هذا يعني ان ادارة الشركة المساهمة العامة يوجد فيها ثلاثة أطراف وهم حملة الاسهم يجتمعون دورياً (جمعية عامة)، ثم مجلس الادارة ويعتبر ممثل لحملة الاسهم واخيراً الادارة التنفيذية (Executive Management) التي يوجد على رأسها المدير التنفيذي للشركة Chief Executive officer (CEO) ويعتبر المدير التنفيذي ممثل الشركة في كافة المواقف المهمة، حيث تقام الدعاوى على الشركة من خلاله نظراً لاستقلالية كينونه الشركة عن المساهمون (المالكون) (**برنوطي:** 2005 : 116).

ان الشركات المساهمة تمثل اليوم حجر الاساس في التقدم الاقتصادي والتكنولوجي. ويتاح أمام هذه الشركات فرص أكبر للحصول على أموال طائلة نتيجة مساهمة اعداد كبيرة من الناس في شراء اسهم هذه الشركات. وتصدر هذه الشركات نوعين من الاسهم، العادية Common stocks والاسهم الممتازة preferred stocks والتي تصدر بفئات عديدة. ان لكل نوع من الاسهم حقوق وتفضيلات يفصلها القانون من حيث الارباح أو التسديد في حالة تصفية الشركة. كذلك تستطيع هذه الشركات الحصول على أموال للنمو والتوسع من خلال اصدار السندات (Bonds) تعرض في السوق المالي وهذه أيضاً قابلة للتداول.

* أنواع أخرى للاشكال القانونية anther legal forms

ان هذه الانواع الاخرى من الملكية والاشكال القانونية أوجدها المشرع للرد على متطلبات واقعية أوجدتها طبيعة احتياجات المساهمين والمالكين والظروف الاقتصادية والتنافسية. ورغم أن العديد من هذه الاشكال قد لا يكون لها وجود فعلي في دولنا الا انها موجودة في الاقتصاديات الصناعية. ان الاطار العملي الذي يحكم وجود هذه الانواع هو الاستفادة من ميزات شركات الاشخاص من جانب، مثل الاعفاءات الضريبية، وسهولة التكوين وكذلك الميزات لشركات الاموال، مثل المسؤولية المحدودة، ونقل الملكية وتحويلها وزيادة امكانية استمرار الشركة من جانب أخر. لذلك فأنها شركات هجينة محصورة بين شركات الافراد وشركات الاموال لتجاوز بعض العيوب المهمة لكلا النوعين والاستفادة من ميزات يرى المالكون والمستثمرون انها مهمة، ومن أهم تلك الأنواع

- **شركة الشخص الواحد One person owned company**

ان هذه الشركة هي ذات مسؤولية محدودة يقيمها ويملكها فرد واحد. هنا يأتي هذا الفرد بالمال اللازم لاقامة الشركة وتكون مسؤوليته محدودة بالاموال التي استثمرها في هذه الشركة، ويمكن للاشخاص الطبيعيين أو المعنويين تأسيس واقامة مثل هذا النوع من الشركات، للاستفادة من الارباح دون شركاء أخرين. أن هذا النوع من الشركات قد استفادت من تحديد المسوؤلية كما هو حال شركات الاموال وكذلك من الضرائب والاعفاءات الضريبية وسهولة التكوين كما هو حال شركات الافراد. وقد عرفت المانيا قبل غيرها هذا النوع من الشركات، كما هو الحال أيضاً بالنسبة الى الشركات المسؤولية المحدودة (**Cheeseman**: 2003: 796 - 710)

. (**Barnes**: 2000: 430 - 436)

* **شركة الشخص الواحد**

One person owned company

شركة يقيمها ويملكها فرد واحد للاستفادة من الارباح ويتحمل مسؤولية محدودة بقدر الاموال المستثمرة فيها.

- **شركة التوصية البسيطة المحدودة Limited liability partnership (L.L.P)**

وهذا النوع من الشركات يشابه شركات التوصية البسيطة ما عدا كون كافة الشركاء هم موصون ولا يوجد ضامن فيها. ان هذا الامر يجعل الشركة ذات مسؤولية محدودة، بمعنى ان كل موصي (شريك) يتحمل مسؤولية بقدر حصته في راس المال ولا يتم العودة الى ثروته الشخصية الاخرى لتسديد الالتزامات اتجاه الاطراف الدائنة. وهنا فان هذه الشركة تماثل شركة الاموال في تحديد المسؤولية، من جهة وكذلك تجمع مزايا شركة التضامن فيما يخص الضرائب من جهة أخرى، حيث تكون الضرائب على الدخل وليس على مستويات الارباح المتحققة.

ويلاحظ ان هذا النواع من الشركات جاء ليلبي متطلبات تكوين شركات متوسطة الحجم تجمع فيها رؤوس أموال كافية وتؤمن للمشارك (الموصي) مسؤولية في اطار المبلغ الذي كرسه لهذه الشركة، ويستفيد أيضاً من الاعفاءات الضريبية وسهولة تكوين الشركة ونقل ملكية الموصي بسهولة من جانب آخر .

* **شركة التوصية البسيطة المحدودة**

Limited liability partnership (LLP)

شركة يكون فيها جميع الشركاء من الموصون، وبذلك تجمع بين المسؤولية المحدودة والاستفادة من مزايا الضرائب.

- **الشركة ذات المسؤولية المحدودة (Limited liability company (L.L.C)**

ان هذه الشركة هي شكل خاص من الاعمال، لكونها تجمع بعض خصائص شركات الافراد وكذلك الشركات المساهمة العامة.

لذلك فأنها نوع هجين من الشركات فيما يخص شخصية الشركة، فهي شركة افراد، فهم شركاء يتفقون فيما بينهم على اقامة الشركة وتكون أسمائهم مسجلة قانوناً ولكن الملكية تكون على شكل اسهم يمكن تداولها والتصرف بها دون الحاجة لحل الشركة واعادة تأسيسها **(برنوطي:** 2005 : 118).

وقد تحدد بعض الدول بقانون عدد الشركاء بما لا يقل عن اثنين ولا يزيد عن خمسون شخص. كذلك قد يتم تحديد راس مال هذه الشركات بمبالغ معينة كما هو الحال في الاردن أو يتم تحديد نوع النشاط فلا يسمح باقامة شركات ذات مسؤولية محدودة في قطاع البنوك مثلاً.

*** الشركة ذات المسؤولية المحدودة**
(Limited liability company (L.L.C)
شركة يكون فيها المساهمون محدودي المسؤولية ولكنهم يدفعون ضرائب على الدخل من الارباح المتحققة لهم كما لو كانت شركة تضامن. كذلك لا يحق لغير الاشخاص الطبيعيين المساهمة في هذه الشركة.

ونظراً لمزايا هذا النوع من الشركات فقد تطورت كثيراً واصبحت سريعة الانتشار في العديد من القطاعات كما هو الحال في الولايات المتحدة الامريكية، حيث الاستفادة من الضرائب في العديد من الولايات (**Copperthwaite** : 1998: 220 - 239) . وفي العادة يتم ادارة هذه الشركات من قبل واحد أو اكثر من المالكين المساهمين كمدير رئيسي للشركة أو يتم الاستعانة بادارة تخصصيه في أحيان أخرى. وان القوانين لا تلزم في أغلب الاحيان اعلان حسابات وخطط الشركة، كما لا يتم تداول اسهمها بالسوق المالي.

ان الفصل الجزئي للملكية عن الادارة يساهم في استمرارية عمل الشركة بشكل افضل من شركات الافراد. وهكذا نجد هذا النوع من الشركات اليوم في قطاعات الصحة والتعليم والصناعة والسياحة وغيرها.

ومن أهم مساوىء هذه الشركات هو التحديد لدرجة المشاركة، حيث الافراد حملة الاسهم محدودي العدد وان اجراءات قانونية عديدة تقيد زيادة عددهم.

وبعد هذا الاستعراض للاشكال القانونية ونوع الملكية، فانه يمكن القول ان اختيار الشكل القانوني يعتمد على فحص العديد من المؤشرات والموازنة بينها لغرض معرفة المزايا والمساوىء لكل نوع واختيار ما هو مناسب منها للاعمال، وقد قدمت مؤسسة ادارة الاعمال الصغيرة الامريكية (SBA) قائمة فحص تقيم بموجبها مختلف الاشكال القانونية للمنظمات لغرض الاختيار الاحسن (شكل 3 – 5) (**Beguin**: 1992).

شكل (3 - 5)

قائمة فحص وتقويم لمختلف الاشكال القانونية للاعمال

- تحت أي اطار وشكل قانوني تمارس المنظمة عملها الان؟
- ما هي المخاطر الرئيسية التي تقابلها المنظمة؟
- هل ان الشكل القانوني المعتمد من قبل المنظمة يوفر حماية مناسبة لها من هذه المخاطر؟
- هل تقوم المنظمة بتوفير حماية اضافية لشكلها القانوني من خلال تأمين لمسؤولياتها والتزاماتها العامة؟
- هل ان المسؤولية غير المحدودة تمثل مشكلة حقيقية مهمة للمنظمة؟
- هل الشكل الحالي يحدد ويقيد الاحتياجات المالية بأي هيئة كانت؟
- ما هي نسبية وقوع أو حدوث اي من المخاطر الاساسية والرئيسية للمنظمة؟
- هل يمكن الحصول على امتيازات ضريبية من خلال تغيير الشكل القانوني للمنظمة؟
- هل تم الأخذ في الاعتبار الامتيازات في الادارة المرتبطة بكل شكل من الاشكال القانونية؟
- هل اعيرت أهمية خاصة للاشكال القانونية الاخرى الخاصة وما هي الفوائد التي يمكن الحصول عليها؟
- هل أن المنظمة تستخدم جميع ما يعطيه الشكل القانوني الحالي من مميزات؟

لقد لخص بعض الباحثين (Longenecker et al: 2006 : 156 - 157) (**زيارة:** 2006 : 443) أهم خصائص الاشكال القانونية وبما يتيح اجراء المقارنة بين بعضها البعض. ويلخص الشكل (3 - 6) مقارنة بين أهم الاشكال القانونية في ضوء مجموعة من الابعاد.

شكل (3 – 6)

مقارنة بين الاشكال القانونية الاساسية استناداً لمجموعة أبعاد

الابعاد الشكل القانوني	متطلبات التأسيس والكلف	مسؤولية المالكين	استمرارية الاعمال	نقل وتحويل الملكية	رقابة على الادارة	القدرة لجذب رؤوس الاموال	الضرائب على الدخل
فردي	ادنى متطلبات ولا تؤخذ أجور تسجيل وملأ استمارات كثيرة	مسؤولية غير محدودة	تصفى حال وفاة المالك (حياة اقصر)	يمكن نقل ملكية الشركة كأسم او موجودات بصعوبة	حرية الادارة كاملة	محصورة بالاموال الشخصية للمالك	تفرض ضرائب شخصية على المالك حتى على الدخل المتأتي من الاعمال (فردية)
تضامن (مشاركة)	اقل متطلبات ولا تؤخذ اجور تسجيل وملأ استمارات اتفاقية مشاركة لا تشكل مطلب قانوني لكنها ضرورية	مسؤولية غير محدودة	اذا لم تشير اتفاقية المشاركة الى غير ذلك فأن تصفية الشركة في حالة الانسحاب أو الوفاة للشريك تكون واجبة	يتطلب موافقة وقبول جميع المشاركين	تصويت غالبية الشركاء لغرض الرقابة	محصورة بقابليات الشركاء ورغباتهم للمساهمة برؤوس اموال	ضرائب شخصية على الشركاء للدخل المتأتي في الشركة (فردية)
مساهمة	اكثر كلفة ومتطلبات كثيرة واذعان للعديد من التشريعات	المسؤولية محدودة بما تم استثماره في الشركة	استمرارية الشركة لا تتأثر بوفاة او انسحاب المساهم (حياة اطول)	سهلة التحويل من خلال نقل وتحويل الاسهم	المساهمون لهم الرقابة النهائية ولكن مجلس الادارة يراقب سياسات الشركة	غالباً الشكل الاكثر جاذبية لرفع رؤوس الاموال	الضرائب على مدخولات الشركة والمساهمون تفرض عليهم ضرائب اذا تحققت ووزعت عليهم ارباح (ازدواج)
الشكل القانوني المفضل	فردي أو تضامن	المساهمة	المساهمة	تعتمد على الظروف والحالات	تعتمد على الظروف والاحوال	المساهمة	تعتمد على الظروف

اقامة الاعمال الصغيرة Starting Small Business

ان اقامة الاعمال من قبل الافراد، يمكن ان يحصل بثلاث طرق، الاولى تأسيس عمل جديد واقامته من البداية والاستمرار في ادارته ونجاحه وتطويره لكي يصبح منظمة متوسطة الحجم ثم كبيرة الحجم. أما الطريقة الثانية فهي شراء عمل قائم وموجود من أخرين وقد يحصل بأساليب متعددة. واخيراً هناك امكانية لاقامة الاعمال من خلال الحصول على امتياز من شركات معروفة في الاسواق. ان هذه الطرق الثلاث لاقامة الاعمال، يوجد في كل واحدة منها ميزات ومساوىء يتطلب الامر التعرف عليها ليتم اختيار أفضلها، ان الظروف والاحوال قد تجعل اختيار بعض هذه الطرق غير ممكنة وبالتالي تتاح واحدة أو أثنين منها فقط لقيام العمل.

تأسيس عمـل جديد Starting from Scratch

ان البدء بانشاء عمل جديد من نقطة الصفر أكثر صعوبة من عملية شراء عمل قائم وموجود في السوق أو الحصول على أمتياز من شركات ومنظمات أخرى، لانه لا يوجد شيء على الاطلاق ويجب التفكير في بدء وتكوين كل شيء بترابط منطقي لتكوين المنظمة.

في العمل الجديد غالباً ما تكون المخاطر أكبر وأعلى، وان عمليات التأسيس تحتاج إلى أفكار ابداعية أو على الاقل جديدة في جميع المراحل. هكذا يتم تأمين الاموال، توفير الوقت والجهد والمثابرة والحماس ليكون العمل حقيقة متجسدة في وجود فعلي، وان هذه الجوانب تمثل محتوى وروح الريادة (Hatten: 2006 : 190 - 192).

ان فترات انشاء عمل جديدة هي مجمل لحظات اثارة ورغبات وايجاد حلول لعقبات قد تعرقل المسيرة التي قد تطول أو تقصير وفق العديد من المؤثرات.

لأن تأسيس عمل جديد مدفوع برغبة الاستقلالية العالية وامكانية الخيار لكل شيء يعتبر لدى الرياديين تحدي مثمر وتمرين لاثبات القدرات والامكانات. هكذا يؤسس النظام المالي والمحاسبي للعمل الجديد، والذي يكون مقبول من جهات التمويل كالمصرف الممول أو غيره، أو يتم البحث عن الموارد البشرية المؤهلة والكفؤءة التي تساعد في نجاح العمل، أو البدء بايجاد قنوات التوزيع الملائمة وغيرها. هكذا عبر بعض أصحاب الاعمال الصغيرة بالقول " يجب صياغة كل شيء، تصور جميع الجوانب ثم تحقيق وانجاز ما مطلوب بأيدي صاحب العمل وفكرة "(Gervais: 1978) ان قيام عمل جديد تحكي رغبة الانسان في تحمل المخاطر، التنبؤ والاحتياط، الرغبة في تجاوز العقبات والمثبطات لكي يقوم العمل ويستمر ويحقق الارباح.

* العقبات لتأسيس عمل جديد Obstacles of starting New Business

قد تكون عقبات قيام الاعمال الجديدة كثيرة والبعض منها عميق جداً. فأشكالات التمويل، وخاصة للشباب الجدد صاحبي الافكار الجديدة وقليلي الخبرة العملية مع جهات التمويل والمستثمرين، وتحديد واختيار الجزء من السوق المستهدف والواعد والمحتمل النجاح فيه وتوسع ونمو العمل، وكذلك معرفة الجوانب الادارية

والقانونية الضرورية للبدء بانشاء عمل جديد، وأيضاً نقص المعرفة والمعلومات العملية الميدانية في الادارة والجوانب الفنية في توجيه الاعمال كلها يمكن ان تكون عقبات مهمة بوجه تأسيس عمل جديد لجميع هذه الاشكالات والعقبات نجد أن هناك عقبتين اساسيتين يجب مواجهتهم بعناية ورؤية واضحة وموقف واثق وهما:

(1) الخوف من الفشل The fear of failures

يساور الغالبية العظمى من الناس الاعتقاد بان دخول الحياة العملية والمهنية قد لا تحتمل قرار خاطىء مهما يكن، وان هذا الخطأ يضفي الى الفشل، وهذه الاحتمالية عالية جداً في الاعمال الجديدة. ويكتمل هذا الاعتقاد بتصور ان هذا الامر له عواقب وخيمة على مستقبل الفرد. فاذا كان الامر هكذا فكيف يمكن تصور حال الفرد وهو يبدء بتأسيس عمل جديد في مستهل حياته العملية بعد تخرجه من الجامعة وحصول على دبلوم في تخصص معين. ويبدوا ان مفهوم "الحق في الخطأ" لم يطور بما فيه الكافية في مجتمعاتنا بحيث يتم التعامل معه وفق أسس سليمة وليس برؤية الهلع من ارتكاب خطأ محتمل ان يحصل ما دامت الاعمال مستمرة. لقد عبر مؤسس ورئيس شركة جنرال موترز (Alfred Sloan) عن حالة واقعية بالقول " في حياتي العملية وممارستي في شركة جنرال موتورز، هناك على الاقل 50% من قراراتي كانت غير صائبة وعلى خطأ ". (**Sloan: 1964**).

هكذا يعبر قادة الاعمال المرموقون بتواضع بضرورة عدم الخوف من الخطأ في القرارات، بل يجب أخذ الامر برؤية واقعية وان لا يكون الخوف من الفشل عقبة أمام الافراد لتأسيس أعمال جديدة.

(2) الخوف من الجهد والمخاطر The fear of effort and risk

يعبر الاشخاص اللذين يقيمون أعمال جديدة بعبارات تدلل عن صعوبات تواجههم أثناء التأسيس. هكذا يقول البعض " لقد أوجدنا عملنا في ظروف صعبة جداً وقاسية " وان هذا القول يرتكز على ان الجهد المبذول هو جهد استثنائي كبير لغرض قيام عمل وتطويره واستمرار نموه وتوسعة، وهكذا يجب معرفة هذا الأمر من البداية وليس من منتصف الطريق. ان بذل هذه الجهود الكبيرة قد تأتي على حساب تبديل الروتين السابق في الحياة العائلية أو العلاقات الاجتماعية أو ساعات الفراغ والاستجمام والتمتع بالاجازات وغير ذلك، وقد يتطلب بذل هذه الجهود لسنوات عديدة والعمل على ادامة زخم العمل غير العادي لغرض جعل المنظمة تقف على قدميها وتصبح معروفة في السوق ولدى الزبائن. لذلك فأن الاموال التي جمعت عبر سنوات في الاقتصاد في النفقات أو تم اقتراضها من الاصدقاء أو العائلة يصبح القلق والخوف من المخاطرة بها أمراً واضحاً. هكذا يفترض ان تكون الرغبة في انجاز قيام عمل جديد والاستقلال في ادارته وتحقيق أرباح وعوائد متصاعدة تفوق الخوف من بذل الجهد اللازم أو تحمل المخاطر المحسوبة.

* **الميزات والمساوىء لتأسيس عمل جديد**

Advantages and disadvantages of starting a Business

من الضروري معرفة الحسنات والمزايا التي يحصل عليها الفرد الراغب بتأسيس عمل جديد من الصفر وكذلك معرفة هذه المزايا اذا كانت الشركة تضامنية أو غير ذلك. كما أن الضرورة تقتضي مقارنة هذه المزايا بالمساوىء المحتملة من جراء اختيار هذه الطريقة قياساً بشراء عمل قائم أو الحصول على امتياز من شركات أخرى.

ويمكن ان نلخص في الشكل (3 – 7) أهم المزايا والمساوىء التي يحصل عليها أو يواجهها المالك أو المالكين للاعمال وفق هذه الطريقة.

شكل (3 – 7)

المزايا والمساوىء لتأسيس عمل جديد بالكامل

المزايا	المساوىء
• الحرية الكاملة في اختيار مجال ونوع العمل الملائم والمناسب.	• مخاطر الفشل عالية لبدء عمل جديد بالكامل قياساً لشراء عمل قائم أو الحصول على امتياز.
• القدرة والقابلية على خلق الميزات التنافسية للعمل.	• اشكالية تحديد حاجة السوق في مجال نشاط العمل الذي يتم تكوينه بشكل جديد.
• العديد من الرواد ينمو ويزدهر في مواجهة تحديات بدء عمل جديد بالكامل.	• يجب جذب انتباه الزبائن الى وجود العمل الجديد وقدرته على تحقيق اشباع الحاجات ورضا العملاء.
• الشعور بالزهو عند ايجاد عمل لم يكن موجود سابقاً، وتتجسد الثقة والاعتداد بالنفس لتحقيق الاهداف.	• يتطلب الامر مواجهة الكثير من القضايا التي لا يكون الخيار الصحيح فيها سهلاً واضحاً دائماً.
• ان حقيقة كون العمل جديد تمثل ميزة مهمة بحد ذاتها.	• اشكالية اختيار القدرات والمهارات المطلوبة للعمل وتحفيز هؤلاء العاملين.
• لا وجود لامكانية تحمل أخطأ من أخرين من قبيل، الموقع غير الملائم للعمل، أو عاملين غير مناسبين، أو منتج لا يحمل صفات جيدة.	• كيفية التعامل مع ردود فعل المنافسون وقبول السوق التنافسية للعمل الجديد تحتاج الى ابداعات وروح ريادية للنجاح قد لا تتوفر لدى من يريد بدء عمل جديد.
• يتشكل العمل الجديد وفق صورة وتصور مؤسسة ومن بدء بتكوينه.	• قد تكون كلف المعدات والمكائن الجديدة لبدء العمل بالكامل عالية ويصعب الحصول على التمويل المناسب لها.
• تجنب السمعة السيئة لبعض الاعمال.	• القدرة على قيام نظام التوزيع الخاص بالعمل الجديد ربما تكون غير متوفرة أو صعبة.

(**Hatten**: 2006 : 191) (**Steinhoff and Burgess**: 1993 : 77)

(**العطية** : 2002 : 54 - 55) (**عفانة وأبو عيد** : 2004 : 77).

* نمط الاعمال الجديدة ومصادر افكارها

Types of New Business and its ideas for starting

اذا أراد فرد أو مجموعة افراد تأسيس عمل جديد بالكامل، فما هي الانماط المحتملة للقيام بذلك، ثم ما هي مصادر الافكار المؤدية الى اختيار الاعمال الجديدة، بمعنى لماذا نبدء بهذا العمل دون غيره على ماذا يستند هذا العمل من أفكار وكيف تم تصور سبل النجاح والنمو لهذا العمل الجديد.

- **نمط الاعمال الجديدة** **Types of new Business**

ان اختيار نمط العمل الجديد، ليست بالقضية السهلة والسريعة، بل يتطلب الامر التفكير بها ملياً لكي يكون الاختيار صحيحاً وصائباً ان الرواد يختارون النمط الجذاب والمحفز للاخرين للتعامل معه، سواء كان هؤلاء مجهزون أو زبائن أو غيرهم.

ان البداية الصحيحة تعتمد بشكل كبير على رؤية صاحب أو أصحاب العمل وتحملهم للمسؤوليات بكل صدق والعمل بمثابرة لايجاد منظمة وجعلها حقيقة واقعة وناجحة.

وفي عصر الاقتصاد المعرفي والرقمي، يلعب قطاع الخدمات دوراً كبيراً ورائداً في هذا الاقتصاد، لذلك أصبحت صناعة الخدمات جاذبة للبدء بعمال مهمة في اطارها. وقد يكون من بين الاسباب لذلك ان اعمال الخدمات تميل أن تكون كثيفة العمالة (Labor intensive) لكونها تعتمد على خدمات الافراد.

*** أعمال ذات كثافة عمالية**

Labor – intensive Business

اعمال تعتمد بشكل اكبر على خدمات العاملين بدلاً من الاموال والمعدات.

وبالمقابل فأن الاعمال الصناعية أكثر كثافة راسمالية (Capital intensive) لكونها تعتمد على المعدات والآلات والمستلزمات وهذه ذات متطلبات رأسمالية عالية.

*** أعمال ذات كثافة رأسمالية**

capital – intensive Business

أعمال تعتمد بشكل أكبر على المعدات ورأس المال في عملياتها وأنشطتها.

ان اختيار نمط الاعمال قد يتم بمساعدة جهات مختلفة ومتابعة الرواد أصحاب الافكار الإبداعية، حيث الاطلاع على الكتب التخصصية والمجلات العلمية والنشرات التجارية والاقتصادية واخبار منظمات الاعمال الكبيرة والصغيرة الناجحة وغيرها. ان اكمال هذه الجوانب وقبول مواجهة التحديات للبدء بعمل جديد من الصفر يتيح المجال باتباع هذا الاسلوب أو تلك الطريقة للقيام بالعمل. ويمكن ان نشير للبعض من تلك الانماط للبدء بعمل كالآتي:

- **الاعمال الالكترونية** *E-Businesses*

لا يوجد حدث غير محتوى الاعمال أكثر من الانترنت، فقد شهدت الاعمال ثورة حقيقية ولدت ظهور نماذج جديدة للاعمال ومن المنظمات لم تكن معروفة من قبل (**ياسين:** 2005: 30 – 31).

***الاعمال الالكترونية**

E-Businesses

أعمال تتقاسم المعلومات، وتديم العلاقات مع الزبائن، وتتعامل بالمنتجات بواسطة استخدام الاتصالات عبر الشبكات الالكترونية.

واليوم لا تمثل الاعمال الالكترونية فرص واعدة للشركات الكبيرة، بل تقدم امكانيات كبيرة للرواد لاقامة الاعمال الصغيرة، حيث يمكن تأسيس عمل صغير بسهولة على الشبكة العنكبوتية مع تكاليف منخفضة نسبياً وفرص أكبر للوصول إلى الاسواق عبر العالم. وعلى مؤسس العمل ان يعرف ان الانترنت، رغم كونه آلية قوية لتطوير الاعمال، لكنه لا يعمل كل شيء بشأن ايجاد العمل الجديد ويعالج جميع العقبات. مدير العمل الصغير عليه أن يعرف كيف تتحقق الارباح ويحفز العاملين وتدام العلاقات الوثيقة مع الزبائن من خلال خدمتهم بتمييز وهكذا.

ان النضج الحاصل في الاعمال الالكترونية ولد شعور لدى الزبائن بكون التعامل مع هذا النمط من الاعمال مفيد ومريح ويغطي الطلبات بسرعة ومرونة عالية. واليوم تحوي الاعمال على الشبكة اجزاء مهمة ومتعددة من استراتيجية التسويق عبر سلسلة متكاملة وتعطي فوائد عديدة لكافة الاطراف. ويمكن في العديد من الحالات أن تؤسس الاعمال الجديدة بصيغة أعمال الالكترونية دون ان تكون لها تجربة في ممارسة الاعمال التقليدية (**أبو فارة:** 2004 : 45).

ويمكن ان نلخص أهم الخصائص الاساسية التي تساهم في نجاح الاعمال على الشبكة العالمية (**Hatten**: 2006 : 192):-

- وجود استرايجية أعمال سليمة، حيث تكون مدخل منطقي لبدء العمل على الشبكة الالكترونية. ان صاحب العمل الصغير يفترض ان تتوفر لديه أفكار نيرة والقدرة العالية على تنفيذ هذه الافكار.

- وجود تحليل واضح للسوق وايجاد تغطية مناسبة له. ليس جميع من يتواجد على الشبكة الالكترونية هم زبائن للعمل، يفترض ان نحدد ماذا نعطي ولماذا؟ ان هذه الجوانب هي اشكالات تسويقية قبل ان نوجد لها حلول فنية وتكنولوجية (**Ghosh** : 1998) .

- أهمية عالية للجوانب اللوجستية (السَّوْقَيَة)، ان الصعوبة تكمن في ايصال الطلبات بسرعة ومرونة وتكاليف معقولة وليس التركيز فقط على حصول طلبات من الزبائن.

- استخدام الانترنت لادخار الاموال، هكذا تعرض الاعمال الالكترونية بكونها تخفض الكلف مثلما تعطي عوائد ودخل.

- ضرورة بناء الميزات التنافسية للاعمال، هنا يمكن للاعمال على الشبكة تعزيز جوانب الاداء المتميز والحصول على ميزات تنافسية من خلال سرعة حركة الاعمال نحو الاحسن، تقليل التكاليف، الارتقاء بخدمة الزبائن وتحسين العمليات والانشطة للاعمال.

*الاعمال المنزلية

Home-Based Businesses

نمط من الاعمال تمارس من منزل المالك وليس من امكان أخرى، وتكون سهلة التمويل.

-الاعمال المنزلية ***Home - Based Businesses***

يلاحظ تطور هذا النمط من الاعمال الصغيرة بسرعة كبيرة خلال السنوات الاخيرة في جميع الدول، ففي الولايات المتحدة قدرة المؤسسة الامريكية للاعمال المنزلية (AAHBB) * عدد الاشخاص الذي لديهم اعمال منزلية بما يربو على (24) مليون شخص. ان هذا الاعمال تطاول مختلف الانشطة، وهناك نسبة عالية منها هي اعمال تمويل وخدمات مرتبطة بالحاسوب.

ان بعض الافراد قد بدء عملة الجديد من المنزل بعد خبرة لدى شركات أخرى فترات طويلة، مثل ممارسة تقديم الاستشارات على المستوى المحلي أو المساهمات في الامداد الخارجي أو غيرها. تحصل هذه الاعمال على ميزات عديدة كما تواجه اشكالات تمثل مساوىء يتطلب الامر التعامل معها، ويعرض الشكل (3-8) ذلك.

شكل (3-8)

ميزات ومساوىء الاعمال المنزلية

المزايا	المساوىء
• سيطرة كبيرة على ساعات العمل	• صعوبة البقاء على جنب والعمل ساعات طويلة
• الملائمة	• غير رسمي، ضيق تفكير، عدم كفاية مكان العمل
• القدرة على القيام بالمسؤوليات الاخرى (الاباء، الابناء .... الخ)	• يحتاج الى تعاون افراد العائلة
• نفقات عامة أو غير مباشرة أقل	• نقص الاحترام، وشعور بعدم التوظيف بل ممارسة هواية
• اقل الهاء وذهول في مكان العمل	• مقاطعات من البيت، ضوضاء، حركة
• وقت استبدال وتغيير أقل	• لا وجود لزملاء العمل
• ميزات ضريبية	• قضايا تتعلق بالتمنطق (التقسيم الى مناطق بأحزمة وهمية عازلة)

(**العامري والغالبي:** 2007 : 172) ، (**Hatten**: 2006 : 193)

* المجال (النطاق) Scope

مديات السوق الذي تنافس فيها الاعمال، فقد تكون واسعة أو محدودة.

لقد سهلت شبكة الانترنت والخدمات التي تقدمها الدعم الجيد لهذا النوع من الاعمال، كما أن العمل عن بعد من المنزل (Telecommuting) والذي تشجع عليه الشركات الكبرى ساعد على تطوير الاعمال من قبل الافراد بشكل منفرد أو من خلال المشاركة. واذا كانت هذه الاعمال صغيرة، فأن ذلك لا يعني ان المجال (Scope) أو النطاق من السوق الذي تنافس فيه هذه الاعمال يكون محدوداً دائماً.

* AAHBB = American Association of Home – Based Businesses www.aahbb.com

ويبـدو ان هـذه الاعـمال المنزلـة تتواجـد في مكتـب السـياحة والسـفر، وخـدمات التنظيـف، واستشارات بناء المواقع على شبكة الانترنت وغيرها، وهي أعمال مربحة ومزدهرة.

- **الاعمال بعد الوظيفة** ***Starting a Business on the Side***

يمكن للافراد البدء بتأسيس عمل جديد وممارسته بعد أوقات الوظيفة الاساسـية التـي لا يريـدون التفـريط فيهـا. وهـذا النمط يساهم في الحصول على دخل أضافي لتحسين مستوى الحياة والعيش. ولا ينصح استخدام هذا المدخل لاقامـة الاعـمال، رغـم تزايد الاعداد المؤسسين للاعمال الصغيرة وفق هذا الاسلوب. ان الضرورة تقتضي ان تكون جميع الامـور في وضـح النهـار وان تعـرف المنظمة التي يمارس الوظيفة الاساسية فيها خوفاً من حصول خروقات للسياسات التي تتبناها، وبالتالي التعرض لاشكالات قانونية او أخلاقية من جراء ممارسة العمل.

- **الأعمال المايكروية والاعمال العائلية**

Micro and Family Businesses

الاعمال الصغيرة جداً، منتشرة في قطاعات مهمة مثل الصناعات الحرفية والشعبية وهذه سـهلة التأسيس ولا تحتاج إلى موارد مالية كبيرة. ان الابداع فيها وارد باعتبارها تعيد باسـتخدام جديـد ومتجدد للموارد المتاحة محلياً في البلد.

أما الاعمال العائلية، فهي اعمال صغيرة مملوكة ومدارة من قبل افراد العائلة، وهذه منتشرة في مختلف القطاعات مثل الاسواق التموينية، الصيدليات، المحلات التجارية المختلفة.

*** الأعـمال المايكرويـة (الصـغيرة جداً)**

Micro Business

أعمال في مكان واحـد ويعمـل فيهـا أقل من خمس افراد وهـي في الغالـب أعمال حرفية وشعبية.

*** الاعمال العائلية**

Family Business

نمط من الاعمال مملوكة ومدارة من قبل افراد العائلة.

ان تأسيس عمل جديد بالكامل، يمكن أن يشكل تجربة لفحص الخصائص الريادية لدى الافراد الراغبين في اقامة اعمالهـم الخاصة سواء بشكل مؤسسة فردية أو تضامنية أو حتى امكانية اقامة شركة مساهمة مع أخرين. هنـا نلاحـظ بانـه ليسـت جميـع الاعمال تقام صغيرة لغرض ان تكون لاحقاً منظمات تنمو بشكل سريع لتصبح متوسطة الحجم ثم كبيرة جداً أو شركات عالمية.

لكن توجد نسبة من هذه الاعمال الجديدة يحاول من يؤسسها ان يجعل منها اعمال ناجحة تنمو وتتطور لتتجاوز ساحة العمل المحلية.

لقد اشار بعض الباحثين الى امكانية تحديد مجموعة مـن الخصـائص والـنماذج التـي تتقاسـمها الشركات التـي تنمـو بسرعـة وهي: (**Hatten**: 2006 : 194)

- انها شركات واعمال تعتمد على جهود الفريق.
- تقاد هذه الشركات والاعمال من قبل افراد يعرفون جيداً مجال العمل وطبيعة الصناعة في ضوء خبرة وتجربة لعـدد مـن السنوات.

- في الغالب تكون شركات تقاد من قبل افراد لديهم تجربة بدء أعمال في مرات سابقة.
- تفضل هذه الشركات والاعمال ايجاد الثروة وصناعتها، لذلك فأنها تناضل وتجد في سبيل انجاز ذلك.
- متقدمة من الناحية التكنولوجية الفنية، وهذا يساعدها على ايجاد قدرات متميزة تساهم في خلق ميزات تنافسية.
- انها شركات ممولة بطرق افضل، وهذا لا يعني كثرة الاموال لديها في بداية العمل.
- مجال أعمالها ليس فقط التسويق المحلي، هكذا تحاول استشراف الاسواق العالمية والحصول على فرص تسويقية أكبر.

- **أفكار الاعمال الجديدة New Business ideas**

من الطبيعي ان يكون وراء الاعمال الناجحة افكار ذكية وعملية. يعتقد البعض ان الافكار الجيدة والابداعية والناجحة في مجال تأسيس الاعمال قد أخذت واستنفذت من الاخرين، اللذين اقاموا أعمال وشركات ناجحة اليوم استغلوا قبل غيرهم الافكار بالأمس وجعلوها متطورة ومزدهرة. وفي تصورنا ان الحقيقة تجافي قول هؤلاء وكأن الافكار الجيدة تمثل خزين من افكار سوف تنفذ بالاستخدام. ان الواقع يرينا ان الافكار الجيدة والناجحة موجودة في كل زمان وكل مكان، وانها مثل الموسيقى المتجددة والمرغوبة عبر الزمن. ان الاعمال الممتازة تأتي في كل حين ويفضل ان تكون انت اذا بادرت مالك لاحدها فرداً أو مشاركة مع أخرين.

ربما يكون لدى العديد منا افكار في ادمغتهم عن اعمال جديدة، ولكن لم تجسد على أرض الواقع بخطط واستراتيجيات للتنفيذ ناجحة. قد يكون الخوف من ان هذه الافكار لا تمثل فرصة جيدة وناجحة، وقد يكون تقديم العقبات قبل البحث عن الممكنات والتسهلات عائق للبدء بتأسيس عمل جديد.

ان الافكار الجيدة من بعض النواحي لا تكفي ان تكون بداية لقيام أعمال جديدة، بل يفترض ان تفحص هذه الافكار لترى امكانية تحويلها الى فرص واعدة تؤدي إلى نجاح مستمر(**Longenecker et al** : 2006: 45).

لكي تكون الفكرة الممتازة فرصة استثمارية نوعية، فأن المنتجات والخدمات يجب ان تلبي حاجات حقيقية في الاسواق مرتبطة بامكانية ممارسة نشاط فعلي، كذلك متطلبات النوعية والاستمرارية والسعر المعقول يجب أن تفحص بعناية قبل بدء تأسيس العمل. هكذا عرض الباحث (**Bhide** : 1992 : 110 - 117) الفكرة بالقول ان البدء بمنتجات لا تخدم بشكل جلي وواضح حاجات مهمة ولا نتوقع اكتشافها في عدد كافي من الزبائن لا يمثل استغلال فرصة فيها اختلاف وتجديد. يوجد العديد من الخصائص للحكم على صلاحية الفكرة لعمل جديد ولكونها تمثل فرصة استثمارية، ومن بين المتطلبات ما يلي:

- **العوامل السوقية**: المنتجات والخدمات تلبي بوضوح حاجات فعلية في السوق، وفي الوقت الصحيح. ولغرض النجاح فالفكرة تفتح نوافذ لفرص على الامد البعيد.
- **ميزات التنافس**: في الواقع العملي توجد ميزات التنافس عندما تقدم المنظمة منتجات وخدمات يتصورها ويراها الزبائن انها افضل من تلك التي يقدمها

*** نافذة فرصية**

Window of opportunity

فترة الزمن التي تكون فيها الفرص متاحة وممكنة.

المنافسون، الكثير من الاعمال الجديدة تفشل لعدم قدرتها على فهم ميزات التنافس وأهميتها.

• **الجوانب الاقتصادية**: الفكرة الجيدة تعطي عمل يوفر أموال جيدة، يحقق ارباح جيدة، يوفر امكانية نمو وتوسع جيدة، ليس على المستوى القصير والآني بل قدرات ومؤشرات اقتصادية كامنة ومحتملة، ان هذه الجوانب تساعد على مواجهة بعض الأخطاء والهفوات وتقدم فوائد كثيرة.

• **قابليات ادارية**: امكانية وجود تطابق عالي بين الريادي والفرص. أفكار الاعمال تصبح فرص عندما يوجد لدى الريادي الخبرة والتجربة والمهارة ويستطيع الوصول الى الموارد التي تسمح بنمو وتطور العمل الجديد.

• **العيب والخطأ القدري المحتوم**، لا يفترض وجود امكانية لمثل هذا الخطأ المحتوم، عدم ترك فراغ أو منفذ تعبر منه الانعكاسات الظرفية لتجعل من العمل غير ناجح.

لقد بين الباحثان (**Timmons and Spinelli**: 2004 : 92 - 93) مختلف تفصيلات هذه المتطلبات كاخصائص يتم تقويمها لمعرفة الجوانب الايجابية المؤاتية والجوانب السلبية غير المؤاتية لغرض الحكم الصحيح للفرص وتحويلها الى اعمال جديدة واعدة وناجحة.

يشير الواقع الى وجود مجموعة كبيرة من الاوهام والاساطير حول البدء بعمل جديد بالكامل، حيث ان فكر الانسان لديه قدرات عالية لترشيد أي شيء أو أي موضوع من وجهات نظر عديدة. ويمكن ان نوهم أنفسنا بأي أمر كونه ممكن الحدوث والنجاح سواء كان هذا الامر حقيقة أولا. ويلخص الشكل (3-9) مجموعة من الخرافات والاساطير حول البدء بعمل جديد (**Kansas**: 1993).

شكل (3-9)

بعض الاوهام والاساطير لبدء عمل جديد

- أنا امتلك الذكاء، سأجعل أي شيء ممكناً.
- استطيع اقامة العمل برأس مال قليل جداً أو حتى غير كافي.
- بدون كدح وعناء، سأقيم العمل لكوني لدي أفكار عظيمة.
- لا يوجد لدي شيء أفعله واعمله، لذلك سأبدء مشروعي الجديد.
- ربما يساعدني البدء بمشروعي على الزواج.
- الوضع الاقتصادي السيء يعني قليل من المنافسين.
- أما مجنون وهائج كالجحيم ولا استطيع تحمل المزيد، لذلك سأقيم مشروعي.
- اذا لم استطيع التفكير بأي شيء أخر سأقيم مطعم فالنجاح مضمون.

ما هي انماط الافكار للبدء بتأسيس عمل جديد؟ اشار الباحثون (Longenecker et al : 2006 : 48) الى وجود ثلاثة أنماط اساسية من الافكار التي تطور إلى بدايات قيام أعمال جديدة وهي:

(1) الافكار المرتبطة بالدخول إلى اسواق جديدة، العديد من المنظمات تبدأ بتزويد المستهلكين بمنتجات أو خدمات غير موجودة في سوق معين لكنها موجودة في أماكن أخرى، وتسمى هذه " الافكار نمط أ " Type A ideas.

(2) الافكار المستندة إلى تكنولوجيا جديدة، وتسمى " الافكار نمط ب" Type B ideas وهي تحوي ادخال تكنولوجيا جديدة بالكامل أو نسبياً جديدة قياس للموجود الحالي.

(3) الافكار التي تقدم فوائد ومزايا جديدة، وتسمى "الافكار نمط ج" Type C ideas وهذه قائمة ومرتكزة على تقديم فوائد للمستهلكين من خلال طرق محسنة أو جديدة ترتقي بأداء وظيفي قديم، هنا تكون الفوائد بشكل خدمات متميزة، أسعار منخفضة وغيرها.

*** الافكار نمط أ**

Type A ideas

أفكار البدء مركزة حول تزويد المستهلكين بمنتجات موجودة لكنها غير متاحة في السوق الجديد.

*** الافكار نمط ب**

Type B ideas

أفكار البدء مركزة وتتضمن تكنولوجيا جديدة، وتدور حول تزويد المستهلكين بمنتجات جديدة.

*** الافكار نمطة ج**

Type C ideas

افكار البدء مركزة حول تزويد المستهلكين بمنتجات محسنة ومطورة.

لكن يبقى السؤال المهم، من أين تأتي هذه الافكار التي يصلح بعضها للبدء بعمل جديد؟ كيف يحصل الفرد أو الافراد على مصادر موثوقة وعملية تساعد على تنمية وتطوير الارهاصات الاولى للبدء بعمل جديد بالكامل؟

يرى العديد من الباحثين ان مصادر الافكار للبدء بأعمال جديدة متنوعة وعديدة ويكمل بعضها البعض الاخر (**Martin**: 1994 : 24) . (**Hise**: 1993: 59 – 60) (**عنبة** : 2002 : 57) ، (**النجار والعلي**: 2006 : 15 – 16)، (**Hatten** : 2006 : 198 – 200) (**Longenecker et al** : 2006 : 48 – 52)، ونذكر في أدناه أهمها:

• **الخبرة والتجربة من الوظيفة والعمل السابق**، ان هذه التجربة الشخصية يمكن أن تعطي العديد من الافكار التي يصلح بعضها فرصة للبدء بأعمال جديدة. ان غنى التجربة الاولى يساعد الفرد على تجاوز العديد من الأخطاء المحتملة الظهور عند تأسيس عمل شخصي أو مشترك مع أخرين. وربما البدء بفكرة معينة قد تقود إلى أفكار أخرى أفضل أو ان بعض الافكار تصبح فرص متاحة وجيدة بعد بدء العمل الجديد، ويسمى هذا " مبدأ الرواق أو الدهليز " Corridor principle، (**Kopcso et al** : 1987 : 260 – 271) .

*** مبدأ الكلدور (الرواق أو الدهليز)**

Corridor principle

الفكرة التي تفتح فرص تصبح متاحة بعد ان يبدأ الريادي بالعمل.

ان الرياديون اللذين يبدأون أعمال جديدة، وهذه البدايات تفتح الافاق لفرص استثمارية أخرى عديدة. ان الدهاليز لا تفتح والفرص لا تأتي الا بعد البدأ بعمل جديد.

• **الهوايات والأنشطة والرغبات**، العديد من الافراد يجدون فرص للبدء بأعمال جديدة من خلال هوياتهم ورغباتهم. الفرد الهاوي لممارسة صيد السمك يجد امكانية لبدء عمل متخصص في بيع مستلزمات الصيد، والفرد الذي يمارس رياضة التزلق على الجليد يجد فرص واعدة في مستلزمات التزلق وهكذا. هنا يكون العمل مدخلاً للمتعة وعمق التفكير لغرض التطوير وتقديم شيء متميز والحصول من خلال ذلك على دخل وأرباح كافية. (**Torress:** 2003: 102).

يشير واقع الممارسة ان هناك العديد من المؤسسات الفردية وشركات التضامن قد ازدهرت، وكان وراء ذلك رغبات وقدرات تخصصية للفرد أو الافراد اللذين اقاموا تلك الاعمال.

• **اكتشاف بالصدفة وافكار ترتبط بالحظ**، وهذا أيضاً يعتبر من المصادر لبدء الاعمال الجديدة. ان هذه الاكتشافات بالصدفة يطلق عليها ؟ السرنديبية " Serendipity وهي موهبة اكتشاف الاشياء والقضايا النفيسة والمهمة بالصدفة. ان القدرة على تمييز هذه الاشياء والتعرف عليها بسرعة ومرونة عالية وبفكر متفتح سيكون مدخلاً مفيداً للبدء بتأسيس أعمال جديدة ناجحة وواعدة. العديد من الافراد يصادفون أثناء زحمة العمل اليومي ومن واقع حركة الحياة أفكار مفيدة يصلح بعضها فرص استثمارية لاعمال مربحة.

*** اكتشاف بالصدفة**

Serendipity

موهبة وقابلية اكتشاف أشياء وأمور مهمة بالصدفة.

• **البحث المقصود والمتعمد**، يقلب العديد من الناس الافكار المعروضة ويبحث بتمعن عن ما يمكن ان يمثل منها فرص واعدة باعتبارها أفكار جيدة وابداعية ومتميزة تصلح ان تكون اعمال جديدة. ويحاول البعض الاخر البحث عن افكار جديدة من خلال المجلات العلمية والكتب ودراسة تجارب الاخرين وغير ذلك. هكذا تقاس جاهزية العقل وقدرته في اكتشاف الافكار وغربلتها وتحويل بعضها إلى فرص ثم أعمال ناجحة ومفيدة.

ويمكن ان يكون البحث عن الافكار للاعمال الجديدة والفرص الاستثمارية من خلال:

- ملاحظة التغيير، حيث يعتبر هذا التغيير مصدر مهم لتوليد الافكار. وعندما يلاحظ الرياديون ما يجري من تغيرات فأنهم يعتبرون ذلك آفاق لفرص عديدة، ونظراً لامتلاكهم المرونة الفكرية والقابلية على الابداع فأنهم يجدون الافكار ويطورنها لتصبح أعمال ناجحة. هكذا يعتبر (**Drucker:** 1993 : 35) , (**Durcker:** 1998 : 149) ان التغيير يعتبر من أهم مصادر خلق الفرص وايجاد التطور واستمراريته. ان الابداع وايجاد الافكار هو المدخل والوسائل التي يستخدمها الرياديون لتوليد المنتجات والخدمات الجديدة.

- موجهات أو مرشدات أخرى للافكار، هناك مصادر أخرى توجه الافراد والمجموعات نحو الافكار والفرص لبدء أعمال جديدة.

نعرض في أدناه بعضها والتي يمكن ان تكون مفيدة جداً للفرد في ايجاد نقطة البدء للانطلاق بعمل منظمي جديد.

- ادامة الاتصال الشخصي مع المستهلكين، المجهزين، قنوات التوزيع، العاملون وخاصة المعرفيون منهم، غرف الصناعة والتجارية وغيرها. هذه الاطراف كلها يمكن ان تكون مصادر مهمة لتوليد وتقديم الافكار التي يصلح بعضها لتأسيس وتطوير الاعمال (**النجار والعلي:** 2006 : 15 - 16).
- زيارة المعارض التجارية، ملاحظة تسهيلات الانتاج، العلاقات مع الجامعات ومراكز البحوث.
- متابعة الاتجاهات الاقتصادية، الاجتماعية، التكنولوجية، السياسية والثقافية. هنا تتاح فرص لتقديم حلول وطرح بدائل في مجالات التكنولوجيا الناشئة الجديدة، معالجة التلوث، الامن الشخصي والمؤسسي، الحركات الاجتماعية، جوانب المجتمع المدني وغيرها.
- دراسة وقراءة والاطلاع على النشرات التجارية، التصفيات، احصاءات غرف التجارية، النشرات الحكومية، نشرات البنك المركزي وغيرها.

ان هذه الجوانب وغيرها الكثير تشكل مصادر مهمة للافكار. ان زيارة المكتبات المتخصصة ومتابعة نشرات بعض المدن والحكومات يقدم معلومات ومعطيات مفيدة في مجال الاعمال، كذلك يقدم الانترنت اليوم معلومات كثيرة ومفيدة في مختلف المجالات أو حتى انه يقدم فرص واعدة يمكن ان تكون بداية لاعمال في مختلف القطاعات.

* خطوات التأسيس الفعلي ونمو الاعمال

Steps for starting the Business and its growth

- **خطوات تأسيس الاعمال steps for starting the Business**

رغم ان خطوات البدء بالتأسيس الفعلي للعمل الجديد تختلف بحسب الافراد والمجموعات وكذلك الشكل القانوني المعتمد، الا انه يمكن القول ان هناك مراحل يجب اتخاذ مواقف بشأنها لغرض الاستمرار في اقامة العمل في بداية الامر حتى يكون موجوداً قائماً فعلاً ويمارس نشاط تقديم سلع أو خدمات للاسواق. ونلخص هنا باختصار تلك المراحل التي يتطلب الامر انجازها.

* أن أول ما يجب اتخاذ قرار بشأنه دون تردد وبوضوح تام، هل توجد **الرغبة والامكانات والقدرات للعمل لصالح نفسك** من خلال انشاء مشروعك الخاص؟ اذا كان الجواب نعم، تبدأ عملية فحص الافكار لاختيار ما يمكن ان يشكل فرصة لقيام العمل ونجاحه. هنا يتطلب الامر أيضاً الاجابة على سؤال مهم وهو، هل توجد حاجة فعلية وحقيقية للمشروع الذي انوي اقامته؟ في هذه المنطقة؟ الان وفي هذا الوقت بالذات؟

ان الاجابة على هذه الاسئلة وغيرها تعطي بشكل واضح معنى محدد لما يطلق عليه دراسة الجدوى من المشروع المقترح على الاقل كأفكار في بداية الامر. دراسة الجدوى الاقتصادية أو غير الاقتصادية تتيح الامكانية لنقل الحلم الشخصي إلى حقيقة موجودة. ان دراسة جدوى الفكرة (Feasibility study) والتي تعد من أجل التحقق من أن المشروع أو العمل المقترح يحقق الاغراض والاهداف التي ينشأ من أجلها تصبح ضرورية (**يسري:** 1994).

*** دراسة الجدوى**

Feasibility study

دراسة تعد من أجل التأكد من ان المشروع أو العمل المقترح يحقق الاغراض والاهداف التي ينشأ من أجلها.

- **ضرورة اختيار نوع الملكية والشكل القانوني** الافضل والانسب للمشروع (لقد تم مناقشة هذا الجانب في الجزء الاول من هذا الفصل). ولكن ما يهم التذكير به هنا، هو ضرورة الاطلاع ومعرفة الاجراءات والتعليمات القانونية المطلوبة من قبل الشخص أو الافراد الراغبين باقامة العمل، وفق الصيغة القانونية التي سيقام العمل بموجبها.

فاذا كان العمل مؤسسة فردية فربما يتطلب الامر اجراءات وشكليات بسيطة من تملية استمارات وتقديم مستمسكات ووثائق أصولية مقبولة، ليتم اعلان اسم المؤسسة إلى الوجود وممارسة النشاط. اما إذا كان المشروع شركة تضامنية فقد يضاف الى ذلك اجراءات أخرى من قبيل توثيق مبادىء الاتفاق لعقد الشراكة أو إذا كان هناك قوة وكالة تعطى لاحد الشركاء أو غير ذلك.

واذا كانت الاعمال، شركة مساهمة، فأن هذه الاجراءات أكثر تعقيد لغرض حفظ حقوق كافة الاطراف. ويمكن أن نلخص أهم خطوات قيام الشركة المساهمة كالآتي (**برنوطي:** 2001 : 136 - 139)

- مجموعة من الافراد يطلبون تأسيس شركة مساهمة في ضوء فكرة يجدونها ناجحة.
- يتم تهيئة الدراسات اللازمة (جدوى اقتصادية، فنية وغيرها).
- تقديم تفاصيل الشركة ووثائق التأسيس (اسم الشركة، نوع النشاط، مكان اقامة الشركة، مبلغ راس المال، عدد الاسهم ونوعها ... الخ). كذلك ضرورة الحصول على الوثائق الرسمية اللازمة لترخيص مثل هذا النوع من الشركات، ويقدم أيضاً النظام الداخلي للشركة بكافة تفصيلاته كمستمسك ضروري للترخيص. وقد يتطلب الامر من المجموعة الراغبة بتأسيس الشركة الاستعانية بمكاتب محاماه أو استشارات لكتابة النظام الداخلي اذا كان معقداً، هنا يتم فتح حساب بتكاليف وأتعاب تأسيس الشركة قد يتم استردادها بعد التأسيس وقيام الوجود الفعلي للشركة.
- التقديم بطلب رسمي إلى الجهات المخولة المعنية بمنح تصاريح وتراخيص تأسيس الاعمال، مثل مسجلي الشركات، وزارة التجارة والصناعة وغيرها.
- الاعلان عن الشركة وطرح الاسهم للاكتتاب العام، أو اذا كان هذا الاكتتاب محدود فيلاحظ ذلك.

ان الاكتتاب العام هو دعوة الناس أو المؤسسات الأخرى بوسائل الاعلام المختلفة لشراء أسهم الشركة والمساهمة فيها. يحدد في هذه الاعلانات جميع التفاصيل بوضوح (اسم الشركة) المؤسسون، عدد الاسهم المحجوزة للمؤسسين، راس المال، قيمة السهم، الحدود المسموح فيها للاكتتاب، تاريخ بدء الاكتتاب ونهايته، مواقع الاكتتاب بنوك أو غيرها ... الخ).

هنا تبدأ عملية الحجز للاسهم من قبل الراغبين بمعنى دفع الرسوم الاولية وتحديد عدد الاسهم. يستمر هذا الامر إلى نهاية فترة الاكتتاب المعلنة.

- يتم احتساب المجموع الكلي للاسهم التي أبدى الجمهور رغبة في شرائها، هنا يمكن أن يكون هذا المجموع **بقدر** الاسهم التي يتكون منها رأس المال أو **أكثر** أو **أقل**. ان هذا الأمر يحدد ما تبقى من اجراءات تأسيس. فاذا كان بنفس القدر يتم المباشرة باصدار الاسهم وجمع رأس المال.

واذا كان أكثر يتم حساب حصة كل مكتتب من الاسهم واصدارها وجمع راس المال، هنا يمكن ان يحصل كل مكتتب نصف أو ربع أو أي نسبة من الاسهم التي أبدى رغبة في الحصول عليها.

أما اذا كان أقل فربما يصار الى تمديد فترة الاكتتاب او في بعض الحالات التي يكون فيها الاكتتاب غير مجدي يعاد النظر في مشروع تأسيس الشركة. هنا تكون الاسهم قد صدرت وتم استلام المبالغ وتكون رأس المال للشركة، عندها تبدأ مرحلة الوجود الرسمي للشركة والمباشرة بالعمل الفعلي.

- يتم عقد اجتماع الهيئة العامة (حملة الأسهم)، لمراجعة اجراءات التأسيس واقرارها وانتخاب مجلس ادارة (board of directors) من بين المساهمين، الذي يتولى مباشرة عمله ويعين الادارة العليا للشركة. يمكن استرجاع تكاليف التأسيس من قبل المجموعة المؤسسة للشركة.

- تباشر الادارة العليا مهامها وانشطتها، فقد يتطلب توفير المستلزمات للانتاج في الشركات الصناعية أو غير ذلك حسب نوع الشركة ونشاطها ويمتد هذا فترات طويلة أو قليلة. هنا تكون الشركة قد وجدت ومارست نشاطها الفعلي.

- ضرورة كتابة خطة العمل (Business plan)

سيتم عرض خطة العمل في الفصل اللاحق، ان خطة العمل تفيد في جوانب عديدة، وخطة العمل هذه يجب ان تأخذ منحى شمولي. قد تكون هذه الخطة متطلب لغرض الحصول على تمويل بشكل قروض من جهات التمويل المختلفة.

ويرى البعض ان وضع دراسة متكاملة للجدوى تغني عن وضع خطة العمل. ان هذا الامر غير دقيق بسبب ان دراسة الجدوى تركز فقط على اتخاذ قرار بامكانية تنفيذ الفكرة بشكل ناجح ومربح لكنها لا تركز على استراتيجيات ووضع البرامج العملية لتنفيذ الفكرة وهو ما تركز عليه خطة العمل (**الشيخ:** 2000 : 115).

ان كتابة خط العمل تتطلب وتحتاج الى قرارات تشير وتسجيل جوانب مهمة البدء بالعمل وهي:-

- تحليل السوق، معلومات وبيانات وحقائق عن السوق والمستهلكين.
- تحليل التنافس، ميزات التنافس لجعل العمل متميز عن المنافسين.
- تكاليف البدء، ما هي الاموال التي يحتاجها الفرد لبدء عمل جديد بعينه؟ ان الضرورة تقتضي وضع تنبؤات بالاحتياجات من الاموال لكل بند ومرحلة من مراحل العمل.
- راس المال اللازم للتجهيزات والاصول، بعضها تكاليف ونفقات لاصول تستمر لعدة سنوات وأخرى تشغيلية لفترة محدودة.
- اختيار الشكل القانوني الذي سيتم اعتماده للعمل.
- اختيار موقع ومكان العمل.
- خطة التسويق، وما ترتبط بها من مفردات، وهنا يتم التركيز على الاستراتيجيات التي من خلالها يصل العمل الى الزبائن المحتملين.

- كيف ينافس هذا العمل الجديد؟

من الضروري أن يكون لدى الفرد أو الافراد مؤسسي العمل الجديد فكرة واضحة عما يقدمه عملهم بتميز للزبائن، حيث لا يوجد عمل أو مشروع يقدم كل شيء لجميع الناس. فاذا كان زبائن العمل يفضلون ويقدرون السعر الاقل، فأن المشروع يجد ضرورة لتقليل وخفض الكلف اينما كان ذلك ممكناً. وفي حالة كون الزبائن يفضلون الملائمة والمتاحية فأن العمل يحاول ان يركز على سرعة الوصول وسهولة الاستخدام.لايجاد قيمة للزبائن يرى الباحثان (Treacy and Wiesema : 1995 : 88) انه يمكن تحديد ثلاثة مجموعات تتنافس الاعمال في اطارها وهي:-

تميز في العمليات Operational excellence

قيادة في المنتج product leadership

آلفه ومودة مع المستهلك customer intimacy

*** تميز في العمليات**

Operational excellence

ايجاد ميزات تنافس من خلال خفض الكلف لتزويد الزبائن بمنتجات تكون اقل سعراً من المنافسين.

*** قيادة المنتج**

product leader

ايجاد ميزات تنافس قائمة على أساس تزويد الزبائن بمنتجات بأعلى جودة ممكنة.

*** آلفه ومودة مع الزبائن**

Customer intimacy

ادامة علاقات مع الزبائن على المدى البعيد من خلال أعلى خدمة لهم متأتية من ميزات تنافس.

ان التركيز من قبل المنظمة الجديدة على واحدة من هذه المجموعات لا يعني ترك الاخريات تماماً، بل يفترض ان تركز المنظمة موقعها المفضل لدى الزبائن للحصول على ولائهم وبالتالي استمرار نجاح المنظمة.

ان المنظمات التي تركز على تميز العمليات، تعطي المستهلكين منتجات بأقل الاسعار لقدرتها العالية على خفض الكلف قياس للمنافسين. اما المنظمات التي تتبع القيادة في المنتج فأنها باستمرار تكون مبدعة ومجددة لتعطي منتجات متميزة ومتفردة في نوعيتها العالية.

وأخيراً هناك المنظمات التي تطور علاقات آلفه ومودة وثقة مع الزبائن من خلال خدمتهم عن قرب وبأفضل الصيغ، حيث تقدم المنظمة حلول خاصة لمشاكل وطلبات الزبائن وليس حلول عامة للجميع.

- **كيفية ادامة العلاقات مع الزبائن بعد تحقق عمليات البيع للمنتجات.**

يفترض ان يعرف صاحب العمل الصغير ان العلاقة مع الزبون لا تنتهي بحصول عملية الشراء للمنتج من قبل هذا الزبون، ان العلاقة وتطورها تبدء بعد عمليات البيع لمعرفة ردود فعله وقبوله ورضاه عن المنتجات واستمرار هذا القبول والعلاقات. ان خدمة الزبائن لا تكون من خلال تحقيق البيع لمنتجات أسعارها واطئة أو نوعياتها عالية، بل تمتد لكل أمر سماع رأي الزبائن والرد على طلباتهم بسرعة ومرونة واحترام وتقدير وبخصوصية لكل واحد منهم. هكذا فادامة العلاقات في كل أمر وكل شيء ولا وجود لامر ثانوي أو غير مهم في اطار العلاقة مع الزبائن (**العامري والغالبي:** 2007 : 120).

- **الترخيص والسماح بممارسة العمل والقوانين والاجراءات المنظمة** لذلك. في الغالب عند عدم وجود عاملين أو عدد قليل جداً منهم في المنظمة تكون الاجراءات بسيطة وقليلة ولكن تزداد هذه الاجراءات كلما زاد حجم العمل ومساحة تأثيره، وفي كل الاحوال ومهما يكن العمل فان الضرورة تتطلب تسجيله والحصول على التراخيص لممارسة النشاط كذلك يهتم العمل بتنظيم جانب الضرائب (Taxes) وكيفية الوفاء بمتطلباتها لمختلف الجهات المسؤولة.

- **نمو الاعمال Business Growth**

ان الاعمال الصغيرة تؤسس ثم تمارس النشاط وتتطور وتستمر بالعمل محققة اهداف عديدة. والمشروعات والاعمال الصغيرة تمر بعدة مراحل عبر تطورها ونموها لتصل الى منظمات متوسطة ثم اعمال كبيرة، ان هذه المراحل التي تمر بها الاعمال تتباين من ناحية طولها وفق حالة الاعمال مع انها تؤشر لاحداث قد تكون متشابهة بين الاعمال المختلفة ويلاحظ انه عبر مراحل تطور ونمو الاعمال يواجه المديرين بسلسلة من المتطلبات تجعل اهتماماتهم وتركزيهم مختلف عبر هذه المراحل، باعتبار ان القضية الاساسية في كل مرحلة تتباين عن المراحل الأخرى.

ونلخص في الآتي الاهتمامات الرئيسية وعدد من الخيارات المحتملة التي يراها المديرين ممكنة.

الاهتمامات الرئيسية	البدائل
* كيف يتم تأمين التمويل الاولي؟	- اقتراض من المصرف. - مساعدات العائلة والاصدقاء. - رهن لموجودات شخصية.
* ما نوع الفريق الذي اعتمده في العمل؟	- الاصدقاء افضل معي في العمل. - زوجتي وابنائي هل هم على استعداد لتكوين فريق عمل فعال. - البحث عن مؤهلين أصحاب خبره وتجربه.
* ما هي حظوظي في النجاح؟	- هل يمكن مضاعفة امكانية النجاح بزيادة الجهود المكرسة للعمل؟
* كيف يمكن تطوير الشبكة التجارية؟	- أيوجد امكانية لايجاد بائعين بعقود، أم براتب مقطوع، أم بنسبة من المبيعات.
* كيف انظم العمل؟	- المسؤول عن المحاسبة، هل يعرف جيداً الجوانب الضريبية. - هل يتم الاستعانة بالبعض لعمل مؤقت أم لكامل الوقت.
* هل استمر في تنظيم العمل؟	- اين تتحقق مصلحة المؤسسة، في الاعتماد على حملة شهادات معروفة أم في قدرات حقيقية للانجاز.
* كيف أصل لمنافسة متميزة؟	- بمزيد من المبيعات أم البقاء أفضل من الآخرين.
* والحاسوب والبرمجيات المتطورة	- هل ما لدى مؤسستي أفضل من الاخرين. - هل تجاوز الزمن مستلزماتي في هذا الجانب.
* كيف أواجه نمو السوق؟	- ابيع من خلال قدراتي في العمل - اعط وكالات لاخرين أكثر. - استخدم عقود تشجيعية.
* هل اسيطر على الكلف؟	- هل العمل مربح وناجح؟ - كم من الوقت يستغرق هذا الأمر؟
* هل حددت بشكل جيد استراتيجية مؤسستي؟	- اذا كبرت المؤسسة، هل هذا الامر جيد. - هل أوقف العمل، ويتم بيع كل شيء. - هل اشارك أخرين وأبقى أملك الجزء الاكبر. - هل يتم تنويع العمل، ومنح تفويض لمساعدين في العمل. - هل أوسع المؤسسة واكبرها في ظل المنتج الحالي.

ان الاعمال الصغيرة الناجحة تتطور وتنمو عبر مراحل عديدة، وهـذا المـرور يمثـل انطـلاق عـبر مواجهـة ازمـات متتابعـة وفترات ذات حراجة عالية، وقد تتطلب في العديد من الاحيان تطبيق اجراءات تقلب الواقع وتغيره جذرياً.

لقد عرض (Greiner: 1972) الاستاذ بجامعة هارفرد المراحل التي يمر بها نمو الاعمال والازمات المتتابعة التي تواجهها كـما هو مبين في الشكل (3 – 10).

(1) **المرحلة الاولى - فكرة مبدعة وخلاقة**، يمكن ان تشكل فرصـة مثمـرة لبـدء عمـل جديـد نـاجح. يمكـن ان يكـون الفـرد متخصص في نواحي فنية مهمة، لكنه لا يمتلك المعرفة والمهارات الادارية لنجاح وقيادة العمل.

شكل (3 – 10)

مراحل نمو المنظمة والازمات المحتملة

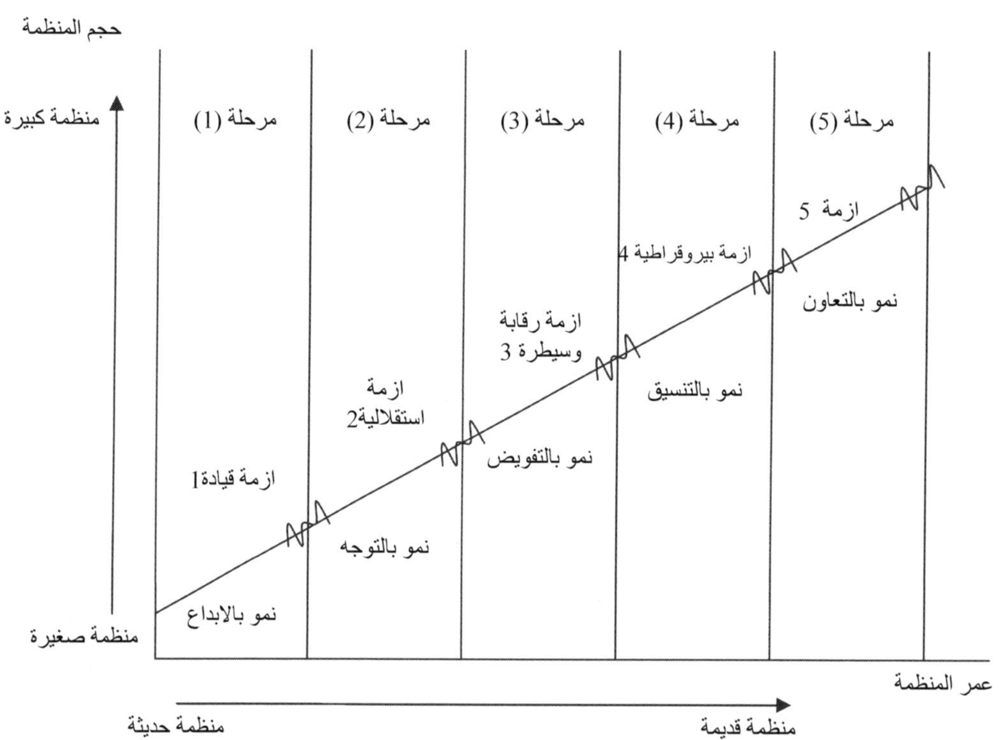

ربما تكون جهود الفرد منصبه على انتاج وبيع سلعة معينة، لذلك يحاول بذل جهد كبير مع راتب متواضع لفترات حتى قيام العمل ونجاحه وتطوره. وقد يستعين مؤسس العمل بأخرين لقيادة العمل وادارته وهذه تمثل مهمة ضرورية لنجاح العمل وقيامه واستمراره.

(2) **المرحلة الثانية - تنظيم انشطة العمل**، حالما يبدأ العمل ويظهر الى الوجود يتطلب الامر وضع هيكلية وتنظيم مناسب لجميع الجهود والافعال واكمال المهام. وتأتي لحظة فصل النشاط الانتاجي عن نشاط التسويق، وهكذا وفق متطلبات صيغ العمل الضرورية. التقارير والعلاقات في الهيكل يفترض ان تكون واضحة ومحددة دون تداخل غير مرغوب وأيضاً دون حواجز معيقة لعمل جماعي مثمر. هكذا تظهر الانشطة الاخرى المحاسبية والمالية وأنشطة التجهيز والامداد والتخزين وتصبح من ضرورات الانجاز والاداء الفعال.

ان نقلة نوعية مهمة يجب ان تحدث من مرحلة البدء والتأسيس القائمة على رغبة قائد مبدع للانجاز إلى مرحلة تحديد مسوؤليات قائمة على استقلالية لكي يعرض كل فرد قدراته في المساهمة بتطور العمل.

(3) **المرحلة الثالثة - تفويض سلطات اتخاذ القرارات**، ان منح الصلاحيات والسلطات وجوانب ممارسة القوة التي تجمعت لدى الفرد من المراحل السابقة الى أخرين وبشكل حقيقي ليس بالامر السهل والهين في الطبيعة البشرية. هكذا يجبر نمو العمل واتساع مساحة تأثيره المؤسس المدير من التخلي عن بعض صلاحياته لمساعدية ومعاونيه. ان رغبة المؤسس بالنجاح وتوليد الارباح في مراكز الانشطة تتطلب تحفيز وحث العاملين واندماجهم الفعال في صيغ العمل وتطويرها. وهكذا تصبح الاتصالات بين المدير والاعضاء من العاملين أكثر صعوبة إذا تردد المدير في عملية التفويض، هكذا يحدث التفويض في بعض المجالات دون أخرى (**Horovitz et pitol - Belin**: 1984 : 16 - 18).

(4) **المرحلة الرابعة - تنسيق الانشطة**، هذه المرحلة لا تستطيع المنظمة مجاراة متطلباتها ألا بواسطة جهود تنظيمية جديدة، والتي تتجسد بخصائص تطوير التخطيط والوضع في التطبيق اجراءات جديدة واستقطاب متخصصين في متطلبات وظيفية وانشطة ضرورية، وايجاد وظائف مهمة مثل المعلوماتية، والدراسات، والتخطيط وقياس الاداء وغيرها. هنا يمكن ان تظهر بسبب كثافة الجهود المطلوبة من العاملين وازدياد الاجتماعات وتطوير العمل من خلال الفرق والمجموعات حالات الاجهاد والضغط والتعب لدى البعض لعدم الاعتياد على طبيعة العمل الجديد. يفترض ان تأخذ جهود تطوير الاعمال والوقت المخصص لها الاولوية في هذه المرحلة. هكذا تصبح جوانب تنسيق العمل مهمة للنجاح وبذلك تطور الآليات المناسبة والمرنة لتحقيق ذلك.

ان الاعمال الصغيرة تصبح فيها الجهود التنظيمية ضرورة لكي تسمح لهذه الاعمال من المرور للمراحل الاخرى من النجاح والنمو المستهدف. ان البحث عن النمو من خلال الاسواق الجديدة والمنتجات الجديدة يفترض ان يتزامن مع وجود قدرات تنظيمية تسمح بتحقيق هذا الامر من النمو والنجاح.

ان التطور والنمو يتطلب من جانب البحث عن مصادر مالية وتكيف علاقات مع العاملين وكذلك علاقات ممتازة مع الزبائن والموردون من جانب أخر، ويعطي الشكل (3-11) مخطط لجهود المنظمة الصغيرة للنمو والتطوير.

شكل (3 - 11)

جهود النمو والتطوير في المنظمة الصغيرة

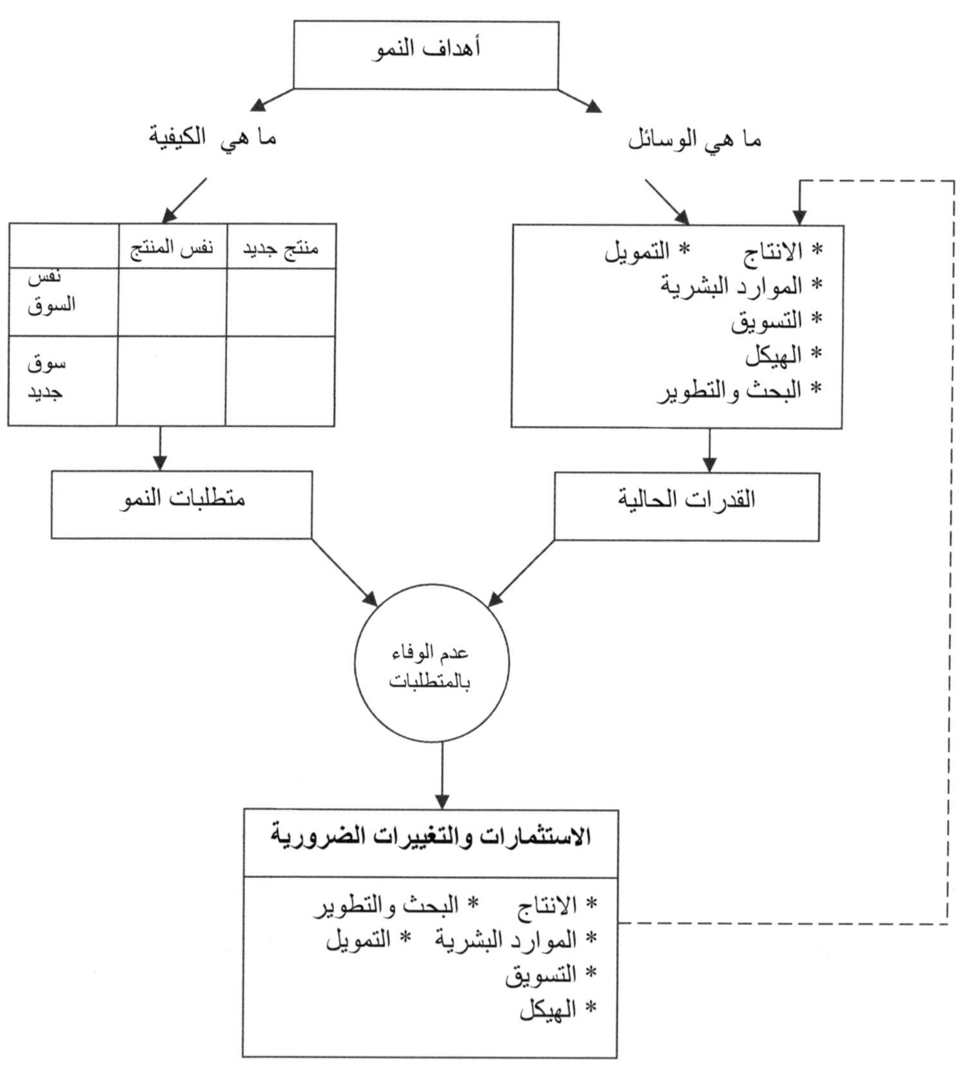

شراء عمل قائم وموجود Taking over an existing Business

ان امكانية امتلاك عمل دون صرف الجهد والوقت والمال في البدء بتأسيس العمل من البداية حتى اكماله تبقى ممكنة من خلال شراء عمل قائم وموجود يمارس النشاط. هكذا فأن الريادي أو المستثمر يفاضل ويقارن بين بديل شراء عمل موجود وبديل تأسيس عمل جديد في اطار عوامل عديدة لكي يتخذ القرار الصائب. كذلك يمكن مقارنة هذين البديلين بامتلاك عمل من خلال الامتياز أيضاً.

وفي العالم الصناعي يلاحظ وجود رواد اعمال يتركز نشاطهم في شراء المؤسسات والاعمال التي تتدهور وتنحدر لاسباب عديدة، يقدرون من بينها تلك التي تتيح امكانية شراء هذه الاعمال بأسعار أقل ثم العمل على ضخ الدماء فيها واعادة الازدهار والنجاح اليها لكي يتم بيعها بأعلى الاسعار. وفي أحيان عديدة يجد الفرد ان اقتناء (acquisition) عمل موجود وتحويل هذا العمل وفق الاغراض التي يرمي الوصول اليها، هنا قد يبقى العمل يمارس نفس النشاط أو تحويل العمل لممارسة نشاط أخر وهذه العملية تكون أسرع مما لو بدء بتأسيس عمل جديد.

* شراء الاعمال وطبيعة ملكيتها Buying Business and its ownership nature

ان عملية شراء عمل قائم ليست بالعملية الروتينية السهلة، بل هو قرار استراتيجي يجب ان يدرس بعمق وعناية من قبل الافراد. كذلك يمكن للشركات الكبيرة العاملة في بيئة تنافسية ان تمارس خيار الاكتساب أو التملك Acquisition strategy وذلك بشراء منظمة واحتوائها بالكامل بطرق ودية أو غير ودية (**Bowman and Asch**: 1996 : 139 – 140)

ويقف وراء شراء الشركة لاخرى فوائد عديدة تحصل عليها الشركة المقتنية أهمها تحقيق مزايا التوافق في البيع أو التشغيل أو الادارة أو التكنولوجيا، وكذلك دخول أسواق جديدة بسرعة وغيرها من الفوائد (**Joyce and woods** : 1996 : 147). وحتى المنظمات الصغيرة القائمة يمكن أن تتخذ قرار شراء اعمال صغيرة أخرى لكي تتنوع من خلالها الى قطاعات واعدة وتهدف من ورائها إلى تحقيق مردود مالي وارباح عالية (**الغالبي، وحسين:** 2003 : 291 – 313).

ويلاحظ ان الفرد أو مجموعة الافراد يمكن لهم اقامة عمل من خلال شراء عمل موجود ومتابعة ادارته وتحقيق الارباح من خلاله.

• شراء مؤسسة فردية أو شركة افراد

Buying sole proprietorship and private ownership company

اذا رغب الشخص ان يشتري مؤسسة فردية، فهذه عملية بيع وشراء عادية حيث يتم التفاوض بين الطرفين (بين الشخص الراغب بالشراء والمالك) مباشرة حول قيمة الصفقة واذا تم الاتفاق فأن ملكية المؤسسة الفردية تحول للشخص المشتري، وهنا يتم أيضاً تحويل آصولي للترخيص وممارسة النشاط، ويمكن ان يغير اسم المؤسسة الى اسم جديد أخر (**برنوطي:** 2001 : 140 – 141).

ان وراء قرار البيع بالنسبة لمالك المؤسسة القديم أسباب عديدة قد يكون من بينها العرض المغري الذي يقدمه المشتري الجديد. كذلك للمالك الجديد اسبابه للشراء والتي تكون موضوعية مرتبطة باحتمالات تطور المؤسسة مستقبلاً وقدرتها على توليد الارباح حالياً، وبعض الاسباب ذاتية مرتبطة بالشخص نفسه.

ومع وجود بعض التفصيلات المرتبطة ببيع وشراء شركات الافراد الفردية والتضامنية الا ان هذه العملية تعتبر صفقة عادية وتجري بسهولة وفي اطار اتفاق بين الطرفين وفق اعتبارات عديدة.

- **شراء شركة الاموال Buying corporation**

لا يمكن شراء شركة مساهمة من فرد واحد، رغم وجود شركات مساهمة ربما محدودة الحجم ويمتلك اسهمها عدد محدود من الافراد. ولكن يتم شراء اسهم مهمة تسمح للمشترين التحكم في ادارتها وخططها للتطوير والعمل وكذلك بوضع أهدافها الاستراتيجية وتوجيه انشطتها.

ويمكن ان يحصل الشراء والسيطرة على الشركة ودياً من خلال التفاوض وبشفافية لعقد الصفقة مع حملة الاسهم المهمين في الشركة التي يودون اقتنائها، وهنا يمكن تقديم اسعار مغرية للاسهم. أو قد يتم الاقتناء بطريقة غير ودية (عدائية) من خلال شراء الاسهم من السوق المالي، وفي اقرب اجتماع للهيئة العامة يعلنون ذلك ليكون لهم الدور الاكبر في انتخاب مجلس الادارة وبالتالي تعيين الادارة العليا للشركة. ويمكن ان يكون الشراء بطريقة سرية متفق مع الادارة العليا للشركة عليها من خلال وعود تقدم لها.

* الميزات والمساوىء لشراء عمل قائم

Advantages and disadvantages of buying a Business

في أي أسلوب يود الفرد امتلاك عمل جديد، عليه أن يعرف مزايا فوائد الحصول على العمل وفق هذا الاسلوب مقارنة مع المساوىء والاشكالات المحتملة في الاسلوب نفسه. ومع ان المزايا والمساوىء تتصف بالعمومية لكل أسلوب (تأسيس، شراء عمل قائم، امتياز) الا أن لكل عمل أو منظمة طبيعتها التي تتيح تشكيل مزاياها بمعنى الجوانب الايجابية والقوة فيها، وكذلك مساوئها أي الجوانب السلبية المرتبطة بالعمل أو المنظمة ذاتها. هكذا يفترض ان يأخذ الريادي الفرد أو المجموعة هذه الجوانب بالتحليل والدراسة الدقيقة للعمل المنوي اقامته او امتلاكه بالشراء أو الامتياز.

ان شراء عمل قائم وموجود فيه مجموعة من المزايا وكذلك مجموعة من المساوىء نلخصها بالشكل (3 – 12).

شكل (3 - 12)

المزايا والمساوىء لشراء عمل قائم وموجود

المزايا	المساوىء
1- سرعة الدخول للسوق وممارسة النشاط.	1- صعوبة تغيير الصورة الذهنية المرسومة للعمل اذا كانت غير جيدة بسرعة.
2- وجود تنظيم قائم وعاملين ذوي خبرة.	2- العاملين لا يمتلكون المهارات والخبرات الممتازة أو إذا امتلكوا ذلك فأنهم يعارضون التغيير للملكية.
3- قد يمتلك العمل تاريخ جيد وفرص نجاح كبيرة ستستمر وتتطور مع المالك الجديد.	3- لا يعمل المشروع أو العمل بطرق وأساليب مرغوبة ومناسبة ومع ذلك يصعب تغييرها بسهولة.
4- العمل القائم لديه عملاءه ومستهلكية.	4- قيود ومحددات واشكالات في مجال المخزون والمستلزمات والمعدات.
5- قد يكون للمشروع القائم والعمل موقع مناسب يمثل قوة له ونجاحه.	5- صعوبة ادخال التغييرات المطلوبة في بعض جوانب سياسات واستراتيجيات العمل القائمة واشكالات في مجال تبني الابداع والريادة.
6- المعدات والمكائن تعمل وفي مكانها وبطاقة انتاجية وقدرة معروفة يسهل تقييمها.	6- قد يخفي المالك السابق أمراض واشكالات مهمة وجذرية في العمل.
7- في الغالب فأن العمل القائم يتوفر فيه مخزون، كذلك تكون العلاقات الائتمانية مستمرة وقائمة، وكذلك المجهزون.	7- البناء والموقع للعمل قد لا تكون تتلائم مع المعايير والمقاييس الحديثة المطلوبة وتحديثها مكلف.
8- لا يحتاج إلى وقت، وأموال تأسيس وجهود للقيام بكل شيء من البداية.	8- السعر المعروض لبيع العمل عالي جداً ويؤثر على الارباح والعوائد المستقبلية.
9- في حالات عديدة قد تكون الاعمال المعروضة للبيع صفقة رابحة وممتازة.	9- متعلقات سلبية عديدة، في مجال العقود المبرمة مع بعض الجهات وكذلك الحسابات المدينة.
10- يمكن تمويل عملية تحويل الملكية بدفعة شراء واحدة.	
11- قد يمكن الاستفادة من خبرة المالك السابق.	

(**العطية** : 2002: 43-46) ، (**عفانة وابو عبيد:** 2004: 74-76)، (**النجار والعلي:** 2006: 83-84)، (**Steinhoff and Burgess**: 1993: 69-71) ،

(**Hatten:** 2002: 160-162) ، (**Megginson et al.**, 2003: 74)

ان الفرد أو المجموعة الراغبة في امتلاك وادارة عمل من خلال هذا الاسلوب، عليهم فحص هذه المزايا والمساوىء للحالات المحتملة والمعروضة للبيع بشكل دقيق ومنهجي وعلمي. وهنا يفترض اشتقاق الاسباب الحقيقية التي تقف وراء القرار النهائي للشراء، وان تكون هذه الاسباب قائمة على حقائق صحيحة وموضوعية وليس مجرد تصورات ورآء ورغبات. فمثلاً النجاح او الفشل السابق للعمل لا يكفي لوحدة للحكم الصحيح على قرار الشراء، ولذلك تفحص وتقيم القدرات الكامنة واحتمالية استمرار النجاح في المستقبل.

لقد عرض الباحث (**Megginson et al**: 2003: 75) وزملاءه ضرورة الاجابة الواضحة على مجموعة من الاسئلة قبل اتخاذ قرار الشراء للعمل القائم، نلخصها كالاتي:-

- لماذا يعتبر هذا العمل أو المؤسسة متاح وميسر للشراء؟
- ما هي مقاصد المالك الحالي (المالكين) للعمل أو المؤسسة؟
- هل العوامل البيئية تتغير وفي طور التغيير؟
- هل المستلزمات المادية ملائمة للوضع العملياتي الحالي والمستقبلي؟
- هل ان الانشطة والعمليات للمؤسسة والعمل كفوءة؟
- ما هي ظروف التمويل للعمل؟
- كم من الاستثمارات يحتاج العمل؟
- ما هي توقعات العائد على الاستثمار؟
- هل السعر صحيح ومكافىء ودقيق وملائم؟
- هل امتلك القدرات والقابليات الادارية الضرورية؟

ويلاحظ ان الاجابة الدقيقة والواضحة على هذه الاسئلة يعطي فحصاً دقيقاً لجوانب متكاملة للعديد من الامور المهمة للعمل المنوي شراءه واذا كانت الاجابات مرضية وتلبي المتطلبات الاساسية من قبيل السعر المرضي للعمل وعوائد الاستثمار الجيدة، وكفاءة الانشطة والعمليات، وملائمة المستلزمات المادية للوضع الحالي والمستقبلي فأن قرار الشراء سيكون ايجابياً.

* ايجاد وتقييم عمل يمكن شراءه **Finding and Evaluating Business to buy**

في واقع الحياة اليومية ومع الواقع المستمر لممارسة المهن والوظائف في المنظمات المختلفة وتبادل العلاقات مع أطراف عديدة من مجهزين وتجار جملة ورجال أعمال ومستثمرين وغيرهم تتاح للفرد بيانات ومعلومات عن واقع الاعمال القائمة ومدى قدرتها على توليد الارباح وامكانية الحصول على بعضها بالشراء أو المشاركة أو المساهمة. كذلك فأن الفرد أو المجموعة الراغبة في امتلاك عمل من خلال هذا الاسلوب - شراء عمل قائم - تبحث عن عمل محتمل الشراء ويمثل فرصة ناجحة ومربحة. هكذا تتعدد مصادر البحث عن الاعمال بغرض شرائها وامتلاكها، حيث المجهزون، الموزعون، وجمعيات وغرف التجارة، والمصرفيون وغيرهم يمكن ان يساهموا في ايجاد المؤسسات والاعمال ويقدموا المساعدة في تحقيق الصفقات بهذا الاتجاه.

وهناك من يتخصص في مزاولة نشاط بهذا الاتجاه في الدول الصناعية ويسمى هؤلاء سماسرة أو وسطاء الأعمال، ويطلق البعض على الوكلاء المتخصصين بالاعمال تسمية (matchmakers)، وهم متواجدون باعداد كبيرة ولديهم اساليبهم الخاصة بمتابعة شؤون المؤسسات والاعمال المعروضة للبيع، ومثال على هـؤلاء Certified Business Brokers (CBB) في Houston, Texas وموقعها على الشبكة www.certifiedbb.com وهذه الوكالات تتعامل مع الاندماجات والاستحواذ للشركات الصغيرة والمتوسطة الحجم في عموم الولايات المتحدة (**longenecker et al**: 2006: 79).

*** وسطاء وسماسرة الاعمال**

Business brokers

وهم وسطاء يجلبون الراغبين في بيع أعمالهم والمشترون المحتملون لهذه الاعمال مع بعضهم ويوفقون بينهم في عقد الصفقات، فهم اذاً صانعي توافق بين البائعين للاعمال والمشترين لها.

وفي بلداننا قد لا تكون عمليات بيع وشراء المؤسسات والاعمال متطورة بصيغها كما هو الحال في الدول الصناعية، ومع ذلك يوجد وكلاء يمارسون اعمال تشابه الوكالات المتطورة في الدول المتقدمة، لكن الامر يحتاج إلى عناية في التعامل مع هؤلاء الوكلاء خوفاً من حدوث اشكالات في عمليات البيع والشراء ودفع نسبة الاتعاب والمستحقات لهؤلاء الوكلاء.

ان شراء عمل قائم وموجود يحتاج إلى مهارات ومعرفة معمقة وكذلك البحث عن المعلومات الضرورية والصادقة من قبل الفرد أو الافراد الراغبين بالشراء. لذلك لا يفترض ان تكون هذه العملية عاطفية تحكمها الاهواء والمزاج الشخصي، بل ان الامر يتطلب جمع معلومات عن مختلف القضايا الاساسية للمؤسسة والعمل المنوي شراءه مثل:-

- فترة وتاريخ تواجد المؤسسة والعمل في السوق.
- مؤسس أو مؤسسي العمل.
- مالك أو مالكي العمل وتغيرهم عبر الزمن.
- الاسباب الكامنة والمعلنة وراء عملية البيع.
- سجل المؤسسة أو العمل الربحي، تطوره، اشكالاته... الخ.
- الاسباب وراء انخفاض أو زيادة الارباح.
- ظروف العمل أو المؤسسة ومعطيات الانشطة المختلفة (مستلزمات) مخزون، بناء، موجودات، سمعة وشهرة، ... الخ).
- عقود الايجارات ومدياتها، مستوى الرضا المتحقق من خلالها، مدى تلبيتها لاحتياجات المؤسة أو العمل، امكانية تجديدها.
- التجهيز ومصادرة والعلاقات المستقبلية مع مصادر التجهيز.
- التوزيع ومدى توفر شبكة متخصصة، وقابلتها وقدرتها التوزيعية.
- معطيات المنافسة الحالية واتجاهاتها المستقبلية.

- الظروف المحيطة بالعمل، الارض، انسيابية الحركة، المساحات المخصصة لوقوف السيارات.
- مدى انعكاس العلاقات العائلية والعشائرية والسياسية لمالك العسل الحالي على نجاح العمل وتطوره.
- العاملون الحاليون ومستويات الرضا لديهم ورغبتهم بالاستمرار في العمل عند تغيير المالك.
- مقارنة بعمل يمكن ان يبدء من الصفر في التأسيس والانشاء كيف نقيم هذا العمل حالياً ومستقبلاً (**Wold** : 2000: 76).

كذلك يفترض ان يعي من يرغب بشراء عمل معين مدى توفر المهارات والقدرات والمعارف لديه بادارة وتوجيه هذا العمل، وان يستطيع كتابة خطة العمل لغرض اقناع اطراف عديدة هو بحاجة الى التعامل معها.

ان الاكثر أهمية أيضاً تحمل تبعات (due diligence) متطلبات الاجتهاد والعناية في ممارسة تمرين تقييم العمل المنوي شراءه باهتمام وحصافة لمعرفة مدى امكانية أن يمثل هذا العمل فرصة للاستثمار والنجاح والاستمرار. هنا تلعب عمليات فحص المعطيات والظروف المحيطة بالعمل الحالية والمستقبلية دوراً مهماً لاخذها في الاعتبار عند اتخاذ القرار النهائي في الشراء أو عدم الشراء. وقد يخطأ العديد من الافراد في رؤيتهم لمتطلبات الاجتهاد بكونها فحص ومراجعة للجوانب المالية فقط، دون عناية بالجوانب الشمولية للعمل (**Parker**: 2004).

> *** متطلبات الاجتهاد**
>
> **due diligence**
>
> عمليات وممارسات بعناية وحصافة تفحص وتقيم من خلالها فرصية وجاذبية العمل المنوي شراءه.

ان فحص بعض القضايا في المؤسسة أو العمل المعروض للبيع تتطلب مهارات تخصصية يساعد فيها بعض المهنيين مثل الماليون والمحاسبون والمحامون وغيرهم. ان المبالغ المقدمة لهؤلاء مفيدة اذا كانون مهنيون نابهون يقدمون الاستثارة بذكاء وعناية، لكن القرار النهائي وتحمل مسؤولياته يبقى للريادي الفرد الذي يريد أن يشتري العمل.

تقتضي الضرورة معرفة الاسباب الحقيقية الفعلية التي تؤدي الى بيع الاعمال من قبل أصحابها الاصليين (المؤسسين) أو المالكين لها فيما بعد، هنا يتم سؤال المالكين عن اسباب البيع، وقد لا يعطي المالك دائماً الاسباب الحقيقية. ومع الاسباب الايجابية للبيع يعرض الباحث (**Longenecker et al**: 2006: 79) وزملاءه مجموعة أخرى من الاسباب أهمها:-

- شيخوخة العمل وقدم عمره.
- الامراض العديدة التي تصيب العمل.
- الرغبة في اختيار موقع جديد في البلد.
- عدم ربحية العمل.
- نضج الصناعة التي يتواجد فيها العمل ونقص احتمالية النمو.
- اشكالات تخص الجوانب القيمية والاخلاقية.

ان هذه الاسباب وغيرها يجب ان تدرس بعناية.

- **فحص الجوانب المالية Examining the financial condition**

من الضروري فحص المعطيات المالية والكشوفات الخاصة بالجوانب المالية والمحاسبية المختلفة، وكذلك التقارير الضريبية للثلاث أو الخمس سنوات الماضية أو لأي فترة طويلة متاحة. اذا لم تكن هذه الجوانب متاحة فكر أكثر من مرة لشراء عمل لا توجد فيه هذه الجوانب المهمة.

فالكشوفات المالية (Financial statements) هي واحد أو اكثر من التقارير التي تلخص الموقف المالي للمنظمة وتساعد هذه الكشوف في اتخاذ القرارات الادارية المختلفة. وأهم هذه الكشوفات.

> *** الكشوفات المالية**
> **Financial statements**
> مجموعة التقارير التي تلخص الموقف المالي للمنظمة وتساعد على اتخاذ القرارات الادارية المختلفة.

1-الميزانية العمومية Balance sheet وهي تقرير مالي يتضمن معلومات تفصيلية عن المعادلة المحاسبية الخاصة بالاصول والمطلوبات وحقوق المالكين.

2-كشف الدخل income statement وهو تقرير مالي يعرض ربحية المنظمة خلال فترة معينة من الزمن، ويسمى أيضاً حساب الارباح والخسائر profit loss statement.

3- كشف التدفقات النقدية statement of cash flows تقرير مالي يعرض ما تستلمه المنظمة من تدفقات نقدية وما تدفعه من النقد للخارج.

4- الموازنة Budget تسمى الموازنة التقديرية وهي أداة رقابية تخطيطية تساعد المديرين على اتخاذ القرارات على ضوء ما تحويه من تقديرات للايرادات والمصروفات المتوقعة لكل نشاط.

اذا كانت الارباح المتولد من المؤسسة أو العمل لا تكفي لمتطلبات العيش للعائلة فقد يتم استبعاد هذا العمل من الشراء، لذلك يعطي فحص الكشوفات والتقارير المالية الكثير من المعلومات المهمة لاتخاذ قرار الشراء، فقد يتم مقارنة النسب المالية للعمل مع متوسط نفس النسب للصناعة التي يتواجد فيها، وهذه تعطي تفصيلات لامكانية خفض الكلف أو زيادة العوائد او الاحتياجات المالية أو غيرها. ان تحليل النسب Ratio Analysis يستند الى استخدام المعلومات الواردة في الكشوفات المالية من أجل استخراج مؤشرات بشكل نسب مختلفة تساعد المدير في اتخاذ القرارات السليمة.

هنا تفحص نسب الملاءة المالية للامدين القصير والبعيد وكذلك نسب الربحية ونسب النشاط المختلفة. من الضروري فحص هذه الجوانب في اطار تاريخي كافي، بمعنى ان بعض الحالات تكون فيها الارباح ترفع بشكل مصطنع، وتخفض المصروفات في فترات معينة بهدف انجاز صفقة بيع العمل.

> *** تحليل النسب**
> **Ratio analysis**
> استخدام المعلومات الواردة في الكشوفات المالية من أجل استخراج مؤشرات بشكل نسب مختلفة تساعد المدير في اتخاذ القرارات.

ربما يتطلب الأمر وقبل البدء بمباحثات جدية لاتمام صفقة الشراء ان يعطى رأي محايد في الكشوفات المالية والجوانب المحاسبية ومدى قانونيتها والتزامها بالمعايير المعمول بها والمشرعة من قبل الجهات المختصة، وان الذي يقوم بذلك ماليون ومحاسبون من خلال تدقيق مستقل ومحايد (independent Audit) . كذلك فحص جوانب المستلزمات والمخزون والابنية وغيرها بعناية من قبل بعض المتخصصين. ومن الضروري فحص اتجاهات الارباح (profit trend)، حيث يلاحظ ما اذا كانت المؤشرات المالية للمؤسسة او العمل ستزداد أم تنخفض باتجاهاتها العامة مستقبلاً في ضوء معطيات عديدة ((Hatten: 2006 : 168). ويتم فحص نسب المصروفات وتركيبة هذه المصروفات للمؤسسة أو العمل ومقارنتها بنفس النسب للصناعة والمؤسسات والاعمال الاخرى.

- **تحديد قيمة المؤسسة أو العمل Valuing the business**

بعد ان يتم فحص مختلف الجوانب للمؤسسة أو العمل المعروض للبيع ليتم شراءه، يتطلب الامر تحديد قيمة هذا العمل الكلية والتفاوض بشأنها مع البائع. لقد عرضنا ان القيمة الكلية للعمل ترتبط بفحص وتقييم عوامل غير كمية وغير ملموسة مثل الشهرة والسمعة والتنافسية، والطاقات التسويقية الكامنة، والجوانب النوعية والمهارية للنشاط والمنتجات وغيرها، بالاضافة الى العوامل الملموسة مثل الموجودات والمخزون والمستلزمات وغيرها.

- **الاصول (الموجودات) الملموسة Tangible Assets**

وهذه تضم مجموعة كبيرة من موجودات يمكن مشاهدتها وفحصها وتقييمها بسهولة نسبية، مثل المباني والاراضي والمستلزمات والمخزون وغيرها. ان هذه الموجودات يمكن معرفة قيمتها الدفترية في السجلات كما يمكن تقدير قيمتها السوقية الحالية بنسبة عالية من الدقة والصحة قياساً للموجودات غير الملموسة مثل السمعة والشهرة والولاء والعلامات التجارية وغيرها.

*** الموجودات الملموسة**

Tangible Assets

اصول تمتلكها المنظمة ويمكن رؤيتها وفحصها وتقييمها بسهولة قياس للموجودات غير الملموسة.

كذلك يمكن تقييم الحسابات المدينة، حيث تعتبر ليست بذات قيمة أو قيمة منخفضة جداً اذا تجاوز تاريخ استحقاقها (120) يوم وتعتبر ديون معدومة رغم وجودها في سجلات المنظمة.

- **الاصول (الموجودات) غير الملموسة** ***Intangible Assets***

للاعمال أيضاً اصول غير ملموسة ولها قيمة حقيقية مهمة وانعكاس ايجابي على الاداء والانجاز، لذلك يكون تقديرها وتحديد قيمتها مهم عند بيع المنظمة، مثل الشهرة والسمعة، وميزات عقود الايجار، براءات الاختراع، حقوق الملكية في النشر والتأليف والعلامات التجارية المسجلة وغيرها.

فالشهرة أو السمعة (Goodwill) هي أصل غير ملموس يمكن المنظمة من جني أو كسب عوائد عالية بالمقارنة مع المنظمات الاخرى التي تمتلك نفس الموجودات الملموسة أو حتى أكثر.

*** الموجودات غير الملموسة**

Intangible Assets

أصول تملكها المنظمة ولها قيمة لكنها غير مرئية أو ملموسة.

*** الشهرة أو السمعة**

Goodwill

هي أصل غير ملموس يمكن الاعمال من كسب عوائد أعلى من أعمال مماثلة لها نفس الموجودات.

ان القليل من الاعمال والمؤسسات التي تعرض للبيع قد تكونت لها سمعة وشهرة عبر عدد من سنوات العمل الماضية، وبذلك فأن هذه الاعمال هي اعمال عادية لا يعرفها الزبائن بوجود متميز وخاص. اذا كانت المنافسة شديدة تلعب الشهرة والسمعة دور حيوي في قدرة المنظمة على النجاح والاستمرار. لذلك فأنها تعتبر من الاصول غير الملموسة. كما يعتبر من الاصول غير الملموسة الميزات التي تتيحها عقود التأجير في مواقع مهمة من المدينة وكذلك طبيعة تواجد الاعمال في بنايات وأماكن جذابة. لذلك يجب ان يعرف المشتري الجديد للاعمال امكانية استمرار هذه العقود وتحويلها واستمرارها مع المالك الجديد. ان نفس الامر ينطبق على براءات الاختراع وحقوق الملكية والعلامات التجارية المسجلة بأسم العمل الذي سيتم بيعه. يجب حماية هذه الموجودات غير الملموسة من سوء الاستخدام أو سحبها من العمل بعد بيعه، وكذلك ملاحظة طول فترة الاستخدام أو انتهاء هذه الفترة.

- **الافراد** ***Personnel***

عند شراء الاعمال والمؤسسات يجب ان يؤخذ في الاعتبار الموارد البشرية العاملة، حيث الاهمية الكبيرة لهؤلاء في استمرار الانتاج وتحقيق الارباح. ان الاحتفاظ ببعض أو عدد من العاملين الرئيسيين يساهم في استمرار النجاح. هكذا يؤخذ بنظر الاعتبار استقدام عاملين جديد، تجديد عقود السابقين، تدريب سريع لعدد من العاملين الى غير ذلك من جوانب في هذا المجال.

- **خطط البائع الشخصية** ***The seller's personal plans***

في اطار صفقة البيع والشراء للمؤسسات والاعمال، يفترض حساب الجوانب المرتبطة بالاخلاق والمبادىء السلوكية الصحيحة بطريقة واضحة وان لا تترك بعض الجوانب المهمة دون الاشارة إليها.

هكذا يفترض ان يحترس المشتري للعمل، من جوانب الاحتيال والغش والمراوغة.

ويمكن تقليل جوانب المخاطرة من خلال كتابة معاهدة أو وثيقة حماية مرفقة مع عقد البيع أو ضمن بنود وفقرات شرطية للعقد مثل وثيقة عدم منافسة (non compete clause) بموجبها يتعهد البائع عدم دخول في عمل مماثل كمنافس في منطقة جغرافية معينة عدد معقول من السنين.

> *** وثيقة عدم منافسة**
> **non compete clause**
> فقرة شرطية في عقد البيع للعمل تقيد البائع للعمل من الدخول. كمنافس في نفس نوع العمل المباع لمنطقة جغرافية معينة لمدة محددة من الزمن.

ان هذه الجوانب يجب ان تدرس بعناية ويتم الاتفاق عليها بوضوح بين البائع والمشتري خوفا من حصول خلافات مستقبلية، وبذلك يمكن الرجوع الى العقد.

ان مجمل الجوانب الخاصة بتقليل المخاطر من خلال معرفة وتوثيق خطط بائع المؤسسة أو العمل الشخصية بالاضافة إلى الجوانب المرتبطة بالافراد تعطي امكانات محتملة وكامنة في زيادة ربحية العمل والتي

يجب ان تقيم مع الموجودات الملموسة والموجودات غير الملموسة لاستخراج السعر النهائي للعمل. ويعرض الشكل (3 - 13) ذلك باختصار.

شكل (3 - 13)

مكونات السعر النهائي للمنظمة

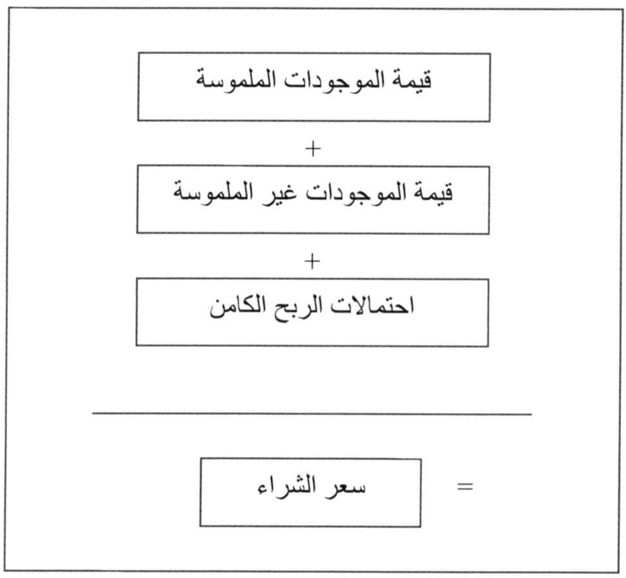

وفي الحقيقة يوجد العديد من المداخل والاساليب التي تعتمد في تخمين قيمة المنظمة أو العمل المراد شراءه أهمها (488 - 486 : longenecker et al : 2006):

> *** تقييم يستند للاصول**
> **Asset-based valuation**
> ان تحديد قيمة المنظمة يستند الى تقدير قيم موجوداتها.
>
> *** تعديل القيمة الدفترية**
> **Modified book value method**
> تحديد قيمة المنظمة من خلال تعديل القيمة الدفترية للاصول لتعكس الاختلافات الواضحة بين كلفتها التاريخية وقيمتها الحالية في السوق.

(1) التقييم المستند إلى الموجودات Asset - based valuation

يرى هذا المدخل ان قيمة المنظمة يمكن تحديدها وتخمينها من خلال فحص قيمة الموجودات الحالية المعروضة في الميزانية العمومية. هنا توجد ثلاث توجهات:-

- تعديل القيمة الدفترية modified book value method ان البدء بالقيمة المعروضة في الميزانية العمومية لاصول المنظمة، وهذه القيمة تغير أو تعدل لكي تعكس الاختلاف الواضح بين كلفتها التاريخية لكل أصل (كما معطى في الميزانية) وقيمته الحالية في السوق.

• القيمة الاستبدالية replacement value method تحدد قيمة المنظمة من خلال تخمين كلفة استبدال اصول المنظمة.

* طريقة القيمة الاستبدالية
replacement value method
تحديد قيمة المنظمة من خلال تقدير كلف استبدال الاصول.

• القيمة السائلة النقدية Liquidation value method

تحديد قيمة المنظمة من خلال تخمين القيمة السائلة النقدية الممكنة لها عند تصفية الموجودات وتحويلها الى نقد.

* طريقة قيمة التصفية
Liquidation value method
تحديد قيمة المنظمة بتقدير الاموال (النقد) الممكن الحصول عليه عند تصفية المنظمة وتسييل موجوداتها.

ان هذا المدخل المستند الى الموجودات لتقييم المنظمة توجد ليه العديد من المحددات التي تقلل من اعتماده لوحدة في عملية تقييم الاعمال. فمثلاً الكلف التاريخية للاصول المعروضة في الميزانية العمومية ربما تكون مختلفة كثيراً عن القيمة السوقية لها، ومع ان الطرق والتوجهات الثلاث المعروضة تحاول معالجة هذا الضعف لكنها أيضاً تعطي قيمة لا تستند إلى وضوح تام واتفاق قاطع بين البائع والمشتري وخاصة في المنظمات المستمرة في عملها وتعتبر ناجحة.

(2) التقييم القائم على المقارنات Valuation Based on comparables

هذا المدخل ينظر الى اسعار السوق الحالية للاعمال المشابهة والتي بيعت في وقت قريب للعمل أو المنظمة المنوي تقييمها لغرض البيع أو لأي غرض كان. هكذا يتم مقارنة الاعمال التجارية من خلال التماثل السوقي وكذلك مقارنات تبادلية للاعمال الخاصة المتشابهة. والتشابه والتماثل يعني ان الاعمال في نفس القطاع الصناعي ولها نفس الخصائص من ناحية الارباح والنمو والمخاطر وأساليب التمويل وعلاقات البيع للموجودات وغيرها.

* التقييم القائم على المقارنات
Valuation Based on comparables
تحديد قيمة (ثمن) المنظمة أخذين في الاعتبار اسعار السوق الحالية لاعمال مشابهة ومماثلة للمنظمة المنوي تقييمها.

ان المطلوب هو البحث عن منظمات مماثلة قد تم بيعها في وقت قريب، ويمكن حساب مضاعف الايرادات (الارباح) Earnings Multiplier والتي تسمى أيضاً قيمة نسبة العوائد وكالآتي:-

* مضاعف الايرادات
earnings multiplier
نسبة تحدد بقسمة قيمة المنظمة على الايرادات السنوية.

$$\text{مضاعف الايرادات} = \frac{\text{قيمة المنظمة}}{\text{دخل العمليات}}$$

لمعرفة ما اذا كان العمل المراد بيعه يماثل الاعمال المباعة في وقت سابق قريب من ناحية مضاعف الايرادات والقدرة على توليد الارباح يصار إلى البحث عن ذلك ومن خلال مصادر عديدة .

ان هذا المدخل في تقييم الاعمال ليس سهل الاستخدام خاصة وانه ليس متاح وممكن ايجاد اعمال مماثلة ومتطابقة قد تم بيعها منذ فترة قريبة للمقارنة معها. كذلك يحتاج إلى معلومات تفصيلية للمقارنة بعضها قد لا يبدو متاح مثل هامش الارباح والقدرة على توليد الايرادات وغيرها.

* التقييم المستند الى التدفقات النقدية
Cash flow - based valuation
تحدد قيمة المنظمة استناداً الى تقدير المبالغ وتوقيتها لمجرى التدفقات النقدية المستقبلية.

(3) التقييم المستند على مجرى النقد **cash flow - based valuation**

يقوم هذا المدخل على تقييم المنظمة استناداً على مقدار المبالغ وتوقيت الحصول عليها في اطار حساب دقيق لمجرى النقد المتولد. التقييم هنا قائم على القوة الايرادية وتوليد الارباح من منظور المالك أو المستثمر في المنظمة، وهكذا فأن قيمة هذه المنظمة ترتبط بقدرتها المستقبلية على توليد النقد وتدفقه عبر الزمن ولفترات طويلة وليس ارباح سنة واحدة.

ان هذا المدخل لتقييم الاعمال، يمكن أن يعرض من خلال ثلاثة مراحل كالاتي :

- اسقاط وتصور مجرى النقد المستقبلي والمتوقع للعمل.
- تقدير وتخمين نسبة العائد المرغوبة للمالك أو المستثمر في العمل.
- استخدام نسبة العائد المرغوبة كنسبة خصم أو قطع لحساب القيمة الحالية للتدفقات النقدية المستقبلية، وهذه تمثل قيمة المنظمة.

كما توجد طرق عديدة أخرى يمكن من خلالها بحسابات وتقييم المشروعات وكذلك المفاضلة بينها لفرض الاستثمار أو الشراء (**العباسي:** 2004 : 38 - 44).

- **ابرام صفقة بيع العمل** **Transaction Agreement**

بعد ان يتم تحديد ثمن وقيمة المؤسسة أو العمل، يمكن للطرفان البائع والمشتري فحص الجوانب النهائية لاتمام صفقة الشراء وفق الاعتبارات مارة الذكر، حيث يتم الاتفاق على جميع الجوانب ليتم تحويل ملكية العمل الى المشترٍي الجديد الذي يروم ادارته وتحقيق نتائج لصالحه وتوليد الارباح والعمل على تحسين الاداء على مختلف المستويات. ومن الضروري الاشارة الى أسلوب تسديد قيمة أو ثمن العمل أو المؤسسة المباعة، حيث يمكن ان يتم التسديد بالكامل أو على دفعات واقساط متساوية أو مختلفة أو بأي طرق أخرى لتسديد. ان توثيق مختلف الجوانب يعتبر أمراً ضرورياً حيث يمكن العودة الى ذلك في حالة حصول خلافات بين البائع والمشتري.

الحصول على امتياز Franchising

يُعتبر الامتياز (Franchise) صيغة مهمة من اشكال الحصول على الاعمال الصغيرة في كافة الاقتصادات المعاصرة، وهي واسعة الانتشار وفي مختلف القطاعات هذه الايام.

ويعتبر الحصول على الامتياز متطلب يسبق بدء العمل وممارسة النشاط، لذلك فأنه يمثل نظام تسويقي يحتوي على اتفاقات قانونية تعطي الحق للمرخص له (franchisee) بقيادة عمل يملكه وفق اشتراطات وفترة متفق بشأنها مع الجهة مانحة الترخيص والامتياز (franchisor).

ان صيغ الامتياز اليوم قد أصبحت أكثر نضجاً ومعروفة في العديد من الدول ولكافة القطاعات الاقتصادية. بعض الامتيازات نشاهدها كل يوم في أماكن واضحة في المدن الكبيرة، مثل McDonald's (M)، Holiday Inn, Hertz وغيرهم الكثير.

ان نظام الامتياز والدخول فيه يأخذ صيغ عديدة، فقد يكون الامتياز بين : (**Siropolis**: 1994 : 143)

*** الامتياز Franchise**

ترخيص موثق بعقود للعمل المملوك فردياً للقيام بأنشطة مرخصة كجزء ممن سلسلة مترابطة كبيرة.

*** المرخص له (الحاصل على الامتياز) Franchisee**

هو العمل الفردي الذي اشترى وحصل على الامتياز وفق اتفاق مع مانح الترخيص لغرض بيع منتجات وخدمات في اطار العلاقة بين الطرفين.

*** مانح الترخيص (مقدم الامتياز) Franchisor**

هو الطرف أو الشركة الام التي طورت المنتج أو أساليب العمل وطرقه وباعت حقوق الامتياز إلى المرخص لهم وفق عقود تحدد العلاقات بين الطرفين.

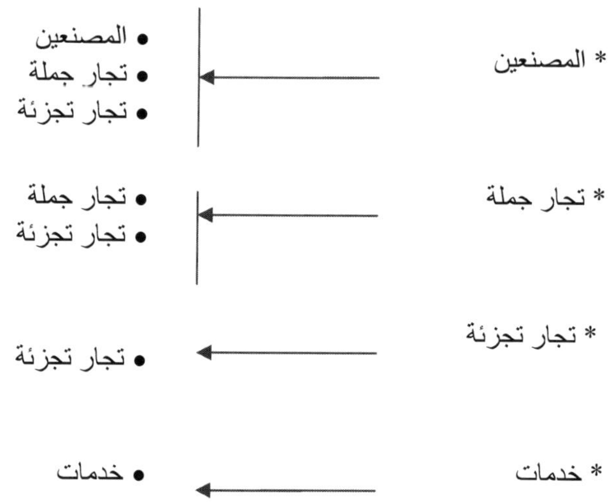

* المصنعين	←	• المصنعين • تجار جملة • تجار تجزئة
* تجار جملة	←	• تجار جملة • تجار تجزئة
* تجار تجزئة	←	• تجار تجزئة
* خدمات	←	• خدمات

ومع ان البعض يعتقد ان انظمة الامتياز حديثة وتطاول قطاعات بذاتها، الا ان المتتبع يجد ان البدء بالترخيص كان قديماً. ففي الولايات المتحدة نجد ان الصناعات كانت بحاجة الى وكلاء لتوزيع المنتجات وفق شروط ومعايير محددة مع وكلاء يمثلون أعمال مستقلة عن الشركات المصنعة لهذه المنتجات، وقد بدء هذا الامر منذ عام 1830م (Dicke: 1992 : 13) واليوم طور هذا الامر كثيراً، وتوجد أعمال الامتياز في قطاعات الصناعة، والغذاء، والسياحة، والالبسة، والزراعة، والفنادق، والصحة، والتعليم وغيرها ويكاد لا يخلوا قطاع من اعمال الترخيص والامتياز.

* خيارات الحصول على امتياز Franchising options

ان عقد واتفاق الامتياز franchise contract بين طرفي الامتياز المانح له والحاصل عليه يفترض ان يكون دقيقاً وواضحاً لغرض حفظ حقوق كلا الطرفين والقيام بمسؤولياتهم اتجاه بعضهم البعض بشكل جيد لتحقيق مصالحهم المشتركة. وفي الاعمال يصف الامتياز شكل متفرد من الخيارات تتاح للافراد أو الرياديون امتلاك أعمالهم الخاصة مع امكانية تقليل المخاطر المرتبطة بانشاء الاعمال بشكل تام أو شراء اعمال قائمة وموجودة. ان اتفاقات الامتياز والترخيص تسمح بقيام اعمال جديدة وممارسة النشاط مستفيدة من الخبرة المتراكمة لدى الاطراف والشركات المانحة للامتياز والتي لها تجربة تنتقل الى جميع المشاركين في نظام الامتياز.

*** عقد الامتياز**
Franchise contract
اتفاق قانوني بين مانح الامتياز والحاصل على هذا الامتياز.

ان الاتفاقية والعقد المبرم بين طرفي الامتياز يمكن أن يأخذ صيغ وخيارات عديدة منها (**Longenecker et al** : 2006 : 71)، (**Hatten** : 2006 : 134 - 145)، (**زيارة** : 2006 : 449).

* امتياز توزيع المنتج

Product - distribution Franchising

نمط من الامتياز يقبل فيه الحاصل على الامتياز ان يوزع منتجات المانح للامتياز أو يستخدم الاسم التجاري له.

* امتياز صيغة العمل

Business - Format Franchising

نمط من الامتياز يتبنى فيه الحاصل على الامتياز طريقة وعمليات المانح للامتياز بالكامل.

- **الحصول على امتياز توزيع المنتج**

Product - Distribution Franchising

هذا النوع من الامتياز يسمح للحاصل على الامتياز (المرخص له) لبيع منتجات من المانح للامتياز (المجهز) أو ترخيص استخدام الاسم التجاري. ان هذا النمط من الامتياز موجة بالاساس لربط طرف مصنع واحد مع عدد كبير من تجار التجزئة، باعتبارهم موزعين لمنتجات هذا الطرف المعروف وذو التجربة الجيدة والسمعة الواسعة في الاسواق. هكذا يكون جعل المنتجات متاحة للزبائن في مناطق جغرافية محددة. ان هذا النمط نجده منتشر في صناعة المشروبات الغازية ومحطات توزيع المشتقات النفطية. كذلك يمثل وكلاء شركات السيارات هذا النمط من الامتياز، حيث الاستخدام لرموز معينة بالاضافة إلى الاسم التجاري واسم العلامة للشركة المانحة للامتياز.

- **الحصول على امتياز صيغة العمل**

Business - Format Franchising

يعتبر هذا النظام أو النمط اكثر تقيداً من نظم الامتياز الاخرى، حيث لا يقتصر دور الحاصل على الامتياز بالحصول على المنتجات من الطرف المانح للامتياز لغرض بيعها الى المستهلكين، ولكن على الحاصل على الامتياز ان يتبنى ويعتمد الطرق والاساليب والآليات المرتبطة بالعمل كاملاً، يشمل ذلك الاجراءات للعمليات والأنشطة، التسويق، التغليف المستلزمات وكذلك كامل الخدمات للعمل. في الغالب يستخدم هذا المدخل للاميتاز في مطاعم الخدمة السريعة، الفنادق الممتازة، تجارة التجزئة للاغذية وغيرها.

وفي اطار هذين النظامين من الامتياز نجد العديد من اشكال الامتياز تعتمد على طبيعة العقد المبرم بين طرفي الامتياز والترخيص ومدى التفاصيل الواردة فيه اتساعاً وتحديداً في تأشير حدود المسؤوليات والالتزامات لكل طرف اتجاه الاخر. ويمكن الاشارة الى أهم الاشكال بالاتي:-

- امتياز التصنيع، بموجبه يحصل الطرف المرخص له على أسرار تصنيع المنتج أو سر المهنة وجميع صيغ العمل والانتاج من المانح للامتياز، لذلك يقوم المرخص له لتصنيع وانتاج وتسويق المنتجات تحت حقوق ممنوحة له يجب ان يلتزم بها.
- امتياز الترخيص الرئيسي، بموجبه يحق لشركة مستقلة أو مؤسسة فردية ان تمارس العمل كبائع أو وكيل بيع مع مسؤولية ايجاد من يودون الحصول على تراخيص جدد باعتبار ان هناك علاقات تعاقدية

مستمرة بين هذه الشركة المستقلة أو المؤسسة الفردية والطرف المانح للامتياز. هنا يقوم الطرف الحاصل على الترخيص الرئيسي ببيع امتيازات لجهات أخرى لصالح الطرف المانح للامتياز.

- امتياز امتلاك وحدات متعددة، هنا يمكن ان يحصل الطرف المرخص له بالامتياز على أكثر من امتياز واحد من نفس الشركة المانحة للامتياز.
- امتياز تطوير منطقة، يمكن لمنظمات أو مؤسسات فردية ان تحصل على حقوق قانونية لفتح عدت امتيازات ومنافذ في منطقة معينة بهدف التطوير.
- امتياز التعايش (الرديف)، ان عمليات الامتياز لتجارة التجزئة مع تسهيلات من مخازن كبيرة مضيفة لها. فمثلاً مؤسسة (Krispy kreme Dount) تعمل وتتعايش بالقرب من (Wal - Mart store) ان هذا النوع من الامتياز يؤدي الى حصول منافع لكلا الطرفين، مخازن ول مارت يمكن ان تضيف خطوط انتاج جديدة، والطرف الاخر الحاصل على الامتياز حصل على مواقع قريبة من المستهلكين (**Longenecker et al** : 2006 : 71).

* ميزات ومساوىء الحصول على امتياز

Advantages and Disadvantage of franchising

اذا ما رغب فرد أو مجموعة افراد اقامة عمل وامتلاك مؤسسة من خلال الامتياز، يتطلب الامر منهم ان يكونوا على اطلاع وعلم مسبق بالمحاسن والميزات التي يحصلون عليها لمقارنتها بالمساوىء المحتملة من الحصول على الامتياز. كذلك يفترض مقارنة هذا الاسلوب في امتلاك وانشاء الاعمال، مع الاسلوبين السابقين (اقامة عمل جديد بالكامل أو شراء عمل قائم).

وبما ان الامتياز فيه طرفين الحاصل على الامتياز (Franchisee) ومانح الامتياز (Franchisor)، فقد عرض الباحث (**Hatten** : 2006 : 136) المساوىء والميزات لكلا الطرفين نعرضها في الشكل (3 - 14) أدناه.

شكل (3 – 14)

ميزات ومساوىء الامتياز لكلا طرفي الامتياز

الحاصل على الامتياز	مانح الامتياز
* الميزات	* الميزات
1- منتجات مختبرية ومجربة معروفة	1- توسع برؤوس أموال محدودة.
2- خبرة تسويق.	2- مضاعفة مصادر راس المال.
3- مساعدات مالية.	3- توسع مسيطر عليه.
4- مساعدات ادارية وفنية.	4- تحفيز للحاصلين على الامتياز.
5- فرصة لتعلم الاعمال.	5- بعض كلف العمليات تحول للحاصل على الامتياز.
6- معايير للسيطرة على الجودة.	6- يمكن بيع وتجهيز مواد للحاصل على الامتياز.
7- كفاءة من خلال كونه عضو مع نظام متكامل للتجزئة والتوزيع.	7- الحصول على رضا الزبائن بفضل منح الامتياز لتجار محليين.
8- فرصة للنمو والتوسع.	8- تحقيق دعاية اوسع بفضل نشر الامتيازات لمناطق مختلفة.
9- احتمالية فشل أقل.	9- تقاسم بعض كلف التسويق والتوزيع مع الحاصلين على الامتياز.
10- الاستفادة من السمعة والشهرة.	
* المساوىء	* المساوىء
1- تقاسم العوائد سواء كانت ارباح أو حصة مالية معينة.	1- فقدان السيطرة والرقابة.
2- تقييد للحرية وفق ضوابط العقد.	2- تقاسم الارباح مع الحاصلين على الامتياز.
3- تكاليف ومتطلبات عالية لبدء العمل وفق هذه الصيغة.	3- احتمالية الخلافات وعدم التوافق مع الحاصلين على الامتياز.
4- قد يكون هناك الزام بشراء من المانح للامتياز، حتى لو كان هناك اسعار مناسبة من مجهزين أخرين.	4- تحمل مصاريف التدريب للموارد البشرية المشرفة والاحتفاظ بهم عند الحاجة.
5- اشكالية انتهاء فترة العقد والاتفاق.	5- فقدان جزء من الملكية، خاصة في ظل التوسع في عمليات منح الامتياز.
6- الانعكاس السلبي لاداء الاخرين الحاصلين على امتياز من نفس الشركة الأم.	6- تحمل جزء او النسبة الاعظم من مسؤوليات التوسع في الائتمان وشراء التجهيزات والمستلزمات لصالح المرخص له.
7- مخاطر الغش والاحتيال وعدم او سوء الفهم المرتبطة بالاتفاقات.	7- تحمل نتائج سوء تصرف بعض الحاصلين على الامتياز مما يؤدي الى التأثير على السمعة والشهرة بشكل سلبي.

بتصرف من (**Steinhoff and Burgess**: 1993 : 78 – 80) (**Siropolis**: 1994) (**Longenecker et al** : 2006 : 65 – 70) (**Hatten** : 2006 : 136)

(**المنصور وجواد**: 2000 : 65 – 66) ، (**برنوطي** : 2001 : 148) ، (**زيارة** : 2006 : 450 – 452).

أن أهم ما يمكن ان يحصل عليه الشخص أو الافراد الراغبين في اقامة عمل وفق هذا الاسلوب من مزايا وحسنات تتمثل بالاتي:-

- سرعة الدخول للاسواق واقامة منظمة من خلال الحصول على امتياز من شركات معروفة ومرموقة ولها منتجاتها المجربة والمعروفة في الاسواق ولدى الزبائن. كما ان هذه السلع أو الخدمات قد حصلت على ولاء الزبائن بفعل التواجد في الاسواق ضمن علامات تجارية مميزة ومختبرية.
- يمكن للعمل من خلال الحصول على امتياز ان يستفيد من الصور الذهنية الايجابية التي تشكلت عبر ممارسات وصرف لمبالغ طائلة من قبل الشركة الام المانحة للامتياز. ان بناء خبرة تسويقية عالية لا يأتي بسرعة هكذا يتقاسم العمل الجديد الحاصل على الامتياز تكاليف الاعلان والدعاية التي تنفقها الشركة الام.
- من المزايا المهمة في هذا المجال حصول العمل الجديد على دعم واسناد مالي مهم من الشركة المانحة للامتياز. ان هذا الاسناد يعتبر ضروري جداً في بداية الامر ويأتي على اشكال مختلفة من قبيل الائتمان التجاري أو المخزني.
- الحصول على ارشاد مهني في المجالات الفنية والادارية المختلفة. هنا يمكن للشركة الام المانحة للامتياز ان تقدم لصاحب العمل الجديد الحاصل على الامتياز خبراتها الادارية والفنية المتراكمة عبر سنوات عديدة من العمل وممارسة النشاط، كذلك المعرفة المتخصصة والتجربة يمكن أن تقدم من خلال التدريب والتأهيل للافراد في العمل الجديد.
- امكانية الاستفادة والتعلم في مجال العمل الجديد، حيث ان هذا الأمر غير متاح دائماً وخاصة عند الدخول إلى حقول اقتصادية لاول مرة من قبل الفرد أو الافراد الراغبين في اقامة مؤسسة أو عمل. هنا يأتي دور مهم للشركة الاصلية المانحة للامتياز للمساعدة في وضع هذا العمل الجديد على طريق النجاح.
- يستفيد العمل الجديد وفق اسلوب الامتياز من وجود مقاييس ومعايير موجودة ومختبرة للجودة في كافة المجالات والانشطة. وهنا تفرض الشركة المانحة للامتياز هذه المعايير على العمل الحاصل على هذا الامتياز وتساعده في تبني هذه المعايير وتطويرها. يحصل العمل على فوائد من اعتماد مقاييس السيطرة على النوعية والانتاجية والخدمات والاجراءات المرتبطة باستخدام هذه المقاييس وغيرها.
- ان الكفاءة يمكن ان تكون ميزة مهمة يحصل عليها الفرد أو الشركة أو المؤسسة الحاصلة على الامتياز حيث الاحتياج الى رؤوس اموال اقل من القيام بعمل جديد بالكامل او شراء عمل قائم. ان منحنى الخبرة الذي حصلت عليه الشركة الأم المانحة للامتياز يمكن أن يستفاد منه بنقل جوانب الخبرة في خفض الكلف وترشيد الاستخدام الى المؤسسة الجديدة الحاصلة على الامتياز. كذلك يجد العمل الجديد في وضع مريح ضمن اطار متكامل للعمل للتجزئة والتوزيع بكفاءة وفاعلية.

- فرص اكبر لاحتمالية النمو والتوسع والنجاح مستندة الى قدرات خاصة بالعمل الجديد الحاصل على الامتياز ودعم في مختلف المجالات من الشركة الأم المانحة للامتياز والذي لا يكون متاحاً أمام العمل الجديد بمفرده ولوحده. ان امكانية الذهاب الى مناطق جديدة للتوسع والنمو تصبح أسهل في ظل نظام الامتياز.
- احتمالية فشل أقل، اذا علمنا ان نسبة عالية للفشل ترافق الاعمال الجديدة في السنوات الاولى للتأسيس وممارسة النشاط. هنا تلعب جميع ما ذكر من ميزات ومحاسن للحصول على امتياز دوراً في تقليل نسب الفشل والاقتراب من النجاح والاستمرار بشكل افضل.
- الاستفادة من سمعة وشهرة الشركة الام المانحة للامتياز، هذه الشهرة التي تكونت عبر سنوات عديدة من العمل والاجتهاد تستفيد منها المؤسسة الجديدة الحاصلة على الامتياز.

ومع هذه الميزات والفوائد العديدة يواجه العمل الجديد الحاصل على الامتياز اشكالات ومساوىء يجب التعامل معها بواقعية لغرض تقليل أثارها. ويمكن ان نذكر منها ما يلي:-

- تقاسم الارباح أو دفع حصة مالية من قبل المؤسسة الجديدة الحاصلة على الامتياز الى الشركة الام المانحة للامتياز وهذه تشكل تكاليف عالية في بعض المواقف. كما ان الدفعات المقدمة في البداية لشراء حقوق الامتياز مرتفعة في الحالات التي تكون فيها الشركة المانحة للامتياز معروفة ومشهورة. ان طلب المانح للامتياز حصة من مبلغ المبيعات أو دفعات مقدماً يسمى الريع المستحق royalty ما اذا كانت عالية يصبح مرهقة للعمل الجديد.
- تقييد حرية العمل الحاصل على الامتياز قد يحد من قدرته على الابداع وتوليد الافكار الجديدة الابداعية الريادية. فاذا كان لدى صاحب العمل الحاصل على الامتياز رغبة باستقلالية عالية فقد يجد تعارض بين هذه الرغبة والاتفاقية المعقودة مع الشركة المانحة للامتياز، والتي لديها سياسات واجراءات يجب ان تلتزم بها المؤسسة الحاصلة على الامتياز، كذلك قد يكون هناك تحديد للمساحة والاسواق التي يغطيها الامتياز.
- قد تؤدي الاستقلالية العالية للشركة المانحة للامتياز العديد من الاشكالات بوجه العمل الجديد الحاصل على الامتياز. ان المانح للامتياز لا يعرف بالضبط ودائماً ما هو الافضل لكل موقع ومكان وظروفه الخاصة، وان هذا يجعل المانح للامتياز يعامل جميع الحاصلين لامتيازات بنفس الطرق والاساليب وهذا يؤثر سلباً على العمل والمؤسسة في أسواقها.
- اشكالية الالزام في التعامل مع وجود حالات يمكن الاستفادة منها بشكل افضل للعمل الجديد الحاصل على الامتياز. ان هذا يندرج ضمن تقييد حرية العمل في اختيار أسلوب وطريقة التعامل مع المجهزين وفق مصلحة العمل الفعلية.

- يمكن ان تثار مشكلة انتهاء فترات الاتفاقيات الخاصة بالحصول على الامتياز وصعوبة تمديد العمل وفق نفس الاساليب التي أدت الى حصول ميزات للمؤسسة الحاصلة على الامتياز. كذلك مشكلة نقل حقوق الامتياز في حالة نقل ملكية العمل الحاصل للامتياز لافراد من العائلة أخرين.
- انعكاس سلبي على العمل الحاصل للامتياز جراء أخطاء تحصل من أخرين حاصلين على امتياز من نفس الشركة الام. هكذا يمكن ان تنعكس تبعات فشل الاخرين على العمل الجديد الحاصل على الامتياز ويخلق مشاكل في مجالات عديدة للعمل.
- امكانية حصول حالات من سوء الفهم ومخاطر الغش والتلاعب التي تنعكس سلباً على العمل أو المؤسسة الجديدة الحاصلة على الامتياز باعتبارها الطرف الاقل قوة قياساً للشركة الام المانحة للامتياز. لذلك يتطلب الامر تحديد دقيق للجوانب المختلفة في عقد الامتياز المبرم بين الطرفين.

وفي جانب الطرف المانح للامتياز هناك أيضاً ميزات ومساوىء تحصل من جراء التعامل مع أطراف عديدة قد حصلت على الامتياز وفق اعتبارات عديدة، ويمكن الرجوع للشكل (3 - 14) حيث أوضح أهم هذه الميزات والمساوىء.

* تقييم وانتقاء امتياز **Evaluating and selecting a franchise**

ان من يرغب في ممارسة نشاط معين واقامة مؤسسة فردية أو تضامنية أو أي شكل أخر للاعمال وقد أختار هذا الاسلوب (الامتياز) لبدء منظمته بعد حصول قناعة موضوعية وحسابات مختلفة بعدم اللجوء الى أي من الاسلوبين السابقين (اقامة عمل جديد بالكامل أو شراء عمل قائم). يتطلب الامر منه ان يجري تقييماً علمياً ودقيقاً لانتقاء بعناية الامتياز الذي يحصل عليه ويمارس العمل في اطارة.

ان الامتياز في جميع الاحوال لا يعني البدء من الصفر بالاعمال، فعندما يتم شراء امتياز معين فهذا يؤشر في الغالب حصول على اعمال ذات جاهزية ووجود فعلي يراد ايجادها كممارسات ونشاط ضمن اماكن حددها الفرد الريادي الراغب باقامة عمله الخاص. هنا نحتاج الى اتباع قواعد وتعليمات الشركة المانحة للامتياز بكيفية اقامة المؤسسة والعمل بأفضل ما يكون. وغالباً ما تكون هذه الوصايا والتعليمات حاوية لحشد كبير من التفاصيل من بينها:-

- المنتجات أو الخدمات التي ستباع.
- كيفية بيع هذه المنتجات أو الخدمات.
- أسلوب ومناهج السيطرة على الكلف.
- التقارير التي يتم تحضيرها.
- الوقت الذي يكون فيه العمل مفتوح ومتواجد خلال اليوم.

لقد عرض الباحث (**Siropolis**: 1994 : 145 - 152) اجراءات منطقية متكاملة لتقييم وانتقاء امتياز معين يسمح للريادي ان يحصل على مؤسسة وممارسة النشاط والعمل الذي يرغب فيه لاحظ شكل (3 - 15).

- ان الخطوة الاولى التي تسبق كل شيء هي ان يتأكد الفرد الريادي ان قرار انشاء عمل من خلال الامتياز هي حالة متميزة وذات مغزى مهم للنجاح والتقدم. هنا يبدأ بتحليل ذاتي **(1)** بكل صراحة وجرئه وموضوعية ودقة وليس بأسلوب العواطف والامنيات غير المستندة الى حقائق. يحدد الفرد ما هي مهارته وخبراته وقدراته وكذلك رغباته لكونها تسند الحماس في العمل وتساهم في ردم فجوة الفشل المحتملة.

شكل (3 - 15)

اجراءات وخطوات تقييم وانتقاء امتياز لبدء العمل

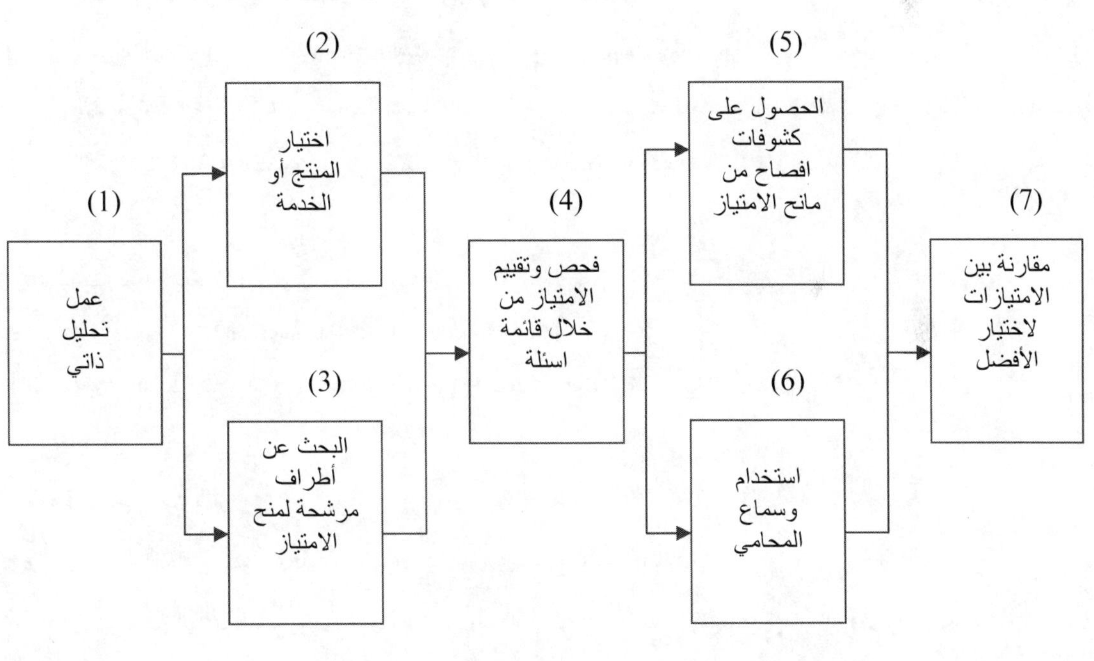

* التركيز على برنامج التدريب والكلف

- بعد القيام بالتحليل الذاتي تأتي مرحلة أختيار المنتج او الخدمة (2) التي يقدمها العمل الجديد الذي سيحصل على الامتياز، ان هذه الخطوة تأتي متزامنة مع خطوة البحث عن أطراف مرشحة لمنح الامتياز (3) وهذه الاطراف قد تكون شركات معروفة ولها سمعتها في الاسواق. ان هاتين الخطوتين (2 و 3) يركزان على الاسئلة المحورية الآتية:-

-هل المنتج أو الخدمة موثوق به، وهل الفرد الريادي يعي ذلك ويرغب به وهو على يقين بالسعادة للعمل في هذا المجال.

-هل الريادي مصمم وعلى بينه انه راغب في ان يكون هذا النمط من الاشخاص ممن يمارس أعمال حاصلة على امتياز.

ويمكن للفرد الريادي البحث عن اطراف تمنح الامتياز من خلال مصادر عديدة مثل الجهات المالية والتجارية، غرف الصناعة والتجارة، مراكز البحوث أو الشركات ذاتها المرشحة لتقديم الامتياز. كما ان اختيار المنتج أو الخدمة يأتي في اطار تحليل متكامل للفرص المتاحة في الاسواق وتلبية رغبات الزبائن.

- عند اتمام الخطوات السابقة، تأتي مرحلة فحص وتقييم الامتياز من خلال قائمة اسئلة (4)، وهذه تمثل بداية صحيحة لتقييم الامتياز في اطار اعتباره فرصة استثمارية تستحق بذل الجهد والمال والوقت لاقامة عمل مثمر وناجح ولهُ صفة الاستمرارية. يجب أن يتاكد الطالب لشراء الامتياز ان برنامج التدريب كافي لاحتياج المنظمة المزمع اقامتها، وكذلك كلفة الامتياز معقولة ومناسبة ولا ترهق العمل من البداية، سواء كانت دفعات مالية مطلوبة أو نسبة مشاركة في الارباح.

ان أهم ما يفترض ان يفحص ويقيم من خلال قائمة الاسئلة الاتي:-

(**Siropolis** : 1994 : 147) , (**Steinhoff and Burgess** : 1993 : 81 - 82)

(**المنصور وجواد:** 2000 : 68 - 70) ، (**U.S Department of Commerce**: 1991)

(A) فرصة الامتياز بحد ذاتها

- هل ان المحامي المنتدب قد ايّد عقد الامتياز بعد ان اطلع عليه بكافة فقراته؟
- هل يفرض الطرف المانح للامتياز اجراءات أو ارشادات تضعك وعملك الجديد أمام مسائلة قانونية في دولتك أو منطقتك، أين تتجسد هذه الجوانب في رآي المحامي المنتدب؟
- هل يمنحك الامتياز كامل الحق في المنطقة المتفق عليها وطيلة مدة العقد والاتفاق، أم أن الطرف المانح للامتياز بامكانه بيع امتيازات أخرى لنفس المنطقة؟
- هل ان الطرف المانح للامتياز قد أقام أو سيقيم أي نوع من الارتباطات والعلاقات وبأي شكل مع أطراف أخرى حاصلة على الامتياز تؤسس إلى امكانية استغلالها لتقديم نفس المنتجات أو الخدمات؟

- اذا كان جواب السؤال السابق نعم، ما هي الاحتياطات والتحوطات التي تطلب لغرض حماية العمل واستمراره في حالة الاتفاق على قيامه؟
- تحت أي ظروف ومواقف، وفي إطار أي تكاليف يمكن الاندفاع للخروج أو الانسحاب من اتفاقية الامتياز؟
- اذا ما رغبت في بيع الامتياز لطرف أخر، وكان هذا ممكناً، فهل نستطيع الحصول على مردود مناسب من شهرة وسمعة العمل الذي محتمل أن تؤسس أم ستفقد ذلك؟

(B) الطرف المانح للامتياز

- منذ متى يمارس المانح للامتياز العمل؟
- هل لدى هذا الطرف المانح للامتياز سمعة وشهرة مرموقة، ويتمتع بالصدق والنزاهة في تعاملاته، وله هذا الشيء عند الرياديون المحليون الحاصلون على امتياز وترخيص منه؟
- هل اطلعك هذا الطرف المانح للامتياز على مؤشرات وسجلات وكشوفات تبين بالضبط الارباح الصافية لواحد أو أكثر من المنظمات الحاصلة على امتياز منه ومستمرة في العمل، وهل قمت بفحصها أنت مع واحدة أو اكثر من هذه المنظمات ؟
- هل ان الطرف المانح للامتياز على استعداد وجاهزية للتعاون مع عملك الجديد إذا ما حصل على هذا الامتياز في المجالات التالية:-
  - برنامج تدريب في الادارة.
  - برنامج تدريب العاملين.
  - برنامج للعلاقات العامة.
  - تطوير الافكار التجارية وخاصة في مجالات الشراء، التخزين والتسويق.
  - في المجال المالي وكذلك تمويل مختلف العمليات.
- هل المانح للامتياز على استعداد لتقديم العون والمساعدة في مجال ايجاد موقع مفضل ومتميز لغرض بدء العمل بمشروع الامتياز؟
- هل الطرف المانح للامتياز متمكن مالياً، وبذلك يستطيع الوفاء بخطط التوسع المستقبلي وكذلك التزامات العون المالي؟
- هل المانح للامتياز شركة فردية أم شركة كبيرة يوجد لها ادارة مهنية ذات تجربة وخبرة مستعدة دائماً للتعاون؟
- هل يمكن ان يقدم المانح للامتياز لمشروعك بالضبط ما تعجز انت على عمله او القيام به؟
- هل ان الجهة المانحة للامتياز قد تحققت بعناية وكفاية للتأكد من انك وعملك المنوي اقامته سيحالفه النجاح وبذلك تعم الفائدة طرفي العقد.

(C) الطرف الحاصل على الامتياز (صاحب المشروع)

- كم هو الاحتياج من راس المال لغرض شراء الامتياز وبدء التشغيل حتى بلوغ الدخل من المبيعات القدر الذي يساوي كافة المصروفات والنفقات أي مستوى التعادل الاقتصادي؟
- من أين وكيف سيتم توفير راس المال اللازم لقيام مشروع الامتياز؟
- هل ان مشروعك وانت على استعداد للتضحية ببعض جوانب الاستقلالية لغرض الحصول والتمتع بمزايا يتيحها الامتياز الممنوح؟
- هل تعتقد بصدق باعتبارك صاحب مشروع الامتياز بأنك تمتلك القدرة والقابلية والتدريب والتجربة والخبرة التي تمكنك بيسر وسهولة من العمل مع الجهة المانحة للامتياز، والعاملين وكذلك الزبائن لتحقيق الارباح؟
- هل انت على استعداد وقبول لاستمرار التعاون مع الطرف المانح للامتياز وبالتالي تقديم المنتج أو الخدمة في ظل مشروعك الحالي الى وقت طويل، أو على طول حياتك العملية؟

(D) السوق المتاح لمشروع الامتياز

- هل تم اجراء دراسة معمقة للسوق الذي يمارس فيه النشاط لمعرفة قبول المنتج أو الخدمة المقدمة في اطار هذا الامتياز وبالاسعار التي تعتبر مناسبة لهذا السوق؟
- هل ان عدد السكان في المنطقة التي سيقام مشروع الامتياز فيها يتجه نحو الازدياد، الاستقرار، أم الانخفاض خلال الخمس سنوات القادمة؟
- هل من المتوقع ارتفاع مستوى الطلب على المنتج أو الخدمة المقدمة في ظل الامتياز، البقاء على نفس الحال، أم الانخفاض خلال الخمس سنوات القادمة؟
- ما نوع وشدة المنافسة الموجودة في المنطقة التي يطرح فيها المنتج أو الخدمة من قبل المنظمات الحاصلة على امتياز وباقي المنظمات الاخرى؟

وبعد اتمام خطوة فحص وتقييم الامتياز ننتقل الى الخطوة اللاحقة.

- الحصول على كشوفات افصاح متكاملة وشاملة من الجهة المانحة للامتياز (5)، هنا يتم طلب هذه الكشوفات من قبل الفرد الريادي الذي يروم تأسيس مشروع من خلال الامتياز، ان العديد من فقرات هذه الكشوفات تعطي أجابات على الأسئلة الواردة في الخطوة السابقة، وكذلك تتيح الامكانية لاجراء مقارنات من قبل الريادي بين العديد من الاطراف المانحة للامتياز لغرض اختيار الافضل من حيث التوقعات والكلف والمخاطر.

ان العديد من الكشوفات تقدمها الجهات المانحة للامتيازات إلى الافراد الرياديون الراغبين باقامة الاعمال وفق هذا الاسلوب، ومن أهم تلك الكشوفات:

- الكشوفات المالية للجهة المانحة للامتياز.
- وصف للدعاوى القضائية المتورط فيها الطرف المانح للامتياز والمسؤولين والرؤساء والمديرين.
- معلومات حول الرسوم الاولية للامتياز والدفوعات الاخرى المطلوبة للحصول على الامتياز.
- قائمة بأسماء وعناوين الاطراف الحاصلة على الامتياز من نفس الشركة الام المانحة لهذه الامتيازات.

- حال الحصول على الكشوفات الخاصة بالافصاح عن الجوانب المختلفة من الطرف المانح للامتياز يقوم الريادي بعرض ذلك على المحامي المنتدب والمختص في جوانب العقود والاتفاقات لفحصها واعطاء رأي فني متخصص فيها قبل ابرام عقد الامتياز (6). ويمكن للمحامي ان يقدم أي معلومات يراد الاطلاع عليها وخاصة تلك المرتبطة بالالتزامات والمسؤوليات لكل طرفي العقد.
- وفي المرحلة الاخيرة من اجراءات وخطوات تقييم وانتقاء امتياز معين تأتي خطوة المقارنة بين المعروض من الامتيازات لاختيار الافضل من بينها (7). ويلاحظ ان جوانب الاخلاص والوفاء والولاء وكذلك العدالة في المعاملة يجب ان تكون نصب أعين طرفي الامتياز، حيث المصالح المشتركة والمترابطة بين هاتين الجهتين.

ان الضمانات المقدمة من قبل المانح للامتياز يقابلها التزامات الطرف الحاصل عليه، وهذه الضمانات والالتزامات يجب ان تكون متقابله حيث اذا أخل طرف بمسؤولياته فهذا الامر يدعو الى خلافات وتأثر مصالح كلا الطرفين، ويعرض الشكل (3 - 16) الضمانات والالتزامات لكلا طرفي عقد الامتياز.

شكل (3 - 16)

ضمانات مانح الامتياز والتزامات الحاصل عليه

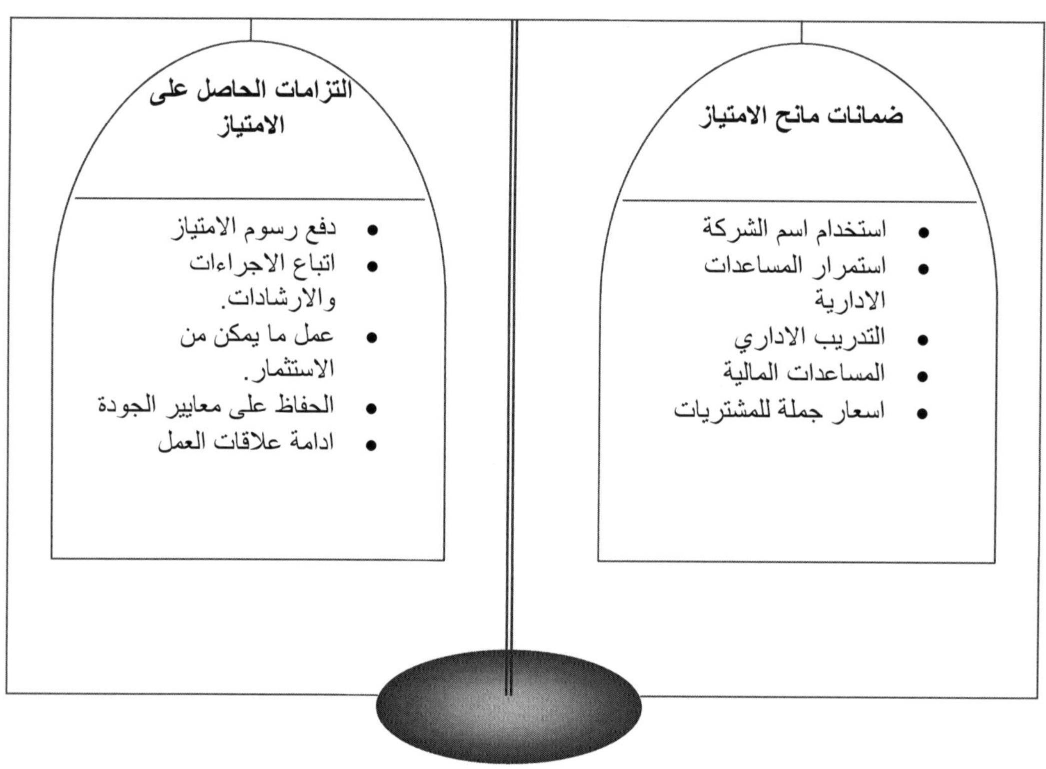

وفي المراحل الاخيرة يتم التفاوض بين الطرفين (الشركة المانحة للامتياز والريادي الراغب باقامة العمل) حول عقد الامتياز بكافة تفاصيله المختلفة لغرض معرفة التزامات كلا الجانبين وتحديد الحالات التي يحق لكل طرف ايقاف العمل بالعقد وأي تفصيلات أخرى. وبعد الاتفاق على كافة الجوانب تكون عملية بيع الامتياز من قبل الشركة الأم المانحة قد تمت بموافقة شراء الامتياز من قبل الريادي مؤسس المنظمة الجديدة ليمارس العمل ويحقق الارباح المرجوة.

حالة نقاشية (3)

مريم شابة طموحة تؤكد دائماً لزملاءها في الجامعة انها لا تفكر في العمل والتوظيف في شركات خاصة أو منظمات حكومية وانها تريد ان تقيم عملها الخاص لكونها تمتلك خصائص الرواد في الاستقلالية وتحمل المخاطر ولديها قدرة عالية على توليد أفكار ابداعية.

لم تنتظر مريم حتى انهاء دراستها الجامعية لتفكر جدياً في اقامة مشروعها الخاص، بل انها وجدت ان تهيئة المقدمات يمكن أن تكون هنا على مقاعد الدراسة بفضل وجود بعض المساقات التي تشجع على ذلك. لقد بدءت تدون في دفتر ملاحظاتها ما يمكن ان يعتبر أفكار فرصية لبدء المشروع الخاص بها. لقد تجمع لديها معلومات مفيدة حول العديد من الجوانب المهمة مثل المؤسسات التي تشجع على اقامة المشروعات الصغيرة، جهات التمويل، حاضنات الاعمال الصغيرة، اجراءات تأسيس الاعمال وغيرها.

ورغم انها بدءت التفكير في كيفية الحصول على امتياز من شركات معروفة لتقديم خدماتها للزبائن، الا انها وجدت عرضياً افكار أخرى فرصية ساعدتها على اقامة عملها الخاص بالكامل، لقد اكتشفت ان في بلدها جالية كبيرة من دول أخرى تبحث عن تلبية حاجاتها الخاصة لذلك اجرت استطلاع ودراسة ميدانية في أماكن تركز هذه الجاليات ووجدت ان بامكانها انشاء مشروعها الخاص وتلبية الاهم من بين تلك الحاجات. لقد نجحت فعلاً في قيام مؤسسة فردية اصبحت مزدهرة ومعروفة وتحقق نتائج اداء مالي وغير مالي جيدة والمطلوب:

(1) تحليل الحالة وعرض بعض الاسباب التي أدت بالانسة مريم اختيار المؤسسة الفردية كشكل قانوني لعملها.

(2) ماذا يسمى نمط الافكار التي بدءت بها الريادية مريم عملها، وهل هي جديرة بالاستثمار واستمرار العمل.

(3) لماذا استبعدت الريادية مريم انشاء مشروعها الخاص من خلال شراء عمل موجود وقائم أو الحصول على امتياز من شركات اخرى.

(4) ضع مجمل هذه الجوانب في تقرير مفصل، وناقش ذلك مع زملائك لتطوير الافكار الواردة فيه.

* أسئلة عامة

1- ماذا يقصد بالشكل القانوني، استعرض أهم العوامل التي تؤثر في هذا الشكل القانوني للاعمال؟

2- اذكر أهم الاشكال القانونية للاعمال؟

3- ما هي أهم خصائص شركات الافراد، ما انعكاسات تأثير هذه الخصائص على طبيعة عمل هذه الشركات؟

4- اذكر أهم ميزات ومساوىء المؤسسة الفردية؟

5- اذكر أهم ميزات ومساوىء شركات التضامن؟

6- اذكر أهم ميزات ومساوىء الشركات المساهمة؟

7- عرف بشكل محدد ما يلي:

* شركة التوصية البسيطة   * شركة المحاصة

* شركة التوصية بالاسهم   * اتفاقية الشراكة

* قوة وكالة الشريك

8- اذكر بعض الاشكال القانونية التي تجمع خصائص مزايا شركات الافراد مع شركات الاموال؟

9- قارن بين الشكل الفردي للاعمال مع الشكل التضامني من حيث نقل الملكية وتحويلها، والقدرة على جذب رؤوس الاموال، ومسؤولية المالكين؟

10- اذكر أهم الاساليب والطرق لقيام الاعمال وممارسة أنشطتها؟

11- ما هي مزايا وعيوب تأسيس عمل جديد بالكامل؟

12- اذكر أهم مزايا وعيوب الاعمال المنزلية؟

13- ما هي مزايا وعيوب شراء عمل قائم وموجود؟

14- اذكر أهم طرق تحديد قيمة المؤسسة أو العمل؟

15- عرف الامتياز، ما هي أطراف عقد الامتياز، اذكر أهم مزايا وعيوب الامتياز لكلا طرفيه؟

** أسئلة نقاش وتفكير ورأي

1- هل يمكن ان تجري احصاءاً لمجموعة من الاعمال الصغيرة والمتوسطة في منطقتك، اذكر اسماءها ثم حدد الشكل القانوني لكل منها؟

2- طور استبيان من (20) عشرون سؤال موجهة لاصحاب المشروعات الصغيرة، تستهدف اكتشاف أهم المشاكل التي تواجهها هذه المشروعات والمزايا التي تتمتع بها؟ أجري تحليل آولي لنتائج هذا الاستبيان وعلق عليها؟

3- في اطار نمط الافكار التي تصلح لقيام الاعمال الصغيرة (أ ، ب ، ج) حدد مجموعة من الاعمال في كل نمط من هذه الافكار؟

4- في اطار مجموعة المزايا والمساوىء الخاصة بكل أسلوب من اساليب قيام الاعمال الصغيرة (عمل جديد بالكامل، شراء عمل قائم، الحصول على امتياز) أين تجد نفسك أقرب اذا ما فكرت تملك مشروع صغير.

5- في تقديرك لماذا يميل أغلب الافراد الى انشاء اعمال وفق صيغ قانونية تجمع بين الشكل الفردي والشكل المالي المساهم.

***** اسئلة خيارات متعددة**

1- جميع الآتي هي شركات أفراد عدا واحدة حددها

A– المؤسسة الفردية　　B- شركة الشخص الواحد

C- شركة التوصية البسيطة　　D- شركة المحاصة

2- ان احتمالية ان يخسر المالك اكثر مما استثمره في المنظمة أو العمل يسمى:

A– المسؤولية المحدودة　　B- الشركة الفردية

C- المسؤولية الكاملة　　D- المسؤولية الادارية

3- جميع ما مذكور ادناه هو مساوىء للشركات الفردية عدا واحدة:

A– محدودية راس المال

B- المسؤولية غير المحدودة اتجاه الغير

C- صعوبة الحصول على ائتمان

D- شكل سهل وبسيط لتنظيمه وتوجيهة عملياته وانهاءه

4- حدد ما هو اشكالية وسوء لشركات التضامن

A– سهولة التكوين　　B- فوائد ضريبية

C- تقاسم ثقل العمل والمسؤوليات　　D- حياة واستمرارية محدودة

5- تسمى قابلية أحد الشركاء في تقييد الشركاء الاخرين بشكل قانوني وشرعي

A– شركة المحاصة　　B- قوة وكالة الشريك

C- مسؤولية الشريك　　D- التزام الشريك

6- شركة يكون فيها جميع الشركاء من الموصون، وبذلك تجمع بين المسؤولية المحدودة والاستفادة من مزايا الضرائب.

A– شركة التوصية البسيطة المحدودة (L.L.P)　　B- الشركةالمساهمة

C- اعمال ذات كثافة راسمالية　　D- شركة التوصية البسيطة.

7- تدعى الاعمال التي تعتمد بشكل اكبر على المعدات وراس المال في عملياتها وأنشطتها

A- الاعمال الالكترونية
B- اعمال ذات كثافة عمالية
C- اعمال ذات كثافة راسمالية
D- اعمال افتراضية

8- جميع الاتي هي مزايا لاقامة وتأسيس عمل جديد بالكامل عدا واحدة

A- القدرة والقابلية على خلق الميزات التنافسية
B- اشكالية اختيار القدرات والمهارات المطلوبة
C- تجنب السمعة السيئة لبعض الاعمال
D- الشعور بالزهو وعند ايجاد عمل لم يكن موجود سابقاً

9- تسمى مديات السوق الذي تنافس فيها الاعمال، فقد تكون واسعة أو محدودة

A- نافذة فرصية
B- المجال
C- منافذ التوزيع
D- قوة الاعمال

10- اذا كانت افكار البدء لتأسيس وقيام عمل جديد مركزة على التكنولوجيا وتدور حول تزويد المستهلكين بمنتجات جديدة فهذه الافكار هي

A- Type A Ideas
B- Type B Ideas
C- Type D Ideas
D- Type C Ideas

11- جميع الاتي هي مصادر لافكار لبدء اعمال جديدة ما عدا واحدة

A- الخبرة والتجربة السابقة
B- الهوايات والانشطة والرغبات
C- البحث المقصود والمتعمد
D- السرعة في القرارات

12- الفكرة التي تفتح فرص تصبح متاحة بعد ان يبدء الفرد الريادي بالعمل تسمى

A- مبدأ الكلدور Corridor principle
B- اكتشاف بالصدفة Serendipity
C- نافذة فرصية Window of opportunity
D- دراسة الجدوى feasibility study

13- الاتي ثلاث مجموعات تتنافس الاعمال في اطارها وواحدة ليس منها أشرها

A- تميز في العمليات
B- آلفة ومودة مع الزبائن
C- انتاجية عالية
D- قيادة المنتج

14- في بداية تأسيس منظمة الاعمال وفي المرحلة الاولى تكون المنظمة

A- تنمو بالابداع والاحتمال مواجهة ازمة قيادة
B- تنمو بالتفويض واحتمال مواجهة ازمة سيطرة ورقابة
C- تنمو بالتوجيه واحتمال مواجهة ازمة استقلالية
D- تنمو بالتنسيق واحتمال مواجهة ازمة بيروقراطية

15- جميع الاتي هي مساوىء محتملة لشراء عمل قائم وموجود ما عدا

A- صعوبة تغيير الصورة الذهنية اذا كانت غير جيدة
B- سرعة الدخول للسوق وممارسة النشاط
C- قيود ومحددات في مجال المخزون والمستلزمات والمعدات
D- العاملون لا يملكون الخبرات والمهارات ويعارضون تغيير الملكية

16- اصول تملكها المنظمة ولها قيمة، لكنها غير مرئية

A- الموجودات الملموسة
B- الموجودات غير الملموسة
C- الشهرة أو السمعة
D- الموجودات المادية

17- جميع الاتي هي مداخل وأساليب تعتمد لتخمين قيمة المنظمة أو العمل ما عدا

A- التقييم المستند الى الموجودات
B- التقييم القائم على المقارنات
C- التقييم المستند على مجرى النقد (التدفق النقدي)
D- التقييم المستند على المنافسة

18- يدعى الاتفاق القانوني بين الطرف المانح للامتياز والطرف الحاصل عليه

A- اتفاق ووثيقة عدم منافسة
B- متطلبات الاجتهاد
C- عقد الامتياز
D- امتياز صيغة العمل

19- جميع ما يلي هي ميزات يحصل عليها مانح الامتياز ما عدا واحدة

A- تقاسم بعض كلف التسويق والتوزيع

B- الحصول على رضا الزبائن لمنح الامتياز لتجار محليين

C- تحقيق دعاية أوسع بفضل نشر الامتياز

D- تقاسم الأرباح

20- يدعى امتياز تجارة التجزئة مع تسهيلات من مخازن كبيرة مضيفة لها

A- امتياز التصنيع

B- امتياز التعايش (الرديف)

C- امتياز تطوير منطقة

D- امتياز الترخيص الرئيسي

المصـــادر

تم ترتيب المصادر كما وردت في تسلسلها في المتن

1- برنوطي، سعاد (2005): " **ادارة الاعمال الصغيرة، ابعاد للريادة** "، دار وائل للنشر، عمان، الاردن.

2- توفيق عبد الرحيم يوسف (2002): " **ادارة الاعمال التجارية الصغيرة** "، دار صفاء للنشر والتوزيع، عمان، الاردن.

3- Steinhoff, Dan and Burgess, John (1993): "**small business management fundamentals** ", 6th edition, McGraw – Hill, International editions, Singapore.

4- Steingold, Fred (2003): "**legal guide for starting and Running a small business**", 7th edition, Berkeley CA: No. 10 press, U.S.A.

5- عبد السلام، عبد الغفور وأخرون (2001): " **ادارة المشروعات الصغيرة** "، دار صفاء للنشر والتوزيع، عمان، الاردن.

6- العطية، ماجدة (2002): " **ادارة المشروعات الصغيرة** "، دار المسيرة للنشر والتوزيع والطباعة، عمان، الاردن.

7- عفانة، جهاد عبدالله وأبو عيد، قاسم موسى (2004): " **ادارة المشاريع الصغيرة** "، دار اليازوري للنشر والتوزيع، عمان، الاردن.

8- Kuratko, Donald and Hodgetts, Richard (1998): "**Entrepreneurship a contemporary approach**", The Dryden press, 4th edition, U.S.A.

9- Duquette, Robert, E: "Corporate tax planning ideas and pitfalls", **Management Accounting**, July, 1991.

10- المنصور، كاسر نصر وجواد، شوقي ناجي (2000): " **ادارة المشروعات الصغيرة** "، دار الحامد للنشر والتوزيع، عمان، الاردن.

11- Siropolis, Nicholas (1997): "**small business management** ", Houghton Mifflin company, Boston, U.S.A.

12- Welsh, John, A and white, Jerry, F: "A small business is not a little Big business", **Harvard Business Review**, July - August, 1981.

13- Longenecker, Justin, G et al (2006): "**small business management an entrepreneurial emphasis**", south - western, Thomson publishing company.

14- Brouthers, Keith, D et al: "Driving Blind, strategic decision making in small companies", **long Range planning**, vol. 31, No. 1, 1998.

15- برنوطي، سعاد (2001): " **الاعمال، الخصائص والوظائف الادارية** "، دار وائل للنشر، عمان، الاردن.

16- Megginson, Leon, C et al (2003): "**Small Business Management, an entrepreneur's guidbook**", 4th edition, International edition, Irwin, McGraw - Hill.

17- النجار، فايز جمعة والعلي، عبد الستار محمد (2006): " **الريادية وادارة الاعمال الصغيرة** "، دار الحامد للنشر والتوزيع، عمان، الاردن.

18- زيارة، فريد فهمي (2006): " **المبادىء والاصول للادارة والاعمال** "، مطبعة الشعب، اربد، الاردن.

19- Hatten, Timothy, S (2006): " **small Business Management, Entrepreneurship and beyond**", Houghton Mifflin company.

20- Hopson, James and Hopson Patricia: "Helping clients choose the legal form for a small Business ". **The practical Accountant**, October, 1990.

21- Evanson, David, E: "Found Money", **Entrepreneur**, April, 1995.

22- Cheeseman, Henry, R (2003): "**Contemporary business and E-Commerce law**", Prentice Hall, New Jersey, U.S.A.

23- Barnes, James, A (2000): "**Law for Business**", 7th edition, McGraw - Hill, New - York, U.S.A.

24- Copperthwaite, William: "Limited liability company: the choice of the future", **Commercial law Journal**, Summer, 1998.

25- Beguin, Verona (ed): "**small Business Institue student consultant's Manual**", Washington, D.C, U.S small Business Administration, Appendix FS, 1992.

26- Gervais, M : "pour une theorie de l'organisation PME", **Revue Francaise de Gestion**, No. 15, Mars - April, 1978.

27- Sloan, A.P (1964): "**My years with General Motors**", Garden city, Double Day, New – York, U.S.A.

28- ياسين، سعد غالب (2005): " **الادارة الالكترونية وآفاق تطبيقاتها العربية**"، معهد الادارة العامة، المملكة العربية السعودية.

29- أبو فارة، يوسف أحمد (2004): " **التسويق الالكتروني، عناصر المزيج التسويقي عبر الانترنت** "، دار وائل للنشر، عمان، الاردن.

30- Ghosh,s; " Making Business sense of the Internet" **Harvard Business Review**, March – April, 1998.

31- العامري، صالح مهدي والغالبي، طاهر محسن (2007): **الادارة والاعمال** "، دار وائل للنشر، عمان، الاردن.

32- Bhide, Amar: "Bootstrap finance, the art of start – ups, **Harvard Business Review**, vol. 70, No. 6, November – December, 1992.

33- Timmons, Jeffry and Spinelli, Stephen (2004): "**New venture creation: Entrepreneurship for the 21st century**", Irwin, Boston, U.S.A.

34- Kansas, David (1993): "Don't Believe It", Report on small Business, **wall street Journal**.

35- Hise, Phaedra: "where Great Business Ideas come from", **Inc.,** September, 1993.

36- Martin, Neil: "Invincible spirit", **Success,** October, 1994.

37- عنبة، هالة محمد لبيب (2002): " **ادارة المشروعات الصغيرة في الوطن العربي** ". المنظمة العربية للتنمية الادارية، بحوث ودراسات، القاهرة، مصر.

38- Kopcso, David et al (1987): "**The corridor principle, independent entrepreneurs versus corporate entrepreneurs**", In, "Frontiers of entrepreneurs research", Wellesley, MA Babson college, U.S.A.

39- Torress, Nichole: "Roamin Holiday", **Entrepreneur**, vol. 13, No. 9, September, 2003.

40- Drucker, peter (1993): "**Innovation and entrepreneurship**", Harper Business, New – York, U.S.A.

41- Drucker, peter: "The discipline of innovation ", **Harvard Business Review**, vol – 76, No. 6, November – December, 1998.

42- يسري، خضر اسماعيل (1994): " **دراسات الجدوى** "، دار الثقافة العربية، القاهرة، مصر.

43- الشيخ، فؤاد نجيب: " ممارسات التخطيط في منشأت الاعمال الصغيرة في دولة الامارات العربية المتحدة"، **المجلة العربية للعلوم الادارية**، جامعة الكويت، المجلد (7)، العدد (1)، يناير، 2000.

44- Treacy, Michael and Wiesema, Fred: "How market leaders keep their edge", **Fortune**, 6 February, 1995.

45- Greiner, L.: "Evolution and revolution as organization grow", **Harvard Business Review**, July – August, 1972.

46- Horovitz, Jacques et pitol – Belin, J.P (1984): "**strategie pour la PME**", McGraw – Hill, Paris, France.

47- Bowman, C. and Asch, D (1996): "**Managing strategy**", Macmillan press.

48- Joyce, Paul and woods, Adrian (1996): "**Essential strategy Management**", 1st edition, Clays ltd, Great Britain.

49- الغالبي، طاهر محسن وحسين، شحدة حسين: " استراتيجية التنويع والاداء المالي، دراسة ميدانية في منشأة عراقية"، **مجلة دراسات**، الجامعة الاردنية، العلوم الادارية، المجلد (30)، العدد (2)، تموز 2003.

50- Wold, David (2000): "**Nxlevel guide for entrepreneurs**", west Foundation, Denver, U.S.A.

51- Parker, Richard (2004): "**Due diligence investigating a Business**", WWW.bizquest.com

52- العباسي، غالب (2004): " **ادارة المشاريع** "، جامعة القدس المفتوحة، الطبعة الثانية، عمان، الاردن.

53- Siropolis, Nicholas (1994): "**small Business Management, a guide to entrepreneurship**", Houghton Miffline, Boston U.S.A.

54- Dicke, Thomas (1992): "**Franchising in America, the development of a business method**", Chapel Hill, university of North Carolina press, U.S.A.

55- U.S. Department of Commerce: "**Franchise opportunities Handbook**', Washington, D.C, U.S Government printing office, June, 1991.

الفصل الرابع

تطوير خطة العمل وتمويل الأعمال المتوسطة والصغيرة

Developing Business plan and Financing Small and Medium Firms

الفصل الرابع

تطوير خطة العمل وتمويل الأعمال المتوسطة والصغيرة

Developing Business Plan and Financing Small and Medium Firms

بعد دراستك لهذا الفصل تستطيع ان تعطي اجابات بلغتك الخاصة على الآتي :

1) توضيح لماهية خطة العمل، ومبررات الحاجة لها وأنواعها.

2) معرفة محتويات خطة العمل، وخصائصها ومكوناتها.

3) تبيان مراحل اعداد خطة العمل، والأخطاء المحتمل الوقوع فيها.

4) معرفة الجوانب التمويلية، وأهميتها للأعمال الصغيرة.

5) تحديد متطلبات التمويل، ومعرفة أهم مصادر التمويل.

6) مناقشة ضرورات التخطيط المالي للأعمال الصغيرة الجديدة.

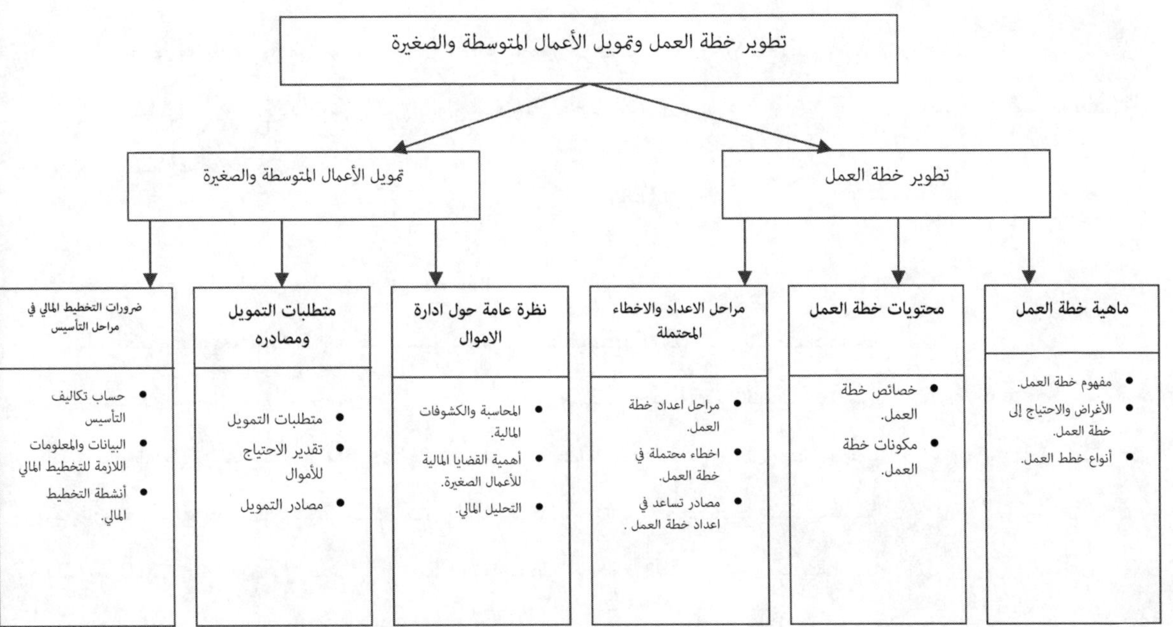

المقدمة Introduction

ان منظمات الاعمال الناجحة في الغالب هي اعمال وجدت ضمن ولادة طبيعية وصحيحة، كما انها استندت الى دراسات وعملية تخطيطية سليمة وشاملة. وتشير الوقائع الى أن نسبة الفشل في الاعمال الصغيرة تكون عالية إذا لم يعتني بخطة العمل الاولية ولم تحظى اجراءات التمويل بأهمية ووضوح كافي. في هذا الفصل سيتم التركيز على هذين الامر، حيث يكرس الجزء الاول من الفصل إلى خطة العمل ويتم استعراض جوانب التمويل المهمة في الجزء الثاني من هذا الفصل.

تطوير خطة العمل Developing Business plan

كيف يمكن لنا ان نتصور أن الاعمال الناجحة اليوم في الدول الصناعية والدول النامية قد بدءت دون ان يكون هناك خطة عمل قد وضعت بعناية تحكي جوانب من قصة هذا النجاح وامكانية انتقال المنظمة واستمرارها ونموها وتطورها. هكذا نرى ان هذه المنظمات كان لديها خطة عمل عند بدء نشاطها ووجودها.

* ماهية خطة العمل The Essence of the Business plan

لغرض اعطاء تصور واضح وشمولي عن خطة العمل، سوف نستعرض أولاً المفهوم ومن ثم الاحتياج إلى خطة العمل والاغراض الاساسية منها في فقرة ثانية وأخيراً الانواع المحتملة لخطط العمل التي يمكن أن توجد وتستخدم من قبل الرياديون الراغبون بأقامة أعمالهم الصغيرة.

- **مفهوم خطة العمل Business plan concept**

ان خطة العمل Business plan هي وثيقة رسمية تحضر وتطور لوصف العمل الذي يتم اعدادها من أجله وتستخدم لفحص جوانب الجدوى من فكرة هذا العمل وكذلك للحصول على التمويل المناسب وأيضاً كخارطة طريق للانشطة والعمليات المستقبلية (**Nickels et al**: 2002: 189). ان خطة العمل يمكن ان يعطى لها تعاريف عديدة وذلك لكون المواقع المختلفة تفترض وجود خطط عمل متباينة. لذلك يرى أغلب الباحثون كون هذه الخطة تمثل وثيقة تعطي الخطوط العامة لمدى إمكانية اعتبار فكرة العمل الذي تعد له الخطة تمثل فرصة واعدة أخذين في الاعتبار المتطلبات الأساسية لبدء

> *** خطة العمل**
>
> **Business plan**
>
> وثيقة تصف العمل وتستخدم لفحص جدوى فكرة العمل، والحصول على راس المال وكذلك تخدم كخارطة طريق للعمليات المستقبلية.

العمل وتطوره اللاحق. ان خطة العمل تمثل خطة فعاليات وهي واحدة من أهم الوثائق الاساسية لبدء المنظمات الريادية الصغيرة. ان الفرد الريادي يعتبر خطة العمل خارطة تسمح له بامكانية نقل أحلامه ورغباته إلى أرض الواقع لبدء العمل دون تهور أو مجازفة غير محسوبة العواقب (**Sahlman**: 1997 : 98 - 108).

ان خطة العمل يفترض ان تعطي أجابات قاطعة وواضحة على أسئلة اساسية ومهمة يتمخض عنها فحص واختبار الفكرة الاساسية للعمل المراد قيامه من قبل فرد أو مجموعة أفراد. انها تمكن ان يتم في اطارها اعطاء وصف للوضع الحالي الرغبة في الاتجاه والذهاب الى أين، وكيف نصل الى هناك. أن خطة العمل تستخدم بشكل آولي بطريقتين (**Longenecker et al**: 2006 : 105 - 106).

- تمكن من اعطاء كشف بالاهداف والاستراتيجيات التي يعتمدها الافراد للمنظمة.
- تساعد على تطوير العلاقات مع الاطراف الخارجية المحتمل ان يقدموا مساعدات للعمل الصغير لانجاز الاهداف.

هكذا فأن خطة العمل تعتبر ضرورية جداً للاعمال الجديدة والتي تقام وتتواجد لكونها تستخدم ويستفاد منها أطراف داخلية وأطراف خارجية لاحظ الشكل (4 - 1).

شكل (4 - 1)

المستخدمون لخطة العمل

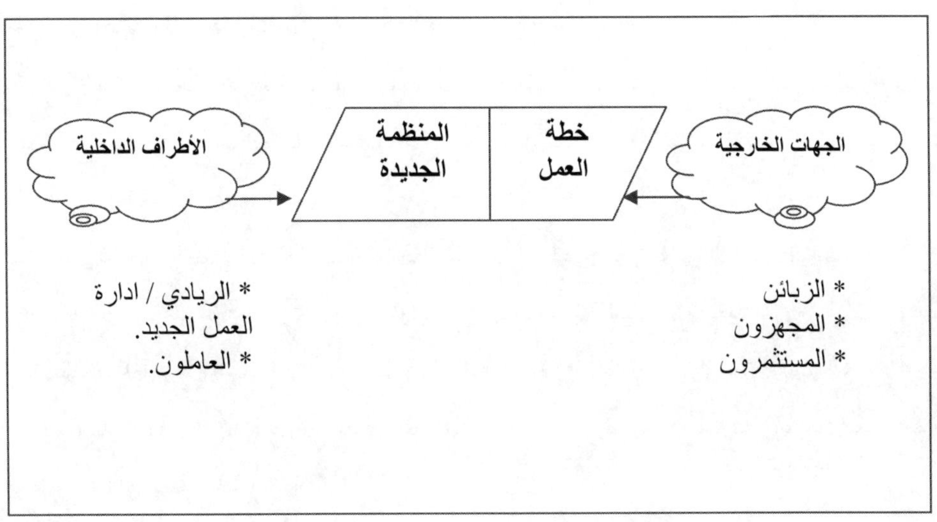

ان الريادي الراغب في اقامة عمل جديد يمكن ان تمثل خطة العمل بالنسبة له وسيلة مناسبة تعطي ثلاثة أهداف أساسية وهي:

1- تحديد طبيعة ومحيط فرصة العمل والتي تتمحور حول الاسباب المساهمة في وجود فرصة العمل هذه.

2- عرض المدخل المستخدم من قبل الريادي لوضع مجمل الخطط لاستغلال واستثمار الفرصة.

3- التعرف على العوامل التي تحدد النجاح المستقبلي للعمل.

لذلك يعرف الباحث (Gumpert: 2003 : 10) خطة العمل بمنظور عملي مركزاً على كيفية استخدامها للوصول إلى الفعل الحقيقي. لقد اعتبرها الباحث بكونها " وثيقة تعرض وتقنع بكون العمل يمكن أن يبيع بكفاية المنتج أو الخدمة لتوليد أرباح مرضية ويمكن أن تجذب مصرفيون محتملون لتمويل العمل ".

هنا فأن خطة العمل تمثل وثيقة اقناع لمستثمرين أساسيين بعضهم داخل المنظمة وأخرين خارجها. هكذا " تباع " وثيقة الاقناع هذه لاطراف يروم الريادي الحصول على دعمهم ومساعدتهم ومن خلال هذه الوثيقة يعرض هذا الريادي الفرصية والاحتمالية الكامنة لتصبح هذه الفرصة متجسدة بعمل حقيقي على أرض الواقع وأن هذا العمل يحقق ارباح متصاعدة وعالية.

ومن الطبيعي ان نجاح العمل الجديد يتوقف أيضاً على مدى الرصف والمحاذاة والمؤازرة بين الاهداف الموضوعة لهذا العمل وبين الاهداف والتطلعات الشخصية للفرد الريادي المؤسس لهذا العمل.

أن وضع وايجاد خطة العمل، تتطلب من الريادي ان يحدد بشكل واضح وجلي المتغيرات الرئيسية المهمة التي تساهم في نجاح العمل الجديد وكذلك تلك التي قد تقود إلى الفشل والتراجع. ان هذه الجوانب تصبح أسس تقود الى التفكير المتعمق والدقيق لما يمكن أن يؤدي إلى الفعل الصحيح أو العكس. هنا فأن كتابة خطة العمل تساعد على رؤية استشرافية لمختلف المواقف المحتملة وكيفية التعامل معها.

- **الاغراض والاحتياج الى خطة العمل Purpose and need for Business plan**

ان كون خطة العمل تحكي لقراءها أهداف الاعمال، وكيف تتحقق وأين، ومتى ولماذا ومن المعني ويشارك في هذا الامر لذلك يتطلب الامر العناية الكبيرة في اعدادها. أن وجود الخطة يعتبر الفرق الجوهري بين المبادر في تبني وتطوير العمل وفق صيغ وأفكار مدروسة وبين من يعمل وفق ردود الفعل الآنية.

ومع ذلك فأنه لا يمكن القول ان جميع الاعمال تحتاج إلى خطط اعمال موحدة وضمن نفس الاطر في التحليل ومناهج العمل، حيث أن هذا الاحتياج يعتمد على العديد من العوامل والمؤثرات. في حالات معينة لبدء عمل جديد فأن البيئة تكون مضطربة جداً وبالتالي تصبح العملية التخطيطية الواسعة والشاملة والتفصيلية قليلة الفائدة. وقد يجد الرياديون أنفسهم في مجالات جديدة يصعب فيها الحصول على معلومات كافية لغرض اعداد خطة وفق ما يطمحون إليه. في هذه المواقف تصبح القدرة على التكيف أكثر أهمية للنجاح قياساً الى خطة مرتبة تفصيلاً

للمستقبل (Longenecker et al: 2006 : 106). من الضروري ان لا تكون خطة العمل معيقة لامكانية المؤسسة في التكيف مع المواقف المتغيرة.

ان العملية التخطيطية قد تكون سبباً في اشكالية عندما يكون الوقت ضروري وحرج بالنسبة للاستفادة من الفرص، حيث تتطلب حالات معينة صيغ عملية وبسرعة في حين ان العملية التخطيطية المعمقة قد تعرقل ذلك. ان هذا لا يعني اتخاذ الوقت وسرعة الاستجابة حجة دائمية لعدم التخطيط. ويلاحظ ان بعض الاعمال والمؤسسات الناجحة اليوم في العالم الغربي عامة والولايات المتحدة خاصة كان الرواد والمؤسسين لها يركنون أكبر على الاستجابة وسرعة المبادرة قياساً للاهتمام التفصيلي والشامل للعملية التخطيطية، وبذلك فانهم أقرب الى الفرصة وسرعة الاستفادة منها.

ورغم وجود مشاكل واشكالات في العملية التخطيطية ووضع خطة عمل تفصيلية، الا ان هذا الامر لا يعني عدم فائدتها، كذلك لا يعني ان نجاح بعض الرياديون بالمبادرة عدم نجاح العديد من خلال خطة عمل مدروسة ومعدة بدقة. قد تنجح بعض الانشطة بالصدفة، ولكن لا شيء اكثر فظاعة من أنشطة دون بصيرة. هكذا تكون عمليات التخطيط مراحل فكرية وتبصر ضرورية تأتي لتجاوز المضاربة غير المحسوبة العواقب. ويفترض ان تكتمل هذه العمليات الفكرية بكتابة خطة العمل والتي تعبر عن منهج نظامي مفتوح يغطي العوامل الاساسية التي تؤخذ في الاعتبار عند بدء العمل الجديد. هنا يكون التركيز على المتغيرات المؤدية للنجاح لغرض تعزيزها وكذلك العوامل المحتملة للاعاقة والفشل لتجنبها.

ويبدوا أن هناك أغراض متعددة وراء كتابة خطة العمل، وتمثل فوائد عديدة يحصل عليها العمل المتوسط أو الصغير عند بدء قيامه وتأسيسه.

لقد عرض الباحث (Hatten: 2006 : 103) ثلاث دواعي ومبررات أساسية وراء كتابة خطة العمل، أولها المساعدة في تحديد جدوى فكرة المنظمة الجديدة، والثاني لجذب رؤوس أموال لبدء العمل، والثالث الاستعداد والجاهزية لتوجيه وادارة العمل عندما يكون قد بدء بممارسة النشاط.

- **اختبار الجدوى لفكرة العمل** **proving business Idea Feasibility**

ان كتابة خطة العمل واحدة من طرق فحص فكرة العمل بشكل دقيق ومعمق، كذلك تساهم في تقليل النزوع والميل نحو المبالغة في التكاليف. ان قدرة الريادي أو الافراد المؤسسين على نقل الافكار الاساسية للعمل على الورق تجعلهم ينظرون بعناية تامة الى الوسائل، والاهداف والتوقعات من ممارسة النشاط الفعلي للمؤسسة وتحقيق ما يصبون اليه. ان تفكير أغلب الافراد لبدء عمل صغير جديد يخدع بالحماس غير المنضبط أو العواطف المتذبذبة، وهكذا تكون مراحل التطوير للعمل اجراءات عاطفية متسرعة لا تقاوم اختبار الكفاءة والفاعلية للمدى الطويل.

ان الريادي لا ينتظر حتى تكون جميع الامور ميسرة لكي يمتلك عمله الخاص بل يجب ان يبحث عن الفرص الواعدة ويستغلها بأفضل الاساليب وحتى السوق والزبائن هم ليسوا حالة جامدة موجودة بل متحركة

خفية يمكن أن تخلق بالعمل الجاد والمثابر والجهد وفحص الافكار. ان الهدف الاولي للاعمال هو الاستمرار والتواجد للامد الطويل لكي نفحص فيما اذا كان العمل مجدي أم لا أو لتقدير مدى الاحتياج لرؤوس الاموال. من غير الممكن هنا المعرفة الاكيدة فيما اذا كان العمل قابل للحياة والنمو حتى نجعل من هذا العمل حقيقة واقعة ووجود فعلي يمارس النشاط **(Burlingham** : 1995 : 30 - 45). هنا تتجسد أهمية كتابة خطة العمل حيث تساعد هذه الخطة على التحرك بقوة من العواطف الشخصية الى اتخاذ القرار ضمن عمليات ومراحل تفحص بعناية وضمن معطيات من الواقع.

- **اجتذاب رؤوس الاموال Attracting Capital**

في أغلب حالات بدء الاعمال الجديدة يتطلب الامر تأمين الاموال المناسبة من البنوك أو مؤسسات التمويل الاخرى. وعادة ما يثير المصرفيون أو المستثمرون الراغبون في المساهمة في التمويل للاعمال الجديدة سؤال حول خطة العمل لدراستها ومكوناتها من قبلهم قبل اتخاذ القرار النهائي بالتمويل. هنا يحتاج الريادي إلى اقناع جهات التمويل من جدوى المؤسسة التي سيقيمها وانها تحمل صفات الاستمرارية والنجاح.

ان البنوك في الغالب متحفظة ولا تقبل المخاطرة العالية عند التمويل، لذلك فانها قبل ان تخاطر في الاموال تريد أن تطمأن على ان مشروع الفرد أو المجموعة الريادية يستحق الرعاية والمساهمة التمويلية فيه. لذلك تعد خطة العمل وتقدم مع طلب الحصول على التمويل من خلال القروض الى الجهات المعنية بمنح التمويل (**العامري والغالبي**: 2007 : 184).

ان هذه الجهات تفحص واقعية فكرة العمل وجديتها وامكانات نجاحها ونموها واستمرارها على المدى الطويل. ان عرض جوانب الاشكالات المحتملة وسبل التعامل معها اضافة الى الجوانب الفرصية كقوة ممكنة للنجاح ضمن مفردات خطة العمل يجعل من هذه الخطة اكثر واقعية وصدق في التعبير عن مستقبل المنظمة المراد انشائها، وبالتالي تسهل عملية الحصول على رؤوس الاموال المناسبة.

- **ترقية وتجويد التوجيه والادارة providing direction and Management**

تمثل خطة العمل خارطة طريق للعمليات المستقبلية، ومن الضروري أن تكون مفردات هذه الخطة واضحة وتحمل اهداف صريحة تروم التقدم باتجاهها. ان خطة العمل تمثل موجة للامد الطويل تساعد الاعمال الجديدة على تجاوز العديد من المشكلات التي يحتمل ان تواجهها. ان الاحتياط واتخاذ الاجراءات الوقائية من خلال وجود خطة العمل يساعد على عدم الوقوع في اشكالات غير محسوبة. ان هذا الامر لا يعني ان الخطة والاتجاه ثابت ولا يغير وفق متطلبات التكيف مع الظروف والاحوال.

ان كتابة خطة العمل في عدد من الصفحات لا تتجاوز (40) صفحة في الغالب ضروري جداً لاعطاء رؤية وأهداف في كافة أطر العمل والانشطة الرئيسية.

- **أنواع خطط العمل Types pf Business plans**

ان بعض الاشكالات المحتمل ان تواجه خطة العمل لا يعني ترك العملية التخطيطية بل يتطلب الامر التعهد يجعل العملية التخطيطية فعالة.

ان اختلاف الظروف والاحوال والمواقف تدعو إلى احتياجات مختلفة من وضع خطة العمل، وهكذا تتواجد أنواع من خطط الاعمال مختلفة.

ان الفرد الريادي وهو يمارس عملية كتابة خطة العمل لديه خيارين رئيسيين هما (Longenecker et al: 2006 : 107 - 108)

* **خطة مختصرة**

summary plan

نوع من خطة العمل قصيرة تعرض القضايا المهمة فقط واسقاطاتها المستقبلية المهمة على العمل.

- **خطة مختصرة** ***The summary plan***

وهي خطة قصيرة مركزة تعرض الجوانب المهمة جداً والقضايا الرئيسية وتحاول اسقاط الاهم منها للعمل الجديد. ان هذا النوع يتم التركيز فيه بثقل على القضايا التسويقية مثل الاسعار والمنافسة وقنوات التوزيع، وتعطي قليل للاجراءات والطرق للمعلومات الداعمة. وهذا النوع من خطط العمل يكون ملائم خاصة في الحالات التي يحصل فيها العمل الجديد على دعم خارجي من المصارف في التمويل.

ان الخطة المختصرة تكون مرضية للممولين والمستثمرين، خاصة عندما تحتوي على تنبؤات مالية للنتائج. ويلاحظ محدودية قيمة هذا النوع عند يوجد هناك عدم تأكد عالي في البيئة التي سوف يتواجد فيها العمل الجديد. وبشكل عام ان وجود خطة مختصرة هو افضل في جميع الاحوال من عدم وجود خطة على الاطلاق.

* **خطة شمولية**

The comprehensive

خطة عمل كاملة تحوي على تحليل معمق للعوامل الحرجة والتي تحدد نجاح وفشل المنظمة الجديدة تحت مختلف الاحوال والافتراضات.

- **خطة شمولية** ***The comprehensive plan***

في العادة يفضل الرياديون والمستثمرين كتابة خطة عمل وفق هذا الاسلوب والنوع. وخطة العمل الشمولية هي خطة عمل كاملة وتحوي على تحليل متعمق للعوامل المهمة الحرجة والتي تحدد وتؤشر نجاح أو فشل العمل المنوي انشاءه تحت مختلف الاحوال والافتراضات. ان هذا النوع من خطط الاعمال يكون مفيد عندما

- يصف الفرصة الجديدة والتي سيبدأ بها كعمل جديد.
- مواجهة التغييرات المهمة في العمل أو بيئة الخارجية.
- توضيح المواقف المعقدة للعمل.

* **محتويات خطة العمل Content of a Business plan**

ان محتوى خطة العمل يفترض ان ينسجم مع الاهداف المتوخاة من اعدادها. لذلك من الضروري ان تتحدث الخطة بلغة الممولين والمستثمرين وتعطي اجابات واضحة على ما يودون معرفته بشأن العمل الجديد واحتمالات نجاحه وسبل معالجة المشاكل المحتملة الظهور. ان الريادي يجب ان يعرف المهم من غير المهم بالنسبة للمستثمرين وغيرهم من الاطراف الخارجية المحتمل طلب موافقتهم ومساعدتهم للمنظمة التي ينوي انشائها، لذلك فأنه يعرض فكرة العمل والمفاهيم الاخرى بطريقة واضحة وذات معنى محدد لهم.

- **خصائص خطة العمل characteristics of a Business plan**

في اطار تجربة وخبرة طويلة في العمل في مجال الاعمال الصغيرة ووضع خطط العمل قدم الباحثان (**Rich and Gumpert**: 1985: 126 - 127) عرض لخصائص خطة العمل التي يمكن ان تشجع المستثمرين على المساهمة في التمويل. ويمكن ان نلخص في ادناه ما يعتبر هيئة أو نمط خطة العمل الناجحة:

- يجب ان ترتب على نحو مناسب، مع ملخص تنفيذي، وقائمة محتويات، وفصول في ترتيب ونمط صحيح.
- يجب ان تكون بطول وامتداد صحيح، وبمظهر صحيح - لا طويلة، ولا قصيرة، لا مغرقة بالوهم والخيال، ولا ممتلئة بتخمة زائدة.
- ان تعطي معنى للذي سوف ينجز من قبل المؤسسين والمنظمة وتوقعاتهم للثلاث أو الخمس سنوات القادمة.
- ان توضح بصورة كمية ونوعية طبيعة الفوائد التي يحصل عليها المستخدمون لمنتجات وخدمات المنظمة.
- أن تعرض أدلة قوية على امكانية عرض المنتجات في السوق وكذلك بيع الخدمات.
- ان تثبت الاهلية المالية للخيارات الاساسية لبيع المنتجات والخدمات.
- يجب ان توضح، وتبرر مستوى تطوير المنتج الذي سيقدم وان تصف بشكل مناسب من التفصيل عمليات التصنيع والكلف المرتبطة بها.
- يجب ان تصور الشركاء كفريق وبخبرات مديرين مع مهارات اعمال متممة ومساعدة.
- يفترض ان توحي مستوى كلي وعالي من التثمين الممكن لمنتجات العمل وكذلك لطبيعة عمل الفريق.
- يجب ان تحوي تنبؤات واسقاطات مالية صادقة، مع معطيات اساسية للتوضيح موثقة.
- ان توضح وتري كيف يحصل المستثمرون على عوائد خلال الثلاث إلى السبع سنوات مع تقديرات مناسبة لرأس المال.
- يجب ان تعرض بطريقة متفتحة وبامكان احتمالي عالي للحصول على عوائد مالية لتجنب فقدان الوقت وتضاءل أموال المنظمة.
- يمكن عرضها بسهولة ووضوح بمعمارية وهيكلية جيدة وبعرض شفاهي واضح ومناسب.

هكذا يبدوا ان الامر يتطلب الوضوح والسهولة والتركيز على الاولويات حسب الاهمية، ولا داعي ان تزج الامور الثانوية في الخطة بحيث تصبح طويلة ومملة. ان الريادي يفترض ان يضع نصب عينه بأن الممولون ربما يصل اليهم العشرات من خطط العمل في مختلف الاطراف لكنهم لا يقبلون بالمشاركة الا بالعدد المحدود والجيد منها (**Abrams**: 2003) . ويرى أغلب الباحثين ان الخطة الجيدة والفعالة يفترض ان لا يكون طويلة وتفصيلية وان تكون بحدود (30) الى (40) صفحة مرتبة ومنظمة بطريقة منهجية واضحة (**Sahlman**: 1997: 89 - 108) (**longenecker et al**: 2006 : 111) ان كون أغلب الاطراف الخارجية ذات توجه تسويقي في خطة العمل، فأن هذا الامر يتطلب من الريادي أو الفريق الاداري اظهار قدراته في الادارة ونجاح العمل عن طريق الاستغلال الكفوء للفرصة السوقية (**النجار والعلي**: 2006 : 325).

- **مكونات خطة العمل Components of a Business plan**

ان كفاءة ونوعية خطة العمل يتوقف على حسن اعداد الخطة، ويجب ان تعلم ان خطة العمل لا يمكن ان تكون عوض عن العمل ذاته، فقد لا تساهم في الشيء الكثير حيال عمل فاشل كفرصة محتملة في السوق. لكن يمكن ان تكون خطة العمل المكتوبة بطريقة غير صحيحة وواضحة سبباً في عدم الترويج وايصال الفرصة الموجودة في هذا العمل للاخرين، ويمكن أيضاً ان تسعف أو تنقذ الكتابة الجيدة لخطة العمل الفرصة لبدء عمل جديد بالحصول على المستلزمات والمساهمات من الاطراف الخارجية والداخلية (**Brooks and stevens**: 1987) هكذا يصبح من الضروري ان يتمتع الريادي بمهارات كتابة وايصال خطة العمل لكي يمكن ايضاح مفهوم العمل الجديد من منظور واقعي وشمولي. ويستحسن ان يمارس الفرد الريادي كتابة خطة العمل بنفسه، حتى اذا اقتضى الامر الاستعانة باطراف أخرى كالمحامين والمحاسبين والمستشارين الاخرين. فمن خلال ممارسة الكتابة يستطيع مؤسس العمل الجديد ان يعرض جوانب قوته وتفوقه.

ومع ان محتويات ومكونات خطة العمل قد تختلف من عمل لاخر، الا ان هيكليتها بشكل عام قد اصبحت معيارية بحدود مقبولة وواضحة، لذلك يشير أغلب الباحثين الى ان مكونات خطة العمل تشتمل على:-

- **صفحة الغلاف *Cover page***

وهذه تمثل الصفحة الاولى من خطة العمل وتحتوي في الغالب على:

- اسم العمل (المنظمة)، عنوانها، رقم الهواتف، رقم الفاكس، العنوان الالكتروني.
- شعار أو علامة العمل ان وجدت.
- تاريخ انتهاء واصدار خطة العمل.
- من أعدَّ خطة العمل.
- أسماء وعناوين ومراكز وأرقام هواتف المالكين والتنفيذين الرئيسيين

o قائمة المحتويات *Table of contents*

تمثل قائمة المحتويات الترتيب والنسق المتتابع لاقسام وأجزاء الخطة مع أرقام الصفحات. ان هذا الأمر يسهل الرجوع لقراءة الفقرات المطلوبة بسرعة ومرونة عالية.

o الخلاصة أو الملخص التنفيذي *Executive Summary*

تمثل الخلاصة التنفيذية ملخص مكثف ومختصر لخطة العمل يستخدم لحث القراء المهتمين بالعمل وتركيز انتباههم على المعلومات الحاسمة والمهمة. لذلك يعتبر وضع هذه الخلاصة بصفحة واحدة أو اثنين مهمة تحتاج الى فهم متعمق بالعمل وجوانبه الرئيسية.

* **الخلاصة أو الملخص التنفيذي**
Executive Summary
هو القسم من خطة العمل الذي يوصل وينقل ويبلغ بشكل واضح ومختصر الصورة الشمولية الكلية للعمل الذي تخصه هذه الخطة.

ان اهمية الخلاصة التنفيذية تجعلها القسم الاكثر أهمية في خطة العمل، لانها تمكن من يطلع على الخطة ان لا ينتظر طويلاً عبر صفحات الخطة الكثيرة للوصول إلى الحقائق الاساسية. هكذا يرى البعض (Longenecker et al: 2006 : 115) (Hatten: 2006 : 109) ضرورة ان تكتب الخلاصة التنفيذية بعد انتهاء خطة العمل، رغم انها القسم الاول في الخطة. أو تكتب ويعاد كتابتها لمرات حتى تصبح في صورة جذابة، لتعبر عن حقيقة ان من يعرف بعمق شيء ما تستطيع التعبير عنه ببساطة وسهولة ووضوح. اذا لم تستطيع الخلاصة التنفيذية ان تثير حماس وشهية القارىء وتحظى باهتمامه فأن عدم قراءة خطة العمل بالكامل يصبح الاحتمال الاكبر.

ويمكن ان تأخذ الخلاصة التنفيذية أحد شكلين هما:

- الخلاصة المختصرة أو الموجزة (Synopsis)، ان هذا الشكل يغطي بصورة موجزة وسريعة جميع الجوانب الاساسية لخطة العمل ويمكن ان تعطي هذه الصيغة المختصرة كل موضوع وارد في الخطة معالجة متساوية مع باقي الموضوعات. وقد يصار إلى اعتبار هذا الشكل صيغة سريعة بشكل استنتاجات لجميع الاقسام الواردة في خطة العمل. وتكمن أهمية هذا الشكل بسهولة الاعداد والتحضير.
- الخلاصة القصصية أو السردية (Narrative)، وهذه تحكي القصة كاملةً لذلك فأنها توصل اثارة أكبر من الخلاصة المختصرة. ان تكوين خلاصة سردية كفوءة يتطلب موهبة كتابية نستطيع من خلالها توصيل وايصال المعلومات الضرورية لتشكيل حماس ورغبة لدى الاطراف التي تطلع على خطة العمل. ان هذا الشكل والصيغة تكون أكثر ملائمة للاعمال الجديدة والمنتجات الجديدة وكذلك الاسواق وتكنولوجيا العمليات الجديدة. والصيغة السردية تكون أفضل للمشروعات التي ليس لا ميزة تنافس واضحة.

ان الخلاصة التنفيذية تحتوي بشكل عام على المكونات الاتية:

- معلومات حول العمل أو المنظمة، هنا يعرض المنتج أو الخدمة المقدمة وميزة التنافس الاساسية عندما تبدأ المنظمة بالنشاط، كذلك الاهداف وخلفية عامة حول فريق الادارة.
- الفرصة السوقية، الحجم المتوقع ونسبة نمو السوق، والحصة السوقية المتوقعة وأي اتجاهات ذات شأن في القطاع الصناعي الذي تتواجد فيه المنظمة.
- بيانات مالية، التنبؤات المالية للثلاث سنوات الاولى من بدء النشاط، المتطلبات الاستثمارية المرغوبة، القروض طويلة الاجل التي يحتاجها المشروع.

ورغم كثرت محتويات الخلاصة أو الملخص التنفيذي، لكن الضرورة تستدعي تركيز هذه المحتويات بصفحتين أو بعض الصفحات.

o نص الرسالة *Mission statement*

ان رسالة العمل تصف بشكل واضح وجلي الأستراتيجية المعتمدة وفلسفة العمل لجعل رؤية الريادي حقيقة يمكن تجسيدها من خلال النشاط الجاد والمثابر بجمل قليلة يمكن تغطية جميع الجهود في جميع مجالات عمل المنظمة ومن خلال ذلك نصل الى تحقيق الاهداف. كما ان الرسالة تعطي العمل هويته الخاصة التي تميزه عن الاعمال الاخرى. (**AL - Juboori and Mansoor**: 2005: 66) (**الغالبي وادريس**: 2007 : 186).

o العمل أو المشروع (الشركة) *Company*

في هذا القسم من خطة العمل يتم اعطاء وصف للعمل واعطاء خلفية عامة عنه، أختيار الشكل القانوني، الاسباب التي دعت الى قيام العمل. ويتم هنا عرض تأريخي للعمل ووصف تفصيلي للكيفية التي يرضي بها العمل حاجات الزبائن (**Megginson et al**: 2003 : 112 - 113).

كما ويعرض في هذا القسم من خطة العمل مكان تواجد العمل وهل يخدم السوق المحلي أو العالمي. ويفترض أن يأخذ من يكتب هذا القسم بنظر الاعتبار الاجابة على العديد من الاسئلة أهمها:-

- متى، وأين يبدء العمل بالنشاط؟
- ما طبيعة التغييرات في الهيكل ونوع الملكية؟
- ما هي القدرات المميزة للعمل؟
- ما طبيعة العمل والانشطة الاساسية له؟
- من هم المستهلكون الذي يخدمهم العمل؟
- ما هو المنتج أو الخدمة المقدمة؟
- ما هي أهداف العمل؟
- ما شكل العمل، من ناحية الملكية والقانونية، فردي، تضامني، مساهمة؟

ان هذه الاسئلة وغيرها يعطي هذا القسم اجابات عليها، لذلك يكتب بعناية ووضوح.

○ التحليل البيئي والصناعي *Environmental and Industry Analysis*

في هذا القسم يعرض الريادي والمؤسس للعمل كيف يتناغم ويتطابق العمل مع محيطه البيئي الواسع. ان التحليل البيئي يحدد اتجاهات التغيير التي تحصل في محيط البيئة الوطنية والعالمية والتي تؤثر على مستقبل المنظمة الصغيرة. ويجب أن يكون هذا التحليل مركز حيث الابعاد الاقتصادية والتنافسية والقانونية والاجتماعية والسياسية والثقافية والتكنولوجية والتي تؤثر وتتأثر بوجود العمل الصغير. ان التحليل البيئي يفترض أن يعرض الفرص ويعطي قابلية للمنظمة للتعامل مع التغير بطريقة فعالة لتحقيق الاهداف (**Newton**: 2007: 7).

ورغم ان ادارة العمل لا تستطيع ان تسيطر على البيئة الخارجية الا أنها توضح الفرص التي تحصل من خلال عمليات التغيير لكي توضع في اطار خطة العمل بوضعها الحالي. ان الريادي يعطي الدليل لفهم العوامل المحيطة بالعمل، وكيف يستطيع استغلال الفرص بأفضل الاساليب والاحوال. ان القدرة لدى الريادي تتجسد في الاستطاعة على التفكير بشأن المستقبل لغرض البدء بشكل صحيح من البداية وهنا تتشكل منظمة بثقافة تنظيمية قوية (**الغالبي وآخرون**: 2006 : 22).

وفي أغلب الاحيان يشمل التحليل البيئي والصناعي تحديد المتغيرات المهمة والفاعلة ذات الأثر على العمل في اطار نموذج porter لتحليل قوى المنافسة المعروفة (التنافس بين المنظمات القائمة، تهديد دخول جدد للقطاع الصناعي، قوة مساومة الزبائن، قوة مساومة المجهزين، وتهديد البدائل) (**porter**: 1985 : 33).

ان التفكير في التحليل البيئي والصناعي في اطار هذا القسم من خطة العمل، يستند إلى منظور عام وشمولي، وعلى اعتبار ان الريادي مالك المشروع الصغير لديه معرفة حول اتجاهات التغير البيئي والعوامل المحتملة التأثير على المشروع. ان خطة العمل لا تمثل المكان المناسب لعرض جميع التفاصيل، بل تعطي القابلية وتهيأ مالك العمل للاجابة على الاسئلة المحتملة ان تطرح من قبل بعض الاطراف.

○ المنتجات أو الخدمات *Products or Services*

في هذا القسم أو الجزء من خطة العمل يتم وصف وعرض المنتج و/أو الخدمة المقدمة بشكل تفصيلي وواضح. ويركز على الكيفية التي يتميز بها المنتج أو الخدمة عما متوفر حالياً في السوق. ان الاستخدامات للمنتج أو الخدمة التي تساهم في زيادة حجم المبيعات يمكن ان تعطي دليل على حيوية العمل والابداع فيه.

وقد يتم من خلال رسوم معينة عرض التراخيص أو براءة الاختراع أو العلامات التجارية (trademarks) التي يمكن ان تحملها سلع العمل الصغير عند بدء النشاط.

> * **خطة المنتجات و/أو الخدمات**
> **Products and /or services plan**
> هذا القسم من خطة العمل يصف المنتج و/أو الخدمة المقدمة من العمل ويعرض ميزاته وحسناته وجدارته.
>
> * **العلامات التجارية**
> **trademark**
> اسم ورمز العلامة التي سوف يسجلان في السجلات القانونية في بلد ما وتكون محمية من الاستخدام من أي جهة أخرى.

ان التركيز في هذا القسم من خطة العمل على وصف ميزات التنافس التي تحملها منتجات وخدمات المنظمة قياساً للمنافسين الاخرين يساهم في جذب انتباه المهتمين بالعمل من مستثمرين وممولين وأي جهة داعمة أخرى (**Pitts and lei**: 1996 : 70) . تعطي ميزات التنافس قدرات كامنة للنمو والتوسع، وهذا يعتبر من الجوانب المهمة للاعمال وتطورها.

- **بحوث التسويق والتقييم** *Marketing Research and Evaluation*

ان توفر السوق اللازم لمنتج أو خدمة العمل تعتبر الشرط الاساسي للاستمرار والنجاح. في هذا الجزء تعرض الحقائق حول حجم السوق المتوفر وطبيعة هذا السوق، خاصة وان الممولين والمستثمرين يعتبرون ان هذا الامر ذو أهمية وأولوية خاصة. لا يكفي وجود السوق، بل ان هذا السوق هو بالحجم الكافي لتحقيق ايرادات وارباح تبرر البدء بالمشروع وممارسة النشاط. كذلك ان لدى المشروع ميزات واضحة وحقيقية في السوق المستهدف، والذي قدر حجمه بالدينار أو الدولار أو الوحدات. ان بحوث التسويق تعطي تنبؤات وتقديرات للمبيعات المحتملة وحصة المنتج أو الخدمة من هذه السوق الكلية خلال فترات محددة عبر الزمن، أن هذه الجوانب تشكل القواعد للعديد من الكشوفات المالية التي تعرض ضمن خطة العمل أيضاً. وقد يصار الى عرض المصادر الآولية والثانوية للبيانات والطرق المستخدمة في الحصول عليها وكذلك في التوصل الى التقديرات حول المبيعات وحجم السوق وحصة المنتج أو الخدمة المقدمة من قبل المشروع من هذا السوق.

ويلاحظ ان هذا القسم من خطة العمل يحوي مفردات مهمة يجب ان تعرض بعناية وهي:

- **الاسواق**، هنا يتم تحديد السوق أو الاسواق المستهدفة من قبل العمل والتي ستتركز حولها الجهود التسويقية للعمل لغرض النجاح. ان هذه الاسواق يوجد فيها احتياج حقيقي يفترض ان يشبع بعناية وكفاءة. قد يتم تجزءة السوق وفق العديد من الخصائص الدقيقة والواضحة لغرض استهدف البعض من هذا الاجزاء بطريقة افضل (**Kotler**: 2003).

> *** السوق المستهدف**
> **Target Market**
> مجموعات الافراد أو المنظمات أو الاثنين معاً والذي يسعى العمل لتطوير وادامة مزيج تسويقي مناسب لها.

- **اتجاهات السوق**، ان التغير ظاهرة تلازم الاستهلاك والسوق وهذا يتطلب توضيح كيفية تقييم احتياجات المستهلكين عبر الزمن. أن الخطورة تكمن في الاعتقاد ان اجزاء السوق المستهدفة والتي جاءت من خلال عمليات تقطيع السوق تبقى ثابتة عبر الزمن ولا تتغير، في حين ان خصائص التجزءة والتقطيع المعتمدة اصبح لا وجود لها حالياً أو مستقبلاً، هنا يأتي دور التحسين والتطوير المستمر للمنتجات والخدمات.

- **المنافسة**، يفترض ان يتم تحديد المنافسون الاهم، ثلاث أو أربع أعمال مهمة تنافس ولها قدرات عالية، يصار أيضاً إلى تحديد قائد السعر، القائد في مجال الجودة والنوعية وتقديم الخدمات المتكاملة. ان فحص جوانب القوة والضعف لكل منافس يساهم في توضيح الموقف الصحيح للمشروع واختيار أساليب النشاط الملائمة، حيث يتم مقارنة منتج أو خدمة العمل مع هؤلاء المنافسين على أسس موضوعية دقيقة وصحيحة.

- **الحصة السوقية**، بعد تحديد حجم السوق ومعرفة المنافسين يمكن تقدير الحصة السوقية المؤمل الحصول عليها. ان هذه الحصة السوقية تشير الى مبيعات المشروع بقياس وعلاقة إلى مبيعات الصناعة الكلية معبر عنها بالنسبة المئوية.

*** الحصة السوقية**
Market share
النسبة المئوية لمبيعات المشروع قياساً إلى المبيعات الكلية للصناعة في السوق من نفس المنتج أو الخدمة.

ان المهمة الاساسية من كتابة قسم بحوث التسويق من خطة العمل هو لجعل القارىء على قناعة بوجود سوق كافي لمنتج المشروع ويمكن تحقيق المبيعات المتنبىء بها ضمن هذه الخطة.

-**خطة التسويق**، تعرض هذه الخطة كيفية الوصول لتحقيق المبيعات التي تم التنبؤ بها. وتبدء بتوضيح مفردات استراتيجية التسويق الشاملة التي تعتمد من قبل المشروع أو المنظمة.

*** خطة التسويق**
Marketing plan
الخطة التي تصف ما يحصل عليه المستهلكين من فوائد لمنتج أو خدمة المشروع ونوع السوق الموجود وكيفية الوصول اليه.

فالسوق المحتملة وطرق وأساليب واساليب التغلغل فيها وتشكيل الحصة السوقية يجب ان تناقش بوضوح في هذه المفردة من مفردات قسم بحوث التسويق. ان انجاز اهداف التسويق والاستراتيجية المعتمدة من قبل الريادي مالك المنظمة يتطلب العناية الفائقة بعناصر المزيج التسويقي

(Place , Price , Product , Promotion , People , Process , Physical) 7PS

والمزيج التسويقي يمثل توليفة المنتجات وطرق تسعيرها وأساليب توزيعها وترويجها، ويهدف المشروع من خلال هذه التوليفة الى اشباع سوق معين أو جزء من السوق وهنا تتحقق اهداف العملية التسويقية وبالتالي اهداف المشروع أو المنظمة (**العامري والغالبي:** 2007 : 565).

*** المزيج التسويقي**
Marketing Mix
توليفة من المنتجات أو الخدمات وطرق تسعيرها وأساليب ترويجها وتوزيعها وجوانب أخرى وتهدف هذه التوليفة الى اشباع سوق معين أو جزء من السوق.

ونظراً لطبيعة التفاعل والاتصال والاقناع في مجال الخدمات مع المستهلكين فأن مقدمي الخدمة (People) والعملية ذاتها (Process) والمظاهر المادية (Physical) المرتبطة بتقديم الخدمة تصبح ضرورية وجزء من المزيج التسويقي (**Pride et al**: 2005).

ان خطة التسويق تعرض مفردات ذات اهمية بالغة للمشروع. ففي اطارها يتم تحديد السياسة السعرية (pricing policy) والذي يعتبر أهم القرارات التي تحتاج الى وضوح ودقة، لكون السعر الصحيح يمنح المشروع القابلية على التغلغل بعمق في السوق ويساعد على تطوير الموقع والوضع في هذا السوق، وان هذه الجوانب تنعكس بارباح مناسبة على المشروع. ان الضرورة تقتضي دراسة العلاقة بين السعر، والحصة السوقية، والارباح لمعرفة هذه العلاقة واتجاهات تطورها. كذلك يحدد العمل أو المنظمة الترويج (Promotion) والذي يمثل

الطرق والاساليب التي تستخدم لجذب الزبائن والتواصل معهم معهم لغرض استهلاك المنتج أو الخدمة ومن ثم تكوين صورة ايجابية عنه لتشكيل ولاء له. وتعرض خطة التسويق كذلك المكان (Place) الذي يصف كيفية بيع وتوزيع (Distribution) منتجات المنظمة أو المشروع الصغير.

ما هي قنوات التوزيع التي تستخدم لايصال المنتجات الى المستهلكين؟ وهل هذه القنوات مناسبة وملائمة جيدة؟ وقد يصار الى عرض سياسات الخدمة (Service policies) والتي تعبر عن منظور العمل او المشروع لكيفية خدمة الزبائن بعد شرائهم المنتج. ان هذه السياسات والمضانات ضرورية جداً ومهمة للمستهلكين في اتخاذ قراراتهم بشأن شراء منتجات المشروع وخاصة بالنسبة للمنتج طويل الاستخدام مثل الكامرات وأجهزة الاستنساخ وغيرها.

*** خطة التصنيع والعمليات**

Manufacturing and operations plan

قسم من خطة العمل يقدم معلومات حول كيفية انتاج وتصنيع المنتج أو الخدمة المجهزة من المشروع، وتحتوي كذلك على وصف تسهيلات العمل الجديد، وقوى العمل، والمادة الاولية ومتطلبات العمليات.

○ خطة التصنيع والعمليات *Manufacturing and operations plan*

ان هذا القسم من خطة العمل يصف بتركيز العناصر المرتبطة بالعمليات الانتاجية والتصنيعية. ان تأشير الاحتياجات من تسهيلات، وموقع، وفضاءات ضرورية، ومستلزمات راسمالية، وقوى عمل، ورقابة مخزنية ومشتريات يقع ضمن هذا القسم من خطة العمل. ومن المعلوم ان هذه الجوانب ذات علاقة بطبيعة المشروع المنوي اقامته، فاذا كان صناعياً، فأن تبيان عمليات ومراحل التصنيع تصبح ضرورية في هذا القسم، اما اذا كان المشروع خدمي فأن الموقع وانتاجية قوى العمل تصبح هي مفردات التركيز في هذا القسم من خطة العمل. ان أهمية هذا القسم من خطة العمل تتجسد بطبيعة المفردات التي يحتويها، حيث الموقع الجغرافي والتسهيلات والامتيازات التي يحصل عليها المشروع من هذا الموقع (Facility Location)، من قبيل تقليل كلف النقل أو الاعفاءات الضريبية والقرب من التجهيز أو الاسواق وغيرها. كذلك في حالة المشروع الصناعي يتطلب الامر تقرير ما الذي يجب تصنيعه وما هي الاجزاء والمكونات التي يتم شرائها من أعمال أخرى لكي تجمع بالمنتج النهائي. ان سياسة الصنع أو الشراء (Make - or - Buy policy) تعتبر مفردة مهمة في هذا القسم من خطة العمل (**Ansoff:** 1965 : 118 - 121). في هذه المفردة يحاول الريادي عرض وتبرير الميزات لهذه السياسة المعتمدة، واعطاء وصف للمجهزين ومقاولي الباطن المحتمل التعامل معهم.

وفي هذا القسم أيضاً وفي اطار انظمة الرقابة المعتمدة، يتم تفصيل المدخل الملائم للسيطرة على الجودة وتعزيز الاداء المتميز. فانظمة الرقابة (control systems) تمثل أهمية بالغة للمشروع الريادي، حيث الاهتمام برقابة المخزون والجودة والانتاج وهذه تمثل حجر الاساس في النشاط الجديد. كذلك يتم فحص وقياس التقدم

باتجاه انجاز الاهداف الموضوعة (Chase et al: 2004) . ومن مفردات هذا القسم قوى العمل (labor force)، حيث توفر موارد بشرية مؤهلة وذات مهارات عالية في البيئة المحلية ضروري لمقابلة احتياجات المشروع أو المنظمة الجديدة. وقد يشار الى البرامج التدريبية اللازمة وكيفية مقابلة احتياجات التدريب.

○ **فريق الادارة** ***Management Team***

ان فريق الادارة الجيد والمتميز يمثل مفتاح التحول وترجمة الرؤية المستقبلية لصاحب العمل الى مفردات حقيقية لنجاح المشروع أو العمل. يوضع في هذا القسم من خطة العمل كيف يكون فريق الادارة متوازناً من حيث المهارات الفنية (معرفة متخصصة في طبيعة العمل)، ومهارات الاعمال (قدرات ضرورية للمشروع ونجاحه) وخبرات ضرورية في ميدان الاعمال والتمويل والقيادة. ان الرغبة في بناء وتشكيل أي فرق أخرى يؤخذ فيها بنظر الاعتبار المهارات والقابليات بحيث تتم وتكمل بعضها البعض الاخر. هنا فأن التحليل الوظيفي والوصف الوظيفي يوضع بعناية لكل موقع اداري لكي يتم اختيار المؤهلين واصحاب المواهب لشغل هذه المواقع الادارية.

وفي العديد من الاحيان يشار الى الخارطة التنظيمية (Organization chart) في الملحق مع خطة العمل. وقد تعطى خلاصة مركزة لكل من المديرين المهمين للمشروع وتوضع في الملحق مع الخارطة التنظيمية.

*** الخارطة التنظيمية**
Organization chart
مخطط بياني يمثل الهيكل التنظيمي الرسمي تحدد عليه المواقع الادارية المختلفة.

ويشار كذلك الى الكيفية أو الاسلوب المعتمد لتعويض كبار المديرين. ان هذه الجوانب ترتبط بالفرص المتاحة أمام العمل في الحصول على التمويل اللازم. حيث ان بداية العمل قد تحتم على المديرين قبول رواتب وتعويض أقل مما يستطيعون الحصول عليه في حالة البحث عن فرص عمل في السوق. ومن الضروري تحديد الحاجة إلى مساعدة أخرين لبعض الوقت من قبيل محامي متخصص، ومحاسب قانوني عام، وكيل تأمين أو مصرفي أو غير ذلك. ويجب ان يكون الريادي دقيقاً ومحدداً خاصة اذا علمنا بأن لهذه الجوانب انعكاس على الكلف للعمل الجديد.

ان من يرغبون بوضع أموالهم في المشروع أو العمل سوف يدرسون بعناية هذا القسم من خطة العمل. وفي جميع الاحوال فأن هذا القسم من خطة العمل يعطي اجابات واضحة على العديد من الاسئلة المهمة منها (**Hatten** : 2006 : 114):-

- من هم، ومن أين جاء المؤسسون للعمل؟
- اين تعلم هؤلاء الافراد؟
- اين عملوا سابقاً، ولدى من؟
- ماذا انجزوا مهنياً وشخصياً في الماضي؟
- ما هي سمعتهم وشهرتهم في اطار مجتمع الاعمال؟

- ماذا لديهم من خبرات وتجارب ترتبط بشكل مباشر بالفرصة التي يقام المشروع في اطارها؟
- ماذا لديهم من مهارات وقابليات وقدرات ومعارف؟
- ما مدى الواقعية لديهم بشأن العمل وفرص نجاحه والاشكالات والمصاعب التي تواجههم؟
- من يحتاجون لتشكيل فريق؟
- هل هم جاهزون وحاضرون ومهيئون لاستقطاب افراد بجودة عالية؟
- كيف ستكون الاستجابة عند الشدائد والمحن والحظ العاثر؟
- هل يمتلكون الهمة والحماس والمزاج لاتخاذ خيارات صعبة لا يمكن تجنبها؟
- ما مدى الالتزام لديهم بشأن العمل أو المشروع؟
- ما هو تحفيزهم؟

○ **المواعيد المفصلية والتوقيت المناسب** *Time line*

من الضروري تأشير العلاقات والتداخل الزمني للاحداث الرئيسبة والمهمة والتي وضعت في اطار العملية التخطيطية للعمل أو المشروع الصغير. ان هذا الامر يساعد الريادي حساب احتياجات المشروع المختلفة وبالتالي تقليل المخاطر. ان وضع التوقيتات تمثل مؤشر لاستثمار محسوب بدقة وشمولية وتكامل ومحسوب فيه احتمالية ظهور المشاكل واساليب مواجهتها وكذلك وضع النهايات الصحيحة والبدايات الضرورية لك نشاط ومهمة رئيسية. وقد جرت العادة أن الافراد يسيئون تقدير الوقت اللازم لانجاز المشاريع، لذلك فأن هذه الجدولة يفترض ان تكون واقعية ويمكن تحقيقها. ان وضع هذه الجوانب في خطة العمل تعطي انطباع بالالتزام والدقة في التنفيذ والانجاز.

○ **المخاطر الحرجة والافتراضات** *Critical Risks and Assumption*

تقام وتحوي خطة العمل على فروض وافتراضات ضمنية من قبيل الكيفية التي يعمل فيها المشروع، والظروف والشروط الاقتصادية، وكيفية تشكيل ردود الفعل في المواقف المختلفة الى غير ذلك. هكذا يفترض ان تناقش خطة العمل وتحدد الاتجاهات الرئيسية المحتملة وكذلك المشاكل والاشكالات والمخاطر التي تحيط بالمشروع بطريقة تجعل من يطلع على خطة العمل يثق بقدرة الريادي أو اصحاب العمل ويتولد لديه قناعة بان هؤلاء لديهم معرفة واطلاع ومهارات وبأنهم ملمون بالاحداث وغير متجاهلين لها (**Brouthers et al:** 1998). ومن الطبيعي ان هذه المخاطر والافتراضات مرتبطة بطبيعة الصناعة التي سوف يتواجد فيها المشروع، والاسواق، والمشروع ذاته والموارد البشرية فيه.

ان هذا القسم من خطة العمل يسمح للريادي بعرض خطط بديلة في حالة ظهور الاحداث غير المتوقعة. وهذا يمنح المستثمرين المحتملين الاطمئنان لقدرات اصحاب المشروع وتصوراتهم المتكاملة والدقيقة، ويجنب

العمل وفق صيغة واحدة فقط قد لا تأتي الظروف المستقبلية متطابقة مع الفروض الواردة فيها وهذا يزيد من المخاطر أمام المشروع.

ان العمل وفق منظور شرطي سوقفي ضروري، لكون هذا الامر يسمح بمناقشة العديد من الاحتمالات ويعطي الامكانية لتقديم سيناريوهات عديدة من قبيل

- ماذا يعمل الريادي إذا لم تتطور السوق بسرعة كما تم تقديرها، أو جاء نمو وتطور السوق بسرعة عالية اكثر مما توقعه اصحاب المشروع؟ هنا قد تظهر مشاكل مالية أو اختناقات حقيقية في النظام الانتاجي للمشروع وهذه تحتاج إلى معالجات سريعة.
- كيف سيكون رد الفعل، اذا قام المنافسون بتقديم أسعار أقل بكثير مما توقع صاحب المشروع، أو جعل المنتج المقدم متقادم بسرعة؟
- ماذا يعمل اصحاب المشروع، إذا جاءت الاتجاهات في غير صالح المشروع وشملت الصناعة بشكلها الواسع؟
- كيف يعالج الوضع اذا ظهر ان تدريب العاملين السابقين ومهاراتهم ليست بالمستوى الذي توقعه صاحب المشروع؟
- ماذا يحصل إذا جاء التجهيز شاذ وغريب الاطوار للمادة الاولية؟

هذه وغيرها من جوانب قد يتم مناقشتها وعرض المهم منها في خطة العمل لتقليل المخاطر ومعالجة النواقص المحتملة في بعض الافتراضات الواردة في الخطة.

o الفوائد للمجتمع المحلي *Benefits to the Community*

ان الواقع يشير إلى أن أي عمل مهما كانت طبيعته سيكون له تأثير على حياة افراد أخرين. لذلك يتجسد الحرص الشديد على كتابة خطة العمل من قبل الريادي نفسه، هكذا يفترض ان تكتب الخطة بالعقل والقلب وبصدق، ذلك أن الخبراء يستطيعون معرفة الخطة التي توضع من قبل متخصصون ليتم تسويقها للاخرين (57 : 2007 : **Strauss**). لذلك يتم الحرص على كتابة ووصف الفوائد المحتملة التي يقدمها العمل للمجتمع المحلي. ان هذه الفوائد قد تكون تطور اقتصادي (Economic Development) حيث ايجاد الوظائف وفرص العمل، مشتريات مواد أولية أو غيرها، وتأثيرات مضاعفة على مختلف الجوانب الاقتصادية. كذلك تطوير المجتمع المحلي (Community Development) من خلال سد الاحتياجات للمنتجات والخدمات الضرورية وترقية معايير الحياة للمجتمع. وربما تكون المساهمة فوائد على الصعيد الانساني (Human Development) من قبيل تحسين المهارات والتدريب وخلق فرص لتقدم وظائفي وتطوير الادارة ومعارف القيادة.

○ استراتيجية الخروج *Exit strategy*

لغرض وضع خطة العمل بصورة متكاملة، يفترض ان يفكر الريادي أو المالكين كيفية الاخذ في الاعتبار التتابع وما سيأول إليه وضع المشروع بعد عدد من السنين. هل يتم بيع المشروع، أو يكمل الاولاد المسيرة والتطور للعمل. (**Hatten** : 2006 : 115) (**Strauss** : 2007: 63) .

* **الخطة المالية**

Financial plan

قسم في خطة العمل الذي يوفر الحساب لاحتياج المشروع من الاموال ومصادر التمويل المناسبة وكذلك التقديرات المستقبلية للعوائد، والكلف والارباح.

* **كشوفات أولية**

pro forma statements

الكشوفات والتقارير التي تتصور وتسقط الشروط والظروف المالية لمنظمة أو المشروع.

* **الخطة المالية Financial plan**

ان الخطة المالية توضح ان جميع المعلومات المركزة في الاقسام الاخرى من خطة العمل، مثل التسويق والعمليات والتصنيع والاستراتيجيات تنسجم مع بعض وتتكامل لتعطي مشروع مربح. ان الجهات الممولة وكذلك المستثمرين يعتبرون هذا القسم من خطة العمل ذو أهمية بالغة لهم، حيث يعطي الجدوى الفعلية قبل قبولهم تمويل أو المساهمة في المشروع. ان التنبؤات والتقديرات يفترض ان توضع على أسس سليمة ودقيقة وترتبط برؤية واقعية حول العمليات المستقبلية.

ان منظمات الاعمال القائمة تحتاج الى كشوفات تاريخية وكذلك تقديرات أولية (تصويرية) في حين تحتاج المنظمات الجديدة التي تبدء العمل إلى كشوفات تقديرية.

ان أهم هذه الكشوفات هي

- مصادر واستخدامات راس المال
- التدفقات النقدية التقديرية لثلاث سنوات.
- الميزانيات العمومية لثلاث سنوات.
- كشوفات الأرباح والخسائر لثلاث سنوات.
- تحليل التعادل (نقطة التعادل)

ففي مجال المصادر والاستخدامات للموارد المالية

يمكن ان يتأتي التمويل من القروض أو الاموال الاولية لاصحاب المشروع أو أي مصادر أخر للحصول على الاموال اللازمة للعمل، اما الاستخدامات فقد تكون لغرض الحصول على المعدات والاجهزة أو المخزون أو غيرها (**الحسيني** : 2006 : 207).

• أما التدفقات النقدية (Cash flow) فتعتبر أهم الكشوفات المالية حيث ان الاضطراب بالتدفقات النقدية الواردة أو الصادرة قد يجعل المشروع خارج اطار بيئة العمل. ان الكشوفات للتدفقات النقدية تمثل مستندات مالية توضح المبالغ النقدية التي بحوزة المشروع في بداية الفترة، والمبالغ المستلمة من قبل المشروع وكذلك المبالغ النقدية التي يدفعها المشروع خلال نفس الفترة. ان اعداد كشف التدفقات النقدية يفضل ان يكون شهرياً للسنة الاولى من بدء العمل ثم يصبح فصلي في السنة الثانية والثالثة.

• والميزانية العمومية balance sheet عبارة عن تقدير مالي يتضمن معلومات تفصيلية عن المعاملة المحاسبية الخاصة بالاصول (الموجودات) والخصوم (المطلوبات) وحقوق المالكين. ان الفرق بين الاصول والخصوم يمثل راس مال المشروع، حيث من خلال الميزانية العمومية يحسب المصرف أو المستثمرون بعض النسب المالية الضرورية مثل نسبة التداول والنسبة السريعة وغيرها، وهذه تحدد الصحة المالية للعمل.

• كشف الدخل Income statement، والذي يسمى أيضاً حساب الارباح والخسائر profit-and—loss Account ، فهو تقرير مالي يعرض الايرادات من المبيعات، والمصروفات ويقابلها لغرض اظهار الارباح الصافية أو الخسائر. ان اعداد هذا الكشف في اطار خطة العمل بجانبها المالي لا يأتي ضمن التقديرات الدقيقة جداً، بل يعطي الاحتمالية لاختيار افضل السيناريوهات الواقعية لتحقيق نتائج مالية مرضية، وان لا يقع الريادي في مضمار التقديرات المتطرفة (**Alterowitz and Zonderman** : 2002 : 113). ان الممولين يرون ان اعداد هذا الكشف ضروري لاكمال جوانب التحليل المالي.

- تحليل التعادل Breakeven analysis ، تمثل نقطة التعادل، المستوى الذي يتساوى ويتعادل فيه الايرادات الكلية مع التكاليف الكلية، وبذلك فان المشروع هنا لا يحقق ارباح ولا يتحمل خسائر. ان الضرورة تقتضي ان يعرض العمل الوحدات أو الخدمات التي يفترض ان تباع لكي يغطي مجمل ما يتحمله من كلف. ان الارباح تأتي بعد تجاوز هذا المستوى من المبيعات، وهنا تأتي التقديرات لتوضح ذلك، وقد يتم مقارن نقطة التعادل للمشروع مع المتوسط العام للصناعة التي يعمل فيها.

o الملاحق *Appendix*

تمثل الملاحق معلومات ووثائق اضافية تكميلية قد لا تكون ذات أهمية كبيرة لخطة العمل، لكنها تعطي القارىء دلائل اضافية وقد تكون مفيدة لهُ. ويمكن أن يحتوي الملحق لخطة العمل على اثبات بالوثائق والمقالات الضرورية، أسماء وعناوين المصادر التي يمكن الرجوع إليها لطلب توضيح معين، أمثلة لاعلانات، معلومات حول البنك الذي يتعامل معه المشروع، وثائق لتغطية تأمينية وغير ذلك، وقد يتم وضع هذه القضايا في ملاحق ترتب بشكل تتابعي وفق تسلسل ومنهج خطة العمل.

* مراحل اعداد خطة العمل والاخطاء المحتملة

Steps in developing BP and possible mistakes

في اغلب الحالات يمثل اعداد وكتابة خطة العمل مشروع طويل ومترابط ويحتوي في اطاره خطوات متعددة متداخلة وذات علاقة ترابطية. ان البعض من هذه الخطوات يحتاج الى وقت طويل وبيانات ومعلومات تأتي من مصادر عديدة. هكذا فأن احتمالية الوقوع في خطىء أمر وارد لذلك يجب أخذ الاحتياطات اللازمة.

- **مراحل اعداد خطة العمل Steps in preparation BP***

ان خطة العمل يفترض ان تغطي من خلال تحليل منهجي وموضوعي القابليات الشخصية والفردية وكذلك المتطلبات لضرورية للعمل سواء كان انتاجي أو خدمي. وتحدد أيضاً الاستراتيجيات لجميع الانشطة الانتاجية، التسويقية، التنظيمية، الجوانب القانونية وكذلك المحاسبية والمالية.

أن خطة العمل بمراحلها المختلفة تجيب على العديد من الاسئلة المهمة، ويغطي بعضها الرغبات والقابليات وافضل الطرق لتحقيق أهداف الريادي صاحب العمل. ورغم عدم وجود طريقة واحد مثلى لاعداد خطة العمل، بشكل متكامل، الا انه يمكن اعطاء خطوط عامة تمثل مقترحات مقبولة لخطة العمل ويستطيع الرياديون تكييف وتغيير بعضها وفق اهدافهم من اعداد الخطة. لقد عرض الباحث (**Siropolis** : 1994 : 74 – 90) مجموعة خطوات نعرضها باختصار من خلال الشكل (4 – 2).

شكل (4 – 2)

مخطط انسابي لخطوات تطوير خطة العمل

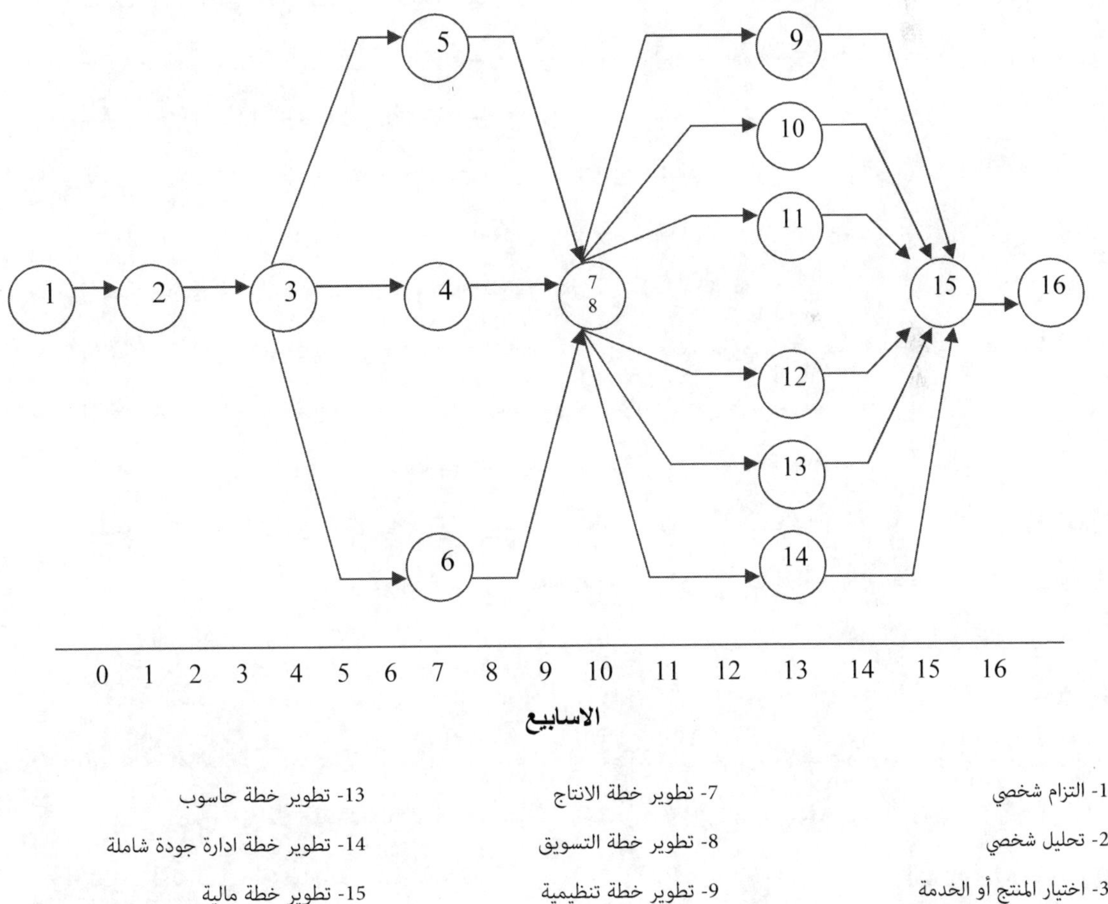

1- التزام شخصي	7- تطوير خطة الانتاج	13- تطوير خطة حاسوب
2- تحليل شخصي	8- تطوير خطة التسويق	14- تطوير خطة ادارة جودة شاملة
3- اختيار المنتج أو الخدمة	9- تطوير خطة تنظيمية	15- تطوير خطة مالية

* BP = Business Plan .

4- بحث الاسواق

5- تنبؤ بالايرادات من المبيعات

6- اختيار الموقع

10- تطوير خطة قانونية

11- تطوير خطة محاسبية

12- تطوير خطة تأمينية

16- كتابة رسالة الغلاف

- الالتزام الشخصي، ضروري للنجاح حيث يصبح الفرد صاحب مشروع صغير قد يكبر مع الايام. ان الالتزام الصادق يمثل القدرة على بذل الجهد المطلوب لتحقيق الاهداف والتطوير المستمر.
- التحليل الشخصي، ويمثل عرض موضوعي لجوانب القوة والضعف الفردية بموضوعية تامة دون تجاهل جوانب الضعف للعمل على معالجتها. ان أهم ما يعرض هو الخبرة والمعرفة والتجربة في مجال الاعمال والادارة. ان هذا الامر لا يعني عرض نقاط الضعف الشخصية في خطة العمل، بل لمعرفة حقائق الامور لاتخاذ الاجراءات الصحيحة لكتابة خطة العمل وتنفيذها بكفاءة.
- اختيار المنتج أو الخدمة، ما طبيعة العمل الذي يريد الفرد ان يكون فيه، ولماذا؟ ان هذا الامر يفتح الافاق للبحث عن المزيد من البينات والمعلومات الضرورية والدقيقة والصادقة، حول هذا المجال من الاعمال وكذلك كيفية الدخول فيه.
- البحث عن الاسواق، وهذه الخطوة والمرحلة تعتبر الاهم من بين الخطوات لقد عرضنا سابقاً هذه الفقرات، ونذكر هنا كون هذه المرحلة تحث الريادي أو أصحاب المشروع على مزيد من البحث عن معلومات وبيانات ترتبط بالقدرة على تحقيق مبيعات كافية للوصول إلى ايرادات وارباح مجزية.
- التنبؤ بالايراد من المبيعات، اذا ما عرف السوق وحجمه باحتمالية صادقة ودقيقة يمكن للريادي ان يقدر بنسبة معينة الحصة السوقية التقريبية التي سيحصل عليها المنتج أو الخدمة. ان هذا الامر يجب ان يكون ضمن افتراضات وفروض واقعية تأخذ في الاعتبار المنافسة والوقت المتاح للوصول على الاهداف المحددة.
- اختيار الموقع، يعتبر أمر طبيعي ان يمتلك الفرد أو الريادي الذي يروم تأسيس مشروع معين افكار يحاول تطويرها حول المواقع المحتملة لتأسيس مشروعة. وبعد دراسة هذه المواقع ومزاياها والمساوىء المحتملة لكل منها يتم اختيار الافضل والمناسب منها. من الضروري اجراء موازنة بين التفضيلات والرغبات الشخصية ومنطق ومتطلبات الاعمال.
- تطوير خطة الانتاج، أن من بين المهم الاجابة عليه هنا، هو حجم وحدات التصنيع والانتاج، لان هذا الامر يؤثر على القدرات الانتاجية وتقدير حجوم الانتاج السنوية وكيفية ملاءمة جدولة الانتاج للحاجات الفعلية في الاسواق أو أي أسلوب آخر مناسب. ان تسهيلات الانتاج ومتطلباته ترتب بطرق تقلل من المناولة للمواد الاولية وتؤدي الى افضل استخدام للعاملين واوقاتهم، وتعطي مرونة للتوسع.
- تطوير خطة التسويق، كما ذكرنا سابقاً في اطار هذه الخطة يتم التعامل مع الزبائن للحصول على ارباح مناسبة. ومن الضروري الاشارة في اطار هذه الخطة الى قنوات التوزيع، والاسعار، والاعلان، والبيع الشخصي، والترويج.
- تطوير خطة تنظيمية، هنا تحدد المهارات الفردية للعاملين والكوادر الادارية الضرورية والاحتياج اليها في اطار المشروع وتطوره ونموه. كذلك يتم ايجاد الصيغة التنظيمية المناسبة للمشروع وتحضير الخارطة التنظيمية وتوزيع الادوار والصلاحيات والمسؤوليات بشكل واضح.

- تطوير خطة قانونية يتم فيها اختيار الشكل القانوني المناسب وتحديد نوع الملكية للعمل. فقد يكون العمل ملكية فردية أو شركة تضامنية أو شركة مساهمة، وعرضنا سابقاً المزايا والعيوب لكل شكل قانوني من هذه الاشكال، لذلك يعرض الريادي الصيغة الاكثر ملائمة لطبيعة المنظمة التي يروم اقامتها.

- تطوير خطة محاسبية، من الضروري تحديد الملامح الاساسية للنظام المحاسبي قبل بدء النشاط وان هذا الامر ذو أهمية كبيرة حيث القياس والمعلومات والتسجيل والتوثيق لمجمل التبادلات التي يجريها العمل. ان النظام المحاسبي يزود متخذ القرار والجهات الخارجية بالمعلومات الضرورية حول المشروع وكذلك حساب الكلف وتحديد الحقوق والالتزامات.

- تطوير خطة تأمينية، من الضروري عدم تجاهل تسجيل الجوانب التأمينية والسلامة المناسبة للعمل أو التفكير فيها بشكل متأخر. ان هذا الجانب والمرحلة من خطة العمل تتعامل مع المخاطر بطريقة علمية ومنهجية صحيحة، وهكذا يتم حماية العمل وخاصة في بداية ممارسة النشاط والعمل.

- تطوير خطة حاسوب، يمكن وضع تصور لاستخدام الحاسوب في انجاز الانظمة للعمل الصغير لغرض السيطرة الكفؤة على عمليات التنفيذ. ان هذه الخطة تبين الحاجة الى التعامل مع المعلومات والحصول على فوائد من نظام حاسوبي يوضع على أسس سليمة.

- تطوير برنامج لادارة الجودة الشاملة، ان الجودة موضوع حيوي للنجاح هكذا يتطلب الامر التزام كبير من الريادي سواء على صعيد تمييز المنتج والاهتمام بالسلوك الاخلاقي. ان كون الجودة شأن يعني الجميع لذلك يتطلب الامر اهتمام العاملين والادارة، لغرض الوصول إلى رضا كامل للزبائن وتحسين مستمر للمنتج والخدمة واشراك الجميع فيه.

- تطوير خطة مالية، تمثل هذه الخطة ملتقى جميع الجهود والتحليلات الاخرى، حيث يتم ترجمة أوجه العمل المختلفة بقيم نقدية. هنا نستطيع معرفة الاموال المطلوبة وكيفية الحصول عليها من مصادر التمويل المختلفة. وتحتوي هذه الخطة المالية – كما ذكرنا سابقاً – كافة التفصيلات المرتبطة بالجانب المالي والكشوفات المالية الاساسية ونقطة التعادل وغيرها.

- كتابة رسالة الغلاف، رغم ان البعض لا يعتبرها جزء من خطة العمل، الا انها تمثل ادارة أو وسيلة للترويج للخطة حيث تفتح شخصية القارىء للاستمرار في الاطلاع على باقي اقسام خطة العمل. لذلك يعرض فيها تركيز على الغايات وما تروم اليه المنظمة الجديدة من مرامي.

ان كتابة خطة العمل تأخذ صيغ متعددة وتحتاج الى زمن واوقات مختلفة وفق منظور الريادي أو الافراد المشاركون في اعدادها وكذلك طبيعة العمل المراد اعداد خطة له. فقد تحتاج مرحلة معينة الى اسبوع من الوقت في حين تأخذ مرحلة أخرى أسابيع عديدة. لقد عرضها الباحث (**Siropolis**) في ستة عشر خطوة او مرحلة كما ذكرنا أعلاه واقترح الاوقات والزمن لكل خطوة. أما الباحث (**Hatten**: 2006 : 121) فقد لخصها بواحد وعشرون خطوة ومرحلة وعرضها بتتابع منطقي كما يبينها الشكل (4-3).

شكل (3-4)

تتابع مراحل وخطوات كتابة خطة العمل

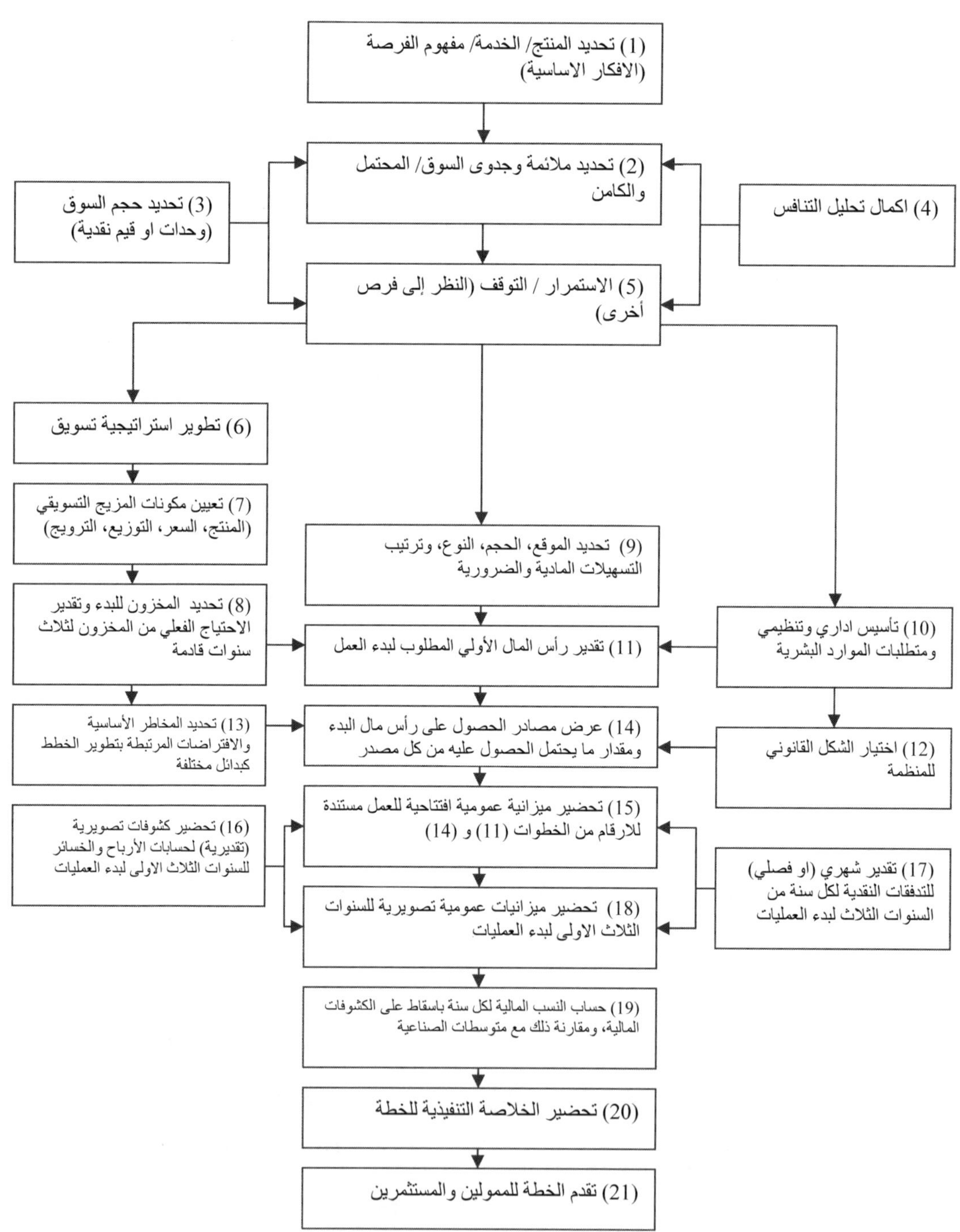

ويبقى ما هو مهم بالنسبة للريادي واسلوبه الخاص في عرض الخطوات والمراحل التي يجد انها ضرورية وتلائم بشكل افضل طبيعة عمله والمشروع الذي ينوي اقامته، لذلك عليه تحديد الخطوات التي يحتاجها لكتابة خطة العمل. ان الشكل (4-3) يبين ان المراحل والخطوات التي تحمل الأرقام الاقل يجب ان تكتمل قبل المرور للأرقام الأعلى. البعض من المراحل تأتي متزامنة مثل الخطوات (6) و (10) في حين جميع الخطوات يجب ان تكتمل قبل مرور لتقدير الحاجة الى راس المال الاولي المطلوب لبدء العمل (خطوة 11). ان المطلوب التفكير جيداً وقراءة خطة العمل عدة مرات للتأكد منها ودقتها قبل عرضها على الجهات الاخرى مثل الممولين أو المستثمرين أو غيرهم (**Cooper**: 1983 : 4) .

- **اخطاء محتملة في خطة العمل Potential Mistakes in B.P**

ان وثيقة بهذه الاهمية والضرورة تتطلب عناية كبيرة في اعدادها وتشكيلها من جميع النواحي، ليتم اقتناع الجهات المعنية بها وبالتالي المساهمة في العمل. ومع جميع الاحترازات تبقى احتمالية الوقوع في اخطاء عند اعداد وكتابة خطة العمل قائمة. لقد اشار العديد من الباحثين الى العديد من هذه الاخطاء نذكر منها:

(**Parks et al** : 1991) (**النجار والعلي:** 2006 : 333 – 343) (**Hatten** : 2006 : 122) (**longenecker etal**: 2006 : 119) .

1. نقص أو اهمال العناية في الحصول على البيانات الدقيقة والضرورية الموثوق فيها. ان الريادي الذي يعد ويحضر كشوفات واسعة وعديدة دون أن تكون قائمة على بيانات ومعلومات كافية وصحيحة يعمل على اضعاف خطة العمل، ويقلل من امكانية قبولها من الاخرين. ان الافكار الغامضة المبهمة والكشوفات المشوشة تجعل خطة العمل غير فعالة وجيدة.
2. المبالغة في وصف المنتج بمصطلحات ومفاهيم غير واقعية ومثالية الى حد بعيد، بل ويغلب عليها طابع الكذب اعتقاداً يجذب انتباه القارىء. من الضروري عرض المنتج أو الخدمة بشكل مبسط واضح وسهل الفهم وبمصطلحات مفهومة ودقيقة.
3. نقص وعدم معرفة في تحليل شمولي وكامل للسوق، لكل منظمة قدرة تنافسية معينة فالقول " نحن الافضل لا يوجد من ينافسنا " قول غير دقيق وغير صحيح ومقدمة للدخول في الفشل. هكذا يفترض ان يعرض في خطة العمل اين يتطابق المشروع مع السوق المستهدف وكيف. كما ان الضرورة تتطلب معرفة المنافسين مفصلاً اذا كان ممكناً، قوتهم وضعفهم، واذا امكن كذلك وضع تقديرات لحصة السوق ومستوى الارباح للمنافسين.
4. التأكيد الكبير على عرض حجوم الارباح المتوقع الحصول عليها من خلال المساهمة في المشروع بدلاً من الاهتمام باظهار التدفقات النقدية. ان الخبرة المتولدة لدى المصارف أو المستثمرين تجعلهم على اطلاع ودراية بالرغبة الملحة لدى من قام باعداد خطة العمل بجذب انتباههم للمشاركة وان الارباح مهمة في هذا

الصدد، في حين يهتم هؤلاء بالقدرة على التسديد للقروض من خلال وجود ايرادات كافية وتدفق نقدي موجب.

5. محاولة التحدث مع الممولين والماليين بمفاهيم فنية تتصف بالجعجعة والرطانة (technojargon) وعدم الوضوح. اذا كان الريادي أو من أعد خطة العمل لا يستطيع عرض الوضع بلغة مشتركة سهلة ومفهومة، فكيف يمكن تسويق هذه الخطة.

6. أخفاء جوانب الضعف، واحدة من الاشكالات المهمة عند اعداد وكتابة خطة العمل مسائلة التعامل مع المشاكل ونقاط الضعف، والتي لا يخلوا منها أي عمل. هكذا يفترض بالريادي ان يعطي انطباع جيد بعرض مختلف الجوانب وتهيئة النفس للاجابة على الاستفسارات المحتملة من الممولين أو المستثمرين أو أي طرف أخر. ان افضل طرق التعاطي مع جوانب الضعف هي الانفتاحية والشفافية والاستقامة ووجود خطة تنفيذ تعالج هذه القضايا بوضوح.

7. النظر الى الاخطاء والنواقص القدرية بطريقة غير صحيحة، حيث تواجد بعض الاحتمالية لوجود ذلك في الفرص المتاحة. قد يصبح الريادي متيم ومفتون بالفرصة التي من المحتمل ان تكون غير ممكنة. لذلك من المفترض حساب تأثيرات مهمة مثل التكنولوجيا الجديدة، والتجارة الالكترونية وغيرها قبل الاقدام على اختيار هذه الفرصة أو تلك.

8. كتابة خطة العمل وفق منظور ضيق غير مرن وكذلك جعل هذه الخطة طويلة ومملة ولا يوجد فيها تركيز على الاولويات حسب الاهمية. هكذا يفترض ان يعلم الريادي ان الهدف ليس كتابة خطة عمل طويلة بل خطة عمل جيدة، مرنة مطابقة لمقاسات عديدة ومرتبة وفق صيغ اولوية واضحة لاهداف المشروع.

9. ابتعاد بعض الرياديين عن الاشتراك والاندماج في اعداد وكتابة خطة العمل والركون فقط على جهات متخصصة في ذلك. ان الحاجة لاستشارة وتعاون بعض الجهات لا يفترض ان يحجم دور الريادي المهم في خطة العمل. هكذا تكتب خطة العمل بقواعد سليمة وتفحص مرات عديدة ويعاد قرأتها للتأكد من سلامتها من كافة الجوانب.

10. كتابة خطة العمل على عجالة وعدم أخذ الوقت الكافي في تشكيل محتوى الخطة وكذلك اعتماد منهجية ركيكة غير واضحة.

وفي الختام يمكن القول ان خطة العمل تمثل البداية الصحيحة لولادة اعمال جيدة تستطيع الاستمرار والتطور بفضل هذه الولادة الطبيعية والمنهجية المنظمة. وهكذا يفترض ان تكرس لها جهود وموارد كافية لاعدادها وفق افضل الاساليب والصيغ لكون تأثيراتها مهمة على وجود العمل ومستقبله. وتوجد اليوم العديد من المصادر تساعد الريادي في اعداد خطة العمل مثل الكتب المتخصصة والمواقع على شبكة الانترنت والبرامجيات الحاسوبية الجاهزة. ونعرض في نهاية هذه الفقرة بعض هذه المصادر المهمة.

* مصادر تساعد في اعداد وتحضير وكتابة خطة العمل

* **Books**

- Abrams, Rhonda (1999): "Successful Business plan, secrets and strategies", Atlanta, GA, Rhonda Inc. (A step-by-step guide in loose-leaf-notebook format that include Business plan software to help you launch, and run a profitable Business), (2nd edition, 2003, Oasis press).

- Deloitte and Touche (2003), LLP, writing an effective Business plan, Author, New - York.

- Henricks, Mark (1999): Business plans Made Easy, Newburgh, Entrepreneur press, New - York.

- Horan, James, T. (1998): "The one page Business plan, start with a vision, Build a company!, Berkeley, CA, one page Business plan company. (Explains how to write concise one-page Business plans for startups, small-to-mid-sized companies, corporate divisions, and nonprofits).

- Patsula, peters. J and Nowik, William (ed.) (2002): Successful Business planning in 30 Days, A step-by-step guide for writing a Business plan and starting your own Business, 2nd ed., Singapore, patsula Media. (Features fill-in worksheets, checklists, and forms, with Busiess planning tips, profit tips, strategies, fact - filled quotes, and step-by-step instructions.

- Nicole, Gull (2004): "plan B (and C and D and …), Inc, March.

- King, Jan B. (2004): " Business plans to Game plans: A practical system for turning strategies into action, rev-ed., Hoboken, John wiley and sons, NJ. (An e-book that reveals five principles of business planning that guided the author to success and includes to charts, graphs, and worksheets for planning and assessment.

- Pinson, Linda and Jinnett, Jerry (2001): "Anatomy of a Business plan", 5th edition, Entreprise, Dearborn, Chicago.

- Tiffany, Paul and Peterson, Steven (2004): "Business plans for Dummies", 2nd ed., Indianapolis, IN, for Dummies.

- Tooch, David (2004): "Building a Business plan". 2nd, ed., Upper Saddler River, Prentice - Hall, NJ.

** **Articles**

- Hormozi, Amir M. et al: "Business plans for New or small Business: paving the way to success", Management Decision, vol. 40, No 718, 2002.

- Rich, Stanley R. and Gumpert David E.: "How to write a winning Business plan", Harvard Business Review, vol. 63, No.3, May – June, 1985.

- Sahlman, William A. : How to write a Great Business plan", Harvard Business review, vol. 75, No. 4, July – August, 1997.

- Dee Power and Brian Hill: 'six critical Business plan mistakes", Business Horizons, July – August, 2003.

- Schilit, W.K: "how to write a winning Business plan", Business Horizons, vol. 30, No.5, 1987.

- Parks, Bill. Philip D. Olson and Donald W. Bokor: "Don't Mistake Business plans for planning", journal of small Business strategy, February, 1991.

*** **Online**

- Bplans. Com, Inc., Bplans. Com: The Business planning Experts, http://www.bplans.com. (Online resource, provided by paloAlto software, designed for self – preparers providing advice, sample plans, and links to many consultants.

- Business confidant, Inc., Business confidant: your Business planning specialist, http://www. Business confidant. Com. (An online "one – stop resource" that provides strategic thinking, technical writing , and financial analytical skills needed to produce professional, investor – ready business plans.

- Dow Jones and company, startup Journal: the wall street Journal center for Entrepreneurs , http://www.startupjournal.com/ (An online resource that features a miniplan business assumptions test, sample business plans, and calculors for startup costs and cashflow, as well as articles on strating a Business.

- http://www.planware-org

- http://www.entrepreneur.com

- http://www.goodtogobusinessplans.com

- http://www.sba.gov

كما يوجد العشرات من المواقع التي تنتشر مقالات وبحوث حول مختلف جوانب عمل ونشاط المشروعات والاعمال الصغيرة، ونذكر البعض من أهم هذه المواقع:-

- http://www.entreworld.org

- http://www. nist.gov

- http://www. Franchise.org
- http://www. franchisehandbook.com
- http://www. bizbuysell.com
- http://www. inc.com
- http://www. businesweek.com
- http://www. nfib.com
- http://www. ustr.gov
- http://www. aahbb.com
- http://www. hoover.com
- http://www. flavorx.com
- http://www. auntieannes.com
- http://www. regupol.com
- http://www. greenman.biz
- http://www. rbrubber.com
- http://www. burgerstreet.com
- http://www. zanes.com
- http://www. celestis.com
- http://www. starbucks.com
- http://www. way2coolshoes.com
- http://www. powerhomebiz.com
- http://www. bpiplans.com
- http://www. quicken.com
- http://www. irs.gov
- http://www. nfib.com

**** **Software**

- JIAN, Inc., Biz plan Builder 2004, http://www.jian. Com. (A suite of Business planning software and other business tools).
- Palo Alto software, Business plan pro 2005, http://www. Paloalto.com. Business plan – creating software featuring over 400 sample business plans.
- Smart online, Inc., smart Business plan Deluxe, http: //www. Smartonline.com. software suite that features the "smart wizard", with guides user through the creation of a tailored business plan; includes a "Financial Advisor", which helps to find ways to fund businesses.

ان هذه وغيرها الكثير من الكتب والمجلات العلمية والمواقع التي تقدم تسهيلات مختلفة حول الاعمال الصغيرة وكيفية البدء بها والاساليب والملائمة لاعداد خطة العمل في الولايات المتحدة والدول الصناعية. كذلك توجد جهات في العديد من الدول تساهم في تقديم معلومات مفيدة لصغار المستثمرين وفرص الاعمال المتاحة. ورغم اطلاع الجميع على هذه التسهيلات فأن الخصوصية في اعداد خطة العمل يفترض ان تتوفر لتعطي ميزة للبعض من الرواد في جذب التمويل المناسب لبدء اعمالهم الصغيرة. ومع وجود جهات متخصصة تقدم خدمات اعداد خطط العمل، فأن الامر يتطلب ان يشترك مؤسس العمل الصغير في هذا التمرين الفكري المهم لنجاح عمله المستقبلي وان لا يقبل ان تعوض جهوده ومساهمته من قبل أخرين ليصبح هو متلقي فقط دون مساهمة جادة في اعداد خطة العمل بمراحلها المختلفة.

تمويل الاعمال المتوسطة والصغيرة **Financing Medium and small Business**

ان الاموال تمثل عصب الحياة للاعمال وهي اكثر حراجة واهمية للاعمال المتوسطة والصغيرة لاسباب عديدة يمكن ان نوضحها في هذه الفقرة. ان كون التمويل مهماً للاعمال، فأنه أيضاً يساعدها على البقاء والاستمرار في الاوقات الصعبة. ويحتوي التمويل على العديد من الموضوعات المتشعبة نحاول هنا التطرق إلى أهمها وفق الاتي:-

- نظرة عامة حول ادارة الاموال.
- متطلبات التمويل ومصادره.
- ضرورات التخطيط المالي في مرحلة التأسيس.

* نظرة عامة حول ادارة الاموال **General overview of Managing Funds**

من الضروري أن يكون المؤسس للعمل الصغير ملماً ببعض جوانب التمويل والمحاسبة والتي تعتبر من ضروريات نجاح الاعمال والمنظمات في الوقت الحاضر. ان بقاء المنظمات مرتبط بجودة ادارة مجموعة كبيرة من فعاليات اساسية يقف في الاولوية منها الممارسة المالية والمحاسبية.

ان الفعالية المالية والمحاسبية ترتبط بجميع ما يتعلق بالاموال والانشطة المحاسبية الضرورية لتوفير التمويل المناسب وحسن استخدام الموارد المالية لتحقيق الاهداف وبالتالي الارباح في المنظمة. ان خطورة الجوانب المحاسبية والمالية في الوقت الحاضر تطلبت عناية كبيرة بها من قبل المسؤول الاول للاعمال الصغيرة ولا يمكن اسنادها إلى مساعدين دون معرفة ما يقومون فيه في هذا المجال. ان الاعمال الصغيرة لا يمكن لها أن تنمو وتتوسع دون ادارة سليمة للجوانب المالية والمحاسبية (**برنوطي**: 2005 : 264).

-المحاسبة ***Accounting***

ان المحاسبة (Accounting) هي النظام المسؤول عن مجمل الفعاليات المتعلقة بجمع وتحليل وتفسير وبث ونشر المعلومات المالية في مختلف اجزاء المنظمة وللجهات الخارجية، وهكذا فانها تقيس اداء المنظمة ويعتمد عليها في اتخاذ القرارات. لذلك يتطلب الامر من صاحب العمل الصغير، ان يضع الاساس الصحيح للنظام المحاسبي والذي يحتمل ان يتطور مع تطور العمل وتحوله الى منظمة متوسطة أو كبيرة لاحقاً.

ان فحص النظام المحاسبي يفترض ان يتم في جميع الظروف والاحوال لغرض سد ومعالجة النواقص فيه. هكذا يهيء النظام المحاسبي تقارير الاداء لمختلف الجهات الداخلية والخارجية للمنظمة. ومن خلال تحليل البيانات الواردة في السجلات المحاسبية يتم معرفة مدى نجاح أو فشل المنظمة. لذلك يوجد مسك السجلات (Book keeping) وهذه مرحلة من عمليات المحاسبة حيث ان المحاسبة لا تقتصر على مسك السجلات فقط.

ان كون المعلومات المالية هي محتوى حقيقي للقرارات في المنظمة، لذلك فأن دقة وصحة هذه المعلومات هي واجب اساسي لنظام المعلومات المحاسبي (AIS).

*** المحاسبة Accounting**

النظام المسؤول عن مجمل الفعاليات المتعلقة بجمع وتحليل وتفسير وبث ونشر المعلومات المالية، لغرض تسهيل اتخاذ القرارات.

*** مسك السجلات**

Book Keeping

هي عمليات تسجيل التبادلات والتعاملات المالية في سجلات محاسبية خاصة.

*** نظام المعلومات المحاسبي**

Accounting Information system (AIS)

اجراءات منهجية منتظمة لتشخيص وقياس وتسجيل والاحتفاظ بالمعلومات المالية لكي تستخدم في الكشوفات المحاسبية وتقارير الادارة.

وهذا النظام يتمثل بمجمل الاجراءات المنهجية المنظمة لتشخيص وقياس وتسجيل والاحتفاظ بالمعلومات المالية لكي تستخدم في الكشوفات المحاسبية وتقارير والادارة (**العامري والغالبي:** 2007 : 616).

ان المعلومات المحاسبية تستخدم من جهات عديدة بعضها جهات ذات مصلحة مباشرة مثل المستثمرون والدائنون وكذلك الادارة والبعض الاخر ذات مصلحة غير مباشرة مثل السلطات الضريبة والجهات المالية والمخططون الاقتصاديون وغيرهم.

وفي منظمات الاعمال اليوم نجد نوعين من المحاسبة على وفق الجهات المستفيدة منها. فالجهات الخارجية تستفيد من المحاسبة المالية (Financial Accounting) وهذه تعد كشوفات للدخل وميزانيات ختامية وتقارير مالية مختلفة تنشر للجمهور. أما الجهات الداخلية مثل المديرين على اختلاف مستوياتهم في المنظمة،

حيث تقدم المحاسبة الادارية (Management Accounting) معلومات لاتخاذ القرارات ورقابة وتخطيط الانشطة المختلفة.

ان المحاسبة تستخدم ادوات محاسبية وتسجل العمليات المحاسبية يدوياً أو اليكترونياً في السجلات التي تمسكها المنظمة ويعتمد هذا على مبدأين اساسيين هما:

(1) المعادلة المحاسبية The Accounting Equation

هو توازن محاسبي قائم باستمرار من خلال المعادلة التالية:

الاصول الموجودات = الخصوم (المطلوبات) + حقوق المالكين

ان الاصول (Assets) هي جميع الموارد التي تملكها المنظمة وتستفيد منها في عملياتها وأنشطتها المختلفة، مثل الاراضي والمباني والتجهيزات وكذلك الاصول غير الملموسة التي تعود للمنظمة. أما المطلوبات (Liabilities) فهي جميع الالتزامات التي تدين بها المنظمة اتجاه الغير.

وحقوق الملكية (Owner's Equity) تمثل المبالغ المالية التي تكون للمالك أو المالكين والتي قدموها للمنظمة في بداية التأسيس. وعندما تمارس المنظمة نشاطها فأن حقوق المالكين تمثل المبالغ المالية التي يستلمها المالك أو المالكين لو قامت المنظمة ببيع موجوداتها وتسديد ما عليها من التزامات ومطلوبات للاطراف المختلفة وبشكل كامل وفق المعادلة التالية:-

*** الاصول (الموجودات)**
Assets
جميع الموارد التي تملكها المنظمة وتستفيد منها سواء الملموسة مثل الاراضي والمباني وغيرها أو غير الملموسة مثل العلامات التجارية وشهرة وسمعة المنظمة.

*** الخصوم (المطلوبات)**
Liabilities
الالتزامات التي تدين بها المنظمة لاطراف أخرى.

حقوق الملكية = الاصول - الخصوم

هنا يمكن ان تكون حقوق المالكين موجبة اذا كان العمل لديه اصول تفوق الخصوم والعكس صحيح. ان من يمنح قرض للمنظمة يهمه هذا الامر جيداً، حيث تتحدد قدرة المنظمة على الوفاء بالقرض. وفي العادة تكون حقوق المالكين أموال مستثمرة بالاساس عند بدء منظمة الاعمال الصغيرة أو الشركة التضامنية أو المساهمة، يضاف إليها الارباح المحتجزة والمعاد استثمارها.

*** حقوق الملكية**
Owner's Equity
المبالغ المالية التي سيحصل عليها المالك أو المالكين لو تم بيع كافة الاصول وتسديد كافة الخصوم (المطلوبات).

(2) القيد المزدوج Double Entry Accounting system

ان أي تبادل يمثل عملية محاسبية تؤثر على حسابين وهنا يتم تسجيل الاثر المتبادل على الحسابين في السجلات المحاسبية وهذا الامر يجعل المعادلة المحاسبية متوازنة دائماً.

*** القيد المزدوج**

Double Entry Accounting system

نظام مسك السجلات المحاسبية باسلوب يوازن المعادلة المحاسبية عن طريق تسجيل الاثر المتبادل لكل عملية محاسبية أو صفقة مالية.

ويلاحظ في النظام المحاسبي ان المعلومات المالية تمر بدورة محاسبية (Accounting Cycle) متكاملة لغرض التوثيق والفحص والتسجيل والتحليل للاستفادة منها في القرارات المختلفة، وان هذه العمليات مستمرة طيلة حياة المنظمة وممارستها النشاط.

*** الدورة المحاسبية**

Accounting Cycle

دورة واجراءات من أربعة مراحل تتضمن الفحص والتأكد من الوثائق مصدر البيانات وتسجيل البيانات وارسالها للجهات التي تقوم بتحضير الكشوفات والتقارير المالية.

ان هذه الخطوات في هذه الدورة هي :

- الفحص لمصادر المعلومات والبيانات والتأكد من الوثائق التي تحوي هذه البيانات والمعلومات صحيحة وصادرة من جهات تملك الصلاحيات والسلطات اللازمة لمثل هذا الامر.
- التسجيل للبيانات والمعلومات في السجلات المحاسبية المختصة (اليومية، الاستاذ) بشكل اصولي وصحيح وكامل.
- ارسال ونشر هذه البيانات والوثائق وايصالها إلى الجهات المعنية لاتخاذ باقي الاجراءات الاصولية.
- تحضير الكشوفات والتقارير المالية المطلوبة بشكل دقيق وصحيح بحيث تعبر فعلاً عن الواقع الفعلي للمنظمة كما هو دون تحوير أو تحريف أو تزوير.

- الكشوفات المالية *Financial statements*

ان الاجراءات المحاسبية تتجسد في نهاية الامر باعداد مجموعة من التقارير والكشوفات المالية والتي تلخص الموقف المالي للمنظمة في زمن معين، وهذه تساعد المديرين على اتخاذ قرارات ادارية صحيحة ومع وجود مجموعة كبيرة من التقارير والكشوفات المالية الا ان أهمها ما يلي:

*** الكشوفات المالية**

Financial statements

هي مجموعة التقارير التي تلخص الموقف المالي للمنظمة وتساعد على اتخاذ القرارات.

* الميزانية العمومية

Balance sheet

تقرير مالي يتضمن معلومات تفصيلية عن المعادلة المحاسبية الخاصة بالاصول والخصوم وحقوق المالكين.

* الموازنة التقديرية

Budget

اداة تخطيطية ورقابية تساعد المديرين على اتخاذ القرارات بناء على ما تحويه من تقديرات للايرادات والمصروفات لكل نشاط.

* كشف الدخل

Income statement

تقرير مالي يعرض ربحية أو خسارة المنظمة خلال فترة من الزمن.

• **الميزانية العمومية Balance sheet**

تقرير مالي يتضمن معلومات تفصيلية عن المعادلة المحاسبية الخاصة بأصول (موجودات) وخصوم (مطلوبات) المنظمة وكذلك حقوق المالكين - والاصول يمكن ان تكون متداولة (Current Assets) مثل النقد والمخزون والديون القابلة للتحصيل، وهذه تعبر عن قدرة المنظمة من ناحية السيولة (Liquidity) للوفاء بالالتزامات السريعة.

كذلك هناك الاصول الثابتة (Fixed Assets) وهي ذات قيمة أو استخدام بعيد المدى مثل الاراضي والمباني والعدد والالات وغيرها، كما تملك المنظمة أيضاً أصول غير ملموسة (Intangible Assets) مثل براءات الاختراع وشهرة المنظمة والعلامات التجارية المتميزة فيها.

أما الخصوم (Liabilities) فيمكن ان تكون خصوم متداولة (Current liabilities) وهي التزامات للامد القصير لا يتجاوز السنة، مثل المبالغ المستحقة للموردين والضرائب والاجور وغيرها. أو تكون خصوم طويلة الاجل (long - term Liabilities) وهي ديون تتجاوز السنة في استحقاقها مثل القروض طويلة الاجل أو غيرها. اما حقوق المالكين (Owner's Equity) فتشمل راس المال المدفوع وحقوق المساهمين والارباح المحتجزة.

وقد جرت العادة ان ترتب الاصول في الميزانية العمومية تبعاً لصعوبة تحويلها إلى نقد، والخصوم تبعاً لصعوبة الوفاء بقيمها في المنظمات الصناعية لكون الموجودات الثابتة ذات أهمية خاصة في مثل هذا النوع من المنظمات. أما في المنظمات التجارية فالعكس هو المعمول به، حيث أهمية السيولة لهذه الاعمال (**النجار والعلي**: 2006 : 239).

• **الموازنة التقديرية Budget**

وهذه اداة تخطيطية ورقابية مهمة تساعد المديرين على اتخاذ القرارات في ضوء التقديرات الواردة فيها. ان الموازنة هي كشف تقديري بالايرادات والمصروفات المتوقعة لكل بند من بنودها ولكل نشاط مهم في المنظمة، وتوجد موازنة تقديرية للمبيعات وأخرى للاجور والمصروفات الاخرى.

• **كشف الدخل Income statement**

وهو حساب الارباح والخسائر profit - loss Account الذي يعرض ربحية المنظمة خلال فترة محددة من الزمن، وقد يعد هذا التقرير المالي لفصل من السنة أو للسنة المالية، ويعبر عنه بشكل معادلة كالاتي:

الربح (الخسارة) = الايرادات - النفقات

ان كشف الدخل ترحل اليه الارصدة للحسابات الوهمية من ميزان المراجعة، وتوضع في جانب المصروفات (النفقات) وفي الجانب الاخر الايرادات لذلك فأن رصيدة يمثل أما ربحاً أو خسارة (**توفيق:** 2002 : 309).

• **كشف التدفقات النقدية Cash Flows statement**

في الغالب يعد هذا الكشف من قبل المنظمات والشركات التي يتم تداول اسهمها في الاسواق المالية نظراً لاهمية تدفق الاموال في طبيعة انشطتها. وكذلك لكون هذه المنظمات تستثمر وتوظف النقود لأي أجل، أو توظيفها في انفاق راسمالي لمشروعات جديدة أو استكمال مشروعات أو احلال بدلها (**الشواورة:** 2008 : 29 – 31). وهذا الكشف هو تقرير مالي يصف ما تستلمه المنظمة من تدفقات نقدية وما تدفعه من نقد لجهات خارجية أو للخارج.

* **كشف التدفقات النقدية**

Cash Flows statement

تقرير مالي يعرض ما تستلمه المنظمة من تدفقات نقدية وما تدفعه من النقد للخارج.

- **أهمية القضايا المالية للاعمال الصغيرة**

The Importance of Financial Issues for small Business

تكتسب الجوانب المالية والمحاسبية أهمية كبيرة وحرجة في المنظمات الصغيرة على وجه الخصوص رغم أهميتها للمنظمات المتوسطة والكبيرة أيضاً. ان الاسباب المالية للفشل تقع على راس الاسباب التي تؤدي لموت الاعمال الصغيرة في السنوات الاولى لبدء التأسيس (**Stevens:** 1978 : 43). ان ما يقف وراء الاهمية للجوانب المالية العديد من الاسباب منها:-

- محدودية قدرة المنظمات الصغيرة في الحصول على التمويل المناسب سواء عن طريق القروض أو المشاركة مع الشركات الكبرى.
- التكاليف العالية كمصاريف لبدء تأسيس العمل أو تكاليف انتاج الوحدة الواحدة قياساً مع تكاليف الوحدة في المنظمات الكبيرة. ان الانتاج الواسع والكبير الحجوم للشركات الكبيرة جعل التكاليف الثابتة للشركة توزع على وحدات اكبر، وهكذا تكون التكاليف الثابتة للوحدة قليلة وهذا يتيح لها قدرة على المنافسة عالية، ان هذا الامر لا يتوفر للاعمال الصغيرة. ففي دراسة حول واقع الصناعات الصغيرة في البصرة وجد الباحثان (**بنيان والشرع:** 2007 : 49-68) ان أعقد وأصعب مشكلة تواجه الصناعات الصغيرة في مختلف قطاعات الاقتصاد في هذه المحافظة العراقية الغنية هي المشكلة المالية والتمويلية وما يرتبط بها من جوانب مختلفة.
- تأثر الاعمال الصغيرة بشكل أكبر في الازمات المالية والاحداث الطارئة وظروف الكساد (**برنوطي:** 2005 : 265). ان المنظمة يتهدد وجودها بسرعة وخلال فترة قصيرة لكون الاحتياطيات لديها قليلة أو معدومة وهذا يعرضها للتوقف عن العمل، عكس الشركات الكبيرة التي تستطيع تجاوز ازمات مالية أو خسائر عالية لبعض السنوات، حيث القدرة العالية على الاقتراض.

- القدرات المحدودة للاستفادة من الفرص المتاحة والمتوفرة وخاصة تلك التي تظهر بسرعة وبشكل مفاجىء أمام الاعمال الصغيرة. ان القدرة العالية للاعمال الكبيرة في اقتناص الفرص بسهولة نسبية، تتطلب من ادارة المنظمة الصغيرة ان تكون على استعداد لفرز تلك الفرص وأخذ المناسب منها رغم محدودية التراكم المالي للنمو والتوسع لديها.
- من النادر ان يكون صاحب العمل الصغير مطلعاً وملماً بما فيه الكافية على الجوانب والمتطلبات المالية. ان أغلب المؤسسين للاعمال الصغيرة يعرفون الامور الفنية والتشغيلية ولكن الكثير منهم يجهل القضايا المالية الكثيرة التعقيد والتشعب (**برنوطي**: 2005 : 267). وترى البعض من مديري المنظمات الصغيرة يتصرف بالاموال دون حسابات دقيقة وحذرة وكأنما يمارس هواية عادية يرغب فيها. كذلك قد لا يستعين صاحب العمل الصغير بمتخصصين في المجال المالي والمحاسبي لاسباب عديدة قد يكون بعضها مرتبط بمحدودية القدرات المالية، عكس الحال في المنظمات الكبيرة التي تستعين بمتخصصين بالانشطة المالية والمحاسبية.

هكذا يتطلب الامر الاستعداد الجيد من قبل صاحب العمل الصغير وكذلك مالكي الاعمال المتوسطة للجوانب المالية والمحاسبية المختلفة نظراً لاهميتها في نجاح أو فشل الاعمال. ان هذا يعني في أحد جوانبه معرفة الآليات والطرق التي تساهم فيها الادارة المالية القيام بأنشطتها المختلفة المهمة والاساسية والتي يتم من خلالها انجاز أهداف هذه الادارة وبالتالي انجاز أهداف المنظمة الصغيرة (**Hamptone**: 1996 : 13)، ويعرض الشكل (4-4)، ان الفعاليات المختلفة للادارة المالية تعتمد على طبيعة الاهداف المتوخاة لهذه الادارة، وان أهداف الادارة المالية يفترض ان تكون مشتقة من الاهداف الرئيسية للمنظمة ككل. هنا لا نتوقع انجاز أهداف المنظمة بشكل كامل وصحيح دون أن تكون الممارسات الادارية في نشاط التمويل والمحاسبة قد ارتقى إلى افضل ما يكون وحقق الاهداف المالية الموضوعة.

شكل (4-4)

العلاقة بين فعاليات الادارة المالية وانجاز اهدافها

وانعكاس ذلك على أهداف المنظمة

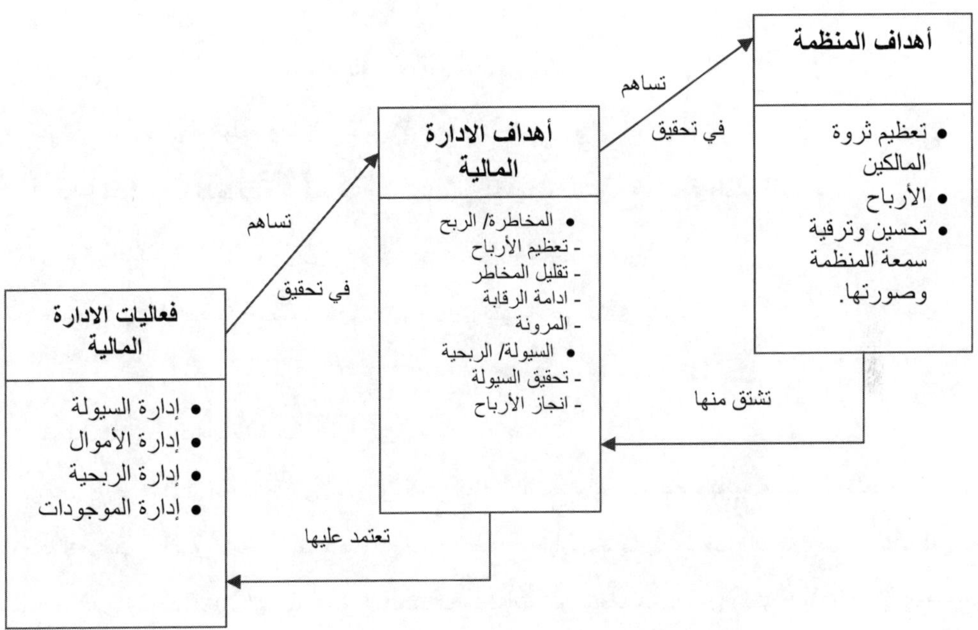

ونتوقع ان لا يكون تشعب فعاليات الادارة المالية والمحاسبية في العمل الصغير والذي بدء في نشاطه بعد التأسيس كبيراً كما هو الحال في الشركات الكبرى. ومع ذلك فأن روح النشاط المالي والمحاسبي موجودة ومتدفقة لتشكل المحرك الاساسي للنجاح والقدرة على البقاء والتنافس الفعال.

ان المسؤوليات المالية والمحاسبية في الاعمال المتوسطة والصغيرة تتجسد من خلال الاتي:-

- توفير الاموال الضرورية لبدء العمل وممارسة النشاط وكذلك الاموال الضرورية للتوسع والنمو بعد ذلك. ان مجمل هذه الجوانب نجدها متجسدة في ادارة محفظة التمويل المناسب والاهتمام بالائتمان الممنوح ومراقبة الايرادات والنفقات.
- أحكام الرقابة على الوضع المالي للمنظمة وهذا يتطلب جعل السياسات والاجراءات الحاكمة للانشطة والعمل مرنه ومتكيفه مع المستجدات من جانب وواضحة ودقيقة من جانب أخر.

- ايجاد الصيغ المتوازنة من تحمل المخاطرة وانجاز الارباح ويندرج ضمن ذلك اجراءات التأمين على المخاطر المهمة والحرجة.
- وضع الخطط المالية السليمة القائمة على مقدمات منطقية صحيحة والتي تتيح للمنظمة استمرار التطور والتقديم من خلال انجازات متصاعدة وارباح ممتازة. كذلك ضرورة ادارة الاستثمار الملائم للتوسع والنمو في المجالات الواعدة مستقبلاً.

وفي المجال المحاسبي فأن ادارة العمل الصغير مطلوب منها

- اعتماد نظام محاسبي سليم ودقيق ومقبول قانونياً وادارياً.
- الالتزام بالممارسات المحاسبية الصحيحة والمستندة الى المبادىء المحاسبية العامة والمقبولة.
- ادامة السجلات المحاسبية الضرورية للمنظمة وممارسة النشاط.
- تحديد طرق المعالجة المحاسبية واعادة النظر فيها في ضوء التطورات والمستجدات.

- **التحليل المالي Financial Analysis**

يعطي التحليل المالي مجموعة من المؤشرات ذات الطابع الكمي والنوعي حول طبيعة أنشطة المنظمة لغرض الحكم عليها واتخاذ الاجراءات والقرارات اللازمة لتصحيح الوضع في بعض الاحيان. وحالما يبدء العمل الصغير بممارسة نشاطه ودخوله إلى السوق من الضروري متابعة عملية التحليل المالي لاستكشاف مؤشرات تبين اتجاه سير العمل وتطوره وقدرته على الوفاء بالالتزامات في وقتها.

ان احتواء الكشوفات المالية على كميات كبيرة من بيانات ومعلومات يمكن ان يعطي للمحلل المالي امكانية ربط علاقات بينها لغرض اشتقاق مؤشرات مفيدة يتم الحكم من خلالها على ربحية المنظمة وسيولتها وتطور قيمتها وغيرها.

ان التحليل المالي الذي شاع استخدامه كثيراً هو التحليل بالنسب (Ratios Analysis) وهو مقياس لصحة المنظمة من الناحية المالية. ان التحليل بالنسب يمكن المدير من تلخيص الكم الكبير من المعلومات الواردة في الكشوفات المالية المختلفة بمؤشرات مركزه وذات دلالة تساعد في اتخاذ القرارات لتحسين الوضع.

> *** تحليل النسب**
> **Ratios Analysis**
> استخدام المعلومات الواردة في الكشوفات المالية لغرض استخراج مؤشرات بشكل نسب تساعد في اتخاذ القرارات

ومع ان النسب المالية عديدة ومتنوعة فانه يمكن وضعها في اطار ثلاثة مجموعات رئيسية من النسب كالاتي (**العامري والغالبي:** 2007 : 624 – 629)، (**الحسيني** : 2006: 213 – 229)، (**الصياح والعامري** 2003: 47-88) (**المنصور وجواد:** 2000 : 206) (**Steinhoff and Burgess: 1993** : 126 – 144):

(1) نسب الملاءة المالية Solvency Ratios

ان هذه النسب هي مؤشرات مالية وضعت على شكل نسب مئوية سواء للمدى القصير أو المدى البعيد، ويتم بموجبها تقدير درجة المخاطرة المرتبطة بالاستثمار في المنظمة.

* نسب الملاءة المالية
Solvency Ratios
نسب مالية لتقدير مخاطر الاستثمار في المنظمة للمدى القصير والمدى البعيد.

*** نسب الملاءة المالية للمدى القصير Short - Term solvency Ratios**

في المدى القصير تكون المنظمة بحاجة الى دفع المستحقات خلال مدة قصيرة لا تتجاوز السنة، هنا تحتاج المنظمة الى نقد سائل (Cash) لذلك فأن هذه النسب تقييس السيولة لدى المنظمة لمعرفة قدرتها على الوفاء بالالتزامات. ان ارتفاع هذه النسب دليل على قدرة المنظمة على تسديد التزاماتها ولكن يقابل ذلك اثر سلبي على استخدام الاموال لتوليد الارباح. ومن أهم نسب الملاءة للمدى القصير.

- نسبة التداول *Current Ratio*

وهي النسبة الشائعة لقياس قدرة المنظمة على توفير السيولة المناسبة واللازمة لتسديد التزاماتها على المدى القصير، هكذا تحكم المصارف على الاعمال لغرض منحها القروض المطلوبة. وتحسب وفق الصيغة التالية:-

* نسبة التداول
Current Ratio
نسبة تقيس سيولة المنظمة وقدرتها على تسديد التزاماتها للمدى القصير.

$$\text{نسبة التداول} = \frac{\text{الاصول المتداولة}}{\text{الخصوم المتداولة}}$$

ان النسبة المعيارية المعتمدة هي (1:2) بمعنى الن تكون الاصول أو الموجودات المتداولة لدى المنظمة ضعف ما عليها من خصوم أو مطلوبات متداولة.

- النسبة السريعة *Quick Ratio (Acid - Test Ratio)*

قد يحتاج تحويل المخزون السلعي الى نقد سائل للوفاء بالتزامات وقت طويل نسبياً لذلك يعتبرالمخزون السلعي من الاصول المتداولة الابعد من التحويل الى نقد، وهكذا يتم استبعاده لاستخراج النسبة السريعة.

وهذه النسبة السريعة تقيس قدرة المنظمة على دفع التزاماتها المتداولة من النقد المتاح لديها وكذلك الاوراق المالية القابلة للبيع والديون القابلة للتحصيل. وتحسب كالاتي:

* النسبة السريعة
Quick Ratio
قياس لقدرة المنظمة على تسديد مطلوباتها المتداولة من خلال موجوداتها المتداولة بعد استبعاد المخزون منها.

الاصول المتداولة - المخزون	الاصول المتداولة السريعة
النسبة السريعة = ————	= ————
الخصوم المتداولة	الخصوم المتداولة

ان النسبة السريعة المعيارية هي (1:1) بمعنى ان تكون موجودات المنظمة السريعة كافية لتسديد مطلوباتها المتداولة قصيرة الامد.

- راس المال العامل working capital

ان راس المال هذا يمثل الفرق بين الاصول (الموجودات) المتداولة والخصوم (المطلوبات) المتداولة، لذلك فهو يعطي قدرة المنظمة على دفع التزاماتها قصيرة الامد للاطراف الخارجية، وتمثل المعادلة ادناه راس المال العامل.

*** راس المال العامل**
Working capital
يمثل الفرق بين الاصول المتداولة والخصوم المتداولة ويعطي قدرة المنظمة على دفع التزاماتها قصيرة الامد للاطراف الخارجية.

راس المال العامل = الاصول المتداولة - الخصوم المتداولة

*** نسب الملاءة المالية للمدى البعيد long - Term solvency Ratios**

ان بقاء المنظمة واستمرارها وتطورها يعتمد على قدرتها للوفاء بالتزاماتها للمدى القصير وكذلك للمدى البعيد. ان الالتزامات طويلة الاجل تتضمن تسديد الفوائد على القروض مثلاً وكذلك القروض ذاتها، وان عدم القدرة على التسديد يجعل المنظمة في مواجهة مخاطر كبيرة قد تصل الى الانهيار والافلاس أو على الاقل جعل الممولين حذرين في التعامل مع المنظمة. أما أهم نسب الملاءة المالية للامد البعيد فهي.

- نسبة الدين الى حقوق المالكين *Debt - to Owner's Equity Ratio*

الدين (Debt) هي التزامات على المنظمة اتجاه أطراف مختلفة خارجية. ويمكن للمنظمة قياس نسبة المديونية (Debt Ratio) حيث قابلية المنظمة لمواجهة التزاماتها طويلة الاجل. ان التوسع بالاستثمار من خلال نسبة مديونية عالية يجب ان يلاحظ بدقة لكونه سلاح ذو حدين حيث يمكن للمنظمة ان تواجه اشكالية عدم التسديد بسبب عدم القدرة على توليد الايرادات والارباح الكافية.

*** الدين Debt**
التزامات على المنظمة لاطراف خارجية.

*** نسبة المديونية**
Debt Ratio
قياس قدرة المنظمة على مواجهة التزامات بعيدة الامد.

الديون طويلة الاجل
نسبة المديونية = ————
حقوق المالكين

أما نسبة الدين الى حقوق المالكين، فانها تعبر عن الملاءة المالية وتشير الى المدى الذي تكون فيه المنظمة ممولة باقتراض الخارجي، وهنا فأن الديون تمثل مجمل الديون قصيرة وطويلة الامد.

نسبة الدين الى حقوق المالكين

Debt to Equity Ratio

مؤشر على مدى توسع المنظمة بالتمويل الخارجي

$$\text{نسبة الدين الى حقوق المالكين} = \frac{\text{اجمالي الديون}}{\text{حقوق المالكين}}$$

- **نسبة الدين الى الموجودات** ***Debt to Assets Ratio***

لمعرفة مدى قدرة المنظمة على تسديد اجمالي ديونها من واقع موجوداتها المختلفة. ان هذه النسبة هي أحد نسب التغطية المهمة في المنظمة حيث القدرة على الوفاء بالالتزامات طويلة الاجل من واقع توفر الاصول أو الموجودات على اختلاف اشكالها وخاصة الثابتة منها.

*** نسبة الدين الى الموجودات**

Debt to Assets Ratio

مؤشر على قدرة المنظمة من تسديد التزاماتها من واقع موجوداتها أو أصولها.

$$\text{نسبة الدين الى الموجودات} = \frac{\text{اجمالي الديون}}{\text{الموجودات}}$$

- **نسب الرافعة** ***Leverage Ratios***

تمثل نسب الرافعة قدرة المنظمة على تمويل استثماراتها من خلال الاموال المقترضة على اختلاف طبيعة تلك القروض. ان قبول الجهات الخارجية (المصارف مثلاً) لتمويل المنظمة وتوسعها ونموها دليل على موقفها المالي الجيد بحيث تقبل هذه الجهات المخاطرة بمواردها وقبول تمويل واقراض المنظمة.

(2) نسب الربحية Profitability Ratios

مجموعة كبيرة من النسب التي تقيس قدرة المنظمة على تحقيق ارباح من خلال دخل تشغيلي ودخل صافي بالقياس ألى الاصول أو حقوق المالكين أو المبيعات المتحققة. ومن أهم نسب الربحية الاتي:

- **هامش الربح** ***profit Margin***

يتمثل هامش الربح بقسمة الدخل الصافي على المبيعات

*** هامش الربح**

Profit Margin

حاصل قسمة صافي الدخل على المبيعات

$$\text{هامش الربح} = \frac{\text{صافي الدخل بعد الضرائب}}{\text{المبيعات}}$$

ان ارتفاع هامش الربح يمثل مؤشر جيد للمنظمة، حيث يمكن ان يعود للسيطرة الكفوءة على التكاليف، وان العائد من الاستثمار مقبول في هذه الحالة. ويطلق على هذه النسبة في بعض الاحيان العائد على المبيعات (Return on sales).

- **العائد على الموجودات** ***Return on Assets (ROA)***

تحسب هذه النسبة كالآتي :

$$ROA = \frac{\text{صافي الدخل بعد الضريبة}}{\text{الموجودات (الاصول)}}$$

ان ما تم استثماره في الموجودات يفترض ان يساهم بأعلى الصور في تحقيق الدخل. ان كل وحدة نقدية نرى كيف ساهمت وولدت دخل صافي. ان انخفاض النسبة يعني ان المنظمة لم تستطيع استخدام موجوداتها بشكل فعال.

- **العائد على حقوق الملكية** ***Return on Equity (ROE)***

قد تستخدم هذه النسبة تحت مسمى العائد على الاستثمار (ROI) وهي من النسب الاكثر استخداماً للحكم على كفاءة وفاعلية الاستثمار في المنظمة. ويحسب العائد على حقوق الملكية كالآتي:

$$ROE = \frac{\text{صافي الدخل}}{\text{حقوق الملكية}}$$

- **ربحية السهم** ***Earning per share***

وتستخدم هذه النسبة لمقارنة اداء المنظمات مع بعضها وتحسب كالاتي:

$$\text{ربحية السهم} = \frac{\text{صافي الدخل}}{\text{عدد الاسهم العادية القائمة}}$$

وبالاضافة الى هذه النسب، توجد نسب أخرى مثل العائد الاقتصادي وهو الربح قبل الفوائد والضرائب مقسوماً على الموجودات، وكذلك حافة الربح الصافي الذي يمثل حاصل قسمة الربح الصافي على المبيعات.

(3) نسب النشاط Activity Ratios

تسمى أيضاً نسب الدوران (Turnover Ratio) وهذه مجموعة من النسب التي يتم بواسطتها قياس مدى كفاءة ادارة المنظمة في موازنة استخدام الموارد المالية بين الاصول المختلفة لغرض تحقيق الاهداف المرجوة. ان الاعمال الجيدة هي التي تدار بأفضل الصيغ وتحقق عوائد ايجابية اكبر من المنظمات والاعمال المنافسة. ان أهم ما يتم التركيز عليه من خلال نسب النشاط هو كفاءة استخدام الموارد. أما أهم نسب النشاط فهي:

- معدل دوران الموجودات *Total Assets Turnover*

ان هذه النسبة تقيس كفاءة الاستثمار في موجودات المنظمة وانعكاس ذلك على تحقيق المبيعات، وتقاس بقسمة المبيعات على مجموع الموجودات. ومن خلال النسبة يتم التعرف على كفاءة استخدام الموجودات في تحقيق المبيعات. وتحسب كالاتي:

> *** معدل دوران الموجودات**
> **Total Assets Turnover**
> تقاس بقسمة المبيعات على مجموع الموجودات، وتوضح مدى قدرة المنظمة على استخدام الموجودات في توليد المبيعات

$$\text{معدل دوران الموجودات} = \frac{\text{المبيعات}}{\text{مجموع الموجودات}}$$

- متوسط فترة التحصيل *Average Collection Period*

وهذه النسبة تقيس سرعة تحصيل الديون وبالتالي تقل امكانية حصول ديون معدومة. لذك فأنها تمثل نسبة نشاط للمنظمة وتحسب كالاتي:-

> *** متوسط فترة التحصيل**
> **Average Collection peried**
> مؤشر يدل على متوسط الفترة الزمنية اللازمة لتحصيل الدين.

$$\text{متوسط فترة التحصيل} = \frac{\text{أوراق القبض} \times 360}{\text{المبيعات الاجلة}}$$

$$\text{متوسط فترة التحصيل} = \frac{\text{عدد أيام السنة}}{\text{معدل دوران الذمم}}$$

-معدل دوران الذمم المدينة *Receivable Turnover*

ان هذه النسبة تمثل عدد المرات الناتجة من قسمة المبيعات الاجلة على الديون القابلة للتحصيل (أوراق القبض والمديونية)

> *** معدل دوران الذمم المدينة**
> **Receivable Turnover**
> حاصل قسمة المبيعات الاجلة على الديون القابلة للتحصيل

المبيعات معدل دوران الذمم = ـــــــــــــ الديون القابلة للتحصيل

ان عدد المرات التي تستطيع فيها المنظمة تحصيل ديونها خلال السنة يعطي قابلية لها على تحصيل قيمة المبيعات الاجلة وهذه مهمة لأنها مؤشرة على جودة وسيولة حسابات الذمم المدينة.

- **معدل دوران المخزون** *Inventory Turnover*

تعطي هذه النسبة كفاءة، ادارة المنظمة في استغلال المخزون السلعي، حيث يتم معرفة عدد مرات دوران البضاعة والمخزون السلعي. كلما كان الدوران اكبر يعني ازدياد قدرة المنظمة على ادارة عمليات الشراء والمخزون وتحويلها إلى مبيعات لكي يتم تحقيق ارباح في كل دورة. تحسب النسبة كالآتي :

*** معدل دوران المخزون**

Inventory Turnover

نسبة نشاط تقيس متوسط عدد المرات التي يباع فيها المخزون ويخزن غيره.

كلفة البضاعة المباعة معدل دوران المخزون = ـــــــــــــ متوسط رصيد المخزون كلفة البضاعة المباعة = ـــــــــــــ مخزون أول المدة + مخزون أخر المدة / 2

- **معدل دوران الموجودات الثابتة** *Fixed Assets Turnover*

وتقاس هذه النسبة بقسمة صافي المبيعات على صافي الموجودات الثابتة كالاتي:

صافي المبيعات معدل دوران الموجودات الثابتة = ـــــــــــــ صافي الموجودات الثابتة

ورغم وجود اعداد كبيرة من النسب الاخرى مثل نسب سوق الاوراق المالية ونسب القدرة على الوفاء بالديون (التغطية)، الا انه يمكن القول ان النسب مارة الذكر كافية بالنسبة للاعمال المتوسطة والصغيرة لاعطاء صورة صحيحة عن الاداء والجوانب المالية فيها.

* متطلبات التمويل ومصادره Financing Requirements and Sources of Funds

تقتضي الضرورة الاهتمام بانشطة التمويل للاعمال الصغيرة في كافة مراحل عملياتها، وتأخذ هذه الانشطة اهمية خاصة وكبيرة في بداية تأسيس هذه الاعمال. ان وجود الافكار الجيدة ووضعها في خطة عمل ممتازة قد تبقى مجرد أفكار نظرية لا تنقل الى أرض الواقع لتتجسد في منظمة أعمال صغيرة عند عدم وجود الاموال الكافية واللازمة لتأسيس العمل الصغير. كذلك قد يراد تطوير وتوسيع العمل أو تشغيل برامج جديدة في المنظمات الصغيرة أو المتوسطة الحجم وجميع هذه الافعال تتطلب تمويل مناسب لها.

- **متطلبات التمويل Financing Requirements**

يرتبط تقدير متطلبات التمويل دراسة تحليلية وتشخيصية صادقة وصحيحة للعديد من العوامل ذات الارتباط بالاعمال المتوسطة والصغيرة المراد تحويل عملياتها وانشطتها . ان من بين أهم هذه العوامل ما يأتي (**Longenecker et al**: 2006 : 215 : 217):

(1) **القدرات الاقتصادية الكامنة المرتبطة بالمنظمة المتوسطة والصغيرة.** فاذا كانت هذه القدرات تؤشر نمو عالي وارباح كبيرة يصبح للعمل امكانية افضل في الحصول على الموارد، قياس بعمل أخر قد يكون مناسب لنمط وأسلوب المستثمر وطريقة حياته لكنه غير جذاب من الناحية الاقتصادية والتمويلية. ان أغلب مؤسسات التمويل والممولين الاخرين يحددون استثمارهم، بالنسبة للاعمال عند بدء تأسيسها، بتلك التي توفر عائد عالي ومناسب للسنوات (5 – 10) من ممارسة النشاط.

(2) **حجم العمل ومستوى نضجه**، ان حجم العمل ودرجة ومستوى مروره في المراحل المختلفة من التواجد الفعلي في العمل الميداني له أثر على التمويل والحصول عليه. لقد وجدت * (SBA) في أمريكا من خلال مسح ميداني حول تمويل الاعمال الصغيرة وجد علاقة ايجابية بين استخدام التمويل المصرفي (ديون بنكية) وحجم العمل. هكذا فأن الاعمال الاكبر حجماً والاطول عمراً لديها امكانية أفضل للحصول على ائتمان مصرفي والذي لا يكون متاح للاعمال الاصغر حجماً والاحدث في انشائه.

ان الاعمال الاصغر اكثر استخداماً للقروض الشخصية وكذلك التمويل من خلال بطاقات ائتمان مصرفية وخاصة في بداية تأسيسها وممارسة انشطتها الفعلية. ان جهود الشخص الريادي وقدرته تلعب درو مهم في عمليات التمويل في بداية الامر، حيث يتوقف ذلك على مبادراته في الحصول على راس المال اللازم لبدء العمل. وعندما يكون العمل قد أوسس ووجد على أرض الواقع وربما سجل انجازات جيدة، هنا يكون جذاب للمصارف والمؤسسات التمويلية الاخرى لتقدم الاموال له. وحتى في العالم الصناعي فأن الممولين الرأسماليين يحددون مقدار المبلغ الراغبون في استثماره في الاعمال الجديد والتي تبدء لاول مرة، باعتبارها ترتبط بمخاطر

* Financing Patterns of Small Firms : finding from the 1998, survey of small Business Finance, SBA office of Advocacy , Washington, DC , 2003 .

أعلى رغم أن العوائد المتوقعة منها جذابة وجيدة. هكذا يكون الدخول بتمويل الاعمال الصغيرة يأتي في مراحل متأخرة عن بداية دورة حياتها، وقليل جداً من الممولين من يركز على الاعمال في بداية قيامها ونشأتها.

(3) نمط ونوع الاصول، تنظر المصارف الى نوعين من الموجودات عندما ترغب بتمويل العمل الصغير، الاول الاصول الملموسة والثاني الاصول غير الملموسة . الاصول الملموسة هي تلك التي ترى وتلمس وتقيم على أسس موضوعية مثل الاراضي والمباني والمعدات والتجهيزات والاستثمارات المختلفة، وهذه تظهر كلفها بالميزانية العمومية التي يستلمها المصرف كأحد الكشوفات التي يدرسها ويحللها لغرض تقديم التمويل اللازم. ان الموجودات الملموسة تخدم العمل المتوسط أو الصغير باعتبارها ضمان مقبول لغرض الحصول على قرض من المصرف. أما الاصول غير الملموسة من قبيل الشهرة والسمعة والاستثمارات السابقة المكرسة للبحث والتطوير فأن لديها قيمة قليلة كضمان للحصول على الاموال. هكذا يكون للاعمال المتوسطة والصغيرة ذات الاصول الملموسة الاكثر امكانية افضل للحصول على التمويل من الاعمال ذات الاصول غير الملموسة ولكن اصولها الملموسة غير كافية لتكون ضمان حقيقي للحصول على القروض.

(4) تفضيل المالك أو المالكين للتمويل بالمديونية وبالملكية، على المالك أو المالكين الاجابة الواضحة على سؤال بشأن التمويل من خلال المديونية أو التمليك او توليفة معينة من الاثنين معاً. ان هذا الجواب يعتمد على التفضيلات الشخصية والفردية للمالك او الاتفاق الملائم للمالكين للعمل الصغير، والاختيار هنا يرتبط ايضاً بجملة من المبادلات التي يتم اقرارها بشكل واضح ومناسب بين المديونية أو التمليك.

ورغم ان قرار التمويل من خلال المديونية أو الملكية يتخذ مبكراً في حياة العمل الصغير الا أن هذا القرار له عواقب مالية طويلة الامد. ولغرض اتخاذ قرار مناسب بهذا الشأن يتطلب الامر اجراء مبادلة ومعرفة للمديونية والملكية ومن خلال ملاحظة ما يلي:-

- الربحية المحتملة.

- المخاطر المالية.

- السيطرة والتحكم.

*** الملكية Equity**

حصة المالك في موجودات المنظمة، وفي الشركات المساهمة تكون على شكل اسهم عادية، و/أو ممتازة.

*** التمويل بالمديونية**

Debt Financing

اموال تأتي من مقرضين والتي يدفع عنها نسبة فائدة معلومة في زمن محدد، كذلك تسدد هذه الديون للأطراف الخارجية.

ويعرض الشكل (4-5) التمويل من خلال المبادلة بين المديونية والملكية

شكل (4-5)

المبادلة في التمويل بين المديونية والملكية

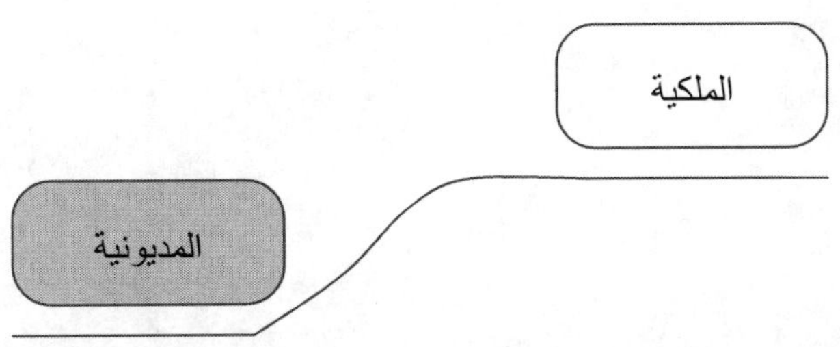

(أ) تمويل عالي بالملكية وقليل بالمديونية

- الربحية المحتملة: عائد على الاستثمار (ROI) أقل للمالك أو المالكين
- المخاطر المالية : قليلة .
- السيطرة والتحكم: يتقاسم المالك أو المالكين السيطرة مع المستثمرين المالكين الآخرين الذين اشتروا الأسهم أو عملوا استثمار واسع.

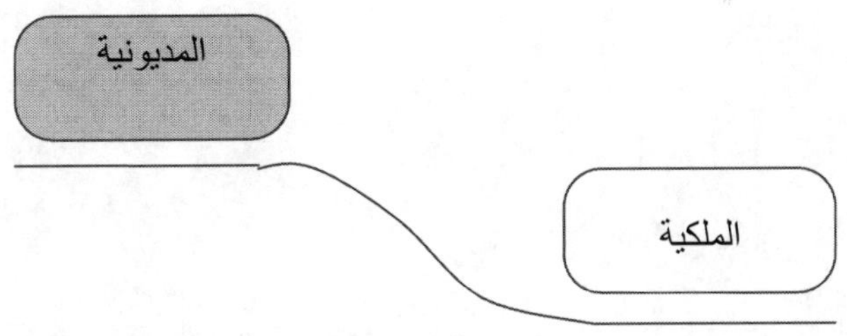

(ب) تمويل عالي بالمديونية وقليل بالملكية

- الربحية المحتملة : عائد على الاستثمار (ROI) أعلى للمالك أو المالكين
- المخاطر المالية : عالية
- السيطرة والتحكم : يحافظ المالك أو المالكين السيطرة دون اللجوء إلى استثمار ضخم وتقاسم السيطرة مع الآخرين.

• فلو فرضنا ان الدخل (العائد) المتولد من استثمار في أصول (موجودات) مقدارها (200000) دينار هو (28000) دينار، فأن العائد على حقوق الملكية يختلف باختلاف ما اذا كان هذا الاستثمار من خلال المديونية أو الملكية وكالاتي:

(أ) التمويل من خلال الملكية (200000) دينار ولا وجود لمديونية

- عائد على الموجودات = $\frac{28000}{200000}$ = 14%

- ROE = $\frac{28000}{200000}$ = 14%

(ب) التمويل من خلال الملكية (100000) دينار والمديونية (100000) دينار

- عائد على الموجودات = $\frac{28000}{200000}$ = 14%

المديونية (100000) دينار معدل الفائدة 8%

مجموع مبلغ الفائدة = 8000 دينار

المتبقي من الدخل (العائد) المتولد = 28000 -8000 = 20000 دينار

- ROE = $\frac{20000}{100000}$ = 20%

*** العائد على الموجودات (الاصول)**

Return on Assets

نسبة العائد الذي يجنى على كامل موجودات المنظمة (العمل) المستثمر فيها، محسوبة من خلال قسمة دخل العمليات على كامل قيمة الموجودات.

*** العائد على حقوق الملكية**

Return on Equity (ROE)

نسبة العائد الذي يكسب على حقوق الملكية المستثمرة، ويحسب من خلال قسمة الدخل الصافي على كامل حقوق الملكية

هكذا يختلف العائد على حقوق الملكية باختلاف اختيار نوع التمويل فيما إذا كان بالمديونية أو التمليك، رغم أن العائد على الاصول واحد في الحالتين كما في المثال أعلاه.

• رغم ان التمويل من خلال المديونية يعطي عائد أعلى الا أنه اكثر مخاطر مالية حيث ان مقدمي القروض (الدائنون) يطلبون مبلغ الفوائد بغض النظر عن الاداء المتحقق للمنظمة الصغيرة. وهذه تمثل التزام يجب ان يدفع حتى لو تطلب الامر اشهار الافلاس والتوقف عن ممارسة النشاط، في حين ان التمويل بالملكية غير مطلوب تسديد اذا لم يصل العمل إلى تحقيق أهداف أداء ايجابية.

لو فرضنا ان العائد المتحقق هو (2000) دينار وليس (28000) دينار هنا يكون:-

$$\text{العائد على الموجودات} = \frac{2000}{200000} = 1\ \%$$

فاذا كان التمويل بالمديونية يكون هناك نقص (6000) دينار لكون مبلغ الفائدة (8000) دينار والعائد هو (2000) دينار فقط هكذا يكون:-

$$ROE = \frac{-6000}{100000} = -6\ \%$$

• أما القضية المتعلقة بالسيطرة والتحكم، فأن التمويل بالملكية يعني الحصول على الاموال من خلال التنازل عن جزء من ملكية الاعمال لصالح طرف خارجي، والذي يصبح له حق الرقابة والتحكم بالعمل مع المالك أو المالكين الاصليين. هنا يتم التمويل بالمديونية إلى الدرجة التي لا يفقد فيها المالك السيطرة والتحكم بالمنظمة، أو أن البعض يرغب في تقاسم المسؤوليات مع الاخرين.

- **تقدير الاحتياج للاموال Estimating Financial Needs**

ان تقدير الاحتياج للاموال في الاعمال المتوسطة والصغيرة قضية ذات أهمية كبيرة. ان درجة المخاطرة التي تحيط المنظمة الصغيرة تجسد ضرورة التقدير الصحيح والواقعي للتمويل في الامد البعيد. ان هذا الاحتياج يعتمد على كون العمل قائم ويمارس النشاط أو أنه يبدء لاول مرة ومنذ وقت قليل. فاذا كان العمل قائم وموجود فربما يرتبط تقدير الحاجة للاموال في ضوء حاجته للنمو والتوسع أو تطوير لمنتجاته واسواقه وفق اتجاهات رؤيته العملية والتنافسية. ويلاحظ ان الاعمال تجري تحليل معمق لواقع التمويل وتقدير الاحتياج للاموال في ضوء المتطلبات الحقيقية لاستخدام هذه الاموال (**الغالبي وهاشم** : 1994) .

ان الضرورة تقتضي عدم المبالغة في تقدير هذه الاحتياجات، حيث تبقى الاموال دون استغلال كفوء وفعال لها، أو يتم تقدير الاحتياجات بتحفظ شديد وأقل من الحاجة الفعلية، وهنا يواجه العمل صعوبات مالية كبيرة (**النجار والعلي**: 2006 : 193).

ويمكن في مرحلة البدء والتشغيل ان تغطى الاحتياجات عن طريق رؤوس الاموال المملوكة وكذلك القروض، في حين يمكن تغطية التوسع والنمو بطرق شتى قد يكون القروض والائتمان من أهمها.

ان التمويل يجري وفق منهج منظم تقدر فيه مقدار الاموال المطلوبة ومتى يكون الاحتياج لها، وما هي أفضل مصادر الحصول عليها، وأخيراً كيفية تسديد هذه الاموال المقترضة لادامة علاقات جيدة مع الاطراف المموِّلة للمنظمة الصغيرة. وان مختلف هذه الجوانب تؤخذ في اطار تقدير واقعي للاحتياج للاموال الذي يتأثر بطبيعة الاستخدام لها في الاعمال المتوسطة والصغيرة. وهنا فأن مالك أو مالكي العمل يقدرون الاموال اللازمة لاستخدام راس المال حسب المجال الذي يكرس له. فقد يخصص المال لشراء الاصول الثابتة Fixed Assets مثل الالات والمعدات والاراضي والمباني وغيرها.

ان هذه الاصول الثابتة تستخدم لآماد أطول ويفترض ان تمول بالقروض طويلة الاجل Long - term loans)) أو من الاموال التي يقدمها مالك المنظمة الصغيرة. واذا تم تمويل هذه الاصول الثابتة بالمديونية فيفترض ان يكون استحقاق هذه الديون مساوي تقريباً للعمر الانتاجي لهذه الاصول(Megginson et al: 2003 : 144)، (**ابو ناعم**: 2002 : 230).

*** الاصول الثابتة**

Fixed Assets

هي موجودات يمكلها العمل ذات طبيعة دائمة نسبياً وهي ضرورية لقيام العمل وممارسة نشاطه.

ان مقدار الاموال اللازمة لتمويل الاصول الثابتة تمثل راس مال استثماري (Investment capital) لكون هذه الاصول تستخدم على فترات طويلة تزيد على سنة واحدة. لذلك فأن هذا الامر يحدد القدرات والطاقة الانتاجية أو الخدمية للعمل الصغير.

اما اذا تم تخصيص الاموال لتشغيل العمل الصغير من قبيل شراء المواد الاولية المطلوبة للعملية الانتاجية ومصاريف الافتتاح والرواتب والاجور فانها تمثل راس مال عامل (working capital) وفي الغالب يتم التمويل هنا من خلال القروض قصيرة الامد (Short – term Loans). ان مقدار راس المال العامل في الاعمال الصغيرة يرتبط بطبيعة التكاليف اللازمة والمصاحبة لحجم النشاط الانتاجي أو الخدمي. ويلاحظ ارتباط كل من السيولة والربحية بطبيعة مصادر التمويل، لذلك لا تقدم ادارة العمل الصغير في التضحية بالسيولة لغرض زيادة الارباح خوفاً من عدم القدرة على التسديد للالتزامات قصيرة الاجل والتي تمول في الغالب عمليات التشغيل ومجمل التكاليف المرتبطة بها (**قنديل** : 1997)، (**برنوطي**: 2005 : 27%)

*** راس مال عامل**

working capital

وهو يمثل الموجودات المتداولة مطروحاً منها المطلوبات المتداولة ويستخدم العمل هذه الاصول لانتاج السلع أو الخدمات ولتمويل التوسع في الائتمان للزبائن.

ان الاصول أو الموجودات المتداولة تحوي فقرات مهمة يجب ان تدار بعناية كبيرة مثل النقد، والمخزون، والحسابات المدينة وأوراق القبض. ان ادارة راس المال العامل تمثل محور اهتمام المديرين للاعمال الصغيرة لانها في الغالب تقدر بأقل من الاحتياج الفعلي لراس المال المطلوب وترتبط بأعلى صورة بالاحداث الطارئة والمفاجئات غير المحسوبة. هكذا يتطلب الامر التنبؤ بالاحتياج الفعلي من راس المال العامل للحصول على الاموال ومصادر التمويل اللازمة لمقابلة هذه الحاجة، ويمكن استخدام الموازنات النقدية (Cash Budgets لهذا الغرض.

والموازنة النقدية أداة مهمة بيد المديرين يتم من خلالها تصور راس المال العامل اللازم لكونها تقدر المصروفات التي ستدفع للسنة القادمة لغرض انتاج السلع أو الخدمات والتي ستباع، ومتى يتم تحقيق الايراد من هذه المبيعات. ان المبيعات في الاعم الغالب من المنظمات لا تأخذ طابع الثبات والاستقرار على مدار السنة، لذلك فأن العوائد تختلف من فترة الى أخرى، في حين ان التكاليف المرتبطة بهذه المبيعات

*** الموازنة النقدية**

Cash Budget

تصور الاحتياج من راس المال العامل من خلال التنبؤ بالمصروفات اللازمة ومتى تتحقق الايرادات من المبيعات المرتبطة بهذا الانفاق.

تبقى باستقرار نسبي. ان هذا الامر مرتبط بالمناسبات والطلب المتحقق فيها وكذلك رغبة المنظمة في منح ائتمان للزبائن. أما المصروفات فانها تدفع للحصول على مستلزمات الانتاج ضمن خطة وجدولة موضوعة مسبقاً لهذا الغرض. لذلك يتطلب موازنة هذا الامر من خلال اعداد موازنة نقدية دقيقة لكي يؤخذ بالحسبان الاحتياج الى الاموال وربما استخدام القروض التجارية من المصارف ووفق صيغة للتفاوض في صالح المنظمة.

ان تقدير الاحتياج للاموال يعتمد على تحديد المبالغ اللازمة لكل من راس المال الاستثماري (الثابت) وراس المال العامل (التشغيلي) وبذلك فأن مجموع هذين الجانبين يمثل راس المال المطلوب لاقامة العمل الصغير. ان الامر يتطلب دراسة وتحليل لتركيبة راس المال هذا وبشكل دوري لمعرفة نسبة مساهمة الجانب الاستثماري فيه وكذلك المصاريف التشغيلية. ان لهذين الامرين (الاستثماري / التشغيلي) أثر على السيولة النقدية وكذلك القيمة الفعلية للمنظمة الصغيرة والمتمثلة بالملكية. فاذا كانت المصروفات الاستثمارية عالية يعني ان السيولة تصبح أقل لكون الاموال قد وضعت وجمدت في الاصول الثابتة التي يمتلكها العمل. أن السيولة ذات أهمية كبيرة وخاصة في السنوات الاولى لبدء النشاط وما يحتمل ان يواجهه العمل من اشكالات تخص تعثر عمليات بيع المنتج. من جانب أخر تكون قيمة العمل أفضل اذا كانت نسبة المشتريات الراسمالية الاستثمارية عالية.

لذلك على مالك المشروع الصغير ان يحدد المبلغ الفعلي لراس المال، بعد دراسة كافة الجوانب التي قد يتطلب بعضها اجراء مبادلات وتعديلات مناسبة مثل تأجير (Lease) المبنى بدلاً من شراءه لتحسين السيولة أو اختصار العديد من المصروفات الادارية (**برنوطي**: 2005 : 272).

*** التأجير A Lease**

عقد يسمح للمشروع الصغير استخدام ممتلكات طرف أخر لمدة محددة من الزمن مقابل عوض مالي أو غيره.

- **مصادر التمويل Sources of Financing**

بعد ان يتم تقدير الاحتياج الاموال اللازمة للمشروع الصغير، يتطلب الامر العمل على تهيئة هذه الاموال لغرض قيام المشروع والبدء بممارسة النشاط الفعلي. وفي الغالب فأن المالك أو المالكين يعولون على المدخرات والاموال الخاصة بهم، ثم مدخرات العائلة والاصدقاء.

واذا كانت هذه الاموال غير كافية يعود المالك أو المالكين لمصادر التمويل الرسمية الاخرى المتاحة مثل البنوك والمستثمرين الاخرين (**Longenecker et al**: 2006 : 221).

ومع ان مصادر التمويل للاعمال المتوسطة والصغيرة المتاحة تختلف حسب الدول، الا انه يمكن عرضها من خلال الشكل (4-6).

شكل (4-6)

أهم مصادر الاموال للاعمال الصغيرة

ومع ان مصادر التمويل عديدة ومتنوعة، الا ان الحصول على التمويل الملائم منها ليس بالعملية السهلة التي يتمكن جميع الراغبين في تكوين أعمال صغيرة منها. هكذا فأن هذا الامر يرتبط بتهيئة الارضية المناسبة والاستعداد الكافي لاقناع هذه الجهات بتقديم هذه القروض اللازمة لاقامة المشروع الصغير (**Rubin and Goldberge**: 1980 : 47) .

ان بعض مصادر وجهات التمويل مثل البنوك التجارية، ومجهزي الاعمال، ومقرضي الاصول الاساسية والحكومية توجه امداد الاموال للمشروعات الصغيرة في اطار التمويل بالمديونية، في حين يكون التمويل بالتمليك منطلقةُ المدخرات الشخصية وفي حالات نادرة من خلال بيع أسهم للجمهور سواء بشكل محدود أو واسع. اما مصادر التمويل الاخرى مثل الاصدقاء والعائلة، والرأسماليون ممولي المشاريع، والشركات الكبيرة، والاشخاص المستثمرون، فيمكن الحصول على تمويل منهم قد يكون بشكل قروض ومديونية أو لغرض التمليك (**Mochari**: 2002 : 64 – 66) على حسب مختلف المواقف والحالات. ان مختلف مصادر وجهات التمويل هذه لا يقتصر

عملها على امداد الاموال الصغيرة التي تنشأ حديثاً، بل تمول أيضاً المنظمات الصغيرة والمتوسطة القائمة بممارسة النشاط لغرض التوسع والنمو أو تجديد المعدات وأساليب العمل وغير ذلك. وهكذا فأن استخدام التمويل له أثر على اعتماد المصدر التمويلي الملائم، فاذا كان التمويل راسمالي (Capital funding) يختلف الاسلوب الذي يتم في اطاره التمويل، عما لو كان هذا التمويل يخص العمليات في مشروع قائم (operations funding).

ان مجمل هذه الجوانب تتطلب من المالك أو المالكين للعمل الصغير ان يجد اجابات واضحة ودقيقة على ثلاثة اسئلة أساسية مترابطة:-

- ما مقدار الاموال المطلوبة؟
- من أين تأتي هذه الاموال (مصادرها)؟
- متى تكون الاموال المطلوبة متاحة؟

ويعرض الشكل (4 – 7) هذه الاسئلة المهمة وترابطها لغرض قيام العمل الصغير.

الشكل (4-7)

الاسئلة الاساسية في جانب التمويل التي تتطلب اجابة واضحة ودقيقة من الراغبين بقيام أعمال صغيرة

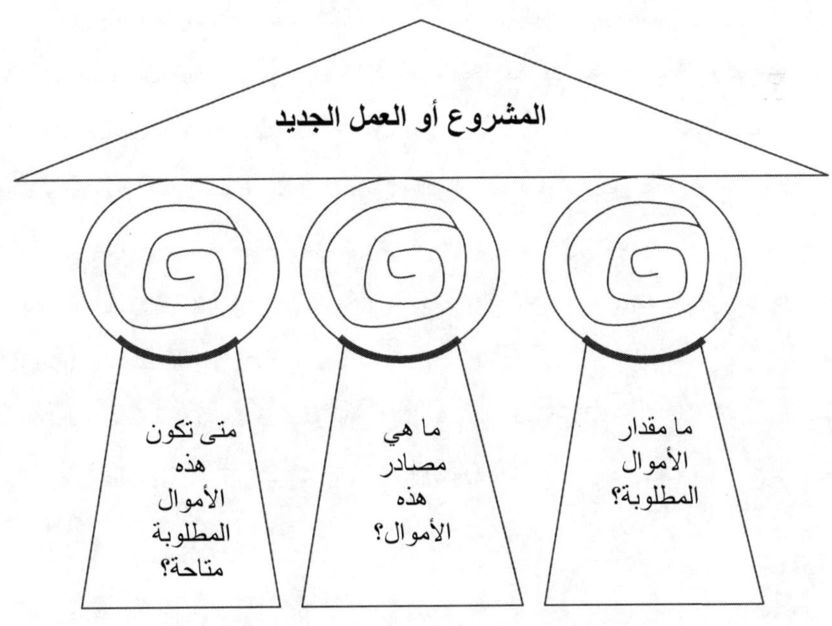

هكذا يبدوا ان اعتماد أي مصدر من مصادر التمويل يجب ان يؤخذ في ترابط من خلال تحديد اجابات صحيحة على الاسئلة الثلاثة مارة الذكر كذلك من المفترض ان تدرس هذه المصادر في ضوء كلفتها (Cost) والمخاطرة المرتبطة بها (Risk)، ومرونة التعامل معها (Flexibility) ومدى توفر الاموال في المصدر المعتمد (Availability).

ان مصادر التمويل التي تقدم القروض للاعمال الصغيرة هي الاخرى تجري تحليل لقدرة هذه الاعمال الصغيرة على التسديد في الاوقات المتفق عليها وضمن الشروط الواردة في اتفاقية القرض.

وتوجد خطوط ارشادية عامة تدعى (**5Cs**) تستخدم من قبل مانحي الائتمان والقروض وهي (**Hatten**: 2006 : 252 - 253:-)

1. القابلية والقدرة (Capacity) وتشير الى قدرة صاحب العمل الصغير على تسديد القرض الممنوح له وفق الشروط المتفق عليها وهذه في الغالب يتم تقديرها من خلال فحص السيولة والايراد المتاح، وهما يمثلان معطى تاريخي ومستقبلي لمجرى النقد المتولد من العمل.
2. راس المال (Capital) وهو دالة للقدرة والقوة المالية لصاحب العمل الصغير. ويمثل قيمة العمل الصافية، حيث قيمة الاصول وطروحاً منها قيمة المطلوبات. وترغب المصارف في معرفة ما يملكه صاحب العمل الصغير خارج اطار العمل ذاته باعتبارها مصادر تسديد اضافية يمكن الرجوع اليها (**Detamore - Rodman** : 2003) .
3. الضمانات (Collateral) الاصول المملوكة من قبل صاحب العمل يمكن اعتبارها ضمان أو رهن يؤمن تسديد القرض الممنوح. اذا لم يسدد القرض فأن المقرض يستطيع مصادرة الاصول المرهونة. ان قيمة الضمانات لا تقوم على القيمة السوقية للاصول بل خصم ما يفقد من مبالغ نتيجة تحويل هذه الاصول الى نقد سائل.
4. سمعة وخصائص وسلوكيات (Character) طالب القرض، صاحب العمل الصغير، حيث ان هذه الجوانب تعتبر مهمة لكونها تظهر رغبة صاحب العمل في تسديد القرض. ومع ان هذه السمعة والخصائص والسلوكيات تعطي سيرة صاحب العمل في الماضي وتحدد نماذج التسديد، الا ان المقرض يمكن أن يأخذ في الاعتبار بعض العوامل الاخرى مثل الحالة الاجتماعية، امتلاك منزل خاص وغيرها من العوامل التي تعطي مؤشرات على السلوك.
5. الظروف والشروط (Conditions) المصاحبة لمنح القرض، حيث المناخ الاقتصادي السائد له تأثير على قابلية صاحب العمل الصغير (المقترض) في تسديد القرض وفوائده.

ومع هذه الارشادات العامة فقد يحتاج مصدر الاقراض إلى معرفة جودة الافكار وخاصة للاعمال الجديدة وقابليات الادارة لدى صاحب العمل بالاضافة إلى الميزات الايرادية والتشغيلية للعمل.

بعد هذا الاستعراض لمختلف جوانب التمويل، نحاول ان نعطي أفكار مركزة حول مختلف مصادر التمويل وكالاتي:

- **مصادر تمويل بالملكية Sources of Equity Financing**

تمول الاعمال الصغيرة من خلال الملكية لجزء من هذه الاعمال، وأن أهم مصادر التمويل بالملكية هي:-

– **المدخرات الشخصية** للمالك أو المالكين، وهذا التمويل قد يكون في بداية العمل الصغير أو عند التوسع والتطوير هنا تضاف أموال بزيادة راس المال من خلال المدخرات والاملاك الشخصية لمالك العمل. ان هذا النوع من التمويل هو المعول عليه في أغلب الاعمال الصغيرة عند بدء ممارسة النشاط. وفي حالات معينة يتم اشراك (Partners) أخرين بنسب معينة مقابل امتلاك جزء من هذا العمل الصغير.

– **التمويل من خلال بيع اسهم عادية** لترقية راس مال العمل وخاصة في الشركات المساهمة، وهنا يكون متاح للمالكين الاصليين بالحصول على ما يرغبون من أسهم أو يتم ادخال أخرين معهم اذا تطلب اشراك أخرين، ويجري هذا وفق ما متاح من اسهم للشراء.

- **مصادر تمويل بالمديونية Sources of Dept Financing**

يتاح أمام الاعمال الصغيرة العديد من جهات التمويل التي تمنح ائتمان وتعطي قروض (Loans) بأساليب واشكال مختلفة، ومن أهم مصادر التمويل بالمديونية الاتي:-

– **البنوك التجارية:** تقدم البنوك التجارية قروض بفوائد للاعمال الصغيرة، وتكون هذه الفائدة مرتفعة في العادة. وقد تحدد البنوك التجارية مقدار الاقراض المقدم للمنظمات لغرض استخدامه في اطار احتياجات راس المال العامل لقيام الانشطة. ولا تقدم البنوك التجارية قروض نقدية لغرض تغطية الخسائر المالية، ونفقات البحث والتطوير، والقيام بحملات تسويقية وما يرتبط بها من جوانب، ان هذه النفقات يفترض ان تغطي من مصادر تمويل بالملكية.

وعند منح القرض فأن البنك التجاري يعطي المبلغ الرئيسي (principal) بعد ان يتم اقتطاع نسبة الفائدة (interest rate) والتي تعبر عن سعر " Price " الاستخدام للاموال المقترضة والتي يتم الحصول عليها من قبل المشروع الصغير. وتعتمد البنوك أسلوبين لتحديد نسبة الفائدة، فهناك القرض بنسبة فائدة ثابتة (Fixed – rate loan) والذي تؤخذ عليه فائدة لا تتغير عبر فترة القرض، وهناك القرض بنسبة فائدة متغيرة (Variable – rate loan) ، وهذا القرض تتغير نسبة الفائدة عليه طيلة فترة حياة القرض ونهاية تسديده. ان كلا النوعين من الفائدة يجعل كلفة القرض مختلفة، لذلك تتفاوض الاعمال الصغيرة في الحصول على القروض وفق أنسب

> *** المبلغ الرئيسي Principal**
> مقدار المبلغ النقدي الذي يقدم من قبل البنك الى المقترض.
> *** نسبة الفائدة**
> **Interest rate**
> المبلغ المدفوع مقابل استخدام الاموال المقترضة.
> *** القرض بنسبة فائدة ثابتة**
> **Fixed – rate loan**
> القرض الذي تدفع له فائدة ثابتة طيلة فترة استحقاقه.

الصيغ وأيسرها وأقلها كلفة ومخاطرة. ان جميع هذه الجوانب من نسبة الفائدة، الى أسلوب احتسابها، الى طول فترة استحقاق القرض (maturity) كلها تؤثر على احتساب كلفة القرض التي يتحملها المشروع الصغير. ولتأمين سداد القرض، فأن البنوك التجارية تطلب ضمان أو كفالة للقرض (Loan security) وهذه قد تكون أصول العمل أو أي ممتلكات أخرى. وقد تكون ضمانات القرض شخصية أو عينية من خلال رهن لموجودات معينة. في حالات معينة يتضمن القرض شروط معينة من قبيل استخدامه في مجالات محددة مثل شراء المعدات والمكائن (**برنوطي** : 2005 : 277).

* **القرض بنسبة فائدة متغيرة**

Variable - rate loan

قرض تكون نسبة الفائدة عليه متغيرة خلال فترة استحقاقه

* **استحقاق القرض**

Maturity

طول المدة التي يجب ان يسدد القرض خلالها.

* **ضمان القرض**

Loan security

تأمين أو آمان يقدم للمقرض يؤكد بأن القرض المقدم سوف يسدد.

قد تقدم البنوك أو غيرها من الجهات الاخرى ائتمان (Credit) هو امكانية شراء بالآجال، حيث التجهيز الآني للمنظمة الصغيرة بالمعدات والاجهزة أو المواد الاولية على أن يتم التسديد لاحقاً وفق اعتبارات صيغ الائتمان المتفق عليها.

وفي **الاردن** يقدم بنك الاسكان منذ عام (1995) مشروع لتقديم القروض ميسرة للصناعات مع طلب تأمينات مناسبة، أما البنك الاسلامي الاردني، فقد أوجد عام (1994) برنامج خاص لتمويل مشاريع الحرفيين والمهنيين من خلال المشاركة (**النجار والعلي:** 2006 : 199).

وبالاضافة الى هذين المصرفين توجد بنوك متخصصة تساهم في تقديم قروض للقطاعات المختلفة مثل بنك الانماء الصناعي الذي يعتبر مؤسسة أقراضية للقطاع الصناعي والسياحي ويهدف تطوير الصناعات الصغيرة، وكذلك بنك تنمية المدن والقرى، حيث يقدم القروض أو يكفل المقترضين من بنوك أخرى، سواء كانت هذه القروض خدمية أو تنموية أو تخدم مشاريع اجتماعية أو بنية تحتية للبلديات. وفي **العراق** تقدم البنوك التجارية قروض بضمانات معقولة إلى كافة المشروعات في القطاعات الاقتصادية المختلفة.

وأوجدت الدولة مكاتب عديدة منتشرة في جميع مناطق البلد تقدم قروض للمشاريع الصغيرة. وتعمل البنوك التجارية في الدول الصناعية على خيارات متعددة لتقديم القروض، حيث البعض من هذه القروض تقدم دون ضمانات مطلوبة (Unsecured Loan)، وهذه في العادة قروض قصيرة الامد تساعد الاعمال الصغيرة على توفير السيولة المناسبة لعملها، كذلك لمواجهة مصروفاتها الشهرية. وهذه تعطى طلما ان العمل الصغير ومالكه ذو سمعة طيبة وتعامل حسن في سداد التزاماته.

* **قرض دون ضمان**

Unsecured loan

قرض قصير الامد لا يحتاج الى ضمان للحصول عليه.

وتشمل القروض قصير الامد منح ائتمان بحد أعلى معين (Line of credit)، وحوالة الطلب demand note (السندات، الكمبيالات) وهي قرض قصير يجب ان يسدد، القرض مع الفائدة بصورة اجمالية عند استحقاقه، وكذلك الحصول على قرض يستخدم لتمويل مواد أو مفردات غالية الثمن مثل السيارات أو اليختات، وتبقى ملكية هذه المفردات للبنك الى ان يتم تسديد القرض مع فوائده، ويسمى هذا النمط من القروض (Floor planning). وفي الاعمال الصغيرة ربما يتم المتاجرة بهذه المفردات المهمة لذلك يحمل العمل الصغير هذه الوحدات الى مخازنه للبيع، رغم انها تعتبر ملك البنك الذي قدم القرض واستلم فوائده وعند بيعها تحول ملكيتها الى المشتري ويسدد القرض للمصرف.

كذلك تمنح البنوك التجارية قروض طويلة الاجل، مثل القروض التي تمنح للاعمال لغرض شراء أصول ثابتة مثل التجهيزات والمكائن والمعدات والاراضي والمباني وغيرها وتسمى (installment loans) ، وقروض تتطلب من المقترضين (المشروع الصغير) ان يدفع شهرياً مبلغ - يكون في العادة مساوي ويغطي الفائدة على القرض - مع تسوية للقرض عند نهاية الاستحقاق وتدعى (balloon note، بحيث يسدد الجزء الاكبر من القرض في نهاية الفترة (**Hatten**: 2006 : 261).

- مجهزي الاعمال

تقدم الشركات التي تتعامل مع الاعمال الصغير تجهيز مناسب لهذه الاعمال وفق شروط محددة يتفق عليها بين الجانبين. فقد يقدم هؤلاء المجهزين تمويل مالي للحصول على مخزون من مختلف الانواع وكذلك لاقتناء معدات ومكائن والالات للعمل.

*** ائتمان تجاري**

Trade Credit (Accounts payable)

تمويل يقدم من المجهز لمخزون أو معدات لصالح المشروع الصغير.

هنا فأن المستودعات والمخازن الكبيرة أو المصانع بالنسبة للمعدات تقدم للعمل الصغير ائتمان تجاري (Trade Credit) أو حساب مريح واجب الدفع بفترات متفق عليها، وبما يتيح للعمل الصغير التسديد بمرونة عالية. كذلك يمكن الحصول على قروض للتجهيزات أو تأجير مناسب لما يحتاج إليه المشروع الصغير من موجودات مرتفعة القيمة اذا ما تم شرائها.

هكذا يشجع أغلب مجهزي المعدات الاعمال الصغيرة على شراء معداتهم وفق تقديم ائتمان مريح لهذه الاعمال (**العطية** : 2002 : 66)، وان هذا الامر يعتمد على مدى الثقة التي لدى مجهزي المعدات بهذه المشروعات الصغيرة وقدرتها على التسديد.

- برامج الرعاية الحكومية

تقدم الحكومات (Governments) في أغلب دول العالم برامج مختلفة لتشجيع المشروعات الصغير على التكوين والانشاء أو على التطوير والتوسع والنمو. ففي **الولايات المتحدة الامريكية** تقدم الحكومة الفدرالية

والحكومات المحلية برامج لرعاية الاعمال الصغيرة، رغم محدودة المبالغ المقدمة للاعمال قيد النشأة على المستوى الفدرالي وزيادة دور الحكومات المحلية لجذب الاستثمار الى مناطق الولاية.

ومن أهم هذه البرامج ما يقدم من قبل وكالة (SBA)، حيث لا تقدم هذه الوكالة قروض مباشرة بل تقوم بدور الضامن للاعمال الصغيرة عند حصولها على قروض من المؤسسات المالية. ومن أهم البرامج في هذا الاطار الآتي (**Longenecker et al.** : 2006 : 234 - 235).

- برنامج قرض لمساعدة المشروعات الصغيرة للحصول على تمويل مضمون من قبل SBA يدعى 7 Loan Guaranty Program (a).
- برنامج قروض SBA يزود الاعمال الصغيرة بتمويل طويل الامد لكي تحصل على أصول وتجهيزات ومكائن ويدعى هذا البرنامج Certified Development Company (CDC) 504 Loan program.
- برنامج قروض SBA يمد الاعمال الصغيرة ومراكز رعاية الاطفال غير الربحية بقروض قصيرة الامد حدود (35000 $) ويسمى هذا البرنامج 7 (m) Microloan program .
- بنوك ملكية خاصة، منظمة ومعدلة من قبل SBA لامداد الاعمال الصغيرة بقروض طويلة الاجل أو براس مال مملوك وتدعى Small Business Investment Companies (SBICs).
- برنامج حكومي يساعد على تمويل الاعمال التي تخطط لتحويل البحث المخبري الى منتجات تعرض في السوق رائجة، وتدعى Small Business Innovative Research (SBIR) Program .

وبالاضافة الى هذه البرامج المهمة يوجد هناك الدعم المحلي والفدرالي للمشروعات الصغيرة، وكذلك المؤسسات المالية التي تستفيد من التمويل الحكومي لغرض تزويد الاعمال الصغيرة التي تتواجد في التجمعات قليلة الدخول.

أما في **الاردن** فيوجد العديد مم المؤسسات الحكومية التي تقدم الدعم والتمويل للمشروعات الصغيرة أهمها (**النجار والعلي**: 2006 : 200).

- صندوق التنمية والتشغيل، يهدف تقديم قروض ميسرة للافراد لاقامة أعمال صغيرة ويوجه اهتمام خاص إلى المناطق المحرومة والفقيرة والتي ترتفع فيها نسبة البطالة. وللصندوق اتفاقيات مع عدة مؤسسات وسيطة يعتمد معها أقراض بنسبة فائدة بسيطة جداً لتقوم بدورها في التطوير لفئات اجتماعية مستهدفة ومن بين هذه المؤسسات، مؤسسة الاقراض الزراعي، مؤسسة نور الحسين، الصندوق الهاشمي للتنمية البشرية، الاتحاد العام للجمعيات الخيرية، صندوق قروض الحرفيين، المؤسسة التعاونية الاردنية.
- صندوق المعونة الوطنية، تأسس عام (1986) يقدم قروض ميسرة بحد لا يتجاوز (350) دينار يسدد باقساط شهرية بسيطة، يهدف إلى اقامة صناعات حرفية تساهم في الحد من البطالة وتوفر دخل مناسب للعائلة وتحقق توازن اجتماعي واقتصادي على صعيد مناطق المملكة الاردنية الهاشمية المختلفة.

وفي **العراق**، يقدم اتحاد الصناعات برامج مختلفة لمساعدة المشروعات الصغيرة ويمول هذا الاتحاد بمساعدات حكومية لكي يساهم في تنشيط القطاع الصناعي، كما توجد برامج من المنتظر تفعليها خاصة بتطوير الاعمال الصغيرة وخاصة في القطاعين الصناعي والزراعي. وفي وزارة العمل والشؤون الاجتماعية يوجد مركز لمساعدة الاعمال الصغيرة حيث يقدم الدعم المناسب لاصحاب المشروعات الصغيرة.

- مقرضين بضمان الاصول

وهي قروض تقدم من مؤسسات مالية أو غير مالية بشكل ائتمان بحدود معلومة. ان القرض مستند الى الاصل (asset – Based loan) باعتباره ضمان للقرض ذاته، مثل سندات القبض والمخزون أو الاثنين معاً. ان مقدم القرض يقلل المخاطر من خلال تقديم تمويل بنسبة بين 65% الى 85% من قيمة الاصل، وبحدود 55% من المخزون. ان القروض المستندة إلى الاصول تعتبر خيار واقعي جيد لصغار المستثمرين ورجال الاعمال وكذلك المشاريع التي تنمو وتتوسع ولديها مجرى نقد قليل.

وفي اطار هذا النوع من القروض والائتمان توجد العديد من الصيغ، والمستخدم منها بشكل كبير، الحصول على نقد من خلال بيع الذمم المدينة(الحسابات المدينة القابلة للتحصيل) الى شركات تسمى (Factor).

وبذلك يحصل العمل الصغير على الاموال (Factoring). ان هذه الشركات المتخصصة بشراء الذمم المدينة، قد تكون مملوكة من قبل بنوك، لا تقدم على شراء أي حساب مدين تعتبره مشكوك في تحصيله ويمكن ان يصبح ديون معدومة (**Hatten**: 2006 : 261).

*** قرض مستند الى الاصل**

Asset – based loan

ائتمان بحد أعلى مضمون بموجودات راس المال العامل.

*** Factor**

شركة متخصصة بشراء الذمم المدينة من الاعمال الاخرى.

*** Factoring**

الحصول على النقد من خلال بيع الذمم المدينة الى شركة أخرى.

- مؤسسات التمويل المحلية

وهذه مؤسسات مختلفة في أغلب الدول، ومن امثلتها شركات التأمين ومؤسسات التمويل التجاري المحلية، ومنظمات الادخار ومنح القروض. وفي بعض الدول العربية، توجد الجمعيات الخيرية المحلية الي تدعم الاسر المنتجة كما هو الحال في **الاردن والمغرب**، وكذلك مراكز تشغيل وتأهيل المشاريع النسوية. وفي **الولايات المتحدة** أصبحت بعض شركات التأمين على الحياة مصدر رئيس لتمويل الاعمال الصغيرة من خلال المديونية.

وتستخدم أسلوب اقراض يسمى (policy loan) ، وهو قرض يمنح للاعمال بواسطة شركة التأمين، باستخدام سياسة تأمين الاعمال كضمان لهذا القرض. كذلك توجد شركات تمويل تجارية تساهم في منح الائتمان بشتى الطرق والاساليب للاعمال الصغيرة.

*** قرض سياسة**

Policy loan

قرض يمنح للاعمال بواسطة شركة التأمين في اطار سياسة تأمين الاعمال كضمان للقرض.

• **مصادر التمويل بالملكية و/أو بالمديونية Sources of Equity and/or Dept Financing**

يوجد العديد من مصادر التمويل للاعمال الصغيرة، التي ستاهم وتقدم الدعم المالي، وقد تأخذ هذه المساهمة نمط التمويل بالملكية أي امتلاك جزء أو حصة من المشروع الصغير أو نمط التمويل بالمديونية من خلال القروض المقدمة من هذه الجهات أو النمطين معاً ، ويمكن ذكر أهم هذه المصادر كالاتي:-

- العائلة والاصدقاء

تشمل مساهمات ومدخرات العائلة المصدر المهم الثاني بعد المدخرات الشخصية في تمويل الاعمال الصغيرة التي تبدء بممارسة النشاط لاول مرة. كما أن الاصدقاء والعائلة المباشرة وباقي الاقارب كمصدر للتمويل يقدمون ما يقارب 80% من راس المال الاولي لبدء المشروع بالاضافة إلى المدخرات الشخصية (**Newton** : 2004) , (**Longencker et al**: 2006 : 223). ويمكن للعائلة والاصدقاء تمويل الريادي صاحب العمل الصغير بأسلوب امتلاك حصة أو نسبة من الارباح وكذلك بأسلوب تقديم القروض والتي في العادة تعتبر ميسرة وقليلة الفائدة، أو أنها تخضع إلى جدول مرن للتسديد. ان هذا المصدر للتمويل مهم جداً حيث توضع العلاقات المهمة للريادي في الاختبار في أغلب الحالات (**برنوطي**: 2005 : 274)، ويلاحظ ان القروض في اطار مصدر التمويل هذا تؤخذ فيها العلاقات الشخصية بدلاً من التحليل المالي المعمق لذلك فأنها تأتي بشكل أسرع.

- المستثمرون الاشخاص

ان هذا المصدر يأتي من بين مصادر عديدة للتمويل غير المصرفية والتي تختلف باختلاف الدول والوضع الاقتصادي والتطور فيها. ففي الدول الصناعية يوجد العديد من الافراد العاملون في مجال الاقراض للاعمال الصغيرة، كما توجد أيضاً شركات الرهن للموجودات الثابتة أو المخزون والتي يستطيع العمل الصغير الحصول على الاموال من خلال رهن هذه الموجودات في هذه الشركات المتخصصة. وفي الاعمال الصغيرة المتواجدة في السوق والتي تمارس النشاط الفعلي تستطيع الحصول على الاموال من خلال هؤلاء المستثمرون، أو من خلال خصم الحسابات المدينة باعتبارها ضمان للحصول على القرض (**العطية**: 2002 : 66). ويلاحظ أن هؤلاء المستثمرون الاشخاص يجرون تحليلاً معمقاً وشاملاً قبل الاقدام على التمويل الذي قد يكون بامتلاك حصة في راس مال المشروع الصغير أو بالمديونية باعتباره قرض واجب التسديد مع فوائده عند الاستحقاق.

ان البعض من هؤلاء الاشخاص يقدمون قروض، وهؤلاء رياديون ناجحون يساعدون الاعمال الصغيرة الجديدة والتي تبدء لاول مرة، ويسمى هؤلاء الرياديون (Angels) (**Worrell**:2003: 46). ولدى هؤلاء خبرة وتجربة كبيرة وطويلة، وهم يقدمون بالاضافة إلى الاموال المعرفة اللازمة وفق طبيعة القطاع الصناعي الذي يتواجد فيه المشروع الصغير.

> * **Angel**
> مقرض، في الغالب ريادي ناجح يقدم أموال كقروض للاعمال الصغيرة الجديدة.

- **الشركات الكبيرة**

تمثل الشركات الكبيرة مصدر تمويل مهم متاح أمام الاعمال الصغيرة، فقد تستثمر فيها وتكون مالكة لجزء من راس المال لكي تديم علاقات تعايش ايجابية معها، أو تقوم بمنح قروض ميسرة في بعض الحالات لاستمرار هذه العلاقات الايجابية (**Hopkins:** 2001. كذلك تقدم بعض الشركات الكبيرة مساعدات فنية وتكنولوجية للاعمال الصغيرة التي تأمل منها لاحقاً خدمة أهداف البحث والتطوير فيها. هكذا تعمل شركة كوكاكولا (Coca - Cola) مع العديد من الاعمال الصغيرة، وهنا تستفيد من خدمات تكنولوجية من هذه الاعمال الصغيرة في المجال التكنولوجي أو مجال التوزيع أو تطوير العبوات وغيرها (**Longenecker et al:** 2006 : 236)

- **مشروعات تمويل ريادية**

بالاضافة الى الرياديون الناجحون الذين يقدمون قروض للاعمال، ويزودون بطريقة غير رسمية المشاريع ذات المجازفة والمخاطرة العالية Informal Venture Capital، تستطيع الاعمال الصغيرة ان تقصد الشركات الريادية لتحصل على تمويل مناسب منها وفق أسلوب رسمي formal Venture Capital.

كذلك تقدم مشروعات التمويل الريادية منح وقروض ميسرة لتطوير برامج في مؤسسات البحث العملي ومراكز الدراسات وغيرها.

* **Informal Venture Capital**
أموال تقدم من افراد خاصين ميسوري الحال واثرياء(*Angels*) إلى المشاريع والاعمال ذات المجازفة والمخاطرة العالية.

* **formal Venture Capital**
أموال تقدم من مشروعات تمثل شريك محدود المسؤولية بهدف ترقية وتنشيط المغامرات والمشاريع ذات المجازفة للمؤسسات الكبرى مثل الجامعات وغيرها.

وفي **الولايات المتحدة** يمكن ان تكون هذه المشاريع التمويلية الريادية شخصية أو تكون من مجموعات من الافراد أو قد تكون مشروعات كبيرة والبعض منها ذات علاقات انتساب الى بنوك (**Hatten:** 2006 : 265). ان اغلب مشروعات التمويل الريادية تعتمد سياسات استثمارية تفصيلية لقطاعات صناعية معينة أو مناطق جغرافية، أو تقيم الاستثمار المعني. وتنظر إلى الاعمال الصغيرة في اطار قدرات النمو الكامنة فيها والربحية المحتملة من هذا الاستثمار.

وفي ختام هذه الفقرة الخاصة بمصادر التمويل، نود الاشارة إلى ان الاعمال الجديدة بأمكانها ان تعتمد توليفة مناسبة من هذه المصادر المختلفة. أما الاعمال التي تمارس النشاط فيمكن لها ان تتخذ بالاضافة إلى هذه المصادر مجموعة كبيرة من الاجراءات تحاول من خلالها توفير الاموال، مثل المخزون، مراقبة الايرادات والنفقات وتكوين الاحتياطيات والارباح المحتجزة.

* ضرورات التخطيط المالي في مرحلة التأسيس

Financial planning Necessity in starting a business

يمثل التخطيط المالي السليم اساسي نجاح الاعمال بشكل عام وتزداد هذه الاهمية كثيراً اذا كانت هذه الاعمال صغيرة وفي بداية انطلاقتها في العمل. لذلك يجب تهيئة البيانات الضرورية للتخطيط وحساب تكاليف التأسيس بشكل دقيق، وتكوين مؤشرات حول الارباح والتخطيط لها وأخيراً وضع ميزانية التخصصات المالية.

- **حساب تكاليف التأسيس Calculating Costs starting a new Business**

ان تقدير دقيق لتكاليف تأسيس العمل الصغير وكذلك المبيعات المستقبلية ترتبط بوضع افتراضات منطقية ومدروسة بعناية. ان وضع الارقام هنا يساعد في معرفة الاموال التي يحتاجها الريادي لانشاء مشروعة الخاص، وكذلك مقدار المبالغ التي سوف يربحها وفق اسلوب منهجي مخطط. ان البعض من تكاليف التأسيس يتعرض لها العمل الصغير مرة واحدة في حين هناك تكاليف أخرى مستمرة وتعاد طيلة استمرارية العمل في النشاط هكذا يتم التخطيط لواقع الاحتياج من الاموال في اطار حساب عملي للتكاليف وكالاتي:-

- تقدير وحساب نفقات التأسيس الاولية، ويشمل ذلك تراخيص التأسيس والتصاريح اللازمة، وتكوين الهيكل القانوني ونفقات اعداد المكان والتصاميم والديكورات، والادوات الكتابية والشعارات، ومواد تسويق المنتجات، وتراكيب الاتصالات والمنافع والتأمين وما يرتبط بذلك.
- الاموال اللازمة لشراء الاصول التي يحتاجها المشروع الصغير مثل العقار، والاثاث والتركيبات، والاجهزة والمعدات، الشاحنات والسيارات، الموارد المهمة المتصلة بطبيعة العمل الصغير وغيرها.
- النفقات الشهرية المستمرة، وهذه قد تكون ذات تفصيلات كبيرة ولكن الحكمة تتطلب من الريادي صاحب العمل الصغير ان يكون ذكياً ومقتصداً في الانفاق. ومن أهم هذه النفقات الايجارات، والمنافع، الرواتب والاجور، والتأمين، والنقل والشحن، والتخزين، ومتطلبات راس المال العامل، والاعلان والتسويق، والشؤون القانونية والحسابات، وتسديد الديون، والضرائب وغيرها مما يرتبط بهذه النفقات الشهرية.

  وفي غالب الحال يتم حساب النفقات الشهرية المستمرة لمدة (6) أشهر لتضاف الى نفقات التأسيس والاموال اللازمة لشراء الاصول ليكون المبلغ الاجمالي التقدير الاقل للاموال الضرورية لبدء عمل جديد.
- يتم بعد ذلك حساب حجم المبيعات الشهرية، والذي توضح مقدار المال الذي يتوقع الريادي ان يربحه في هذا المشروع الصغير، ومن الضروري هنا معرفة نقطة التعادل أي الايرادات اللازمة لتغطية كافة النفقات دون ان يحقق العمل الصغير أي ربح أو خسارة، وبالتالي فأن تجاوز هذا الرقم من الايرادات يأتي من خلال مبيعات أكثر من التعادل آنفة الذكر (**Strauss**: 2007 : 47 - 52).

- **البيانات والمعلومات اللازمة للتخطيط المالي**

Data and Informations for financial planning

ان اعداد خطة مالية سليمة يتطلب تهيئة مجموعة من البيانات والمعلومات الضرورية والتي يفترض ان تكون دقيقة وصادقة وتعبر عن المركز الصحيح للمنظمة أو العمل الصغير. واذا كانت الخطة هي تقديرات وتنبؤات فأن استخدام الاساليب العلمية في التنبؤ تصبح ضرورة لصحة التقديرات الواردة في الخطة وبالتالي نجاح العمل الصغير. أن أهم ما يتطلبه تهيئة لاعداد الخطة المالية ما يلي:-

- تقدير محتمل لحجم المبيعات السنوية، وهذه التقديرات ترتبط بالتنبؤ بالطلب من خلال دراسة السوق ومعرفة الحصة السوقية المحتملة لمنتج العمل الصغير بعد تقدير حجم السوق الكلي. ان العبرة هنا ترتبط بمدلولات ايجاد البيانات والمعلومات الضرورية والتي تكون أقرب الى واقع الحال، ويمكن تعديل الارقام الواردة بعد ذلك في ضوء الواقع الفعلي للسوق وأثناء تنفيذ الخطة.
- معرفة للكلفة المتغيرة لانتاج الوحدة الواحدة من المنتجات التي يروم العمل الصغير طرحها في الاسواق. ان تحليل الكلفة المتغيرة للوحدة أو لمجموع الوحدات المنتجة ضروري لمعرفة طبيعة تركيبة هذه الكلفة، حيث نسبة مساهمة المواد الاولية، والاجور وغير ذلك في هذه الكلفة. قد يتحكم الريادي صاحب المشروع الصغير في مكونات هذه الكلفة بطريقة منطقية لمساعدة تطور نشاط المشروع وتحقيق نتائج أفضل خاصة عند بدء النشاط.
- حساب مجموع التكاليف الكلية، بعد معرفة التكاليف الثابتة حيث ان هذه التكاليف الثابتة تمثل تكاليف يتحملها المشروع الصغير بغض النظر عن كميات الانتاج. ان التكاليف الثابتة تمثل مصروفات ادارية ورواتب وتكاليف أخرى ترتبط بالفوائد المستحقة على القروض وغيرها وهذه يجب ان تدفع بغض النظر عن مستويات الانتاج. ان معرفة مجموع التكاليف الكلية هي عبارة عن التكاليف الثابتة يضاف اليها التكاليف المتغيرة المرتبطة بحجم الانتاج المطلوب يصبح ضرورة ملحة في العملية التخطيطية.
- تقدير السعر الاولي لبيع الوحدة الواحدة من المنتج، حيث الاسعار السائدة في السوق وطبيعة الطلب ومرونته وحساسية كمية الطلب قياساً للسعر المحدد. فاذا تم تقدير حجم المبيعات ومعرفة سعر بيع الواحدة نستطيع تقدير الايرادات الكلية لغرض مقابلتها مع التكاليف الكلية. هنا من الضروري معرفة كمية التعادل (نقطة التعادل) وهي المنطقة التي تتعادل فيها الايرادات مع النفقات أو التكاليف الكلية، ويعرض الشكل (4-7) ذلك.

الايرادات الكلية = التكاليف الكلية

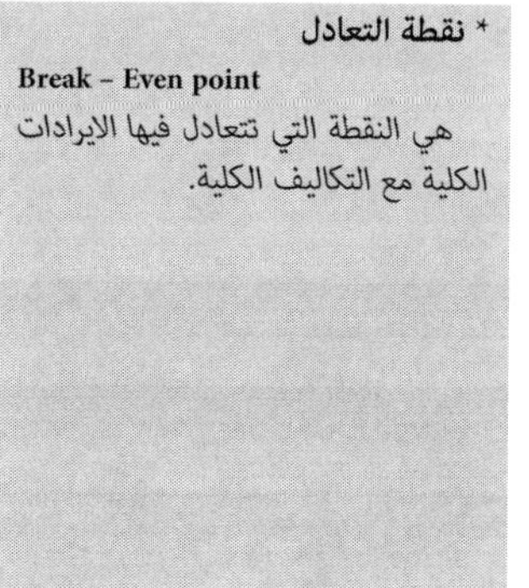

*** نقطة التعادل**

Break – Even point

هي النقطة التي تتعادل فيها الايرادات الكلية مع التكاليف الكلية.

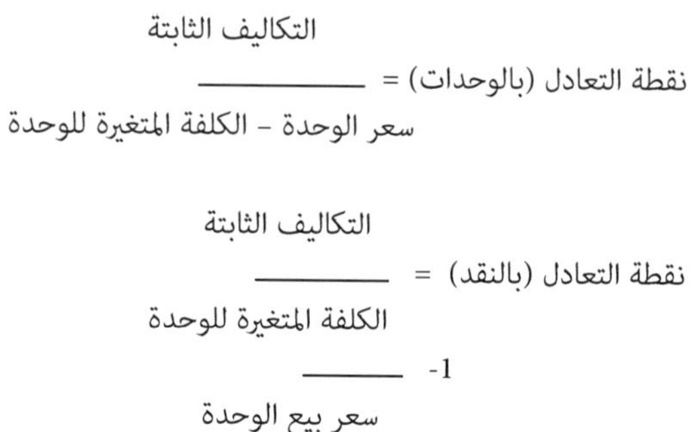

$$\text{نقطة التعادل (بالوحدات)} = \frac{\text{التكاليف الثابتة}}{\text{سعر الوحدة – الكلفة المتغيرة للوحدة}}$$

$$\text{نقطة التعادل (بالنقد)} = \frac{\text{التكاليف الثابتة}}{1 - \frac{\text{الكلفة المتغيرة للوحدة}}{\text{سعر بيع الوحدة}}}$$

الشكل (4-7)

نقطة التعادل

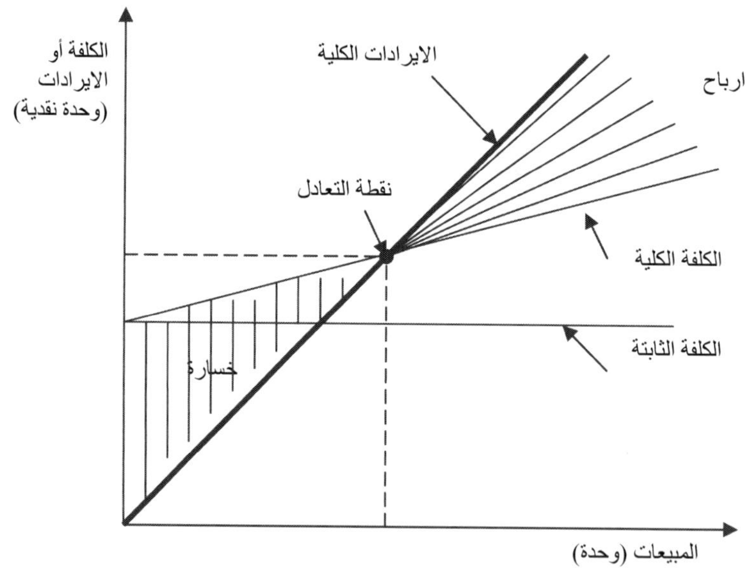

- حساب المبلغ الذي يمثل أرباح مقبولة للريادي صاحب المشروع الصغير، فقد تحقق بعض الاعمال ارباح لكنها لا تعتبر مرضية للبعض من الافراد. ان الارباح المرضية تحتسب في اطار مقدار راس المال المكرس للعمل الصغير وامكانية استخدام هذا المال في صنوف أخرى من الاعمال ويعبر عن ذلك بالفرصة البديلة الضائعة أو المتروكة. كذلك من الضروري ان يتم حساب مبلغ مناسب عوضاً عن

المخاطرة في هذه الاموال، فقد يستطيع الريادي الحصول على فوائد مضمونة من جراء استخدام هذه الاموال كودائع في المصارف. يضاف ذلك مبلغ لتعويض جهد الشخص الريادي وهذا يمكن ان يكون مساوياً لراتب يستطع الحصول عليه لو عمل في منظمات أخرى. ان مجمل هذه الجوانب تحتسب لكي يستطيع صاحب العمل الصغير من تقدير دقيق لما سيحصل عليه ويكون مرضياً له.

- من الضروري ان يضع صاحب المشروع الصغير ميزانية معيارية (قياسية) لغرض الاستفادة منها كدليل ومرشد في الميزانية النقدية والمبالغ التي يتم تخصيصها الى أبواب الصرف المختلفة (**برنوطي**: 2005 : 281).

ان مجموعة البيانات الواردة من السوق والاستفادة من تجربة الاعمال المماثلة الاخرى الناجحة والتي تمارس فعلاً النشاط تكون مفيدة في هذه الحالة.

- **انشطة التخطيط المالي Financial planning Activities**

ان انشطة وفعاليات التخطيط المالي عديدة ومتشعبة، لكنها يفترض ان تكون مترابطة لتعطي مدلولات صحيحة لصاحب المشروع الصغير. أننا لا نبغي هنا تقديم عرض مفصل بهذه الفعاليات، فقد تم اعطاء افكار عن اغلبها في الفصول والمباحث السابقة، لكن ما نود الاشارة اليه هو التذكير باختصار بها لكي يتم ملاحظة الاهمية الكبرى لهذه الانشطة لجميع المنظمات صغيرة أم كبيرة وبالاخص للاعمال الصغيرة الجديدة.

لقد اعطى الباحث (**Armstrong** : 2003: 361) ملخص مركز لأهم فعاليات وانشطة التخطيط المالي وكالاتي:-

- التنبؤ بالارباح من خلال توقع المستويات المستقبلية للمبيعات الكلية وتكلفة هذه المبيعات والنفقات الاضافية الاخرى.
- التنبؤ بالتدفقات النقدية، بمعنى تقدير الحجوم المالية للتدفقات الداخلة والخارجه للمشروع الصغير، وصافي الارصدة في المصرف.
- تخطيط الضرائب، من خلال تقدير ضريبة الارباح وضريبة الربح الراسمالي وضريبة القيمة المضافة، ومدفوعات الضمان الاجتماعي.
- تقدير الاحتياج للاموال في المستقبل، وهذا يتم من خلال الموازنة المالية، وتعتبر موازنة طويلة الاجل لضمان تهيئة راس المال اللازم للتوسع والنمو ومواصلة النشاط.
- زيادة الموارد المالية، وهذه قرارات تتخذ على اساس التوقعات المالية والميزانيات والاحتياج الى راس المال، وكذلك النقد السائل في المستقبل لمواجهة مختلف الالتزامات وتأمين تدفق مالي ايجابي.
- التخطيط للارباح، وحصة العوائد للاسهم والمستثمرين، وتقدير نسبة السعر الى الربح والتي ترضي صاحب المشروع الصغير.

- التخطيط الاستراتيجي، التفكير على الاساس والاسباب الجوهرية للمشروع الصغير ارتباطاً بالارباح ونمو الاصول والحصة من السوق، وامكانية النمو والتطور والتنويع.

هكذا تجسد مجمل هذه النشاطات والفعاليات الاهمية الكبيرة للتخطيط المالي في الاعمال الصغيرة. فمن خلال خطة الارباح يستطيع صاحب العمل الصغير ان يتأكد بشكل سليم من الارقام ودلالاتها، فقد يجد ان رقم المبيعات اللازم لتحقيق ربح مرضي غير ممكن الوصول إليه وبالتالي يتم اعادة النظر واتخاذ الاجراءات لتصحيح الوضع من خلال ترشيد الانفاق والمصروفات أو غير ذلك. وتساهم خطة الارباح ومؤشراتها في زيادة قابلية العمل الصغير على مواجهة المخاطر التي قد تحدث نتيجة لحركة وآليات السوق التي يتواجد فيها.

أما بالنسبة الى النشاط الاخر ذو الاهمية البالغة فهو اعداد الموازنة للتخصيصات المالية السنوية والتي تحدد الايرادات المتوقع الحصول عليها وكيفية تخصيصها على أوجه الانفاق المختلفة. وهذه الموازنة تجنب العمل الصغير الكثير من المطبات الصعبة اذا تم التصرف دون وجودها أو خارج اطارها بشكل غير مدروس.

حالة نقاشية (4)

بعد حصوله على شهادة الماجستير في الهندسة الزراعية وبتخصص دقيق في الصناعات الغذائية، حصل السيد عمار النجار على وظيفة للتدريس في الجامعة التي في اطارها سرعان ما أقام علاقات طيبة مع السيد حسين الابراهيمي المدرس في قسم العلوم المالية والمصرفية في نفس الجامعة. وخلال فترة قليلة لا تتجاوز السنة الواحدة ابدى الاثنين رغبة في اقامة عمل صغير تتكامل فيه الجهود والامكانات.

لقد اتفق الاثنان على توفير راس المال مناصفة من خلال مصدرين هما:

- المدخرات الشخصية لكل منهما.
- الاقتراض من المصارف التجارية.

وقع اختيار الشريكين على اقامة مشروع صغير في مجال انتاج عصير الفواكه، لامتلاك خبرة في هذا المجال، ولوجود مزارع الفواكه والحمضيات في المنطقة. ان الدراسات الميدانية التي بحوزة السيد حسين الابراهيمي تشير الى وجود طلب فعال وحقيقي على عصير الفاكهة (البرتقال) الطازج تقدر بحدود (13) مليون دولار سنوياً في المحافظة التي هم فيها، ناهيك عن الطلب في البلاد والمنطقة. وبعد انضاج الافكار بشكل أولي، حاول الشريكان كتابة خطة العمل وتم الاستعانة بك باعتبارك متمرس في هذا الامر ولكي يتم تقديم خطة العمل الى المصارف للحصول على التمويل المناسب.

والمطلوب:

(1) ما هي المعلومات والبيانات التي تحتاجونها لكتابة خطة العمل.

(2) ما هي أهم محتويات الخطة وكيف ترتب باختصار.

(3) على ماذا يفترض ان يتم التركيز لاقناع المصارف في منح القرض اللازم لهذا العمل الصغير.

(4) افترض ان راس مال هذا المشروع هو 300000$، وان الشريكين وفرا 100000$ مناصفة من المدخرات الشخصية، وان القرض المطلوب هو 200000$.

(5) اكتب مجمل هذه الجوانب وناقشها في تقرير مع زملائك في المجموعة.

* اسئلة عامة

1- ما المقصود بخطة العمل، وما هي الجهات المحتمل ان تستخدمها؟

2- كيف يمكن ان تستخدم خطة العمل ويستفاد منها في ترقية وتجويد توجه الادارة؟

3- بماذا تختلف خطة العمل المختصرة عن الخطة الشمولية؟

4- اذكر أهم خصائص خطة العمل الجيدة؟

5- باختصار شديد، اذكر مراحل اعداد خطة العمل؟

6- هل يكفي الاعتماد على مراكز متخصصة في اعداد وكتابة خطة العمل لصاحب المشروع الصغير دون أن يشارك ويندمج هو في هذا الامر؟

7- عدد باختصار أهم الأخطاء المحتملة عند اعداد وكتابة خطة العمل؟

8- ماذا يعني التمويل بالمديونية، وهل يفضل على التمويل بالملكية، كيف، ولماذا؟

9- عرف الكشوفات المالية، وذكر أهمها؟

10- ما هي الاسباب التي تجعل القضايا والجوانب المالية ذات أهمية كبيرة للاعمال الصغيرة؟

11- استعرض بالمعادلات أهم نسب النشاط التي يفترض ان تلاحظ بالنسبة للمشروع الصغير؟

12- ما الذي يفترض أن يدرس بعناية كمتطلبات ضرورية لغرض تمويل الاعمال الصغيرة؟

13- اذكر أهم مصادر تمويل الاعمال الصغيرة؟

14- ما المقصود بـ (5Cs) والتي تستخدم كخطوط ارشادية لتمويل المشروع الصغير؟

15- لماذا تعتبر نقطة التعادل مفردة مهمة في التخطيط المالي؟

** أسئلة نقاش وتفكير ورأي

1- حدد مجموعة من المؤسسات والمشروعات والاعمال الصغيرة الناجحة في منطقتك، اذهب لمقابلة أصحاب هذه المنظمات، وقبل ذهابك حدد مجموعة من الاسئلة الدقيقة في اطار محورين للحوار هما:-

(أ) كيف بدءت هذه الاعمال، وهل تم كتابة خطة عمل لها؟

(ب) كيف حصلت على التمويل المناسب، وأهم مشكلات تمويلية واجهتها؟

(جـ) امكانية الاستفادة من الانترنت في تسويق المنتجات لكل منها.

2- حاول من خلال ملاحظات ميدانية معرفة الاسباب التي تجعل البعض من أصحاب الاعمال الصغيرة يخرج من عمل معين ليدخل في عمل أخر، مرة في ذات القطاع والتوجه ومرة أخرى في قطاع أخر بعيد. سجل هذه الملاحظات والاسباب وعرضها في صفك ومجموعتك الدراسية للحوار.

3- الى أي مدى يفضل التمويل بالمديونية أو التمويل بالملكية؟ أجري تحليل ومقارنة مركزة لهذا الامر.

4- هل لك ان تحدد أهم الجهات الداعمة للاعمال الصغيرة في بلدك؟

قدم ذلك من خلال الجدول الاتي:-

ت	الجهة الداعمة ، الاسم والعنوان	نوع الدعم والاسناد	ما يطلب تقديمه للحصول على الدعم	ماذا تريد الجهة الداعمة	ارتباط الجهة الداعمة
					دولي/ اقليمي / محلي / حكومي / خاص

5- أو قيل لك ان عمل صغير، اذا ما اختيرت له مناطق مختلفة من العاصمة عمان تكون له نقاط تعادل مختلفة، فإلى ماذا تعزو ذلك، ناقش هذا الامر.

*** أسئلة خيارات متعددة

1- تسمى الوثيقة التي تعرض المشروع وتقنع الاخرين بأنه يمكن ان يبيع بكفاية المنتج أو الخدمة ويولد أرباح مرضية وتدفق نقدي مقبول، وبهذا تجذب ممولين له بـ

A- الاستراتيجية
B- خطة العمل
C- دراسة الجدوى
D- خطة المنتجات

2- جميع الآتي هي مبررات ودواعي أساسية وراء كتابة خطة العمل، عدا واحدة ليس منها

A- تحديد جدوى الفكرة للعمل الجديد
B- اجتذاب رؤوس أموال
C- الاستعداد والجاهزية لتوجيه وادارة العمل
D- الاسراع في ممارسة النشاط

3- ان اختلاف الظروف والاحوال تدعو إلى احتياجات مختلفة من وضع خطة العمل، هكذا توجد الانواع التالية منها

A- خطة مختصرة وخطة شمولية
B- خطة انتاجية وخطة تسويقية
C- خطة للمالكين وخطة للممولين
D- خطة عملياته وخطة استراتيجية

4- واحدة فقط من العبارات ادناه خاطئة

A- لا تساهم خطة العمل في الشيء الكثير حيال عمل فاشل كفرصه محتملة.

B- قد تكون خطة العمل المكتوبة بشكل غير صحيح سبباً لعدم الترويج للفرصة لتصبح عملاً جديداً.

C- يستحسن أن يمارس الريادي كتابة خطة العمل بنفسه، حتى اذا اقتضى الامر الاستعانة بأطراف أخرى تساعده.

D-لا يمكن ان تسعف الكتابة الجيدة لخطة العمل والوضوح فيها الفرصة لبدء عمل جديد.

5- يسمى القسم أو الجزء من خطة العمل والذي يوصل وينقل ويبلغ بشكل واضح ومركز الصورة الشمولية الكلية للعمل الذي تخصه الخطة.

A- التصنيع والعمليات
B- المنتجات أو الخدمات
C- الخلاصة التنفيذية
D- صفحة الغلاف

6- جميع الآتي هي أخطاء محتملة في اعداد وكتابة خطة العمل عدا واحد ليس منها:-

A- نقص في البيانات والمعلومات الضرورية الموثوق بها أو اهمال لها.

B- اشتراك فعال من قبل صاحب العمل واندماج بمراحل اعداد خطة العمل.

C- اخفاء جوانب الضعف.

D- التحدث مع المولين بمفاهيم فنية تتصف بالرطانة، وكتابة خطة العمل على عجالة ودون وضوح.

7- واحدة فقط من المعادلات التالية صحيحة

A- حقوق الملكية = الاصول - الخصوم

B- حقوق الملكية = الاصول + الخصوم

C- حقوق الملكية = الخصوم - الاصول

D- حقوق الملكية = الخصوم × الاصول

8- يسمى التقرير المالي الذي يعرض ما تستلمهُ المنظمة من تدفقات نقدية، وما تدفعه من نقد لجهات وأطراف خارجية بـ

A- الميزانية العمومية

B- الموازنة التقديرية

C- كشف الدخل

D- كشف التدفقات النقدية

9- ان تأثر الاعمال الصغيرة بشكل أكبر في لازمات المالية والاحداث الطارئة وظروف الكساد جعلها

A- أكثر قدرة على مواجهة الازمات بسبب توفر الاحتياطات لديها

B- أقل قدرة على مواجهة الازمات بسبب عدن توفر الاحتياطيات لديها

C- لا تعير أهمية كبيرة للجوانب المالية بسبب عدم قدرتها على مواجهة الاحداث

D- التفكير في الامد الطويل فقط بخصوص الامور المالية

10- أي من العبارات أدناه لا تؤيدها:-

A- يفترض ان تساهم الفعاليات المختلفة للادارة المالية في انجاز اهداف هذه الادارة

B- يجب ان تكون اهداف الادارة المالية مشتقة من الاهداف الشاملة للعمل الصغير.

C - ليس ضرورياً تحديد طرق المعالجة المحاسبية في الاعمال الصغيرة، واذا ما تم تحديد ذلك لا يشترط اعادة النظر فيها في ضوء المستجدات والتطورات.

D- من الضروري ايجاد صيغ للموازنة مقبولة بين الارباح وتحمل المخاطرة المرتبطة بها.

11- تدعى نسبة قياس قدرة المنظمة على تسديد مطلوباتها المتداولة من خلال موجوداتها المتداولة بعد استبعاد المخزون منها بـ

A- النسبة السريعة　　　B- نسبة التداول

C- هامش الربح　　　D - معدل دوران المخزون

12- اذا ما أريد معرفة مدى توسع المنظمة بالتمويل الخارجي، فأي النسب نستخدم

A- نسبة الدين إلى الموجودات　　　B- نسبة المديونية

C- معدل دوران الموجودات　　　D- نسبة الدين إلى حقوق الملكية

13- الـ (5Cs) خطوط ارشادية عامة تستخدم من قبل الممولين ومانحي الائتمان وتعني الاتي ما عدا

A- Capacity　　　B- Conditions , Capital

C- Character , Collateral　　　D- Costs

14- بشكل عام تشير البحوث والدراسات إلى الاتي ما عدا

A- وجود علاقة ايجابية بين التمويل المصرفي وحجم العمل وعمرة

B- الاصول غير الملموسة لديها قيمة اكبر كضمان للحصول على الاموال من الاصول الملموسة

C- تلعب جهود الفرد الريادي وقدرته دور مهم في عمليات التمويل في بداية التأسيس.

D- اذا كانت القدرات الاقتصادية الكامنة للعمل الصغير تؤشر نمو عالي يصبح العمل افضل من ناحية الحصول على تمويل

15- اذا رغب الريادي الذي يروم انشاء عمل صغير ان تكون له سيطرة وتحكم عالي بالعمل، مع مخاطر عالية وأرباح أعلى يكون التمويل

A- من خلال المديونية　　　B- من خلال الملكية

C- من خلال المشاركة　　　D- لا شيء مما ذكر

16- يسمى العقد الذي يسمح للمشروع الصغير استخدام ممتلكات طرف أخر لمدة محددة من الزمن مقابل عوض مالي أو غيره

A- الشراء　　　B- البيع

C- التأجير　　　D- الضمان

17- ان طول المدة التي يجب ان يسدد القرض خلالها هي

A- Policy loan
B- loan security
C- Maturity
D- Principal

18- يفترض ان تدرس مصادر التمويل قبل اختيار الملائم منها في ضوء الآتي:-

A- كلفه التمويل، المخاطرة المرتبطة بالكلفة

B- مرونة التعامل مع المصدر

C- مدى توفر الاموال في المصدر في الوقت المناسب

D- جميع ما ذكر اعلاه

19- تسمى الشركة المتخصصة بشراء الذمم المدينة من الاعمال الاخرى بـ

A- Firm
B- Factor
C- Business
D- Company

20- إذا كانت التكاليف الثابتة (100000 دينار)، وسعر بيع الوحدة (20 دينار) والكلفة المتغيرة للوحدة (10 دينار)، فما هي كملية التعادل بالوحدات.

A- 10000 وحدة
B- 15000 وحدة
C- 200000 وحدة
D- 5000 وحدة

المصـــادر

* تم ترتيب المصادر كما وردت في تسلسلها في المتن.

1- Nickels, William, G et al (2002): " **Understanding Business** ", 6th edition, Mcgraw – Hill, Irwin, Boston, USA.

2- Sahlman, William: "how to write a great Business plan ", **Harvard Business Review**, vol. 75, No.4, July – August, 1997.

3- Longenecker, Justine, H et al (2006): "**small Business Management an entrepreneurial emphasis**", south – Western, Thomason publishing Company.

4- Gumpert, David, E (2003): "**How to really create a successful business plan**", 4th edition, Needham, MA: lauson publishing company.

5- Hatten, Timothy, S. (2006): "**Small Business Management, enterenenurship and beyond**", 3ed edition, Houghton – Mifflin company.

6- Burlingham, Bo: "How to succed in business in 4 easy steps", **Inc** July, 1995.

7- العامري، صالح مهدي والغالبي، طاهر محسن (2007): "**الادارة والاعمال**"، دار وائل للنشر والتوزيع، عـمان، الاردن (طبعـة أولى 2007 وطبعة ثانية 2008).

8- Rich, Stanley, R. and Gumpert, David, E. (1985): "**plans that succeed**", sterling lord literistic, Inc. MIT Enterprise Forum, USA.

9- Abrams, Rhonda, M. (2003): "**The successful Business plan, secrets and strategies**", 2nd edition, Grant pass, OR, Oasis Press.

10- النجار، فايز جمعة والعلي، عبد الستار محمد (2006): "**الريـادة وادارة الاعـمال الصـغيرة**"، دار الحامـد للنشرـ والتوزيـع، عمان، الاردن.

11- Brooks, Julie, K. and Stevens, Barry, A. (1987): "**How to write a successful Business plan**", AMACOM, New – York, USA.

12- Al-Juboori, Abdulrahman and Mansoor, Taher (2005): "**Strategic Management, concepts, context and cases**", Darwael publishing, Amman, Jourdan.

13- الغالبي طاهر محسن وادريس، وائل محمد صبحي (2007): " **الادارة الاستراتيجية، منظور منهجي متكامل"**، دار وائل للنشر والتوزيع، عمان، الاردن.

14- Megginson, leon. C et al (2003): "**Small Business Managent, an entrepreneur's guidbook**, 4th edition, International edition, Irwin, McGraw Hill.

15- Newton, Richard (2007): "**Managing change, step by step**", Prentice - Hall, Pearson, U.K.

16- الغالبي، طاهر محسن وأخرون (2006): " **استراتيجية الاعمال، مدخل تطبيقي** "، دار الثقافة للنشر والتوزيع، عمان، الاردن.

17- Porter, M.E (1985): "**Competitive advantage, creating and sustaining superior performance**", Free Press, New - York, USA.

18- Pitts, R.A and Lei, D. (1996): "**Strategic Managment and sustaining competitive advantages**", West - publishing co. New - York, USA.

19- Kotler, Phillip (2003): "**Marketing Management** ", 11th editions, Prentice - Hall, New - Jersey, USA.

20- Pride, William, M. et al (2005): "**Business**", 8th edition, Houghton Mifflin Co. Boston, USA.

21- Ansoff, Igor (1965): "Coporate **strategy, an analytic approach to Business policy for growth and expansion**", McGraw - Hill, New - York, USA.

22- Chase, Richard B. et al (2004): "**Operations Mangement for competitive advant**age", 10th edition, Irwin, Boston, USA.

23- Brouthers, Keith, D. et al: "Driving Blind, Strategic decision - making in small companies ", **long Range planning**, vol. 31, No.1, 1998.

24- Strauss, Steven, D. (2005): "**The Samll Business bible, Everything you need to know to succed in your small business** ", Wiley

مترجم "المرشد الكامل للمشروعات الصغيرة" مكتبة جرير، المملكة العربية السعودية (2007).

25- الحسيني، فلاح حسن (2006): "**ادارة المشروعات الصغيرة، مدخل استراتيجي للمنافسة والتميز** "، دار الشروق للنشر عمان، الاردن.

26- Alterowitz, Ralph and Zonderman, Jon (2002): "Financing **your new or growing business, entrepreneur Mentor series**", Irvine, CA: Entrpreneur Press.

27- Siropolis, Nicholas (1994): "**Small Business Management, a guide to entrepreneurship**", Hoghton Mifflin, Boston, USA.

28- Cooper, Arnold (1983): "**entrepreneurship: starting a new Business**", Washington, D.C., National Federation of Independent Business.

29- Parks, Bill et al: "Don't Mistake Business plans for planning", **Journal of small Business strategy,** February, 1991.

30- برنوطي، سعاد نائف (2005): "**ادارة الاعمال الصغيرة، ابعاد للريادة**"، دار وائل للنشر والتوزيع، عمان، الاردن.

31- توفيق، عبد الرحيم يوسف (2002): "**ادارة الاعمال التجارية الصغيرة**"، دار صفاء للنشر والتوزيع، عمان، الاردن.

32- الشواورة، فيصل محمود (2008): "**الاستثمار في بورصة الاوراق المالية، الاسس النظرية والعملية** "، دار وائل للنشر والتوزيع، عمان، الاردن.

33- Stevens, Mark (1978): "**36 small Business Mistakes – and how to avoid them**", Parker Publishing Company, New – York.

34- بنيان، حسام الدين زكي والشرع، عباس جبار (2007): "**واقع الصناعات الصغيرة في البصرة**"، المؤتمر العلمي الثالث، كلية الادارة والاقتصاد في جامعة البصرة – العراق.

35- Hamptone, John, J. (1996): "**Financial decision making** ", 4th edition, New Delhi, India.

36- المنصور، كاسر نصر وجواد، شوقي ناجي (2000)، "**ادارة المشروعات الصغيرة**"، دار الحامد للنشر والتوزيع، عمان، الاردن.

37- الصياح، عبد الستار مصطفى والعامري، سعود جايد (2003): " **الادارة المالية، اطر نظرية وحالات عملية**"، دار وائل للنشر والتوزيع، عمان، الاردن.

38- Steinhoff, Dan and Burgess, John (1993): "**Small Busines Mangement Fundamentals**", 6th edition, McGraw – Hill, International editions, Singapore.

39- "Financing patterns of small firms: findings from the 1998, **survey of small Business finance**", SBA office of Advocacy, Washington, DC, 2003.

40-الغالبي، طاهر محسن وهاشم علي هاشم : "تحليل السلوك المالي لاستراتيجية النمو في المنشآت الصناعية الصغيرة"، **مجلة العلوم الاقتصادية**، العدد (4)، 1994، جامعة البصرة.

41- أبو ناعم، عبد الحميد مصطفى (2002): "**ادارة المشروعات الصغيرة**"، دار الفجر للنشر والتوزيع، القاهرة، جمهورية مصر العربية.

42- قنديل، أفكار (1997): "**تمويل المشروعات الصغيرة والدور المتوقع للمؤسسات التمويلية** "، ندوة تنمية المشروعات الصغيرة وتوسيع قاعدة رجال الاعمال في مصر"، جامعة عين شمس القاهرة، مصر.

43- Rubin, Richard and Goldberge philipe (1980): "**The small business guide to borrowing money**", McGraw – Hill.

44- Mochari, Ilan: "The number Game ", **Inc.**, vol. 24, No. 12, October, 2002.

45- Detamore – Rodman, Crystal: "The burden of borrowing", **Enterpreneur**, April, 2003.

46- Newton, David." Raising money from family and friends", **Enterpreneure**, 26 January, 2004.

47-العطيه، ماجدة (2002): "**إدارة المشروعات الصغيرة**"، دار المسيرة للنشر والتوزيع، عمان، الأردن.

48- Worrell, David (2003): "Our little Angels", **Entrepreneure**, January.

49- Hopkins, Jim: "Corporate Giants Bankroll start – UPS", **USA Today**, March 29, 2001.

50- Armstrong, Michael: "**A handbook of Management techniques, the best – selling guide to modern management methods**",

مترجم "تقنيات الادارة" مكتبة جرير، المملكة العربية السعودية، 2003.

الفصل الخامس

استراتيجية الأعمال الصغيرة

Small Business Strategy

الفصل الخامس

استراتيجية الأعمال الصغيرة

Small Business Strategy

بعد دراستك لهذا الفصل تستطيع الإجابة بلغتك الخاصة عن الآتي :

(1) معرفة تطور الفكر الاستراتيجي للاعمال عبر مختلف المراحل، والعوامل التي ساهمت في هذا التطور.

(2) عرض أهمية الإدارة الاستراتيجية للاعمال.

(3) اختلاف ممارسة الإدارة الاستراتيجية في منظمات الأعمال الصغيرة عن المنظمات الكبيرة.

(4) أسباب تردد مدراء الاعمال الصغيرة في ممارسة التخطيط الاستراتيجي.

(5) النموذج العام لصياغة الاستراتيجية في الاعمال، ومكونات الاستراتيجية.

(6) أهم السياسات المعتمدة وتكاملها مع الخيارات الاستراتيجية.

(7) الرقابة وتقيم الاداء في الأعمال.

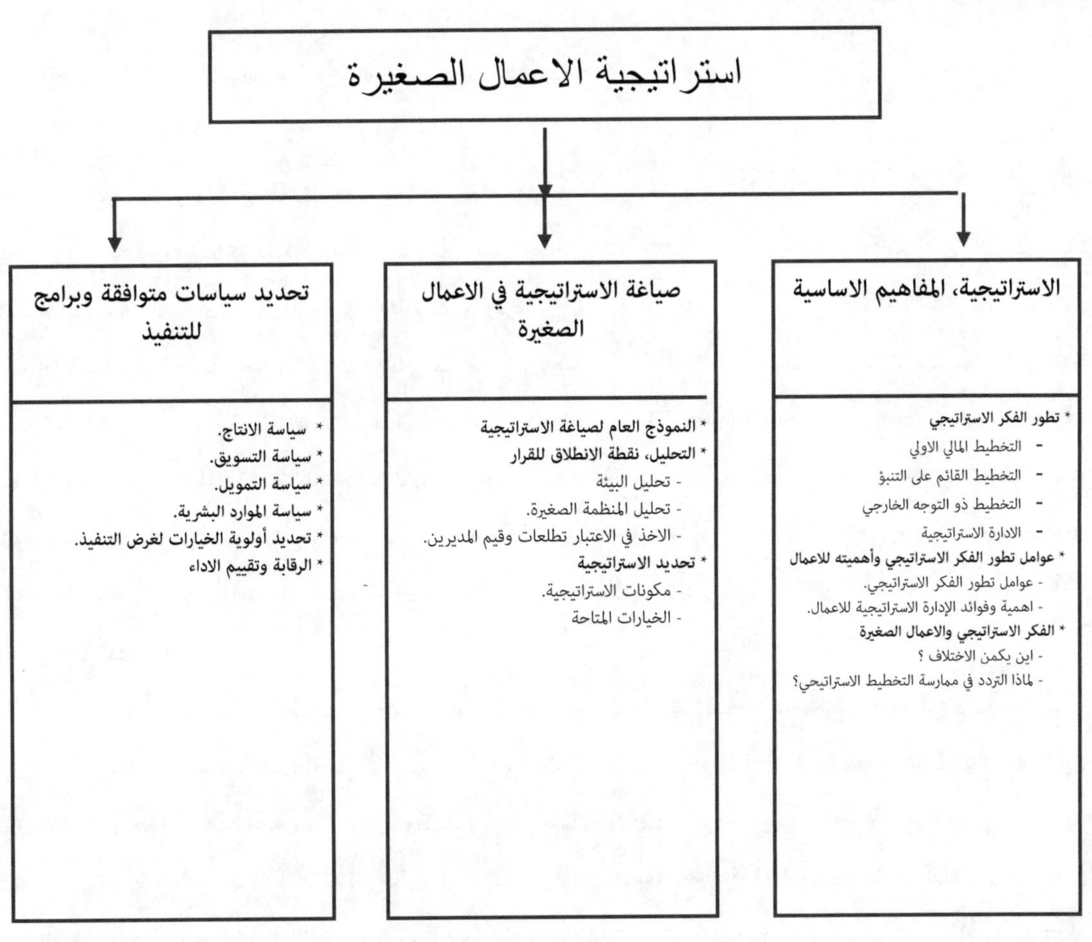

المقدمة Introduction

أصبح الفكر الاستراتيجي من الضرورات الأساسية لنجاح المنظمات على اختلاف حجومها والقطاعات التي تعمل فيها. فلم يعد التخطيط الاستراتيجي ومفاهيم الإدارة الاستراتيجية ضرورية ومتطلب مهم للشركات الكبرى، بل أصبحت الأعمال الصغيرة والمتوسطة التي تهدف التميز والنجاح والتنافس على اسس سليمة بحاجة ماسة إلى تطوير وتطبيق هذه المفاهيم في مختلف عملياتها وانشطتها. في هذا الفصل سيتم الطرق أولا للمفاهيم الأساسية للإدارة الاستراتيجية وأهميتها للأعمال الصغيرة، بعد ذلك يتم التطرق لصياغة الاستراتيجية في الأعمال الصغيرة وأخيرا سوف نستعرض تحديد السياسات المهمة الخاصة بالأنشطة الأساسية للأعمال الصغيرة وبرامج التنفيذ.

الاستراتيجية، المفاهيم الاساسية Strategy, the main Concepts

في البداية لظهور الفكر الاستراتيجي وتطوير عمليات صياغة الاستراتيجية في منظمات الأعمال، واستعارة هذه المبادئ والمفاهيم من الجيوش والفكر العسكري، ساد اعتقاد بأن هذه الجوانب تفيد وتطبق في الأعمال الكبرى وذات التوجه الربحي، اما منظمات الدولة والاعمال المتوسطة والصغيرة فإنها لا تقوى ولا تحتاج لمثل هذه المفاهيم والممارسات. واليوم لا يشك أحد بأهمية الممارسات الاستراتيجية لكافة أنواع المنظمات مهما كانت حجومها وملكيتها. هكذا جاءت البحوث والدراسات الميدانية التي تشير إلى اثر تبني الممارسات الإدارية الاستراتيجية باعتبارها طرق تفكير وتصرف من قبل الإدارة العليا وانعكاس ذلك على تحقيق أهداف المنظمات وبالأخص الأداء المالي. لقد كانت هذه الدراسات مغطية لكافة القطاعات ولمختلف حجوم المنظمات وفي العديد من الدول النامية منها والصناعية. (**Thune and House**: 1970: 80-87) (**Harold**: 1975: 93-102)، (**Bracker and Pearson**: 1982: 323-335)، (**Halten**: 1982: 88-104)، (**Chaffee**: 1984: 212)، (**Mrena**: 1987)، (**أبو ناعم**: 1994)، (**القطب**: 1996)، (**ايوب**: 1997)، (**الغالبي والزيادي**: 2002).

قد يبدو أمرا منطقيا اختلاف نوع الاحتياج لتطبيق مفاهيم الإدارة الاستراتيجية باختلاف حجوم الأعمال. فالشركات الكبرى ذات الامكانات الهائلة والقدرات البشرية المؤهلة في مجالات التخطيط والعاملة في بيئة واسعة شديدة المنافسة تكون بحاجة ماسة إلى تطوير وتطبيق مفاهيم ادارية وتخطيطة تناسب هذا الاحتياج، في حين يكون احتياج الأعمال الصغيرة إلى هذه المفاهيم وممارستها مختلف عن ذلك بسبب محدودية الامكانات وضيق السوق المتعاملة معها، رغم ما أتاحه الانترنت من آفق أوسع وأشمل. ومع ذلك فإن الإدارة الاستراتيجية كفكر وممارسة والتطبيقات المرتبطة بها تبقى متماثلة من حيث المحتوى العام مهما كان نوع الأعمال وحجومها وملكيتها.

* تطور الفكر الاستراتيجي Development of Strategic thought

ان التطور في الاستراتيجية والفكر الاستراتيجي جاء ملازما لتطور الفكر الإداري والتنظيمي، وبذلك شكل هذا التطور رصيد معرفي متراكم تستفيد منه مختلف منظمات الاعمال صغيرة كانت أم كبيرة، خدمية أم صناعية، وبشكل عام فإن هذا التطور جاء بفعل عوامل عديدة في مقدمتها ازدياد قدرة الاعمال على تطوير نماذج وآليات أكثر قدرة للتعامل مع حالات المنافسة الشديدة وعدم التأكد البيئي، وكذلك الاهتمام العالي في الجامعات ومراكز البحوث لتقديم كل ما هو مفيد للأعمال والشركات.

لقد قدم الباحثون (**Glueck et al**: 1982: 7-21)، (**Feurer and Chaharbaghi**: 1985)، (**الغالبي وادريس**: 2007: 56-64)، (**المرسي وآخرون**: 2002: 28)، العديد من الافكار حول تطور الاستراتيجية والفكر الاستراتيجي وضرورة استفادة المنظمات من هذا التطور عند ممارسة العملية التخطيطية. ويمكن عرض هذا التطور كالآتي:

(1) مرحلة التخطيط المالي الأولي Basic Financial Planning

إن هذه المرحلة تمثل نقلة مهمة من ممارسة الادارة بأسلوب غير منظم ويغلب عليه طابع العشوائية والاحكام الشخصية غير المستندة إلى خبرة وتراكم معرفي إلى اعتماد أسلوب تخطيطي يغلب عليه طابع الانتظام والمنهجية. واليوم تمثل الموازنات التخطيطية أداة مهمة في عمل المنظمات صغيرة كانت ام كبيرة. لقد كان في حينها يلاحظ كفاية الموازنة كأداة قادرة على تنفيذ افكار الإدارة بسبب محدودية التغيرات في البيئة الخارجية التي تحيط بالمنظمة، وقدرة هذا الأسلوب على حل المشكلات والتعامل مع التحديات.

وبعد الحرب العالمية الثانية ظهرت تحديات جديدة، وأصبحت الاسواق تطلب الجديد، كما ان بعض الأعمال قد ساهمت في تطوير تكنولوجي محسوس، هكذا اصبحت الموازنات غير كافية لوحدها للرد على هذه التحديات وتمثيل العملية التخطيطية وتنفيذ الخيارات الجديدة.

وقد يدعي البعض ان الأعمال الصغيرة يكفي لها وجود موازنات تخطيطية ولا داعي إلى التوسع في الممارسات الاستراتيجية التي قد تكون مكلفة ولا تعطي فوائد ملموسة لهذه الاعمال. ونعتقد ان الفكر المنفتح على البيئة والبحث عن معطيات مهمة للأعمال الصغيرة يغني عملها ولا يكلفها الكثير.

(2) مرحلة التخطيط القائم على التنبؤ Forecast - Based Planning

لماذا يتم الاكتفاء بالبيانات والمعلومات الداخلية فقط لعمل الخيارات واعتماد الخطط، في حين اصبح ممكنا دمج هذه المعطيات مع بيانات ومعلومات من البيئة الخارجية للمنظمة. لقد اصبحت الاعمال نظم مفتوحة وجدت بالأساس لخدمة الزبائن وتلبية حاجاتهم، هكذا تم اعتماد تنبؤات من واقع محيط المنظمة، لقد اعتمدت معلومات وبيانات مستقاة من اطراف وجهات ذات علاقة وتأثير مباشر على الأعمال، مثل الزبائن والطلب على السلع والخدمات وكذلك الموردون وعمليات تجهيز المواد الأولية او العلاقات مع الجهاز المصرفي وغيرها. واليوم

لا تكتفي الأعمال بعمل تقديرات وتنبؤات بالطرق التقليدية المعروفة، بل توسع الأمر لكي تستخدم وسائل تنبؤ نوعية وآليات استشراف لمديات زمنية متوسطة وطويلة الامد.

لقد جاءت هذه المرحلة لتعطي الاعمال الصغيرة دفعة قوية للاهتمام بالأطراف المباشرة التي تتعامل معها، وأن تأخذ معطيات البيئة الخارجية المهمة بنظر الاعتبار عند عمل خياراتها. ومن الضروري الاشارة هنا إلى ان الاعمال التي تدار بشكل جيد قد طورت آليات عملها التخطيطية في الوقت الحاضر فالموازنة اصبحت اليوم (Rolling Budget) حيث النظام المعني باعداد الموازنات يحدث باستمرار ليؤمن وجود موازنة سنوية دائما ومستمرة للمنظمة، وهي فاعلة ومهيئة بشكل جيد. كذلك تستخدم اليوم الموازنات الصفرية (Zero-based budgeting) والتي تمثل مدخل شمولي متكامل لوضع الموازنة يتطلب من المنظمة بناء كل موازنة من قاعدة صفرية وكأن هذه المنظمة تبدأ من البداية (**Bowhill**: 2008:599-600).

* **الموازنة المستمرة المتدحرجة**

Rolling budget

نظام خاص بالميزانية يحدث باستمرار ويتيح وجود موازنة سنوية دائما فاعلة ومهيئة بشكل جيد.

* **الموازنة الصفرية**

Zero-based budgeting

مدخل شمولي تُعد بموجبه الموازنة في كل مرة من قاعدة صفرية أي من البداية.

ومع كل هذا فقد شكلت هاتين المرحلتين مدخلا ملائم لاستمرار تطور الفكر الاستراتيجي في منظمات الاعمال، وأخذت العملية التخطيطية تشمل مديات زمنية أبعد منتصف الخمسينات من القرن الماضي.

(3) مرحلة التخطيط ذو التوجه الخارجي Externally Oriented Planning

ان ازدياد تأثير البيئة الخارجية على المنظمات تطلب من هذه الاخيرة الاهتمام الجدي بالبحث عن بيانات ومعلومات حول متغيرات هذه البيئة الخارجية. هكذا أصبحت العملية التخطيطية أكثر شمولية وازدادات مدياتها منذ بداية الخمسينات من القرن العشرين، ليصبح لهذه المنظمات ثلاثة أنواع من الخطط. فالخطة قصيرة الأمد (Short Range Plan) تغطي سنة واحدة أو اقل وتؤثر على الممارسة اليومية لعمل المدير، في حين تتكامل هذه الخطة مع الخطة متوسطة الامد (Intermediate Range Plan) والتي تغطي أهداف المدى المتوسط وبما يزيد على السنة واقل من ثلاثة سنوات. اما الخطة طويلة الاجل (Long Range plan) فأنها أوسع مدى زمني وتحوي الاهداف الأساسية حيث يتجاوز مداها الثلاث سنوات ليصل إلى خمس سنوات أو اكثر حسب طبيعة العملية التخطيطية في المنظمة.

* **خطة قصيرة الامد**

Short Range Plan

خطة تغطي مدى زمني سنة واحدة أو أقل من سنة.

* **خطة متوسطة الامد**

Long Range Plan

خطة تحمل الأهداف الاساسية ولمدى زمني يتجاوز الثلاثة سنوات.

* **خطة طويلة الأمد**

Long Range Plan

خطة تحمل الأهداف الأساسية ولمدى زمني يتجاوز الثلاثة سنوات.

وفي الشركات الكبيرة أصبحت العملية التخطيطية معقدة وتحوي تفاصيل كثيرة مما أثار حولها العديد من الانتقادات والجدوى الفعلية من القيام بها وخاصة في إطار توسيع مدياتها. هكذا تعودت المنظمات على التخطيط طويل الامد وتحول إلى عمليات وآليات تتصف بالتكرار والرتابة، حيث يتم إجراء تعديلات بسيطة على واقع معطيات الخطط السابقة ليراد لها ان تكون ناجحة في مستقبل غير واضح المعالم وتزداد فيه المفاجأت. لقد أصبحت عمليات التنبؤ للمدى الزمني البعيد محفوفة بالمخاطر، بسبب حدة المنافسة وكثرة التغيرات في بيئة عمل المنظمات (**Mintzberg**: 1994)، (**Morrisey**: 1996)، (**Kovitz et al**: 2003)، (**الغالبي والسعد**: 1995).

وهكذا ازداد الاهتمام بالتخطيط التشاركي (Participatory Planning) القائم على اساس توسيع قاعدة المشاركة بالعملية التخطيطية، بحيث لا تقتصر على هيئات التخطيط فقط، لتشمل أغلب العاملين الذي يحتمل ان يؤثروا أو يتأثروا بتنفيذ الخطط والنتائج المستهدفة فيها. وكذلك تم التركيز على محتوى العملية التخطيطية بدلا من الاستمرار في زيادة مديات هذه العملية. لقد شكل هذين الأمرين البداية لانطلاق التخطيط الاستراتيجي (Strategic Planning) في منتصف الستينات من القرن الماضي، والذي تحول التركيز فيه من القيام بالتنبؤ بالمستقبل إلى فهم المقدمات الرئيسية والمنطقية للنجاح في الاعمال. ان العملية التخطيطية هنا، اتسع مداها ليكون متكاملا، حيث الخطة الاستراتيجية (Strategic plan)التي تصف خطوات المنظمة للوصول إلى الأهداف الاستراتيجية. وهذه تأتي متلازمة مع الخطة التكتيكية (Tactical Plan) الموجهة لمساعدة تنفيذ الخطة الاستراتيجية وانجاز جزء رئيس منها، وأخيرا الخطة التشغيلية (Operational Plan) والتي تحدد بدقة خطوات انجاز الاهداف العملياتية وتدعم الخطط التكتيكية (**العامري والغالبي**: 2008: 2009)، (**Hatten**: 2006: 77).

*** التخطيط التشاركي**

Participatory Planning

توسيع قاعدة العملية التخطيطية لتشمل جميع الذين يحتمل ان يؤثروا أو يتأثروا بتنفيذ الخطط والاهداف الواردة فيها.

*** التخطيط الاستراتيجي**

Strategic Planning

عمليات وأنشطة شمولية ومركزه تزود المنظمة بالتوجه طويل الامد لمساعدتها على التقدم باتجاه رسالتها.

*** الخطة الاستراتيجية**

Stratgic Plan

الخطوات الرئيسية التي تتبعها المنظمة للوصول إلى أهدافها الاستراتيجية

لقد جاءت مرحلة التخطيط ذو التوجه الخارجي، لتنقل الممارسات الإدارية من التركيز الجزئي أو الشمولي العام إلى التركيز الشمولي الخاص، بمعنى ايجاد نقلات نوعية من خلال استخدام الموارد المهمة لتحقيق ميزات تنافس مستدامة. هكذا تم الاعتراف بأن صفات الصناعة التي تعمل فيها المنظمة تضع حدود لادائها، وكذلك اعتبار التخطيط نشاط وعمليات متطورة وذكية بدلا من اعتبارها آليات رتيبة متكررة، من هنا جاءت الحاجة للبحث عن فرص وتجديد هذه الفرص باستمرار باعتبار أن الاسواق اصبحت متخمة بالمنتجات، وأن حاجات الزبائن متجددة وصعب إرضاء هؤلاء الزبائن دون افكار ابداعية. ان المطلوب من العملية التخطيطية توفير فرص النمو والازدهار للمنظمة بعمل خيارات صحيحة ومتماشية مع مستجدات البيئة.

ومع العديد من الفوائد والميزات التي تحصل عليها المنظمات من التخطيط الاستراتيجي، إلا أن تطور الفكر الاستراتيجي لم يقف عند هذا الحد، بل أصبح التخطيط الاستراتيجي جزء من ممارسات اوسع وأهم للتعامل مع معطيات شديدة الحساسية تمثله في الإدارة الاستراتيجية، حيث إدارة ثقافة المنظمة والتنوع فيها.

(4) مرحلة الإدارة الاستراتيجية Strategic Management

تمثل الإدارة الاستراتيجية (Strategic Management) تطورا فكريا وفلسفيا وعمليا باتجاه استخدام المداخل الشمولية لادارة المنظمات كأنظمة متكاملة شاملة ومعقدة، وهكذا تُعد طرق متداخلة في التفكير والتحليل والاستنتاج، وتمثل منهجيات علمية وواقعية مستوعبة للصورة الكلية لصناعة واتخاذ القرارات الاستراتيجية والمهمة.

ان العملية التخطيطية وحدها غير كافية لإدارة المنظمات في البيئة المعاصرة، هكذا تتجاوز مفاهيم وأساسيات الإدارة الاستراتيجية هذه العملية التخطيطية لتصبح هذه الاخيرة جزءا من الإدارة الاستراتيجية التي يندرج في إطارها كفاءة استخدام الموارد النادرة، وايجاد ميزات تنافس مستدامة وتفعيل النسيج الثقافي في المنظمة، وحل التناقض الظاهري بين الفاعلية الاقتصادية والفاعلية الاجتماعية، وبين المركزية واللامركزية وبين العالمية والمحلية، وبين المعايير النوعية والكمية وغيرها.

ان الادارة الاستراتيجية تعبر عن عمليات ابداعية يتداخل فيها التحليل الموضوعي والذاتي، وهي شمولية التصور، تكاملية العمل والفعل تركيبية البناء عميقة المنظور.

ان عمليات الادارة الاستراتيجية تقود إلى بناء استراتيجية فعالة (Effective Strategy) تحقق أعلى انسجام وتناغم بين منظمة الاعمال وبيئتها وكذلك بين المنظمة وتحقيق أهدافها الاستراتيجية من خلال أعلى تآزر (Synergy) ممكن (**Martinet**: 1983: 24) في توافق عمل أجزائها.

*** الادارة الاستراتيجية**

Strategic Mangement

عمليات ادارية شاملة ومتكاملة ومستمرة موجهة نحو صياغة وتنفيذ استراتيجيات فعالة، وهي اسلوب منهجي للاعمال ومعرفة قدراتها المتميزة وهي تتعامل مع الفرص والتهديدات البيئية .

*** استراتيجية فعالة**

Effective Strategy

استراتيجية تحقق اعلى انسجام وتناغم بين المنظمة وبيئتها وبين المنظمة وتحقيق أهدافها الاستراتيجية من خلال أعلى تآزر ممكن.

*** تآزر (تداؤب)**

Synergy

حالة توجد عندما تتفاعل اجزاء المنظمة مع بعضها لانتاج تأثير مشترك يفوق حاصل جمع عمل هذه الاجزاء منفردة.

ان الادارة الاستراتيجية تتطلب لكي تصبح ممارسات فعلية في واقع عمل المنظمة، وجود قيادة استراتيجية متمكنة، بمعنى إدارة عليا ذات فكر استراتيجي منظم تستطيع ان تمارس النشاط المتكامل لصياغة وتنفيذ وتقييم ورقابة الاستراتيجيات المختارة، وليس مجرد مديرين يمارسون انشطة ادارية عادية (**Hinterhuber and Popp**: 1992: 105). إن الادارة العليا في المنظمة وهي تمارس فعاليات الإدارة

الاستراتيجية، تعي أن هذه الفعاليات تتنوع وتتعدد وبالتالي فإن وضع الاستراتيجية يفترض ان يلاحظ في إطار ثلاثة أبعاد متكاملة وهي :

- الإطار العام الذي تطور الاستراتيجية في ظله وقيوده (The Context)
- المحتوى الذي يُمثل المخرج النهائي كأستراتيجية يراد تنفيذها (The Content).
- العمليات والافعال والانشطة والممارسات المؤدية إلى تطوير استراتيجية فعالة (The processes).

لقد تراكم عبر الزمن الرصيد المعرفي في حقل الإدارة الاستراتيجية ليمثل اضافة نوعية مهمة تستند إلى التطور السابق، حيث التنبؤ بالمستقبل واكتشافه، والعناية بالفكر الاستراتيجي الشمولي لتأتي مفاهيم الإدارة الاستراتيجية لتمثل نقله في اكتشاف المستقبل وبناؤه بطرق تساهم في ارتقاء منظمات الاعمال (**Hill and Jones**: 2001: 29-51).

* عوامل تطور الفكر الاستراتيجي وأهميته للاعمال

Factors developing Strategic thought and importance for Business

- **عوامل تطور الفكر الاستراتيجي Factors developing strategic thought**

بعد أن اصبحت الوسائل والطرق التقليدية غير قادرة على حل الاشكالات والتحديات التي تواجه الاعمال في العصر المعرفي، فقد اقتضت الضرورة ايجاد فلسفات وآليات وطرق حديثة لها القدرة على تفعيل عمل المنظمات وجعلها اكثر تنافسية وفاعلية، هكذا جاء تطور الفكر الاستراتيجي بمراحل عبر الزمن، ساهمت فيه الشركات والجامعات ومراكز البحوث وبفعل عوامل موضوعية وذاتية عديدة. وتشكل رصيد معرفي وتراكم في الخبرات والممارسات وطورت مفاهيم جديدة ضمن الإطار العام لحقل الادارة الاستراتيجية وسياسات الاعمال وإذا ما أردنا استعراض أهم العوامل التي ساهمت في هذا التطور فيمكن الإشارة إلى:

- تعميق بوادر دراسة إدارة الأعمال في اطار مداخل شمولية وتكاملية من قبل الجامعات الرائدة، وكليات إدارة الاعمال فيها. وقد تعمق هذا الاتجاه بعد طلب العديد من الشركات في الولايات المتحدة الامريكية من بعض الجامعات بضرورة ايجاد تخصص يمثل حجر الاساس في العلوم الإدارية ويحقق من خلاله تكامل منهجي بين التخصصات الفرعية في الإدارة لكي تستخدم هذه المعرفة الجديدة بحل مشاكل معقدة تواجه هذه الشركات، هكذا أوصت دراستي (Gorden and Howell) و (Pierson) والتي تم تمويلهم من قبل مؤسستي (Ford) و (Carnegie) (**Leontiades**: 1982: 46).

- أوجبت التغييرات المتسارعة في البيئة العالمية وانعكاس هـذه التغيـيرات عـلى البيئـات المحليـة والوطنيـة ضرورة تطـوير أساليب وطرق ادارية جديدة تتماشى مع هذا النمط الجديد مـن التغـيرات وانعكاسـاتها عـلى الأعـمال بطـرق مختلـف. هكذا سارعت الأعمال على تطوير اساليبها وآليات عملها لتكـون اقـدر في الاسـتجابة لهـذه التغـيرات النوعيـة الجديـدة والمتجددة باستمرار.

التسارع المتصاعد في حدة المنافسة واشتدادها ورافق ذلك أيضا ندرة نسبية في الموارد على أكـثر من صعيد ان الضرورة تطلبت فهم واقـع المنافسـة الجديـدة والـتماشي مـع متطلباتهـا العالميـة والمحلية، فلا تكتفي الاعمال بممارسات جيدة بل لكي تستمر الاعمال وتتطـور عليهـا ان تـذهب باتجاه افضل الممارسات (Best Practice) المؤدية إلى تصاعد وتيرة الاداء المتميز باستمرار.

> *** افضل الممارسات**
>
> **Best practice**
>
> جميـع الممارسـات واسـاليب العمـل التـي تـؤدي إلى اداء متميـز تتصاعد وتائره باستمرار.

- الانتقال من العصر الصناعي إلى عصر المعرفة، وما رافق ذلك من الاتجاه نحو الكونية للاعمال وتأثرهـا بمعطيـات شـبكة الانترنت العالمية، لقد أصبحت متطلبات العصر الجديد تفرض اساليب وطرق عمل تتماشى مع بيئـة تختلـف عـلى كافـة المستويات عن طبيعة البيئات السابقة.
- التطور الهائل في مجال التكنولوجيا، لقد أصبحت الفترة الفاصلة بين التطور المعرفي النظري والذهاب إلى مجـال التطبيـق قصيرة جدا، تطلب هذا الأمر من منظمات الأعمال ان تكون اكثر مرونة وتستخدم اساليب عمل تتطور وتغير باستمرار.
- لقد لخص الباحث (**Smith**: 2007: 12) مجمل الاتجاهات التي رافقت الاعمال في السنوات الأخيرة، وكـما يعرضـها الشـكل (1-5).

الشكل (5-1)

أهم الاتجاهات التي واجهت الاعمال عبر الزمن

الموضوع	1970	1985	2005	التأثير على الممارسات والعمليات
المنافسة	محلي/ اقليمي منافسون صغار	وطني/ اصبح عالمي	عالمي منافسون كبار	يجب امتلاك عمليات وممارسات تكون من بين الأفضل، لتحول المنظمة ودفعها نحو العالم
المستهلكون	يأخذون ما يقدم لهم/ يفضلون منتجات من شركات ذات منشأ معين	معيارية كبيرة طلب المنتجات والخدمات ذات النوعية العالية	طلب عند حصول ولاء للمنتجات والخدمات المتميزة دائما	الممارسات والعمليات يجب ان يكون لها القدرة والقابلية على تقديم نوعية متميزة وكفاءة بالنوعية وكفاءة بالاسعار لكي تضع حاجات الزبائن موضع اشباع
المراحل والعمليات	وظيفي مركز يدوي على نحو ثقيل	مميز ومدرك يحتاج إلى تكامل اتمتة ادارة الجودة الشاملة مركز على العمليات تحسين	العمليات تمثل ممكنات عبر الوظائف المتداخلة المركزة على تكنولوجيا موجهة	الشركات تدرك ان هناك العديد من المشاكل التي لا يمكن ان تحل وظائفيا
التكنولوجيا	كبير بالاساس منظم على قواعد مركز على القوة (القدرة)	سطح المكتب مركز على السرعة	قابلية الحركة مركز على حرية الوصول	ممكن اذا كانت العمليات تنساب بسهولة وتبدء معها
قوى العمل	استقرار، توظيف بعيد الامد، خبراء ومتخصصون في مدى ضيق من المهام	حركي، ازدياد التنوع ازدياد واتساع الحاجة إلى المعرفة	تحركية وتنوع استثنائي وفذ في التفكير مقابل بساطة في الفعل العمل عن بعد يعمل بالرموت	العمليات والممارسات موثقة جيدا لتجنب فقدان المعرفة المؤسسية اينما يكون الأفراد متواجدون.

هكذا فرض الواقع الجديد على منظمات الاعمال ضرورة الاستفادة من الفكر الاستراتيجي واستخدام مفاهيمه وأساليبه لكونها تساعد المنظمات على الارتقاء بالاداء والتنافس في هذه البيئة المعرفية سريعة التغيير. لقد تغيرت اشتراطات المنافسة واساليبها، وتحول المستهلكون إلى زبائن اذكياء حساسي الشعور والسلوك اتجاه السلع والخدمات، واصبحت التكنولوجيا قائمة على اسس السرعة وامكانية التحويل والحركية والمرونة، وكذلك الموارد البشرية تنوعت بشكل مذهل وكبير، ان مجمل هذه الجوانب انعكست على الممارسات والعمليات في المنظمة واثرت عليها بشتى السبل. فلم يعد ممكنا النجاح في هذا الواقع الجديد باستخدام الفلسفات والآليات القديمة، وجاء الفكر الاستراتيجي والادارة الاستراتيجية تساعد منظمات الأعمال لكي تعايش وتنجح في هذا الواقع الجديد.

- **أهمية وفوائد الادارة الاستراتيجية للاعمال**

Strategic Management Benefits and Importances

ان الفكر الاستراتيجي بشكل عام وممارسة الإدارة الاستراتيجية بشكل خاص اصبح اليوم مهم للاعمال على اختلاف حجومها وطبيعة عملها. ان امكانية ربط التخطيط الاستراتيجي بآليات اتخاذ القرارات التشغيلية اليومية يصبح ممكنا بفضل هذه الممارسات لكونها شاملة ومركزة على الاولويات ضمن اطرها الزمنية المختلفة. هكذا تصبح العمليات الإدارية أكثر مرونة ومطاوعة لتستجيب بسرعة ودون تكاليف عالية للاحداث والمستجدات (**الغالبي**: 1993).

ان تطبيق مفاهيم الإدارة الاستراتيجية يعطي المنظمة مدى واسع ومتفتح في تكوين البصيرة، والقدرة على الابداع الخلاق من خلال فكر استراتيجي واعي وشفاف، كذلك منح المنظمة كوادر متمكنة في عمليات التحليل ومناهج التركيب لرؤية الصورة الشمولية الكلية للعمل. هنا لا يتم العناية بإيجاد حلول جاهزة للمشاكل الاستراتيجية المطروحة، بل التركيز على تفتح الآفاق لايجاد معالجات ابداعية مبتكرة جديدة وتصور المستقبل المرغوب من خلال تداخل زمني مع الحاضر وفهم واعي للماضي لكي تستمر المنظمة وتنمو وتتطور (**الغالبي وادريس**: 2007: 63). (**Hamel**: 1996).

ان العديد من البحوث والدراسات تشير وفي اغلب دول العالم، ان المنظمات التي تمارس وتطبق الفكر الاستراتيجي ومفاهيم الادارة الاستراتيجية هي أفضل اداء من تلك المنظمات التي لا تعي ولا تطبق هذه المفاهيم (**Hopkins and Hopkins**: 1997)، (**Moor**: 1998)، (**Miller and Cardinal**: 1994)، (**Sexton and Auken**: 1985).

ان الاعمال التي تدار بفكر استراتيجي متكامل وواضح يمكن ان تعزز فيها القدرات على ايجاد قابليات مميزة (Distinctive Competences) وهي جوانب قوة معينة تمتلكها المنظمة، وقد تكون لوحدها من يملك هذه القوة او يشاركها عدد قليل من المنظمات المنافسة الاخرى.

وقد تركز منظمة الاعمال على قابليات محدودة رئيسية تسند عملها ووضعها التنافسي وتسمى (Core Competency)، ان هذه القابلية المحورية قد تكون القاعدة لعدد اكبر من قابليات متميزة. فمثلا تكنولوجيا الغرض العام في اتجاه معين قد تولد قابليات متميزة عديدة في هذا الحقل التكنولوجي الشامل وكلما صعب تقليد هذه القابليات او مجارات المنظمة فيها كانت هذه القابليات مركزة في عدد قليل من الامور المهمة وتسند المنظمة في الحصول على ميزات تنافسية (Competitive Advantages) ناتجة عن قدرات في توليف هذه القابليات المتميزة للوصول إلى اداء يفوق المنافسين، وتستطيع منظمات الاعمال ان توجد ميزات تنافسية مستدامة (Sustainble Competitive Advantage) وهي ميزات لا يمكن تقليدها بسهولة من قبل المنظمات المنافسة الأخرى وتستمر استفادة المنظمة منها فترات زمنية طويلة، لكونها مرتكزة على قابليات متميزة ومتفردة بها المنظمة وأنها جوهرية في العمل لا يملكها الاخرون.

*** القابلية المميزة**

Distinctive Competence

جانب قوة (نقطة قوة) معين تملكه المنظمة لوحدها او يشاركها عدد قليل من منظمات منافسة أخرى

*** الميزة التنافسية**

Competitive Advantage

ميزة تأتي بشكل خاص من القابليات المميزة والقدرة على العمل بأساليب ناجحة يصعب على المنظمات الأخرى تقليدها.

*** ميزة تنافسية مستدامة**

Sustainble Competitive Advantge

ميزة تنافسية تستفاد منها الاعمال (المنظمة) فترة زمنية اطول، ولا يستطيع المنافسون تقليدها بسهولة.

ان الادارة العليا المستوعبة لاساسيات الممارسة الاستراتيجية، وتحاول الاستفادة من تطبيق مفاهيم الإدارة الاستراتيجية في عملياتها وعملها، تستطيع استخدام موارد المنظمة، الملموسة منها وغير الملموسة بالإضافة إلى الموارد البشرية لتوليد قاعدة عامة من قدرات وقابليات لتنتقي منها بتركيز واعي بعض القابليات المحورية التي تساهم في منح المنظمة قابليات مميزة تستخدمها بشتى الطرق والآليات في المنافسة لتوليد ميزات تنافس تنعكس ايجابيا على الاداء الشامل للمنظمة وتوليد نجاح دائم ومستمر مهما كانت المقاييس المستخدمة في قياس هذا النجاح مالية او غير مالية (**Day**: 1994: 34-52)، (**Grant**: 2002: 139)، ويعرض الشكل (2-5) هذه الجوانب.

شكل (5-2)

ترابط الموارد والقدرات والقابليات المحورية والقابليات المميزة والميزات التنافسية مع الاداء والنجاح في منظمات الاعمال

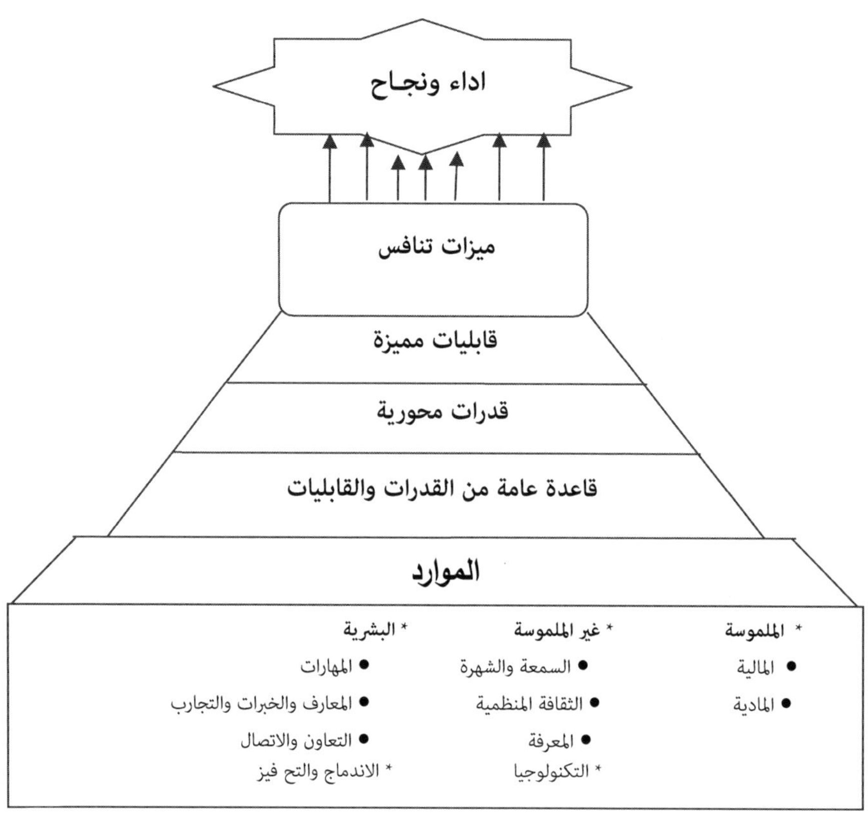

إن الإدارة ذات الفكر الاستراتيجي تركز جهود كبيرة على بناء وتكوين المـوارد وخاصـة الاساسـية والنـادرة منهـا باعتبارهـا تشكل القاعدة لوجود ميزات تنافس مستدامة. لقد اشار الباحث (**Barney:** 1997: 145) إلى وجود مجموعة من الخصائص والصفات في المورد لكي يعد جوهري وأساسي للمنظمة، واطلق على هذا التحليل (VRIO)، والصفات هي:

- ان يتمتع المورد **بقيمة** (Value) عالية في التنافس، ويسمح للمنظمة بأن تكون متميزة ومتفردة من خلال هذه القيمة.
- أن يكون **نادرا** (Rareness)، والندرة هنا تتجسد بعدم استطاعة المنافسون الاخرون من الحصول عليـه، وبهـذا يتـاح امـام المنظمة التفرد في العمل.

- لا يستطيع المنافسون **تقليده** (Imitability)، أو تكون تكاليف هذا التقليد عالية جدا سواء من ناحية الكلف المادية أو الاحتياج إلى الوقت أو غيرها.
- تستطيع المنظمة من خلال قدرتها **التنظيمية** (Organization) والادارية الحالية من استغلال فعال وإلى اقصى الحدود لهذا المورد، كما ان هذه الصيغ التنظيمية المتجددة تمكن المنظمة من الاستفادة من هذا الموارد الاساسي دائما وفي مختلف الظروف والاحوال.

ان مجمل الجوانب اعلاه وغيرها تعطي الفكر الاستراتيجي وممارسات وتطبيقات الادارة الاستراتيجية هذه الاهمية في عالم الاعمال اليوم وفي البيئة المعاصرة. بالإضافة إلى هذه الاهمية المتزايدة فإن الادارة الاستراتيجية بمفاهيمها المتجددة والمتطورة باستمرار تعطي منظمات الاعمال العديد من الفوائد نذكر منها (**العامري والغالبي**: 2008 :258)، (**الغالبي وادريس**: 2007 :51)، (**Greenley** : 1989: 106).

- تساهم في وضوح رؤية الاعمال بشكل جيد، وتسمح بزيادة مقبولية هذه الاعمال في بيئتها من خلال رسالة موجهة إلى مختلف الاطراف قائمة على أسس سليمة وصحيحة.
- جعل تركيز الادارة العليا على القضايا الاستراتيجية والحيوية للمنظمة.
- ازدياد قابليات وقدرات المنظمة في التعامل مع المتغيرات والاتجاهات البيئية، وهذا يجعل المنظمة أقل عرضة للمفاجئات والازمات والطوارئ.
- تحسين الاداء المنظمي وازدياد فرص المنظمة في النجاح وتحقيق تميز في الاداء على كافة المستويات.
- تدار المنظمة وفق افضل صيغ التداؤب (التآزر) (Synergy) من خلال البحث الدائم عن افضل صيغ الربط بين مختلف اجزاء المنظمة وعملياتها، ويأتي هذا الأمر منسجما مع النماذج الشمولية التكاملية التي تهتم بالصورة الكلية للمنظمة والعمل، والتي تتحقق من وجود قيادة فاعلة للجهد الجماعي وحشد الموارد لتحقيق الاهداف الاستراتيجية.
- تساهم في خلق وايجاد القيمة (Value Creation) وهذا ما يفيد الزبائن ومختلف اصحاب المصالح. ان القيمة معبر عنها بتوليفة من المنافع التي تحصل عليها هذه الاطراف قياس بالكلف المقدمة من قبلها.
- تساعد الادارة الاستراتيجية المنظمات بأن تصبح متعملة، ان المنظمة المتعلمة (Learning organization) تتشكل لديها العديد من المهارات تمكنها من حل المشاكل بطرق منهجية منظمة، وتجربة مداخل وأساليب جديدة باستمرار، والتعلم من تجاربها الخاصة وتجارب المنظمات الأخرى ونقل المعرفة بسرعة إلى مختلف اجزاء المنظمة (**Garvin**: 1993: 127-139) (**نجم**: 2008 :260-261).

* الفكر الاستراتيجي والاعمال الصغيرة Strategic thought and Small Business

هل ان مفاهيم الإدارة الاستراتيجية وممارسة الفكر الاستراتيجي تكون ممكنة في المنظمات الكبيرة فقط، أم ان هذا الفكر يمكن ان يمارس ويستفاد منه في الاعمال الصغيرة والمتوسطة؟

يبدوا منطقيا كون الاعمال الكبيرة هي التي طورت ومارست العملية التخطيطية بشكل متكامل وهي التي اغنت بتجاربها الفكر الاداري، وخاصة في بداية نقل الممارسات الاستراتيجية من الميدان العسكري إلى قطاع الاعمال. وقد يكون مرد هذا الامر إلى الامكانات الكبيرة التي بحوزة هذه المنظمات والرغبة المستمرة في التطوير والنمو لدى اداراتها.

كذلك الحال عرض بعض الباحثين كون المنظمات الحكومية (منشآت صناعية تملكها الدولة) لا يمكن لها الاستفادة الكاملة من مفاهيم الادارة الاستراتيجية بسبب هامش الحرية والاستقلالية الذي تتمتع به الادارات العليا في هذه المنظمات وهي تتعامل مع موضوعات وقرارات مهمة قد تقررها جهات عليا بالدولة بدلا من ادارة المنظمة (**Reynaud**: 1979)، (**Hafsi**: 1983). واليوم بسبب تطور الحياة اقتصاديا واجتماعيا وسياسيا فقد اصبح الفكر الاداري الاستراتيجي متاح لكافة المنظمات ويمارس فعلا فيها ويحقق نتائج ايجابية لهذه المنظمات على كافة المستويات (**Lyles et al**: 1993: 38-50).

- **أين يكمن الاختلاف ؟**

يلاحظ وجود اختلاف في اساليب وممارسة الفكر الاستراتيجي وعمليات الادارة الاستراتيجية في الاعمال الصغيرة عما هو عليه الحال في المنظمات الكبيرة. ومع ان هذه الاختلافات يمكن ان تظهر في مختلف المجالات وبشتى الطرق، إلا انه يمكن ان نشير إلى ما يمكن ان يعتبر اختلاف اساسي وكالاتي:

- إذا كانت مستويات الاستراتيجية (Levels of Strategy) في الشركات الكبرى يمكن أن تكون أربع أو ثلاث مستويات (المجتمع، الشركة ككل، وحدات الاعمال، الوظائفي)، فإن اغلب الحالات تكون استراتيجية الاعمال الصغيرة بمستويين (المنظمة (العمل)، الوظائفي). (**Hofer**: 1980: 11-15)، (**Wheelen and Hunger**: 2006). أن منظمات الاعمال الصغيرة يتشكل مجال نشاطها في الغالب من خط انتاجي واحد بعدد محدود من المنتجات لذلك لا توجد وحدات اعمال عديدة فيها، هكذا يندمج مستوى المنظمة ومستوى الاعمال بمستوى واحد توضع له العملية التخطيطية بالإضافة إلى الوظائف المختلفة. ان هذا يجعل مستوى التعقيد في استراتيجية الاعمال الصغيرة أقل منها في الشركات متعددة الوحدات الاستراتيجية الكبيرة.

- لا تحتاج الاعمال الصغيرة ان تتشعب وتتوسع في مستوى التحليل المطلوب لغرض انضاج الخيارات الاستراتيجية وبالتالي صياغة الاستراتيجية المعتمدة وتنفيذها.

ففي ضوء رسالة (Mission) بسيطة واضحة تصف المبرر او المبررات الحقيقية لوجود المنظمة الصغيرة، تستطيع الادارة العليا ان تتشكل رؤيتها في ضوء منظور ريادي مبدع لكي تستطيع المنظمة العمل وتحقيق نجاح في المنافسة.

*** نص الرسالة**
Mission Statement
وثيقة تصف المبرر او الاسباب لوجود المنظمة

ان عدم التوسع في تحليل (SWOT) لا يعني ان يجرى هذا التحليل بطريقة اعتباطية وعشوائية، ليتشكل من خلال ذلك محتوى لا يمت للواقع بصلة قوية، بل يعني ان ادارة الاعمال يمكن ان تركز جهود اكبر وتحليل معمق لما ترى انه ذو تأثير مباشر ومهم على عملها وانشطتها في الاسواق التي تتواجد فيها. ويلاحظ ان المنظمة الصغيرة وبفضل قربها من الزبائن، وتمتعها بمرونة عالية فإنها تكون في موقع من يحصل على ميزات من جراء عملية التغيير التي اصبحت دائمية وشبه مستمرة في البيئة المعاصرة، قياس للمنظمات الكبيرة التي قد تكون اكثر بيروقراطية ورسمية (**Hatten:** 2006:79).

*** تحليل SWOT**
مرحلة من مراحل صياغة الاستراتيجية يحدد فيها المديرين نقاط القوة والضعف في المنظمة وكذلك الفرص والتهديدات في البيئة الخارجية التي تتواجد فيها هذه المنظمة.

ان امتلاك الاعمال الصغيرة ميزة الداخل الاول (First Mover advantage) للسوق وتلبية حاجات ورغبات الزبائن تمثل قدرة مهمة للنجاح في هذه الاعمال، لكونها تجسد ادارة ذات روح ريادية ابداعية. هكذا يبدو منطقيا احتياج الاعمال الصغيرة إلى خطة استراتيجية تحوي مفردات تحليل (SWOT) والمركزة في الجوانب ذات الاهمية الكبيرة لهذه الاعمال، وان دورا اساسيا تلعبه هذه الخطة الاستراتيجية في تحسين الاداء وزيادة القدرات التنافسية للعمل الصغير (**Megginson et al:** 2003: 94-100)، (**الغالبي وادريس:** 2004)

*** ميزة الداخل الاول**
First Mover advantage
الخاصية التي يتميز بها العمل الصغير عند وصوله اولا للفرصة والسوق.

- في الغالب تعمل المنظمات الصغيرة على امتلاك شيء ما يميزها عن غيرها من المنظمات المنافسة، وحتى الكبيرة منها، ان امتلاك هذا الشيء المميز يعطي المنظمة الصغيرة القدرة على فرز نفسها بجدارة عن المنظمات المنافسة والمشابهة لها في امور كثيرة، هنا يتم تنظيم منظور العمل الاساسي استنادا إلى ما يتيحه عامل التمييز هذا لكي تبنى ميزة تنافسية للمنظمة الصغيرة. ويجب عدم تجاهل التحليل الموضوعي المنهجي للمنافسة في الأسواق المتواجد فيها العمل الصغير، ومرة أخرى يفترض ان يكون هذا التحليل مركز ولا يتم الاستطراد فيه للتحمل المنظمة تكاليف غير مبررة. ففي حالة اعتماد

تحليل قوى المنافسة الخمسة التي طرحها (Porter)، فإن مستوى التحليل ومداه لا يفترض ان يكون ضمن نفس الاليات والاطر الواسعة أسوة بالشركات الكبيرة (**Porter:** 1985).

- من الضروري الاشارة إلى جانب اختلاف آخر بين الاعمال الصغيرة والمنظمات الكبيرة مرتبط بتحليل التنافس (Competitive Analysis)، وهو الاساليب والوسائل المستخدمة في جمع البيانات والمعلومات عن حالة المنافسة والمنافسون. يتطلب الأمر ان تكون إدارة المنظمة الصغيرة ذكية متبصرة متحمسة وتعرف أنه ليس بالضرورة ان يكون تجميع البيانات والمعلومات مكلف. ففي جهد معقول مع ابداع في الوسائل والآليات وتفتح للبصر والبصيرة تستطيع هذه الادارة ان تجمع الكثير من البيانات والمعلومات الضرورية من خلال:

- الاطلاع على المقالات في النشرات والمجلات المتخصصة بالاعمال والتجارة.
- الاستماع والاصغاء لما يقوله المستهلكون ورجال البيع حول المنافسين.
- الاحتفاظ بملف حول أهم المنافسون، باعتبار ان قضية الرجوع إلى المعلومات والبيانات والحصول عليها في الوقت المناسب بسهولة نسبية مسألة جوهرية في العمل.
- التأسيس للقاء شهري يتم الاجتماع فيه مع الموظفين المهمين للمنظمة الصغيرة، ويتم سماع آرائهم حول المنافسون لغرض تحديث معطيات الملف السابق الذكر.
- التواصل المثمر مع المعارض واللقاءات والندوات، ان هذا يتيح لإدارة العمل الصغير التعلم كثيرا.
- يمكن شراء المنتجات المنافسة، لتحليل محتوى نوعيتها قياس لمنتج المنظمة الصغيرة وكذلك باقي ميزاتها، افترض احتواء أهم عنصر من هذه الميزات في منتج المنظمة، تدعى هذه العملية الهندسة العكسية (Reverse engineering)، وهي جزء من مراحل تكوين معايير للمقارنة المرجعية (Benchmarking).
- مراجعة التقارير التجارية المنشورة حول المنافسين، بعض منظمات الاعمال الرائدة تعمل تقارير معيارية، وهذه متاحة للجميع، كذلك ملاحظة مواقع الاعمال على شبكة الانترنت.

- ان القدرات المالية والامكانات المحدودة للاعمال الصغيرة يجعل ادارتها اكثر تحفظ في الاستفادة من الفرص المتاحة قبل التأكد اللازم من مستوى المخاطر المرتبطة بمختلف انواع الفرص. فإذا كانت المنظمات الكبيرة لديها الامكانات والقدرات على مواجهة بعض حالات الفشل لتعاود كرَّت النجاح، فإن العمل الصغير قد ينتهي وجوده جراء فشل استراتيجي واحد. هكذا تكون قيادة الاعمال الصغيرة اكثر تركيز بأن لا تقع في الاخطاء القاتلة التالية (**Hatten**: 2006:85) (**Zahra and Chaples**: 1993:7).

- سوء قراءة جاذبية الصناعة ومجال النشاط الذي تتواجد فيه، حيث يُلاحظ مثلا ان بعض الاعمال المرتبطة بالتكنولوجيا المتقدمة يتولد فيها نسبة نمو عالية ومع ذلك فإنها اقل ربحية تسويقية بسبب جذبها لاعداد كبيرة من المنافسين.

- الخطأ في تحديد ميزة تنافس حقيقية، قد يكون التقليد سبب في وضع العمل الصغير موضع اشكالية من جانب، كذلك ان يكون العمل الصغير مختلف تماما عن المنافسين مسألة صعبة وفيها مخاطرة من جانب آخر.

- متابعة ميزة تنافس غير مستدامة، يرى (**Porter**: 1991:93)، ان العمل الصغير الذي لا يديم ميزات محددة فإن المالك لهذا العمل سوف يراه كما لو كان استثمار قصير الامد بدلا من كونه منظمة مستمرة الحياة.

- تشويه الاسراتيجية بمحاولة النمو أسرع، فإذا وفق العمل الصغير لتحديد ميزة تنافس معتبرة، فلا يجوز التفريط بها للبحث بأن يكون العمل الصغير اكثر تشابها مع كبار منافسيه.

- لا تجعل من استراتيجية العمل الصغير صريحة ولا توصلها بجميع التفاصيل إلى كافة العاملين، يعني هذا الامر أن يتم كتابة الاستراتيجية بعد حوار ونقاش مع الأفراد المهمين وأن يوفر مناخ تنظيمي يشعر فيه كل فرد ان جهوده تصب لخدمة الهدف الاستراتيجي المشترك.

- الاطار الزمني للخطط في الاعمال الصغيرة يأخذ مديات أقل من تلك التي تكون عليه في المنظمات الكبيرة، فقد تكتفي المشروعات الصغيرة في خططها الاستراتيجية التركيز على مدى زمني لا يتجاوز الثلاث سنوات، في حين يمتد هذا المدى الزمني مديات اكبر في الاعمال الكبيرة. ومع هذا التركيز في الخطة الاستراتيجية للعمل الصغير فإن هذا الأمر لا يعني عدم قيام إدارة العمل بإستجلاء المنظور المستقبلي لآماد أبعد بأطار غير رسمي (**الغالبي وادريس**: 2007 :564).

ويلاحظ انه مهما اختلفت الاسس والمنطلقات الفكرية وآليات ممارسة الفكر الاستراتيجي وعمليات الادارة الاستراتيجية في الأعمال الصغيرة بالقياس إلى الشركات الكبرى، فإن الفوائد المتوخاة من ممارسة هذه المفاهيم تبدوا مهمة لكافة أنواع المنظمات ومهما كانت حجومها. يجب ان تعي ادارة العمل الصغير ان وجود رؤية (Vision) ضروري اليوم للنجاح في بيئة المنافسة، وأن يتم تجسيد هذه الرؤية بالمبررات الأساسية، والاسباب الحقيقية لوجود العمل (Mission)، وهذين المفهومين يمثلان مظلة استراتيجية تجعل من الممارسات والسياسات التنفيذية على مستوى الوظائف وكذلك الاهداف الموضوعة لها تصب باتجاه تقدم وتطور المنظمة (لاحظ الشكل (5-3)، (**Megginson et al** : 2003: 98).

شكل (3-5)

ترابط مستويات العمل في اطار مظلة استراتيجية للمنظمة الصغيرة

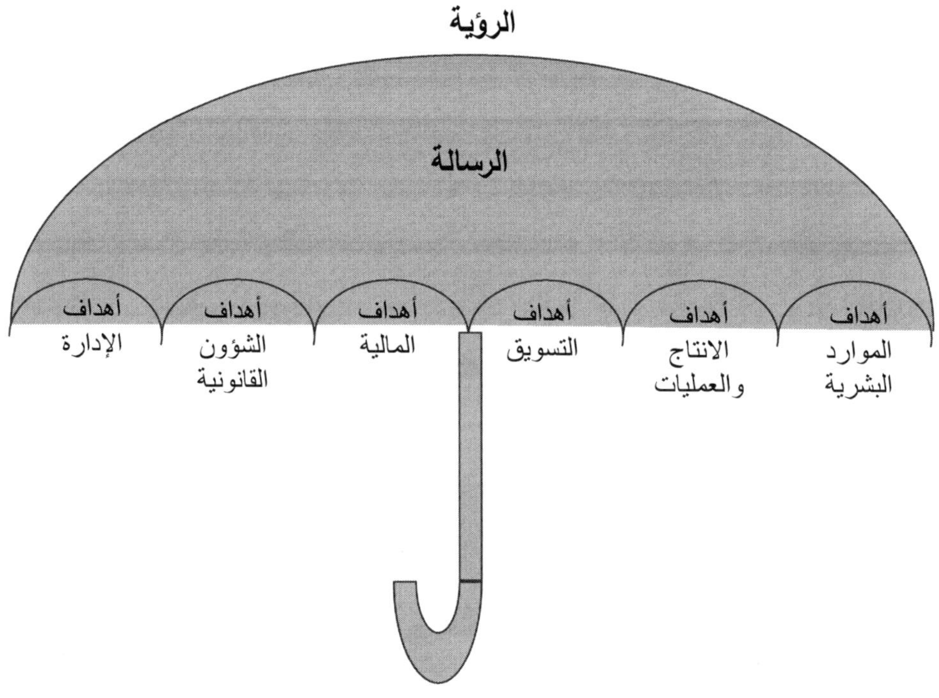

- **لماذا التردد في ممارسة التخطيط الاستراتيجي ؟**

ان منظمات الأعمال تنمو بتفاعل الزبائن معها، فازدياد الطلب على منتجات وخدمات المشروع الصغير يتطلب منه زيادة حجوم الانتاج، وتقديم الخدمات، وضبط الجودة وغيرها، ويحتاج هذا الامر إلى التخطيط الذي يساعد على تحديد الموارد اللازمة لذلك وتوفير الامكانات للنجاح في المنافسة. يجب ان يعي مدراء الاعمال الصغيرة ان النجاح لا يأتي بسهولة، وأن واحدة من مؤشرات النجاح هو تحقيق الأهداف المالية والحصول على الأرباح. اما الفشل فقد يكون بسبب عدم التخطيط، وهنا قد يحصل ان تقوم الإدارة بالعمل لفترات طويلة دون تحقيق عوائد وارباح. للخروج من حالات الفشل يفترض ان يراقب ويعي ويفهم المديرين للاعمال الصغيرة دواعي النجاح وضبط الفعاليات على نحو ينجز الاهداف.

ان الامر يحتاج من مدراء الاعمال الصغيرة التوقف عن رؤية العمل الصغير محدود في كل شيء ومقيد في كثير من الاحيان، يجب ان يفكروا انهم يديريون اعمال ناجحة بدلا من اعمال صغيرة فقط.

هكذا تتفتح البصيرة النافذة ويتم مراقبة الانشطة والنتائج من خلال عمليات تخطيط سليم، وان يكون مالك ومدير المشروع الصغير مطلع، مركز، منظم، مستمع جيد، مخطط جيد، واسع الادراك، مدرك للمخاطر وثاقب البصيرة (**Cook**: 1994:11-10). هكذا تأتي العملية التخطيطية لتعطي وثيقة مكتوبة تعبر عن العزم اتجاه ما يريد المشروع الصغير، وهي الخطة الاستراتيجية التي تجسد البصيرة والفعل لصاحب ومدير المشروع لذلك تعتبر مفتاح العملية الادارية الشاملة.

ان الخطة الاستراتيجية يجب ان تفهم بشكل صحيح وواقعي في الاعمال الصغيرة، لكونها تمت بصلة وثيقة إلى عناصر حيوية وفئات مهمة يتعامل معهم العمل الصغير مثل الزبائن، الموردون، المنافسون، الموظفون، العمليات والانشطة ومستقبل العمل برمته. هكذا يعبر عنها بكونها وسيلة واداة في تحقيق الالتزام وطريقة لجعل الاعمال ناجحة، ويتم في جميع الاحوال أبعاد المنظمة الصغيرة عن التفكير القائم على الاهواء والمزاج، والعزلة والانطواء، ولا يفترض التفكير بكون الخطة الاستراتيجية تمثل ضمان لاحراز النجاح من محاولة واحدة وإلا يتم التراجع عن العملية التخطيطية برمتها ان لم يحصل ذلك بسرعة. لذلك تستلزم الخطة التزام ومطاولة ومثابرة، وان يكون التقييم الوارد فيها موضوعي وآمين وصادق.

وإذا ما أردنا الاشارة إلى بعض جوانب التردد لدى مالكي ومديري الاعمال الصغيرة اتجاه ممارسة التخطيط الاستراتيجي فيمكن ان نذكر الآتي:

1- الاعتقاد بأن العمل الصغير ليس بحاجة إلى التخطيط الاستراتيجي، ان هذا المنظور بذاته يجسد الحاجة إلى تخطيط استراتيجي، حيث الرؤية والرسالة التي تعطي العمل الصغير دفعة باتجاه تصور ما وراء الحاضر والحالة الراهنة ويساعد على معرفة ما سيكون عليه العمل الصغير وكيفية الوصول إلى هذه الغاية.

2- التصور بأن الوقت غير متاح للقيام بالتخطيط الاستراتيجي، قد تحتاج العملية التخطيطية إلى وقت وتتطلب التزام وجهد ومثابرة، لكن الفوائد العديدة التي يحصل عليها العمل الصغير تبرر ذلك. يجب العلم بأن الامر الاهم لا يتمثل في وجود التخطيط فقط، بل عن فاعلية التخطيط للاعمال.

3- ان التخطيط الاستراتيجي صعب ومعقد جدا بالنسبة للعمل الصغير، هكذا يبدوا الأمر للغالبية من مدراء المنظمات الصغيرة، تمثل هذه الاشكالية عدم أحاطة ومعرفة بالعملية التخطيطية. من الممكن ان يستفيد من التجارب المتراكمة ويشكل صاحب العمل الصغير منهجيته الخاصة وبخطوات واضحة وغير معقدة. يجب الابتعاد عن الاعتقاد بأن التخطيط الاستراتيجي يتطلب مهارات او ذكاء يفوق حدود البشر والقدرات الفردية.

4- الاعتقاد بأن العملية التخطيطية وبالأخص الاستراتيجية منها تحتاج إلى تكاليف عالية، هنا وكما ذكرنا سابقا ما هو مستوى الشمولية والتركيز المطلوب في التخطيط للعمل الصغير؟ لا يفترض الانفاق على جمع بيانات ومعلومات وإجراء تحليل للبيئة موسع دون الاستفادة من ذلك في العملية التخطيطية (**Kaufman et al**: 2003) (**الغالبي وادريس**: 79-116: 2007). ان المطاولة في الممارسة تؤدي إلى تراكم المهارات والخبرات المفيدة التي تجعل من التخطيط ذو خصوصية للعمل الصغير.

5- الاعتقاد المتولد لدى مدراء الاعمال الصغيرة، بأن التفكير الاستراتيجي والوقت المكرس له يعتبر قد هدر ولا يتم الاستفادة منه. وقد يكون مرد هذا الاعتقاد بأن هؤلاء المدراء يمارسون الفعل بأنفسهم دائما وان التوقف ولو قليلا عن ممارسة هذا الامر يعني اضاعة للفرص والانجاز. ان واقع الممارسات يشير عن التفكير ضروري في مستقبل العمل ويجب ان تكرس له جهود مناسبة باعتباره مصدر النجاح والاداء العالي.

6- التصور بأن الخطة الاستراتيجية تقيد حرية المدير في الفعل والمبادرة، ورغم ان وضع الخطة يتوجب على المديرين عمل خيار من بين خيارات ومسالك وسبل عديدة، لكن العملية التخطيطية ليست مجرد حادثة مقطوعة وانما عملية مستمرة، هذا يعني اذا تغيرت الظروف يتطلب اعادة التقييم. هكذا يجب ان تفهم العملية التخطيطية كما يقول (**De Madariage**: 1968)، ومنذ زمن بعيد، بأنها تزيد من حرية المدير ومبادرته.

7- وهم الاعتقاد بأن الخطة تقلل المسؤولية، وهذه متأتية من كون المديرين يتصورون أنهم مسؤولون عما ورد في الخطة فقط وليس بما يجري خارج اطارها. وهنا ايضا ينظر للخطة بمنظور كلاسيكي وكأنها قانون ملزم لا يمكن الخروج عنه أو تغيير اتجاهاته. يذكر بعض الباحثين (**Gooderham**: 1998: 23)، (**Bean**: 1993: 25-30) (**الغالبي وادريس**: 2007:118-119) مجموعة من أوهام تساهم في جعل التردد يسود لدى بعض المديرين حول العملية التخطيطية، وأغلب هذه الاوهام نابع من قصور في فهم صحيح للعملية التخطيطية.

8- الخوف من الخطأ والمخاطر التي تنطوي عليها عمليات التخطيط الاستراتيجي. ان هذا الأمر يعالج بالحساب الدقيق والنزول بالمخاطر إلى ادنى مستوياتها، وفي كل الاحوال فإن حالات المخاطرة ترافق عمليات التوسع والنمو لكن استخدام الاسلوب العلمي يجعلها في أدنى المستويات.

هكذا يفترض ازالة المخاوف غير الواقعية من عمليات التخطيط الاستراتيجي والاعتقادات غير الصحيحية حول العملية لدى المديرين في الاعمال الصغيرة. وبهذا تصبح العملية التخطيطية مستمرة (Rolling Planning) وتؤدي إلى النجاح الدائم والمستمر من خلال فوائدها العديدة.

صياغة الاستراتيجية في الاعمال الصغيرة

Strategy Formulation in Small business

إذا كانت الإدارة الاستراتيجية تمثل عمليات فكرية ادارية منهجية وشاملة موجهة لصياغة استراتيجية فعالة وتنفيذها لتحقيق الأهداف الاستراتيجية المؤدية إلى اقتراب المنظمة من رسالتها والاتجاه نحو الرؤية الموضوعة لها، فإن هذا الدور المحوري المهم يجب ان تضطلع به الادارة العليا للمنظمة الصغيرة. ويتطلب الأمر من هذه الإدارة ان تجد الصيغة التنظيمية الملائمة والقادرة على تنفيذ الاستراتيجية المعتمدة موضع تنفيذ فعال. ورغم تعدد النماذج التي في اطارها تصاغ استراتيجية المنظمة، إلا ان هناك ما يمكن اعتباره نموذج عام لصياغة الاستراتيجية في الاعمال الصغيرة، وأن هذه الصياغة يمثل التحليل نقطة الانطلاق المركزية فيها.

* النموذج العام لصياغة الاستراتيجية

General Model for strategy formulation

> *** الاستراتيجية**
>
> **Strategy**
>
> خطة شاملة توجه عمليات تخصيص الموارد لتحقيق اهداف المنظمة الرئيسية بعيدة الامد.

اذا اعتبرنا ان الاستراتيجية (Strategy) خطة شاملة ومتكاملة توجه عمليات تخصيص الموارد لانجاز أهداف المنظمة الرئيسية (Goals) بعيد الامد، فإن هذه الخطة تحتاج عناية واهتمام وتركيز خاص من قبل الادارة العليا. ان كون الاستراتيجية تحدد وجهة المشروع الصغير لتحقيق أهدافه وانجاز رسالته والتقدم باتجاه رؤيته، فإنها أي الاستراتيجية تعبر في جانب منها عن النوايا التي تحدد مستقبل المشروع للامد البعيد (**Armstrong**:2003:15). هكذا تأتي العملية التخطيطية لتطور نظره موحدة ومنسقة ومتناغمة للطريق الذي ترغب المنظمة ان تسلكه للوصول إلى الاهداف الاستراتيجية، وهنا فإن هذه العملية التخطيطية تسهل تكيف المنظمة مع التغيرات البيئة المحيطة بها. من هنا فإن النموذج العام لوضع استراتيجية المنظمة الصغيرة والتي تتواجد في المنافسة والاسواق يأتي للاجابة على ثلاثة أسئلة جوهرية وهي:

(1) اين يمكن ان تذهب المنظمة؟ بمعنى ما هي الفرص المتاحة في البيئة الخارجية وما هي القيود والمحددات التي تفرضها متغيرات البيئة على واقع عمل المنظمة والاستفادة من الفرص المتاحة.

(2) إلى أين تستطيع ان تذهب المنظمة؟ وهذه تحددها مواطن القوة وجوانب الضعف في الوضع الداخلي للمنظمة.

(3) أين ترغب ان تذهب المنظمة؟ والرغبة هنا يحددها القيم والتطلعات والروح الريادية لدى مدراء ومالكي المنظمة الصغيرة.

ان تلاقي تناغم الاجابات على الأسئلة السابقة يمثل توافق وانسجام للاستراتيجية الناتجة من تحليل البيئة الخارجية (فرص - تهديدات) والوضع الداخلي (قوة - ضعف)، ورغبات وقيم اصحاب القرار المهمين في المنظمة. ومن خلال هذا التوافق والانسجام تتأتى الاجابة على سؤال (4) إلى أين ستذهب المنظمة فعلا؟ ويعرض الشكل (5-4) النموذج العام لصياغة الاستراتيجية.

شكل (5-4)

النموذج العام لصياغة الاستراتيجية في الاعمال الصغيرة

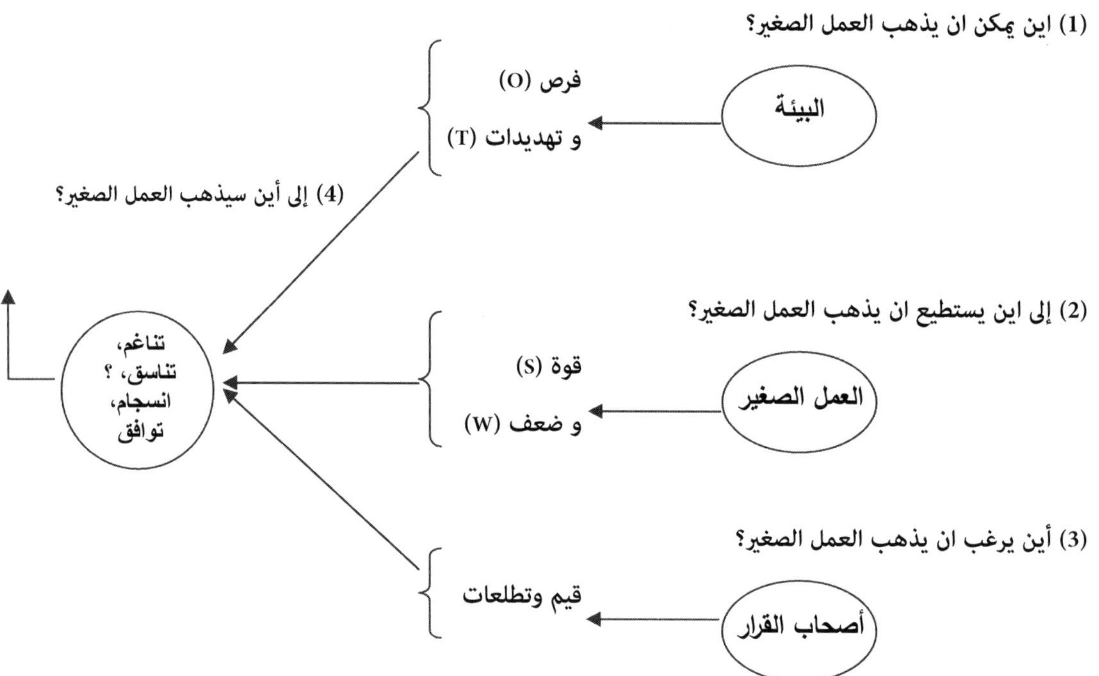

ومن الضروري الاشارة هنا إلى ان هذا النموذج العام يمكن ان يحور وفق الاحتياج الفعلي لمتطلبات عمل المنظمة الصغيرة. فبعض المنظمات تجد ضرورة الاهتمام الجدي بتفاصيل اكبر في عمليات تحليل البيئة الخارجية، في حين تكتفي الاعمال العائلية بتركيز على البعض من المتغيرات المهمة المرتبطة بها. وفي الاعمال المتواجد منذ زمن ولديها توجه استراتيجي في الغالب لا يتغير هذا التوجه الاستراتيجي اذا كان التناغم الناتج من التحليل مقبول ويمكن ان تجري عليه تحويرات طفيفة، أما إذا كان هذا التناغم والتناسق غير مقبول هنا يفترض ان تصاغ استراتيجية جديدة للعمل الصغير.

ورغم ان النموذج العام لصياغة الاستراتيجية يبدو فيه الاهتمام بشكل متوازن بالبيئة الخارجية والوضع الداخلي للمنظمة، إلا ان هناك من يطرح ضرورة البدء بالتحليل البيئي الخارجي اولا (Outside-in Analysis) لعرض وتحديد الفرص المهمة في بيئة المنظمة، ثم اجراء التحليل الداخلي.

في حين ينطلق رأي آخر معاكس ويرى ضرورة البدء في التحليل من الوضع الداخلي للعمل الصغير ثم تحليل البيئة الخارجية (Inside – Out Analysis) (**Longenecker et al**: 2006: 52-57) .

وفي جميع الأحوال فإن هذا التحليل والمعرف باسم (SWOT analysis) يتم اجراء توليفة مناسبة له لغرض الوصول إلى الخيار الاستراتيجي المنسجم مع رغبات وتطلعات الادارة، وهو بهذا المعنى يعطي اللون والنكهة الخاصة بالخيار المعتمد (**Manning** :) 2001: 17).

ان منظمات الاعمال الصغيرة يفترض ان تكون مركزة وواعية لطبيعة العناصر الاساسية في عملية التخطيط الاستراتيجي، حيث الإدراك لاهمية الاسواق وما فيها من منافسون وزبائن وموردون، وكذلك معرفة واقعية ودقيقة للامكانات سواء كانت مالية او غير مالية. ويبقى العنصر الثالث والمهم وهو الموارد البشرية في المشروع الصغير وامكانية تحفيزها لتعمل بجد ومثابرة لتؤدي افضل ما يمكن لنقل المشروع إلى وضع تنافسي افضل ويستطيع ان يحقق الاهداف التي اعتمدها (**المنصور وجواد**: 2000 : 58).

ويجب ان نشير هنا إلى ان نقطة البدء الاساسية لصياغة استراتيجية المنظمة تبدأ دائما بالتحليل كنقطة انطلاق للوصول إلى القرار كخيار مناسب للعمل.

* التحليل، نقطة الانطلاق للقرار Analysis, Starting for decision

بشكل عام تفضل الاعمال الصغيرة الصيغ العملية الواضحة والمبسطة لتطوير القرار الاستراتيجي وصياغة الاستراتيجية ومن ثم تنفيذ هذا القرار لتحقيق الاهداف المهمة. وإذا أخذنا في الاعتبار النموذج العام لصياغة الاستراتيجية فإن التفصيل اللازم لمراحل هذا النموذج يمكن أن تأخذ الصيغة المعروضة في الشكل (5-5).

الشكل (5-5)

اطار التحليل اللازم لصياغة استراتيجية المنظمة الصغيرة

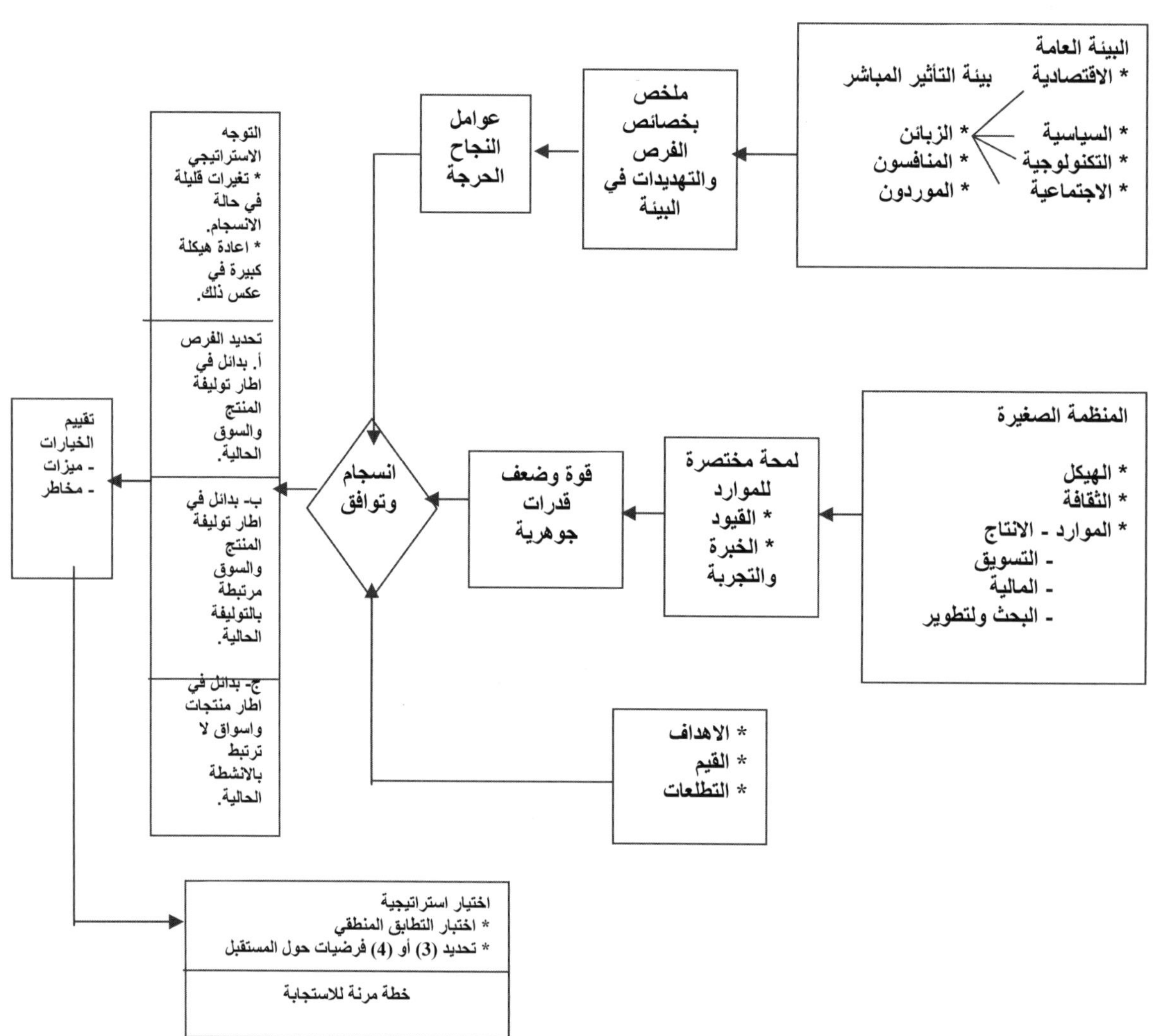

في اغلب الاحوال تكتفي منظمات الاعمال الصغيرة بمستوى من التحليل المنهجي المنظم والمركز دون الاستطراد في تجميع معطيات ومعلومات ليست بذات أهمية وتربك عمليات التحليل وتطوير القرار. ومن الضروري ان تعرف الادارة العليا التوجهات العامة من خلال متابعة معقولة لما يجري على المستوى الاقتصادي والتكنولوجي والسياسي والاجتماعي وكيفية انعكاس هذه التوجهات على المتغيرات المهمة في بيئة عملها المباشرة من زبائن ومنافسون وموردون وغيرهم، ان مجمل هذه الجوانب تساعد في تقديم ملخص مفيد لخصائص الفرص المتاحة والقيود والتهديدات في بيئة المنظمة، وبعد ان يتم هذا الأمر تستطيع الادارة من تحديد عدد قليل جدا من عوامل النجاح الحرجة (Critical Success factors).

> *** عوامل النجاح الحرجة**
> **Critical success factors**
> عوامل تؤثر بشكل كبير على القرارات باعتبارها تتحكم بالموقع التنافسي للمنظمة داخل الصناعة

وهذه العوامل تمثل مؤثرات كبيرة جداً على القرارات المتخذة من قبل ادارة العمل الصغير باعتبارها عوامل تتحكم بالموقع التنافسي للعمل داخل الصناعة التي يتواجد فيها (**Hofer and Schendel**: 1978:77). يحاول العمل الصغير ان يكون قويا في المجالات التي تعكسها عوامل النجاح الحرجة، هنا يتم اثارة السؤال المركزي المهم جدا ، ما هي المتطلبات الاساسية للنجاح داخل هذه الصناعة؟ بماذا نتميز نحن كعمل صغير في اطار هذه المتطلبات؟ .

أما في اطار تحليل الوضع الداخلي للمنظمة الصغيرة، هنا يفترض بالإدارة ان تكون متابعة بشكل صحيح لتطور قدرات العمل وما يمثل جوانب قوة في هذه الموارد والامكانات. فالهيكل التنظيمي والثقافة والموارد بجميع اشكالها يجب ان تعرض لتعطي لمحة مختصرة لجوانب الخبرة والتجربة المتراكمة والقيود المحتملة فيها. وإذا ما تم عرض نقاط القوة والضعف فيجب ايضا تحديد القدرات الجوهرية، والتي اذا ما أتت منسجمة مع المتطلبات المعززة لعوامل النجاح الحرجة كان وضع المنظمة الصغيرة جيداً.

> *** الخيار الاستراتيجي**
> **Strategic choice**
> بديل تعتمد من قبل المنظمة الصغيرة وتجد انه يحقق أهدافها الاستراتيجية وفق أي نمط أو اسلوب تصاغ وفقه الاستراتيجية

ومن الطبيعي ان الخيارات الاستراتيجية التي تطور وفق منهج تحليل متكامل تتيح عرض موضوعي ثم تقييم لهذه الخيارات في اطار الميزات والمخاطر المرتبطة بكل واحد منها. هنا يكون الخيار الاستراتيجي (Strategic choice) المعتمد في النهاية قد تأثر أيضا برغبات وقيم وتطلعات المديرين والمالكين للعمل الصغير.

- **تحليل البيئة** **Environment Analysis**

لا يتطلب الامر هنا تكرار ما ذكر من ضرورة لإجراء تحليل لابعاد البيئة الخارجية سواء على المستوى الكلي الشامل أو على المستوى الجزئي. ان ما نود الإشارة إليه باختصار هو ضرورة اجراء ترابط في التحليل وان يؤدي إلى فرز العوامل التي لها تأثير على الطلب للمنتجات والخدمات التي تقدمها المنظمة الصغيرة، وكذلك على العرض. كذلك معرفة المؤثرون الرئيسيون واللذين لهم دور في القطاع الذي تتواجد فيه المنظمة الصغيرة، ان هذه الجوانب المهمة تسمح بتناول الفرص التي تعرض داخل القطاع وكذلك التهديدات لاحظ الشكل (5-6).

شكل (5-6)

تحليل البيئة، دراسة القطاع الذي تتواجد فيه المنظمة الصغيرة أو تريد الذهاب إليه

* يعطي هذا الشكل قائمة بالعوامل التي يفترض ان تدرس بعناية بهدف أخذ فكرة حول الفرص والتهديدات أو الظروف وتطور القطاع المعني بالدراسة

(1) الطلب

- **طبيعة الطلب (نمط المستخدمين، من هم، لماذا الاستخدام، لأي الحاجات، لأي استخدام، إذا كانت منتجات صناعية هل طالبيها هم مستخدمون نهائيون لها.**
- **استقرار الطلب، دورة حياة المنتج، البدائل، التغييرات المجتمعية (الاجتماعية، الديموغرافية، التكنولوجية وأساليب الحياة).**
- **الوسائل والقدرات للدفع، هل تتبع الدورة الاقتصادية، الانشطة الصناعية، هل يمكن دعم بعض الزبائن بائتمان مناسب.**
- **المنظورات لاستخدامات جديدة، أسواق جديدة، منتجات جديدة.**

(2) العرض

- **قدرات المنظمة، الوقت والتكاليف الضرورية للتوسع، الميل للقدرات الطارئة**
- **منظورات للتغييرات التكنولوجية (خفض الكلف، تغيير المواد الاولية، الموارد والتجهيزات المستخدمة، الحماية ببراءة الاختراع.**
- **كلفة الايدي العاملة، هل تتوفر أيدي عاملة مناسبة؟ تركيبة وتطور الرواتب والاجور، تأثير طلبات النقابات.**
- **كلف المواد الاولية، الاتجاهات، الاستقرار، ميزان القوة بالقياس للموردين.**
- **كلف أخرى، الضرائب، المصاريف المالية، الاتجاهات.**

(3) الاستنتاجات

- **الاداء في الصناعة، النمو بالحجم، الربحية الشاملة ولكل جزء.**
- **الفرص والتهديدات، اجزاء واقسام جديدة. المنتجات البديلة.**
- **عوامل النجاح الحرجة، ماذا نعمل لغرض النجاح؟**

قد تنحى ادارات بعض الاعمال الصغيرة باتجاه جعل هذا التحليل للبيئة الخارجية محدود في القضايا الرئيسية ولا داعي للتوسع فيه. هكذا تعمل العديد من الاعمال الصغيرة المتواجدة في أقليم معين في فرنسا وكذلك المانيا وايطاليا ان تؤمن علاقات طيبة مع مراكز البحوث والدراسات في جامعات المنطقة لكي تقدم لها نتائج الابحاث والدراسات حول اتجاهات العرض والطلب في سوق الاقليم او على الصعيد الوطني بشكل مؤشرات مفيدة (**De Woot and Heyvaert**: 1979: 509-530)، (**Weil**: 1980:151) وبذلك هناك تعايش ايجابي بين كافة الاطراف ومما يؤدي إلى الارتقاء بمصالح الجميع. ان الامر يتجسد في فرز عدد محدود ومهم جدا من الفرص والتهديدات في البيئة الخارجية لاحظ الشكل (5-8).

- **تحليل المنظمة الصغيرة Small Business Analysis**

القليل من الاعمال المتوسطة بشكل عام والصغيرة على وجه الخصوص من يستطيع ان يذهب أبعد من مجرد الوصف لحالته الراهنة في السوق وحالة المنافسة التي يتواجد فيها. ان المهم في التحليل لوضع المنظمة الداخلي هو الحالة النسبية لوضعها بالقياس للمنافسة ومن خلال مؤشرات ومعطيات صحيحة ودقيقة. ان عمليات التحليل لوضع المنظمة لا يعني القول أن المنظمة سوف تعمل كذا وكذا، ولكن يفترض التركيز على كيف تعمل المنظمة هذا الأمر قياسا للمنافسين الآخرين في الصناعة؟ أين يكمن وجه الاختلاف والتمييز الذي يستشعره الزبائن على حقيقته؟ كيف هو حال المنظمة الصغيرة بالقياس إلى الأربع او الخمس عوامل الضرورية للنجاح؟ هل يملك المشروع الصغير هذه العوامل؟ في اطار كل عامل من هذه العوامل هل المشروع الصغير افضل من المنافسين الآخرين؟ ان مجمل هذه الجوانب تعطي تحليل مركز وواقعي لوضع المنظمة الصغيرة، وكما يعرض ذلك الشكل (5-7).

الشكل (5-7)

تحليل المنظمة الصغيرة / تحديد جوانب القوة والضعف هنا حيث مكمن القدرات الجوهرية

(1) وضع المنظمة في قبالة زبائنها في السوق او الاسواق المتواجدة فيها.

- **ما هو وضعها؟ حصة السوق في الصناعة وبالقياس للمنافسين في كل جزء من السوق.**
- **كيف يتموضع كل منتج؟ النوعية النسبية، التقدم التقني، التفرد، الاسلوب.**
- **السمعة في الاسواق الرئيسية، ولكل قطاع، ولكل منطقة، ولاء الزبائن، درجة تمركز العملاء.**
- **درجة التكامل مع قنوات التوزيع، الجودة، الولاء، الخدمات المقدمة بعد البيع.**
- **كلفة التوزيع النسبية، كلف التسويق.**

(2) وضع المنظمة في مواجهة الموردين والموارد

- **الأصول إلى المواد الاولية، المكان، تكرار الخدمة، موردون رئيسيون.**
- **الأيدي العاملة، تواجدها، توفرها، القابليات والاستعداد، علاقات مع نقابات العمال.**
- **الكفاءة النسبية لوسائل الانتاج، القدرات والطاقة، مرونة التجهيزات، المنتجات الجديدة، السيطرة على الكلف**
- **القوة النسبية للبحث والتطوير، الطرق والاساليب الجديدة، المنتجات المطورة والجديدة، الحماية.**
- **الكلف النسبية للانتاج والمشتريات.**

(3) الاعتبارات التنافسية

- **القوة المالية، الخزانة، القدرة على المديونية، موارد جديدة ممكنة.**
- **خصائص الادارة، المناخ التنظيمي، التطلعات، المواهب، التكنيك الاداري المستخدم.**

(4) الاستنتاجات

- **قوة وضعف نسبي للمنظمة، التسويق، الانتاج، المالية، البحث والتطوير، الادارة.**
- **القدرات الجوهرية، لماذا يأتي الزبائن للمنظمة الصغيرة هذه وليس للمنافسين لها؟**

ان مجمل جوانب التحليل هذه يفترض ان تكون منهجية ومنظمة، بمعنى أن المشروع الصغير المتواجد في الأسواق قد هيأ الوضع باستمرار ويأتي دور تحديث لهذه الجوانب وفق اعتبارات التطور الحاصلة في نشاط المنظمة الصغيرة. وقد تتجسد التحليلات الدقيقة بفرز مجموعة من جوانب القوة والضعف في المشروع الصغير وكما يعرض الشكل (5-8) أمثلة لذلك.

شكل (5-8)

أمثلة على عوامل تحليل SWOT

	العوامل الايجابية	**العوامل السلبية**
العوامل الخارجية	**الفرص Opportunities**	**تهديدات Threats**
	• اقتصاد مزدهر • منتج جديد أو سوق جديد • نمو محتمل وكامن في السوق الحالية • تكنولوجيا واعدة. • ازدياد قدرة تجزءة السوق • منافسة في صالح المنظمة	• منافسون جدد • اتجاه البيع لصالح المنتجات البديلة. • تباطئ نمو السوق. • تزايد تدخل الحكومة وقواعدها المنظمة. • تغييرات في تفضيلات الاستهلاك. • نقص ملحوظ في الموارد.
تحليل SWOT		
العوامل الداخلية	**القوة Strengths**	**الضعف Weaknesses**
	• قابليات جوهرية مهمة • امكانات مالية عالية • تخطيط استراتيجي ممتاز • قدرات ابداع • قوة عمل ماهرة وخبيرة • شهرة وسمعة ممتازة	• موارد مالية غير مناسبة • ضعف عمليات التخطيط الاستراتيجي • مشاكل توزيع. • تكنولوجيا متقادمة. • مهارات تسويقية غير مناسبة • سمعة سلبية في السوق

- **الأخذ في الاعتبار تطلعات وقيم المديرين**

Managers Values and Attitued Estimation

قد يبدو للبعض ان الاعمال الصغيرة لا يوجد فيها اعداد كبيرة من المديرين، وان هذا الأمر يجعل أهمية الاخذ في الاعتبار قيم وتطلعات هؤلاء أمرا غير مهم لكون العدد محدود وربما يصل إلى اربعة أو خمسة افراد مهمين فقط مالكين ومديرين للعمل. ان واقع الحال يشير إلى عكس ذلك تماما. فمثلا وجد من خلال إجابات معينة لاعمال ريادية، كانت ناجحة، بعد فشلها ان السبب الرئيسي في هذا الفشل قيم معينة يحملها الريادي صاحب

العمل جعلته لا يقدر عواقب الفشل المحتملة من جراء التمسك غير المبرر لهذه السلوكيات. عندما سأل صاحب عمل لتجهيز مستلزمات وقطع غيار السيارات، والذي يتعامل مع الكراجات (garages) بشكل مباشر ليحصل على (75%) من العائد من خلال هذا الجزء من العمل، وان ال (25%) الاخرى تأتي من التعامل مع باقي الفئات، سأل لماذا تركت التعامل مع الكراجات وتنوعت إلى أجزاء أخرى ليست على مستوى كافي من الطلب؟ أجاب ببساطة لا أحب التعامل مع اصحاب الكراجات. هكذا كان الفشل مدويا بسبب قيم وسلوكيات وتطلعات يحملها المدير ليحشر العمل النجاح في اطارها ويقود بعضها إلى الفشل. كذلك مشروع صغير للنقل يحتفظ منذ سنوات عديدة بنشاط مقبول وارباح جيدة ورقم مبيعات يتزايد بمعقولية، واجه منافس عنيد دخل السوق مجددا جعل من المشروع الصغير في موقف ضعيف. لم يغير مدراء المشروع أي شيء وعند سؤالهم عن ذلك قالوا سوف نستمر نقدم خدمة النقل لزبائننا بنفس الطريقة والنوعية. فهل يعني هذا أنهم لا يهدفون العقلانية والرشد، كلا ولكن ببساطة يمثل سلوكهم تطلعات محافظة تتماشى مع ذوقهم الشخصي (**Martin**: 1993)، (**الغالبي ونعوم**: 2005). هكذا يفترض العناية بمعرفة قيم وتطلعات الافراد المهمين لجعلها اكثر انسجاما وقبولا لنوع الخيار الاستراتيجي المعتمد. قد يتطلب الأمر مزيد من الحوار والنقاش والتفاهم على القضايا الجوهرية لكي يكون هؤلاء الأفراد متحمسون وراغبون في بذل مزيد من الجهد المطلوب للنجاح في بيئات اصبحت اليوم تتصف بالابداع والتجديد المستمر.

وبعد ان يتم أجراء هذا التحليل بأبعاده الثلاث (البيئة، المنظمة الصغيرة، تطلعات وقيم المديرين) يصار إلى معرفة التطابق والانسجام لتقرير الاستراتيجية التي سوف تعتمد من المنظمة الصغيرة، فقد تستمر المنظمة بنفس التوجهات السابقة مع أجراء تعديلات طفيفة اذا كان الانسجام عالي والوضع مرضي، او يتم تغير التوجه الاستراتيجي بشكل كبير عند حصول تغير في عوامل النجاح الحرجة المطلوبة لاستمرار المنظمة وتطورها. وفي الأعمال الصغيرة يكون للابداع والريادة أهمية كبيرة لذلك تحاول الإدارة ان تجري تغييرات تستجيب لها هذه الاعمال التي تتصف بالمرونة والتكيف العالي، هكذا تكون المظلة الاستراتيجية مغطية لمفردات النشاط المهمة (**الخفاجي:** 2005 : 172).

* تحديد الاستراتيجية Strategy determination

يمكن ذكر الخطوات التي يمكن المرور بها لغرض صياغة الاستراتيجية في المنظمة الصغيرة كالاتي:

1- تقييم وضع المنظمة في بيئتها ولماذا يكون الوضع هكذا.

2- تشكيل الاهداف الاولية للاداء من تتابع زمني ترى ادارة المنظمة أنه مناسب مثلا من 5 سنوات إلى 3 سنوات إلى سنة واحدة. وهذا الأمر يتأثر بالتكنولوجيا ووضع المنظمة داخل الصناعة.

3- إذا كانت عوامل النجاح الحرجة، والاهداف والقيم وجوانب قوة وضعف المنظمة بانسجام وتوافق يتم تطوير الخيارات التكتيكية لغرض زيادة الحصة السوقية في كل منتج/ سوق حالي (هذا يعني تغير طفيف).

4- تقييم الاحتياج للاموال المناسبة لهذه التغيرات الطفيفة، امكانية زيادة الانتاجية، تأسيس سياسة بيع، انتاج، الموارد البشرية، البحث... الخ، لغرض تحقيق وانجاز هذا النمو.

5- تحديد ما اذا كان هناك فجوة بين الأهداف الاولية والفرص التي تعرض امام المنظمة (وحتى إذا لم توجد فجوة يتم دراسة الخطوات التالية).

6- تقييم الفرص الكامنة في كل المنتجات / الاسواق مرتبطة بالموارد والقدرات الحالية، تحدد الادارة الميزات والمخاطرة في الوضع الراهن.

7- تقييم القدرات الكامنة في المنظمة للمنتجات/ الاسواق غير المرتبطة بالموارد الحالية، تأسيس مدخل للحصول على الموارد والقدرات الضرورية. تحدد الإدارة الميزات والمخاطرة في الوضع الراهن.

8- تعمل الادارة ملخص لهذا التحليل وتعرض سلسلة أهداف، هنا تحدد استراتيجية وسياسات للمدى الزمني المختار.

9- تكوين خطة مرنة يمكن مواجهة الاحداث غير المتنبئ بها من خلالها وفق قاعدة "ماذا نعمل لو...؟" للعناصر الاساسية للستراتيجية المعتمدة وكذلك للافتراضات الرئيسية القائمة والداعمة لها.

10- يتم وضع مجمل هذه الجوانب في التنفيذ (الهيكل، الرقابة، اجندة الوقت، اختيار نظام التحفيز).

11- اعادة نظر وفحص للاهداف والاستراتيجية كلما كان هذا الأمر ضروري.

وفي اطار هذه الخطوات المترابطة يمكن ان يظهر أمام إدارة المنظمة الصغيرة اتجاهين رئيسيين. فقد تكون المكونات الثلاثة (عوامل النجاح الحرجة، القدرات، القيم والاهداف والتطلعات) في واقع انسجام وتوافق هنا يمكن ان يحدث تغييرات وتحويرات طفيفة على التوجهات الاستراتيجية المعتمدة. أو قد تكون القدرات للمنظمة الصغيرة لا تتوافق بالكامل مع عوامل النجاح الحرجة، أو تطلعات المديرين قد تغيرت، في هذه الحالة يجري تنقيح كبير على الاستراتيجية وهذا يشكل ضرورة للمنظمة لغرض استمرارها ونجاحها (**Banks et Wheelwright**: 1979: 44-53) .

- **مكونات الاستراتيجية Strategy Components**

ان تحديد الاستراتيجية يعني تعريف وتوضيح التوجهات الكبرى للمنظمة الصغيرة للمستقبل. ويبدو عدم وجود الكثير من الاعمال الصغيرة التي تكتب وتخط تصريحاتها ورغباتها وتوجهاتها الاساسية لكي يمكن الاطلاع عليها رسميا. فهذا الامر يتطلب عملية تخطيطية صريحة متطورة بما فيه الكفاية لكي توضع هذه الجوانب موضع اعداد رسمي منظم ومنشور يمكن الاطلاع عليه ولو بعد حين كتجربة تاريخية لهذه الاعمال، رغم ان واقع الحال يشير إلى ان مثل هذه الاجراءات محبذة ومفيدة حتى للاعمال الصغيرة واينما تواجدت. هنا على الاقل يتم تعريف وتوضيح العناصر الرئيسية المكونة للاستراتيجية، ومن خلال هذه العمليات

يتم مساعدة المديرين على تناول جيد للمكونات وتنظيم الافكار. ويصبح بالتالي اكثر سهولة تركيز الجهود المرتبطة بالتحويرات والتغيير على هذه العناصر والتي يمكن عرضها عملياً للمنظمة الصغيرة كالاتي:

1- الرسالة 2- المنتجات / الاسواق 3- نمط التطور

4- القدرات الجوهرية 5- التآزر المستغل 6- الوسائل الاساسية

1- **الرسالة:** هي العنصر الأول والاساسي والذي يفترض ان يحدد للمنظمة الصغيرة. وتجيب على اسئلة مهمة من قبيل نوع المنظمة الصغيرة التي نرغب بها، وفي أي انشطة ومجالات يكون موقعها؟ ويبدو ان تحديد الرسالة ضروري لغرض توسيع وكذلك تضييق مجال النشاط او الانشطة التي يريد المشروع الذهاب إليها. التوسيع يسمح للنظر في اتجاهات جديدة لم يأخذها العمل الصغير لحد الان في الاعتبار، اما التضييق والتحديد فإنه يساعد على عدم التشتت والبعثرة او الاعتقاد والتصديق باستخدام قدرات العمل الصغير في مجالات لا تكون له فيها قدرات تنافسية. فقد تتحول رسالة منظمة صغيرة من "نقل المسافرين بكفاءة مسافات قصيرة داخل العاصمة" إلى "تقديم خدمات النقل المتكاملة في البلد" وقد تكون هذه الاخيرة غير ممكنة لذلك تحدد بالعنصر الثاني من الاستراتيجية هو مزيج المنتجات/ الاسواق. كلما كان المشروع صغير اكثر صغراً يكون من الملائم تحديد رسالته بدقة وضيق اكبر ويصل إلى حد توضيح مجال ضيق متخصص في السوق الذي يتعامل معه (**الغالبي وادريس**: 2007 : 196-197)، (**David**: 2001: 60-63).

2- **المنتجات/ الاسواق**، من الضروري في هذا العنصر، وخاصة للمنظمة الصغيرة، تحديد جيد ودقيق لجزء السوق (Segment) المستهدف مهما كانت الخصائص التي على اساسها تم تقطيع السوق، ديموغرافية، سايكولوجية، جغرافية أو سلوكية. تخطأ العديد من الاعمال الصغيرة، عندما يتم التقطيع للسوق وخدمة الزبائن وتحديد نوع المنتج على أسس عمومية لا يستشعرها الزبون. منظمة صغيرة بدءت بالعمل على اساس كونها شركة توصية بسيطة محدودة (L.L.P)، لانتاج وبيع العصير الطازج مركزه على قوة محركة هي نوع المنتج وسلم الاسعار. لقد قدمت الحجة التالية للتحديد المنتجات/ الاسواق، يوجد في البلد من بين كل (100) علبة عصير فاكهة تستهلك (90) منها تمثل منتج عصير عادي يقدم لمستهلكين متوسطي الدخل. هكذا فإن المنتج يوجه بالاساس إلى مستهلكين عاديين متوسطي الدخول. وهنا يمكن القول الا توجد طريقة للتفكير بشكل مختلف عن هذا الوضع وبالتالي تحديد اكثر دقة ومحدودية لمنظمة صغيرة تبدأ هكذا بعمومية غير مضمونة العواقب. ان واقع الحال يشير عند أخذ عينة من المستهلكين ان تجرءه السوق يكون اكثر تأكيد بتحقيق أهداف تمثل صورة ذهنية متخصصة محددة، وبالتالي فإن الفئات المخدومة تعي ذلك جيدا.

3- **نمط التطور**، العنصر او المكون الثالث للاستراتيجية الذي يجب الوقوف عنده وتحديده هو نمط التطور الذي يرغب العمل الصغير تحقيقه. من الضروري الاشارة هنا كون طبيعة الموارد اللازمة تمثل السلاح الذي يعتمد عليه بشكل جلي، ويختلف وفق الاتجاه لاعتماد نمط أو آخر للتطور. يتم في الاعمال الصغيرة

أجزاء موازنة للمخاطر المحتملة لانماط التطور هذه، وان عدم التطور قد يحمل في طياته وضع جميع ما نملك في قطاع واحد وهذه قد تكون مخاطرة عالية. ويمكن ان تأخذ انماط التطور في المنظمة الصغيرة الصيغ المذكورة في الشكل (5-9).

شكل (5-9)

نمط التطور في الاعمال الصغيرة

		نفس مجاميع الزبائن الحالية		مجاميع زبائن جدد	
		نفس الاحتياج	لاحتياج جديد	نفس الاحتياج	لاحتياج جديد
نفس التكنولوجيا الحالية	نفس قناة التوزيع	1	2	3	4
	قناة توزيع جديدة	5	6	7	8
تكنولوجيا جديدة	نفس قناة التوزيع	9	10	11	12
	قناة توزيع جديدة	13	14	15	16

ولا يكفي وضع الرسالة، وتحديد المنتجات/ الاسواق ونمط التطور لتشكيل استراتيجية المنظمة الصغيرة، بل ان الامر يحتاج إلى معرفة القوى الموجهة للعمل والتي تشكل قاعدة التنافس الرئيسية له (**Trego and Zimmerman**: 1980:11).

4- **القدرات الجوهرية**، لا يفترض ان يتحدد العمل الصغير في نشاطه على القدرات الحالية فقط، ولكن من الضروري ان يمتد الامر إلى تلك التي يطورها. ورغم ان المنظمة الصغيرة تركز جهودها على مواردها الحالية لكنها يجب ان تعي وتعرف جيدا هذه الموارد والتي تشكل الموجودات غير الملموسة جانب مهم منها.

هكذا اصبحت المعرفة (Knowledge) منهج لحالة الاستمرارية والديمومة المتجددة التي تعطي المنظمات قدرات اضافية مهمة (**الغالبي، وجلميران**: 22:21:2005)، (**القريوتي**: 2004: 23-28).

وفي حقيقة الأمر فإن القدرات الجوهرية تمثل مهارات تنظيمية ومعرفية تتجاوز مجرد الجوانب الفنية والتكنولوجية المستخدمة. انها تحوي الممارسات الثقافية والاسلوب العام للمنظمة وكذلك سلوكيات الأفراد اتجاه مختلف المواقع والمواقف المهمة.

5- **التآزر (التماسك) المستغل**، لغرض تحقيق وانجاز أهداف النمو، اغلب الاعمال تبحث عن التنويع في انشطتها. أحد الاعمال الصغيرة المتخصص في انتاج وتوزيع عصير الفاكهة كمشروب سائل تطلع إلى الذهاب باتجاه انتاج وتوزيع وجبات فطور صباحي اساسها الشكولاته من خلال شراء عمل اخر في هذا المجال. لقد بدء تدهور العمل بسبب المنافسة الشديدة من منظمات لها سمعتها وصورتها الايجابية في هذا

النوع الاخير من الانشطة، في حين كان المؤمل ان يكون الذهاب في اتجاه الانشطة الجديدة يؤدي إلى استفادة هذه الانشطة من جهد تآزر قوي في مجال الشراء والانتاج والتوزيع والادارة ليتحقق وفق قاعدة (2+2=5) بينما جاء واقع الحال باتجاه معاكس (2+2=3) في هذه الحالة. هكذا يفترض بإدارة المنظمة ان تحسب التآزر المستغل وفق أي صيغة من صيغ العمل (**الغالبي وادريس:** 2007 : 87).

6- الوسائل الاساسية، من الضروري بالنسبة لأي استراتيجية تحديد الوسائل الاساسية الملازمة لها، هكذا يثار العديد من الاسئلة مثل:

-هل ينتج العمل الصغير كل شيء كاملا او ان بعض جوانب النشاط تكون وفق قاعدة المقاولة من الباطن مع منظمات أخرى؟ يميل المديرين في الغالب إلى قيام العمل الصغير بانجاز جميع المهام، لكن المشكلة هنا لا تتجسد فقط بالوفر الاقتصادي المتحقق بل بعنصر الوقت المتاح والجهود المكرسة لعدد كبير ومتنوع من المهام. هكذا يفضل منح بعض المهام لمنظمات آخرى وتكريس الجهود لانتاج وتوزيع ما قام العمل الصغير ووجد من أجله.

-المدى الذي يتوسع ويمتدد فيه العمل الصغير بتكنولوجيا خالصة له، يفترض عمل خيار من قبل المديرين للاستثمار المكرس من قبل المشروع للتكنولوجيا الخاصة وكذلك تقليد ما تقوم به المنظمات الاخرى. المشكلة هنا ليست مجرد ناحية تمويلية. المنظمة التي تمتلك تكنولوجيا خاصة تكون في وضع مفضل بالقياس للمنافسين والزبائن، لكن من الجهة الأخرى يتطلب هذا الأمر وقت لتطوير البحث ووضع نتائجه موضع تنفيذ يفيد المنظمة ويتم حماية هذه التكنولوجيا كمعرفة خاصة بالعمل والاستمرار في الاستفادة منها لاطول وقت ممكن. أما في حالة التقليد يفترض التأكيد على عنصر خدمة الزبائن للتعويض عن المعرفة الخاصة التي تعطي المنظمة التميز المطلوب.

-الانشاء وتكوين العمل، هل يكون في موقع واحد ام عدة مواقع؟ هنا يلاحظ ان العمل الصغير يكون مرتبط ويعتمد بشكل كبير على البيئة المحلية التي يتواجد فيها (تشجيع الدولة، ايدي عاملة مناسبة، نقل مشترك، علاقات مع النقابات...الخ) (**Day:** 1994). يفترض كذلك ملاحظة مدى الاستفادة من اقتصاديات الحجم عند وضع وحدات الانتاج وباقي وحدات المنظمة في موقع واحد. كذلك ربما يتم الاستفادة من اقتصاديات النطاق عندما يكون حجم الانتاج صغير ويحاكي طلب زبائن متنوعين في الاحتياج للمنتج او الخدمة.

- **الخيارات المتاحة Availble Choices**

يبدو نظريا ان جميع الخيارات متاحة امام الاعمال الصغيرة، لكنها عمليا تعتمد خيارات محددة بقدرات هذه الاعمال وطبيعة الظروف التي تحيط بها والاسواق التي تخدمها. والخيار الاستراتيجي Strategic Choice

هو بديل تعتمده المنظمة وتجد انه يحقق اهدافها الاستراتيجية وفق أي نمط من أنماط صياغة الاستراتيجية تعتمد (نمط تخطيطي، نمط تكيفي، او نمط التدرج المنطقي). ونظرا لمحدودية القدرات وتواجد الاعمال الصغيرة في بيئات محلية فإن تحديد عدد محدود من الخيارات تصبح هي الصيغة العملية في أغلب الحالات (**MaCmillan and Tampoe**: 2000: 124) . ولكون مدراء الاعمال الصغير مندمجين بالانجاز والتنفيذ الفعلي، فإنهم قليلاً ما يكرسوا وقتاً وجهداً منهجياً منظماً لفرز بدائل عديدة وفق تأمل وتفكير يأخذ الكثير من الوقت والجهد.

*** الخيار الاستراتيجي**

Strategic Choice

بديل تعتمده المنظمة وتجد انه يحقق اهدافها الاستراتيجية ومهما كانت الصيغة المعتمدة في تشكيل هذه الاستراتيجية .

ففي اطار عناصر تقييم مركزه للبدائل من قبيل الملائمة والقبول للاطراف المهمة وامكانية التنفيذ يصار إلى الخيار الاستراتيجي المناسب للمنظمة الصغيرة (**Johnson and Scholes**: 1997: 319).

ولكون الاعمال الصغيرة ترغب في البقاء عند حجوم معينة فإن استراتيجيات النمو (Growth strategies) تبقى في اطار محدود فيها، الا تلك الاعمال التي ترى ان الحجم الصغير هو مرحلة للمرور إلى الحجوم الاكبر. والنمو يتحقق كما يذكر (**Wheelen and Hunger**: 2006 : 170-179) من خلال

*** استراتيجية النمو**

Growth strategy

توسع المنظمة لعملياتها الحالية في مجال نشاطها الحالي او إلى مجالات جديدة

- التمركز Concentration النمو من خلال نفس مجال النشاط والاسواق.
- التكامل Integration وهذا قد يتم من خلال النمو بالذهاب باتجاه الموردين او الزبائن ويسمى (Vertical Integration) إلى الخلف أو إلى الامام. وكذلك النمو من خلال الاستحواذ على اعمال مماثلة لعمل المنظمة الحالي (Horizontal Integration).

وكما ذكرنا سابقا فإن التنويع (Diversification) في الاعمال الصغيرة يجب ان يؤخذ بعناية تامة للاستفادة من التآزر المستغل في هذه الاعمال. ان عدم النمو الواسع والكبير في الاعمال الصغيرة لا يعني أنها لا تحاول زيادة ارقام مبيعاتها وبالتالي تحقيق مزيد من الارباح في اطار قدرات تنافسية متميزة، سواء كانت على اساس الاسعار الواطئة او التميز والجودة في السلع والخدمات المقدمة.

قد تتبع الاعمال الصغيرة كذلك استراتيجيات الثبات والاستقرار (Stability Strategies) والاستمرار في تحسين الموقع التنافسي وزيادة الحصة السوقية والارباح، هنا يكون النمو مسيطر عليه وتحاول المنظمة المحافظة على نفس الحجم الحالي. ولا تستبعد المنظمة الصغيرة الاستفادة من استراتيجيات التراجع والانكماش (Retrenchment Strategies) في حالات معينة مثل حالات النمو الكبير وغير المسيطر عليه وبالتالي تستخدم خيارات التراجع والانكماش لتغيير العمليات لتصحيح الحجم والتقليل من نقاط الضعف التي تظهر. قليل من الاعمال الصغيرة - الريادية في الدول الصناعية تنحى باتجاه الاستراتيجيات العالمية (Global Strategies) حيث اتاح الانترنت ذلك.

ونظرا لكون اغلب الاعمال الصغيرة تتشكل من عمل واحد (One Business) فإن استراتيجيات مستوى الاعمال والمنظمة يكون واحد. هذا يعني ان اسلوب المنافسة يرتكز على تقديم سلع أو خدمات لقطاع محدود من السوق في اطار جودة محددة وتركيز على زبائن معروفين جيدا للعمل الصغير. ومن الضروري ان النجاح يتكامل في العمل الصغير عندما يكون الاستخدام للموارد على مستوى الوظائف المختلفة والمهام المتنوعة يأتي بأفضل صيغ التمييز ليسند اطار التنافس للمنظمة ويحقق أهدافها بأحسن الصور.

وبعد ان تكون الاستراتيجية قد تم صياغتها بطرق منهجية علمية واعتمد خيار واضح في اطارها يتطلب الأمر الاستمرار في عمليات الادارة الاستراتيجية وصولا لتنفيذ فعال وتقييم للنتائج المستهدفة.

تحديد سياسات متوافقة وبرامج للتنفيذ

Determination Coherents Policies and Action Programmes

في الفقرة السابقة تم عرض منهجية عامة لصياغة استراتيجية المنظمة الصغيرة وفق اعتبار طبيعة الخيار الاستراتيجي الذي يتم اعتماده. ان خطوات التحليل المتعاقبة تسمح لصاحب العمل الصغيرة ومساعديه اكتشاف اهمية البحث عن معلومات ومعطيات لاكتشاف ما يمكن ان يوصل إلى افضل السياسات للعمل. وفي الغالب يشتكي مدراء الاعمال الصغيرة من نقص الوقت اللازم للتفكير على مختلف جوانب هذه المراحل. هنا تأتي المبادرات بسرعة وعلى عجالة قياس لما يمكن ان يتشكل بفعل عمليات طويلة لتفكير منهجي وعلمي. ان امتلاك خبرة معينة تجعل اغلب المديرين يأخذون بنظر الاعتبار بعض عناصر ومكونات الاستراتيجية في حين تهمل عناصر أخرى بسبب السرعة والبحث عن الكفاءة للامد القصير. هكذا يتم تكوين السياسات التي يعتمدها العمل الصغير في مختلف الجوانب المهمة، بعد ان يحدد التوجه الاستراتيجي الذي في اطاره يتم ممارسة سياسات الانتاج والتسويق والمالية وكذلك في المجالات الاخرى.

سيتم هنا استعراض أهم السياسات التي يعتمدها العمل الصغير كأساس لتنفيذ البرامج المختلفة.

* **سياسة الانتاج** **Production Policy**

في مجال الانتاج يتطلب الامر من الريادي صاحب العمل الصغير او من ادارة العمل الصغير المستمر والمتواجد في السوق تحديد نظام الانتاج وطبيعته، هل هو نظام متدفق بشكل سلسلة متعاقبة أم انتاج حسب الطلب؟ ان المشكلة الاساسية في الانتاج هي ان يترك تقرير مختلف جوانب العمل في ادارة الانتاج بيد الفنيين والمهندسين، حيث يعتقد اغلب المديرين ان المشكلة التي يواجهها النظام الانتاجي هي فنية وتكنولوجية فقط لا ترتبط بالجوانب الاستراتيجية، في حين يواجه الانتاج والعمليات قرارات من مختلف الانواع (استراتيجية، تكتيكية، تشغيلية) لاحظ الشكل (5-10).

ان المهم هنا بالنسبة للاعمال الصغيرة وكذلك المتوسطة الحجم هو توضيح وتأشير العلاقة بين سياسة الانتاج واستراتيجية المشروع. ان المديرين سواء كانوا مقتدرين في المجال الفني التكنولوجي أولا عليهم تحديد نظام الانتاج والمجالات التي تخدم جيدا استراتيجية المنظمة. ومع ان الشركات الكبيرة تكون بحاجة إلى استراتيجية انتاج وعمليات تتكامل مع الاستراتيجية الكلية للشركة، فإن الاعمال الصغيرة قد تكتفي بسياسة للانتاج تحاكي الجوانب المهمة وترتبط بالاستراتيجية المحددة للمنظمة الصغيرة، وكما يعرض ذلك الشكل (5-11).

شكل (5-10)

أمثلة لمختلف القرارات التي تواجهها إدارة الانتاج والعمليات

مجال القرار	امثلة على هذه القرارات
• القرارات الاستراتيجية	
- العمل	* ما هي صفة العمل الذي يقوم به المشروع الصغير؟
- المنتج	* ما نوع المنتجات التي تصنع؟
- الاسلوب الانتاجي (الصناعي)	* كيف نقوم بصناعة المنتجات؟
- الموقع	* اين تصنع المنتجات؟
- الطاقة	* إلى أي مدى تكون التسهيلات كبيرة؟
- ادارة الجودة	* ما مدى جودة المنتجات
• القرارات التكتيكية	
- التصميم الداخلي	* كيف يمكن تنظيم العمليات؟
- تخطيط المنتج	* متى يمكن تقديم منتجات جديدة؟
- الهيكل	* ما طبيعة الهيكل المعتمد لنظام وادارة الانتاج.
- الامدادات	* كيف يمكن توزيع المنتجات؟
- الصيانة	* كيف يتم صيانة المعدات، عدد المرارات، والاحلال؟
- انتاج/ شراء	* هل من الافضل شراء ام صنع الاجزاء والمكونات؟
• القرارات التشغيلية	
- وضع الجداول الزمنية	* بأي ترتيب تنتج المنتجات؟
- الثقة	* ما مدى امكانية تعطل المعدات. ماذا يعمل المشروع لتحسين الأمر؟
- الصيانة	* كيف يتم وضع جدولة لفترات الصيانة؟
- مراقبة الجودة	* هل تصل المنتجات للجودة المحددة لها؟
- تصميم الوظيفة	* ما هي افضل الطرق لتصميم كل عملية؟
- قياس العمل	* ما المدى الذي ستستغرقه العملية؟

Source: Armstrong, Michael: "A handbook of management techniques"

المصدر: مترجم (2003) "تقنيات الادارة"، مكتبة جرير، الرياض، المملكة العربية السعودية، ص157.

الشكل (5-11)

ترابط استراتيجية المنظمة الصغيرة بسياسة الإنتاج

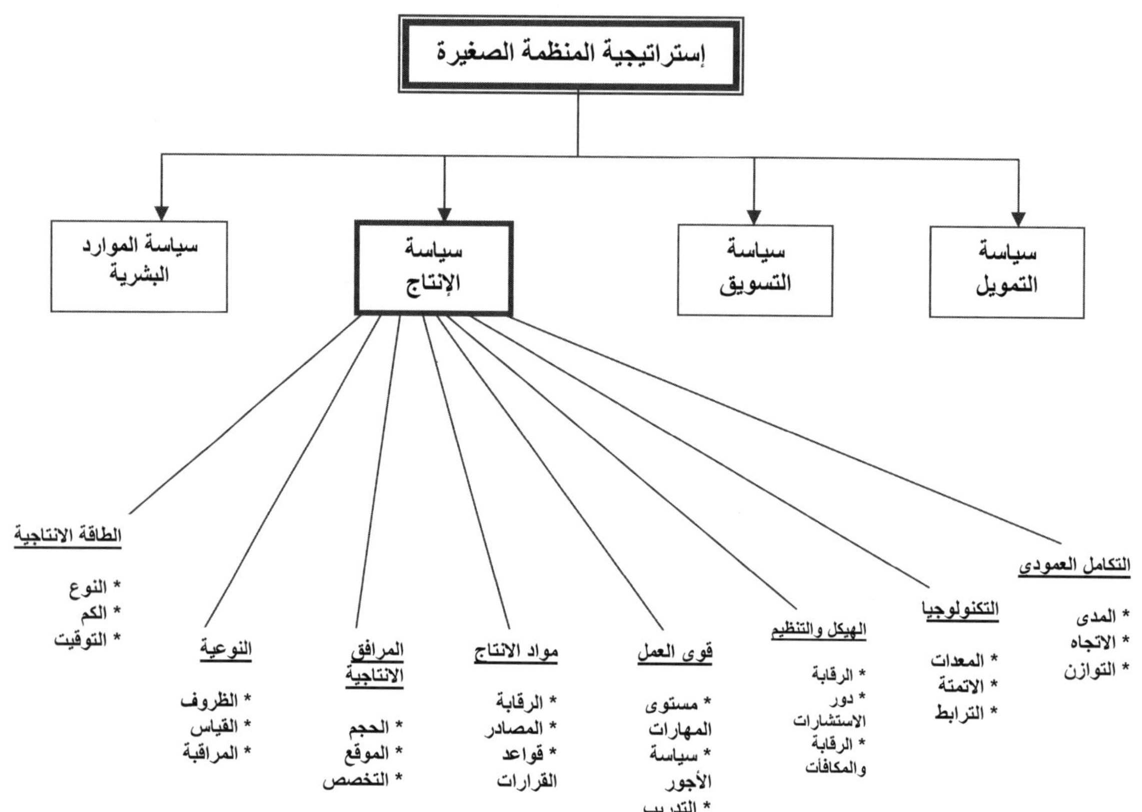

* بتصرف من

Hayes , R. and Wheelwright, S. (1989): "Restoring our Competitive Edge", John Wiley and Sons.

ان اول الباحثين الذين اشاروا إلى ضرورة ربط التصنيع باستراتيجية المنظمة هو الباحث القدير (Skinner) في مقالته الشهيرة (Manufacturing missing link in Corporate strategy) والتي نشرت في مجلة هارفارد للاعمال عام (1969)، حيث تبين ان بعض القرارات المتعلقة بالانتاج يفترض ان تؤخذ ويتم معالجتها بطريقة مغايرة لما تعتمده الادارات في أغلب المنظمات والذي تجسده نظرة آنية قصيرة الامد. هكذا اقترح منظور للربط الفعال بين مختلف جوانب الانتاج واستراتيجية المنظمة (**السعد والغالبي**: 1999)، ويعرض الشكل (5-12) أهم قرارات الانتاج والخيارات المتاحة لها.

شكل (5-12)

قرارات التصنيع المهمة

المجال	القرار	الخيارات
الانشاءات والتجهيز	• اسلوب او منهج التصرف • حجم الانشاءات • موقع الانشاءات • قرارات الاستثمار • اختيار التجهيزات • نمط ونوعية المعدات	• الانتاج أو الشراء. • واحدة كبيرة أو صغيرة، ام اعداد من وحدات صغيرة. • قريبة من السوق أو من مصادر المادة الاولية. • الاستثمار الأساسي في الانشاءات والتجهيزات أم في المخزون والبحث. • تجهيزات لغرض عام او متخصصة. • أدوات ومعدات للانتاج، او معدات مؤقتة؟ أو اقل ما يمكن من معدات وأدوات.
التخطيط ورقابة الانتاج	• مرات وتردد رقابة الخزين • أهمية الخزين • درجة الرقابة على الخزين • ماذا يراقب • رقابة على النوعية • استخدام المعايير	• توقف كثير أو قليل في الانتاج لتوازن المخزون. • خزين مهم وعالي ام عكس ذلك. • رقابة عامة أو بقليل من التفاصيل. • الرقابة موجهة لتقليل الوقت، لايقاف المكائن، أو لعمل مناورة في الايدي العاملة، أو لايقاف الاجراءات أو لتعظيم عائد المنتجات وبخاصة استخدام المواد. • ضمان وآمان عالي، جودة ونوعية جيدة، أقل تكاليف. • رسمية، غير رسمية أو لا يوجد معايير.
عمل القوى العاملة	• تخصص العمل • التأطير والتأهيل • نظام المكافآت • التشخيص • المهندسون	• تخصص عالي أو منخفض. • كوادر مؤهلة عالياً أو أقل في المجال الفني التكنولوجي • قليل او كثير من أنماط العمل والادوار. • الدفع حسب الوقت او القطعة. • تشخيص وفحص قوي او ضعيف. • مهندسون قليلون أو كثيرون.
تكوين المنتج الجانب الفني التكنولوجي	• أهمية ترابط المنتجات • استقرار الخطط • المخاطر التكنولوجية • منظور واستشراف الخطط • استخدام مهندسي التصنيع	• كثير او قليل أو غير موجود التصنيع المتخصص • خطط نهائية، أو أوامر كثيرة عرضة للتغيير من قبل المهندسين. • استخدام منهج تصرف جديد غير معروف من قبل المنافسون أو سياسات عادية. • الخطط محددة بشكل نهائي أو أولاً بأول حسب الموقف • قليل أو كثير من مهندسي التصنيع.
التنظيم والادارة	• نوع التنظيم • استخدام وقت المديرين • درجة المخاطر المحتملة • استخدام الموارد البشرية • موقف وهيئة المديرين	• مركز الاهتمام الوظائف، المنتج، الموقع الجغرافي..الخ • أهمية عالية لخطط الاستثمار، الانتاج، السيطرة على التكاليف او النوعية. • قرارات قائمة على معلومات قليلة أو كثيرة. • أهمية مجاميع العمل الصغيرة. • قليل او كثير من أهمية تعطي للتفاصيل. • اسلوب السلطة. • قليل أو كثير التماس مع المنظمة.

هكذا يتطلب الأمر الاهتمام الجدي من قبل المديرين بسياسة الانتاج باعتبار ان العديد من جوانب ادارة الانتاج ذات مضمون استراتيجي يجب ربطها وتكامل اجراءاتها مع الاستراتيجية العامة للمشروع الصغير. ان الضرورة تتطلب عدم الخلط بين مناظير نظم الانتاج، فهل العمل الصغير يقع في اطار نظام الانتاج حسب الطلب أو في نظام الانتاج الواسع بشكل سلسلة معدة مسبقا. ان محاولة جعل نمط الانتاج في المنظمة الصغيرة تتعايش فيه مفردات كلا النظامين يصبح ذو خطورة عالية، حيث النوعية المتدهورة، الخطأ في اعتبار المنتج الخاص يماثل ويعتبر ضمن المنتجات الاخرى في وضع معايير للاسعار وكلف الانتاج. الشكل (5-13) يعرض مفردات التوجه لكلا نظامي الانتاج .

شكل (5-13)

نظم الانتاج واختلاف مفردات العمل

المفردات	انتاج حسب الطلب - ان هذا النظام متوجه اكثر نحو:	انتاج واسع (سلسلة مترابطة) - ان هذا النظام متوجة اكثر نحو:
• المعدات والتجهيزات	• غير المتخصصة	• المتخصصة
• حجوم المصانع	• صغيرة	• كبيرة
• المعدات والآلات	• الجزء الاعظم يصنع من قبل المشروع	• معيارية، تشترى
• الخزين	• قليل، خزين مختوم	• مرتفع
• السيطرة على المخزون	• قليل التفاصيل	• كثير التفاصيل
• ماذا يراقب	• النوعية، التوقيت	• الكلف، التوقيت، الكميات
• الجودة والنوعية	• لكل منتج، بالتفصيل	• عينات، اقل كلف
• استخدام المعايير	• غير موجود أو قليل	• نعم
• تخصص المهام	• قليل	• متخصص جداً
• الخضوع والسيطرة	• اقل فنياً، تشخيص ضعيف	• فني تكنولوجي، تشخيص عالي
• تسلسل أو نسق المنتج	• عالي، منتجات خاصة	• قليل، منتجات قليلة الخصوصية
• مفهوم ومنظور المنتجات وتحويرها	• تغييرات ممكنة اثناء التصنيع	• تحدد لمرة واحدة للجميع ولعدد كبير

ان مجمل هذه الجوانب في سياسة الانتاج تؤخذ في اطار المنظور الاستراتيجي للمنظمة الصغيرة، وتمثل المقدمات الضرورية لتنفيذ فعال لاستراتيجية المنظمة بغية تحقيق الاهداف الاساسية الواردة فيها بطرق كفوءة لتعزيز الموقف التنافسي وزيادة فرص النجاح.

* **سياسة التسويق** **Marketing Policy**

ان تطور العقل والنفس التسويقي للمنظمة الصغيرة ضروري للنجاح والاستمرار في التحسين والنمو، وتمثل هذه السياسة مجمل الادلة التي يسترشد بها المديرون في تنظيم جوانب ونشاطات التسويق المختلفة وتوجيهها بما يساعد في الانجاز الكفوء لهذه الجوانب والنشاطات. هكذا تطور سياسات تكاملية للمزيج التسويقي (المنتوج، التسعير، الترويج، والتوزيع) للعمل الصغير.

ان أهداف السياسة التسويقية تأتي متكاملة مع استراتيجية المنظمة، فهي (**ابو قحف:** 1992: 113-118):

1- تساهم في انجاز الاهداف الرئيسية للمنظمة.

2- اكتشاف الفرص التسويقية الجديدة.

3- ادراك حاجات الزبائن واستيعابها، بل تقديم ما يبهر الزبائن لخلق ولاء لديهم.

4- توضيح أساليب وطرق استثمار الفرص الجديدة.

5- تحقيق التوازن العملي في صالح المنظمة، بين الفرص وحاجات الزبائن وامكانات المنظمة.

في الغالب يكون لدى مدراء الاعمال الصغيرة نظرة لانشطتها مركزة كثيرا على الداخل، في حين تتطلب بيئة العمل والمنافسة اليوم على التوجه العالي للزبائن والاسواق. سيتم استعراض ارشادات عامة تمثل موجهات اساسية للتفكير المركز على الخارج (**Horovitz and Pitol-Belin**: 1984:66).

- الوعي التام، بكون المدراء يديرون الاعمال من خلال الزبائن، ان الاعتقاد بأن المدير حر في تقرير توجه العمل بصورة منفصلة عن تطلعات الزبائن يخلق مشكلة لهذا العمل. إذا لم يكن هناك زبائن فلا وجود لمنظمة اعمال صغيرة، هذا يعني ان يكون العمل الصغير على قدر رغبات وحاجات هؤلاء الزبائن.
- من الضروري معرفة من لا يمثلون زبائن للمنظمة الصغيرة ماذا يرغبون بحيث لا يستطيع العمل تقديمه لهم؟ لماذا يذهبون باتجاه الاعمال الاخرى؟ هل يغيرون العلامات التجارية عند الشراء؟
- يفترض ان لا يغيب عن معرفة المديرين بأن السوق غير متجانس، ويوجد فيه العديد من المجاميع. هكذا يجب ان تحدد الادارة جيداً جزء السوق او أجزاء السوق التي ترغب ان يكون فيها العمل الصغير.
- على الادارة ان تقدر جيدا الوقت اللازم للمرور من الفكرة إلى انجاز حقيقي لهذه الفكرة. خلال هذا الوقت قد يغير الزبائن رأيهم وذوقهم، هكذا يجب ان تحسب الادارة رضا وذوق الزبون المستقبلي وليس الحالي فقط.

- المستهلكون لا يشترون ما يبيعه العمل الصغير، ولا منتج هذا العمل، انهم يشعرون مقدار ومدى الرضا الذي يتوقعون الحصول عليه. هكذا يجب ان يوّلد العمل الصغير أعلى رضا عند هؤلاء الزبائن.
- من الضروري ان تحدد الادارة في أي مرحلة من مراحل دورة حياة المنتج (PLC) يكون موقع منتجاتها، وكم من الوقت محتمل ان يبقى المنتج في هذه المرحلة. ان اطار التنافس وأولويات الافعال على المتغيرات التسويقية الرئيسية (السعر، الترويج، المنتج، التوزيع) تكون مختلفة حسب المراحل.

يمكن تحديد اربع مراحل في دورة حياة المنتج الشكل (5-14) وفي كل مرحلة تكون مفردات استراتيجية التسويق متناسقة ومنسجمة مع السياسات الاخرى (**Muralidharan**: 1997).

شكل (5-14)

دورة حياة المنتج

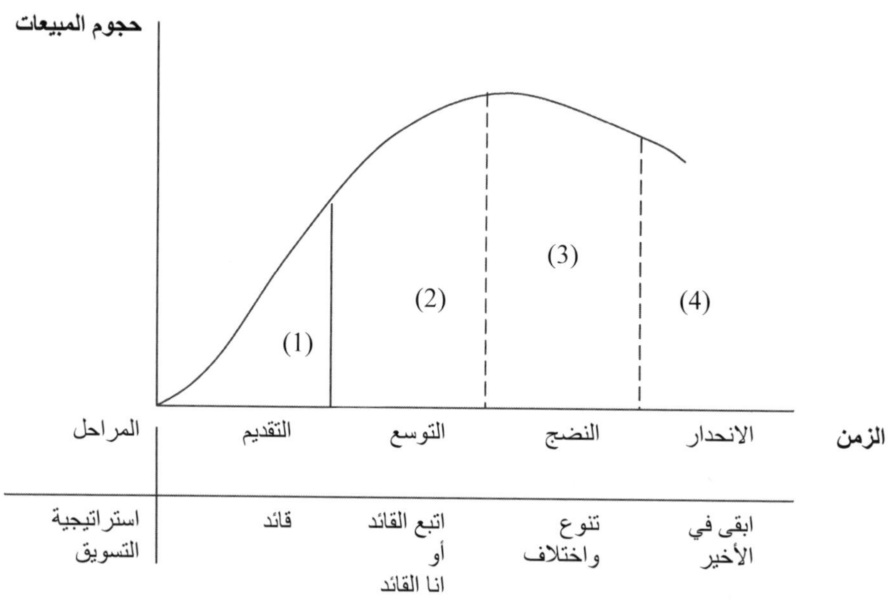

لكي ينافس العمل الصغير بكفاءة، فإن نظام الاولويات للمتغيرات التسويقية يتحول ويتغير حسب المراحل في دورة الحياة، وكما يظهر ذلك الشكل (5-15)

الشكل (5-15)

أولويات المتغيرات التسويقية حسب مراحل دورة حياة المنتج

استراتيجية التسويق	أولويات المتغيرات التسويقية				اعتبارات أخرى في المنافسة
	السعر	الترويج	التوزيع	المنتج	
القائد	4	3	2	1	• البحث. • تنسيق بين البحث والتسويق. • التمويل.
يتبع القائد	4	3	1	2	• تطبيقات هندسية. • معلومات حول ما يقوم به الآخرون.
تنوع واختلاف	2	1	3	4	• معايرة طرق الانتاج، ورقابة على الكلف. • طبيعة التطبيقات المختارة، ما هي؟ • التخصص.
البقاء في الأخير	1	2	3	4	• احترس للتكاليف الثابتة. • الهامش سيكون ضعيف باستمرار.

لا يكفي معرفة اين يوجد العمل الصغير في مراحل دورة الحياة ، للاخذ في الاعتبار أولوية المتغيرات السوقية، ولكن الضرورة تقتضي تقدير متى يتطلب الامر تجديد ما يقدم من منتجات. وما يلاحظ بشكل عام قصر دورة حياة المنتجات وهذا يفرض على المنظمات سرعة في التطوير والاستجابة لحالة التغيير التي اصبحت شبه مستمرة (**Megginson et al**: 2003: 175-177).

- على ادارة المنظمة الصغيرة ان تعي المعنى الفعلي لكلمة زبون، التي يمكن وصفها بالقول ان الزبون هو الذي يدفع الاموال ليستخدم السلع ويستهلكها. هنا الدفع قد يتطلب منح ائتمان والاستخدام يتطلب منتج يتوافق مع الاحتياج الفعلي وجميع هذه الحالات تتطلب مزيد من القرب والفهم للزبائن.
- بالاستناد إلى هذه الهموم والقلق، فإن سياسة التسويق يجب ان تكون على قدر المتطلبات التالية:

– تحدد بدقة الزبائن، اين، من، لماذا، كم؟ من الضروري فحص وتوضيح المدى العددي للزبائن الذي يصل إليه العمل الصغير هنا نجد ان (80%) من رقم المبيعات يأتي من (20%) من الزبائن. الاخرين هل يعادلون التكاليف؟، لماذا؟ هل تركز الجهود على الحسابات المهمة.

– معرفة رغبات الزبائن، ماذا تلبي وترضي منتجات المنظمة من هذه الرغبات، هنا يجب عدم الخلط بين الزبائن والمستهلكون.

– تنبأ باحتياجات الزبائن، هل يوجد وقت لتطوير منتج جديد. من هم الزبائن مستقبلا للمنظمة، ماذا يريدون.

– حدد في اطار العناصر المذكور سابقا التنبؤات الخاصة بحجم المبيعات والتي تصبح مرشد للانتاج.

– حاول الحصول على معلومات حول موقع المنظمة ومنتجاتها على منحنى دورة الحياة، هذا يساعد بشكل افضل لتحديد المتغيرات التسويقية.

– حدد سياسة المنتجات، السعر، ترويج المبيعات والتوزيع وكذلك وسائل الإعلان المناسبة.

* سياسة التمويل **Finance Policy**

ان سياسة التحويل بجميع مدياتها القصيرة والمتوسطة والطويلة ترتبط باستراتيجية المنظمة، التي اذا ما أريد لها ان تنجز تتطلب في بعض الاحيان استثمارات جديدة وهذه بحاجة إلى تمويل اضافي يتجاوز المتطلبات العادية للمنظمة، ويعرض الشكل (5-16) ترابط مديات الاهداف والاحتياج من التمويل المناسب لها.

شكل (5-16)

ترابط الاهداف والحاجة إلى التمويل

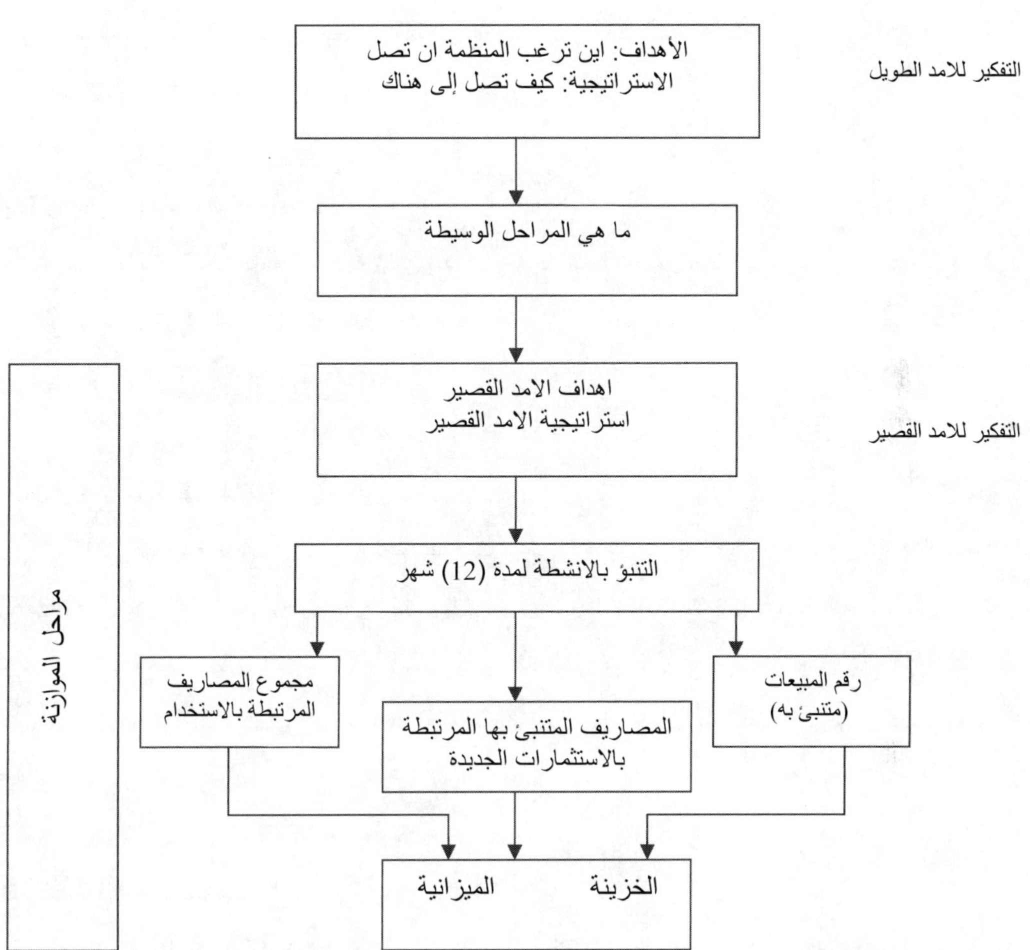

إن إدارة المنظمة الصغيرة، وهي تقدر وتتنبأ بالاحتياج من الاموال في إطار الخزينة المعدة، فإنها إنما تمارس قياس التطبيقات المالية لوضع الاستراتيجية في التنفيذ. هنا يتم الاخذ في الاعتبار الفائض او النقص في التمويل لغرض الاستعداد لكافة الحالات ضمن السياسة التمويلية واجراءات تحسين الوضع المالي.

تنتج الخزانة (Treasury)، أي الاموال من الفرق بين خروج ودخول النقود إلى المنظمة. ان حجم النشاط وطبيعته، وشروط التسديد الممنوحة للزبائن، وشروط الدفع واساليبه المعتمدة مع الموردين وقضايا غيرها مرتبطة بالجانب المالي هي التي تساهم بتدفق خروج ودخول النقد إلى المنظمة، وهذه في الغالب يكون مقدارها وترددها غير منتظم عبر الزمن، في اطار التقدير والتنبؤ يواجه المديرين في ثلاثة مواقف رئيسية.

أ- زيادة في الخزانة بشكل دائم

يعرض الشكل (5-17-أ) هذه الحالة والتي تبدو مريحة للمنظمة الصغيرة، إلا أنها غير مرضية. النقود المعطلة الموجودة في الخزانة والصندوق او في الحسابات المصرفية لصالح المنظمة، يمكن ان تجد صيغ افضل للاستخدام من قبيل استثمارات جديدة تسمح بزيادة حجم النشاط وبالتالي ربحية المنظمة.

ب- نقص او عوز مؤقت في الخزانة

هذا الموقف يبدو السائد في الممارسة الفعلية، حيث تواجه المنظمة عوز في الأموال يتطلب من ادارتها الاستعداد لمواجهة مثل هذه الحالة شكل (5-17-ب)، والتي في الغالب تتمثل في اجراءات مالية قصيرة الامد. توجد ثلاثة مصادر تمويلية للامد القصير تستخدم في أغلب الحالات الاول السحب على المكشوف من المصرف، معالجة ومنح حسومات لتعجيل دفع الاستحقاقات على مديني المنظمة، والحصول على ائتمان وخاصة للانشطة الموسمية، ان كل واحدة من هذه الطرق يفترض ان تحسب وتقيم في إطار كلفتها الحقيقية.

ج- نقص دائم في الخزانة (الاموال)

في الوضع الطبيعي لا يفترض وجود هذه الحالة إلا في اطار تقديري تنبؤي. وهذه لا تحل بشكل كفوء إلا من خلال استغلال مربح وفعال للموارد. ويمكن ان يكون النقص في الخزانة ناجم عن خروج للنقد بشكل مستقل عن الدورة الاعتيادية للاستغلال او ان رأس المال العامل غير كافي لانجاز انشطة المنظمة، هكذا يفترض بادارة العمل الصغير ان تبحث عن التمويل المناسب للامد المتوسط والطويل، والذهاب باتجاه تقوية رأس المال العامل وكذلك زيادة رأس المال.

وفي كثير من الحالات يشتكي مدراء الاعمال الصغيرة من مشاكل الخزانة والاموال وكذلك المبالغ التي تدفع لجهات مختلفة مقابل استمرار الوضع المالي الطبيعي للعمل. في حين بقليل من الشدة والصرامة والانتباه لبعض مفردات متعلقة بالجانب المالي تسمح بتحسن الوضع بشكل محسوس لاحظ الشكل (5-18).

الشكل (5-17)

الحالات الرئيسية التي تواجه المنظمة بخصوص الاموال

(أ) فائض في الخزانة (الأموال) بشكل دائم

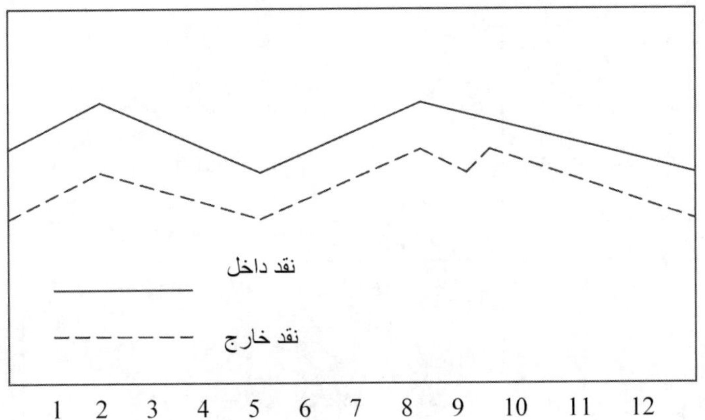

(ب) عوز ونقص مؤقت في الخزانة

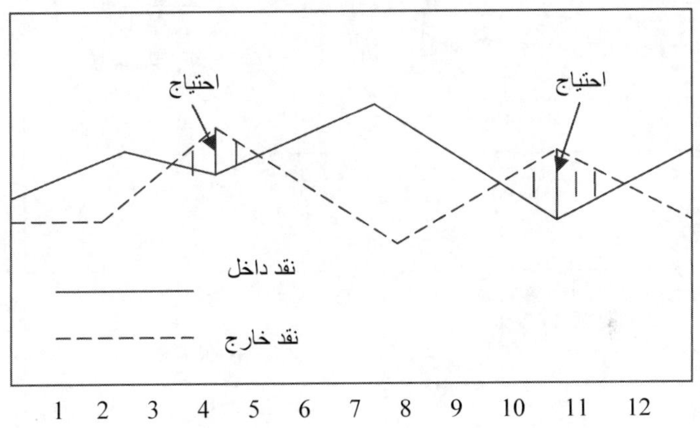

(ج) نقص في الخزانة بشكل دائم

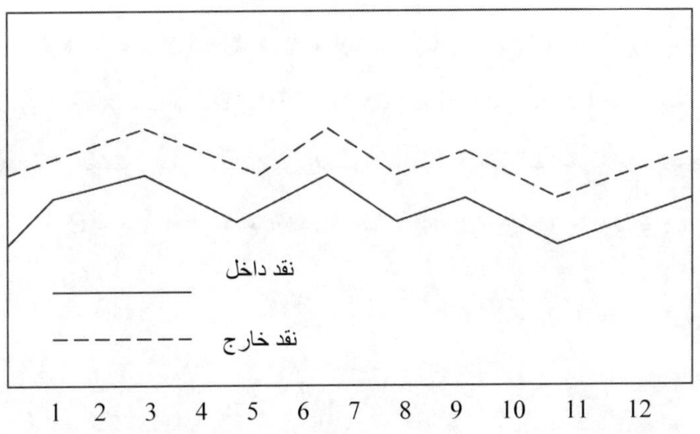

الشكل (5-18)

تحسين الخزانة (الاموال) في المنظمة الصغيرة

المفردة التي تفحص وتراقب	الفعل المرتقب	التأثير على المنظمة
• ائتمان الموردين	• حاور على اطالة أمد التسديد. • انتقل إلى الطلبات الصغيرة. • ابحث عن موردين آخرين.	• احترس ان لا تؤخذ المنظمة في الأسعار التوقيت الخدمة، الضمان والتأمين، والامداد والتجهيز.
• ائتمان الزبائن	• لا تترك أمر تقدير الائتمان بيد البائعين. • أسس لاجراءات واضحة. • رتب الخدمة لغرض الاستفادة على مستوى الائتمان.	• أحترس من فقدان الزبائن.
• الخزين	• راقب واضبط طلبات مسؤولي الانتاج. • راقب الطلبات في ضوء دورة الانتاج. • تجنب الخزين الوافر والكثير.	• أحترس من الانقطاع.
• التصنيع	• تجنب دع الأمور تجري على علاتها. • صنع بسرعة.	• أحترس من عدم الرضا.
• الحسابات المصرفية	• تجنب ان يكون حساب مصرفي مدين في حين يكون أخر دائن.	• أحترس، المصرفي قد لا يحب التعامل معك، لكونك تتدخل في مجال عمله الخاص.
• التواريخ ذات القيمة	• ناقش وابحث الشروط والظروف. • أحسب جيداً قواعد اللعبة.	

ان مدير المنظمة الصغيرة يستطيع ان يجري مقارنة لموازنة المنظمة وحساب الاستثمار فيها مع منافسيها المهمين واللذين لديهم وضع جيد في السوق. ان هذا الأمر يساعد على زيادة الهمة ودقة حساب الامور من الناحية المالية. ورغم ان بعض الجوانب المالية تتسم بالسرية إلا إنه يمكن الحصول على العديد من الكشوفات المالية للشركات مثل الميزانية وحساب الارباح والخسائر وغيرها من الكشوفات المهمة الأخرى للاستفادة والمقارنة، (**Armstrong**: 2003: 395-396)، (**السعد والغالبي**: 1999 : 240).

* سياسة الموارد البشرية Humain Resource Policy

تهتم هذه السياسة بجميع ما يتعلق بالعنصر البشري في المنظمة الصغيرة. هكذا فإن مجمل القرارات التي تهتم بالأفراد وتوظيفهم وتدريبهم وتطويرهم وبما يجعلهم اقدر على الاستجابة لمتطلبات العمل والانجاز وفق افضل الصيغ. ورغم ان البعض من الاعمال الصغيرة توظف عدد محدود من الأفراد إلا ان رعاية هؤلاء وجعلهم متحمسين للاداء ضروري لتعزيز القدرة التنافسية للعمل.

ان سياسة الموارد البشرية تجيب على العديد من الأسئلة المهمة التي تمثل مفردات يتم من خلالها تطوير هذه السياسة، ومن أمثلة هذه الأسئلة.

- هل يوجد في المنظمة العدد الكافي من الأفراد؟
- كم تحتاج من الاموال والوقت لاعادة تدريب وتأهيل الأفراد وتطويرهم؟
- لاغراض النمو والتوسع أي مهارات وخبرات وقدرات يجب ان تطور؟
- هل ان طرق الاستقطاب والاختيار مناسبة، ام يتطلب الامر تغييرها؟
- ماذا بشأن معايير الترقية المعتمدة؟
- أي نوع من السياسات يجب ان تعمل وفقها المنظمة لزيادة رضا العاملين والاحتفاظ بقوى عمل مؤهلة؟

ان الاتجاهات الحديثة ترى في المورد البشري أهم موارد المنظمة، لذلك تعد السياسات في هذا الجانب وفق اعتبار العاملون أهم الاصول التي بحوزة المنظمة. كما ان الاستراتيجية المعتمدة والتي يلعب في تنفيذها العاملون دور مهم يجب ان توضع في إطار تلازم عالي مع ثقافة المنظمة وقيم افرادها (**Armstrong:** 2003: 539). هكذا يفترض ان تحقق إدارة الموارد البشرية أهداف مهمة حيث تمكين المنظمة من تحقيق أهدافها المهمة، وتدعيم الالتزام لدى الأفراد لغرض نجاح المنظمة. وهنا نتوقع من هذه الادارة ان تضع خططها متلازمة مع رؤية المنظمة واستراتيجتها المعتمدة في المنافسة والتطوير. هكذا فإن الاختلاف والتميز من خلال المورد البشري في المنظمات يفترض ان يكون هو الاساس، حيث بناء فرق العمل الممتازة بل والغريبة التي تعطي المنظمة ما لا يملكه المنافسون الآخرون (**Cable**: 2008).

ان مجمل السياسات السابقة تستهدف من خلالها المنظمة تطوير قدراتها التنافسية وتهيئة الأرضية المناسبة مستقبلا لنجاح المنظمة. هكذا يفترض بإدارة المنظمة الصغيرة ان تفحص باستمرار سياساتها في مختلف المجالات ومدى الانعكاس الايجابي لهذه السياسات على القدرة التنافسية والتطويرية للمنظمة.

* تحديد اولوية الخيارات لغرض التنفيذ

Determination Choice Priority for implementation

بعد ان يتم تحديد واعتماد السياسات اللازمة والضرورية لاسناد تنفيذ الخيارات الاستراتيجية، يتطلب الأمر وضع أولوية للتنفيذ، وإذا كانت عمليات تحضير وصياغة استراتيجية المنظمة تمثل مراحل فكرية وتحليلية، فإن الأفعال تمثل عمليات دمج وتفعيل مساهمات الاخرين ليكون هذا التنفيذ في أفضل صيغة ممكنة.

كلما كان حجم المنظمة صغير، يكون هناك ميل لدى المديرين بتخصيص وقت أقل للانشطة ذات الأمد البعيد. وحتى المنظمات الصغيرة العاملة على صعيد البيئة الاقليمية قد يتلخص هذا الدور بتجميع معلومات وبيانات قد يؤخذ البعض منها في الاعتبار عند تطوير القرار. في حين يكرس اغلب وقت المدير للتعامل مع الافعال والانشطة اليومية الملحة. هكذا تصبح عملية ادارة ما هو مهم لا تختلف كثيرا عن باقي القضايا الأخرى العادية. او تجد البعض من المديرين من يكون ادارة وقتهم مرهون بالعلاقة مع المصرف المقدم للتسهيلات او اطراف أخرى مؤثرة. ان المعطيات حول السوق نادرا ما يتم تجميعها في إطار الابعاد الثلاث المهمة (الطلب، العرض، هيكل التنافس).

ان مشكلة مدير المنظمة الصغيرة وهو يحدد الاولويات للتنفيذ هو الانجرار دون تفكير وراء انجاز لانشطة ليس ذات قيمة كبيرة والاستمرار في هذا التنفيذ وفق صيغة اعتمدت منذ زمن. ويمكن للمدير اعتماد صيغة مبسطة لتحديد الاهداف والوسائل المرتبطة بها، من خلال وضع هيكلية للاهداف بشكل سلسلة (الوسائل/ الغايات) (**الغالبي وادريس**: 2007: 224)

فمثلا إذا اراد المدير زيادة الارباح، لغرض تحقيق ذلك فإنما يتم زيادة المبيعات او خفض الكلف.

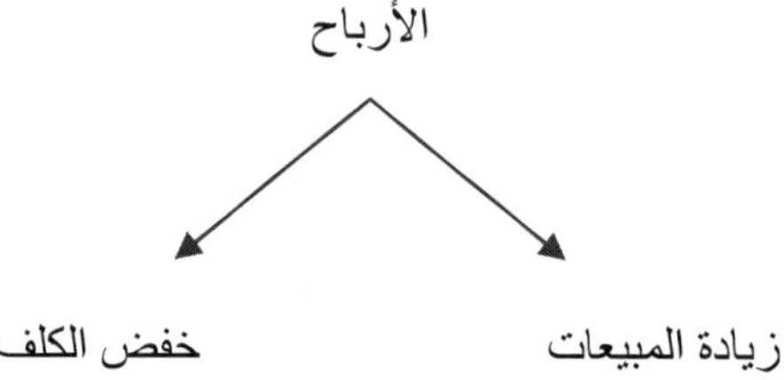

لكن كيف يتم زيادة المبيعات، هنا اما أن يتم زيادة اعداد البائعين او يتم زيادة الاعلان الموجه للاسواق.

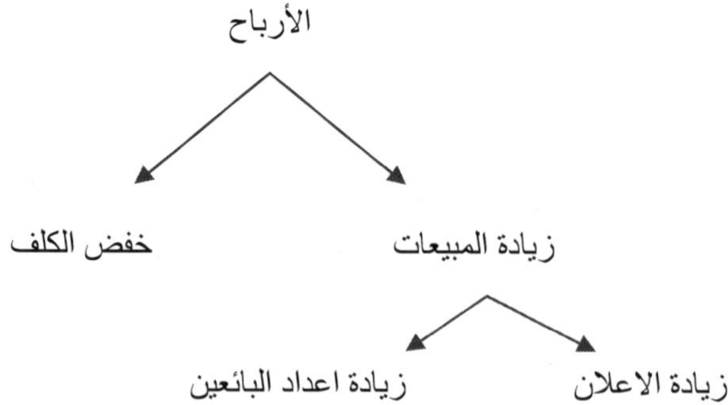

ان زيادة الاعلان، يتم من خلال اختيار بين وسائل عديدة للاعلام لتحقيق زيادة في الأرباح.

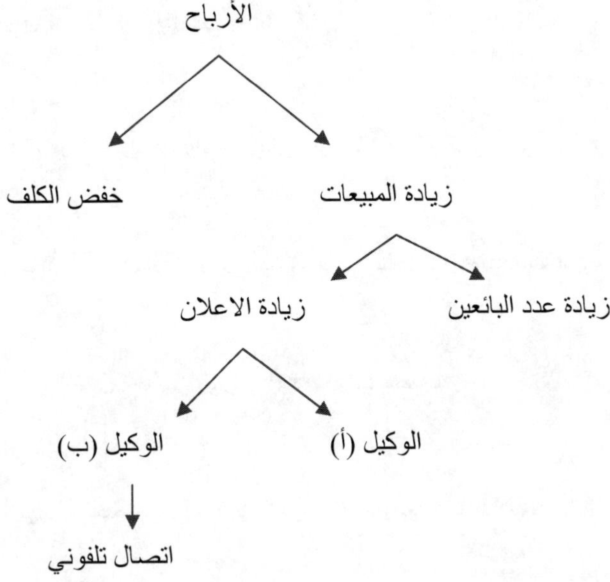

ان المدير وهو يطور نوع من التفكير بشأن الخيارات، فإنه يحاول تكرار نفس الطريق والأسلوب لعدة مرات، في حين يشير واقع الحال إلى ان هناك احتمالات وممكنات أخرى تكون جيدة ومناسبة. وتجد بعض المديرين من يسأل دائما كيف نعمل غير ذلك، بمعنى دون الأسلوب المحدد والذي اصبح يكرر بروتينية عالية وكأن الادارة لا تريد التغيير ولا تعرف غير ذلك. في حين هناك خيارات وأساليب أخرى للوصول إلى نفس النتائج بل أحسن منها في المستوى.

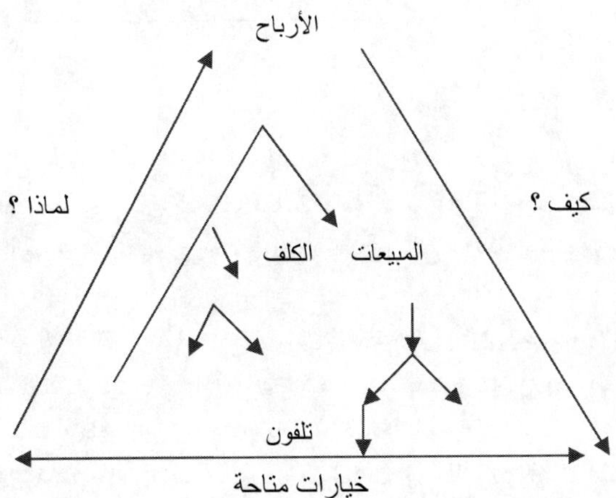

لغرض المرور من استراتيجية المنظمة كصياغة وتفكير إلى تنفيذ، نقترح على المديرين في الأعمال الصغيرة التفكير واثارة الأسئلة التالية:

- حدد الاتجاه المعتمد، قسم هذا إلى أهداف للمدير ذاته وللعاملين معه.
- حدد مختلف الخيارات.
- اطلب دائما في عملك ومهامك، لماذا هذا الفعل اليومي، وحاول ان ترتقي وتصعد أثنين او ثلاث خطوات او مستويات في سلم الأهداف نحو الأعلى.
- لكي تعرف جيدا مرؤوسيك وتوجههم وتعيد تأطير اهدافهم، انزل أثنين او ثلاث خطوات او مستويات اقل في سلم الأهداف (كيف)؟
- من بين الخيارات والتوجهات الممكنة، أختار الأفضل وخصص مواردك ووقتك وهذا يتطلب:
  - هل هذا الأمر ينسجم مع الاستراتيجية المعتمدة.
  - أي اتجاه يعطي أعظم كفاءة بأقل جهود ممكنة، حيث ان العلاقة بين الكفاءة والجهد تأخذ المنحنى الآتي:

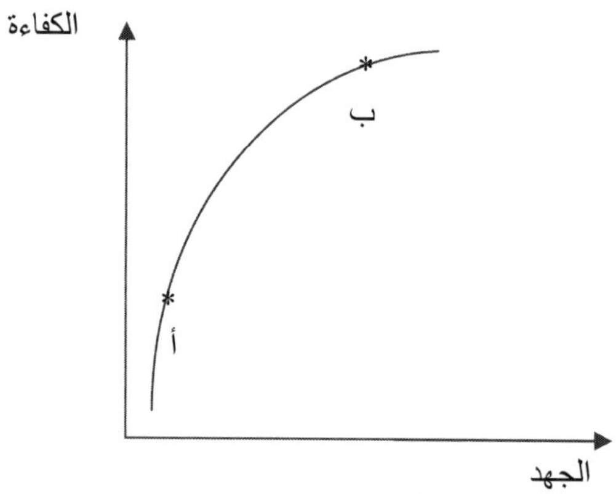

اذا كنت في النقطة (أ) فإن جهد هامشي اضافي يعطيك كفاءة هامشية اضافية اكثر أهمية كما لو كنت عند النقطة (ب). هذا يعني لا تكرر وتنقي وتمحص لحد الكمال والامثلية في أمر، في حين انت لم تبلغ بعملك مستوى مقبول، او لم تعمل جهد في أمور أخرى بجانبك وهي مهمة.

- اترك وتجنب المشاكل المزيفة الكاذبة، لا تقاتل وتتصارع مع مشاكل لا وجود لها إلا في مخيلتك.
- تذكر ان التنفيذ يهتم بالجوانب العملية ويحتاج إلى رقابة ذكية، وهو بذلك يفترض الترابط الفعال ووجود الاجراءات التنفيذية بدء بالاستراتيجية فالسياسات وتطوير البرامج والموازنات (**Thietart**: 1984: 163).
- شكل وأقم برنامج أفعال مع سجل الاستحقاقات عندما تحدد الاولويات في اطار التوجهات الممكنة، حدد المهام المطلوب انجازها واوقات ذلك ومراحل التعاقب لتحقيق الأهداف، هنا يكون المدير قد حدد أهدافه وكذلك أهداف المساعدين والمروؤسين، لاحظ الشكل (5-19).

الشكل (5-19)

برامج تنفيذ الأفعال

ماذا ؟ المهام الرئيسة	من ؟	البدء	الانتهاء	النتائج المتحققة

*** الرقابة وتقييم الاداء The Control and performance evaluation**

ليس المطلوب هنا استعراض كافة اوجه العملية الرقابية وتقييم الأداء، بل التذكير بأهمية الرقابة الشمولية الاستراتيجية وليس الاهتمام بالتفصيل دون توضيح وتحديد التوجه العام الصحيح.

ان العملية الرقابية (Controlling) هي عمليات منهجية منظمة ومستمرة لقياس الاداء المتحقق واتخاذ الاجراءات لضمان كون المنظمة تسير بشكل صحيح باتجاه النتائج المرغوبة. هكذا فإن الرقابة (Control) تمثل مجمل الانشطة التي تهدف إلى جعل الخطط والنتائج منسجمة مع التوقعات والمعايير المستهدفة (**العامري والغالبي**: 224:2008).

ان وجود الانشطة الرقابية ضروري لمعرفة مواطن الخلل والضعف في الاداء، وكذلك تحديد قدرة المنظمة على انجاز اهدافها بكفاءة.

وتهدف الرقابة إلى الاتي (**Schermerhorn**: 2005: 201-202)

*** العملية الرقابية**

(Controlling)

عمليات منهجية منظمة ومستمرة لقياس الاداء المتحقق واتخاذ الاجراءات لضمان النتائج المرغوبة

*** الرقابة**

(Control)

الانشطة التي تهدف إلى جعل الخطط والنتائج منسجمة مع التوقعات والمعايير المستهدف.

- تساعد المنظمة في التكيف مع التغيرات البيئية.
- تقلل الرقابة من تراكم الاخطاء.
- تساهم في خفض وتقليل التكاليف، هنا تحاول الرقابة بأن تجعل التكاليف بحدودها الدنيا.
- تساعد المنظمة في الانسجام ومواكبة التعقيد التنظيمي.

ان نظره سريعة لهذه الجوانب نلاحظ من خلالها ان الرقابة يفترض ان تكون سهلة واضحة وبسيطة في منظمات الاعمال الصغيرة. كما ان الإدارة العليا (المدير بشكل خاص) يلعب دورا مهما في مراقبة الجوانب الاستراتيجية للعمل في المنظمة، في حين تأتي جوانب الرقابة الاخرى لتتمم الدور المرتقب للنظام المتكامل للرقابة.

ان الرقابة الاستراتيجية (Strategic Control) تركز على فاعلية المنظمة في إطارها الكلي والوظائف لمعرفة ان الاستراتيجيات الموضوعة لهذه المستويات قد حققت أهدافها، وتأتي الرقابة الهيكلية ورقابة العمليات والرقابة المالية لتتم صورة الرقابة الشمولية في المنظمة

* **الرقابة الاستراتيجية**
Strategic Control
رقابة تركز على الفاعلية الكلية للمنظمة الصغيرة

ورغم بساطة عمليات الرقابة في منظمات الاعمال الصغيرة إلا انه يفترض ان تغطي هذه العمليات مجمل جوانب العمل في المنظمة باعتبارها نظام مفتوح على البيئة حيث:

(1) رقابة تركز على المدخلات، رقابة قبل التنفيذ (فحص المواد الاولية، فحص العاملين قبل توظيفهم).

(2) رقابة تركزعلى العمليات مستمرة التنفيذ، رقابة متزامنة مع التنفيذ، وهي رقابة تحاول حل المشاكل حال ظهورها وحدوثها (الرقابة الذاتية من قبل الأفراد انفسهم، ادارة الجودة الشاملة، ثقافة المنظمة).

(3) رقابة تركز على المخرجات، وهي رقابة بعد التنفيذ بمعنى حل المشاكل بعد حدوثها (تحليل المبيعات لاحد رجال البيع، فحص الجودة للمنتجات).

وفي المنظمات الصغيرة تستخدم ادوات رقابية مختلفة، مثل الموازنات التقديرية والنسبة المالية لرقابة الجانب المالي، كذلك الرقابة على المشتريات والمخزون وتحليل التعادل للرقابة التشغيلية. وهناك ايضا الرقابة الاحصائية على جودة المنتجات وادوات الرقابة الهيكلية. اما مداخل الرقابة الاستراتيجية، فهي مداخل لتقييم الاداء في المجالات المهمة عن عمل المنظمة ومن أهم تلك المداخل.

- مدخل تقييم الاداء في المجالات الرئيسية
- مدخل المميزات الوصفية.
- مدخل اصحاب المصالح.
- نظام تقييم الاداء المتوازن.
- الادارة على المكشوف.

حالة نقاشية (5) *

بدأت شركة الثقة لنقل الركاب أعمالها في مركز مدينة الرباط المغربية منذ عام (1974)، وكان تقدم خدمات النقل الداخلي لمركز المدينة في بداية الامر، ثم وسعت خدماتها لتشمل ربط مركز المدينة بالعديد من المناطق القريبة والتي تتبع اداريا لمدينة الرباط. وبعد عشرة سنوات أصبحت المسيطر شبه الكامل على قطاع النقل وتقدم خدماتها إلى كافة فئات المستهلكين. تفاجأت إدارة الشركة في عام (1993) بدخول شركات أخرى تقدم خدمات النقل في المدينة. الاولى هي شركة الفارس المغربي والتي ركزت خدماتها على الخطوط الخارجية بسيارات مريحة وجديدة. والثانية هي شركة الاخلاص التي حاولت تجزءة السوق لتجد ان اكبر فئة تستخدم خدمات النقل هم طلاب الجامعة والمدارس، وحاولت ان تقدم لهم خدمات ضمن فئات محددة بالدقة في المواعيد وضمن اشتراك شهري تبدو فيه كلفة النقل منخفضة.

ولمواجهة هذا الواقع الجديد حاولت إدارة شركة الثقة مناقشة الآتي:

(1) التركيز في تقديم خدمات النقل داخل مركز المدينة ولمناطق صغيرة مدروسة جيدا، مستفيدة من خبرتها المتراكمة ومن خلال باصات نقل جديدة ومريحة مقارنة بالمنافسين الاخرين.

(2) استخدام باصات مزدوجة الاطارات لكونها أكثر أمان وتقديم مزايا كلف عمل منخفض، بعد مقارنة هذا الأمر مع الشركتين المنافستين، هكذا تقدم شركة الثقة سعر نقل منخفض بطريقة عقود مع شركات الطيران لضمان استمرارية العمل في قطاع النقل او مع الجامعة والمدارس الخاصة الكبيرة.

وقد أختارت إدارة الشركة الصيغة الثانية، عقود مع الخطوط الجوية والجامعة وعدد من المدارس الكبيرة. هكذا نجحت الشركة في استرجاع موقعها في السوق وأصبحت تحقق أرباح متزايدة.

والمطلوب

- وصف لبيئة شركة الثقة لنقل الركاب.
- اين تكمن قدراتها المميزة.
- اعط وصفا عاما لاستراتيجية الشركة، وناقش التوجه الذي اختاريته في مواجهة المنافسين.

---

* الحالة محورة من حالة مماثلة في كتاب "السياسات الادارية، المفهوم، الصياغة والحالات الدراسية"، السعد والغالبي (1999)، دار الكتب، جامعة البصرة.

* **أسئلة عامـــة**

1- اذكر مراحل تطور الفكر الاستراتيجي في منظمات الأعمال؟

2- عرف التخطيط الاستراتيجي؟ كيف يمكن ان نجعل التخطيط عمليات مستمرة متدحرجة (Rolling Planning)؟

3- حدد أهم العوامل التي ساهمت في تطور الفكر الاستراتيجي؟

4- ماذا يقصد بالقابليات المميزة، وكيف تسند هذه القابليات الميزات التنافسية وتؤدي إلى نجاح الاعمال؟

5- اشار (Barney) إلى وجود خمس صفات في المورد لكي يعد جوهري، ما هي هذه الخصائص والصفات؟

6- ماذا تعطي الإدارة الاستراتيجية منظمات الاعمال الصغيرة من فوائد؟

7- اين يتجسد الاختلاف في ممارسة الفكر الاستراتيجي والإدارة الاستراتيجية بين الاعمال الصغيرة والشركات الكبيرة؟

8- اذكر ما تعتقده أهم أسباب تجعل مدراء الاعمال الصغيرة يترددون في ممارسة التخطيط الاستراتيجي؟ كيف ترى حجية هذه الأسباب؟

9- هل يمكن ان ترسم مخطط عام لصياغة الاستراتيجية في الاعمال الصغيرة؟

10- ماذا تعني عوامل النجاح الحرجة، وما أهميتها لنجاح المنظمات الصغيرة؟

11- في إطار تحليل البيئة الخارجية للمنظمة الصغيرة، ما هي العوامل التي تدرس وتحلل بجانب العرض، اذكرها؟

12- ماذا يعني تحليل SWOT؟ اذكر امثلة له؟

13- ما المقصود بـ التآزر (Synergy) كأحد مكونات استراتيجية المنظمة، وكيف يتم استغلال واستخدام اقصى صيغة تآزر في الاعمال؟

14- بماذا تساهم سياسة التسويق من أهداف تتكامل مع استراتيجية المنظمة؟

15- كيف يتم تحسين الخزانة (الاموال) من خلال فحص ومراقبة أئتمان الزبائن؟

* * **أسئلة نقاش وتفكير ورأي**

1- هل تأخذ الاستراتيجية نفس التوجهات والمدلولات في منظمة فردية صغيرة تقدم خدمة في سوق محلي محدود، قياس لشركة كبيرة عاملة على الصعيد العالمي؟ ناقش هذا الأمر.

2- لو كنت عاملا في مركز استشارات صغير في مدينتك التي ولدت وتسكن فيها، وتقدم استشارات في مجال التخطيط والادارة الاستراتيجية، ووجدت ان اغلب المنظمات الموجودة هي أعمال صغيرة جدا والبعض متوسطة، وان المدراء لا يعون ولا يقدرون اهمية هذه الأفكار والمفاهيم والاساليب والممارسات

لمنظماتهم، ماذا تعمل؟ صف لنا منهجية وطريقة تقترح اعتمادها لاقناع المديرين بأهمية ممارسة الإدارة الاستراتيجية في أعمالهم، اكتب ذلك وناقشه مع زملاءك ومجموعتك.

3- من المحتمل انك تفكر في مستقبلك العملي والمهني، فهل تستطيع ان تحدد على الصعيد الشخصي ما يلي:

- رسالتك في الحياة.
- رؤيتك للذهاب باتجاه ذلك.
- أهدافك للمدى البعيد.
- أهدافك للمدى المتوسط وكذلك القريب.
- عوامل مهمة محيطة بك تساهم او تعيق تحقيق ذلك.
- قدرات متميزة تمتلكها شخصيا تشكل قاعدة لانطلاقك باتجاه تحقيق ما تصبو إليه.
- أمور أخرى تجد أنها ذات أهمية لاستكمال رؤيتك ومنظورك الاستراتيجي.

اكتب جميع هذه الجوانب واعرضها على من تعتقد أنه يساعدك في اتمام هذا الأمر، وبذلك تكون لديك استراتيجية بسيطة، سهلة وواضحة تساعدك في الارتقاء وتعطي وجودك معنى محدد.

4- حاول ان تطور استبانة من عشرين سؤال تقدمها لمؤسسات فردية متماثلة (نفس النشاط)، تستشف من خلال الاجابة عليها مدى قرب أو بعد مدراء أو مالكي هذه المؤسسات عن الفكر والممارسة الاستراتيجية. هل تجد علاقة بين القرب والنجاح وازدهار المؤسسة؟

5- قد يرى البعض ان صياغة استراتيجية مناسبة للمنظمة الصغيرة وبشكل جيد كفيل بتحقيق النجاح حتى لو كانت اجراءات وآليات التنفيذ ضعيفة، هل تؤيد هذا الرأي ام تعارضه؟ لماذا، وضح ذلك؟

*** أسئلة خيارات متعددة

1- **تسمى العمليات والانشطة الشمولية والمركزة والتي تزود المنظمة بالتوجه طويل الأمد لمساعدتها على انجاز رسالتها.**

A- خطة العمل
B- الخطة الاستراتيجية
C- التخطيط الاستراتيجي
D- الاستراتيجية

2- **ان جانب القوة او نقطة القوة التي تمتلكها المنظمة الصغيرة وحدها او يشاركها عدد قليل من منظمات أخرى تدعى:**

A- ميزات تنافسية
B- قابلية مميزة
C- افضل ممارسة
D- رسالة المنظمة

3- **ادناه مجموعة من الموارد غير الملموسة التي قد تكون بحوزة المنظمة الصغيرة، ما عدا واحدة ليس منها:**

A- السمعة والشهرة
B- ثقافة المنظمة
C- المعرفة
D- المكائن والمعدات

4- **إذا عملت جميع أجزاء ومكونات المنظمة الصغيرة بتفاعل ايجابي لانتاج تأثير مشترك يفوق عمل هذه الاجزاء والمكونات كل لوحده، يسمى هذا**

A- التداؤب (التآزر)
B- القدرات الجوهرية
C- المجال الحيوي
D- الميزة التنافسية

5- **جميع الآتي تعتبر قرارات استراتيجية ما عدا واحد ليس كذلك.**

A- تطوير منتج جديد
B- اضافة خط انتاجي جديد
C- تعيين عامل جديد
D- تغيير المدير العام للشركة.

6- **قدم الباحث (Barney) تحليل (VRIO) لتحديد خصائص وصفات المورد النادر وهذه تعني:**

A- Value, Rareness, Imitability, Organization

B- Vault, Radical, Incentive, outline

C- Valet, Range, Inconstant, outright

D- لا شيء مما ذكر اعلاه.

-7 جميع العبارات ادناه صحيحة عدا واحدة.

A- في منظمات الاعمال الصغيرة والمتكونة من عمل واحد، يندمج المستوى الكلي للاستراتيجية مع مستوى الاعمال، ويصبح هناك مستويين لاستراتيجية المنظمة.

B- لا تجري الاعمال الصغيرة تحليل موسع ومتشعب للبيئة الخارجية، كما قد يكون الحال في الشركات الكبرى.

C- نتوقع ان تكون مديات العملية التخطيطية وبالتالي الخطة أقصر في المنظمات الكبيرة منه في الاعمال الصغيرة.

D- ليس بالضرورة ان يكون تجميع البيانات والمعلومات المفيدة للاعمال الصغيرة دائما مكلف وصعب الوصول إليه.

-8 جميع الآتي ممكن ان تكون من جوانب تردد مدراء المنظمات الصغيرة في ممارسة التخطيط الاستراتيجي ما عدا

A- الوقت غير متاح للقيام بالتخطيط الاستراتيجي، باعتبار ان هذا التخطيط يحتاج وقت طويل.

B- يحتاج التخطيط الاستراتيجي إلى تكاليف عالية.

C- أحاطة المدراء بالعملية التخطيطية وسهولة هذه العملية.

D- ان الخطة والعملية التخطيطية تقيد حرية المدراء.

-9 تحليل SWOT هو

A- تحليل وفرز القوة والضعف في الوضع الداخلي للمنظمة وكذلك الفرص والتهديدات في البيئة الخارجية.

B- تحديد الميزات التنافسية التي بحوزة المنظمة.

C- فحص موارد المنظمة باعتبارها موارد ملموسة وغير ملموسة

D- عرض جميع الخيارات المتاحة امام المنظمة.

-10 تسمى العوامل التي تؤثر بشكل كبير على القرارات باعتبارها تتحكم بالموقع التنافسي للمنظمة داخل الصناعة.

A- خيارات استراتيجية

B- عوامل نجاح حرجة

C- عوامل ضعف المنظمة

D- عوامل قوة المنظمة

11- جميع الآتي هي فرص ايجابية في البيئة الخارجية عدا واحدة تعتبر تهديد أشرها

A- تكنولوجيا واعدة.

B- منافسون جدد.

C- ازدياد قدرة تجزءة السوق.

D- منتج جديد وأسواق جديد.

12- حددت منظمات مجال عملها بالشكل التالي: الاولى (نعمل في مجال صناعة الضيافة)

الثانية (نقدم خدمات سكن فندقية متميزة)

A- الاولى مجال عمل ضيق، والثانية مجال عمل واسع.

B- الاولى مجال عمل واسع، والثانية مجال عمل واسع ايضا.

C- الاولى مجال عمل ضيق، الثانية مجال عمل ضيق أيضا.

D- الاولى مجال عمل واسع، الثانية مجال عمل ضيق.

13- ان توسيع المنظمة لعملياتها الحالية في مجال نشاطها الحالي أو إلى مجالات جديد هو

A- استراتيجية استقرار

B- استراتيجية تراجع

C- استراتيجية نمو

D- استراتيجية عالمية

14- اذا اشترت جامعة خاصة تمنح درجة البكالوريوس، مدرسة خاصة فيها دراسة من السنة السابعة إلى التوجيهي (بكالوريا) فهذه الاستراتيجي هي:

A- تكامل افقي.

B- تكامل عمودي إلى الامام

C- تنويع غير مرتبط

D- تكامل عمودي إلى الخلف.

15- جميع الآتي هي قرارات تشغيلية في مجال إدارة الانتاج والعمليات عدا واحد

A- الصيانة

B- الطاقة

C- مراقبة الجودة

D- تصميم الوظيفة

16- جميع العبارات ادناه خاطئة عدا واحدة

A- إذا كان الانتاج حسب الطلب يفضل ان تكون حجوم المصانع كبيرة.

B- إذا كان الانتاج واسع يفضل ان تكون المعدات والتجهيزات متخصصة.

C- إذا كان الانتاج حسب الطلب يفضل ان يكون الخزين مرتفع.

D- إذا كان الانتاج واسع يفضل ان يكون تخصص المهام قليل.

17- يفترض ان يفهم في إطار السياسة التسويقية لمنظمة الاعمال الصغيرة ان المستهلكون:

A- يشترون ما ينتجه العمل الصغير.

B- يشترون ما يبيعه العمل الصغير.

C- يشترون مقدار ومدى الرضا المتوقع الحصول عليه من شراء السلع والخدمات.

D- لا شيء مما ذكر اعلاه.

18- يمكن تحسين الخزانة (الاموال) في منظمة الاعمال الصغيرة من خلال اتخاذ مجموعة افعال في اطار ائتمان الموردين ندرجها ادناه عدا واحدة ليس منها:

A- حاور على اطالة أمد التسديد للموردين.

B- ابحث عن موردين جدد آخرين.

C- انتقل إلى الطلبات الصغيرة.

D- ركز العلاقة مع مورد واحد فقط.

19- تدعى الانشطة التي تهدف إلى جعل الخطط والنتائج منسجمة مع التوقعات والمعايير المستهدفة

A- العملية الرقابية

B- العملية التخطيطية.

C- الرقابة

D- تقييم الاداء

20- يسمى اسلوب اشتاق الاهداف بشكل مترابطة وتحديد الوسائل لها بـ

A- الأهداف الاستراتيجية

B- سلسلة الوسائل والغايات.

C- اسلوب تخصيص الموارد

D- معالجة وسد فجواة الاداء.

المصـــادر

* تم ترتيب المصادر كما وردت في تسلسلها في المتن

1- Thune, S. and House, R. : "Where long Range planning pays off", **Business Horizons**, vol. 13, No. 4, 1970.

2- Harold, D.M: "Long Range Planning and Organizational performance, A Case evaluation study", **Academy of Management Journal**, vol. 15, 1975.

3- Bracker, J. and Pearson, J: "Planning and financial performance of small mature Firms", **Strategic Management Journal**, Vol. 25, No. 2, 1982.

4- Halten, M.C.: "Strategic management in not- for-profit organization", **Strategic Management Journal**, No. 3, 1982.

5- Chaffee, E.: "Successful Strategic management in small private college", **Journal of Higher Education**, No. 55, 1984.

6- Mrena, E: "Strategic Planning in Tanzania", **Long Range Planning**, vol. 3, 1987.

7- ابو ناعم، عبد الحميد مصطفى: "ممارسة الإدارة الاستراتيجية في المنظمات المصرية"، **مجلة الإدارة والمحاسبة والتأمين**، العدد (46)، 1994.

8- القطب، محيي الدين يحيى (1996): **"التحليل الاستراتيجي وأثره على الأداء المالي، دراسة تطبيقية في عينة من الشركات الصناعية الأردنية"**، رسالة ماجستير غير منشورة، الجامعة المستنصرية، العراق.

9- آيوب، ناديا حبيب: "الإدارة الاستراتيجية في المنشآت الصناعية السعودية وعلاقتها بقدرة المنشأة، **مجلة الإدارة العامة**، المجلد (37)، العدد (3)، 1997.

10- الغالبي، طاهر محسن والزيادي، عبد العظيم جبار: "أهداف المنظمة، دراسة حالة في منشأة صناعية عراقية (آور للصناعات الهندسية)، **مجلة البلقاء للبحوث والدراسات**، المجلد (9)، العدد (1)، 2002.

11- Glueck, W.F. et al: "The four phases of Strategic management", **Journal of Business Strategy**, Winter, 1982.

12- Feurer, Rainer and chaharbaghi, Kazem: "Strategy development: past, present and future", **Management Decision**, 1985.

13- الغالبي، طاهر محسن منصور وأدريس، وائل محمد صبحي (2007): "**الادارة الاستراتيجية، منظور منهجي متكامل**"، دار وائل للنشر والتوزيع، عمان، الأردن.

14- المرسي، جمال الدين محمد وآخرون (2002): "**التفكير الاستراتيجي والادارة الاستراتيجية، منهج تطبيقي**"، الدار الجامعية، الاسكندرية، جمهورية مصر العربية.

15- Bowhill, Bruce (2008): "**Business planning and control, integrating Accounting strategy and people**", John Wiley and Sons, England.

16- Mintzberg, Henry (1994): "**The Rise and fall of strategic planning**", Prentice- Hall.

17- Morrisey, George (1996): "**A guide to Strategic thinking, building your planning foundation**", John Wiley and Sons, Inc.

18- Kovitz, Alan et al (2003): "**Why Strategic planning**", Mid-Atlantic Development.

19- الغالبي، طاهر محسن والسعد، مسلم علاوي: "فلسفة التخطيط بين استمرارية التصور وتجدد الاساليب"، **مجلة العلوم الاقتصادية**، العدد (10)، 1995، جامعة البصرة.

20- العامري، صالح مهدي والغالبي، طاهر محسن (2008): "**الادارة والاعمال**"، دار وائل للنشر والتوزيع، الطبعة الثانية، عمان، الأردن.

21- Hatten, S. Timothy (2006): "**Small Business Mangement, Entrepreneurship and beyond**", Houghton Mifflin Company.

22- Martinet, A. Ch. (1083): "**Strategie**", Vuibert, Paris, France.

23- Hinterhuber, Hans and Popp, Wolfgang: "Are you a strategist or just a Manager?", **Harvard Business Review**, Jan-Feb, 1992.

24- Hill, C. and Jones, G (2001): "**Strategic management, An Integrated approach**", 5th edition, Houghton Mifflin Company, Boston.

25- Leontiades, M., "The Confusing words of Business Policy", **Academy of Management Review,** January, 1982.

26- Smith, Ralph, F. (2007): "**Business process management and balanced Scorecard**", John Wiley and Sons, Inc. New-Jersey, U. S. A.

27- الغالبي، طاهر محسن منصور: "المرونة في المشروع الصناعي، طرق قياسها ووسائل تحسينها"، **مجلة تنمية الرافدين**، العدد (39)، جامعة الموصل، العراق، 1993.

28- Hamel, Gary: "Strategy as Revolution", **Harvard Business Review**, July-Aug, 1996.

29- Hopkins, W, E. and Hopkins, S, A: "Strategic planning, financial performance relationships in Banks: A causal examinational", **Strategic Management Journal**, No. 18, 1997.

30- Moore, Hank: "**How to succeed in the future, steps in the process of developing a strategic vision, How to conduct strategic planning for your organization**", Business Monograph, 1998.

31- Miller, C, C. and Cardinal, L, B. "Strategic planning and firm performance, A synthesis of more than two decades of research", **Academy of Management Journal**, No. 37, 1994.

32- Sexton, D. and Auken, P.: "A longitudinal Study of small business in Strategic Planning", **Journal of Small Business Management**, No. 23, 1985.

33- Day, G.S.: "The Capabilities of market driven organization", **Journal of marketing** 1994.

34- Grant, Rebort, M. (2002): "**Contemporary strategic analysis, Concepts, techniques, applications**", Blackwell publishers Inc.

35- Barney, J, B. (1997): "**Gaining and Sustaining Competitive advantage**", Reading Mass, Addison- Wesley.

36- Greenley, G. (1989): "**Strategic management**", Prentice-Hall, New-York.

37- Garvin, David, B.: "Building a learning organization", **Harvard Business Review**, July – Aug, 1993.

38- نجم، نجم عبود (2008): "**إدارة المعرفة، المفاهيم والاستراتيجيات والعمليات**"، مؤسسة الوراق للنشر والتوزيع، عمان، الأردن.

39- Reynaud, D,F.: "**Les limites Strategiques de lentreprise publique**", W.P, No. 160, L'I.A.E d'Aix-Marseille, 1979, France.

40- Hafsi, T: "L'Etat et l'entreprise un tete-a-tete mal vecu", **Harvard L'Expansion**, Paris, 1983.

41- Lyles, M,A. et al: "Formalized planning in small Business Increasing Strategic Choices", **Journal of Small Business Management**, April, 1993.

42- Hofer, C, W. (1980): "**Strategic Management**", St. Paul Minn, West Publishing Co.

43- Wheelen, Thomas, L. and Hunger, J. David (2006): **Strategic Management and Business Policy**", Pearson Education Inc. Upper Saddle River, 10th edition, New Jersey.

44- Megginson, Leon, C. et al (2003): "**Small business management, An entrepreneur's guidebook**", McGraw-Hill.

45- الغالبي، طاهر محسن وادريس، وائل محمد صبحي: "**استخدام بطاقة الاهداف الموزونة (BSc) مع تحليل (SWOT) لصياغة الاستراتيجية، دراسة اختبارية في البنك العربي**"، المؤتمر العلمي السنوي لجامعة جرش، الأردن، 2004.

46- Porter, M. (1985): "**Competitive advantage: Creating and Sustaining Superior performance**", Free Press, New-York.

47- Zahra, Shakar and Chaples Sherry: "Blind Spots in Competitive analysis", **Academy of Management Executive**, May, 1993.

48- Porter, M: "Know your place", **Inc.** September, 1991.

49- Cook, Kenneth (1994): **"AMA Complete guide to Strategic planning for small Business"**, NTC Publishing Group, Illinois

مترجم، فريق بيت الافكار الدولية، الرياض، المملكة العربية السعودية.

50- Kaufman, Roger et al (2003): "**Strategic planning for success: Aligning people, performance and pay offs"**, Pfeiffer.

51- الغالبي، طاهر محسن وادريس، وائل محمد صبحي (2007): "**دراسات في الاستراتيجية وبطاقة التقييم المتوازن**"، دار زهران للنشر والتوزيع، عمان، الأردن.

52- De Madariage, Salvador (1968): "**planifier pour etre libre**", OCED, paris.

53- Gooderham, Gay: "Focus on strategy", **CMA Magazine**, May, 1998.

54- Bean, William, G. (1993): "**Strategic planning that makes things happy**", Human Resources Development press, Inc.

55- Armstrong, Micheal: "**A handbook of Management techniques, the best-selling guide to modern management methods**".

مترجم "تقنيات الادارة"، مكتبة جرير، المملكة العربية السعودية، 2003.

56- Longenecker, Justin G. et al (2006): "**Small Business Management, An entrepreneurial emphasis**", Sout-Western, Thomson Publishing Company.

57- Manning, Tony: "**Making Sens of Strategy**", American Management Association, New-York, 2001.

58- المنصور، كاسر نصر وجواد، شوقي ناجي (2000): "**إدارة المشروعات الصغيرة**"، دار الحامد للنشر والتوزيع، عمان، الأردن.

59- Hofer, C, W. and Schendel, D. (1978): "**Strategy formulation analytical Concepts**", St. Paul, MN West.

60- De Woot, philipe et Heyvaert, Hubert: "**Management strategiques et performance economique une recherché empirique sur (160) enterprises Belges**", E. S/ sciences de Gestion No.1, 1979.

61- Weil, Alain: "**Les transfers de technologie aux pays en voie de development par les petites et moyennes Industries**", La Documentation. Francaise, Paris, Mars, 1980.

62- Martin, R.: "Changing the mind of Corporation", **Harvard Business Review**, Nov- Des, 1993.

63- الغالبي، طاهر محسن ونعوم، أمال فؤاد: "نظام القيم لدى المديرين العراقيين، دراسة ميدانية في المنشآت الصناعية والخدمية، محافظة البصرة - العراق"، **مجلة المنارة للبحوث والدراسات**، المجلد (11)، العدد (2)، جامعة آل البيت، الأردن، 2005.

64- الخفاجي، نعمة عباس: "**الريادة الاستراتيجية، المظلة والاصول والقيمة**" بحث ضمن وقائع المؤتمر العلمي الاول لجامعة فيلادلفيا، اذار، 2005. ومنشور في كتاب "قراءات في الفكر الاداري المعاصر"، للدكتور نعمة الخفاجي والدكتور طاهر الغالبي، دار اليازوري للنشر والتوزيع، عمان، الأردن، 2008.

65- Banks, Robert et Wheelwright, Steven: "**La Tactique Contre La Strategie**", H. E, E. I. A. S. M., No. 14, 1979.

66- David, Fred, R. (2001): "**Strategic Management, concepts and cases**", 8th edition, Prentice-Hall, New Jersey.

67- Trego, B. and Zimmerman, I (1980): "**Top Management Strategy**", Simon and Schuster, New-York.

68- الغالبي، طاهر محسن وجلميران، عمار نجم الدين: "**المعرفة مدخل لتعزيز منهج الحاكمية في المنظمات العربية**"، المؤتمر العلمي الدولي الخامس لجامعة الزيتونة - نيسان، 2005.

69- القريوتي، محمد قاسم أحمد: "**إدارة المعرفة التنظيمية، المفهوم والاساليب والاستراتيجيات**"، المؤتمر العلمي الرابع لجامعة فيلادلفيا، مارس، 2004.

70- MaCmillan, G. and Tampoe, M (2000): "**Strategic Management Process, content and Implementation**". Oxford Press.

71- Johnson, G. and Scholes, K. (1997): "**Exploring corporate strategy**", 4th edition, Prentice Hall, London.

72- السعد، مسلم علاوي والغالبي، طاهر محسن (1999): "**السياسات الأدارية، المفهوم، الصياغة والحالات الدراسية**"، الطبعة الاولى، دار الكتب، جامعة البصرة – العراق.

73- Skinner, Wickham: "manufacturing missing link in corporate Strategy", **Harvard Business Review**, May – June, 1969.

74- أبو قحف، عبد السلام (1992): "**سياسات الاعمال، المفهوم والاهمية ونطاق الدراسة**"، المكتب العربي الحديث، الاسكندرية، جمهورية مصر العربية.

75- Horovitz, Jacques et Pitol-Belin, Jean Pierre (1984): "**Strategie pour la PME**", McGraw- Hill, Paris.

76- Muralidharan, R.: "Strategic control for fast moving markets: updating the strategy and monitoring performance", **Long Range Planning**, No. 30, 1997.

77- Cable, Daniel, M: "**Change to Strange, Create a greate organization by building a strange workforce**", Wharton school publishing

خلاصات شعاع العدد (369)، آيار، 2008.

78- Thietart, Raymond-Alain (1984): "**La Strategie d'entreprise**" McGraw-Hill, Paris.

79- Schermerhorn, J.R. (2005): "**Management**", 8th edition, John wiley and Sons, Inc. U.S.A.

الفصل السادس

إدارة منظمات الأعمال الصغيرة

Managing Small Business Organizations

الفصل السادس

إدارة منظمات الأعمال الصغيرة

Managing Small Business Organizations

بعد دراستك لهذا الفصل تستطيع الإجابة بلغتك الخاصة على :

(1) أهمية الادارة والممارسة الادارية المهنية والاحترافية بالإضافة إلى الجانب الريادي الابداعي للأعمال الصغيرة.

(2) دور إدارة الانتاج والعمليات في نجاح الأعمال الصغيرة الصناعية منها والخدمية.

(3) كيفية ممارسة الأنشطة التسويقية بشكل متكامل وأهميتها للمشروعات الصغيرة.

(4) الدور الجديد لادارة الموارد البشرية في المنظمات، وما تلعبه هذه الادارة من دور حيوي للمنظمات والمشروعات الصغيرة.

(5) أهمية التعامل مع الاخطار وأساليب وطرق التأمين عليها في منظمات الأعمال الصغيرة.

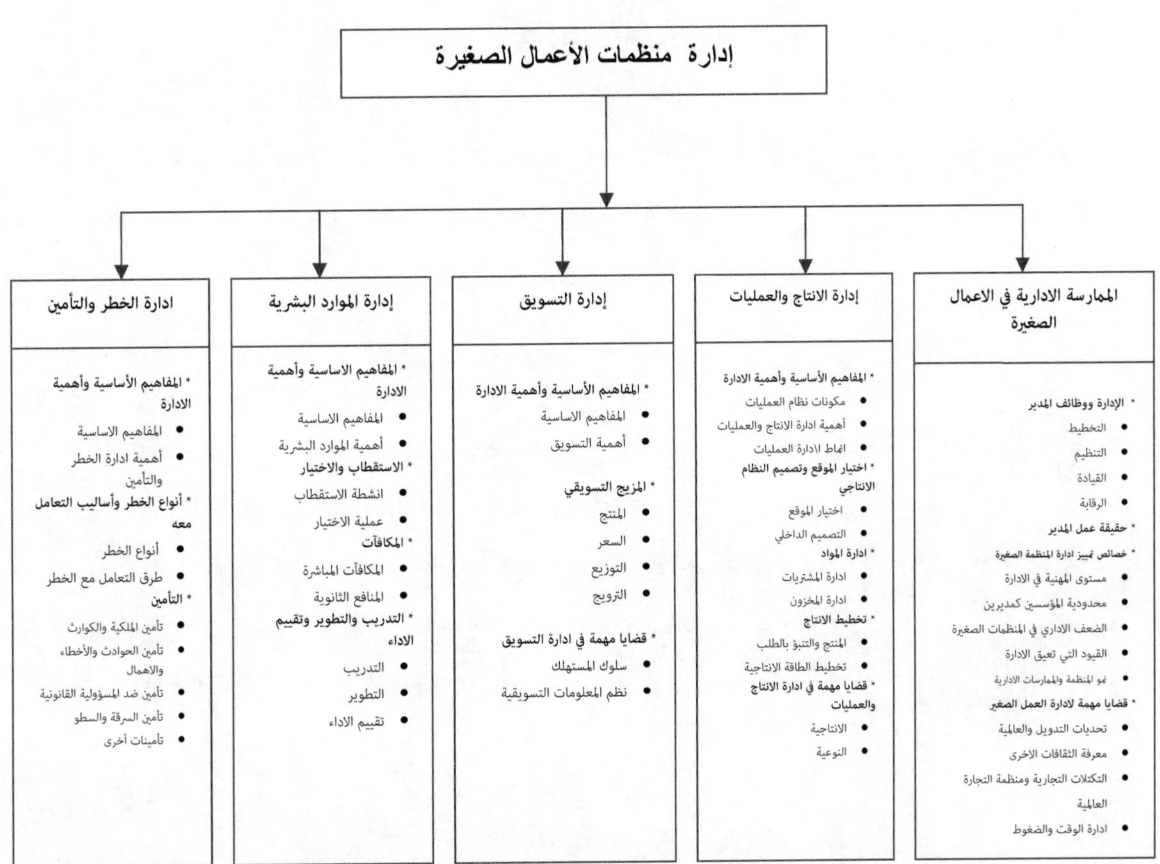

اذا تم اعتبار الادارة والممارسة الادارية من الضرورات القصوى للنجاح في الاعمال على اختلاف أشكالها وحجومها وطبيعة عملها ونشاطها، فأن هذه الادارة والممارسة الادارية تصبح أكثر حيوية للاعمال الصغيرة نظراً لكون الأخطاء لا يمكن تحملها في العديد من المواقف.

سنحاول في هذا الفصل أن نعطي فكرة مركزة حول ادارة منظمات الاعمال الصغيرة من خلال استعراض أوجه الممارسة الادارية متجسدة بوظائف المدير الاساسية ومن ثم عرض النشاط الاداري في مختلف الفعاليات الوظيفية المهمة والتي يحتاجها العمل الصغير لكي يستمر وينمو ويتطور. ونعتقد أن التطبيقات الادارية في منظمات الاعمال الصغيرة تنفرد بخصوصة وميزات يفترض أن تذكر هنا، وليس مجرد استعراض مكرر لما هو متماثل ومتشابه من أوجه الممارسة الادارية في جميع أنواع المنظمات.

الممارسة الادارية في الاعمال الصغيرة Managerial Functions in Small Business

ان الادارة (Management) ضرورية لنجاح المنظمات مهما كان حجمها، ويجب ان تمارس بعلمية ومنهجية والا يصبح وجود المنظمة في خطر. ويلاحظ وجود تشابه وعلاقة بين ادارة المنظمات الكبيرة وادارة المشروعات الصغيرة رغم وجود الاختلافات الجوهرية أيضاً بين الاثنين (**Hatten**: 2006 : 454). ان ممارسة الادارة في منظمات الاعمال الصغيرة ليس بالمهمة السهلة، ومن الضروري الانجاز والاداء الفعال والمتميز في العديد من الانشطة مع محدودية الموارد قياساً لكبار المنافسين. ان توقعات المستهلكين والعاملين وباقي الفئات الاخرى تزداد لدرجة تصبح معها استمرارية المشروع الصغير موضع شك بدون ادارة مهنية واحترافية عالية تعي وتستوعب وتمارس من خلال طرق وآليات متطورة العملية الادارية في المشروع الصغير.

* الادارة ووظائف المدير Management and Manager functions

من الضروري ان تعي ادارة منظمة الاعمال الصغيرة ان نجاح المنظمة يرتبط بالقدرة على الاستخدام الفعال لكافة الموارد المادية والبشرية لكي يكون الانجاز في كافة أجزاء المنظمة عند أعلى مستوياته.

هكذا فأن الادارة (Management) هي عمليات متتابعة ومستمرة من التخطيط، والتنظيم، والقيادة والرقابة للموارد لكي يتم انجاز الاهداف التي اعتمدتها المنظمة. ومن الطبيعي ان تحاول ادارة المشروع الصغير ان تطور هذه العمليات الفكرية لتعكسها على أرض الواقع بممارسات فعالة وكفوءة تزيد من قدرة المشروع في المنافسة وكسب رضا العملاء.

> *** الادارة Management**
> عمليات ومراحل من التخطيط والتنظيم والقيادة والرقابة للموارد لكي يتم انجاز أهداف المنظمة

فوظائف الادارة الرئيسية والتي تلاقي قبول عام هي:-

- التخطيط Planning
- التنظيم Organizing
- القيادة Leading
- الرقابة Controlling

ان هذه الوظائف يمارسها المديرين سواء كانوا على رأس منظمة أعمال كبيرة أم متوسطة أم صغيرة، وكذلك إذا هدفت إلى تحقيق أرباح أو غير ذلك، ان كانت منظمة صناعية أو خدمية. هذه الوظائف الأربعة تعتبر مستمرة ومتداخلة تتبادل التأثير والعلاقة شكل (6 – 1).

شكل (6-1)

وظائف الادارة الاساسية

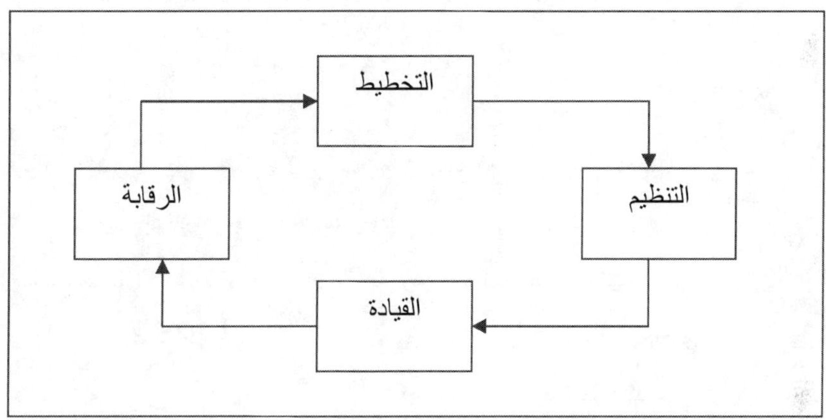

ان مدير المنظمة الصغيرة يمارس هذه الوظائف في كل وقت وبصيغة الاستمرار والتداخل في انجازهم ليتشكل من خلال ذلك دورة مستمرة وحلقة للتقدم والتطور وتحسين موقف المنظمة في السوق.

(1) **التخطيط** Planning

تبدء العملية التخطيطية بوصف النتائج المراد تحقيقها والاسباب وراء ذلك، فالتخطيط هو عملية تحديد الأهداف والأفعال وتخصيص الموارد اللازمة لانجاز هذه الأهداف. وكما ذكرنا سابقاً فان العملية التخطيطية في منظمات الأعمال الصغيرة لا تتشعب وتتعقد كما هو الحال في الشركات الكبيرة، وبذلك نتوقع أن يكون المدير بعض المساعدين أكثر اندماجاً في مراحل العملية

* **التخطيط** Planning

أنشطة تتعلق بعمليات تحديد الأهداف والأفعال وتخصيص الموارد اللازمة لانجاز هذه الأهداف.

التخطيطية. ومع بساطة العملية التخطيطية في اجراءاتها ووضوح هذه الاجراءات والمراحل المؤدية للهدف، فأننا نتوقع أن تكون هذه العملية غنية في محتواها لكي توصل إلى خطة (plan) دقيقة وصحيحة وشاملة. ومن المؤمل أن تكون المنظمة الصغيرة أكثر قرباً من أسواقها وطلبات زبائنها بحيث تؤخذ هذه الجوانب في العملية التخطيطية بشكل مرن وسريع.

التنظيم Organizing

أنشطة وعمليات تتعلق بتخصيص المهام والادوار واقامة الدوائر والوحدات والاقسام والتنسيق بينها لانجاز فعال.

(2) **التنظيم Organizing**

لا يمكن ان تنفذ الخطط بكفاءة وفاعلية دون وجود تنظيم واضح المعالم توزع فيه الادوار والمهام وتنسق الفعاليات بشكل موحد يقود إلى انجاز الاهداف. ورغم توقع كون هذه العمليات ليست معقدة في منظمات الاعمال الصغيرة بسبب محدودية التقسيمات الادارية وكذلك المستويات الادارية، إلا أنه يكفي عدم وضوح الدور والمسؤوليات لحدوث نزاع وصراع بين الشركاء في العمل الصغير ليؤدي الأمر إلى انتهاء العمل. هكذا يفترض بالمدير ان يجد الصيغة التنظيمية الملائمة لطبيعة عمل المنظمة ونشاطها، وأن يلاحظ كفاءة انعكاس الناحية التنظيمية على الانجاز وتحقيق الأهداف.

القيادة Leading

القدرات المتميزة في التأثير بالأخرين وتحفيزهم ومخاطبة قواهم الكامنة لإنجاز الاهداف.

(3) **القيادة Leading**

يفترض بأن يكون مالك أو مدير المنظمة الصغيرة قائداً للعاملين فيها. فخصائص الريادة تبعث الروح القيادية التي تتسجد بالتأثير الايجابي بالعاملين ودفعهم لتقديم الأفضل على جميع المستويات بشكل دائم ومستمر. ان قرب المدير من الافراد يفترض أن يجعله محفزاً لهم ولديه القدرة الايحائية والتأثيرية ليحرك الطاقات الكامنة للعاملين ويجعلهم أكثر أداء وانجاز. ويعطي المدير القائد قدوة حسنة في الالتزام العالي ويبني رؤية مشتركة ويدعم جهود الافراد لتحقيق الاهداف. ونعتقد أن مدراء منظمات الاعمال الصغيرة أجدر من غيرهم في ادخال صفة التميز في أعمالهم من خلال الاساليب القيادية المبتكرة والخاصة بهم.

الرقابة Controlling

قياس الأداء الفعلي ومقارنته بالمعايير الموضعة في الخطة وتحديد الانحرافات إن وجدت واتخاذ اجراءات التصحيح.

(4) **الرقابة Controlling**

العملية الرقابية مهمة للمنظمات الكبيرة منها والصغيرة. وبموجب الرقابة يتم التأكد من أن الانجاز يسير وفق الخطط الموضوعة وتتحقق الاهداف المرغوبة. والرقابة تتكامل مع التخطيط، حيث الاهداف الموضوعة تعتبر معايير للعملية الرقابية ليبدء التنفيذ ومن ثم قياس الاداء المتحقق ومقارنته بالمعايير (الأداء المخطط) وتحديد الانحرافات واتخاذ الاجراءات التصحيحية إذا تطلب الأمر. يفترض أن يحافظ مدير المنظمة الصغيرة من خلال العملية الرقابية على الصلة المستمرة بين حالة التغيير والتطوير وحالة المحافظة على ضبط الاجراءات والكلف وإنجاز العمليات.

* **حقيقة عمل المدير Manager's Job reality**

ان هذه الوظائف وغيرها من مهام وأدوار يفترض أن يضطلع بها مدير منظمة الاعمال الصغيرة. ان ما يلاحظ على مدراء الاعمال الصغيرة هو فقدان الموازنة بين التفكير كممارسة إدارية تتطلب وقت وجهد وترتبط بحالة التطوير المستقبلية وبين الفعل والإنجاز اليومي كمتطلب لتمشيه الجوانب الانية للعمل. فقد يغرق البعض في الفعل والإنجاز اليومي باعتبار إن المدير في المنظمة الصغيرة هو من يقوم بالأفعال بنفسه في أغلب الاحيان. وقد يرى البعض إن الوقت المكرس للتفكير الاداري والتنظيمي السليم هو وقت ضائع لعدم ارتباطه السريع وآلاني بالانجاز والفعل. هكذا يجب أن يتنبه مدراء المنظمات الصغيرة إلى هذه الجوانب المهمة من الممارسة الادارية.

كذلك يلاحظ في الإطار العام، ان مدراء أو مالكي الاعمال الصغيرة لديهم الاحساس والشعور، وخاصة في بدء تأسيس العمل، بأن ممارسة الادارة أشبه بعمل وظيفي ينجز بشكل مختصر مع مزيد من القوة والرقابة. في حين أن المدير أو المالك هنا يشبه قائد الاوكسترا الذي يعزف على آلة موسيقية واحدة في البدء ليتحول إلى موّجه يقود المواهب ويعطي القدرات للجميع لكي يعمل الكل بتناغم، كما أنه يعرف بالضبط قابليات كل آلة من الآلات(**Hill**: 1994: 18 – 21).

ان الوظائف الاساسية للمدير – أنفة الذكر – لا يمكن تصور ممارستها في بيئة الاعمال اليوم بنفس الطرق والاساليب كما لو كانت عند ذكرها من قبل (Henri Fayol). لقد تغير محتوى عمل المدير وفق اعتبارات التحولات الكبيرة والجذرية في متطلبات المنافسة وضرورات نجاح منظمات الاعمال، ويتأثر محتوى الممارسة الادارية بطبيعة نشاط المنظمة وحجمها. لقد عرض الباحث (**Mintzberg**: 1990 : 165) ووصف عمل المديرين من خلال الوقت المكرس لجزئيات هذا العمل. ووجد **منزبرك** ان عمل المدير يتصف بالتنوع في أنشطة وفعاليات عديدة مختلفة تتصف بعدم الاستمرار الطويل بدلاً من كونه منهجي ومنظم وفكري وتخطيطي. هذا يعني ميل المدير للفعاليات والأنشطة الأسهل والأوضح والسريعة بدلاً من تلك التي تحتاج إلى جهد فكري يستمر لفترات طويلة ومرهقة.

ان المدير الذي يفترض أن يكون مجدّد ومبدع وينجز أعمال وواجبات غير روتينية لا تنحى باتجاه التكرار والرتابة، نجده يعطي وقتاً أطول لفعاليات وواجبات روتينية يومية تتكرر وتعود تلح عليه باستمرار بنفس الطرق والآليات والاساليب. فأنشطة الحوار والطقوس الاحتفالية والمقابلات مع الاطراف الخارجية يكرس لها وقت أطول بحكم تكرار هذه الأنشطة، في حين تتقلص مساحة الوقت المكرس لأنشطة التخطيط الاستراتيجي والتفكير بمستقبل المنظمة. كذلك يرى أغلب المديرين الادارة بأنها نشاط فني تكنولوجي، قائم على أساس التعامل مع البيانات والمعلومات لغرض تطوير قرارات رشيدة، في حين هناك الجانب الحدسي المرتبط بالبصيرة والحكمة والحكم الدقيق على الأمور. ورغم أهمية الحاسوب (Computer) لإنجاز الأنشطة والأفعال التخصصية في

منظمات الأعمال، فأن المدير يبقى يعتمد بقوة على الكلمة المنطوقة والمسموعة لتدعيم قراراته. هكذا فأن حقيقة عمل المدير هي:-

- التعقيد.
- الصعوبة.
- التداخل بين العلم والفن في الممارسة الادارية.

من الضروري أن يمتلك مدير المنظمة الصغيرة مهارات وقدرات وقابليات ادارية مهمة تساعده في الممارسة الادارية السليمة والتي أصبحت متطلب أساسي للنجاح. ولكي يتم القيام بالتخطيط، والتنظيم، والقيادة والرقابة فأن المدير يفترض أن يضطلع بالأتي.

- تطوير العلاقات مع الزملاء المماثلين والعاملين الاخرين.
- الاهتمام الدائم والمستمر بالحوار والتفاوض.
- تحفيز المرؤوسين.
- حل الصراع.
- تأسيس شبكة المعلومات وتقدير الحاجة لها.
- اتخاذ قرارات متعلقة بتخصيص الموارد تحت ظروف تتسم بعدم التأكد العالي.
- لديه الرغبة في التعلم المستمر من خلال الوظيفة والعمل (**Mintzberg**: 1990: 175).

ولا يكفي اليوم أن يقوم مدير العمل الصغير بالبعض من هذه الأدوار واهمال للبعض الاخر، هذا يعني أنْ تواجد المدير في المنظمة الصغيرة وقربه من الانجاز والفعل المباشر تفرض عليه أن يكون متعدد المواهب ومستعد أن يكون على قدر المسؤولية من خلال ممارسة أنماط قيادية مختلفة. فهو أي المدير يمارس أنماط قيادية عديدة كما يذكر الباحث (**Goleman**: 2000: 78 - 90) وفق اعتبارات الموقف والظرف البيئي الذي يحيط به. فقد يكون رسمي، بل سلطوي (Authoritative) يحشد العاملين نحو الاهداف المحددة، أو مندمج ومُنظم للاخرين (Affiliative) حيث الاحساس بالانتماء وخلق الجو العاطفي المناسب للانجاز، أو ديمقراطي (Democratic) لبناء التوافق والاتفاق الحقيقي في بيئة العمل.

وفي مواقف أخرى يمارس المدير أسلوب المدرب (Coaching) حيث تطوير العاملين وزيادة قدراتهم من خلال التمكين (Empowerment) . وكذلك يهدف المدير الامثلية والتميز في أسلوب ما بعد التميز والتفوق (Pacesetting)، حيث وضع معايير عالية جداً وتوقع الانجاز المتميز، في حين لا يستبعد المدير أسلوب القسر (Coercive) في حالات معينة ومواقف يفترض أن تكون بأقل ما يمكن.

> *** التمكن empowerment**
> اعطاء العاملين سلطة اتخاذ القرارات أو الأفعال الخاصة بهم بعد اعدادهم العالي لهذا الأمر.

* فرق العمل work teams
مجاميع من العاملين لديهم حرية في الممارسة دون اشراف رقابي مباشر.

وفي منظمات الاعمال الصغيرة، نتوقع ان يكون التميز والتفرد قائم على أساس الاختلاف في بناء فرق عمل (Work teams)، بحيث يصل حد الغرابة والاختلاف التام في عمل وأنشطة هذه الفرق عن الصيغ المتعارف عليها والمألوفة في المنظمات الاخرى. هنا لا يكتفي المدير بالقول النظري بأن المورد البشري في المنظمة يشكل القاعدة الاساسية للميزات التنافسية المستدامة، بل يعمل حقيقةً على تكوين فرق تدار ذاتياً (self managed teams) وهذه تتشكل من مجموعة من الافراد لا يتم التدخل من قبل المدير في عملهم (**العامري والغالبي:** 2008: 510) (**Longenecker et al**: 2006: 361 - 363).

ان فريق العمل في المشروع الصغير يستطيع أن تنجز ما يوكل اليه كفاءة وفاعلية، اذا أوخذ في الاعتبار (**Mullins**: 2007 : 153).

- الانسجام بين مهام المشروع وما حدد من أدوار لفريق العمل. هنا يكون للتطلعات الشخصية والاستعداد لتحمل المخاطر دوراً مهماً.
- امتلاك الفريق للقدرات التي تتيح لهُ الانجاز للمهام الموكلة إليه، مهارات ذهنية وخبرات ومعرفة، لغرض تقديم أفضل عطاء وانجاز.
- العلاقات الطيبة السائدة بين أعضاء الفريق، وهذا يمكن من الملاحظة السريعة والتكيف مع المواقف التي تستدعي التغيير.

هكذا يبدو ان حقيقة عمل المدير قد تغيرت في بيئة الاعمال المعاصرة، فلم يعد معرفة جانب واحد من الممارسة الادارية يكفي للنجاح، بل يتطلب الامر مهارات متعددة. كذلك على مدير المنظمة الصغيرة أن يوازن بشكل مقبول بين متطلبات الكفاءة الآنية وتحقيق نتائج جزئية في مختلف مراحل العمل وبين تحقيق الفاعلية الشاملة، الطريق المؤدي إلى النجاح الدائم والقدرة التنافسية العالية.

* خصائص تميز إدارة المنظمة الصغيرة

Distinctive Characteristics of small organization management

عندما يؤسس الريادي عملة الصغير ويبدء هذا العمل بممارسة النشاط الفعلي بتقديم السلع أو الخدمات للزبائن ويتم حساب الجانب التسويقي والمالي المحاسبي وكذلك متطلبات الموارد البشرية، مهما كانت قليلة بالعدد، فأن الممارسة الادارية الأولية تتغير في مداها ومحتواها عبر الزمن ومن خلال التحديات الفعلية التي تواجه

مدير مهني (محترف)
Professional Manager
المدير الذي يستخدم بانتظام طرق تحليلية في الادارة.

الادارة كأفراد والعمل الصغير كمنظمة تروم الاستمرار والنجاح في المنافسة. وقد تبدو سمات وخصائص المالك الريادي الشخصية ورؤيته الادارية ليمارس أدوار المعلم، المدرب، الناصح والموجه غير كافية لوحدها بعد حين، وهنا تظهر ضرورة الانتقال نحو ادارة مهنية ومدير محترف ومهني (professional manger).

-مستوى المهنية في الادارة Professional-level Management

عندما يكون العمل صغير جداً تبدو الممارسة الادارية محدودة وتنبع مباشرة من فكر المالك المدير وتجربته الشخصية، ويبدو ان هذه الممارسة تأخذ طابع أخر مع نمو المنظمة وازدياد عدد العاملين فيها. هكذا نتوقع وجود طرق عديدة ومختلفة لادارة منظمات الاعمال، وأساليب الممارسات الادارية. ونجد ذلك بين طرفين، أحدهما يمثل مستوى مهارة متدني جداً بحيث ينقل الادارة إلى أحكام شخصية فقط وأخر عالي المهنية، وبين هذين المستويين المتطرفين توجد أساليب ادارية مختلفة على هذا الخط المتصل بين النمطين. ففي اطار الادارة الأقل مهنية نجد الرياديون والمديرون الأخرون المرتبطين كثيراً بالتجربة الماضية والخبرات التي تشكلت في اطارها، قواعد عمل مبنية على التجربة العملية إن وجدت أو أحكام لقياس تقريبي تمارس وتعطي توجه المنظمة. وفي أغلب الأحيان نجد أن طرق التحفيز وأفكار شحذ الهمم مرتبطة بطرق العلاقات العائلية عند بدء تأسيس العمل. كذلك نجد رياديون ومدراء أخرون يلعبون دوراً أكثر مهنية في الادارة، هؤلاء يكونون أكثر ميلاً للتحليل المنهجي المنظم عند معالجة المشاكل والقضايا الادارية. ويمكن وصف طرقهم وأساليبهم بكونها علمية في طبيعتها منهجية في طرحها ومتابعتها.
ان الاشكالية الرئيسية هنا التي تواجه مدير المنظمة الصغيرة تتمثل بقدرة هذا المدير في تطوير الجوانب والأطر المهنية للادارة لأقصى ما يمكن مع الاحتفاظ بالروح الريادية الإبداعية في كافة مفاصل عمل المنظمة الصغيرة (**Pfeffer and Veiga**: 1999: 40) ومن خلال فرق العمل والافراد العاملين على كافة المستويات.

- قصور ومحدودية المؤسسين كامديرين Limitations of Founders as Managers

ان مؤسسي الأعمال الجديدة ليسوا دائماً أعضاء جيدين في التنظيم. ورغم أنهم مبتكرين، ومبدعين، يتحملون المخاطرة بالذهاب إلى مجالات خارج حدود قدراتهم المالية، الا أنهم في الغالب ليسو مدراء محترفون أو أن قدراتهم الادارية بحاجة إلى تطوير وتأهيل. وحتى من هم قادة كارزميون فأنهم ربما يخطأون في تقدير الحاجة إلى ممارسة ادارية جيدة فكلما تطورت ونمت أعمالهم. فهؤلاء قد تكون توجهاتهم في الغالب مختلفة عن عمل المديرين المحترفين. بعض الرياديون قد يكونو مهنيون في مدخلهم الاداري، وكذلك بعض مدراء المنظمات قد يكونو رياديون في اطار الابداع والتجديد وتحمل المخاطر، لكن المؤسسون هم أقل من نمط أو أسلوب الادارة المهنية الاحترافية ويعرفون بالبطىء في الفعل خاصة في اطار نمو الاعمال. من الناحية المثالية يكون جيداً أن يضيف

المؤسسون قياسات وأساليب الادارة المهنية دون التضحية بالروح الريادية والقيم الاساسية والتي تعطي المنظمة الصغيرة النجاح في البداية (Longenecker: 2006: 363 - 364) (Woo et al: 1991: 93 - 114).

- الضعف الاداري في المنظمات الصغيرة Managerial weakness in small firms

اذا كانت الشركات الكبيرة عرضة لأن تكون تجربتها فقيرة في الادارة، فأن المشروعات الصغيرة أكثر احتمالية لحصول هذا الامر فيها. العديد من منظمات الاعمال الصغيرة تكون هامشية وغير مربحة بصورة مقبولة أو جيدة، وهي تكافح لأن تستمر في الوجود يوماً بيوم، كما أنها في أفضل الاحوال تقدم عائد لمعيشة المالك أو المالكين لها، ان واقع المشاهدات الميدانية السريعة يظهر مدى الحاجة إلى وجود ادارة مهنية جيدة لادارة العمل الصغير، حيث نلاحظ التغيير المستمر في طبيعة نشاط العديد من المؤسسات الفردية. فقد يبدء العمل كتجارة جملة في وسط المدينة وبعد أقل من سنة نجده في نفس الموقع قد تحول إلى مطعم وجبات سريعة ليتحول للمرة الثالثة إلى مقهى مرطبات وعصائر وهكذا. وعندما تسأل عن الأسباب تجد أجابة متشابهة، بدءنا جيداً في أول الأمر وكان هناك طلب ممتاز ولكن تحول الوضع بعد ذلك. ان هذا يعطي مؤشراً على الضعف الاداري والحاجة إلى ادارة متمكنة لاستمرار نجاح العمل الصغير، في نفس الوقت الذي يوضح عدم وجود الخبرة والمهارة في هذا الحقل (Megginson et al: 2003 : 32).

- القيود التي تعيق الادارة Constraints that hamper Management

يواجه مدراء المنظمات الصغيرة قيود، وخاصة الجديدة أو التي تنمو بسرعة، قد لا يواجهها المدراء في المنظمات الكبيرة. ففي اطار العلاقات مع المصرف الممول هناك تحفظ شديدة في تمويل النمو والتوسع، عندما يشعر المصرف نقص الاموال لدى المنظمة الصغيرة، كذلك هناك قيود في جانب التسويق وبالأخص ما يكرس من أموال لبحوث السوق. وينعكس نقص الاموال على قدرات المنظمة الصغيرة في توظيف أفراد بمؤهلات وخبرات عالية. وفي الغالب تعاني المنظمات الصغيرة من نقص الكادر المهني المتخصص في مختلف الانشطة. وان أغلب مدراء منظمات الاعمال الصغيرة هم ذوي قدرات وتأهيل عام، وتعوزهم المهارات والخبرة في مجالات حيوية للمنظمة، مثل الاعلان، التحليل المالي، بحوث التسويق، ادارة الموارد البشرية وغيرها. في حين يتخذ هؤلاء المدراء قرارات في هذه المجالات دون دراسة وخبرة كافية. ويمكن تقليل تأثير هذه القيود والمحددات من خلال استخدام الدعم والاسناد الخارجي في الادارة (Siropolis: 1994: 10 - 11).

- نمو المنظمة والممارسات الادارية Organization Growth and Managerial practices

حالما تظهر المنظمة الصغيرة إلى الوجود وتؤسس فانها تبدء بالنمو، ويتكون هيكل تنظيمي لها وتتغير الانماط الادارية فيها. ان التوسع والنمو في المشروع الصغير يأخذ أشكال مختلفة فقد يزداد العائد ويرتفع مبلغ المبيعات، ويكثر عدد المستهلكين، ويزداد عدد العاملين وتتكاثر المنتجات المقدمة من قبل المشروع. ان التوسع

والنمو يجلب معهُ التغيير الذي تحتاجه المنظمة الصغيرة ويجب أن تعمله بمرونة وكفاءة. وكلما تقدم المشروع يفترض أن تتراكم الخبرة لديه، وهو بهذا يشبه الانسان الذي يبدء طفلاً ليصبح شاباً ثم ناضجاً فرجلاً كبيراً. ويمكن للاعمال أن تراكم التجربة والخبرة من خلال "ألم النمو" أو المخاض المصاحب لعملية التغيير المستمر مستهدفين الأحسن والأفضل دائماً. وقد يصل الأمر بالمنظمة الصغير وهي تنمو وتتوسع إلى الحد الذي يصبح فيه الكادر وهيكل العمليات لا يرضي المتطلبات لتوسع عالي، وهنا يصبح النمو غير مسيطر عليه ولا يفيد المنظمة (**Denali**: 1993: 31 – 32).

ان ادارة النمو والتعامل معهُ يمثل الجزء الأصعب في ادارة الاعمال الصغيرة، ويرجع هذا إلى التحول المطلوب لمرور المنظمة من مرحلة إلى أخرى. هذا يعني أن الادارة وأساليبها تتغيير كلما نما العمل الصغير وتوسع بزيادة عدد العاملين أو حجم الانتاج والمبيعات . هكذا عرض الباحثان (**Churchill and Lewis** : 1983 : 30 -50) خمس مراحل لنمو المنظمة الصغيرة، رغم أن المنظمات الصغيرة لا تبدء بنفس الحجوم، وهي كما يوضحها الشكل (6-2). وتبين هذه المراحل الخمسة مدى الحاجة إلى التغيير ومعرفة متطلبات المرور من مرحلة إلى مرحلة أخرى لغرض النجاح.

ان المرحلة الأولى تمثل مرحلة وجود وتأسيس للمنظمة الصغيرة، حيث يقوم المالك الريادي بهذا الدور بمفرده أو مع شركاء أخرين. وفي بيئة التنافس المعاصرة تلعب التكنولوجيا دوراً مهماً في تثبيت وجود العمل الصغير، حيث الاستخدام المفيد لتكنولوجيا المعلومات والجوانب الفنية في تحويل المدخلات إلى مخرجات يطلبها السوق، وتصل المنظمة الصغيرة المرحلة الثانية مرحلة الاستمرار والبقاء، حيث تعرض المنظمة صلاحية الافكار التي تشكلت على أساسها. المشكلة الرئيسية هنا تتمثل بالقدرة على توليد النقد، حيث أن المالك الريادي هنا لا يكون مسؤولاً عن جهوده الذاتية فقط، بل جهود عاملين أخرين معهُ. وقد يتطلب الأمر من المالك المدير العمل والنشاط لساعات طويلة ومرهقة لملاقاة وضع الطلب المتزايد على منتجات المنظمة. وعندما تنمو المنظمة إلى الحد الذي يوجد فيه عاملين في أقسام أو وحدات ادارية عديدة، حيث تبدء المرحلة الثالثة هنا يفترض أن يكون المالك مدير مهني لديه خبرة ادارية. في هذه المرحلة الثالثة، نجاح التحرر من بعض المهام ونقلها إلى مشرفين يساعدون المالك المدير، ويصبح هؤلاء مدراء للأقسام في المنظمة. وهنا يتم بناء ثقافة تنظيمية وفق اعتبارات رؤية المالك ومساعديه. ان مالك العمل الصغير يتحلل ويقلل رويداً رويداً "الفعل" بنفسه ليتحول إلى ممارسة "الادارة" لهذا العمل بقواعدها الاساسية المهمة وليتعمق هذا الأمر بعد ذلك باستمرار. ان ترك الرقابة أمراً صعباً على المالك، لكن التفويض للصلاحيات والسلطات وتحديد المسؤوليات يجب أن يحدث لكي يتاح للمنظمة الصغيرة النمو والتوسع (**Hatten**: 2006: 459) (**SBA office of Advocacy**: 1997:).

شكل (6-2)

مراحل نمو منظمة الاعمال الصغيرة

المراحل / عناصر تتأثر	مرحلة I الوجود	مرحلة II البقاء	مرحلة III نجاح التحرر	مرحلة III نجاح النمو	مرحلة IV الانطلاق	مرحلة V نضج الموارد
اسلوب الادارة	اشراف مباشر	مشرفين على الاشراف	وظائفي	وظائفي	اقسام (تقسيمي)	خطوط/ وكوادر (تنفيذيين/ مساعدين)
التنظيم	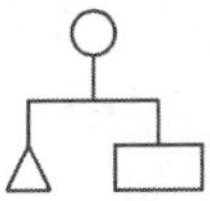	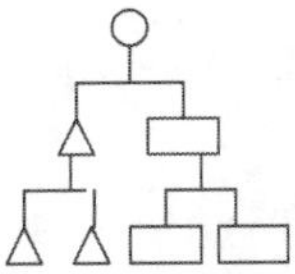	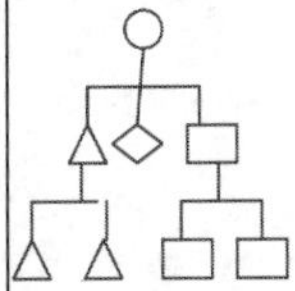	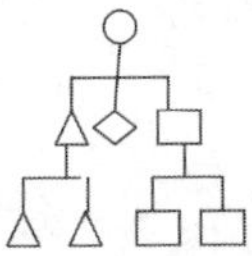	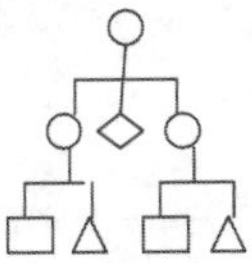	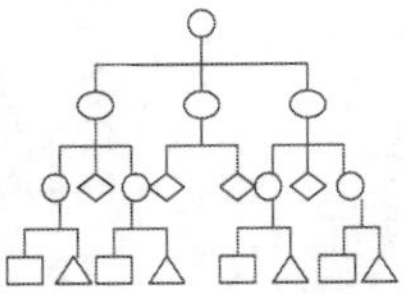
امتداد الانظمة الرسمية	غير موجود او باقل الحدود	قليل	اساسي	متطور	ناضج	متوسع كثيف
الاستراتيجية الرئيسية	الوجود	البقاء والاستمرار	الحفاظ على وضع مريح	الحصول على الموارد للنمو	النمو	العائد على الاستثمار
المنظمة والمالك يمثل المنظمة يمثل المالك				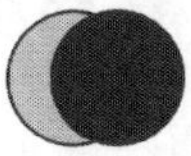	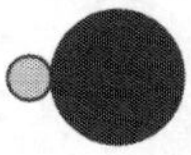	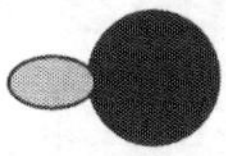

وفي المرحلة الرابعة، سرحلة الانطلاق، تكون المنظمة الصغيرة قد نمت وتوسعت بحيث أصبحت تحوي عدة أقسام تدار من قبل مسؤولين متخصصين. ويكون عمل المدير المالك مرتبط بمجالات مفهومية أكثر من كونها جوانب فنية، بمعنى بدلاً من التركيز على العمليات اليومية، صنع وتسويق المنتج والخدمة، يركز المدير أكثر على ادارة الصورة الشمولية للمنظمة من خلال عمليات التخطيط طويل الامد وتطوير مفاهيم العمل والانجاز. في هذه المرحلة يحتاج العمل الصغير من يطور السياسات ويصف الوظائف ويهتم بالتدريب ووضع الموازنات، ان الاشكالية الاساسية في هذه المرحلة هي كيف تنمو المنظمة بسرعة وكيف يتم تمويل هذا النمو.

أما في المرحلة الخامسة، نضج الموارد، التي يصلها العمل الصغير، فأن ما يعني بشكل أساسي الادارة هنا هو تقوية العمل في مختلف المجالات، ورقابة التمويل المتأتي من النمو السريع وجعل المنظمة أكثر مهنية. في هذه المرحلة يحدث فصل واستقلال بين الملكية والمنظمة كوحدة واحدة في أغلب المراحل السابقة، سواء على صعيد الاموال أو العمليات. أن منظمة الاعمال الصغيرة هنا قد رسمت طريقها الخاص واستمرت في تعزيز وتطوير الميزات التنافسية المستدامة بشكل فعال.

ان أهم اشكالية تواجه المنظمة الصغيرة عبر المراحل المختلفة هو تحول الريادي إلى مدير محترف مهني دون أن يفقد الروح الريادية له والتي تساهم في التطوير المستمر للاعمال. وان الذي يعيق هذا التحويل مجموعة عوامل منها:-

- المركزية العالية في القرارات والتي تحجم عمل الموارد البشرية.
- الاعتماد الشديد على واحد أو أثنين من الافراد المهمين مع تخويلهم صلاحيات قليلة.
- الذخيرة والتدريب والخبرات غير المناسبة وغير الكافية للريادي المالك في مجالات الاعمال العديدة.
- المناخ الابوي المتولد في المنظمة والذي يقود العاملين إلى عدم الاقدام على شيء دون توضيح وإيضاح من الريادي المالك (**Fenn**: 1995: 72).

وفي كل الأحوال فان المرحلة الخامسة والأخيرة، يتحول فيها الهيكل التنظيمي، من بسيط قائم على وجود موارد بشرية تنفيذية في انتاج وتسويق المنتجات، إلى هيكل تنظيمي يحوي كوادر ادارية تخصصية تساعد الادارة التنفيذية المباشرة على أداء واجباتها لغرض نجاح المنظمة، ومع ازدياد حجم المنظمة تظهر الحاجة لمعرفة المجاميع غير الرسمية (Informal Groups) ، وتزداد الحاجة الى تفويض السلطة (delegation-of-Authority) حيث يعطى العاملون حق الفعل واتخاذ القرارات. ولكي يكون الريادي مالك ومدير المنظمة ادارياً جيداً، فأن مهارات الاتصال والحوار تصبح ضرورية للنجاح في العمل. وبمزيد عن الحكمة وصقل المواهب تتجذر القدرات والقابليات القيادية (leadership) والتي بموجبها يصبح المدير موجهاً ومؤثراً ايجابياً على الافراد والمجموعات في المنظمة (**Bennis**: 1989 :35-39).

* **منظمة خط (تنفيذ)**
Line organization
منظمة لها هيكل بسيط فيه كل فرد يقدم تقارير إلى مشرف واحد مباشر.
* **منظمة خط كادر**
Line-and-staff organization
منظمة لها هيكل تنظيمي يحوي كادر متخصص يدعم الادارة التنفيذية.
* **القيادة leadership**
عمليات وأنشطة لتوجيه الافراد والمجموعات في المنظمة والتأثير الايجابي بهم.

* قضايا مهمة لادارة العمل الصغير **Important issues in managing small business**

ان ادارة الاعمال الصغيرة ليست بالمهمة السهلة، بل انها قضية تحتاج إلى ملاحظة مواضيع عديدة ومعالجة اشكالات متنوعة. لذلك يفترض ان تؤخذ هذه القضايا بأهمية من قبل ادارة المنظمة الصغيرة لما لها من تأثير على بقائها واستمرار نجاحها.

- **تحديات التدويل والعالمية International and Global challenges**

كلما انطلق العمل الصغير نحو البيئة الدولية والعالمية أصبح أكثر عرضة لمواجهة تحديات عديدة ومن شتى الانواع فالبعد الدولي International Dimension يؤدي إلى تأثر المنظمة بقوانين وثقافات ومنظمات دول أخرى غير دولتها الاصلية التي تعمل على أراضيها. ومن المعلوم ان البيئة الدولية والعالمية أكثر تعقيد (Complexity) حيث كثرة المكونات وعناصر البيئة وامكانية التجزءة والتقطيع العالي في هذه البيئة. هنا يكون التغير البيئي (change) أكبر ويوّلد عدم تأكد (Uncertainty) أعلى أمام ادارة منظمة الاعمال الصغيرة، هكذا يفترض بأدارة المنظمة الصغيرة أن تكون أكثر التزاماً بخدمة الزبائن، ويكونون هم الموجّه لها. ان ادارة العلاقات مع الزبائن Customer Relationship Management (CRM) تستدعي تكثيف العلاقات بين المنظمة والزبائن وبناء قواعد معلومات لزيادة فاعلية المنتج والخدمة المقدمة لهم. كذلك يتم الاهتمام بادارة سلسلة التوريد supply chain Management (SCM) حيث الاهتمام بادارة مختلف أوجه العمليات الخاصة بالموردين واستخدام تكنولوجيا المعلومات لتحسين عمليات الشراء والتصنيع والنقل والتوزيع (**Deresky**: 1994: 60-92) (**Sheremarhorn**: 2005: 91-93).

ان العديد من منظمات الاعمال الصغيرة اليوم تمثل أعمال تواجه منافسة شديدة من الاعمال المحلية، والاعمال الدولية، والاعمال متعددة الجنسيات وكذلك الاعمال العالمية. وقد يرجع جانب من ذلك إلى انفتاح البيئة العالمية، والعولمة، والتسويق عبر الشبكة الالكترونية. هكذا فأن هذه الاعمال الصغيرة يحتاج مدرائها إلى خصائص المدير العالمي (Global Manager) الذي يعي الاختلافات والتنويع الثقافي بين الشعوب ومتطلبات العمل على صعيد البيئة الدولية. ان تحديات ومتطلبات التزويد الخارجي (out sourcing) ، والتصدير (Exporting) والاستيراد (Importing) أصبحت تواجه العديد من منظمات الاعمال الصغيرة، ويفترض التعامل معها بعلمية ومنهجية مدروسة جيداً.

*** البعد الدولي**
International Dimension
تأثر منظمة الاعمال الصغيرة بمنظمات وقوانين وثقافات دول أخرى غير دولتها الأم التي تتواجد فيها.

*** التعقيد Complexity**
كثرة مكونات ومتغيرات وعناصر بيئة المنظمة وامكانية تجزئتها العالية.

*** التغير Change**
حركية مستمرة وعدم ثبات في مكونات ومتغيرات وعناصر البيئة.

*** عدم التأكد Uncertainty**
نقص المعلومات حول البيئة ناتج عن التغير والتعقيد البيئي.

*** المدير العالمي**
Global Manger
مدير يعي التنوع والاختلاف الثقافي للشعوب ولديه معرفة بالشؤون الدولية.

- **معرفة الثقافات الاخرى Understanding other cultures**

من أهم مفردات الثقافة، التي يجب ان تستوعب من قبل المديرين وباقي الموارد البشرية، اللغة، والدين، والتعليم والأنظمة الاجتماعية. ان ادارة المنظمة الصغيرة تثير العديد من الأسئلة لكي تستوعب كيف تختلف مفردات الثقافة من بلد لأخر.

- كيف تختلف مفردات وعناصر الثقافة بين البلد الأصلي للمنظمة والبلدان الاخرى؟

- كيف يمكن ترجمة عمل المنظمة أو منتجها باسم مناسب في اللغة للبلد المعني؟

ان هذه القضية تؤثر على اسم العلاقة المستخدم، الاعلان وباقي مفردات الترويج.

- ما الذي يميز الاعياد والعطل الدينية والمستهلكين؟، أين تؤثر، متى بالنسبة لاعمال المنظمة؟

- ما متوسط المستوى التعليمي للمستهلكين المحتملين؟ ان هذه لها أثر على الحاجة لتدريب العاملين أو التغليف وقرارات الاعلان.

- ما هي الشعائر الاجتماعية المقبولة والتي تمارس، كذلك ما هي العادات والتقاليد والسلوكيات (ان مجمل هذه الجوانب لها أثر على العديد من القرارات في المنظمة) (**Hatten**: 2006: 441).

ان ايجاد معلومات وبيانات حول هذه الجوانب مسائلة مهمة، حيث يكمن الحصول على هذه المعلومات من خلال الكتب والمجلات العلمية التي تصف الاختلاف الثقافي بين الدول المختلفة. وتمثل الجامعات ومراكز البحوث مصدر مهم أيضاً لهم لهذه المعلومات، الافراد اللذين يسافرون عبر الدول ومن عاش فترات طويلة نسبياً في دول أخرى يمكن ان تكون لديه معرفة بطبيعة الاختلاف الثقافي للشعوب. عندما تسوق المنظمة الصغيرة منتجاتها عالمياً، يفترض بالمدراء فيها أن يفكروا عالمياً أيضاً، وهنا تدخل حسابات الحساسية للمعتقدات والقيم والمعتقدات التي تختلف بين البلدان. وقد تقدم بعض المنظمات على تدريب العاملين من خلال إرسالهم إلى البلد المزمع التصدير لهُ أو التواجد فيه.

هنا يعتاد ويتعرف الافراد على الاختلاف الثقافي وهذا يدفع باتجاه أداء عالي في الوظيفة. وهناك تدريب عبر الثقافات (Cross – cultural training) وأيضاً يعبر عنه بكونه تدريب على التعدد الثقافي والتنوع Multiculturalism and Diversity Training، حيث يتم اعداد برامج تدريبية موجهة لجعل أعضاء المنظمة أكثر تقبلاً وفهماً واستيعاباً للعمل في بيئة متعددة الثقافات. هنا يتم أيضاً معرفة اللغة الأجنبية، والاتصال عبر الثقافات، التدريب على ثقافة بلد معين، تدريب قوى العمل في البلد المضيف، والعناية الشاملة بالثقافة (**Demers**: 2002: 28-30)، ان كون معطيات الثقافة عديدة، فيجب العناية التامة بفهم هذه المفردات الظاهر منها والكامن في الاعماق لاحظ الشكل (6-3)، وهكذا يبدو ان جوانب الثقافة للاعمال الدولية معقدة وفيها غموض لذلك يجب الاهتمام والعناية بها لنجاح الاعمال.

> *** التدريب على التعدد والتنوع الثقافي**
>
> Multiculturalism and Diversity Training
>
> هو تدريب ضمن برامج موجهة لجعل أعضاء المنظمة، أكثر تقبلاً للعمل في بيئة متعددة الثقافات.

شكل (3-6)

مستويات الثقافة

- **التكتلات التجارية ومنظمة التجارة العالية**

Trade Agreement and World Trade Organization

من الضروري أن تعي ادارة المنظمة الصغيرة طبيعة التكتلات التجارية التي قد تحتاج إلى صيغ معينة في التعامل معها. هناك العديد من الاتحادات والمعاهدات والاتفاقيات بهذا الخصوص، مثل الاتحاد الاوروبي (E.U) واتحاد دول المغرب العربي واتحاد دول الخليج العربية والتكتل التجاري لدول أمريكا الشمالية (NAFTA) واتحاد دول غرب أسيا وغيرها. كذلك يمكن اعتبار منظمة التجارة العالمية (WTO) مؤسسة دولية تهتم بتطوير التجارة والاعمال الدولية. ويمكن للاعمال الصغيرة في بعض الدول الاستفادة من الدعم والتفضيل الذي يقدم من هذه التكتلات.

*** منظمة التجارة العالمية**

WTO

عدد من الدول متوافقة على حل النزاعات المتعلقة بالتعرفة الكمركية والقيود على التجارة من خلال المفاوضات.

ومن الضروري الاشارة إلى أهمية الجودة، واستخدام مفاهيم ادارة الجودة الشاملة (TQM) Total Quality Management ، حيث تلتزم المنظمة بشكل تام ومستمر للارتقاء بمستوى جودة المنتجات وتحقيق تحسين مستمر فيها للوصول إلى أكثر من الرضا العادي للزبائن. واليوم تحاول المنظمات الحصول على شهادات الايزو (ISO certifications) وهي اعتراف من قبل منظمة التقييس العالمية International Standardization Organization (ISO) بمطابقة مواصفات المنتجات والخدمات المقدمة من قبل المنظمة للمعايير الدولية. وقد قدمت منظمة التقييس العالمية العديد من الحزم منها (ISO 9000) المتعلقة بالجودة (ISO 14000) معايير تخص قضايا البيئة، وفي الـ (2000) قدمت (ISO) وطورت معايير جديدة تدعى (ISO 9001: 2000) تم التركيز على رضا المستهلك وحاجات المستخدم والتحسين المستمر لجودة أنظمة الادارة.

*** ادارة الجودة الشاملة**

TQM

ادارة ملتزمة بشكل تام ومستمر للارتقاء بمستوى الجودة في المنتجات والخدمات للوصول إلى أكثر من رضا الزبون.

*** شهادات الايزو**

ISO certifications

اعتراف من قبل منظمة التقييس العالمية بمطابقة مواصفات المنتجات والخدمات للمعايير العالمية.

ان تحقيق جودة عالية في المنتجات ضروري جداً للنجاح في البيئة الدولية، ولكي يتحقق ذلك من الضروري الاهتمام بأربعة مبادىء أساسية هي (**Bowen and Lawler**: 1992: 30-41)

- ناضل بالقيام بالعمل صحيحاً من أول الأمر وفي المرة الأولى.
- كن مركزاً على العملاء.
- أعرف أن التحسين المستمر هو منهج حياة.
- ابني فريق عمل وتمكين دائم.

- **ادارة الوقت والضغوط Time Management and stress**

ان مدير المنظمة الصغيرة والذي يفترض أن يؤدي الوظائف الادارية الرئيسية يواجه ايضاً بالعديد من المسؤوليات الاضافية الاخرى الضرورية لاستمرار المنظمة وتطورها. ان تحمل المدير بمسؤوليات عائلية وأنشطة اجتماعية تحتم عليه حُسن ادارة الوقت وموازنة الضغوط التي يتعرض لها في بيئة العمل أو سواها.

ان كون الادارة في جانب منها ترتبط باستخدام الموارد بشكل فاعل وكفوء، فان مدير المشروع الصغير المحدود الموارد مطالب بترشيد هذا الاستخدام وخاصة الوقت كأحد الموارد النادرة. ويلاحظ الشكوى من أن الوقت غير كافي للتعامل مع جميع ما يفترض، إنجازه، رغم أن الجميع لديه نفس الوقت. فالوقت لا يمكن حفظه وتخزينه، أو ارجاعه، او استأجاره، أو بيعه أو شراء المزيد منه. هكذا من الضروري ان يستخدم بحكمه وبصيره. القليل من المديرين في الاعمال الصغيرة من يستخدم وقته بفاعلية وكفاءة، ان رفع كفاءة ادارة الوقت ترتبط باستثماره بما هو مهم في حياتنا ومن ضمنها العمل في المنظمة. هنا يتطلب الامر من مدير المنظمة الصغيرة معرفة الاولويات ومن ثم جعل ادارة الوقت أنشطة موجهة بالأهداف. ولكي يكون الفرد كمدير فعال في ادارة

الوقت يجب وضع أولويات الحاجات المطلوب اكمالها وانجازها دائماً. ويوجد العديد من المؤشرات التي تدل على وجود مشاكل في ادارة الوقت منها (**Hatten**: 2006: 474):-

- التأخر المتكرر والدائم والمستمر وأهمال المواعيد واللقاءات.
- التخلف والتأخر في المسؤوليات.
- لا يوجد وقت كافي للاساسيات، الاكل، النوم، العائلة.
- العمل الدائم والمكثف والبقاء وراء المواقيت المحددة.
- الارهاق والتعب في الجانب العاطفي الذهني وكذلك الجسمي.

ويمكن تحسين ادارة الوقت من خلال البدء بتدقيق الوقت (time audit)، كما لو تدقق الجوانب المالية. فالعديد من مدراء المنظمات الصغيرة لا يحسبون الوقت بالدقائق وبالدقة المطلوبة كما يعيرون أهمية ودقة للمبالغ النقدية. من الضروري كذلك أخذ الحيطة والحذر من مضيعات الوقت ويفضل التخلص منها بشكل نهائي. ان وضع قائمة بالاولويات وتخصيص الوقت وفق اعتبارات الحاجة والهدف يمكن من الاستفادة القصوى من الوقت، وتساعد الجوانب الاتية في ذلك:

- قائمة بالمطلوب عمله وانجازه.
- تخلص من مضيعات الوقت.
- تذكر قانون باركابنسون Parkinson's Law.
- اعرف متى تكون أكثر منتجاً.

ويجب ان نتذكر ان بعض جوانب ومفاهيم الوقت واستخدامه ترتبط بالعادات والثقافات المختلفة للشعوب والامم. وهذا يعني ضرورة ضبط المواعيد بوضوح وفق اعتبارات مشتركة في بيئة العمل، وهذا الامر مهم لمدراء المنظمات الصغيرة (**Wellner**: 2004: 42).

ان عمل مدراء الاعمال الصغيرة لساعات أسبوعية تراوح بين 60 - 80 ساعة يجعلهم عرضة للاجهاد والضغط (Stress). والضغط هو وضع مثير للعاطفة يأتي ويحدث استجابة للطلبات المتزايدة من المصادر الداخلية والخارجية، ان المعرفة الشائعة حول الضغط توصل إلى الجوانب السلبية منه، لذلك يحاول الجميع تجنبه بكل الوسائل والطرق. والجانب السلبي من الضغط يدعى الألم والمحنة (Distress) وفيه يزداد الضغط والاجهاد إلى الحد الذي يصبح فيه قوياً ومؤثراً سلبياً على أداء الافراد. هنا تأتي نتائج غير مرغوبة على المستوى السلوكي والجسماني والعاطفي من هذا الضغط، ولكن قد تكون هذه النتائج بفعل عوامل ومؤثرات أخرى. ويبدو كما في حالة الصراع والتي يزداد فيها بشكل متصاعد ليصل إلى حد تكون فيه الفعالية

* **الضغط** **Stress**
حالات وأوضاع مثيرة عاطفياً تحدث نتيجة الطلبات المتزايدة من مصادر داخلية وخارجية.

* **آلالم والمحنة** **Distress**
النتائج السلبية في الضغط والاجهاد

عند أعلى مستوياتها ثم تبدء بالتناقص كلما زاد الصراع. هنا فأن الضغط عند مستويات معينة يعطي أكبر فاعلية واذا زاد عن ذلك يكون سلبياً لاحظ الشكل (6-4).

الشكل (6 – 4)

العلاقة بين مستوى الضغط والفاعلية

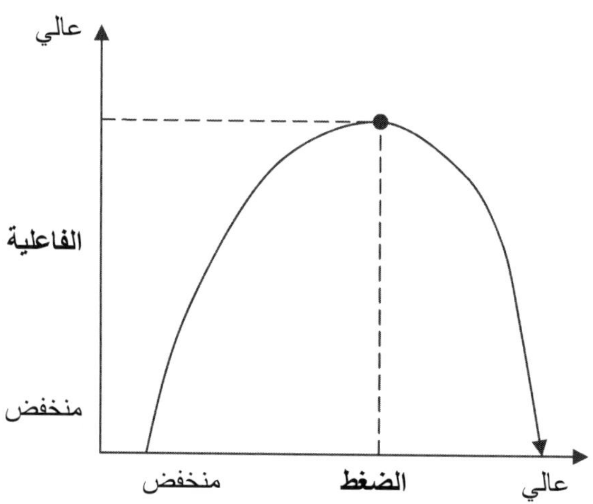

ان الضغوط في العمل تأتي بنتائج ايجابية أيضاً من قبيل التفكير في العمل، ازدياد التركيز، التمييز في العمل، التعبير عن الانفعالات، الشعور بالانجاز وغيرها (**العميان:** 2002: 166 – 265). هكذا تعتبر ادارة الاجهاد والضغط في العمل ضرورية للنجاح (**جواد:** 2000 : 265). ان حصول حالة آلالم والمحنة لدى المدير أو أي فرد تأتي من عدم توفر الضمان والامان من المخرجات المستهدفة من عمل ما، وان هذا الأمر مهم جداً بالنسبة للمدير أو الفرد. ومن الطبيعي ان تحصل هذه القضايا عند ادارة المنظمة الصغيرة.

وكذلك يحصل الضغط السلبي لدى المدير نتيجة صراع الدور أو غموض هذا الدور. فعندما يحمل الدور توقعات مختلفة ومتناقضة في بعض المواقف يتحمل الفرد ضغطاً يولد لهُ اجهاد وإرهاق يؤثر على أداءه. كذلك عندما تكون المهام مثقلة ومحملة بواجبات تتجاوز قدرات المدير عن تأدية مقبولة فيها (**Hatten**: 2006 : 475 -476). ان الضغط والاجهاد يمكن ان يتراكم وبالتالي يتطلب الامر التخلص منه، من خلال وسائل وطرق عديدة منها:

- الوقاية منه من خلال ادارته بفاعلية، التحكم والتقليل وانهاء مصادر الضغط السلبي.
- استخدام تكنيك الراحة والاسترخاء، ان دقائق معدودة من الاسترخاء والتركيز على الراحة التامة تساعد في بناء وقاية ذاتية ضد الضغط السلبي. ويمكن هنا استخدام تكنيك بسيط من خمس مراحل:-

(1) أجلس في وضع مريح في مكان هادىء، وحرر أي شيء مربوط في ملابسك.

(2) أغمض عينيك، ولا تتحمل شيء أي أبقى مستريح وخامل بسلوك مسالم.

(3) أرخي أعصابك وعضلاتك لأقصى ما يمكن بدءاً من الارجل واستمر حتى الرأس واحتفظ بهم في حالة استرخاء وراحة تامة.

(4) تنفس ببطء من خلال الانف وطور ايقاع التنفس بتناغم وتوازن، وبعد كل زفره قل بهدوء "واحد" في نفسك.

(5) استمر في استرخاء الاعصاب والعضلات وكذلك ركز في التنفس لمدة (10) إلى (20) دقيقة. افتح عينيك على فترات لفحص الوقت.

من الضروري ممارسة وتعلم اهمال وتجاهل الالهاء والتفكير خلال فترة الاسترخاء، ومن المؤمل أن يساعدك هذا التكنيك على تقليل الضغط السلبي (**Martha et al**: 1982)

- أنظمة الدعم الاجتماعي، العديد من الجهات تدعم إمكانية تقليل الضغط السلبي مثل العائلة والنادي.
- التمارين الجسمانية الرياضية.

ان هذه الجوانب وغيرها الكثير يساعد مدراء منظمات الاعمال الصغيرة إلى التعامل الايجابي مع بيئة العمل وتقليل حالات الارهاق والاجهاد والضغط على كافة المستويات.

ان نشاط الانتاج والعمليات يأتي في مقدمة الانشطة المهمة التي يؤديها العمل الصغير بأسلوب منهجي علمي ومدروس. ويمتد هذا النشاط بأدواره ومهامه حتى قبل وجود المنظمة الصغيرة على أرض الواقع في السوق ليستمر لاحقاً في القيام بواجباته المطلوبة لنجاح المنظمة. قبل عرض هذين الجانبين المهمين لهذه الادارة سيتم استعراض المفاهيم الاساسية للانتاج والعمليات.

* المفاهيم الاساسية وأهمية الادارة Mains concepts and POM Importance *

جميع منظمات الاعمال وجدت لتقديم منتجات تطلب من قبل المجتمع، وهي بذلك ترضي هؤلاء الافراد وتفيد المجتمع وتحقق أرباح. وقد شهد هذا الحقل تطور كبير وتطورت المفاهيم فيه. ان منظمات الاعمال الصناعة تنتج سلع مادية ملموسة، فالانتاج يمثل ايجاد سلع أو خدمات باستخدام عوامل انتاج وتحويل هذه إلى مخرجات مفيدة. وهذه المخرجات (سلع و/أو خدمات) تؤدي إلى تحقيق منفعة (utility) عند الاستخدام أو الاستهلاك.

أما العمليات (Operations) فهي توليفة العمليات والأنشطة التي تقوم بالاجراءات الفنية اللازمة لتحويل المدخلات إلى مخرجات. وتأتي ادارة الانتاج والعمليات مركزةً على الجانب الفني الذي يؤدي إلى انتاج السلع والخدمات. ومن الطبيعي أن يتم ذلك من خلال وظائف التخطيط والتنظيم والقيادة والرقابة في هذه الادارة.

> *** الانتاج Production**
> أنشطة وعمليات ايجاد المنتجات (سلع و/أو خدمات) من خلال تحويل المدخلات إلى مخرجات.
>
> ***المنفعة Utility**
> قابلية المنتجات على اشباع الحاجات.
>
> *** العمليات Operations**
> توليفة الانشطة التي تختص وتمارس الجوانب الفنية اللازمة لتحويل المدخلات الى مخرجات.

- **مكونات نظام العمليات Component of operating system**

بشكل عام يتكون أي نظام عمليات من خمس عناصر أساسية وهي المدخلات، مراحل التحويل، المخرجات، أنظمة الرقابة والتغذية العكسية. ان هذه المكونات الخمسة تتكامل مع بعضها وتنسق في اطار النظام لكي يتم انتاج السلع والخدمات في منظمة الاعمال الصغيرة بطرق مقبولة.

المدخلات Inputs

تمثل لمدخلات جميع ما يرد لنظام العمليات من موارد ملموسة وغير ملموسة، المواد الاولية والمعارف والمهارات لدى العاملين وخبرة الادارة والمعلومات والطاقة جميعها

> *** ادارة الانتاج والعمليات**
> Production and operations Management
> أنشطة التخطيط والتنظيم والقيادة والرقابة التي تمارس لتحويل المدخلات الى مخرجات
>
> *** المدخلات Inputs**
> جميع الموارد التي تدخل المنظمة.

---

* POM = Production and Operation Management .

ضرورة كمدخلات لمنظمة الاعمال الصغيرة. على ادارة المنظمة الصغيرة أن تتذكر دائماً المقولة المشهورة "Garbage in – garbage out" ، بمعنى لا يمكن الحصول على مخرجات بنوعية ممتازة من مدخلات متدنية النوعية. هكذا يفترض العناية بجودة المدخلات للحصول على مخرجات تلبي حاجات الزبائن وترضيهم.

مراحل التحويل Transformation process

بعد العناية بالمدخلات يجب النظر وفحص مراحل التحويل التي تضيف قيمة لهذه المدخلات وجعلها مخرجات ممتازة، ان مراحل التحويل تمثل ممارسات نشطة وفعالة، تحوي مفاهيم، واجراءات وتكنولوجيا موضوعة لانتاج مخرجات عالية الجودة وفق اعتبار ارتباط هذه المستوى من الجودة بهذه الممارسات والفعاليات.

مؤسسة التنظيف الجاف (Dry Clean)، على سبيل المثال، تستلم ملابس ملوثة ومتسخة (مدخلات) وتستخدم، تجهيزات، وكيمياويات ومعرفة لتحويلهم الى ملابس نظيفة (مخرجات المؤسسة).

*** مراحل التحويل**
Transformation process
ما تفعله المنظمة لاضافة قيمة إلى المدخلات لتحويلها إلى مخرجات.

المخرجات Outputs

ان نتائج مراحل التحويل الملموسة وغير الملموسة تمثل المخرجات التي تقدمها المنظمة. فالمنتجات الملموسة مثل الـ (CD) والادوات المكتبية أو غيرها، وغير الملموسة مثل تشخيص الطبيب أو خدمة المحاماة أو غيرها تمثل مخرجات مختلفة لمنظمات أعمال متباينة في طبيعة نشاطها ومجالات عملها. ويتطلب الامر من ادارة منظمة الاعمال الالتزام بالمسؤولية الاجتماعية عن مخرجات غير مرغوبة تحصل مثل تلوث الهواء وحوادث تصيب العاملين واضرار تحدث للمستهلكين وغيرها.

المخرجات Outputs
المنتجات الملموسة وغير الملموسة التي ينتجها المشروع الصغير.

انظمة الرقابة Control systems

ان أنظمة الرقابة تزود بالوسائل والأدوات التي يراقب بها المدخلات ومراحل التحويل والمخرجات لتصحيح المشاكل والانحرافات عندما تحدث في نظام العمليات. والرقابة تتكامل مع المراحل الثلاث في الانتاج، المدخلات، ومراحل التحويل والمخرجات لاحظ الشكل (6-5).

*** أنظمة الرقابة**
Control systems
الوسائل التي تراقب بها المدخلات، مراحل التحويل، والمخرجات لتحديد المشاكل ان وجدت لغرض تصحيحها.

الشكل (5-6)

أنظمة الرقابة وتكامل مراحل الانتاج

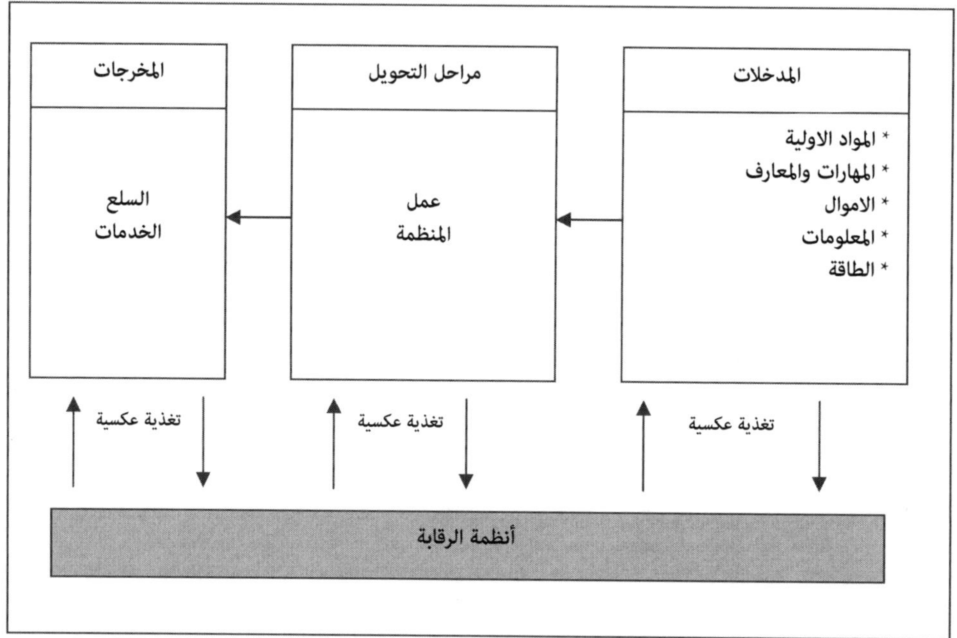

التغذية العكسية Feedback

ان التغذية العكسية تمثل المعلومات التي تصل المدير لرقابة نظام العمليات ويمكن أن تكون شفوية، أو مكتوبة، أو اليكترونية، أو بالمشاهدة والتغذية العكسية ضرورة للاتصال الذي يربط نظام الرقابة بالمدخلات ومراحل التحويل والمخرجات.

> **التغذية العكسية**
> **Feedback**
> أدوات الاتصال لربط أنظمة الرقابة مع مراحل الاعمال والانتاج.

- **أهمية ادارة الانتاج والعمليات**

Production and operations Management Important

تنبع أهمية ادارة الانتاج والعمليات في المنظمة الصغيرة من طبيعة الاهداف الموكلة إلى هذه الادارة. ان مجمل هذه الاهداف ترتبط بتحسين وضع المنظمة الصغيرة وزيادة فاعليتها وقدرتها التنافسية. لذلك فأن ادارة الانتاج والعمليات تضع أولويات في ترتيب أهداف عديدة مهمة جداً وكالاتي:-

(1) السيطرة على الكلفة (Cost) بحيث يتم الانتاج بتكاليف معقولة ومقبولة تستطيع الزبون أن يشتري المنتج أو الخدمة وبالتالي يحقق المشروع الصغير أرباح مجزية.

(2) التأثير المباشر للانتاج والعمليات على اختيار نوع النشاط، ويتجسد هذا الأمر بشكل واضح في المنظمات الصغيرة، حيث يختار مالك العمل الصغير مجال لديه فيه معرفة فنية وكذلك بالمتطلبات الانتاجية. فمثلاً إذا امتلك شاب ما هواية بالحواسيب فانه يقييم مؤسسة فردية للانترنت وصيانة الحواسيب وهكذا (**برنوطي:** 2005 : 227). هنا يمثل جانب الانتاج والعمليات ميزة قوية لاقامة الاعمال واستمرارها.

(3) الاهتمام بالارتقاء بالانتاجية (productivity)، وخاصة في اطار قدرة المنظمة على تحويل المدخلات إلى مخرجات بحيث تكون المخرجات بالكمية والنوعية الجيدة والمستهدفة من قبل المشروع الصغير.

(4) الارتقاء بالجودة (Quality)، هنا فأن الانتاج والعمليات تلعب دور حيوي وأساسي في تقديم سلع وخدمات ذات مواصفات راقية تشبع حاجات الزبائن وترضي توقعاتهم.

(5) تعطي المشروع الصغير القدرة للاستجابة للتغييرات الحاصلة في بيئة عمل المنظمة الداخلية والخارجية من خلال المرونة (Flexibility)..

(6) تساهم في توثيق العلاقات مع الزبائن من خلال التسليم السريع (Delivery) للمنتجات وبالتنسيق الفعال مع ادارة التسويق.

(7) تعمل على تحسين استغلال الموارد على مختلف المستويات، هذا يعني أن هذه الادارة تبحث دائماً عن الكفاءة (Efficiency) في استخدام المواد والعمل والالات والمعدات والطاقة وغيرها.

(8) تعتبر الادارة المسؤولة عن الابداع التكنولوجي (Technological Innovation) وهذا يمثل قدرة هذه الادارة على ادخال منتجات أو ابتكار عمليات جديدة أو تحسين ما موجود منها.

*** الابداع التكنولوجي**
Technological Innovation
ادخال تغيير في الخصائص المادية والأدائية للسلع والخدمات أو العملية الانتاجية.

(9) تزيد من قدرة المنظمة على الالتزام الاخلاقي والمهني وجوانب المسؤولية الاجتماعية وهي بذلك تساهم في رقي سمعة المنظمة وشهرتها (Goodwill).

- **أنماط ادارة العمليات Types of operations Management**

تصف العمليات الانتاجية ماذا تعمل مختلف انواع المنظمات. فقد تكون هذه المنظمات صناعية (Manufacturing) تنتج سلع مادية ملموسة، أما المنظمات الخدمية (Service) فهي منظمات تنتج خدمات يغلب عليها طبيعة التفاعلات الاجتماعية، فهي غير ملموسة ولا يمكن تخزينها.

ويمكن ان نجزي مقارنة بين السلع والخدمات وفق الاتي (**العامري والغالبي**: 2008: 590)

الخدمة	السلعة
• تفاعل اجتماعي غير ملموس. • لا يمكن خزنها. • يتم الانتاج والاستهلاك في نفس الوقت. • لا يمكن عرضها قبل الاستهلاك. • صعوبة قياس الجودة. • تقاس الجودة من خلال الادراك. • خدمة مرتبطة برغبة الزبون ومتباينة من شخص لآخر. • الزبون له علاقة بالانتاج.	• مادية ملموسة. • يمكن تخزينها للاستهلاك لاحقاً. • الانتاج منفصل عن الاستهلاك. • يمكن عرضها قبل الاستهلاك. • يمكن قياس جودتها بسهولة. • تقاس الجودة من مؤشرات مادية كمية. • منتجات قياسية أو معيارية موحدة. • الزبون ليس له علاقة بعملية الانتاج.

- **عمليات التصنيع Manufacturing operations**

الاعمال التصنيعية في المنظمات يمكن تصنيفها حسب طريقة صناعة السلع وكذلك بالوقت المستخدم لايجاد وتكوين هذه السلع. ان السلع والخدمات يمكن صنعها تحليلياً (analytic) أو تداؤبياً (Synthetic) ومن خلال مراحل مستمرة (Continuous) أو متقطعة (Intermittent).

فالنظم التحليلية (Analytic systems) تقوم على اساس تحليل أو تفكيك المدخلات (المادة الاولية) إلى مكونات أو أجزاء لاستخراج منتجات جديدة، كما هو الحال في صناعة النفط حيث يحلل لاستخراج المشتقات النفطية، أما **النظم التداؤبية** (synthetic systems) وهي نظم تقوم على أساس تجميع المدخلات لايجاد منتجات نهائية أو تغيير هذه المدخلات من خلال التصنيع لايجاد منتجات مختلفة. لذلك فهذا النمط من النظم يجمع بين التصنيع والتجميع. فمثلاً المطعم يأخذ الخضراوات والفاكهة والحبوب واللحم ومنتجات البحر، والموسيقى ومهارات العاملين لكي يصنع ويجمع ويقدم وجبات الطعام.

الانتاج بمراحل مستمرة (Continuous process) تعني استمرار لفترة زمنية طويلة في العملية الانتاجية لانتاج نفس المنتجات أو مشابهة بحدود كبيرة دون توقف لأيام وأشهر أو لسنوات. أما **المراحل المتقطعة** (Intermittent process) فأن العملية الانتاجية تحوي دورات قصيرة متكررة للتوقف لغرض تغيير المنتج. وفي منظمات الاعمال الصغيرة التي تستخدم المراحل المتقطعة تسمى أيضاً حسب الطلب (job shops) يمكن انتاج السلعة أو الخدمة حسب طلب شرائها، كما في الورش الخاصة بالخياطة أو مؤسسات الطباعة أو المجوهرات وغيرها.

* **نظم تحليل**
Analytic systems
تقوم على أساس تحليل وتفكيك المدخلات إلى مكونات وأجزاء لايجاد منتجات جديدة.

* **نظم تداؤبية**
Synthetic systems
نظم تقوم على أساس تجميع المدخلات لايجاد منتجات نهائية أو تغيير المدخلات إلى منتجات مختلفة.

* **المراحل المستمرة**
Continuous process
عمليات انتاجية مستمرة لفترات طويلة دون توقف.

* **المراحل المتقطعة**
Intermittent process
عمليات انتاجية مرتبة بدورات قصيرة لذلك تغير فيها المنتجات.

ويمكن لمنظمات الاعمال الصغيرة التواجد في العمليات التصنيعية على اختلاف أنظمة التصنيع المستخدمة. ان الاتمتة جعلت التصنيع يتصف بالمرونة في بيئة الاعمال المعاصرة، كذلك ساعدت الحواسيب الصناعات الصغيرة في تحديد المواد الاولية التي تحتاجها بدقة عالية. وهنا يمكن تنظيم واعداد المكائن والمعدات العالية الاتمتة بالدقائق وليس الساعات والأيام فقط، هكذا يكون انتاج الدفعات (batch production) أكثر فائدة لهذه الاعمال. تبرمج المكائن لأداء توليفة كبيرة من الشغلات (الافعال) الفردية والوظائف بدلاً من دفعة واحدة بحجوم كبيرة. هذه النوع من المرونة في العملية الانتاجية يفتح فرص للرياديين في أعمالهم الصغيرة وحتى الصغيرة جداً (**Tully**: 1994: 123 – 128).

ان التصنيع المرن أدى إلى تقليل أهمية الانتاج الواسع حيث المنتجات القياسية النمطية، وأدى إلى ظهور الايصاء الواسع "الزبونة" (Mass customization) ويتم فيها تصنيع المنتجات وتكييفها بحيث تلائم أغراض المستهلك الشخصية وتلبي حاجاته (**أبو قحف**: 2001).

*** الايصاء الواسع (الزبونة)**
Mass customization
عملية الانتاج المرنة جداً والتي من خلالها يمكن انتاج سلع وخدمات على وفق ذوق ومواصفات الزبون الشخصية.

- ادارة العمليات في الخدمات operation Management for service Businesses

مثلما يحتاج التصنيع إلى ادارة عمليات كذلك تعتبر هذه الادارة مهمة لمنظمات الخدمات. حيث كلا النمطين من المنظمات تأخذ المدخلات وتجري عليها مراحل التحويل المناسبة لتعطي مخرجات مفيدة للزبائن. ومع ذلك فأن مراحل العمليات تختلف بين المنظمات ذات الطابع الانتاجي التصنيعي ومنظمات الخدمات في أحيان عديدة، كما ان هناك تماثل في أحيان أخرى. واليوم نجد التصنيع يقدم خدمات كما هو الحال في خدمات التصليح والصيانة، وهناك المطاعم التي تنتج الغذاء وتقدم الخدمة. تقليدياً ينظر لاعمال الخدمات بكونها مراحل متقطعة لكون المعيارية فيها صعبة المنال فمثلاً خدمات تصفيف الشعر وصالونات الحلاقة كيف تكون المعيارية فيها، كذلك منظمات تقديم الاستشارات المحاسبية والمالية ومراكز خدمات السيارات (**Hatten**: 2006: 522).

ومع ذلك تحاول منظمات الخدمات اليوم بهدف زيادة الانتاجية ان تتبنى مراحل مستمرة، كما هو مثال خدمات تنظيف المساكن وسلسلة مراكز أطباء الاسنان في المجمعات التجارية تحاول وتستخدم تكنيك تصنيعي لانتاج مستمر. إن الفرق الاساسي بين الخدمات والتصنيع في اطار العمليات هو مقدار المستهلكين الداخلين بأتصال في هذه العمليات. في الخدمات يحضر الزبون لاجراء العمليات وأدائها، مثل صالونات الشعر وشركات الطيران لتقديم خدمة النقل وغيرها (**Pugh et al**: 2002: 73 – 84).

* أختيار الموقع وتصميم النظام الانتاجي

Facility Location and Designing Production System

أن أنشطة وفعاليات ادارة الانتاج والعمليات ضرورية لنجاح المنظمة الصغيرة، كما يلاحظ ان دور وافكار هذه الادارة تمتد إلى فترة ما قبل التأسيس والانشاء للمنظمة وأثناء قيام المنظمة وعند وجودها وممارستها العمل الفعلي في السوق. ان أغلب حالات التأسيس للاعمال الصغيرة تنطلق من وجود معرفة بالعملية الانتاجية لدى المؤسس المالك قد تكون هندسية أو فنية أو حرفية، ويفترض أن يعي المؤسس المالك أهمية أختيار موقع المنظمة الصغيرة الجديدة. وبعد ذلك تتطلب الضرورة أن يكون على اطلاع أو أن يستشير متخصصين في التصميم والترتيب الداخلي للوحدات الانتاجية.

- **أختيار الموقع Facility Location**

ان اختيار موقع منظمة الاعمال يعتبر من القرارات ذات الأهمية القصوى، وخاصة للمنظمات الخدمية. لذلك يتم هذا الاختيار على أسس صحيحة وسليمة في بداية قيام المنظمة، ولكن قد تبحث المنظمة عن موقع جديد بعد أن تظهر مبررات وأسباب تدعو إلى هذا التغيير.

- أهمية أختيار الموقع والعوامل المؤثرة فيه

Location Importance and Factors influence it

من الضروري أن تجري المنظمة دراسات فنية واقتصادية وبيئة وتلاحظ المتطلبات القانونية لغرض اختيار الموقع. ان الخطأ في اختيار الموقع لهُ تبعات كبيرة وخسائر مادية ومالية يتحملها مالك المشروع الصغير وكذلك خسائر على المستوى الوطني. ونظراً لأهمية ترابط الاعمال والمنظمات فقد يتم دراسة ومعرفة العلاقة بين المشروع الجديد والمنظمات الموجودة في المنطقة وتأثير وتأثر هذا العمل الجديد على معايير ومفردات ومؤشرات مهمة على مستوى الاقتصاد الوطني (**النجار والعلي**: 2006 : 98).

إن اختيار الموقع تؤثر فيه جملة من العوامل لعل أهمها الآتي:-

- القرب من الاسواق والزبائن لتصريف الخدمات والسلع وكذلك القرب من مصادر المواد الاولية بالنسبة للاعمال الصناعية. في الغالب تكون المنظمات الخدمية وأعمال التجارة في أماكن قرب الزبائن ليتاح لهؤلاء الزبائن سهولة الحصول على الخدمات أو الاحتياج التجاري، في حين تكون الاعمال الصناعية بعيدة عن المناطق السكنية وقريبة من مصادر التجهيز للمواد الاولية لغرض تقليل كلف النقل.
- مدى توفر الموارد البشرية المؤهلة والتي تحمل المهارات والمعارف الكافية والملائمة لطبيعة العمل. من الضروري التفكير بكلف القوى العاملة هذه وخاصة في المنظمات التي تحتاج إلى أيدي عاملة كثيفة وتلك التي تحتاج إلى مهارات وخبرات عالية.

- تأثير وسائط النقل ومدى القرب من الموانىء والسكك الحديد والمطارات، وهذه تلعب دور في تقليل كلف النقل والتوزيع خاصة إذا كانت مراكز الانتاج تبعد بمسافات كبيرة عن أماكن الخدمات والتوزيع.
- الأراضي وكلف المساحات المطلوبة لاقامة المشروع والتوسع المحتمل في المستقبل.
- مدى توفر الاموال الكافية لاختيار موقع يُلبي متطلبات المشروع الجديد.
- طبيعة العمل ونوع النشاط، حيث ان اختيار موقع لمستشفى أو جامعة يختلف عن اختيار موقع لمحطة كهرباء وهذه تختلف عن موقع مطعم وجبات سريعة وهكذا (**العامري والغالبي**: 2008: 595).
- البنى التحتية العلمية ومدى توفرها، حيث ان بعض الاعمال الصناعية ذات التكنولوجيا المتقدمة يحتاج إلى وجود هذه القواعد والركائز العلمية لاستمرار وتطوير عملها.

وفي حالات عديدة يصار إلى أختيار الموقع وفق تسلسل منطقي بخطوات متتابعة لمعرفة تأثير أهم العوامل وفق كل خطوة من هذه الخطوات. هنا يتم أولاً أختيار المحافظة في البلد ثم المدينة، ثم الحي وأخيراً اختيار الموقع داخل الحي، ونرى هذا الامر خاصة بالنسبة لمشروعات التجارة والخدمات (**توفيق**: 2002: 106 – 109).

ان اختيار موقع المنظمة يعني ان المواقع ليست متساوية في تأثيراتها الايجابية على نجاح العمل أو السلبية في الحد من هذا النجاح. ان المشروع الذي تقوم من خلاله بالذهاب إلى العملاء لا يحتاج لموقع رائع مثل مشروعات تنظيف المنازل وصيانة احواض السباحة، كما يحتاج محلات بيع الزهور واسماك الزينة إلى مواقع رائعة ومميزة. كذلك تحتاج مشروعات البيع بالتجزئة وتقديم الخدمات الى تخطيط مسبق بالنسبة للمظهر الجيد وطرق المواصلات لسهولة الوصول وهكذا.

اذا كان المشروع جديد فكر جيداً عند البحث عن الموقع بالامور الاتية (**Strauss**: 2005: 94):-

- المكان، عدد كافي من الناس، ومنطقة لدعم التوسع ومصير المشروعات المماثلة في المنطقة.
- المواصلات، سهولة الوصول، وصول النقل العام، الطرق الرئيسية.
- المنافسون، وجود منافسون كثر قرب الموقع من الممكن أن يكون مشكلة.
- الوضوح، يفترض أن يرى المكان بوضوح من الطريق العام وألا يكون مختبئاً ويفقده الناس بسهولة.
- اللافتات، إذا كانت جيدة تعتبر دليل يسهل للوصول إلى المشروع.
- المرافق، مساحات كافية لوقوف السيارات، الحمامات الصحية والاضاءة الخارجية والمناظر.
- التاريخ، بعض المواقع ذات سمعة سيئة، قد تقضي وقت طويل لتغيير المفاهيم السيئة المأخوذة مسبقاً عن الموقع والمكان.
- قيمة الايجار، أحسب قيمة الايجار، حافظ على النفقات العامة.

ان المنظمات الصغيرة الموجودة في السوق والعمل قد تحتاج ان تغير موقعها القديم، ومن الطبيعي أن تكون هناك أسباب عديدة إلى هذا التغيير أهمها (**Armstrong**: 2003 : 349 - 354)

- انتهاء عقد الايجار.
- الرغبة في التوسع لمنطقة جغرافية جديدة.
- التغيرات الخاصة بالعملاء أو الموردين المرتبطة بالموقع.
- تغييرات هامة وجذرية في العمليات الانتاجية.
- التحديث الكبير في التكنولوجيا أو استخدام معدات وتكنولوجيا جديدة.
- تغييرات في نظام الامداد، مثل تغيير أساليب النقل من السكك الحديد إلى النقل البري.

ولكي لا يحتاج المشروع الصغير تغيير موقعه عليه أن يكون دقيقاً في اختيار هذا الموقع بشكل صحيح من البداية، أن تكاليف تصويب هذا القرار الخاطىء في الغالب مكلفة جداً، حيث يتطلب الامر وخاصة في الاعمال الصناعية تغيير المباني وإعادة تصميم العمليات وقضايا ترتبط بالمستودعات والخزن وغيرها.

- طرق أختيار الموقع Location Methods selection

توجد العديد من الطرق والأساليب التي تساعد على أختيار موقع المنظمة، منها ما هو معقد جداً ويستخدم أساليب بحوث العمليات المتقدمة ومنها ما هو بسيط وسهل الاستخدام ويعطي دلالات مفيدة في الاختبار. بعض الطرق تنهج منحى شمولي كلي في التحليل والبعض الاخر تعتمد على تحليل جزئي في عملية تقييم المواقع المختلفة. ويمكن الاشارة إلى البعض من هذه الطرق وكالآتي:-

- طريقة مركز الجذب Gravity center
- طريقة تحليل نقطة التعادل (Break - Even point) Break-Even Analysis
- مؤشر درجة القياس Factor - Rating systems
- أساليب البرمجة الخطية Linear programming
- طريقة العوامل النوعية المرجحة Quality Factors boundration method

وللاطلاع على مزيد من استخدام هذه الطرق يمكن الرجوع إلى العديد من المصادر منها (**العلي**: 2000)، (**النجار والعلي**: 2006)، (**العامري والغالبي**: 2008).

وفي الحالات التي توجد فيها مواقع بديلة ضمن المنطقة التي تم أختيارها، يتطلب الامر اجراء المزيد من التحليل المفصل بشأن هذه المواقع. ويمكن استخدام واحد من منهجين متميزان لايجاد الموقع والمكان الافضل. الاول يسمى منهج المجموعة العملية والذي يركز على عدد محدود وقليل من المواقع وتدرس لمعرفة الاحسن منها.

والثاني منهج المجموعة اللانهائي والذي يقوم بحسابات رياضية وهندسية لمعرفة أين يكون أفضل موقع بعد استبعاد المواقع التي يوجد عليها قيود معينة (**Armstrong**: 2003: 352).

-الموقع ونوع النشاط Location and Activities types

مع وجود العوامل العامة المؤثرة على اختيار موقع المنظمة الصغيرة، فأن هذا الاختيار يتأثر بشكل كبير بطبيعة النشاط الذي تمارسه المنظمة وكالآتي (**أبو ناعم**: 2002: 275 - 279)، (**العطية**: 2002: 78 - 85)، (**النجار والعلي**: 2006: 107 - 110).

(1) المنظمات الصناعية

في أغلب الحالات تحتاج الاعمال الصناعية إلى معدات ومكائن ومستلزمات ثقيلة ومساحات واسعة للتخزين وغيرها، وهذه تتطلب مواقع خارج المدن وفي مجمعات ومدن صناعية معدة لهذا الغرض. ان قيام المشروع الصناعي في مكان ما تصبح عملية نقله إلى مكان أخر مكلفة ومعقدة. وتلعب جميع العوامل المذكورة سابقاً دوراً في اختيار موقع المشروع الصناعي، ألا أن ما يؤخذ بأهمية كبيرة هي:

- القرب من الموردين والامداد بالمادة الأولية.
- توفر الطاقة اللازمة.
- توفر الأيدي العاملة.

ومن الضروري ملاحظة التمركز الصناعي، فقد تكون هناك اعتمادية في المشروع الصغير على الصناعات الاخرى لغرض نجاحه واستمراره، وفي أغلب الدول وبحكم الاهتمام بالبيئة نجد أن الدعوات تتصاعد للاهتمام بالبيئة ومكافحة التلوث مما يستدعي الانتقال من مفهوم سلبي للتعامل مع مكونات البيئة إلى مرحلة الوقاية البيئة من الاضرار ومن الطبيعي أن يكون للموقع أثر في ذلك (**نجم**: 2008: 46 - 55).

(2) المنظمات الخدمية

في أغلب الحالات نجد أن مشاريع الخدمات تقع في نهاية سلسلة التوزيع قرب الزبائن، لذلك فأن سهولة الوصول إليها أمراً مهماً. وفي الخدمات التي تذهب إلى الزبائن يمكن ملاحظة اختيار الموقع في ضوء ظروف وامكانات مالك المشروع وكلف التأسيس والشراء للاماكن أو الاستئجار لها. وتلعب سمعة المكان دور في نجاح المشروع التجاري والخدمي في حالات عديدة، بمعنى انعكاس هذا الأمر على الجودة والسمعة والموثوقية والدقة وغيرها. وتحاول هذه الاعمال جذب أكبر عدد من الزبائن لغرض تحقيق أرباح مجزية لها. ويمكن اختيار المواقع في أماكن قليلة الايجار على حدود المدن أو في المناطق الحرة.

وفي أعمال تجارة التجزئة يلاحظ على العموم وجود أماكن مفضلة بشكل ملحوظ لتواجدها، مثل المناطق التجارية المركزية، ومناطق التسوق في الاحياء، والمراكز والمجمعات التجارية، والمناطق القريبة من المنافسين والمناطق الخارجية. وفي جميع هذه المناطق يفترض وجود التسهيلات الضرورية للزبائن من مواقف للسيارات والخدمات المكملة الاخرى.

(3) المنظمات الزراعية

وهذه مؤسسات ومشاريع تأخذ في الاعتبار العديد من العوامل المرتبطة بطبيعة عملها مثل:

- مساحات الارض المتوفرة وخصوبة التربية وخاصة عند زراعة محاصيل معينة تحتاج عناية كبيرة.
- المناخ في المنطقة وملائمته لتوجهات وأنشطة المشروع الزراعية.
- المعدات والمستلزمات الزراعية المستخدمة مثل الاسمدة والروائح والتلوث وقضايا مرتبطة بذلك.
- المياه ومدى توفرها ومستوى أسعارها.
- الطاقة والاحتياج لها.
- تكاليف الارض وامكانات التوسع المستقبلي.
- توفر المواصلات الملائمة لنقل المحاصيل الزراعية إلى الاسواق بأسعار مقبولة.
- معرفة الايرادات التي تتحقق من بيع المحاصيل خلال فترة طويلة نسبياً واحتمالية التقلبات في هذه الايرادات وأسبابها وامكانية معالجتها.

- **التصميم الداخلي Facility layout**

يقصد بالترتيب الداخلي layout وضع المعدات والالات والتأثيث الخاص بالوحدة الانتاجية بتقسيم أو تصميم مناسب يعطي أفضل انسيابية لتدفق العمل. وكلما كان الترتيب فعال ومدروس بشكل جيد فانه يؤدي إلى تدفق كفوء للافراد والعمليات والاستفادة القصوى من التسهيلات المتاحة. ويجب أخذ مجموعة من الاعتبارات عند القيام بالتصميم الداخلي ومن أهمها (**أبو ناعم**: 2002: 280)، (**برنوطي**: 2005: 248- 249).

- ترتيب الالات والمعدات والبضائع والاقسام والشعب بطريقة تحقق التدفق الكفوء والفعال للانتاج أو يتماشى مع العادات الشرائية للزبائن.
- مراعاة استيعاب كامل المساحة الداخلية المتاحة والاستفادة من الظروف الطبيعية المحيطة بالمبنى.
- الاستفادة الكاملة من الالات والمعدات وبطرقة علمية.
- توضع الالات والمعدات والمواد الخام والبضاعة بطريقة يسهل الوصول اليها بواسطة العاملين وكذلك الزبائن.
- مراعاة الناحية المظهرية والجمالية والذوق العام بالنسبة للادارة والعاملين والعملاء.
- توفير الفرص المثلى ومراعاة متطلبات الخزن والرقابة على الجودة للعمليات.

ان الترتيب الداخلي يعتمد بشكل كبير على أنواع المنتجات ونمط الانتاج أي الاساليب الصناعة المعتمدة في المنظمة. فقد يكون الاسلوب الصناعي المعتمد يتمثل بالانتاج المستمر (continuous) مثل محطات الكهرباء وتكرير النفط والغاز، هنا يكون الانتاج باحجام كبيرة من نفس المنتج دون أي تغييرات أو مقاطعات في النظام الانتاجي. وفي المقابل قد يكون الاسلوب الصناعي يتمثل في المشروعات (Projects) وهنا من النادر ان يصنع المنتج الواحد مرتين بنفس الطرق والاليات والاساليب، مثل تصميم سيارة سباق بمواصفات خاصة أو في الخدمات كتابة تقرير عن استشارة ادارية معينة. هنا يوجد الكثير من التنوع والقليل من التوحيد القياسي. وبين هذين الأسلوبين (مستمر – مشاريع) توجد أساليب تصنيعية أخرى وهي انتاج الطلبات والمجموعات والكتلة الكبيرة لاحظ الشكل (6-6).

شكل (6-6)

أنماط الانتاج والأساليب الصناعة (تنوع وكميات المنتج)

		حجوم الانتاج (كميات)				
		منخفضة جداً	منخفضة	متوسطة	مرتفعة جداً	مستمر
تنوع المنتج	لا يوجد					**مستمر**
	قليل				**الكتل الكبيرة**	
	متوسط			**المجموعة**		
	مرتفع		**انتاج الطلبات**			
	مرتفع جداً	**المشروع**				

ومع ان منظمات الاعمال الصغيرة تنتج بحجوم انتاج أقل قياساً للشركات الكبرى، الا أنها يمكن ان تتواجد في جميع انماط الانتاج والاساليب الصناعية مارة الذكر. فيمكن لمنظمة صغيرة متخصصة بانتاج الاسمنت بخطوط مستمرة ودون توقف، هنا تعتبر حجوم الانتاج نسبية (كبيرة) بالقياس للمواد الاولية المستخدمة والمعدات واعداد العاملين وليس بالقياس إلى منظمة كبيرة جداً لانتاج الاسمنت. ففي الانتاج المستمر **يتم الترتيب على أساس المنتج** Product layout، حيث ترتب المكائن والمعدات والتجهيزات طبقاً لتسلسل عمليات تشغيل الواحدة من المنتج.

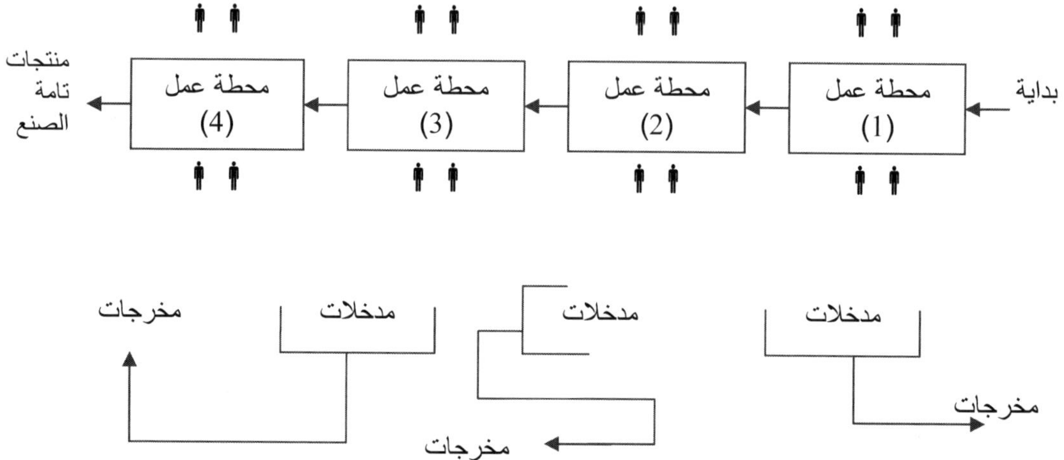

يمكن هنا استغلال المساحات وفق اعتبارات الاشكال المختلفة لخط الانتاج الذي تعتمده المنظمة، وبهذا يتم تحديد مواقع العمليات بتتابع منطق، من المواد الاولية (أماكن المخازن) ثم محطات العمل المختلفة وصولاً إلى نهاية خطوط الانتاج (منتجات تامة الصنع).

أما إذا كان الانتاج متقطع (Intermittent)، حيث نقل وتحريك الوحدات المنتجة من قسم لاخر، قد يحصل انتظار للدور في بعض الاحيان، هنا يكون الترتيب الملائم **على اساس العملية** Process layout. وفيه ترتب المكائن والمعدات التي تقوم بنفس الوظيفة في موقع أو قسم واحد. يسمى هذا الترتيب أحياناً الورشة Job shop أو الترتيب الوظيفي Functional layout. وفي الاعمال الصغيرة نجد ورش النجارة والحدادة وتصليح السيارات والمستشفيات والمطابع ومصانع الخياطة مرتبة وفق هذا الاسلوب.

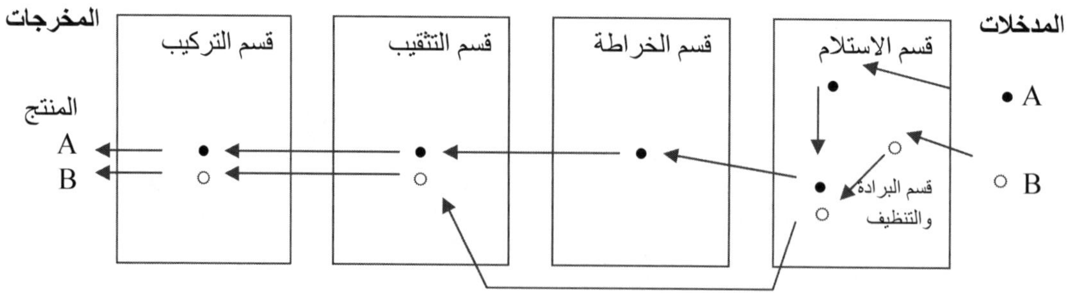

ان انتاج الطلبات أو الدفعات وكذلك المجموعات والكتل الضخمة يمكن اعتبارها انتاج متقطع تختلف فيه درجة المعيارية والقياس وفق اعتبارات التنوع وحجوم الانتاج. فقد يصمم خط انتاجي للملابس بشكل مجموعات مرة لملابس النساء وأخرى لملابس الاطفال وفترة ثالثة لانتاج ملابس الرجال بدفعات ومجموعات وفق تخطيط المنظمة. أو قد تكون هذه الانواع من الملابس ضمن خطوط انتاج مستقلة الوحدة عن الاخرى بكميات أكبر (**برنوطي**: 2005: 247).

وفي نمط انتاج المشاريع، قد يتم انتاج منتجات ضخمة الحجم مثل الطائرات أو السفن أو غيرها، وكذلك منظمات انتاج أبراج السكن أو الجسور أو في المنظمات الصغيرة كتابة تقرير استشارة معينة. المنتج هنا وحيد من نوعه وينتج لمرة واحدة. هكذا فأن الترتيب الذي يلائم هذا الاسلوب أو النمط يسمى **الترتيب على أساس الموقع الثابت** Fixed-Position Layout حيث يتم تثبيت مكان المنتج وتتحرك مجاميع العمل حوله لانجازه. واخيراً هناك النمط الهجين (Hybrid) وفيه يدمج نمط الانتاج المستمر مع نمط الانتاج المتقطع بدرجات متفاوتة، حيث الاستفادة من مزايا هذين النمطين وتجنب عيوب كل واحد منهما. وهنا يكون **الترتيب الخلوي** Cellular Layout يكون هو الملائم حيث ترتب المكائن والمعدات الخاصة بانتاج عائلة منتجات متشابهة في طريقة انتاجها أو المواد الاولية في خلية أو مجموعة واحدة. وتكنولوجيا المجاميع (Group Technology) يستخدم فيها هذا الترتيب، حيث تكون اعداد كبيرة من منتجات ويطلب انتاج حجوم كبيرة منها، وهكذا تصنف إلى مجموعات متشابهة بطريقة الانتاج أو المواد الأولية ويتم ترتيب المكائن والآلات بشكل خلايا أو خطوط انتاج داخل المصنع (**العامري والغالبي**: 2008: 599). واذا كان الترتيب الداخلي مهم جداً في المنظمات الصناعية، فأن الخدمات والتجارة بل وحتى الأعمال الزراعية تحتاج إلى ترتيب داخلي يساهم في انسيابية العمل والانجاز فيها. ففي متجر جملة أو تجزئة ترعى الجوانب الخاصة بالطلب على المنتجات الأكثر ربحية وحركة من تلك الاقل منها. كما ان الرؤية التسويقية يفترض أن تؤخذ بأهمية عند الترتيب، ووضع السلع في أماكن يسهل الوصول إليها ورؤيتها (**برنوطي**: 2005: 250).

* ادارة المــواد Materials Management

في أغلب منظمات الاعمال الصغيرة ترتبط عمليات الشراء والتخزين بأدارة الانتاج والعمليات. وهذه العمليات ذات أهمية كبيرة سواء كان العمل الصغير منظمة صناعية أو خدمية أو تجارية أو زراعية. وحتى المنظمات التي تعتمد الخزين القليل بأنها بحاجة إلى ادارة تتعامل بمنهجية وعملية وتتابع بفطنة عمليات التوريد والعلاقات مع المجهزين. سيتم التطرق هنا أولاً لادارة المشتريات ومن ثم المخزون والرقابة عليه.

• ادارة المشتريات Purchasing Management

ان الشراء من الانشطة المهمة والتي تتناغم من الانشطة الاخرى في منظمة الاعمال الصغيرة، وفي الاعمال التجارية تشتري المنظمة المواد والمستلزمات والبضاعة التامة لأغرض إعادة بيعها ضمن علامات تجارية

معروفة، في حين يكون الشراء بالنسبة للمنظمات الصناعية يشكل ثقلاً مهماً سواء للمواد الاولية أو باقي المتطلبات. في الاعمال الصناعية، هناك شراء استثماري مثل شراء المعدات والالات والمكائن وهناك شراء المادة الاولية (Raw materials) الذي يكون باستمرار ويتحدد الشراء للكمية بالقدرات الانتاجية، هنا تحتاج الشركات الصناعية إلى نظام شراء فعال (**برنوطي**: 2005: 295)، ومن المعلوم ان للشراء في المنظمات دوافع عديدة أهمها الشراء بهدف الاستهلاك والشراء لغرض البيع وكذلك الشراء لغرض التجهيز أو التصنيع (**النجار والعلي**: 2006: 138).

ان الضرورة تتطلب من المنظمة الصغيرة ان تضع للشراء نظام بسيط وواضح وأن لا يترك أمر الشراء للاهواء والمزاج الشخصي للمدير أو العاملين الاخرين. ان هذا النظام تختصر بكفاءة وفاعلية مختلف الفعاليات الضرورية لهذه الادارة، والتي يمكن ان تلخص بالآتي (**عبد الفتاح**: 1984: 23)، (**النجار والعلي**: 2006: 138).

- تبدء فعاليات الشراء بالتحقق الفعلي بوجود حاجة للشراء.
- وصف ما يراد شراءه بشكل دقيق وبسيط وواضح.
- اختيار مصدر التوريد الافضل من بين مصادر التوريد التي تطورت العلاقات معها.
- دراسة السعر من خلال تفاوض جيد والحصول على أفضل شروط لعقد التوريد.
- الاجراءات الخاصة بالتوريد، وهي إصدار أمر الشراء ومتابعته بدقة وفعالية.
- استلام المواد وفحصها والتأكد من سلامتها بالنوعية والكمية والسعر.
- مراجعة فواتير الشراء والقضايا الخاصة بالمتابعات بعد الشراء.
- الاحتفاظ بالسجلات والمستندات الخاصة بإدارة المشتريات.

ويمكن للاعمال الصغيرة ان تضع السياسات المناسبة للشراء سواء كان هذا الشراء يتم من مصادر محلية أو عن طريق الاستيراد من مصادر خارجية. ومن مجمل هذه السياسات يستطيع المشرع الصغير الاستفادة وتحقيق الاهداف الخاصة بالمنافسة وتحقيق الوفورات.

ومن الضروري ان يتواجد أسلوب رقابي فعال للمشتريات، باعتبار ان الشراء يمثل أنشطة عديدة يجب أن تفحص وتراقب. ان رقابة المشتريات purchasing control هو التأكد من توفر الاجراءات والسياسات السليمة لكافة أنشطة هذه الادارة، وخاصة تطوير العلاقة مع الموردين واختيارهم بعناية. ان مراعاة الجوانب والعوامل التالية في عملية الشراء أمر حيوي للاعمال الصغيرة.

- الاسعارprices.
- الجودة Quality.
- مصداقية الموردين Suppliers Reliability.
- فترات السداد Credit terms.
- كلفة النقل Shipping costs.

- **ادارة المخزون Inventory Management**

يمثل المخزون جانب مهم جداً من عمل المنظمات، خاصة وانه يشكل نسبة عالية من الكلف التي من الضروري ادارتها والعناية بها. ويجري خزن والاحتفاظ بالسلع والمواد والاصول من مختلف الانواع وادامتها خدمةً لاغراض المنظمة. وهنا قد يكون هذا الخزن للاستخدام واستمرار العمليات الانتاجية أو إعادة بيع المواد وتحقيق وفورات وأرباح، أو لادامة المعدات والآلات من خلال قطع الغيار والاحتياطيات لاعمال الصيانة والاصلاح أو غيرها. ان ادارة المخزون هي الادارة المسوؤلة عن مجمل السياسات والاساليب والمبادىء التي يتم بموجبها اعداد خطة المواد وتنسيقها والسيطرة عليها وملاحظة تدفق أو حركة المواد خلال أنشطة وفعاليات المنظمة المختلفة وبما يحقق أهداف المنظمة (**النجار والعلي**: 2006 : 143). ومن الضروري ان يدار المخزون بشكل كفوء وفعال بحيث

- لا يكون المخزون فائضاً عن الحاجة وبحجوم كبيرة جداً، حيث تصبح تكاليفه أعلى مما هو مرغوب فيه. وتأتي الكلف الاضافية هنا نتيجة استثمار غير مدروس في المخزون وتتبعها تكاليف أخرى مثل التأمين والتلف والتقادم والتخزين وقد تصل هذه الكلف إلى نسبة عالية جداً.
- أن لا يكون المخزون أقل من الحاجة الفعلية، وهنا قد يحصل نفاذ يؤدي إلى توقف عمليات الانتاج وزيادة تكاليف التشغيل.

ومن الضروي العمل بنظام فعال للمخزون تراقب من خلاله مختلف الاصناف المخزنة، وقد يكون نظام (ABC. Control) ، حيث تقسم أصناف المخزون الى ثلاثة فئات (**بومباك**: 1989: 180).

- فئة (A) الأولى ذات الأهمية الأكبر وتخضع لرقابة عالية وفعالة ومحكمة.
- فئة (B) الثانية ولها قدر متوسط أو معتدل من الرقابة.
- فئة (C) الثالثة والأخيرة وتخضع لرقابة مبسطة وفي أدنى الحدود.

وفي الادارة المخزنية الكفوءة تكون السجلات منظمة ودقيقة وتعكس الارصدة الواقع الفعلي للمستودعات في أي وقت. لذلك يصار للرقابة من خلال عمليات الجرد التي تقوم بها جهات من خارج هذه الادارة أو من قبل جهات من خارج المنظمة تنتدب لهذا الغرض. ان جرد المخازن قد يكون دورياً وعلى فترات محددة أو قد يكون هذا الجرد مستمراً لجميع الاصناف في اطار برنامج معد مسبقاً. أن وجود المخزون ضروري في منظمات الاعمال الصغيرة، لكن ما تعمل عليه هذه المنظمات هو جعل تكاليف المخزون عند أدنى الحدود الممكنة مع تحقيق الاهداف المتوخاة من هذا المخزون. هكذا تأتي عمليات رقابة المخزون (Inventory control) لتؤدي ضمن آليات وطرق واجراءات معينة إلى جعل تكاليف المخزون في الحدود الدنيا سواء كانت كلفة احتفاظ بالمخزون أو كلفه اصدار أو أمر الشراء. كلفة الاحتفاظ بالمخزون (Holding cost) تتضمن كلف ادارة المخزون والتأمين عليه وتوفير جو ملائم للخزن ومصاريف العاملين في المخازن. أما كلفة الثابتة فهي كلفة اصدار أوامر شراء المخزون

(order cost) وما يتعلق بها من اجراءات ادارية واتصالات ومراسلات ومتابعة وغيرها من القضايا المرتبطة بالتوريد (**العامري والغالبي**: 2008: 603).

وقد تستفيد المنظمات الصغيرة من فكرة وفلسفة نظام الانتاج الاني Jut-in-Time (JIT) وهو نظام ينتج الكميات المطلوبة تماماً في الوقت المحدد، بحيث يتم جدولة وصول المواد إلى خطوط الانتاج مباشرة، وبذلك لا تخزن في مخازن الشركة. هنا يكون المخزون بالحدود الدنيا أو لا وجود لمخزون أصلاً. ان هذا النظام يحتاج إلى تطوير علاقات جيدة وثقة عالية بالموردين ونظام النقل لايصال المواد بسرعة من دكة التفريغ إلى خط الانتاج.

*** نظام الانتاج الاني (نظام الخزين الصفري)**

Just-in-Time

انتاج الكميات المطلوبة فعلاً، بحيث يتم جدولة وصول المواد المطلوبة إلى خط الانتاج حين الطلب. وبهذا فلا وجود لمخزون في المنظمة أو مخزون بحدوده الدنيا.

كذلك يمكن للمنظمة ان تستخدم أساليب وأدوات رياضة واحصائية بسيطة لرقابة المخزون، مثل نقطة اعادة الطلب Reorder point (ROP) وكذلك حجم الوجبة الاقتصادية Economic order Quantity (EOQ) ان نقطة اعادة الطلب تعني النقطة المثلى أو مستوى حجم المخزون الذي يفترض أن يعاد الطلب عنده.

*** نقطة اعادة الطلب**

Reorder point

هي النقطة أو المستوى الذي يجب عندها إعادة طلب أو اصدار أمر الشراء الخاص بأحد الاصناف أو الاجزاء أو المواد.

أما حجم الوجبة الاقتصادية فهو أسلوب لحساب كمية الطلب المثلى من أحد المواد أو الاصناف أو الاجزاء بحيث تكون الكلفة الكلية خلال الفترة أدنى ما يمكن، وتحسب كالآتي :

$$EOQ = \sqrt{\frac{2OD}{H}}$$

*** الكمية الاقتصادية للطلب**

Economic order Quantity

هي الحجم الامثل الذي تشتري به المواد بحيث تكون الكلفة الكلية للخزين أقل ما يمكن.

حيث ان

O = كلفة اصدار أمر الشراء.

D = كمية الطلب السنوي.

H = كلفة الاحتفاظ بالمخزون سنوياً (قد يكون مبلغ محدد أو نسبة مئوية من كلفة الوحدة الواحدة).

وتوجد العديد من الطرق الاخرى بعضها بسيط يسهل استخدامه والاخر معقد ويحتاج إلى معلومات وحسابات عديدة لغرض مراقبة المخزون أو تقدير الكميات التي يشتري بها وحسب أهمية الصنف أو المواد وأسلوب استخدامها (**المنصور وجواد**: 2000: 174 - 183).

* تخطيط الانتاج **Production planning**

قد لا تحتاج المنظمات الصغيرة إلى استراتيجية عمليات معقدة وشاملة وتمتد لفترات زمنية طويلة، ولكنها تحتاج إلى التعامل مع الانتاج وقضاياه بفكر منفتح وعدم اختصار أمر هذه الادارة على الجوانب الفنية التفصيلية لان ذلك يحد من القدرات التنافسية للمنظمة وفهم ما يجري من حولها بأطار صحيح.

من الضروري أن يضع المالك أو المدير للمشروع الصغير تصور صحيح حول:-

- الوحدة أو الوحدات الانتاجية ومواقعها والتكنولوجيا المستخدمة فيها ومتابعة التطورات في هذا المجال.
- الطاقة الانتاجية المتاحة.
- البنى التحتية الخاصة بالانتاج والعمليات وجوانب الرقابة على الشراء والمخزون والجودة.
- طبيعة العلاقات والروابط والتكامل مع الأنشطة الاخرى كالتسويق والمالية والموارد والبشرية وغيرها.
- التجهيزات الرأسمالية والاستثمار فيها.
- **المنتج والتنبؤ بالطلب** **Product and Demand Forecasting**

من الضروري أن يحدد المشروع الصغير المنتجات التي سيتم انتاجها بكل وضوح ودقة من خلال تعريف دقيق لها. وقد يبدء العمل الصغير بمنتج معين لكن الضرورة تقتضي متابعة التطوير وتقديم الافكار لمنتجات أخرى جديدة يحتاجها السوق. ومهما كان المنتج مرغوباً في بداية الامر فأن دورة الحياة توصله إلى التدهور والهبوط، هكذا تفكر الادارة بمتابعة استمرار التطوير والتحسين وتقديم ابداع وتجديد دائم ومستمر. ان الاهتمام بمصادر الافكار الجديدة الداخلية منها (العاملين في البحث والتطوير، والعاملون) والخارجية بحوث السوق، سلوك المنافسين، المؤتمرات والبحوث والمجلات العلمية، تصبح ضرورية لاختيار منتج جديد وتصميمه ومن ثم انتاجه بشكل أولي قبل انتاجه بكميات كبيرة للسوق. هنا تلاحظ الادارة ما يلي:-

- وضع تصميم معقول يمكن انتاجه بسهولة.
- ذو كلفة معقولة قياس للقدرات الشرائية للزبائن المحتملين.
- ذو جودة عالية.
- يتمتع بمعولية وموثوقية عالية.

وفي اطار العملية التخطيطية للانتاج من الضروري الاهتمام بالطلب باعتباره الاساس الذي تعتمده المنظمة في تقدير الاحتياج وتهيئة المواد الاولية والتجهيزات وقوة العمل اللازمة للانتاج. ان التنبؤ بالطلب (Demand Forecasting) يعني تقدير بوسائل علمية ومنهجية الكميات المطلوبة من منتج معين (سلعة أو خدمة) في الفترات المستقبلية اعتماداً على معطيات وبيانات تاريخية وخبرة سابقة. من الضروري توخي الدقة لكون

الأخطاء مكلفة كثيراً للمنظمة في هذا الاطار (**البكري**: 2001)، وتوجد العديد من الاساليب والطرق للتنبؤ منها ما هو نوعي يرتبط بالتقدير أو استخدام الخبراء مثل أسلوب دلفي ومنها ما هو كمي.

- **تخطيط الطاقة الانتاجية Capacity planning**

يتم في تخطيط الطاقة الانتاجية ضبط قدرة المنظمة على انتاج المنتجات لمواجهة الطلب. وفي الاعمال الصغيرة إذا أشارت التنبؤات إلى ارتفاع في طلب الخدمة مثلاً بنسبة معينة يجب العمل على تأمين طاقة انتاجية كافية لخدمة الزبائن. وهناك سبل عديدة لذلك منها التشغيل بوجبات اضافية أو توسيع قدرات الانتاج أو الخدمات.

*** تخطيط الطاقة الانتاجية**
Capacity planning
ضبط قدرة المنظمة على انتاج المنتجات (سلع أو خدمات) لمواجهة الطلب.

واذا ما كان هناك طاقة فائضة فيجب التصرف لمواجهة ذلك، يحدث هذا في الفنادق والمطاعم بسبب تدني نسب اشغال الغرف مثلاً.

- **خطة الانتاج الرئيسية Master scheduling plan**

وهذه تمثل كشف بالمطلوب من المنتجات النهائية أو المكونات الرئيسية المطلوبة خلال فترة محددة.

وفي الاعمال الصغيرة قد يتم تحديد هذه الخطة بثلاثة شهور قادمة، ان اعداد هذه الخطة يمثل المدخل لنظام تخطيط الاحتياجات المادية Materials Requirement planning (MRP) ، والذي يمثل نظام جدولي يختص بتحديد المطلوب من الاجزاء والمواد الاولية للوفاء بمتطلبات خطة الانتاج الرئيسية محدداً مواعيد اطلاق أوامر الصنع أو الشراء.

وفي خطة الانتاج الرئيسية هناك افق ثابت للانتاج حيث تحدد كميات الانتاج الاسبوعية لفترة مناسبة شهرين مثلاً ويجب الالتزام بها وافق تجريبي تحدد فيها الكمية التي ستنتج على اساس شهري قابل للتعديل.

- **جدولة الانتاج Production scheduling**

تمثل الجدولة برمجة عمليات تجهيز المواد الاولية والاصناف الاخرى اللازمة للانتاج والتأكد من أنها في المكان الصحيح وفي الزمن الصحيح. وجدولة المواد الاولية يعني تحديد مواعيد وأوقات حركتها من المخازن إلى محطات العمل ثم حركتها بين محطات أو أماكن العمل وفق صيغة وجدول زمني محسوب ودقيق. وإذا كان نظام الانتاج آني (JIT) فيعني وصول المواد لمحطات العمل عند الحاجة بالضبط. ويوضع جدول المنتجات النهائية ويعني نقل المنتجات التامة الصنع إلى المخازن، ثم جدول الشحن للوفاء بطلبات الزبائن.

* قضايا مهمة في ادارة الانتاج والعمليات Important Issues in O.P.M

ان توسع حقل الانتاج والعمليات وازدياد أهميته سواء في المنظمات الكبيرة أو الصغيرة أوجد غنى في الفكر والممارسات وأصبح يشمل العديد من المفاهيم. سوق نتطرق هنا لمفهومين مهمين هما الانتاجية والنوعية.

* **الانتاجية Productivity**

عندما يمارس مدير المشروع الصغير الادارة ويقوم بالتخطيط والرقابة والتنظيم والقيادة، فانه يروم تحقيق أهداف المشروع وبذلك فأن المدير بحاجة إلى قياس الانتاجية والكفاءة للتأكد من ان الاهداف تتحقق كما يجب وبأفضل الصيغ. الانتاجية قياس ومؤشر للعلاقة بين المخرجات بحسب المدخلات التي ساهمت في تكوين هذه المخرجات، وبذلك فانها تمثل أسلوب لتحديد كفاءة المنظمة. وكلما كانت الانتاجية عالية وتتصاعد بوتائر مقبولة دلت على ان نظام العمليات في المنظمة كفوءة ويعمل بآليات وأساليب جيدة. وتبحث ادارة العمل الصغير عن طرق تزيد فيها من أنتاجية العاملين أو الآلات أو راس المال وبالتالي المنظمة ككل (**Hatten**: 2006: 523). ويحاول المدراء الارتقاء بالانتاجية من خلال مداخل عديدة سواء للالات أو للموارد البشرية من خلال استخدام الاساليب والطرق الادارية والقيادية والتنظيمية الحديثة (**أبو نبعة:** 247 - 175: 2004).

*** الانتاجية**

Productivity

قياس للمخرجات وفقاً المدخلات المطلوبة لانتاج هذه المخرجات، وتمثل طريقة لتحديد كفاءة المنظمة.

ان الانتاجية يمكن ان تقاس للمنظمة الصغيرة ككل أو لقسم أو جزء منها. فمثلاً الانتاجية الكلية يمكن قياسها بقسمة المخرجات الكلية على المدخلات الكلية وكالآتي:

$$\text{الانتاجية الكلية} = \frac{\text{المخرجات الكلية}}{\text{العمل + راس المال + المواد الاولية + جميع المدخلات الاخرى}}$$

وفي بعض المنظمات قد تكون المواد الاولية وكلفتها تشكل نسبة عالية تصل إلى 90% من مجمل المدخلات وان العمل يستخدم بقله، هنا يتم حساب انتاجية المواد كالآتي.

$$\text{انتاجية المواد الاولية} = \frac{\text{المخرجات}}{\text{المواد الاولية المستهلكة في الانتاج}}$$

ويمكن كذلك قياس انتاجية المراحل الجديدة في العمل والتي تعطي كفاءة العمليات، فمثلاً يمكن قياس انتاجية ورشة نجارة لصناعة الاثاث كالآتي

الانتاجية = المخرجات / المدخلات = عدد الطاولات المنتجة / عدد الساعات المستخدمة

فاذا انتجت هذه الورشة (100) طاولة في (100) ساعة تكون الانتاجية (1). واذا استطاعت ادارة الورشة استخدام اسلوب جديد يختصر الوقت المطلوب بسنة 20% هكذا تكون الانتاجية قد ارتفعت لتصبح كالاتي

الانتاجية الجديدة = $\frac{100}{80}$ = 1.25

وفي المنظمات الخدمية تمثل تحسين وزيادة الانتاجية اشكالية أكبر تعقيد مما عليه في الصناعة. ففي الصناعة يمكن احلال الالات والمعدات بدل الافراد ليساهم هذا الامر في زيادة الانتاجية، في حين ان قطاع الخدمات يستخدم كثافة قوى عمل أعلى وبالتالي تصبح زيادة الانتاجية مسائلة ليست مؤكدة، ومع ذلك يمكن أن يساهم الابداع التكنولوجي والتدريب والتحفيز والاجور العادلة للعاملين في زيادة الانتاجية في الخدمات. ويمكن كذلك الارتقاء بالانتاجية في الخدمات من خلال التأكد بكون الموارد البشرية براحة تامة ومتكيفين مع بيئة العمل.

هنا في دراسات الـ (Ergonomics) الخاصة بالتوافق والمطابقة بين الافراد والمعدات والمكائن بحيث تكون بأفضل الصيغ. ان جسم الانسان لم يصمم ضمن نماذج وموديلات ملائمة معينة، حيث امكانية الاستقرار والجلوس لأداء عمليات متكررة تستطيع الالات القيام بها. ان ما يلاحظ اليوم أن ما بين 70% إلى 75% من العمل اليومي للافراد قد تم نمذجته ويؤدي في الحواسيب (**Henkoff:** 1991: 77).

> *** اركونوميك (هندسة بشرية)**
> **ergonomics**
> دراسة التفاعل والتوافق والمطابقة بين الافراد والمكائن والمعدات.

ان اعتبارات عديدة تساهم في مطابقة جيدة بين الفرد العامل وبيئة العمل، المكتب والحاسوب والاضاءة ونوع الشاشة وكرسي الجلوس والمناظر الامامية والخلفية وغيرها لتساهم في زيادة الانتاجية. كذلك هناك عامل مهم وهو أسلوب ونمط الادارة، حيث التفاعل العالي والمشاركة الكفؤة والثقة والمصداقية تساهم في تحسين الانتاجية.

- **النوعية Quality**

تعتبر النوعية أو الجودة Quality من القضايا المهمة جداً للاعمال في البيئة المعاصرة. وانها تشكل موضوع حيوي للادارة بشكل عام ولادارة الانتاج والعمليات على وجه الخصوص. وتعي ادارة المنظمات المتمرسة اليوم ان الجودة ليست قضية فنية من اختصاص قسم أو جهة واحدة في المنظمة، بل هي ثقافة عامة وشاملة ويرتبط تحقيقها بالقدرة على جعل الجميع يعمل باتجاهها مهما كانوا وفي أي جزء من أجزاء المشروع الصغير يعملون.

وفي ثقافة المنظمة المهتمة بالجودة يشاهد هذا الاهتمام العالي بالارتقاء والتحسين المستمر للجودة Continuous quality improvement . فاذا كانت المراحل الانتاجية قد نظمت عند مستوى لقبول (1) عيب عند كل (100) وحدة منتجة، فأن الخطوة اللاحقة قد تكون عند مستوى ليس أكثر من (1) عيب عند كل (200) أو (400) وحدة منتجة من السلعة وهكذا. ان الهدف الاقصى- العيب الصفري، والذي نجده اليوم متجسد في العديد من برامج تحسين النوعية. وقد يكون من ضمن إجراءات وآليات التحسين المستمرة للجودة استخدام المقارنة المرجعية (benchmarking) والتي تمثل دراسة وفحص أفضل المنتجات والخدمات والممارسات للمنظمات الاخرى بعناية واستخدام هذه بحكمة وتبصر للارتقاء بالجودة في المنظمة.

لقد كان ينظر للجودة في بداية الامر بشكل محدود كونها مطابقة للمواصفات، ثم بعد ذلك مطابقة للاستخدام. لقد تطور مفهوم الجودة عبر مراحل مختلفة، فمن التفتيش (Inspection)، إلى ضبط الجودة (Quality control)، إلى توكيد الجودة (Quality Assurance) إلى ادارة الجودة الشاملة (Total quality Management) (**Dale and Plukett**: 1991: 6-15)، (**علوان**: 2005: 26 – 29).

وفي الجودة اليوم اهتمام عالي بالتوجه نحو الزبائن وارضائهم بل واسعادهم، وهذا من خلال الاهتمام بالتكنولوجيا كجوانب فنية ومعرفية. وهنا فالجودة quality تمثل مدى الرقي بالسلع والخدمات لتلبي توقعات الزبائن أو تتجاوز هذه التوقعات، أو الدرجة التي يتطابق بها المنتج مع المعايير الموضوعة والسماحات فيها. ومن الضروري ان تكون اعداد المنتجات التي تقع خارج حدود قبول النوعية في المنظمة عند حدودها الدنيا. ان هذه الحدود التي تؤطر درجة القبول والسماح يجب وضعها بعناية في منظمات الاعمال الصغيرة.

*** التحسين المستمر للجودة**

Continuous quality improvement

جهود وعمليات مستمرة لانهائية لتحسين جودة السلع والخدمات

*** المقارنة المرجعية**

benchmarking

دراسة وفحص المنتجات والخدمات والممارسات لافضل المنظمات واستخدام هذه ببصيرة وحكمة للاتقاء داخلياً بالجودة في المنظمة.

*** الجودة (النوعية)**

Quality

مدى الرقي بالسلع والخدمات لتلبي توقعات الزبائن أو تتجاوز هذه التوقعات أو الدرجة التي يتطابق بها المنتج مع المعايير والمقاييس الموضوعة والسماحات الواردة فيها.

وفي الحيود السداسية (six – sigma) يستخدم مدخل لضبط الجودة متشدد جداً في قبول المنتجات من حيث جودتها، حيث لا يسمح بأكثر من (3.4) وحدة معيبة من كل مليون وحدة منتجة.

ومن الضروري ان تهتم ادارة المشروعات الصغيرة بموضوع الجودة نظراً لتعرضها إلى منافسة شديدة من جانب ولتقوية سمعتها من جانب أخر. لذلك فأن الرقابة على الجودة (Quality control) تمثل انشطة وعمليات ذات شأن للتأكد من ان السلع والخدمات المنتجة مطابقة للمواصفات المحددة لها.

وتستخدم المنظمات العديد من الطرق والاساليب للتأكد من المطابقة مع المواصفات المحددة. وتعتبر الرقابة الاحصائية على الجودة من الطرق المهمة، والتي تمثل فحص العمليات والمواد والمنتجات بالاساليب والطرق الاحصائية للتأكد من أنها تفي بالمواصفات المحددة (**Longenecker et al:** 2006: 399). وبالاضافة إلى الطرق الاحصائية تحاول المنظمات الارتقاء بالجودة من خلال عمليات التفتيش (Inspection) والتي بموجبها يتم فحص المنتجات ومراحل العمليات لمعرفة ما اذا كانت تلبي مقاييس ومعايير الجودة الموضوعة. كذلك يمكن القول ان مشاركة العاملين (Employee participation) لها أهمية عالية في توكيد الجودة. ان خير مثال على ذلك اعتماد اليابونيون – واليوم أغلب الاعمال المتميزة – أسلوب حلقات السيطرة (Quality Circle) والتي يجتمع فيها العاملون بشكل منتظم لمناقشة المشاكل المرتبطة بالجودة من مختلف الجوانب.

ان جعل الجودة قضية أساسية للمنظمة، يتطلب منها العمل وفق المفاهيم الحديثة، هنا فأن ادارة الجودة الشاملة Total Quality Management (TQM) تتطلب ايجاد ثقافة تنظيمية تقوم على اساس الالتزام بالتحسين المستمر وتصبح الجودة محتواة في كل نشاط وعمل من أنشطة وأعمال المنظمة وبالتالي تصبح الجودة مسؤولية الجميع. ويمكن من خلال ذلك تكريس جهود الجميع لتحقيق رضا الزبون، بل وصول الزبون إلى مرحلة السعادة في التعامل مع المنظمة (Delighted Customer). هنا تصبح الجودة عملية وقائية (Preventive) تمنع حصول العيوب وليس اكتشاف العيوب بطريقة علاجية (Corrective) (**العامري والغالبي:** 2008: 607).

*** الحيود السداسية 6 - sigma**

مدخل لضبط الجودة لا يقبل أكثر من *3.4* وحدة معيبة من كل مليون وحدة منتجة.

*** الرقابة على الجودة**

Quality control

التأكد من ان السلع والخدمات التي تنتجها المنظمة مطابقة للمواصفات المحددة لها.

*** الرقابة الاحصائية على الجودة**

Statistical Quality control (SQC)

استخدام الاساليب الاحصائية في عملية رقابة وضبط الجودة.

*** حلقات السيطرة**

Quality circle

مجموعة من العاملين يلتقون بشكل منتظم لمناقشة المشاكل المرتبطة بالنوعية.

*** ادارة الجودة الشاملة**

TQM

ايجاد ثقافة تنظيمية تقوم على أساس الالتزام بالتحسين المستمر وتضمين الجودة في كل نشاط وفعل في أنشطة وأفعال المنظمة وهكذا تصبح الجودة مسؤولية الجميع.

وفي بيئة الاعمال المعاصرة تعطي الجودة شهرة وسمعة متميزة للمنظمة، وكذلك مصداقية للمنتجات وتساعد على فتح الاسواق العالمية. وهنا أصبحت الجودة ضرورية لدخول هذه الاسواق ووجوب الحصول على شهادات دولية مثل (ISO 9000) و (ISO 14000) وغيرها واليوم توجد العديد من الجوائز العالمية حول الجودة ولها معاييرها المعتبرة.

ISO 9000 *
المعايير التي تحكم شهادة دولية بخصوص جودة الاجراءات والعمليات الادارية في جوانب عديدة.

ان على المشروع الصغير ان تطور خصائصها وأساليبها لتوكيد النوعية، وان تعتمد معايير تتماشى مع طبيعة نشاط المشروع. فاذا كان المشروع ينتج سلعاً ملموسة فأن أبعاد الجودة تختلف عن هذه الأبعاد في الخدمات، ويلخص الشكل (6-7) أهم أبعاد الجودة في السلع وفي الخدمات.

شكل (6-7)

أبعاد الجودة في السلع وفي الخدمات

أبعاد الجودة للسلع	أبعاد الجودة للخدمات
• مستوى الاداء للسلعة	• التوقيت، الدقة والانضباط في مواعيد تقديم الخدمة
• المتانة، العمر الافتراضي والصلاحية وتحمل الصدمات	• شخصية مقدم الخدمة وأخلاقه ودماثته
• المعولية، احتمال أداء المنتج لوظيفته بدون عطل فترة طويلة	• سهولة الحصول على الخدمة
• المطابقة للمواصفات	• تمام وكمالية الخدمة
• القابلية للصيانة والاصلاح وسهولة الاستخدام والادامة	• تطلع الزبون لاشباع احتياجاته
• العمر التشغيلي والديمومة في العمل	• استقرار الخدمة عند تقديمها لافراد مختلفين وبأزمان مختلفة
• السمعة	• مكان تقديم الخدمة ومدى نظافته وملاءمته
• الخصائص الجمالية الاضافية	• الجمالية والمظهرية والسمعة
• القدرة على الاختيار والتوسع بالحجم	• السرعة في تقديم الخدمة

وفي ختام هذه الفقرة الخاصة بادارة الانتاج والعمليات، من الضروري التذكير بأهمية هذه الادارة في منظمات الاعمال الصغيرة، لذلك يتطلب الامر العناية الكبيرة بجميع فعالياتها وأنشطتها وعملياتها. ومع أن بعض الفعاليات لا تتطلب سوى وجود رمزي من ناحية الحجم، الا أنها ذات محتوى عالي ومركز. فيكفي وجود شخص واحد أو شخصين مهتمين في متابعة نشاط البحث والتطوير يتكامل عملهم مع عمل ادارة الانتاج والعمليات وقسم التصميم وكذلك ادارة التسويق وبحوث المستهلك وهكذا.

وجدت المشروعات الصغيرة لكي تنتج وتقدم سلع أو خدمات ومن ثم ايصال هذه المنتجات إلى الزبائن لكسب رضا هؤلاء الزبائن وتعميق جوانب الولاء لديهم، هكذا فأن فعاليات النشاط التسويقي وادارة تسويق المنتجات ذات أهمية كبيرة للاعمال سواء في بداية مراحل التأسيس وحتى قبل قيام المشروع من خلال مفردات خطة العمل أو بعد قيامه وممارسة النشاط في الاسواق.

* المفاهيم الاساسية وأهمية الادارة

Basic concepts and marketing Management Importance

عديدة هي مكونات ومفاهيم التسويق الحديث، ومن الضروري ان يركز المشروع الصغير على المهم منها باستيعاب كامل لها. كما أن أهمية هذه الادارة كبيرة لمختلف أنواع المنظمات.

- **المفاهيم الاساسية Basic concepts**

تطورت الافكار التسويقية كثيراً في منظمات الاعمال، بل وحتى في المنظمات غير الهادفة للربح (**Warren and Green:** 2003)، وبعد ان كانت منظمات الانتاج السلعي هي المعنية والمهتمة أكثر من غيرها في تطوير واستخدام المفاهيم التسويقية أصبح تسويق الخدمات اليوم يحظى باهتمام كبير (**العلاق والطائي**: 2001)، (**الضمور**: 2002). لقد نقلت التوجهات من الانتاجي إلى البيعي إلى التسويقي، هكذا أعيد النظر مرات عديدة بتعريف التسويق من قبل الجمعية الامريكية للتسويق (American Marketing Association).

> *** التسويق Marketing**
>
> عمليات فكرية وعملية ترتبط بتخطيط وتنفيذ لمفهوم المنتجات (سلع، خدمات، أفكار) وتسعير وترويج وتوزيع هذه المنتجات بهدف خلق تبادل يشبع حاجات المستهلكين ويرضي المنظمات

والتسويق (Marketing) اليوم يمثل عمليات فكرية وعملية ترتبط بتخطيط وتنفيذ لمفهوم المنتجات (سلع، خدمات، أفكار) وتسعير وترويج وتوزيع هذه المنتجات بهدف خلق تبادل يشبع حاجات المستهلكين ويرضي المنظمات. هنا فأن الانشطة التسويقية المختلفة تنصب على

- المتابعة الدائمة لحاجات ورغبات الزبائن، هنا أصبح العمل اليوم متوجه أكثر بالزبائن (Consumer oriented).
- تلبي هذه الأنشطة تحقيق أرباح على المدى القصير والبعيد للمنظمة. ان فعاليات بحوث السوق وتصميم المنتجات والترويج والتوزيع تصب باتجاه الارتقاء بربحية المنظمات.
- التكامل في العمل والممارسات بين التسويق وباقي الانشطة الاخرى مثل الانتاج والعمليات والبحث والتطوير والادارة المالية والموارد البشرية وغيرها.

• الاهتمام بالتوجهات الاجتماعية والاخلاقية في النشاط التسويقي ونرى امتداد هذا الجانب إلى الاهتمام بالبيئة الطبيعية في مجمل الممارسات التسويقية (**سويدان وحداد**: 2003: 82 – 98)، (**Kotler and Roberto**: 1989) ، (**عبيدات**: 2004).

أما السوق (Market) فأنه أصبح اليوم أكثر اتساعاً بسبب استخدام تكنولوجيا المعلومات والانترنت في عمليات التسويق. والسوق يتمثل بمجموع الافراد والمنظمات والتي تحتاج إلى السلع والخدمات والافكار ولديها القابلية والرغبة والصلاحية لشراء هذه المنتجات. وقد تستهدف المنظمات الكبيرة السوق بجميع مكوناته وأجزاءه.

أما منظمات الاعمال والمشروعات الصغيرة، فأنها تستهدف جزء صغير من السوق، لذلك تجري عملية تقطيع أو تجزئة السوق (Market segmentation) ويتم هذا وفق العديد من الأسس مثل :

-الاساس الديموغرافي (العمر، الجنس، العرق، الدخل، المستوى التعليمي، المهنة، حجم العائلة، الدين، الطبقة، الاجتماعية)

-الاساس السايكولوجي (السمات الشخصية، الدوافع، أسلوب ونمط الحياة).

-الاساس الجغرافي (الاقليم، الحضر، الريف، كثافة السوق، المناخ، الارض، حجم المدينة .... الخ).

-الاساس السلوكي (الكمية المستخدمة، الاستخدام النهائي، المنافع المتوقعة، الولاء للعلامة التجارية، الحساسية للسعر).

ان منظمة الاعمال الصغيرة عليها أن لا تخطىء في حدود السوق واختلافاته، وان تعيد النظر باستمرار ووفق التطور، بالاسس التي اعتمدها في تجزئة السوق. هنا تكون هذه المنظمة دقيقة في تحديد السوق المستهدف (Target Market) ، وتستطيع بالتالي تطوير مزيج تسويق (Marketing Mix) مناسب لاشباع حاجات الزبائن والاعمال الاخرى في هذا السوق المستهدف، والمزيج التسويقي يعني ايجاد التوليفة المناسبة من المنتجات وطرق تسعيرها واساليب ترويجها وتوزيعها بهدف اشباع حاجات المستهلك أو الاعمال الاخرى في السوق المستهدف. ومن الطبيعي في ظل وجود عدد كبير من المنظمات المنافسة، فأن المنظمة الصغيرة تركز جهودها لغرض الحصول على حصة سوقية (Market share) مناسبة تحقق لها العوائد والارباح المناسبة. والحصة السوقية تمثل عدد أو النسبة المئوية لمبيعات المنظمة من منتج معين قياساً إلى المبيعات الكلية في السوق من نفس المنتج.

*** السوق Market**

مجموع الافراد والمنظمات والتي تحتاج إلى السلع والخدمات والافكار ولديها القابلية والرغبة والصلاحية لشراء هذه المنتجات.

*** تجزئة السوق**

Market segmentation

تقسيم السوق إلى مجاميع افراد أو منظمات تتقاسم واحد أو أكثر من خصائص مشتركة ووفق أسس عديدة.

*** السوق المستهدف**

Target Market

مجموعة الافراد أو المنظمات أو الاثنين معاً والذي تسعى المنظمة لتطوير وادامة مزيج تسويقي مناسب لها.

*** المزيج التسويقي**

Marketing Mix

توليفة المنتجات (سلع، خدمات، أفكار) وطرق تسعيرها وأساليب ترويجها وتوزيعها بهدف اشباع حاجات الزبائن أو الاعمال الاخرى في السوق المستهدف.

*** الحصة السوقية**

Market share

نسبة مبيعات المنظمة من منتج معين قياساً إلى المبيعات الكلية في السوق من نفس المنتج.

وفي منظمات الاعمال الصغيرة والتي يفترض قربها الكبير من السوق والمستهلك، فأن الادارة لهذه المنظمات يجب أن تعي ان الزبون لا يمكن كسب ولائه دون اشباع حاجاته بأفضل الطرق وأنسبها، والعمل على جعل هذا الزبون سعيد من خلال تقديم منتج يتجاوز توقعات الزبون في المنفعة (Utility) التي يقدمها لهُ. ويفكر المشروع الصغير بامكانية تحقيق أكبر منفعة للزبون مقابل السعر الذي يدفعه ثمناً للمنتج. والمنفعة هذه يمكن ان تكون بعدة أنواع مثل (**العامري والغالبي**: 2008: 621 – 622):-

- المنفعة الشكلية Form Utility، الحجم والشكل والملامح الجمالية للمنتج.
- المنفعة المكانية Place Utility، نقل المنتج من مكان لاخر حيث يتواجد المستهلكون.
- المنفعة الزمانية Time Utility، جعل المنتج متوفر في وقت الحاجة له.
- المنفعة الحيازية (التملك) Possesstion Utility، تحويل ملكية المنتج بوسائل وأساليب البيع المختلفة.

*** المنفعة Utility**
المدى والقدرة التي تستطيع فيها السلعة أو الخدمة على تحقيق اشباع لحاجات الزبون.

ان معرفة مجمل هذه الجوانب والمفاهيم ضروري لصاحب المشروع الصغير ومديرة، حيث السوق والزبائن وأهميته تبني مزيج تسويقي يعطي منفعة عالية للزبائن من خلال الاستجابة الكفوءة والفاعلة لحاجات هؤلاء الزبائن. ان الضرورة تتطلب معرفة ان هناك العديد من الاشخاص يتخذون قرار شراء المنتج، ويستطيع كل واحد من هؤلاء أن يلعب دوراً أو أكثر في القرار النهائي للشراء (**أبو ناعم**: 2002: 204):-

- المستخدم user للمنتج، وهذا الشخص أو المنظمة الاخرى هي التي تستخدم أو تستهلك المنتج.
- المشتري buyer وهو الذي يشتري المنتج فعلاً فمثلاً الأم تشتري ملابس أولادها.
- متخذ القرار decider وهو الشخص الذي يتخذ قرار الشراء النهائي.
- المؤثر (المؤثرين) Influencer وهو الشخص والاشخاص والجهات المؤثرة على متخذ القرار.
- الحائز على المعلومات Informer وهو الذي يسيطر على تدفق المعلومات وتوجيهها وفق اسلوب التأثير المرغوب.

وهذا يعني ان مدير المنظمة ومساعدية يستخدمون الوسائل التسويقية المناسبة في التأثير على هذه الأطراف لتسويق منتجات المنظمة وادامة علاقات معها وكسب ولائها الدائم.

- **أهمية التسويق Marketing Importance**

هل يمكن تصور مشروع أو منظمة دون وجود نشاط تسويقي لها، كيف يمكن تعريف واعلام واستعلام وايصال منتجات هذه الاعمال إلى السوق والمستهلكين وكسب الزبائن.وجدت الاعمال لتقوم بانتاج السلع

والخدمات ومن ثم بيعها لتحقيق مردود وأرباح مناسبة. هكذا نتوقع ان تكون أنشطة التسويق مهمة على الصعيد الكلي والجزئي. فهي بالاضافة إلى فوائدها على صعيد الدولة وتنشيط الاقتصاد والحركة التجارية والتبادل، فانها ذات أهمية قصوى للمنظمات. وإذا أردنا استعراض أهمية وفوائد التسويق في منظمات الاعمال فيمكن الاشارة إلى الآتي:

(**Pride and Ferrell**: 2000: 15-20) ، (**سويدان وحداد**: 2003: 44 – 46):-

- تساهم ادارة التسويق من خلال أنشطتها المختلفة بأيصال المنتجات إلى الاسواق والزبائن وترقية رغبة الشراء لديهم وكسب ولاء هؤلاء الزبائن وينعكس ذلك على أداء المنظمة الاقتصادي والمالي.
- اعطاء المنظمة سمعة وصورة ايجابية في الاسواق وتعزيز جوانب الثقة في التعاملات، وكسب حصة سوقية مناسبة تساهم في زيادة الارباح التي تستخدم في تطوير منتجات جديدة تتماشى وحاجات الزبائن المتجددة.
- تعطي الانشطة التسويقية أعلام ومعلومات كافية عن منتجات المنظمة للمستهلكين وهكذا يزداد الوعي الاستهلاكي وتجويد عمليات اتخاذ قرارات الشراء لدى الافراد، وينعكس هذا بفوائد كثيرة على المنظمة.
- تكامل أنشطة ادارة التسويق مع باقي الانشطة الاخرى مثل الانتاج والعمليات والبحث والتطوير والادارة المالية والمحاسبية وادارة الموارد البشرية، ويؤدي هذا إلى تقوية قدرات المنظمة وتعزيز الميزات التنافسية.

* المزيج التسويقي **Marketing Mix**

ان ما يفترض ان يعار أهمية خاصة من قبل ادارة التسويق في المنظمة الصغيرة هو ايجاد التوليفة المناسبة من المزيج التسويقي التي يتم اعتمادها لسوق مستهدف معين. ولكي يصار إلى ذلك تحدد الادارة المنافسين جيداً في هذه السوق، وان تعمل وفق أساليب وآليات عمل تميزها عنهم، من خلال الركيز على ما يلائم نشاطها كالجودة وصدق التعامل والخدمات المتممة وسرعة التسليم وغيرها. ان هذا يوجد ميزات تنافس حقيقية قائمة على:-

- حقائق ملموسة وتلائم حاجات الزبائن وليس مجرد أوهام لدى ادارة المنظمة.
- تتطابق مع ما يبحث عنه الزبائن ويرغبون فيه بحيث يولد منفعة على مختلف الاصعدة.
- مرتبطة ببحوث ودراسات حول حقائق السوق وسلوك المستهلكين.
- تستند ميزات التنافس هذه على جوانب قوة وقدرات لدى المنظمة الصغيرة.
- تمثل ميزات تنافس مستدامة لكونها معززة بالموارد اللازمة والكافية.

ان عناصر المزيج التسويقي تتضمن المنتج (Product) ، والسعر (Price)، والمكان (Place)، والترويج (Promoting) لذلك تدعى ($5p_s$). لقد تم اضافة عناصر أخرى لهذا المزيج التسويقي ليكون (7ps) وهذه العناصر (people)، (process)، و (physical). والعناصر الاخيرة قد تخصص للخدمات حيث الناس مقدمي

الخدمة، والعملية التي يتم في اطارها التفاعل الاجتماعي والمظاهر المادية المرتبطة بتقديم الخدمة (**العامري والغالبي**: 2008: 625).

- **المنتج Product**

المنتج كل شيء يمكن الحصول عليه بمقابل ويتضمن خصائص ملموسة أو غير ملموسة ويشتمل على منافع متوقعة من قبل المستهلك. والمنتج قد يكون سلعة (Good) كيان مادي ملموس، أو خدمة (service) والتي تمثل تفاعل اجتماعي مرتبط بتطبيق عملي لجهود انسانية أو آلية ميكانيكية على الانسان أو شيء وهي منتجات غير ملموسة، أو فكرة (Idea) والتي هي عبارة عن صيغة فلسفية أو درس أو مفاهيم او ارشادات أو نصائح أو غيرها.

ورغم ان أغلب الاعمال الصغيرة تقدم منتجات استهلاكية للزبائن المباشرين تدعى منتجات للمستهلك (Consumer products)، لكن بعض منظمات الاعمال الصغيرة يمكن ان تقدم منتجات صناعية Industrial Goods أو تسمى منتجات للاعمال (Business Goods).

- **منتجات للمستهلك Consumer products**

تشتري من قبل الافراد للاستهلاك الشخصي المباشر، وهذه تمثل أصناف عديدة منها

- منتجات ميسرة، وهي كثيرة الانواع متكررة الشراء في الغالب غير مرتفعة الثمن.
- منتجات التسوق، وهي منتجات يتطلب الحصول عليها جهداً أكبر ومقارنة بين الاسعار وهي قليلة التكرار من حيث شرائها.
- منتجات خاصة، وهي منتجات ذات صفة ومواصفات خاصة تتطلب جهداً خاصاً للحصول عليها وشرائها، وكذلك تتطلب تخطيط طويل ومقارنة بين الاسعار والعلامات التجارية.
- المنتجات غير المنشودة، وهذه منتجات غير حاضرة بالذهن ولا تطلب الا بعد أن تحفز الحاجة إليها من خلال الاعلان أو رجال البيع الجوالين أو صيغ أخرى.

هل تعي ادارة المشروع الصغير نوع المنتج أو المنتجات التي تقدمها للزبائن، بأنها من هذا النوع أو ذلك من الانواع، ان لكل نوع خصوصية ينعكس على مجمل الانشطة الفرعية للتسويق من سياسات تسعير أو ترويج أو أساليب توزيع أو طرق اعلان وبيع وغيرها. إن مالك أو مدير المنظمة الصغيرة يفترض أن يعي ويعرف ان المستهلكين لا يشترون هذه المنتجات لذاتها، بمعنى لكنها موجودة ومعروضة، بل يشترونها لانها تشبع حاجاتهم (Satisfy their wants) (**أبو ناعم**: 2002: 209).

- **منتجات صناعية (للاعمال) Industrial products**

هذه المنتجات لا تستهلك مباشرة من قبل الافراد، بل تتعامل فيها منظمات الاعمال لانتاج منتجاتها. وهنا يمكن أن نجد الاصناف التالية (**العامري والغالبي**: 2008 : 627):-

- المواد الاولية، وهذه مواد خام على أشكال مختلفة.
- تجهيزات ثقيلة، معدات ومكائن تستخدم من قبل الاعمال الاخرى.
- تجهيزات مساعدة، معدات وتجهيزات تتميز بصغر الحجم، عدد يدوية، حواسيب، وغيرها.
- الاجزاء والمكونات، قطع تامة الصنع تجمع في منتجات أخرى مثل الاطارات والساعات.
- مهارات التشغيل والخدمات، مواد تستخدم مع المعدات ولا يمكن تشخيص مساهمتها بدقة مثل الزيوت والوقود وورق الطباعة وغيرها.
- خدمات الاعمال، كافة الاعمال التي ترتبط بخدمات الصيانة والاستشارة المالية والقانونية والمحاسبية وبحوث السوق وغيرها.

ومرة أخرى هل حددت ادارة المنظمة الصغيرة طبيعة المنتج الذي تتعامل به أو تصنعه ولمن يقدم بالضبط هذا المنتج لكي تستخدم الاساليب التسويقية المناسبة لايصاله بفاعلية إلى الزبائن.

ومن الضروري ان لا تهمل ادارة المشروع الصغير الجوانب التالية في اطار خططها التسويقية للتطوير:-

- **تطوير المنتج product Development**

قد يكون هذا الأمر من خلال تحسين المنتجات الموجودة أو تقديم منتجات جديدة بالكامل. وتعتبر عمليات تطوير المنتجات ذات أهمية بالغة للاعمال في البيئة المعاصرة، كما ان ادارة هذه العمليات وتوجيهها بشكل صحيح يؤدي إلى نجاح المنظمة (**Crawford and Di Benedetto**: 2003). ورغم وجود العديد من الآليات والاساليب والمداخل لتطوير المنتجات الجديدة الا أنها في مجملها تعتمد المراحل التالية للتطوير (**Cooper**: 1996: 265– 482)، (**عكروش وعكروش**: 2004 : 115)، (**العامري والغالبي**: 2008 : 628):-

1- مرحلة توليد الافكار، وهذه الافكار تأتي من مصادر عديدة بعضها خارجية وأخرى داخلية.

2- غربلة وتمحيص الافكار، يتم استبعاد الافكار غير العملية والتي لا يمكن تطبيقها.

3- تحليل الافكار، للتأكد من انسجام الافكار مع قوة وامكانات المنظمة، وتلائم المنتج الجديد مع تشكيلة المنتجات الموجودة من حيث الترويج والتوزيع.

4- تصميم المنتج وصنع النموذج الاولي، للتأكد من كون التصميم اقتصادي وعملي تتمتع بصفات مميزة، وقد يستخدم الحاسوب في عمليات التصميم.

5- اختبار السوق، يتم طرح عينات أو اعداد قليلة، حيث يقدم بأسعار وعبوات مختلفة لاعداد متنوعة من المستهلكين.

6- ادخال المنتج للسوق، حيث يتم ادخال المنتج بشكل واسع ويجري تسويقه تجارياً في مناطق مختلفة.

7- المتابعة والرقابة وتقييم أداء المنتج في السوق للتأكد من تلبية حاجات الزبائن وتحقيق الفوائد المرجوة منه.

ويعرض الشكل (6-8) ملخص لمختلف مراحل تطوير المنتج الجديد في المنظمة.

الشكل (6-8)

مراحل تطوير المنتج الجديد

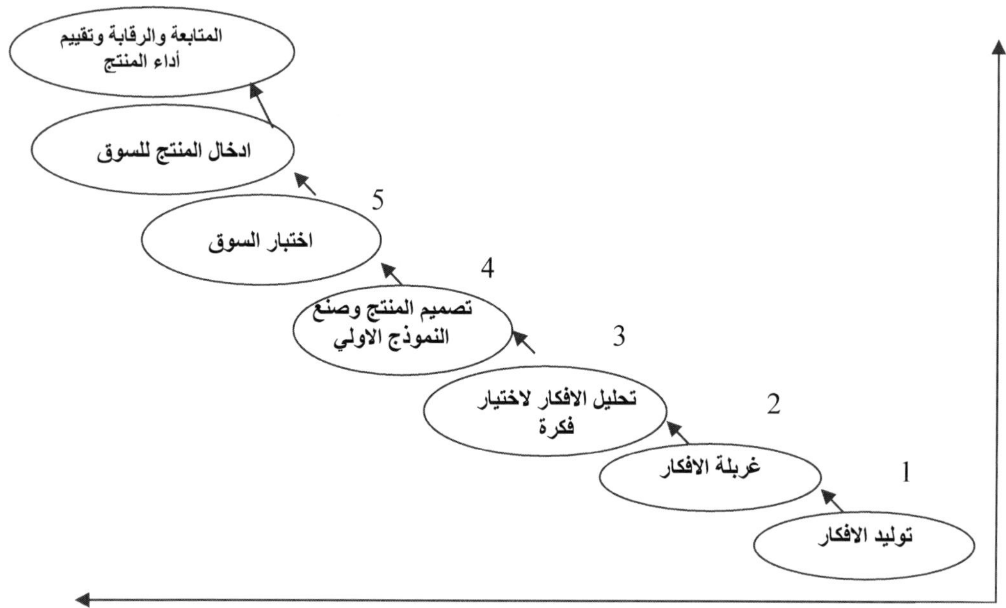

- دورة حياة المنتج (PLC) Product life cycle

ان دورة حياة المنتج تمثل سلسلة المراحل التي يمر بها المنتج منذ دخوله للسوق ولحين تدهوره وانحداره. ان المبيعات تبدأ بالتزايد لتصل إلى أعلى مستوياتها ثم تأخذ بالانحدار. ان الايرادات والارباح هي الاخرى مرتبطة بدورة الحياة هذه، والتي تنبه ادارة المنظمة إلى اتخاذ الاجراءات اللازمة لتعديل وتحسين وتطوير المنتج وكذلك اطلاق منتجات جديدة لاحظ الشكل (6-9). ومن الضروري ان تعي الادارة ان كافة مفردات المزيج التسويقي تتأثر في المراحل المختلفة لدورة الحياة ويلخص الشكل (6-10) هذه الجوانب.

الشكل (6-9)

دورة حياة المنتج

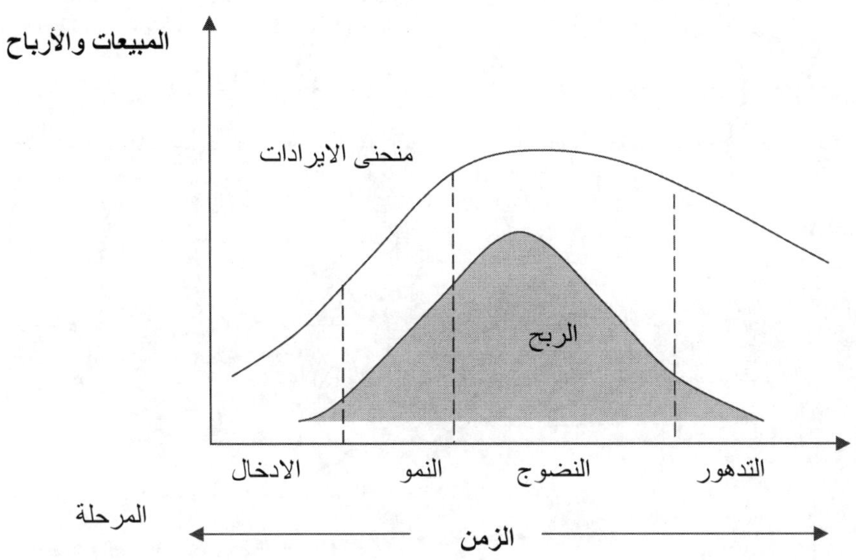

الشكل (6-10)

تأثر عناصر المزيج التسويقي بمراحل دورة حياة المنتج

المزيج التسويقي / دورة حياة المنتج	المنتج	السعر	المكان(توزيع)	الترويج
الادخال	منتجات معينة	ابدعات بأسعار عالية أو اختراق بأسعار واطئة	تطوير قنوات التوزيع	استثمار كبير في الترويج لجذب المستهلكين للمنتج
النمو	منتجات محسنة	تعديل السعر لمقابلة المنافسة الجديدة	توسيع قنوات التوزيع	حملات اعلانية تنافسية قوية وبناء تفضيل للعلامة التجارية
النضوج	منتجات متنوعة لاسواق مختلفة	اتباع سياسة سعرية هجومية	تكثيف التوزيع وبناء ولاء لقنوات التوزيع	تأكيد على علامة المنتج ومزاياه
الانحدار والتدهور	تغييرات قليلة أو عدم تغيير للمنتج	الالتزام بالسعر أو اعادة النظر فيه	اسقاط قنوات التوزيع الهامشية	ترويج قليل

- **العلامات التجارية Branding**

اذا كان المشرع الصغير يستهدف جزء صغير من السوق (Niche marketing) في المزيج التسويقي، يفترض ان يعزز العلامات التجارية التي يستخدمها المشرع. والعلامات التجارية أصل مهم جداً من اصول المنظمة يجب حمايتها لكون الجيد منها مطبوعاً في ذاكرة الزبائن. والعلاقة (Brand) تمثل اسم أو رمز أو تصميم أو أي توليفة من ذلك تساعد على تشخيص المنتج واعطاءه هوية خاصة مختلفة عن منتجات المنافسين الآخرين ومنتجاتهم (**longenecker et al:** 2006: 284 – 286).

أما اسم العلامة (Brand Name) فيمثل الجزء الذي يمكن لفظة من العلامة. ورمز العلامة (Brand Mark) يتمثل برمز أو تصميم مميز، فعلامة شركة تويوتا وماكدونالز M ومارسيدس وهكذا. في حين تمثل العلامة التجارية (Trademark) اسم ورمز العلامة المسجلان في سجلات قانونية في بلد ما وتكون محمية من الاستخدام من قبل أي جهة أخرى. ويمثل الاسم التجاري (Trade Name) الاسم القانوني الكامل للمنظمة.

ويمكن ان تصنف العلامات بطرق مختلفة مثل

- العلامات العائلية (Family Brands) وهي علامات مفردة تغطي مجموعة من المنتجات ذات العلاقة فيما بينها.
- العلامات الفردية (Individual Brands) ، وهذه تمثل كل علامة منها منتج واحد محدد مثل (نوكيا N70) داخل عائلة نوكيا.
- العلامات الوطنية (National Brands) وهذه تمثل علامة المنشأ أو المصنع الذي ينتج المنتجات.
- العلامات الخاصة (private-label Brands) وهذه العلامات خاصة بالاسواق ومنافذ التوزيع.

ومن المفيد القول ان ادارة المنظمة الصغيرة عليها أن تختار علامات تجارية جيدة يمكن ان تضيف قيمة للمنتجات الجيدة للمنظمة. ان قيمة العلامة Brand Equity تمثل ما يضاف من قيمة للمنتج والمتولدة من استخدام اسم ورمز معين، ومن الضروي وجود السمات التالية لنجاح العلامة.

1- أن تكون بسيطة يمكن تذكرها ولفظها بسهولة.

2- أن يكون متاح لم يسبق لجهة أخرى ان اعتمدته.

3- أن يكون مناسب ومرتبط بالمنتج ويضعه في دائرة الوضوح والشهرة.

*** التسويق في جزء صغير من السوق**
Niche marketing
تجزءه السوق إلى اقسام صغيرة ويستهدف بعضها بمزيج تسويقي خاص لاشباع حاجات هذا الجزء الصغير.

*** العلامة Brand**
اسم أو رمز أو تصميم أو أي توليفة من ذلك تساعد على تشخيص المنتج ومنحه هوية خاصة مختلفة عن منتجات المنافسين الاخرين.

*** اسم العلامة**
Brand Name
الجزء الذي يلفظ من العلامة

*** رمز العلامة**
Brand Mark
الجزء الذي يتمثل برمز أو تصميم مميز.

*** العلامة التجارية**
Trademark
اسم ورمز العلامة المسجلان في السجلات القانونية في بلد ما وتكون محمية من الاستخدام من قبل أي جهة أخرى.

*** الاسم التجاري**
Trade Name
الاسم القانوني الكامل للمنظمة.

*** قيمة العلامة**
Brand Equity
ما يضاف للمنتج من قيمة متولدة من استخدام اسم ورمز معين.

*** الوعي بالعلامة**
Brand Awareness
المدى اللازم لاستحضار العلامة في ذهن الزبون عندما يذكر منتج معين.

4- أن يكون مقبول عالمياً ولا توجد فيه كلمات تثير اشكالية من الناحية الثقافية والحضارية أو الاخلاقية عندما تلفظ بلغات عديدة.

والعلامات الجيدة بالاضافة إلى كونها تضيف قيمة، فأنها تستحضر بسرعة في ذهن الزبون عندما يذكر منتج معين بمعنى ان هناك وعي (Brand Awareness) تام بها. وكذلك يتشكل ولاء (Brand loyality لدى الزبائن متمثل بصورة ذهنية ايجابية تجعل هؤلاء الزبائن يتخذون قرارات لشراء المنتجات المرتبطة بهذه العلامات دون غيرها.

*** الولاء للعلامة**

Brand Loyality

مدى تشكيل صورة ذهنية ايجابية للعلامة لدى المستهلك تجعله يتخذ قراراً بشراء المنتج المرتبط بها.

- التعبئة والتغليف Packaging

ان التعبئة والتغليف تعني تصميم وانتاج العبوات أو الاوعية الحاوية للمنتج. ان الغرض التقليدي لها هو حماية المنتجات من التلف والضياع، لكن يخلق التصميم الجيد للغلاف قيمة ترويجية ودعائية مهمة للمنتجات. قد يكون الغلاف زجاجي أو كارتوني أو بلاستيكي أو معدني أو خشبي أو أي مواد أخرى. وتكون العبوات جذابة ومفيدة وعملية. وتحوي العبوات على الارشادات الدالة (labels) وهذه معلومات تساعد المستهلك أو المستخدم أو المستفيد من المنتج على معرفة كيفية الاستفادة بأفضل الطرق من المنتج وأسلوب حفظه أو التخلص من بقاياه بعد الاستهلاك. ويوضح هنا تاريخ الانتاج وفترة الصلاحية ومحتويات العبوة وأي معلومات أخرى مفيدة **(longenecker et al**: 2006 286)

*** التعبئة والتغليف**

packaging

الانشطة المصممة والمنتجة للعبوات أو الأوعية الحاوية للمنتجات.

*** الارشادات الدالة labels**

المعلومات التي تساعد المستهلك على معرفة كيفية استخدام المنتج أو حفظه أو التخلص من بقاياه بعد الاستهلاك.

- **السعر Price**

يمثل السعر المبلغ المالي الذي تقبله المنظمة مقابل بيع منتج معين في زمن معين وفي ظل ظروف محددة. والمشتري أفراد أو منظمات أخرى يُعير أهمية عالية لهذا السعر باعتباره الثمن الذي يدفعه مقابل القيمة التي يقدمها لهُ المنتج وقدرته على اشباع الحاجة التي اشترى من أجلها. واذا لم يتولد ادراك عند المستهلك ان هذه القيمة قياساً بالسعر (الثمن) الذي يدفعه مناسبة وفي صالحه فانه لا يقدم على الشراء لهذا المنتج.

*** السعر Price**

المبلغ المالي الذي تقبله المنظمة مقابل بيع منتج معين في زمن معين وفي ظل ظروف محددة.

- العوامل المؤثرة على التسعير pricing Factors

تأخذ المنظمة عوامل عديدة بنظر الاعتبار عندما تقرر سياساتها السعرية ومن بين أهم هذه العوامل الآتي **(Hatten**: 2006: 390 – 394:)-

(1) **المنافسة Competition**، أغلب المنظمات الصغيرة توجد في سوق تنافسي ولا تحتكر السوق. لذلك فأن الاسعار تأتي وفق اعتبارات هذه المنافسة المباشرة أو غير المباشرة. واذا ما كانت المنافسة بين المشروع الصغير والشركات العملاقة، فهذا يتطلب من ادارة المشروع الصغير ان ينقل معايير هذه المنافسة إلى ما يتميز به من هذه المعايير.

(2) **الطلب Demand**، ما طبيعة الطلب على المنتج فقد يكون هذا الطلب عالي أو منخفض أو متذبذب وهذه لها انعكاسات مختلفة على سياسات التسعير. ويلاحظ كذلك منحنى الطلب (demand curve) والذي يمثل وحدات المنتج التي يرغب بشرائها في مختلف مستويات الاسعار. فاذا كانت الطلب مرن، فهذا يعني منتج أو منتجات مرنة السعر (price elastic products) وفيها يكون المستهلكون حساسون للاسعار. فاذا انخفض السعر بنسبة معينة قد يزداد الطلب بنسبة أكبر والعكس يحصل عند ارتفاع الاسعار. أما المنتجات غير مرنة السعر (Price inelastic products) فأن المستهلكون غير حساسون للاسعار، فقد يرتفع السعر ومع ذلك يبقى الطلب كما هو عليه أو يقل بقدر يسير جداً. ويلاحظ كذلك وجود بدائل للمنتج وضرورته للمستهلكين كأفراد ومنظمات أخرى.

(3) **الكلف costs**، من الضروري ان تحسب كلف الانتاج بدقة وتضاف للكلفة الكلية للمنتج لمعرفة حصة الوحدة الواحدة من الكلف. فاذا كانت الكلفة الكلية تتكون من كلفة ثابتة (fixed costs) وهذه لا تتغير بتغير عدد الوحدات المنتجة والمباعة يضاف لها كلفة متغيرة (variable costs) وهذه تتغيير وفق نسب الانتاج والبيع، فأن ادارة المنظمة عليها ان تحسب جيداً كلا نوعي التكاليف عند تقرير سياسات التسعير.

(4) **عوامل أخرى other Factors**، توجد العديد من العوامل الاخرى والتي تؤثر وتؤخذ بنظر الاعتبار عند اعتماد السياسات السعرية من قبيل طبيعة توليفة عناصر المزيج التسويقي والتناغم بينها وايجاد التركيبة المناسبة منها، أو أن تدخل الدولة في تسعير بعض أنواع المنتجات أو مجموعات ضغط أخرى في ظروف معينة وهكذا.

* **منحنى الطلب**

Demand curve

عدد واحدات المنتج التي يرغب بشرائها في مختلف مستويات الاسعار.

* **منتجات مرنة السعر**

Price elastic products

منتجات يكون فيها المستهلكون حساسون للاسعار.

* **منتجات غير مرنة السعر**

Price Inelastic products

منتجات يكون فيها المستهلكون غير حساسون للاسعار.

* **كلف ثابتة**

fixed costs

وهي الكلف التي لا تتغير مع عدد الوحدات المنتجة والمباعة

* **كلف متغيرة**

Variable costs

وهي كلف تتغير بتغير عدد الوحدات المنتجة والمباعة

- **لماذا التسعير؟ Why pricing**

تتوقع منظمة الاعمال الصغيرة من خلال اعتمادها سياسة سعرية مناسبة وحكيمة ان تحصل على العديد من الفوائد أهمها (**العامري والغالبي**: 2008، 634):-

- الارباح (profit) حيث استمرار المنظمة وتطورها وتشكيل سمعة جيدة في السوق.
- مبيعات أكثر وحصة سوقية (Volume of Sale and Market share)، ان زيادة المبيعات من مختلف المنتجات أمر هام حيث ازدياد الحصة السوقية للمنظمة وتحقيق عوائد أكبر. فقد يكون هامش الربح للوحدة قليل على أمل تحقيق أرباح أكبر من خلال بيع وحدات أكثر.
- تحسين الوضع التنافسي (Competition) ، تساهم السياسة السعرية في تحسين الموقع التنافسي للمشروع الصغير.
- صورة ذهنية ايجابية (positive Image)، قد يربط الزبون السعر بالجودة وبالتالي ضرورة اقناع الزبون ان السعر المنخفض لا يكون على حساب الجودة.
- القيادة وموقع السوق (Market position) يلعب السعر دوراً مهماً في تشكيل موقف المنظمة في السوق، فالبعض من المنظمات تعتمد سياسة أقل الاسعار في مختلف الحالات.

- **طرق التسعير واستراتيجياته Pricing Methods and strategies**

وفق اعتبارات وبطرق عديدة يمكن ان يتم التسعير في المنظمة. وفي أغلب الاحوال فان من يحدد السعر هو السوق وليس كلف الانتاج في المشروع الصغير وخاصة في حالات المنافسة الشديدة ووجود منظمات منافسة أخرى (**Lamb, Hair and McDaniel** : 2004). ويمكن للمنظمة أن تسعر :

- على أساس الكلفة، هنا يتم اضافة نسبة معينة أو هامش ربح محدد (markup) بالاستناد إلى سعر البيع أو الكلفة. ورغم سهولة هذه الطريقة لكنها غير عملية بسبب صعوبة السيطرة على نسبة هامش الربح، وتهمل الطريقة دور عناصر المزيج التسويقي.

markup *
مبلغ يضاف إلى كلفة المنتج لغرض تحديد السعر النهائي له. يمكن أن يستند هذا المبلغ إلى سعر البيع أو إلى الكلفة.

- على اساس الطلب، تحدد قوة أو ضعف الطلب على المنتج سعره النهائي، هكذا يتم توزيع الاسعار في المناطق بناء على اختلاف الطلب.
- على أساس المنافسة، يتم التسعير على أساس المنتجات المنافسة في السوق، وهذا النمط هو السائد اليوم.

أما بخصوص استراتيجيات التسعير فتمثل المسارات التي تعتمد لغرض الوصول إلى الاهداف المتوخاة من التسعير وفوائده. ويعتبر السعر سلاح تنافسي فعال بين مختلف أنواع المنظمات يعزز باقي مفردات استراتيجية التنافس (**Abrams**: 2002). هكذا تختار المنظمة الاستراتيجيات المناسبة لتسعير منتجاتها. ويمكن استعراض أهم استراتيجيات التسعير وكالآتي (**العامري والغالبي**: 2008: 635 – 638)، (**Hatten**: 2006: 397 – 400)، (**longeneker et al**: 2006: 305 – 307):-

(1) **تسعير المنتجات الجديدة**، من الضروري توخي الدقة في تسعير المنتجات الجديدة التي تطرحها المنظمة ويمكن ان تعتمد المنظمة هنا نوعين من الاستراتيجيات.

- قشط السعر (السوق) price skimming: يتم التسعير بناء على القناعة ان بعض المستهلكين سيدفعون أسعار عالية للمنتجات الجديدة.
- اختراق السوق penetration pricing:- وهي عكس الاستراتيجية السابقة، وهنا تعرض المنتجات بأقل الاسعار رغبة من المنظمة بالحصول على حصة سوقية أكبر.

(2) **تنوع الاسعار**، وهذه الاستراتيجيات يتم بموجبها تحديد أسعار مختلفة لمشترين مختلفين لنفس الجودة ولنفس الكمية من المنتج، وأهم هذه الاستراتيجيات الآتي:-

- التسعير التفاوضي، يتحدد السعر في اطار تفاوض بين البائع والمشتري.
- تسعير السوق الثانوي، يتحدد سعر معين للسوق المستهدف وأسعار أخرى للاسواق الثانوية.
- الخصم الدوري، خصم على الأسعار مؤقت وبشكل دوري منظم، أو دوري ولكن بفترات عشوائية.
- الخصم العشوائي، خصم مؤقت على الاسعار ولكن ليس بشكل منظم أو دوري وإنما بفترات عشوائية.

(3) **التسعير النفسي**، تركز المنظمة هنا على الجوانب العاطفية والنفسية لدى الزبائن عند تحديد الاسعار وليس على الحسابات الاقتصادية المنطقية، وأهم هذه الاستراتيجيات الآتي:-

- تسعير الرقم الفردي، هنا تسعر المنتجات بحيث تكون الارقام كسرية وقريبة جداً من الرقم الصحيح مثل وضع سعر (8.95) بدلاً من (9)، يركز الزبون هنا على الرقم (8).
- تسعير الوحدات المتعددة، يتم تحديد سعر واحد لوحدتين أو أكثر.
- التسعير المرجعي، يسعر المنتج بسعر معقول أو متواضع ووضع المنتج قريب من نفس المنتجات لعلامات معروفة وعالمية وذات أسعار عالية لغرض ان يقارن الزبون بين السعرين.
- تسعير الحزمة، تسعر مجموعة منتجات مختلفة لكنها مكملة لبعضها بسعر واحد.
- التسعير الاقل لكل يوم، يتم وضع أسعار منخفضة لمنتجات بفترات منتظمة، قد يكون منتج من هذه المنتجات هو الذي يحمل السعر المنخفض ليوم وغيره في يوم واحد وهكذا.
- التسعير المتعارف عليه، هنا يتحدد السعر على أساس العادة أو التقليد المتعارف عليه مثل تسعير بعض أنواع الحلويات أو الألبان وغيرها.

(4) **تسعير خط الانتاج**، يتم ربط اسعار مجموعة من المنتجات لخط انتاجي معين بدلاً من تسعير كل منتج على حدة، هنا تتحقق المرونة في التسعير للمنظمة ومن أهم هذه الاستراتيجيات الآتي:-

- التسعير الآسر، يسعر المنتج الاساس بسعر منخفض وتسعر المنتجات المكملة لهُ والضرورية للاستفادة منه بسعر مرتفع مثل الطابعات والاحبار.
- تسعير الاولوية، تسعر المنتجات ذات الجودة وذات الاولوية في خط الانتاج بسعر عالي ثم تحدد أسعار أقل للمنتجات المرتبطة بالخط.
- التسعير المحدود، يحد سعر محدود تتعامل به المنظمة، مثل منظفات انتاج الملابس.

(5) **التسعير الترويجي**، تعتمد أسعار مرتبطة بعناصر المزيج التسويقي الاخرى وأهمها الترويج ونجد هنا:-

- قادة السعر، يضاف مبلغ بسيط على كلفة انتاج الوحدة أو دون الكلفة أحياناً لبعض الزبائن من أجل جذبهم لشراء المنتجات.
- تسعير الاحداث الخاصة، هنا تحدد أسعار خاصة بالاحداث والمناسبات ويرافق ذلك حملات اعلانية.
- تسعير الخصم المقارن، يحدد سعر للمنتج محدد ومقارنته في نفس الوقت بسعر سابق لهُ أو لمنتجات منافسة.

- **التوزيع Distribution**

من أهم مفردات المزيج التسويقي هو اختيار الاساليب وقنوات التوزيع الملاءمة لغرض تصريف وايصال المنتج إلى الاسواق والمستهلكين بطرق فعالة وكفوءة. ان التوزيع الجيدة يسهم بكل تأكيد بزيادة المبيعات للمنظمة الصغيرة والحصول على حصة سوقية مناسبة. ورغم محدودية قدرات المشروعات الصغيرة في استخدام مزيج توزيعي (Distribution Mix) تتنوع فيه توليفة قنوات التوزيع، الا أن هذا لا يمنع هذه المشروعات من اعتماد افضل صيغ وأساليب قنوات التوزيع المتاحة. ان العبرة هنا لا تتمثل في الجوانب الشكلية لقناة التوزيع بل في غنى محتوى وانتشار هذه القناة.

*** المزيج التوزيعي**

Distribution Mix

توليفة من قنوات التوزيع تستخدمها المنظمة لايصال منتجاتها إلى الاسواق والزبائن.

-عوامل تؤخذ في الاعتبار عند اختيار قنوات التوزيع

Factors to consider in choosing a Distribution channels

من الضروري أن يّوجد العمل الصغير ويصمم قنوات توزيعه الخاصة اذا كان هذا ممكناً، هنا قد يحصل على دخل ومردود من سلعة أو خدماته، واذا ما أوجد العمل الصغير ذلك فان عليه أن يوازن بين التحكم والرقابة على انسيابية المنتجات وتقليل التكاليف المرتبطة بهذا الامر. ورغم تعدد العوامل التي تؤخذ في الاعتبار عند اختيار قنوات التوزيع، الا أن أهمها الآتي (**Megginson et al.** 2003: 191).

- الاسواق وانتشارها الجغرافي ونمط المستهلكين مرتبين حسب الاهمية.
- فيما اذا كان المنتج يوزع من خلال منافذ عديدة يتم الاختيار منها أو موزعين حصريين.
- نوع ومقدار الجهود التسويقية التي ينوي المشروع تقديمها.
- الحاجة للحصول على تغذية عكسية حول المنتج.
- الحوافز المناسبة لتشجيع البائعين.

- الوسطاء وقنوات التوزيع **Distribution channels and Intermediaries**

يتمثل دور الوسطاء في المساعدة على توزيع السلع والخدمات من خلالها تحريكها من المنظمة المنتجة لها باتجاه المستهلك. وكذلك تقديم خدمات خاصة بالمعلومات والبيانات تحث وتدعم عملية بيعها إلى الزبائن. والوسيط (Intermediary) عبارة عن جهة قد تكون شخص أو منظمة تساعد على توزيع المنتج، وقد يعمل الوسيط في اطار قناة توزيع معينة تربط بين المنظمة التي تنتج والمستهلك النهائي.

وقناة التوزيع (Distribution channel) هي سلسلة المنظمات التسويقية التي توجه المنتجات من المنظمات المنتجة لها إلى المستهلكين النهائيين.

ويمكن ان تكون قنوات التوزيع للسلع الاستهلاكية أو للسلع الصناعية

- **قنوات توزيع السلع الاستهلاكية**

1- قد يكون التوزيع مباشر (Direct distribution) من المنظمة المنتجة إلى المستهلك دون أي وسيط. تسمى القناة هنا قناة مباشرة (Direct channel) ، هنا تستخدم المنظمة قوى البيع الخاصة بها بطرق وأساليب مختلفة.

* **الوسيط Intermediary**

جهة قد يكون شخص أو منظمة تساعد على توزيع المنتجات.

* **قناة التوزيع**

Distribution channel

سلسلة من المنظمات التسويقية التي توجه المنتجات الى المستهلكين النهائيين.

* **قناة مباشرة**

Direct channel

قناة ينساب بها المنتج من المنظمة التي أنتجته إلى المستهلك مباشرة دون أي وسيط .

2- قناة تستخدم فيها المنظمة المنتجة موزعين أو تجار تجزئة (Retailers) وهؤلاء تجار يبيعون المنتجات بشكل مباشر للمستهلكين. هنا يطلب الامر من المنظمة الصغيرة التحديد الدقيق للاطراف التي سيتم التوجه لهم من تجار مرموقين ومعروفين بالنزاهة وقدرة التوزيع العالية.

3- يمكن اعتماد تجار الجملة (Wholesaler) وهم وسطاء لديهم قدرة أكبر على التوزيع ومساحة للتخزين أكبر. وربما يوزع هؤلاء تجار الجملة على تجار التجزئة الذين بدروهم يوزعون مباشرة الى المستهلكين.

4- التوزيع من خلال الوكلاء والسماسرة (Agents / Brokers) وهؤلاء يمثلون المنظمة المنتجة ويبيعون إلى تجار الجملة أو التجزئة او للاثنين معاً ومقابل هذا يحصلون على عمولة على أساس سعر البيع لهذه المنتجات

*** تاجر التجزئة**
Retailer
وسيط يبيع المنتجات مباشرة للمستهلكين.

*** تاجر الجملة Wholesaler**
وسيط يبيع المنتجات لأخرين قد يكونوا تجار تجزئة أو أعمال.

*** الوكلاء / السماسرة**
Agents / Brokers
وسطاء مستقلون يمثلون العديد من المنظمات المنتجة ويتوسطون للبيع لتجار الجملة أو تجار التجزئة.

ويلخص الشكل الشكل (6 – 11) قنوات توزيع المنتجات الاستهلاكية.

شكل (6-11)

قنوات توزيع المنتجات الاستهلاكية

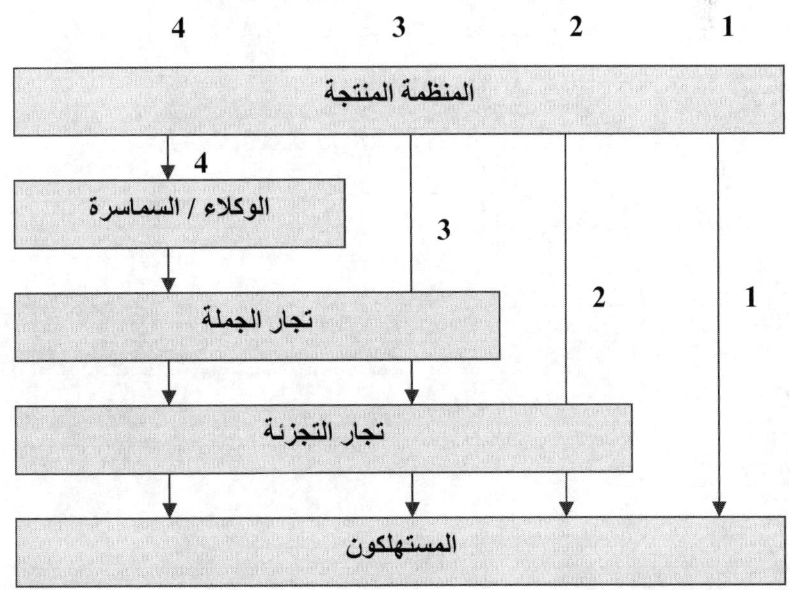

- **قنوات توزيع السلع الصناعية**

يمكن ان توزع المنتجات الصناعية من خلال طرق وقنوات توزيع مختلفة، ويكون المستخدم هنا مشتري صناعي أو مستخدم صناعي يمثل أعمال تستفيد من هذه المنتجات في عملياتها الانتاجية أو غيرها (**العسكري والكنعاني:** 2004 : 42).

1- التوزيع المباشر من المنظمة المنتجة الى المستخدم الصناعي، وهذه هي الحالة السائدة.

2- المنتجات التي تنتج بحجوم كبيرة لكنها تباع بكميات قليلة يكمن ان توزع بقناة يتوسط فيها تاجر الجملة أو الموزعين الصناعيين ومن ثم للمستخدم الصناعي.

3- المنتجات التي توزع بكميات قليلة أو يكون الطلب عليها متباين توزع بقناة توزيع يتوسط فيها الوكلاء أو السماسرة ثم الموزعين الصناعيين أو تجار الجملة لتصل الى المستخدم الصناعي.

ويعرض الشكل (6 – 12) قنوات توزيع المنتجات الصناعية.

شكل (6 – 12)

قنوات توزيع المنتجات الصناعية

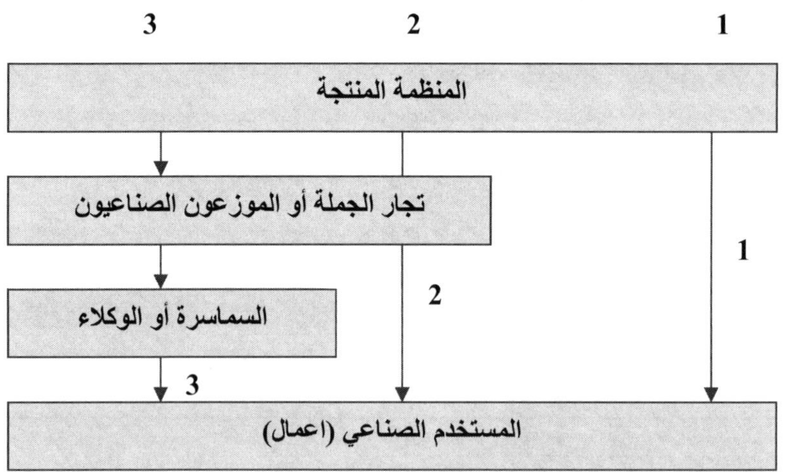

- ويمكن للوكلاء والسماسرة ان يشكلوا قناة توزيعية تخدم للسلع الاستهلاكية أو للسلع الصناعية، بمعنى ان هذه القناة تكون مشتركة للمستهلك وكذلك للاعمال على حد سواء. وهذا ما نجده بالعديد من المنتجات المهمة ذات الاستخدام المشترك وهم هنا مسهلون لعقد الصفقات بين الاطراف (**البرواري والبرزنجي**: 2004 : 206 - 208).

- **استراتيجيات التوزيع Distribution strategies**

في أي استراتيجية للتوزيع يفترض بمنظمة الاعمال أن تلاحظ الآتي

- التأثير على المستهلك، هنا كيف تتكامل استراتيجية التوزيع مع باقي مفردات المزيج التسويقي وخاصة الترويج والاعلان. فقد يدفع المنتج (push) باستخدام الوسطاء لغرض تحفيز المستهلك على شراءه. هنا يمنح الوسيط هامش ربح عالي للقيام بدور تحفيزي مهم للشراء. أو قد يجذب المستهلك (pull) بوسائل الاعلان والترويج المناسب، لتوصل القناة المنتجات إلى المستهلك.
- تعديل أو تكييف قناة التوزيع:- بعد حين من الزمن وفي ضوء المستجدات والاحداث قد يتطلب أمر توسيع (Expansion) قناة التوزيع بامتداد تواجدها في مناطق أخرى أو زيادة قدرتها التوزيعية أو ثبات (stable) لهذه القدرات وبقائها على حالها، هنا لا يجري تغيير في كثافة عمليات التوزيع أو نوع الوسطاء المعتمدون. وقد يجري تعديل (Revision) لطبيعة ونظام قناة التوزيع، عندما تجد المنظمة ان منفذ التوزيع لا يصل إلى تحقيق الاهداف المرجوة منه. وفي حالات معينة قد يتم الاستبدال (Replacement) من خلال تغيير كثافة عمليات التوزيع أو بالاستغناء عن عدد من الوسطاء. ان مجمل هذه الجوانب تفحص بدقة من ادارة منظمة الاعمال الصغيرة، باعتبارها جوانب ذات أهمية في زيادة المبيعات من المنتجات.
- نطاق عمليات التوزيع، ان أساليب التوزيع مختلفة على وفق نوع المنتجات ودرجة تغطية المناطق والاسواق. فقد نجد المنتجات الغذائية منتشرة في جميع الاماكن لدى تجار التجزئة، في نفس الوقت يوجد موزع واحد لنوع معين من السيارات في المنطقة. هنا يمكن للمنظمة ان تعتمد واحدة أو أكثر من سياسات التوزيع التالية:

- التوزيع الكثيف أو الشامل (intensive)، يوزع المنتج هنا من خلال قنوات توزيع عديدة وقد يستخدم تجار الجملة وتجار التجزئة بكثافة عالية. يستخدم هذا الاسلوب أو النمط للمنتجات واطئة الكلفة مثل الأغذية والمجلات والسكر والمواد التي تستخدم يومياً.
- التوزيع الحصري (Exclusive)، يتم حصر عملية توزيع المنتج وحقوق بيعه لعدد محدود من تجار الجملة والتجزئة في اطار منطقة جغرافية معينة، ويتم اختيار هؤلاء بناءً على السمعة الجيدة. وفي حالات تحصر عملية التوزيع

* **التوزيع الكثيف**
Intensive Distribution
توزيع المنتج بأكثر ما يمكن من قنوات التوزيع وبصورة شمولية.

* **التوزيع الحصري**
Exclusive Distribution
حصر توزيع المنتجات وحقوق بيعها بعدد محدود من تجار الجملة أو التجزئة في اطار منطقة جغرافية معينة.

بموزع واحد (Single) في سوق محدد أو منطقة لغرض السيطرة على الاسعار أو الخدمات المقدمة من خلال القناة. في الغالب توزع منتجات التسوق وفق هذا الاسلوب.

- التوزيع الانتقائي (Selective)، هنا يتم اعتماد عدد قليل من تجار الجملة أو التجزئة حيث يتوقع أن يعطوا للمنتج عناية خاصة وجهود بيعيه كبيرة تساهم في ايجاد ميزات للمنتج. وتوزع السلع المعمرة والمعدات والالات وغيرها بهذا الاسلوب.

* **التوزيع الانتقائي**

Selective Distribution

اختيار عدد قليل من تجار الجملة أو التجزئة الذين يعطون عناية كبيرة للمنتجات.

- رقابة قناة التوزيع، من الضروري استخدام رقابة فعالة على عمليات التوزيع في القناة وتقويم وتعديل الأنشطة المؤداة بشكل ضعيف وكذلك الاستفادة من منحنى الخبرة والتعلم لزيادة فاعلية الأنشطة. ويمكن تحقيق وفورات في اقتصاديات الحجم في عمليات التوزيع وبالتالي الارتقاء في قدرة المنظمة في التأثير على الأسواق وزيادة الأرباح.
- إدارة التعارض المحتمل ان يحصل بين مختلف الأطراف والوسطاء في قناة التوزيع. من الواجب طرح معالجات لحل التعارض بين الوسطاء، تجار، وكلاء، سماسرة بينهم البعض أو مع المنظمة. ان الهدف هو الارتقاء بعمليات التوزيع وتحقيق فوائد كثيرة لصالح جميع الأطراف.

- **التوزيع المادي والنقل Transportation and Physical distribution**

ان التوزيع المادي يمثل الأنشطة المطلوبة لتحريك المنتجات بكفاءة من المنظمة المنتجة إلى المستهلك. وهذه الأنشطة تتضمن النقل والخزن والتهيئة لاعادة الشحن (Capon and Husbert: 2001).

أما الخزن (Warehousing) أو الاستيداع فهو عملية الاحتفاظ بالسلع في مخازن تتلائم مع طبيعة هذه السلع. ويمكن ان يكون التخزين في مخازن المنظمة أو في مخازن عامة متخصصة بالخزن فقط.

اما النقل (Transportation) فهو عمليات شحن المنتجات وتحريكها باتجاه المستهلكين، وهذه العملية تخلق منفعة مكانية للسلع المنقولة. وتوجد وسائط نقل عديدة مثل السكك الحديد النقل المائي والجوي والنقل بالشاحنات والنقل بالانابيب. وتوجد معايير عديدة للمفاضلة بين وسائط النقل لاعتماد الوسيلة المناسبة والملائمة لنقل السلع.

* **التوزيع المادي**

Physical Distribution

الانشطة الضرورية لتحريك المنتجات بكفاءة من المنظمة المنتجة لها الى المستهلك.

* **الخزن (الاستيداع)**

Warehousing

عملية الاحتفاظ بالمنتجات في مخازن تتلائم مع طبيعة المنتج.

* **النقل Transportation**

شحن المنتجات وتحريكها باتجاه المستهلكين.

- **التوزيع في الخدمات** **Services Distribution**

يمثل التوزيع في الخدمات نشاط مهم جداً لايصال الخدمات إلى أكبر عدد من طالبي الخدمة. ويتأثر اختيار قناة التوزيع بطبيعة الخدمة ونوعها. وفي الغالب فأن فتح قنوات مباشرة بين المنظمة المقدمة للخدمات والمستهلكين الطالبين لها هي الصيغة الأكثر رواجاً، كما هو الحال في مجال الخدمة الصحية والنقل والفنادق.

ان طريقة التوزيع المباشر في الخدمة مرتبطة بكون الخدمات تقدم وتستهلك وينتفع بها في ذات الوقت (**البرواري والبرزنجي**، 2004 : 213).

* **الترويج** **Promotion**

من الأنشطة الفاعلة للتعريف بالمنتوج وازدياد المبيعات. وبهذه الانشطة والفعاليات يزداد جذب انتباه المستهلكين للسلعة أو الخدمة. وتمثل المعلومات أساس عملية الترويج، وهذه المعلومات تأتي من مصادر عديدة مثل بحوث السوق ودراسات سلوك المستهلك بالاضافة إلى قواعد البيانات ومحركات البحث الاليكترونية في شبكة الانترنت. ان هذه العناصر تتداخل مع بعضها لتشكل ما يسمى المزيج الترويجي والذي يمثل توليفة من الطرق والاساليب تستخدم لترويج المنتج.

* **المزيج الترويجي**

Promotion Mix

توليفة من الطرق والاساليب تستخدم لترويج المنتج.

ان الترويج باعتباره أنشطة اتصال بالجمهور والزبائن تهدف من خلاله المنظمة إلى زيادة المبيعات والحصول على حصة سوقية مناسبة. لذلك فهو اقناع وتعريف للمستهلكين بالمنتجات الخاصة بالمنظمة ودفع هؤلاء المستهلكين لشراء هذه المنتجات (**الصميدعي**: 2000).

- **أهداف الترويج** **Promotion objectives**

لا تنفصل أهداف الترويج عن أهداف البرامج التسويقية الشاملة للمنظمة، وتتوقع انعكاس ايجابي للانشطة الترويجية على ارقام المبيعات والارباح . وكلما تم دراسة مفردات وعناصر المزيج الترويجي بعناية كان التأزر بينها عالي لتعطي أفضل اتصال وتواصل بين المنظمة والمستهلكين والجمهور بشكل عام، ويمكن ذكر أهم أهداف الترويج بالآتي:

* زيادة قدرة المنظمة في التوسع في تقديم المنتجات، والتمكن من ايصالها لاكبر عدد من المستهلكين والتواصل معهم وخدمتهم بطريقة أفضل على المدى البعيد.
* المحافظة على أسواق وزبائن المنظمة في اطار المنتجات المقدمة للزبائن.
* اعداد وتهيئة الادراك والانتباه من خلال المعلومات حول المنظمة ومنتجاتها.
* الحصول على ولاء الزبائن من خلال الانشطة الترويجية المختلفة وكذلك توضيح أفعال المنظمة للجمهور.

- ايصال ارشادات وأفكار المنظمة حول الحصول على منتجاتها واستخدام هذه المنتجات والمنافع المحتملة منها.
- تقليل تقلبات المبيعات (**سويدان وحداد**: 2003 : 346).

-المزيج الترويجي promotion Mix

من الضروري تناغم عناصر المزيج الترويجي لتعطي أكبر فائدة ممكنة للمنظمة، وان يكون هناك تكامل بين هذه المفردات والعناصر. ويتفق أغلب الباحثين على عناصر المزيج الترويجي الاساسية، رغم بعض الاختلاف القليل في هذه العناصر ويمكن ان نستعرض باختصار أهم عناصر هذا المزيج وكالآتي (**العامري والغالبي**: 2008 : 643)، (**النجار والعلي**: 2006 : 172) (**البرواري والبرزنجي**: 2004 : 218):-

1- الاعلان advertising

تخصص المنظمات الكبيرة والصغيرة ميزانية مناسبة للاعلان وتهدف من وراء ذلك زيادة المبيعات. والاعلان وسيلة غير شخصية للاتصال بالمستهلكين عبر وسائل الاتصال المختلفة لاعلامهم حول منتجات المنظمة. تختلف وسائل الاعلان في قدرتها على أيصال الرسائل الاعلانية إلى الجمهور أو شرائح محددة من المجتمع. ومن وسائل الاعلان المهمة التلفزيون والراديو والصحف المحلية والعالمية والمجلات والبريد المباشر والبوسترات وغيرها (**الغالبي والعسكري**: 2003 : 23).

> *** الاعلان Advertising**
>
> وسيلة غير شخصية للاتصال بالمستهلكين عبر وسائل اتصال مختلفة لاعلام هؤلاء المستهلكين حول منتجات المنظمة.

ومن الضروري التخطيط الزمني المنهجي والمبرمج للاعلان، حيث يلاحظ :

- مستوى التغطية
- التكرار
- التكلفة
- معدل الاستماع أو المشاهدة أو القراءة (**Armstrong**: 2003 : 64).

وكفاءة الاعلان لا تقاس بمقدار المبالغ المخصصة له بل بقدرته على ايصال رسائل واضحة بسيطة مفهومة إلى الجمهور حول منتجات المنظمة.

2- البيع الشخصي personal selling

وهذه تدعى وسيلة أو اسلوب رجال أو مندوبي البيع، وهي وسيلة ترويج فعالة وكفوءة اذا أحسن استخدامها، حيث أن الاتصال يكون شخصياً وهنا يمكن تكييف الرسالة وفق نوع وظروف المستهلك لمحاولة اقناعه بشراء المنتج (**العامري والغالبي**: 2008 : 643).

ان مهنة مندوبي البيع البحث عن مستهلكين مناسبين ومن خلال اضفاء لمسة انسانية تصل المنظمة إلى علاقات ايجابية وطيبة مع المستهلكين. وقد يكون الاتصال هنا لوجهاً لوجه أو من خلال التلفون أو البريد الالكتروني، والمهم هو وجود تفاعل شخصي مباشر يوجب تمتع مندوب البيع بالمهارات والخبرات اللازمة للاقناع وادارة الحوار المثمر.

3- تنشيط المبيعات (الهدايا الترويجية) Sale promotion

مجموعة كبيرة من فعاليات وأنشطة التي تستخدم للترويج ولا تدخل ضمن الوسائل الاعلانية الرئيسية. وهذه الأنشطة تنصب على جلب انتباه المستهلك للمنتجات وحثه على الشراء. وأهم هذه الاساليب الهدايا الترويجية والتذكارية والعينات المجانية والكوبونات والسحوبات المجانية ونوافذ العرض الخارجية والترتيب الداخلي للمتاجر والتنزيلات والمعارض (**البرواري والبرزنجي**: 2004 : 219 – 220).

4- العلاقات العامة والدعاية Public Relations and publicity

تعني العلاقات العامة تنمية العلاقات الوثيقة مع الجمهور والاطرف الاخرى. وهو نشاط مهم يتم بواسطة استخدام كافة وسائل الاتصال والترويج للمنظمة ككل، لذلك لا يرتبط بشكل مباشر بعمليات البيع. وللعلاقات العامة خمس وظائف مهمة (**البروراي والبرزنجي**: 2004 : 221).

- علاقات الاخبار والمعلومات عن المنظمة والاعلام عن الجوانب الايجابية.
- تدعيم شعبية المنتوج.
- زيادة جوانب فهم المنظمة داخلياً وخارجياً.
- الاستشارة للادارة العليا حول تدعيم الثقة بالمنتجات والمنظمة.
- مد جسور علاقة وتكوين جماعات ضغط في المجتمع.

ان زيادة الولاء لمنتجات المنظمة يصبح ممكناً بفضل هذه الانشطة للعلاقات العامة والتي تصبح متممة لباقي جهود الترويج في المنظمة. وينطلق نشاط العلاقات العامة للتعريف وتوضيح سياسات المنظمة المهمة، وكذلك للتعامل مع الازمات والاحداث الطارئة. أما الدعاية (Publicity)، فهي وسيلة ترويجية تقدم من خلالها المنظمة معلومات حول منتجاتها واسلوب عملها بوسائل اعلام جماهيرية. وتختلف الدعاية عن الاعلان، حيث ان الدعاية تتم دون دفع أجر محدد لذلك تعتبر نشاط ترويجي غير مدفوع، كذلك لا يتم التصريح عن شخصية المروج في الدعاية التجارية.

* العلاقات العامة

Public Relations

نشاط مهم يتم بواسطة مختلف وسائل الاتصال والترويج ويخص المنظمة ككل، لذلك لا يرتبط بشكل مباشر بعمليات البيع.

* الدعاية **Publicity**

أداة ترويجية تقدم من خلالها المنظمة معلومات حول منتجاتها بوسائل الاعلام الجماهيرية.

5- النشر Publishing

نشاط ترويجي يتم من خلال الانباء ولا يخضع لسيطرة ورقابة المنظمة، ومن شأن الناشر تدعيم ثقة المجتمع بالمنظمة وتشكيل صورة ايجابية عنها وينعكس هذا على منتجاتها. والنشر اعلان مجاني يحمل خصائص تجعله نشاط ترويجي مفيد:-

- يحمل عمقاً حقيقياً لكونه يظهر باطار أخباري عادي، هنا تزداد الثقة في المعلومات الواردة فيه.
- يجذب الانتباه أكثر لكونه غير مباشر وخفي كحدث يخص المنظمة ومنتجاتها، لذلك يستخدم بصورة دائمية من قبل المنظمات غير الهادفة للربح.
- يأتي في اطار مقبول ومرتبط بطبيعة المادة الاخرى المذكورة في الاخبار لذلك يعتبر عالي المصداقية وعلى درجة من الاقناع لوجود حدث ينطلق منه.

6- التسويق المباشر Direct Marketing

وسيلة ترويجية تعتمد الاعلان عن عرض محدد ولفئة معينة من المستهلكين يتوقع منهم استجابة جيدة وفورية يمكن ملاحظتها وقياسها بدقة. ويستخدم وسائل وأدوات الانتشار الواسع والمحددة لذلك توصل الرسالة بسرعة ودقة وبساطة للاشخاص المقصودين مع امكانية تعديل الرسالة الترويجية وبما يتفق وحاجات المستهلك المقصود. ويتطلب التسويق المباشر قاعدة بيانات ومعلومات محدثة وكافية عن المستهلك.

* قضايا مهمة في ادارة التسويق Important issues in marketing Management

ان انشطة ادارة التسويق تعتبر ذات أهمية قصوى للاعمال على اختلاف حجومها، وربما تتجسد هذه الأهمية أكبر في المشروعات الصغيرة لكون نجاحها يرتبط بقدرتها على تصريف حجوم مبيعات كافية. لقد تشعبت موضوعات ادارة التسويق وتعددت وبالتالي لا يمكن عرضها بسرعة وسهولة في فقرات محدودة. سيتم التطرق هنا إلى فقرتين مهمتين هما سلوك المستهلك وضرورة معرفته ومتابعة التغييرات فيه، والثانية نظم المعلومات التسويقية ودورها المهم في نجاح أنشطة التسويق.

- **سلوك المستهلك Consumer Behavior**

ان فهم سلوك المستهلك وتطلعاته عند الشراء ضرورية لادامة العلاقة معه وكسب ثقته والوصول إلى ولاءه لمنتجات المنظمة. ويفترض ان تكون المشروعات والاعمال الصغيرة أقرب إلى المستهلك، حيث الاستجابة السريعة والمرنة في الأخذ بنظر الاعتبار قضية اشباع حاجاته بأفضل الطرق والاساليب.

ان سلوك المستهلك يتمثل بمجمل النشاطات والفعاليات التي يقوم بها الفرد (المستهلك النهائي) أو المؤسسة (المستهلك الصناعي) أثناء الاختيار لشراء السلع والخدمات من أجل اشباع الرغبات وسد الحاجات الاستهلاكية والصناعية المختلفة (Wilkie: 1990: 12). ان فهم جيد لهذا السلوك يتطلب دراسته من خلال

معلومات صحيحة ودقيقة من مختلف الجوانب. وقد تم التعبير عن هذه الجوانب بكونها تمثل مفاتيح لفهم أو الوصول إلى موقف صحيح من هذا السلوك (**الغدير والساعد:** 1996 : 4 – 9):-

(1) يمثل سلوك المستهلك دوافع وحوافز، بمعنى محركات وعوامل داخلية وحوافز خارجية تدفع باتجاه اعتماد هذا السلوك أو غيره.

(2) يتجسد هذا السلوك بمجموعة من الفعاليات والأنشطة والتي يتشكل من خلالها قرار الشراء. التفكير بالمنتج، جمع معلومات من وسائل متعددة (الاعلانات والصحف مثلاً)، أخذ المشورة من الاصدقاء وغيرهم، زيارة المعارض أو المخازن، التقييم والمقارنة مع المواصفات لهذه المنتجات ثم الشراء النهائي.

(3) في الغالب يمكن رؤية هذا السلوك كخطوات متتالية رئيسية، وهي مرحلة ما قبل الشراء، ثم مرحلة القرار للشراء وأخيراً مرحلة تقييم ما بعد الشراء.

(4) يختلف سلوك المستهلك باختلاف الزمان والمكان والتركيبة التبسيطية أو التعقيدية لاتخاذ قرارات الشراء.

(5) يمكن ملاحظة اختلاف الادوار في سلوك المستهلك، نظراً لتركيبة هذا السلوك حيث توجد في اطاره ادوار عديدة. فهناك دور من يوجد الفكرة، ودور المؤثر ودور المقرر، ودور المشتري ودور المستخدم. ومن الضروري معرفة اسلوب التعامل مع مختلف هذه الادوار.

(6) المؤثرات الخارجية في السلوك، وهذه مجموعة كبيرة من مؤثرات يتشكل من خلالها السلوك أو يتغير ليعاد تشكيله من جديد، ومن أهم هذه المتغيرات الثقافة، والثقافات الفرعية، والجماعات المرجعية، والطبقات الاجتماعية، والعائلة والاصدقاء، والظروف الخارجية ووسائل الاعلام والتسويق وغيرها.

ان دراسة سلوك المستهلك ومحاولة فهمه والتعامل الصحيح معه يساعد ادارة المنظمة الصغيرة على وضع برنامج تسويقي يحاكي مفردات لها أثر على القرارات النهائية للشراء، وهكذا تصبح منتجات المنظمة ذات حضور في ذهن المستهلك وترتقي لديه نزعة الولاء للعلامات التجارية لهذه المنتجات. وربما تكون المنظمات التي تراعي حقوق المستهلك أفضل من غيرها في كسب رضا المستهلك وولاءه (**البروراي والبرزنجي:** 2004 : 127 – 135).

- **نظم المعلومات التسويقية Marketing Information Systems**

ان كون نشاط ادارة التسويق يتطلب التخطيط والتنظيم والتوجيه والرقابة فأن مجمل هذه الجوانب تحتاج إلى معلومات دقيقة وصحيحة لكي تسند القرارات المتخذة. كما أن فهم الاسواق وسلوك المستهلك وتطوير المنتجات الجديدة لا يمكن النجاح فيها دون نظام معلومات تسويقي فعال وكفوء. ان وجود الكادر المؤهل في نظام المعلومات التسويقي يساعد على جمع البيانات والمعلومات وتحليلها وتقديمها إلى متخذ القرار لتؤخذ في الاعتبار والأهمية في التوجه الشامل للمنظمة.

ان نظام المعلومات التسويقي يعمل مدعماً للقرارت في الأنظمة الفرعية الاخرى مثل نظام المحاسبة الداخلية ونظام الاتصال ونظام الشراء وغيرها من الانظمة الاخرى (**Armstrong:** 2003 : 73 - 75).

كما أن بحوث السوق (Market Research) يجب ان تستند إلى قاعدة معلومات متكاملة تساعد في جعل المنظمة أكثر فهماً وقرباً من أسواقها وزبائنها. واذا كانت بحوث السوق تعطي العمل الصغير اجابات حول قضايا مهمة مثل زبائن العمل، سلوكيات هؤلاء الزبائن، امكانية تحفيزهم للشراء، فأن هذه الجوانب تحتاج إلى معلومات يفترض أن يقدمها نظام المعلومات التسويقي بدقة وفي الوقت المناسب وبمرونة عالية وبكلف معقولة. ان المعلومات التسويقية تخص جوانب استخباراتية مهمة من قبيل توجهات المنافسين في الاسواق وقضايا سلوك وآليات صنع قرار الشراء في المؤسسات الصناعية وجوانب أخرى تفترض التحديث والمتابعة المستمرة.

ادارة الموارد البشرية **Human Resources Management**

لا تقاس أهمية الموارد البشرية باعداد تلك الجموع في المنظمة بل بنوعية وتأهيل وخبرات وقدرات هذه الموارد. ان المورد البشري هو اساسي نجاح الاعمال صغيرة كانت أم متوسطة أو كبيرة في عصر المعرفة والتنافس القائم على القدرات المعرفية والابداعية ازداد دور ادارة الموارد البشرية حيث الفعاليات والانشطة الاساسية لهذه الادارة أصبحت أكثر منهجية وعلمية وغنى.

وادارة الموارد البشرية (HRM) هي الادارة المسؤولة عن مجمل عمليات جذب واستقطاب وتوظيف والاحتفاظ وتطوير وتقييم أداء قوة عمل ذات مواصفات جيدة ونوعية عالية.

*** ادارة الموارد البشرية**

HRM

ادارة مسؤولة عن مجمل عمليات جذب واستقطاب وتوظيف والاحتفاظ وتطوير وتقييم أداء قوة عمل ذات مواصفات جيدة ونوعية عالية.

* المفاهيم الاساسية وأهمية الادارة **Basic concepts and HRM Importance**

- **المفاهيم الاساسية Basic concepts**

حتى لو كانت اعداد العاملين في المنظمة الصغيرة لا تتجاوز أصابع اليد الواحدة، فأن ادارة الموارد البشرية يفترض ان تُغني محتوى العمل والفعاليات لهؤلاء العاملين. ان ادارة الموارد البشرية هي الادارة المسؤولة عن زيادة فاعلية وكفاءة العنصر البشري وعن تمكين هؤلاء في المنظمة لتحقيق الاهداف الفردية والمنظمية والارتقاء بالاداء على مختلف المستويات (**Schuler:** 1995 : 8 - 21).

وبهذا فأن هذه الادارة تعطي ميزات تنافسية مستدامة للمنظمة من خلال قيامها بالتخطيط الفعال ذو النظرة المتفتحة للموارد البشرية، والتوظيف الجيد والملائم، والتدريب والتطوير المناسب للقوى العاملة. ومن المفترض ان تعمل هذه الادارة وفق منظور شفاف تشاركي، أي الادارة على المكشوف (Open- Book Management) بحيث تحصل على أعلى التزام واندماج من العاملين مع مفردات العمل وتوجهات المنظمة. ان تحويل العاملين إلى قوى بشرية مؤهلة ليكون في المنظمة رصيد معرفي مهم يساعد على رقي الاداء فيها. واذا ما ازداد العاملون المعرفيون (knowledge workers)، هؤلاء اللذين تتجسد قيمتهم بالقدرة على اضافة قيمة معرفية وذهنية تعطي ابداعات وتجديد مستمر للمنظمة، فان المنظمة تكون في موقف تنافسي متميز. وتحاول منظمات الاعمال ايجاد راس مال معرفي (Intellectual capital) من خلال توظيف واستخدام مختلف الآليات والاساليب والطرق التي تساهم في ايجاد موارد بشرية لديها قدرات ابداعية وفكرية ومعرفية تتقاسمها أثناء العمل لتوجد طريقها الواضح إلى المنتجات والخدمات التي تقدمها المنظمة إلى الزبائن. هنا يتم الاستفادة القصوى من خلال نقل المعرفة إلى نتائج ملموسة في كافة أوجه عمل المنظمة ومنتجاتها.

وفي بيئة الاعمال المعاصرة التي تشتد فيها المنافسة وتندر فيها الموارد على اختلاف اشكالها، فأن منظمات الاعمال الصغيرة مطالبة بأن تجعل من الموارد البشرية، التي يوجد فيها تنوع عالي (workforce Diversity)، ادارة معرفة (knowledge Management) حقيقية تُطوّر أدوات ونظم ايجاد الافكار الابداعية وتنشرها بين العاملين ومختلف مفاصل العمل ومفردات النشاط. وكلما ازدادت قيمة واهمية المعرفة الضمنية (Tacit knowledge) لدى المورد البشري ليضاف لرصيد المعرفة الصريحة (Explicit knowledge) المتجسد بالمعلومات والخبرات الموثقة كانت المنظمة أكثر رقياً وانجازاً وقدرة تنافسية.

كذلك لادارة الموارد البشرية دور مهم في معرفة طبيعة التغييرات التي أصابت عقد العمل الصريح والضمني بين المنظمة والعاملين فيها. فلم تعد الموارد البشرية تبادل الاجر بالاداء كما في السابق، بل ان الامر يتطلب اعادة نظر جذرية ومستمرة في مفردات مهمة، مثل مكان العمل وخصوصيته work place privacy، والدور (Role) الذي تغطيه الوظيفة (Function) وبالتالي امكانية ايجاد الاساليب والطرق المناسبة لتفعيل دور كل فرد من العاملين ليقدم أفضل ما عنده من انجاز وابداعات أثناء ممارسة الوظيفة. وفي المنظمات الصغيرة يمكن لهذه الادارة أن تكون تشاركية

*** الادارة على المكشوف**

Open - Book Management

تقاسم كل شيء بايجابية وخاصة المعلومات المالية ونتائج الاداء مع جميع العاملين في المنظمة.

*** العاملون المعرفيون**

knowledge workers

عاملون تتجسد فيهم القدرة باضافة قيمة معرفية حقيقية وذهنية في الفعل والنشاط لتعطي ابداع مستمر وتطوير للمنظمة.

*** راس المال المعرفي**

Intellectual capital

مجموع القوى العقلية والفكرية أو المعرفية التي تتواجد داخل المنظمة والتي يتم تقاسمها بين العاملين وتتجسد في مختلف الممارسات العملية.

*** تنوع قوة العمل**

Workforce Diversity

الاختلاف الموجود بين العاملين القائم على اسس عديدة مثل الجنس، والعرق، والدين، والعمر أو غيرها.

*** المعرفة الضمنية**

Tacit knowledge

المعرفة اللدنية (الشخصية) والحدسية والمعلوماتية غير الموثقة ولا يمكن نقلها وتقاسمها بسهولة.

*** المعرفة الصريحة**

Explicit knowledge

المعرفة الموثقة والمنشورة والمعلومات التي يمكن نقلها وتقاسمها.

*** خصوصية مكان العمل**

work place privacy

حق الحفاظ على الخصوصية أثناء العمل.

(participative Management) حيث تمكن العاملين من ممارسة رقابة أكبر على بيئة العمل وظروفها.

كذلك اصبحت هذه الادارة تعي أهمية وجود نظام متكامل للموارد البشرية يأخذ في الاعتبار ضرورة اجراء موائمات وانسجام بين مختلف مكونات وأجزاء هذا النظام مع بعضها البعض وكذلك انسجام دور النظام مع الأنظمة الادارية الاخرى.

هنا يأتي الدور الاستراتيجي للموارد البشرية Strategic Human Resources Management المتمثل بمجل العمليات التي بواسطتها يدير ويصمم المديرون توليفة الموارد البشرية كنظام يلعب هذا الدور المهم من خلال انجاز استراتيجية المنظمة (**العامري والغالبي:** 2008 : 652).

هكذا فأن الموائمات بين الدور الفردي والعمل الجماعي في اطار مختلف الوظائف لتتشكل الصورة الكلية للمنظمة يصبح أمراً ضرورياً للنجاح (**الهيتي:** 2003 : 32).

*** الدور Role**

مجموعة مهام ذات علاقة فيما بينها وتتطلب سلوك معين ومعرفة محددة من قبل العامل لاداء هذا الدور.

*** الوظيفة Function**

وحدة فرعية متكونة من مجموعة افراد يعملون مع بعض ولديهم مهارات متشابهة ويستخدمون نفس المعارف والمهارات لانجاز ادوار معينة.

*** الادارة الاستراتيجية للموارد البشرية SHRM**

عمليات تفكير منهجي منظم لتهيئة وحشد لرأس المال البشري لتنفيذ استراتيجيات المنظمة.

ان عناية الادارة بالعاملين سيجد لهُ انعكاسات ايجابية على اهتمام هؤلاء العاملين بالزبائن الذي يولد زيادة في ولاء الزبائن ورضاهم عن المنظمة ومنتجاتها. ان علاقة وطيدة بين الارباح المتحققة وبين الممارسات المركزة على الموارد البشرية في منظمات الاعمال، حيث نجد ان هذه الممارسات تعتمد على جوانب ذات أهمية كبيرة للعاملين مثل:-

- الامان الوظيفي وعدم التسريح.
- عمليات استقطاب واسعة وفعالة.
- التمكين والتمتين للعاملين من خلال فرق العمل.
- اعتماد علاقة واضحة بين الاجور والاداء والانجاز.
- التدريب والتطوير المستمر والشامل.
- تقليل الفوارق اللاموضوعية بين العاملين.
- تقاسم المعلومات المهمة مع العاملين.

ان تطور العلاقة بين المنظمة والعاملين أوجب الاهتمام بتوقعات العاملين، حيث تطابق الوظيفة مع المؤهلات والمهارات والمسؤوليات الشخصية والشراكة في التحسين المستمر والتطوير والتأهيل وفتح الافاق لاستلام مسؤوليات ممتعة. ولغرض ايجاد توافق مناسب بين توقعات العاملين من المنظمة وتوقعات هذه الاخيرة من العاملين من الضروري اعتماد الاسلوب العلمي والتخطيط الاستراتيجي للموارد البشرية.

*** تحليل الوظيفة**

Job Analysis

جمع المعلومات والحقائق وتفسيرها حول الواجبات الرئيسية والفرعية والمهام والمسؤوليات في الوظيفة.

وان هذا التخطيط ينطلق من تحليل الوظيفة (Job Analysis) والتي لم تعد مجرد وظائف روتينية بمهام محدودة، بل إنها أصبحت أكثر غنى واتساع وانفتاح دائم على التغيير في محتواها. ان تحديد المسؤوليات والواجبات والمهام في الوظيفة يمثل مدخلاً ملائماً ومفيداً لايجاد معلومات تساعد على وضع وصف الوظيفة (Job Description) ، وكذلك توضيح مواصفات من يشغل هذه الوظيفة (Job specification) والذي يمثل قائمة بالمواصفات المطلوب توفرها بشاغل هذه الوظيفة، لاحظ الشكل (6 – 13).

*** وصف الوظيفة**

Job Description

قائمة وملخص دقيق للمهام والمسؤوليات المحددة لوظيفة معينة.

*** مواصفات شاغل الوظيفة**

Job specification

حزمة المعارف والمهارات والمؤهلات العلمية والقدرات البدنية المطلوبة في الشخص المناسب لاداء مهام الوظيفة بشكل كامل ومناسب.

شكل (6 – 13)

تحليل الوظيفة مدخل لوصفها وتحديد صفات شاغلها

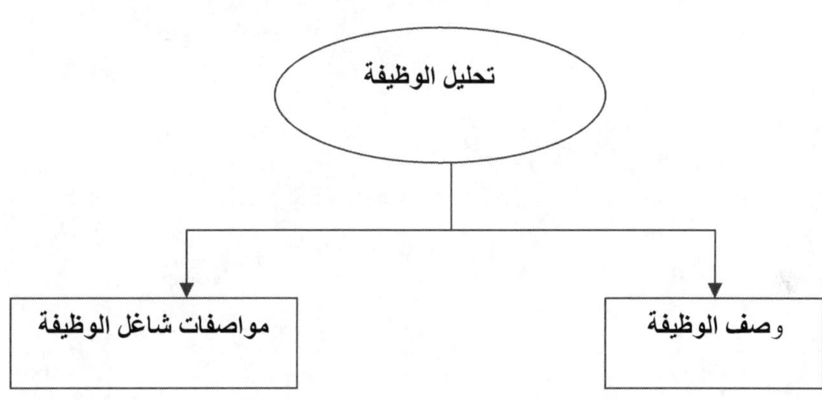

وتستخدم الوظائف اليوم كمدخل متمم لمداخل التحفيز الاخرى، وهكذا ينظر للوظيفة على اعتبارها وحدة تخص المسار الوظيفي للعامل بالاضافة لكونها وحدة تنظيمية انتاجية.

لذلك تصمم الوظيفة (Job Design) ويعاد تصميمها باستمرار ووفق تطور العمل. وهنا فأن هذا الأمر يدخل في اطار ملاءمة الفرد مع الوظيفة في ضوء مراجعة واقعية

*** تصميم الوظيفة**

Job Design

تكوين وايجاد مسؤوليات أو مهام قائمة على اساس الهيكل التنظيمي وتأثره بالتكنولوجيا والاستراتيجية المعتمدة.

*** المراجعة الواقعية للوظيفة**

Realistic Job Review

توضيح صادق ودقيق ونزيه لمعالم الوظيفة ومحتواها.

للوظيفة (Realistic Job Review) لتوضيح صادق ودقيق ونزيه لمعالم الوظيفة ومحتواها.

كذلك تأخذ ادارة الموارد البشرية ضرورة تدريب العامل واكتسابه مهارات من خلال التدوير بالوظائف من جانب وتوسيع الوظيفة Job Enlargement واغناء (اثراء) الوظيفة (Job Enrichment) من جانب أخر.

*** توسيع الوظيفة**

Job Enlargement

الجمع بين المهام المتخصصة في وظيفة واحدة بهدف زيادة تحفيز العامل فيها.

*** اثراء الوظيفة**

Job Enrichment

اعادة تصميم الوظيفة واضافة مسؤوليات ومهام وكذلك منح العامل مزيد من الرقابة والصلاحيات في اطار الوظيفة.

- **أهمية ادارة الموارد البشرية HRM Important**

تتجلى أهمية ادارة الموارد البشرية من خلال الفعاليات التي تؤديها وطبيعة الاهداف التي تعمل على تحقيقها. ورغم محدودية اتساع نشاط المنظمة الصغيرة، وبالتالي اضفاء طابع الخصوصية على عمل هذه الادارة، الا أنه يلاحظ قيامها بجميع الفعاليات الخاصة بهذه الادارة في اطار تنسيق عالي وخاصة مع ادارة الانتاج، والانشطة الاخرى (**برنوطي** : 2005 : 410 – 406).

ويعرض الشكل (6-14) أهم النشاطات والاهداف المتوخاة من ادارة الموارد البشرية (**الهيتي**: 203 : 34).

شكل (6 – 14)

الفعاليات والنشاطات الرئيسية والاهداف التي تعمل عليها ادارة الموارد البشرية

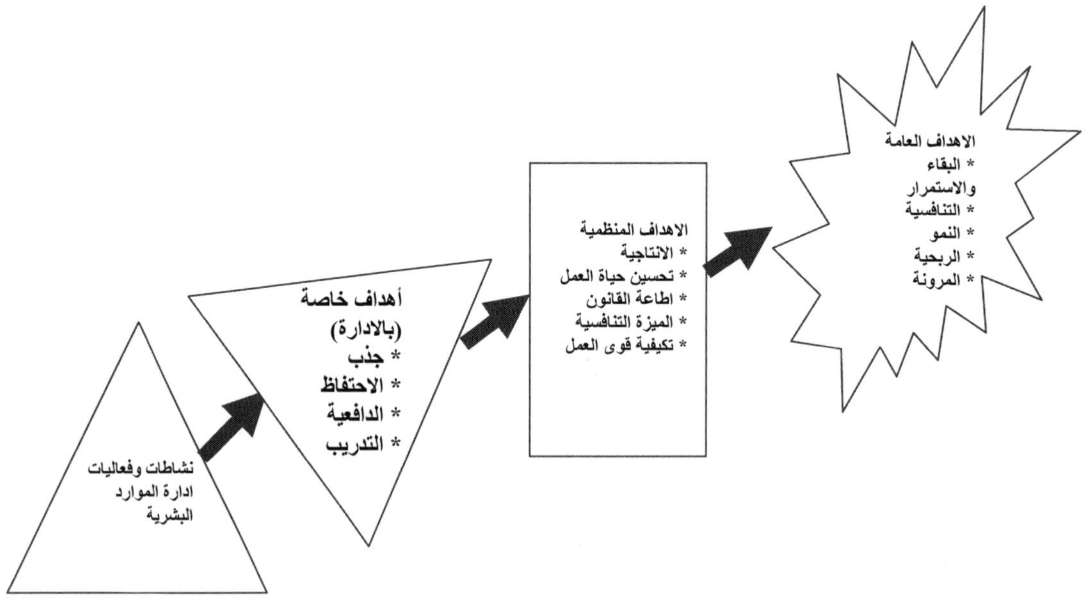

ان تشعب فعاليات وأنشطة ادارة الموارد البشرية واتساع مدى الاهداف التي تساهم فيها جعل منها ادارة مهمة وتتجلى أهميتها من خلال الاتي:

1- تتعامل مع أهم الموارد في المنظمة وهم البشر هذا المورد الذي لا يمكن تقليده من قبل المنافسين ويعطي المنظمة تفردها وتميزها الخاص.

2- تمثل هذه الادارة بطرق عملها ومنظورها مركز الجذب الاساسي والمهم للناس المبدعين والكفوئين من سوق العمل ومراكز التوظيف، وهنا تتحدد نوعية وقدرات الموارد البشرية في مختلف أنشطة وادارات ووظائف المنظمة.

3- تساهم الادارة في ايجاد الكفاءات الادارية (Managerial Competency) لدى المديرين والموظفين الرئيسيين في المنظمة، وهذه الحزمة من المهارات والقابليات تساهم في اداء عالي ضمن الوظائف المختلفة.

4- ترتقي بالمنظمة وتجعل منها متعلمة (Learning Organization) لقدرتها على التحسين والتغيير المستمر مستفيدة من تجاربها وخبرتها السابقة وتجارب المنظمات الاخرى، بفضل وجود موارد لبشرية مؤهلة وذات مهارات وقدرات عالية.

5- تحسين الانتاجية من خلال تراكم الخبرة والمعرفة، حيث يساهم منحنى الخبرة في خفض التكاليف ورقي الاداء.

6- يشكل المورد البشري أهم مورد في ايجاد حالة التداؤب (Synergy) في العمل وهذا يساهم في تعظيم قيمة المخرجات أو المتحصلات من مدخلات معينة.

7- تساهم في جعل حالات التغيير الايجابي مقبولة بتأكيدها على تهيئة السلوكيات والمهارات والادراك والتوقعات والقيم والاداء لدى العاملين وجعلهم اكثر قبولاً وأقل مقاومة لحالات التغيير المخطط بل وحتى الطارىء.

8- تستطيع المساهمة في جعل المدير يمتلك الصفات والخصائص القيادية والريادية من خلال نقل تأثير هذا المدير من التركيز على قوة الاكراه والقسر بحكم الموقع الوظيفي إلى قوة الخبرة (Expert power) وكذلك قوة المرجعية (Referent power).

9- تساهم في ايجاد وخلق منظمة وادارات موجهة بالقيم، والادارة الموجهة بالقيم Value-Based Management هي ادارة تقوم بتطوير وبث وايصال القيم الايجابية ونشرها في ارجاء المنظمة. والادارة هنا تكون ذات نزاهة وعدالة ومثابرة والتزام وتفكير ايجابي وذات صلة وثيقة بجميع أصحاب

*** الكفاءات الادارية**

Managerial Competency

حزمة المهارات والقابليات التي تساهم في اداء عالي في الوظيفة الادارية.

*** منظمة متعلمة**

Learning organization

منظمة تقوم بالتحسين والتغيير المستمر مستفيدة من تجاربها وتجارب الاخرين.

*** التداؤب**

Synergy

حالة توجد عندما تتفاعل اجزاء ومكونات المنظمة مع بعضها لانتاج قيمة وتأثير يفوق حاصل مساهماتها منفردة ($2+2=5$).

*** قوة الخبرة**

Expert power

قوة وتأثير نابعة من معلومات قيمة وخبرة ومهارات فنية متخصصة لا يستغنى عنها.

*** قوة المرجعية**

Referent power

قوة وتأثير ناتجة من وجود جاذبية وكاريزما لدى المدير.

*** الادارة الموجهة بالقيم**

Value – based Management

ادارة تقوم بتطوير وبث وايصال وسن القيم الايجابية ونشرها في ارجاء المنظمة .

المصالح داخل وخارج المنظمة (**محمد صدام**:2004) (**الغالبي والعامري**: 2008: 188).

*** الاستقطاب**

Recruitment

سلسلة المراحل والأنشطة المصممة لجذب اعداد مؤهلة من المرشحين لوظيفة معينة.

*** الاختيار Selection**

تحديد الاشخاص الملائمين لتعاقد معهم والذين اظهروا طاقات وقابليات أدائية عالية.

* الاستقطاب والاختيار Recruitment and Selection

تبدء أنشطة التوظيف في المنظمة بعمليات الاستقطاب، لذلك يفترض ان تكون مراحل الاستقطاب قائمة على أسس سليمة وبالتالي يجب ان تعير ادارة الموارد البشرية الاستقطاب أهمية كبيرة، لكون الخطأ فيه ينعكس على باقي مفردات وأنشطة التوظيف الاخرى.

والاستقطاب (Recruitment) سلسلة من المراحل المصممة لجذب اعداد مؤهلة من المرشحين لوظائف المنظمة. أما الاختيار (Selection) فيتمثل بتحديد المؤهلين المتمتعين بالمهارات والخبرات والمعارف والقابليات المطلوبة لوظيفة معينة من بين الاشخاص المستقطبين لشغل هذه الوظيفة.

- **أنشطة الاستقطاب Recruitment Activities**

ان المنظمة تحاول ان تجعل من الاستقطاب عمليات كفؤة وفاعلة بحيث يكون وعاء الاستقطاب كافياً ومناسباً ويفي تلبية الاحتياج الفعلي للمنظمة من الموارد البشرية. ان المنظمة ترغب ان تستقطب عاملين مؤهلين وبموصفات جيدة وعالية، وليس مجرد اعداد كبيرة من الاشخاص محدودي التأهيل

(**longenecker et al**: 2006: 379)

ان أنشطة الاستقطاب تمثل عمليات مترابطة ومراحل متعاقبة للوصول إلى النتائج المستهدفة من خلالها. ويمكن تلخيص عملية الاستقطاب بأربعة مراحل هي:-

1- الاعلان عن الوظائف الشاغرة وفق ما تم تحديده في اطار خطة الموارد البشرية.

2- استلام طلبات المتقدمين وفحصها واستكمال النواقص فيها.

3- الاتصال الاولي بالمرشحين.

4- الغربلة الاولية لايجاد وعاء من المرشحين (pool of Applicants) المؤهلين.

*** وعاء من المرشحين**

pool of Applicants

اعداد الافراد الذين يتم استقطابهم للمفاضلة واختيار الاحسن لشغل الوظيفة.

ان مجمل هذه المراحل والاجراءات المترابطة تهيىء العدد اللازم من المرشحين الاكفاء لغرض متابعة الاجراءات الاخرى من فحص واختبار ومن ثم اختيار العدد المطلوب منهم. ان المنظمة يجب ان تراعي في مجمل هذه المراحل والعمليات القيود والمحددات والاعتبارات القانونية والسلوكية وما يتعلق بالتشريعات الحكومية وكذلك ما يرتبط بالعوامل التنظيمية المتعلقة بالمنظمة.

- مصادر الحصول على عاملين Sources of Employees

يفترض بمدير المنظمة الصغيرة ان يعرف أين وكيف يحصل على مرشحين مؤهلين لشغل الوظائف الشاغرة. المصادر هنا عديدة، ومن الصعب ان تكون هذه المصادر متماثلة في أهميتها لجميع المنظمات. سوف نتطرق لأهم المصادر للحصول على الموارد البشرية في منظمات الاعمال الصغيرة (**Hatten**: 2006 : 487)، (**longenecker et al**: 2006 : 380)، (**Steinhoff and Burgess**: 1993: 337) ولجميع هذه المصادر ميزات ومساوىء وكالآتي:-

- اعلانات للعاملين، ان وضع الاعلانات الخاصة بالحصول على عاملين يمكن ان نجدها في الصحف والمجلات العلمية وفي نشرات جدارية في الاماكن العامة والاسواق التجارية ومراكز البحوث والجامعات وغيرها من الاماكن الاخرى. وبشكل عام فأن نوعية المرشحين أقل كفاءة قياس لمصادر أخرى أفضل، رغم أنها قد تصل إلى مدى واسع من الاشخاص.
- وكالات التوظيف، توجد هذه الوكالات في أغلب المدن، وحتى الحكومات تؤسس مثل هذا النوع من وكالات التوظيف، وقد ركزت في بداية الامر على توظيف عمالة عادية بوظائف تشغيلية واليوم توسع دورها لمختلف الوظائف الادارية والقيادية. ومن ميزاتها كونها لا تحمل المرشحين تكاليف معينة ولكنها من جانب أخر لا تؤدي إلى مطابقة فعالة بين نوعية المرشحين وبين متطلبات مرجعية التوظيف.
- مواقع التوظيف على الانترنت، وهذه مواقع تعرض فرص توظيف مختلفة يمكن للاعمال الصغيرة الرجوع إليها والحصول على مرشحين للوظائف المختلفة. ان هذا المصدر يعطي وعاء استقطاب واسع وكبير يسهل الوصول إليه والاستفادة منه.
- منظمات البحث عن التنفيذين الكبار، وهذه مشروعات ومنظمات مفيدة للاعمال الصغيرة التي تبحث عن افراد اساسيون ورئيسيون وليس مواقع ومستويات أدنى لافراد عاديون مثلما تركز عليهم الوكالات الحكومية. وتسمى هذه المنظمات أيضاً وكالات البحث عن الكفاءات (Headhunters Agencies) والتي تبحث بسرية وأمانة وثقة عن أشخاص هم في الوظائف حالياً ويرغبون بوظائف أخرى أفضل تتطابق مع مؤهلاتهم وقدراتهم الشخصية. ان خدمات هذه المنظمات غالية في الاعم الغالب.

> *** البحث عن الكفاءات**
> **Headhunters**
> مشاريع أو وكالات تبحث عن مرشحين مؤهلين لوظائف تنفيذية مهمة.

- توصيات العاملين، ان موظفي وعاملي المنظمة يعرفون أكثر من غيرهم المؤهلات والخبرات المطلوبة في الوظائف الشاغرة والمعلن عنها، لذلك يشكل هؤلاء العاملين مصدر توظيف مهم للمنظمة الصغيرة. وهذا المصدر قد لا يكون مرتفع الكلفة ويمكن ان يعطي مرشحين مؤهلين جيداً ومحفزين لكون العاملين الحاليين يمثلون مرجعاً مقبول لديهم، ولكن في الجانب الاخر يجب الحذر من كون المرشحين ذوي علاقة وروابط مع العاملين، وقد يتولد شعور باستبعاد كفوئين بسبب التكتل هذا.

- الاصدقاء والاقارب، ان ميزة الحصول على أقارب العاملين وأصدقائهم تتمثل بمعرفة هؤلاء العاملين بقدرات وقابليات وشخصيات هؤلاء المرشحين من الاقارب والاصدقاء، ولكن لا يفترض قبول هؤلاء الافراد مضحين بالكفاءة والقدرات ومعتمدين على التوصيات فقط.
- مصادر أخرى، توجد مصادر أخرى عديدة، مثل معارض التوظيف، ولقاءات المؤسسات التجارية ومواقع متخصصة على الانترنت وغيرها تشكل مصادر توظيف اضافية للاعمال. ومن المفيد ان نذكر ان المنظمة الصغيرة المحلية قد تعتمد مصادرها الخاصة بالتوظيف ولكن لا يفترض ان تغفل أهمية وجود هذه المصادر العديدة.

ويلاحظ بشكل عام ان مصادر الحصول على العاملين للوظائف الشاغرة يمكن أن توضع في مجموعتين هما، مصادر داخلية في المنظمة وهنا نجد الترقيات والتنقلات ويفترض بالادارة ان تجري تقييم دقيق لاختيار أفضل المرشحين. وهناك المصادر الخارجية وهي تمثل سوق العمل والجامعات ومراكز التوظيف والطلبات الفردية، وهذه تتيح للمنظمة خبرات جديدة ومعارف وطاقات متميزة.

وفي حالات عديدة قد لا ترغب المنظمة الصغيرة بتوظيف جديد، بل يمكن الاستعانة بجهد بشري اضافي دون تعيين. هنا فأن العمل الاضافي (Overtime) أو الاستعانة بعاملين وقتيين (Temporary workers) ، أو تأجير عماله من مكاتب تأجير هي الاساليب التي يمكن ان تعتمد من قبل المنظمة.

- **عملية الاختيار Selection process**

في منظمات الاعمال الصغيرة يفترض ان تكون عملية الاختيار بسيطة واضحة وشفافة ودقيقة، لتعطي للمنظمة موارد بشرية مؤهلة تتساهم في تطور المنظمة وتحسين عملياتها والارتقاء بنتائج الاداء. وهذه العملية تأتي بعد الاستقطاب في اطار منهج للتوظيف مدروس جيداً، وتشتمل على تحديد الاشخاص المؤهلين والملائمين لغرض التعاقد معهم.

ويمكن اجمال خطوات عملية الاختيار بالآتي (**برنوطي**: 2001: 239 – 245)، (**العامري والغالبي**: 2008: 657 – 660) ، (**Hatten**: 2006: 490).

1- التأكد من اكمال استمارة طلب التوظيف وتطابق الشروط والمؤهلات في المرشح.

ان فحص جوانب اكمال الطلب الرسمي للتعيين، واكمال المرشح لكافة ما مطلوب من شهادات وخبرات، يعتبر بمثابة اعلان رسمي عن الترشيح الفعلي للوظيفة. كافة الوثائق الرسمية والتاريخ الشخصي للمرشح والمؤهلات معززة بوثائق ومستندات رسمية صحيحة ودقيقة وكذلك السيرة الذاتية.

2- حصر المرشحين الفعليين والنهائيين من خلال استبعاد من يفتقدون للشروط أو بعضها، ان هذا الفحص والحصر يجري وفق معايير دقيقة تم اعدادها وفق المواصفات المطلوبة بشاغل الوظيفة. في نهاية الامر يجري اعداد قائمة بالمرشحين الذي يجري معهم استمرار باقي الخطوات لغرض التعيين. ويمكن قبل اعداد هذه

القائمة طلب توصيات من المتقدمين وفي الاعتبارات نوع الوظائف المرشحين لها. أو قد يطلب من المرشحين تقديم أسماء وعناوين أشخاص معروفين (References) يمكن ان يقدموا تقرير ورأى في الشخص المرشح بعد ان تتصل بهم المنظمة المعنية بأمر التعين.

3- المقابلات والاختبارات:- من خلال المقابلات (Interviews) والاختبارات (Tests) تزداد معرفة المنظمة بالمرشحين، كذلك يعي المرشحين طبيعة وأهمية المنظمة. ويمكن من خلال معلومات أكثر متاحة ملاحظة الخصائص المظهرية والسلوكية للمرشحين. وقد يتم من خلال المقابلات والاختبارات تعميق أو تعديل أو رفض الانطباعات الاولية المتأتية من فحص الوثائق وشهادات الخبرة والتوصيات.

والمقابلات يمكن ان تكون مهيكلة (Structured Interviews) بمعنى توضع مسبقاً بشكل رسمي حيث التهيئة والاعداد المسبق لاستمارات المقابلة المدروسة جيداً. أو تكون مقابلات غير مهيكلة (Unstructured Interviews)، وهي عفوية لم تعد لها استمارات ولا أسلوب معين، وتركز على ردود الفعل للمرشح اتجاه قضايا معينة، كذلك تهتم بالسلوك الحواري والقدرة على التفاهم مع الاخرين. هناك أيضاً المقابلات السلوكية (Behavior – based Interviews) وهذه تتضمن اسئلة مفصلة حول السلوك في مواقف حدثت سابقاً في الوظيفة، وهنا يتم التأكد من الاتزان السلوكي والاستقرار العاطفي للمرشح، ويمكن أن تطرح اسئلة موقفية أو أسئلة حول المعرفة بالوظيفة أو أسئلة محاكاة لمهام معينة في الوظيفة أو أسئلة متطلبات واستعداد ضمن المقابلات المهيكلة (**العامري والغالبي**: 2008 : 658).

وبشكل عام فأن المقابلات ليست سهلة واحتمال الاخطأ فيها ممكن، لذلك يفترض تقليل هذا الامر من خلال (**Hatten**: 2006: 491 - 492) :-

- الاعداد والتهيئة المسبقة.
- توضيح ووضع المراحل المتعاقبة للمقابلة.
- استخدام استمارات في المقابلات المهيكلة.
- اعتماد تكنيك متنوع في الاسئلة.
- التأكد من ان كل سؤال يثار يرتبط بعلاقة واضحة بالوظيفة.
- الاحتفاظ بتدوين واضح، ويمكن اعتماد ملاحظات حول المقابلة.

أما الاختبارات (Test)، فهي عبارة عن عمليات وأنشطة تستهدف التعرف على مؤهلات وقابليات المرشحين تحريرياً، ومدى توافقها مع متطلبات الوظيفة، وتأخذ الاختبارات أشكال مختلفة منها (**العامري والغالبي**: 2008: 659)، (**الهيتي**: 2003: 133):-

- اختبارات القدرات والمهارات، وفيها يتم قياس قدرات ومهارات الفرد، وكذلك قياس درجة الذكاء ومعرفة القدرات المتخصصة.
- اختبارات الاداء وامكانات الانجاز في الوظيفة، هنا يمكن ان يكون هذا الاختبار شفوياً وتحريرياً.

- اختبارات الاهتمامات المهنية، وهذه تستخدم للمهن التخصصية والوظائف الاستشارية.
- اختبارات الشخصية، بهدف التعرف على الاهتمامات الشخصية للفرد المتقدم للوظيفة، وفي البعض من هذه الاختبارات يركز على الجانب السلوكي والقيمي والأخلاقي

ومهما تكن طبيعة ونوع الاختبارات المستخدمة للمفاضلة بين المتقدمين المرشحين لوظيفة معينة، يشترط ان يتميز الاختيار بالموثوقية والصدق والموثوقية (Reliability) تعني توفر الثبات في المقياس، بمعنى ان اداة الاختبار المعتمد مستقرة ويعطي نفس النتائج اذا ما أعيد استخدامه مرة أخرى وفق نفس الظروف والشروط، وفي هذا الاطار من الضروري أن يعاد الاختبار (Retest) للتأكد من مدى الثبات في النتائج ودقة القياس. أما الصدق (Validity) فهو قدرة الاختبار على قياس ما يفترض قياسه، وأن يكون ذو علاقة بالأداء المستقبلي للوظيفة. ومن الضروري أن يخضع الاختبار إلى صدق المحتوى، وصدق الهيكلية، وصدق المعيار وكذلك الصدق التمييزي، ففي صدق المحتوى يؤكد على ضرورة أحتواء المقياس والاختبار لكافة العناصر المرتبطة بأمر ما بمعنى ما يتضمنه من مقاييس كاملة، في حين يؤكد صدق الهيكلية على التكوين ومدى الشمولية في الاختبار، وصدق المعيار يعني صحة ودقة أدوات القياس المستخدمة في الاختبار. وأخيراً تمثل قدرة الاختبار للتمييز بين الجيد والضعيف أو المرضي وغير المرضي صدق التمييز في الاختبار.

*** الموثوقية**

Reliability

قدرة الاختبار ان يعطي نفس النتائج إذا ما أعيد استخدامه مرة أخرى وفق نفس الظروف والشروط.

*** الصدق Validity**

قدرة الاختبار على قياس ما يفترض قياسه وان يكون ذو علاقة بالأداء المستقبلي للوظيفة.

ويمكن للمنظمة ان تجري ما تراه مناسب من اختبارات وفق اعتبارات نشاطها ونوع الوظيفة المراد أشغالها، هكذا يمكن ان نجد اختبارات للنزاهة والعدالة وغيرها.

4- الفحص الطبي، وهنا يتم التركيز على سلامة المتقدم من الناحية البدنية وقابلية الاداء تحت ظروف مادية مختلفة. وقد تجري المنظمة اختبارات تتعلق بالجانب النفسي أو اختبارات تعاطي المخدرات والادمان على الكحول أو التدخين أو غيرها، وتتعلق مجمل هذه الجوانب بضرورة معرفة سلامة الشخص من الامراض الخطرة وقدرة الشخص على الاداء الجيد.

5- القرار النهائي بالقبول أو الرفض، وهنا يتم اتخاذ القرار النهائي استناداً إلى مجمل الفعاليات والأنشطة السابقة، فقد يتم التعاقد مع المرشح أو يتم رفضه لكون التقييم السابق بكافة المراحل لم يكن بالمستوى المطلوب. ومن الطبيعي أن تُسند الوظيفة إلى الشخص الذي جمع الأعلى عدد من النقاط طيلة المراحل السابقة.

6- التعيين، بعد أن يكون المرشح قد اجتاز المراحل السابقة بنجاح وحصل على تقييم ايجابي وأدى بأفضل الصيغ، يصار إلى اصدار أمر رسمي يعلن انضمام الشخص إلى كادر المنظمة باعتباره عضواً تحت التجربة لفترة معينة ليصار إلى تثبيته في الوظيفة إذا كان أداءه مرضياً بعد ذلك.

* المكافآت Compensations

المكافآت ضرورية ومهمة لكافة العاملين في المنظمة، ومن الضروري ان تعي ادارة المشروع الصغير أهمية المكافآت في جذب والاحتفاظ وتحفيز العاملين الجيدين والمؤهلين والمبدعين. ان المنظمات الصغيرة يمكن أن تقدم للعاملين مزيد من المحفزات غير المالية والتي لا تكلف كثيراً لكنها ذات أثر ايجابي كبير على دفع العاملين لمزيد من العطاء والانجاز.

- **المكافآت المباشرة Direct Compensations**

تشكل المكافآت المباشرة جوهر نظام التعويضات التي تدفع للعاملين بشكل رواتب (Salary) أو أجور (Wages). وتتكون من المكافآت الاساسية (Base Compensations) وهذه تتمثل بالرواتب والاجور التي تدفع للعاملين جراء تحملهم مسؤولياتهم والتزامهم بضوابط العمل الصحيح.

*** المكافآت الاساسية**
Base Compensations
الرواتب والاجور المدفوعة للافراد جراء تحملهم مسؤولياتهم والتزامهم بضوابط العمل الصحيح.

ان الجانب المالي هو الغالب والسائد في المكافآت المدفوعة والتي قد تكون بشكل راتب شهري أو سنوي أو أجور تدفع وفقاً لساعات العمل المعتمدة يومياً أو أسبوعياً.

ومن المفترض ان يحقق نظام المكافآت المباشرة الاهداف التالية:-

- جذب قوة عمل ماهرة.
- دفع العاملين إلى مزيد من الانجاز والتحسين المستمر للاداء.
- الاحتفاظ بالموارد البشرية الجيدة في المنظمة.

ان نظام المكافآت الجيدة والذي يستطيع تحقيق وانجاز أهدافه يتسم بالخصائص الضرورية التي منها

1- الكفاية، بمعنى ان يتكافىء الراتب والأجر مع الجهد المبذول والنتائج المتحققة في الاداء.

2- المساواة، ان يتسم نظام المكافآت بالعدالة والمساواة للافراد بنفس التأهيل والقدرات والمهارات.

3- التحفيز، يدفع النظام باتجاه العمل والانتاج الافضل.

4- القبول للنظام من جانب العاملين وان يشعرهم بالامان والضمان وسد الاحتياج.

5- ان يكون بحدود قدرة المنظمة المالية والامكانات الاخرى.

- **المنافع الثانوية Fringe Benefits**

تهتم أغلب المنظمات اليوم بالمنافع الثانوية، وهي توليفة التعويضات غير النقدية التي يحصل عليه العاملون في المنظمة، وتهدف التعويضات غير المباشرة تزويد العاملين بوسائل الحماية المرتبطة بمشاكل الصحة والسلامة المهنية والحوادث واصابات العمل مثلاً (**الهيتي**: 2003: 177).

وفي العادة تقدم المنظمات مجموعة من المنافع بشكل حزمة (benefits package) وهذه تمثل مجمل المنافع غير النقدية التي يستفيد منها العاملون بطرق مختلفة. وفي أحيان معينة توجد برامج اختيارية يسمح بموجبها للعاملين باختيار منافع معينة من بين مجموعة كبيرة من المنافع المعروضة من قبل المنظمة، ويطلق على هذه العملية اسم "منافع الكافتيريا" أو المنافع المرنة (Cafeteria Benefits). كما توجد أيضاً المنافع الصديقة للعائلة (Family-Friendly Benefits) مثل الرحالات العائلية والرعاية للأولاد الصغار وجدولة العمل المرنة وخيار العمل الجزئي، ويطلق عليها أحياناً الموازنة بين العمل والحياة (work – life Balance). ان أنظمة المكافآت ترتبط بتقييم الوظائف والاداء فيها، لذلك يتطلب الامر أن يكون هذا التقييم دقيق وصحيح. ويوجد العديد من الاساليب الكمية وغير الكمية التي تستخدم في عمليات التقييم. ومن الطرق والاساليب المعروفة والشائعة في منح المكافآت هي استخدام معايير تقييم نذكر منها

- الاداء.
- الجهد المبذول.
- الاقدمية في العمل.
- المهارات والمعارف والاعداد والتأهيل.
- الصعوبات المرافقة للعمل واثنائه.
- الوقت الاستنسابي اللازم خاصة في الاعمال التي لا ترتبط بوقت محدد كما هو الحال في الاستشارات القانونية والادارية.

ان مجمل المكافآت تعزز الانتماء وتحرك روح الانتماء وزيادة مستويات الولاء.

*** المنافع الثانوية**
Fringe Benefits
توليفة التعويضات غير النقدية التي يحصل عليها العاملون في المنظمة.

*** حزمة المنافع**
benefits package
تشكيلة من منافع غير نقدية يحصل عليها العاملون في المنظمة.

*** المنافع الصديقة للعائلة**
Family-Friendly Benefits
منافع تساعد العامل على الموازنة بين حياته العائلية والعملية.

* التدريب والتطوير وتقييم الاداء Training Development and performance Appraisal

ان تطور المنظمة يرتبط بقدرتها على ايجاد موارد بشرية مؤهلة وان التدريب والتطوير يساهم بفاعلية في ذلك. كما ان مخرجات عملية تقييم الاداء يمكن اعتمادها في العديد من جوانب العمل من أهمها وضع البرامج التدريبية والتطويرية المناسبة.

- **التدريب Training**

التدريب يمثل استخدام خبرات دالة لتغيير المعارف والمهارات والسلوكيات نحو الافضل لدى العاملين. ان التدريب يعتمد ركيزتين الاولى ترتبط بتوجهات العاملين وتحدد قدرة العاملين الجدد على التأقلم مع الوظائف وزملاء العمل وسياسات المنظمة وتوجهاتها. أما الركزية الثانية فهي التطبع الاجتماعي (Socialization) والتي تمثل عملية التأثير بتوقعات العاملين الجدد وسلوكهم كجهود منهجية لتحسين الاداء من خلال زيادة المعارف والمهارات المكتسبة لدى العاملين.

والتدريب يُعتبر أمراً طبيعياً بحكم التطور والتغيير الحاصل في بيئة المنظمة الخارجية والداخلية. هكذا تضع المنظمات برامج تدريب متنوعة وتنفق عليها وتتوقع أن يساهم هذا الانفاق في زيادة العوائد وتحسين طرق العمل.

*** التدريب Training**

استخدام خبرات دالة لتغيير المهارات والمعارف والسلوكيات نحو الافضل لدى العاملين.

*** توجهات العاملين**

Employee orientation

تأقلم العاملين الجدد مع الوظائف وزملاء العمل وسياسات المنظمة.

*** التطبع الاجتماعي**

Socialization

عملية التأثير بتوقعات العاملين الجدد وسلوكياتهم وتصرفاتهم وفق رغبة المنظمة.

ان القدرات التنافسية وزيادة الاداء على المستوى الفردي والجماعي ترتبط هي الاخرى بمدى الاهتمام بعمليات التدريب في المنظمة. ومن الضروري اختيار البرامج التدريبية بعناية سواء من ناحية المحتوى أو المضمون وكذلك في طبيعة علاقتها القوية بأهداف المنظمة وتوجهاتها وطبيعة المشاركين في هذه البرامج. كما أن اختيار المدربين وأماكن التدريب هو الاخر يؤثر على نجاح تلك البرامج التدريبية.

ويمثل التعلم (learning) الاطار الاوسع لعمليات التدريب في المنظمة، ذلك لكون التدريب يأخذ بنظر الاعتبار الرغبة في التعلم، والقدرة على التعلم وان تكون مادة التعلم هادفة بالاضافة إلى ضرورة مكافئة السلوك الجديد الناتج من عملية التدريب وان تكون هذه المكافئة مرتبط باشباع الحاجات للمتدرب (**Ivancevich**: 1995: 425). ان المنظمات وهي تنفق مبالغ كبيرة على عمليات التدريب تتوقع الفوائد التالية:-

- ازدياد القدرات التنافسية من خلال تحسين مستمر بالاداء.
- نتائج ايجابية للفرد العامل تنعكس ايجابياً على المنظمة أيضاً، مثل مواكبة تطور المعارف والتطبيقات وتحسين السلوك وتعزيز الولاء.
- الارتقاء بعملية بناء ثقافة تنظيمية من خلال تنميط العادات وتعزيز القيم الايجابية.
- معالجة جوانب ضعف الاداء في مختلف المجالات.

- المساهمة في تكوين وتشكيل القيادات الادارية الجيدة.

وبشكل عام يلاحظ اعتماد المنظمات واحد من اسلوبين للتدريب أو كلاهما معاً.

1- التدريب في مكان العمل on-Job Training

وهنا يتدرب العامل أثناء قيامه بأداء العمل، حيث يمثل المشرفين الموّجه لعملية التدريب. ان التدوير بالوظائف يمثل مدخل مناسب لهذا النوع من التدريب وزيادة قابليات ومهارات المتدربين. ويمكن ان يتم التدريب بإشراف خبراء متخصصين (Coaching) يقدمون النصح والارشاد التدريبي للعاملين في مكان العمل وأثناء تأدية المهام. ويمكن اعتماد النمذجة (Modeling) في اطار التدريب السلوكي للعاملين أو محاكاة القدوة في سلوكه.

2- التدريب خارج مكان العمل off-Job Training

في هذا النمط من التدريب يتم تدريب العاملين خارج مكان العمل، فقد يكون بشكل دورات تدريبية للعاملين في مراكز تدريب متخصصة أو غيرها. وهو النمط الشائع في تطوير الادارة والاداريين وتنمية معارفهم ومهاراتهم في مختلف الجوانب وخاصة التنظيمية والادارية.

- **التطوير Development**

يعني التطوير اجراء تحسين في المهارات والمعارف والسلوكيات للعاملين لكي يكونوا أكثر استعداد لاداء أفضل بمهام جديد انيطت بهم أو سوف تناط بهم مستقبلاً. هنا فأن التطوير يمثل حالة تعلم عامة لأي من المستويات الادارية المختلفة وزيادة المعارف والمهارات في أداء تلك المهام الادارية. والتطوير يفترض ان يأتي ضمن برامج معدة بعناية لتشمل مدى زمني بعيد ومنسجم مع التوجهات الاستراتيجية للمنظمة، قياساً للتدريب وبرامجة الاكثر محدودية. ويمكن ملاحظة كون التطوير ينصب أساساً على المستويات الادارية العليا والقيادات في المنظمة، في حين يكون التدريب موجه بنقل مهارات يغلب عليها أن تكون مهارات يدوية حركية وتوجيه المتدربين لاتقان تلك المهارات إلى مستوى أداء مقبول (**الهيتي**: 2003 : 223).

وتتوقع المنظمة ان تكون جهود التطوير وتنمية العاملين جهود مستمرة ترتقي بها وتنعكس بفوائد وايجابيات عليها وعلى العاملين والمجتمع بشكل عام.

*** التدريب في مكان العمل**
on-Job Training
نمط بموجبه يتدرب العامل أثناء قيامه بأداء عمله.

*** النمذجة أو محاكاة النموذج**
Modeling
تدريب سلوكي للعاملين من خلال محاكاة القدوة أو عامل ذو سلوك نموذجي.

*** التدريب خارج مكان العمل**
Off-Job Training
نمط بموجبه يتدرب العامل خارج مكان العمل، قد يكون بشكل دورات تدريبية في مراكز متخصصة بالتدريب وهو النمط المعتاد لتدريب الاداريين.

*** التطوير الاداري**
Management Development
عمليات مستمرة يجري من خلالها تحسين بمستوى المعارف والمهارات والسلوكيات الادارية للعاملين في مختلف المستويات الادارية.

* تقييم الاداء

Performance Appraisal

العملية المستمرة لقياس وتقدير وتقويم الاداء وادارة السلوك والنتائج في المنظمة.

- **تقييم الاداء Performance Appraisal**

ان عملية قياس وتقييم الاداء من العمليات والممارسات الادارية المهمة التي تقوم بها الادارة، وان هذه العملية اذا ما تكاملت فانها تشمل

- القياس Measurement، أي قياس الاداء المتحقق ومقارنته بالمعايير الموضوعة مسبقاً.
- التقدير Assessment، بمعنى تحديد مستوى الاداء المتحقق عند مقارنته بالمعايير هل هو أداء جيد وسط أو ضعيف، هنا تمثل هذه القيمة عملية حكم وتقييم.
- التقويم Evaluation، وهنا يتم تعزيز جوانب القوة ومعالجة جوانب الضعف في الاداء.

هكذا فان عملية تقييم الاداء تعني ضمناً القياس والتقدير والتقويم لكي تكون هذه الممارسة الادارية متكاملة وتعطي النتائج المرجوة منها. ان ادارة الاداء performance Management تمثل الممارسة الادارية المركزة والمهتمة بالاداء على مختلف الاصعدة الفنية والانسانية وفي مختلف مستويات العمل ولمجمل أنشطة المنظمة. وقد تزامن استخدام مفهوم ادارة الاداء مع مفاهيم ادارة الجودة الشاملة (TQM) والتي بموجبها اعتبر الاداء من بين عناصر عديدة يمكن استخدامها للارتقاء بالجودة. ان ادارة الجودة الشاملة تؤطر لاعتبار النوعية ليس موضوعاً فنياً، بل يرتبط بمجمل الممارسات والجوانب الفنية وبالتالي يهم الجميع دون استثناء لأحد من العاملين في المنظمة.

- **أهداف عملية تقييم الاداء performance Appraisal objectives**

باعتبارها من الانشطة المهمة لادارة الموارد البشرية، تمثل عملية تقييم الاداء ممارسات مستمرة منهجية ومنظمة على أسس علمية دقيقة وسليمة. وهذه العملية تهدف تحقيق غايات مهمة على مستوى الفرد والادارة والمنظمة ككل (**عساف:** 1988: 72)، (**Ivancevich** :1995 :256).

فعلى **المستوى الفردي**، يمكن لعملية تقييم الأداء أن تحقق الآتي:

- الشعور بالعدالة من قبل العامل، باعتبار ان جهوده المبذولة ثم تقييمها ومكافئتها بشكل عادل وصحيح. ان هذا الامر يولد مزيد من الشعور بالمسؤولية.
- رفع الروح المعنوية للعاملين وزيادة الاندماج بالعمل.
- اعتماد التقييم اساس لعملية رقابية على أداء العامل وفق أدوات وأسس واضحة ومتفق عليها.

أما على **مستوى الادارة**، وهنا نعني المديرين فانها أي عملية تقييم الاداء تساهم في:-

- تدفع المدير إلى تنمية مهاراته وقدراته في مجال تقييم الاداء واعتماد معايير موضوعية دقيقة أو ذاتية بناءً على الخبرة والمهارة والتجربة المكتسبة من الممارسات الطويلة.
- تطوير العلاقة بين المديرين والعاملين ومنع التحيز والمحاباة التي لا تقوم على اسس ترتبط بكفاءة الاداء.
- الشعور بالراحة والاطمئنان لكون التقييم يجري وفق معايير وأسس سليمة لا تثير حفيظة العاملين.

وفي **المستوى المنظمي**، فان عملية تقييم الاداء تساهم في:-

- تعزيز المناخ الايجابي داخل المنظمة من خلال الثقة والتعامل الاخلاقي.
- الارتقاء بمستوى أداء العاملين وتعزيز التقدم والتطور في المنظمة.
- امكانية تقييم برامج وسياسات ادارة الموارد البشرية المعتمدة من خلال نتائج تقييم الاداء هذا على مستوى الفرد والمجموعات والاقسام والمنظمة ككل.

ان عملية تقييم الاداء تجري في المنظمات بشكل مستمر وان نتائج هذه العملية تخدم غرضين اساسيين هما:-

* غرض تطويري، وفيه تكون أهداف نتائج عملية تقييم الاداء عديدة منها:

- تغذية عكسية عن الاداء.
- توجه مستقبلي للاداء.
- تشخيص الاحتياجات التدريبية والتطويرية.

* غرض تقييمي أو تثمين لهذه النتائج، وهنا فانها تفيد في العديد من الجوانب منها على سبيل المثال

- اتخاذ قرارات المكافآت.
- قرارات استقطاب وتعيين العاملين.
- تقييم نظام اختيار العاملين.

ومن الضروري الاشارة إلى ان عمليات تقييم الاداء يجب ان تراعي الدقة والصحة والموضوعية في المعايير المعتمدة وان تتسم هذه المعايير بالمصداقية والموثوقية وأن تكون الاساليب والادوات والاجراءات شفافة وواضحة وتتسم بالبساطة.

- طرق تقييم الاداء performance Appraisal Methods

توجد العديد من الطرق لتقييم الاداء بعضها معروفة وتقليدية وشائعة في الاستخدام، والبعض الاخر طرق أكثر حداثة وتطور. ويمكن أن تكون بعض طرق تقييم أداء العاملين ذات خصوصية وتستخدمها المنظمة بتفرد لكونها طوّرتها وهي خاصة بها دون غيرها من المنظمات الاخرى. ويمكن ان نذكر أهم هذه الطرق كالآتي (**العامري والغالبي**: 2008 : 663):-

- طريقة معايير العمل، وهذه معايير محددة مسبقاً يقاس من خلالها أداء العاملين.
- طريقة المقالات، يتم بموجبها كتابة مقال أو تقرير تفصيلي أو جزئي لتقييم اداء العاملين.
- طريقة السلم البياني للتقييم، وهنا تستخدم قائمة للسمات والخصائص على أساسها يقيم الاداء بشكل متدرج وعلى سلم بياني يتم اعتماده من قبل المشرف أو المدير القائم بعملية التقييم لاداء العاملين.
- المقارنة الزوجية، حيث يتم بموجبها مقارنة عاملين مع بعض وهكذا.
- المراجعة الميدانية، هنا تجري ملاحظات ميدانية أثناء قيام العامل بالعمل وتسجل لمعرفة تكرار سلوكيات وانماط العمل وارتباطها بالأداء.
- طريقة التقدير النسبي، حيث يتم اعطاء تقديرات نسبية وليس بشكل أرقام مطلقة كحقائق حول الاداء.
- الادارة بالاهداف، يتم تقييم أداء العامل مع خلال مؤشرات انجاز الاهداف التي تم الاتفاق عليها في اطار زمن محدد.
- الملاحظات السلوكية، كتابة ملاحظات حول سلوكيات العامل أثناء العمل ومحاولة ربط بعض جوانب السلوك بالأداء.
- قوائم السلوك المتدرج، هنا يقدر المشرف أو المدير القائم بالقياس درجة امتلاك الفرد العامل لصفات معينة، مثل الكفاءة والانتاجية، الحماس مثلاً.

ويجب ان نشير هنا أن منظمات الاعمال الصغيرة يفترض ان تعتمد ما تراه مناسب لها من بين تلك الطرق، بحيث تعطي أفضل نتائج ايجابية لها. كما ان على المدير القائم بالتقييم الابتعاد عن الاخطاء الشائعة والمشاكل العديدة التي ترافق عملية تقييم أداء العاملين والتي منها (**الهيتي:** 2003: 213)، (**العامري والغالبي:** 2008: 663):-

- التحيز (Bias)، لا يفترض ان يكون المقيم متحيزاً، فالخبرة السابقة والحيادية ضرورية للنجاح والابتعاد عن جوانب عدم العدالة.
- التساهل (leniency)، ان ميل المقوم إلى التساهل في عمليات التقييم تجعلها غير فعالة وليست بذات جدوى وتفقد مبررات وجودها.
- تأثير الهالة (Hallo Effect)، تأثر المدير الذي يقوم بالتقييم بصفة، أو بعض الصفات أو الخصائص سلباً أو ايجاباً لدى الفرد العامل مما يفقد عملية التقييم العدالة والدقة والحيادية.
- الوسطية في التقييم (Central tendency) ، هنا تكون التقديرات وسط لجميع العاملين وبالتالي فقدان الخصائص المميزة لدى البعض من العاملين رغم أهميتها لتطوير العمل والارتقاء بالأداء.
- التأثر بالاحداث القريبة سلبية كانت أم ايجابية واهمال بقية الأداء خلال الفترة التي تم تقييمها.
- التشدد (Strictness)، هنا يتشدد المدير أو المشرف بإعطاء تقييم جيد مما يولد احباط حتى لدى العاملين الجيدين لشعور بالعجز للوصول إلى تقييم مرضي.

بالاضافة إلى هذه الاشكالات والاخطاء في التقييم المرتبطة بالجوانب الشخصية للمقوم، توجد أيضاً مجموعة مشاكل موضوعية ترتبط بعدم وضوح أهداف عملية التقييم وسياساته، وعدم اختيار المواعيد والتوقيتات الصحيحة والملائمة للقيام باجراء عملية التقويم، وكذلك سوء اختيار المعايير لهذه العملية.

- **معايير تقييم الاداء Standards of performance Appraisal**

عديدة هي العناصر والمعايير تمثل جوهر الاداء، ولكون الانشطة مختلفة ومتنوعة في المنظمة تتعدد أساليب وأدوات وعناصر القياس لأدائها. هكذا فأن المعايير تضم حزمة متكاملة من المؤثرات الفردية والجماعية وعلى مستوى الادارات والمنظمة ككل. وفي الغالب يتم مراقبة ومراجعة العديد من العناصر والمعايير لمعرفة تطور أداء العاملين فيها مثل:-

- الانتاجية (productivity)، علاقة المخرجات بالمدخلات التي ولدت هذه المخرجات.
- الجودة (Quality)، دقة وسرعة ومهنية انجاز العمل وفق الخصائص والمعايير والمواصفات النوعية المحددة له. ويحاول العاملون توفير متطلبات جودة ترضي حاجات الزبائن وتتجاوزها ايجاباً.
- حل المشاكل (problem solving)، هل تتوفر لدى العامل قدرة مناسبة وتتطور للتعامل مع المشاكل وايجاد حلول ابداعية لها.
- الاتصال (Communication)، قدرة التواصل مع الاخرين بفاعلية، بث واستلام وايصال المعلومات.
- المبادرة (Initiative)، البديهة والمبادرة للتعامل مع الفرص والحالات وتشخيصها بشكل صحيح لتحسين وضع المنظمة.
- الاعتمادية (Dependability)، الاستجابة والوعي بمحتوى الوظيفة والعمل ودقة أداء المهام الموكلة للموظف.
- الحكم الشخصي السليم (Judgment)، القدرة على الحكم على المواقف بحسن تقدير، واصدار الحكم بما يناسب الفعل والموقف.
- التعاون وفرق العمل (Teamwork and cooperation) ، ويعبر عنه بمدى التعاون مع زملاء العمل وامكانية المشاركة الفعالة في فرق العمل والمجموعات.
- مهارات التخطيط والتنظيم (planning and organizing skills)، وهي عبارة عن القدرات المتعلقة بوضع الخطط وصياغة وتحديد الاهداف وكذلك جدولة العمل وتوزيع المهام وادامة نظم العمل في المنظمة.
- المبيعات (Sales) النجاح المتعلق بزيادة المبيعات من منتجات المنظمة.
- خدمة الزبائن (Customers service) القابلية على التفاعل والاتصال مع المستهلكين والزبائن وحل مشاكلهم وتقديم خدمات ترضي تطلعاتهم.
- القابلية على توليد أفكار جديدة ابداعية (Creativity) ، مدى قدرة العامل على ان يأتي بأفكار جديدة وحلول ومقترحات للتطوير عملية.

- الادارة المالية (Financial Management) القدرة على التعامل مع الجوانب المحاسبية والمالية والرقابة على معطيات التكاليف وكذلك مهارات التخطيط المالي.
- القيادة (leadership)، امكانية القيام بدور فاعل في التفاعل والتأثير الايجابي بالآخرين ولعب دوري قيادي في العمل.
- قابليات التعلم (learning)، والاستفادة من مجالات التدريب والتطوير في مختلف المواقف والحالات.

ادارة الخطر والتأمين Managing Risk and Insurance

تتعرض المنظمات الصغيرة للعديد من الاخطار التي يفترض ان تتعامل معها وتديرها بعلمية ومنهجية ووضوح لكي تستمر المنظمة ولا تتعرض إلى نكسات تؤدي بها إلى الخروج من الاسواق والتوقف عن ممارسة النشاط.

والخطر (Risk) ظروف ومواقف يكون فيها امكانية لحصول انحرافات غير ملاءمة عن المتحصلات المستهدفة والمرغوبة (Vaughan and Vaughan: 2003: 5). والخطر يترجم في المنظمة الى امكانية حصول خسائر ترتبط بالاصول أو فقدان الايرادات المحتملة. والاصول هنا لا تعني فقط المخزون أو التجهيزات والمعدات لكن تشمل أيضاً عناصر أخرى مثل العاملين الجيدين والمتميزين والسمعة والشهرة. ان الخطر في منظمات الاعمال يمكن أن يوضع في اطار مجموعتين:-

(1) خطر مرتبط بالسوق (Market Risk)، وهذه مجمل المخاطر المرتبطة بعدم التأكد في قرارات الاستثمار والعمل. فعندما يتم قيام مشروع صغير، هناك مخاطر ترتبط بعدم امكانية النجاح وتسويق المنتجات، وتبقى قائمة لنرى امكانية الارباح والخسائر في حسابات النتيجة نهاية الفترة.

(2) مخاطر صرفه أو خالصة (Pure Risk)، وهذه تصف الحالات والمواقف التي ترتبط بحصول خسارة أو لا تحصل هذه الخسارة. ان هذه المخاطر هي التي يتم تغطيتها بالتأمين.

في هذه الفقرة بعد استعراض المفاهيم الاساسية وأهمية ادارة الخطر والتأمين سيتم التعرض إلى فقرات مهمة في مجال ادارة الخطر والتأمين للمنظمات الصغيرة.

*** الخطر Risk**

ظروف ومواقف يمكن ان يحصل فيها انحرافات غير ملاءمة عن المتحصلات المستهدفة والمرغوبة.

*** خطر السوق**

Market Risk

عدم التأكد المرتبطة بقرارات الاستثمار والعمل في المنظمة.

*** خطر صرف**

pure Risk

عدم تأكد مرتبطة بمواقف يحصل فيها خسارة أو لا تحصل.

* المفاهيم الاساسية وأهمية الادارة

Basic Concepts and Importance of Risk and Insurance Management

* **المفاهيم الاساسية Basic Concepts**

ان كون الاعمال الصغيرة معرضة للعديد من المخاطر مثل الحريق والسرقة والاحوال الجوية والافلاس بالاضافة إلى خطر تعرض العاملين فيها للوفاة والعوق وغيرها، يتطلب الامر من ادارتها التعامل مع هذه المخاطر بأساليب تمكن المنظمة من تجاوزها وتقليل أثارها السلبية. هكذا يجب تعزيز جوانب ادارة الخطر (Risk Management) في المنظمة من مختلف الاتجاهات والمستويات. ان تقليص حجم الخسارة ومساعدة المشروع الصغير على تجاوز الهزات المالية العنيفة ضرورية في هذه المواقف لكي يستعيد توازنه ووضعه الطبيعي بعد ذلك. حيث ان الخسائر المحتملة في الموجودات والثروة والدخل نتيجة حصول حادث معين يمكن التعامل معها بطرق عديدة من أهمها نقل هذ الخسائر إلى طرف أخر من خلال التأمين.

والتأمين (Insurance) هو احتياط وتزويد من قبل منظمة أخرى (شركة التأمين) بالموافقة لتعويض المشروع الصغير (المؤمن له) عن الخسائر أو جزء منها مقابل تسديد لاقساط التأمين.

*** ادارة الخطر**

Risk Management

مجمل الطرق والاساليب للتعامل مع الخطر والمواجهة لصون وحماية الموجودات والقوة الايرادية للمنظمة.

*** التأمين Insurance**

تحويل الخطر الذي يتعرض له المشروع الصغير (المؤمن له) إلى طرف أخر (شركة التأمين) مقابل دفع اقساط التامين لها من قبل الطرف الاول.

لذلك فان المنظمات الصغيرة تحاول ان تطور اساليبها وآليات عملها سواء من خلال تعزيز جوانب استيعاب وفهم التعامل مع حالات الخطر المختلفة أو من خلال تقوية العلاقة مع شركات التأمين لابرام عقود تأمينية مفيدة.

* **أهمية ادارة الخطر والتأمين Importance of Risk and Insurance Management**

ان نشاط ادارة الخطر والتأمين من الانشطة المهمة لمنظمات الاعمال الصغيرة. وتظهر أهمية هذه الادارة من خلال المهام والادوار التي تقوم بها ونذكر منها.

(1) تعزيز قدرة المنظمة الصغيرة للتعامل مع الاحداث الطارئة والمفاجئة والتي يحتمل لها أن توقف المنظمة عن الاستمرار اذا لم يُستعد لها باجراءات مناسبة.

(2) حماية ممتلكات المنظمة الصغيرة الملموسة منها وغير الملموسة من خلال اجراءات عديدة من بينها نقل جانب من الخسائر أو جميعها لطرف أخر وهو شركة التأمين التي لديها قدرة أكبر على تحمل مثل هذه الخسائر وفي اطار حسابات موضوعية دقيقة.

(3) مساعدة ادارة المنظمة الصغيرة على الاطمئنان من خلال التخطيط السليم للتعامل مع الخطر، وعدم تجميد أحوال كبيرة لمواجهة هذا الخطر الاحتمالي.

(4) الارتقاء بمستويات الثقة والاستفادة الكاملة من العلاقات الايجابية مع المؤسسات الاخرى المعنية بشؤون الحماية والتأمين.

(5) تحسين القابليات الادارية والتنظيمية المرتبطة بحالات التعامل مع الازمات والطوارىء والمفاجئات. كذلك المساهمة في اجراء بحوث ودراسات مفيدة يمكن تقديمها لمختلف الجهات المعنية.

(6) تأمين جانب الالتزام بالقوانين والاجراءات الحكومية وغير الحكومية المعنية بتأصيل وتطوير العلاقة بين مختلف أصحاب المصالح وخاصة العاملين والمالكين.

* أنواع الخطر وأساليب التعامل معه Types of Risk and Methods Dealing with it

توجد أنواع عديدة من الاخطار التي تواجه منظمات الاعمال الصغيرة وفي اطار هذه الانواع تتعدد أساليب مواجهة هذه الاخطار.

- **أنواع الخطر Types of Risk**

يمكن ان يقسم الخطر الذي يواجه الاعمال ويتعرض له الفرد أيضاً إلى ثلاثة أنواع كالآتي (**النجار والعلي**: 2006: 274)، (**longenecker et al**: 2006: 420 – 424):-

- الاخطار الشخصية personal Risks

وهذه تمثل مجمل الاخطار التي تصيب الشخص بشكل مباشر وتؤثر عليه في حياته أو صحته أو سلامته في أعضائه. ان حوادث مثل الوفاة أو ترك العمل والشيخوخة كلها أخطار من هذا النوع. أن هذه الاخطار لها تأثير غير مباشر على المنظمة وهو تأثير يكون كبير في حالات معينة، مثل وفاة شخص مهم جداً في العمل الصغير. ان انقطاع الافراد عن العمل لأي سبب كان مثل الوفاة أو الصحة غير الجيدة أو احتمالية الحصول على تقاعد غير كافي عند نهاية العمل كلها تؤثر على المنظمة وتمثل مخاطر يجب التعامل معها.

- أخطار الممتلكات Property Risks

وهذه أخطار تصيب الممتلكات الخاصة بالعمل الصغير الملموسة منها وغير الملموسة، ويقع في اطار هذه المجموعة خطر الحريق والسرقة والكوارث وغيرها.

ان الممتلكات يمكن ان تكون ممتلكات حقيقية (Real property) وهذه تمثل الاراضي وما يرتبط بها من مكونات مادية مثل البنايات، وهناك الممتلكات الشخصية (personal property) وهي أي ممتلكات أخرى غير الممتلكات الحقيقية مثل المكائن والمعدات والاثاث والمخزون والسيارات وغيرها. واذا كان الموقع والمكان بالنسبة

*** أخطار شخصية**
Personal Risks
أخطار تؤثر بشكل مباشر على الافراد العاملين، ولكن لها تأثير غير مباشر على المنظمة.

*** ممتلكات حقيقية**
Real property
الاراضي وما يرتبط بها من وجود مادي مثل المباني.

*** ممتلكات شخصية**
personal property
جميع الممتلكات الاخرى غير الحقيقية وتشمل المكائن والمعدات والاثاث والمخزون والسيارات وغيرها.

للممتلكات الحقيقية ثابت، فأن الممتلكات الشخصية يمكن ان تتحرك من مكان لاخر.
ان الممتلكات يمكن ان تُقيّم بطرق عديدة منها القيمة السوقية أو قيمة الاستبدال والتعويض بدلاً عن هذه الممتلكات بأخرى مماثلة في السعر السائد اليوم. ومن الضروري معرفة الاسباب التي تؤدي إلى الخسارة سواء كانت ناتجة عن أسباب طبيعية أو أسباب ترتبط بأفعال الانسان (Peril)، والتي تؤدي إلى خسائر مباشرة (Direct loss) أو تؤدي إلى خسائر غير مباشرة (indirect loss). ففي الخسائر المباشرة يحصل تلف مادي في الممتلكات يقلل من قيمتها بالنسبة للمالك وهنا يمثل المنظمة الصغيرة، أما الخسارة غير المباشرة فهذه تعود إلى عدم القدرة والقابلية على مواصلة العمليات بشكل طبيعي، وهذا ناتج عن خسارة مباشرة للممتلكات. ان الخسارة المباشرة قد تكون نتيجة تعرض الممتلكات للحريق أو الانفجار أو العواصف أو غيرها، أما الخسائر غير المباشرة فيمكن أن تتمثل بأساليب وطرق عديدة، مثلاً يعتبر تعطل وتلف سيارة الشحن بحادث معين سبباً لخسارة زبائن لم تصلهم البضاعة لهذا السبب.

*** يخاطر Peril**

أسباب الخسارة، سواء كانت مرتبطة باحداث طبيعية أو بفعل الانسان.

*** خسارة مباشرة**

Direct loss

خسارة ترتبط بحصول تلف مادي في الممتلكات يقلل قيمتها بالنسبة للمنظمة المالكة لها.

*** خسارة غير مباشرة**

Indirect loss

خسارة تظهر لعدم القدرة على مواصلة العمليات بشكل اعتيادي بسبب خسارة مباشرة في الممتلكات.

- أخطار المسؤولية Liability Risks

أن أهم الاخطار التي تواجه الاعمال اليوم هي أخطار مرتبطة بالمسؤولية القانونية المرتبطة بالعديد من الفعاليات والانشطة التي تمارسها الاعمال. ان حماية حقوق الانسان وحريته مرتبطة بقوانين تصدر أو صدرت وموجودة في أغلب دول العالم. فاذا ما خرقت المنظمة أو أي من يمثلها هذه الحقوق المحمية فأنها تكون مسؤولة عن الخسارة الناتجة للطرف المتضرر من أفعالها.

ان المسؤولية القانونية تنحدر من ثلاثة أطر للمسؤولية وهي:-

- المسؤولية التشريعية (Statutory liability) وهذه تكون بقوانين ملزمة للاعمال، مثل الاجور والمرتبات والارباح واسلوب توزيعها.
- المسؤولية التعاقدية (Contractual liability)، يمكن للمنظمة ان ترتبط بصيغ تعاقدية مع أطراف أخرى، مثل عقود البيع والتسليم أو اتفاقيات مع المجهزين وغيرهم وهذه تمثل مسؤولية للمنظمة يجب أن تحترمها وتلتزم بها. من الضروري فحص العقود لمعرفة درجة المخاطر التي تتحملها المنظمة في مختلف المواقف والظروف والاحوال.
- المسؤولية عن الضرر (Tort liability) سواء كان هذا الضرر مقصود أو غير مقصود. تتحمل المنظمة الصغيرة ناتج الافعال الجائرة أو الاهمال وعدم المبالاة والتي تسبب أذى او ضرر لاطراف أخرى. ويمكن لهذه الاطراف أن تتخذ الاجراءات القانونية المناسبة ضد من ارتكب هذا الضرر بهدف تعويض مالي تحصل عليه

يساوي قيمة الضرر الناتج عن الافعال. بعض الاضرار نفسية تحمل المنظمة مبالغ طائلة لذلك يجب حساب المخاطر بدقة وبشكل صحيح.

ويمكن ملاحظة وجود العديد من المسؤوليات عن الضرر يمكن ان تتحملها المنظمة ومنها (**Longenecker et al**: 2006: 423):-

1- المسؤولية التعاقدية.

2- المسؤولية المهنية.

3- مسؤولية العمل.

4- المسؤولية المرتبطة باستخدام وسائط النقل.

5- مسؤولية المنتج.

6- مسؤولية المديرين والموظفين.

> *** الاضرار Torts**
> الأفعال الجائرة أو الاهمال التي تسبب اذى أو ضرر لطرف آخر يمكن أن يتخذ اجراء قانوني ضد المرتكب لها لتعويض مالي للتلف.

- **طرق التعامل مع الخطر Methods for Dealing with Risk**

يفترض ان تأتي اساليب وطرق التعامل مع الاخطار ضمن برنامج شامل لادارة الخطر بكافة مراحله وعملياته واجراءاته، وان هذه المراحل والعمليات لادارة الخطر تبدأ أولاً بتحديد الاخطار (Identify Risks) وهذا يعني الأخذ بأهمية وعناية من قبل ادارة العمل الصغير للاخطار الاكثر احتمالية للحدوث وأسبابها. ومن الضروري استخدام نظام منهجي وعلمي لتوضيح طبيعة الاخطار وخاصة الاخطار الطبيعية منها والعمل على متابعة هذا الامر باستمرار. ومن المفيد ايجاد نوع من العلاقة بين طبيعة الخطر واسلوب التعامل معه، حيث سياسة التأمين وتحليل الكشوفات المالية والتشخيص الدقيق لمختلف أوجه عمليات المنظمة. وبعد تحديد الاخطار تأتي المرحلة الثانية وهي تقدير أو تقييم الاخطار (Evaluate Risks) وهنا تُقيَّم الاخطار من حيث حجمها المحتمل والخسارة المتوقعة واحتمالية حصولها. ويمكن ان توضع الاخطار في اطار هذا التقدير بثلاث مجموعات حرجة تصل فيها الخسارة إلى الافلاس والتوقف عن العمل، ومهمة بمعنى الخسارة تتطلب استثمارات اضافية في راس المال لكي تستمر العمليات، وغير مهمة بحيث يمكن تغطية الخسارة بسهولة من الدخل الحالي والاصول المتوفرة. أما المرحلة الثالثة فهي اختيار الطرق لادارة الأخطار (Select methods to manage risks) ويلاحظ هنا وجود مدخلين للتعامل مع الخطر، هما الرقابة على الخطر وتمويل الخطر.

ان **رقابة الخطر** (Risk Control) مصممة لتدنية الخسارة من خلال الوقاية والتجنب والتقليل. ففي اطار الوقاية من الخطر ومنع الخسارة (Loss Prevention) يتم التركيز على ايقاف الخسارة من الحدوث، هنا فأن وسائل الانذار المبكر واجراءات منع الحريق وغيرها مثال على ذلك. أما في اطار تجنب الخسارة loss avoidance فأنها تحصل من خلال عدم الاختيار والتعاطي بأنشطة بشكل عشوائي وبالصدفة. وأخيراً فان تقليل أو تخفيض الخسارة (Loss reduction)

> *** رقابة الخطر**
> **Risk Control**
> تدنية الخسارة المحتملة بواسطة الوقاية، والتجنب والتخفيض أو التقليل.

ترتبط بقدرة المنظمة على تقليل تكرار، وقساوة، وعدم امكانية التنبؤ بالخسارة، اذا ما حدثت على المنظمة.

وفيما يتعلق بمدخل **تمويل الخطر** (Risk Financing) ، فأنه يتعلق بتكوين الاموال مناسبة ومتاحة لتغطية الخسارة والتي لا يمكن انهائها أو إزالتها من خلال رقابة الخطر.

ويتضمن هذا المدخل على تحويل الخطر (Risk transfer) وتحمل الخطر (Risk retention). ففي اطار تحويل الخطر يتم التأمين لدى شركات التامين مقابل دفع مبلغ تأميني على شكل أقساط محددة، أو بواسطة اتفاقيات تعاقدية لتحويل الخطر إلى الاخرين. أما تحمل الخطر ففيه يتم تمويل الخسارة بوعي من خلال عوائد العمليات أو الايرادات المحتجزة.

ورغم أهمية هذا الاسلوب الاخير الا انه قد لا يصلح للاعمال الصغيرة بسبب عدم توفر الامكانات والمبالغ الكافية لهذا الامر (**العطية**: 2002: 158). وقد تنحى الاعمال في اطار هذا الاسلوب الى ما يدعى التأمين الذاتي (Self - insurance) وفيه يتم الاحتفاظ وحجز جزء من العوائد لمواجهة احتمالات حصول خسارة مستقبلية.

*** تمويل الخطر**

Risk Financing

تكوين أموال متاحة لتغطية الخسارة التي لا يمكن ازالتها من خلال رقابة الخطر.

*** تحويل الخطر**

Risk transfer

تحول المخاطر الى الاخرين من خلال التأمين أو اتفاقيات تعاقدية.

*** تحمل الخطر**

Risk retention

تمويل الخسارة بوعي وادراك من خلال عوائد العمليات والايرادات المحتجزة.

وبعد تحديد الطريقة والاسلوب الملائم للتعامل مع الخطر تأتي المرحلة الرابعة وهي وضع القرار موضع لتنفيذ فعال (Implement the Decision) حيث يتطلب الامر متابعة اجراءات التنفيذ مثل شراء وثائق التأمين، وضع قاعدة حجز أموال للتعامل مع الخطر، وهكذا. وأخيراً تأتي المرحلة الخامسة وتمثل تقييم ومراجعة للطرق والاساليب المعتمدة للتعامل مع الاخطار (Evaluate and Review) ، حيث ان تغير الظروف والاحوال كفيل بضرورة اجراء تغيير في هذه الاساليب والطرق. هنا يتم التأكد من سلامة الطرق والاساليب التي بموجبها يتعامل العمل الصغير مع الاخطار.

*** التأمين Insurance**

التأمين نشاط مهم لا يمكن تجاهله والاستغناء عنه في مختلف الظروف والاحوال. ورغم ان هذا الامر يحمل في طياته شراء شيء تتمنى ان لا تحتاج اليه مطلقاً، الا أنه يؤدي الى شعور بالامان والثقة، وتكون سعيداً من وجوده عندما تحتاج اليه. ان منظمات الاعمال الصغيرة يمكن لها ان تختار ما يناسبها من وثائق تأمين تجد أنها تغطي مخاطر حقيقية قد تؤدي إلى خسارة لا يمكن تحملها اذا ما وقعت. لذلك نجد الانواع التالية من التأمين (**Strauss**: 2005: 185).

- **تأمين الملكية والكوارث property and disaster Insurance**

يؤمن صاحب العمل مشروعه الصغير من وجوه عدة، هنا التأمين يحمي المشروع من التلف المادي أو الضياع أو السرقة أو الحريق. هكذا يمكن لادارة المنظمة الصغيرة ان تفكر في تأمين الاتي:-

- المباني والانشاءات.
- الاجهزة والمعدات.
- المواد الخام والمخزون.
- السيارات والشاحنات.
- الاثاث والتجهيزات.
- الاموال.
- أنظمة الرقابة والامان.
- أجهزة الحاسوب والطابعات والهاتف وغيرها.

- **تأمين الحوادث والأخطاء والاهمال Accidents Insurance**

وهذا أكثر وجوداً في المنظمات الخدمية وهو يوفر الحماية المناسبة اذا ما تعرض الزبون أو العميل لأي ضرر بسبب الاخطاء. ويلاحظ هذا الامر في المستشفيات وامكانية حصول اخطاء في العمل الطبي. كما يمكن ان يوجد في الصناعة والقطاعات الاخرى والتي قد تحصل فيها أضرار لأي طرف كان من قبل المنظمة الصغيرة.

- **التأمين ضد المسؤولية القانونية Legal Liablity Insurance**

وهذا من أهم انواع التأمين، وهو عبارة عن وثيقة يمكن ان تغطي أصابات الاطراف الاخرى نتيجة الاهمال المرتبطة بالعمل، ويمكن ان تدفع اتعاب الادعاء كذلك اذا ما تم محاكمة صاحب العمل الصغير بسبب الاضرار تتعلق بالوثيقة فانها تدفع أتعاب المحامي. ومن الطبيعي القول ان هذا النوع أصبح ضرورة تمليها طبيعة الحياة المعاصرة للاعمال لكثرة الاشكالات والخصومات في بيئة العمل الحالية.

- **تأمين السرقة والسطو Stolen and Robbery Insurance**

ان السرقة تتم في الغالب دون تهديد بالسلاح ودون استخدام القوة من قبل السارق، فقد يتم كسر الابواب لغرض سرقة الموجودات وغيرها. أما السطو فأنه يقع تحت التهديد بالسلاح مثل اقتحام البنوك أو المساكن وكسر النفوذ المؤدية إلى الممتلكات. ان التأمين على الممتلكات المهمة من السرقة والسطو يعطي المشروع الصغير وأصحابه الراحة والاطمئنان، مقابل مبلغ يدفع كأقساط للتأمين عليها ضد هذه الافعال. وان الهدف هو التعويض عن الخسارة المحتمل التعرض لها نتيجة هذه الاعمال المرتبطة بالسرقة والسطو.

- **تأمينات أخرى Others Insurance**

تطرح شركات التأمين العديد من أنواع التأمين التي يمكن للمنظمة الصغيرة اختيار ما يتناسب منها مع حاجاتها الفعلية لهذا التأمين. فيمكن ان يكون هناك تأمين صحي، وتأمين على صاحب المشروع أو بعض الاشخاص المهمين فيه، تأمين تعويض العاملين، تأمين ضد تعطل العمل، تأمين وسائل النقل المستخدمة من قبل المشروع الصغير، التأمين على الحياة وغيرها من التأمينات الاخرى.

حالة نقاشية (6)

بعد فترة عمل طويلة في القطاع العام لدى الدولة في المؤسسة العامة لتجارة المواد الغذائية اعتقد **رضوان** انه قادر على انشاء سوق متوسط الحجم لتجهيزات المواد الغذائية. وقد وجد موقع ملاءم لذلك في وسط المدينة التي يسكن فيها والتي يتراوح تعداد سكانها المليون ونصف المليون نسمة. ان جل خبرة رضوان متركزة في أنشطة البيع والتوزيع وكان يعتقد انها كافية للنجاح في عملهِ الصغير هذا. وفعلاً بدء في انشاء واقامة المتجر وتم ممارسة النشاط بعد ان وظف معهُ خمسة عمال أخرين. لقد تفاجىء رضوان بأنه بحاجة إلى مهارات معقولة ومناسبة في مجالات عديدة مثل الادارة والتعامل مع الاخرين والاتصال بهم، عمليات الشراء والتخزين لامداد السوق بما يحتاج اليه، الجوانب المرتبطة بقوانين التوظيف والعمالة، رؤية تسويقية متكاملة وصحيحة وليس مجرد عملية بيع بسيطة، جوانب الحسابات والتمويل وجوانب التأمين والتعامل مع مزيد من الأخطار المحتملة الوقوع لعمله الجديد.

لقد وجد أن الوقت غير متاح لدراسة هذه الجوانب بكاملها لغرض الاستفادة منها في الممارسات العملية لمشروعة. هكذا قرر توظيف شخص يمتلك معرفة وخبرة كافية في هذه الجوانب يساعده في القيام بها. وتم تعيين **ياسر** في هذا الموقع كمساعد **لرضوان** (المدير) للسوق التجاري هذا. لقد طلب من مساعده **ياسر** ان يكتب خلاصات مركزه عن جوانب ادارة عمل صغير تجاري وكيفية حصوله على مهارات فيها. فاذا كنت مكان **ياسر** كيف تعمل وتكتب هذه الخلاصات ليستفيد منها مديرك وبأختصار في المجالات التالية:-

(1) مفاتيح النجاح في الممارسة الادارية لمشروع تجاري صغير.

(2) أين تكمن عمليات الانتاج لهذا العمل؟

(3) اشتراطات حسن ادارة عمليات الشراء والتخزين (الامداد).

(4) كيف تحصل من موظفيك على أعلى انتاجية والعمل بحماس؟

(5) كيف تحمي المشروع الصغير من أهم الاخطار المحتملة.

المطلوب

كتابة تقرير مفصل عن مختلف هذه الجوانب يعبر عن رؤية وتجربة شخصية وليس مجرد سرد نظري لما متاح في الكتب وعلى صفحات الانترنت.

أسئلة عامة

1- ما هي الاسباب وراء ضعف الجانب المهني في ادارة منظمات الاعمال الصغيرة؟

2- هل يفترض ان تعدل وتغير وتطور الممارسات الادارية في حالة مرور وانتقال المشروع من مرحلة الى أخرى في دورة النمو، كيف؟

3- اذكر أهم الاهداف التي يجب ان تضطلع بها ادارة الانتاج والعمليات في منظمات الاعمال الصغيرة؟

4- ما الذي يؤثر على اختيار موقع المشروع الصغير، وهل هذه العوامل تختلف بين المشروع الصناعي والمشروع التجاري؟

5- اذكر من خلال مخطط المراحل المختلفة لتطوير منتج جديد؟

6- ما هي اهم العوامل التي تؤخذ في الاعتبار عند اختيار قنوات التوزيع؟

7- كيف تتجلى أهمية ادارة الموارد البشرية في منظمات الاعمال الصغيرة.

8- اذكر مراحل عملية الاستقطاب؟

9- ما أهداف عملية تقييم الاداء على المستوى الفردي، والاداري، وعلى مستوى المنظمة ككل؟

10- اذكر باختصار أهم المشاكل التي يمكن ان ترافق عملية تقييم أداء العاملين؟

11- كيف تتجسد أهمية ادارة الخطر والتأمين في المنظمة؟

12- اذكر أهم طرق التعامل مع الخطر؟

13- ما المقصود بأخطار المسؤولية، وما هي أنواعها؟

14- اذكر بعض أنواع التأمين وأهميتها للمشروعات الصغيرة؟

15- هل يتأثر المزيج التسويقي بمراحل دورة حياة المنتج، كيف، اذكر ذلك من خلال جدول.

** أسئلة نقاش وتفكير ورأي

1- كيف يمكن ان تكون الموازنة بين الجانب المهني الاحترافي في الادارة وبين الجانب الريادي الابداعي، وما أهمية ذلك لنجاح الاعمال الصغيرة؟

2- لو كنت مديراً للتسويق في منظمة أعمال صغيرة، بين أهمية وجود استراتيجية ورؤية تسويقية متكاملة تساعد في نجاح المنظمة؟

3- حاول ان تضع في جدول مؤشرات تجدها مناسبة لقياس الجودة في المنظمات التالية:-

* جامعة.
* شركة نقل بحري.
* مستشفى.
* مصرف تجاري.
* شركة صناعة حديد وصلب.

قارن بين البعض من هذه المؤشرات وعلق عليها؟

4- لو كنت مديراً لأحد الفنادق المهمة، ووجدت أن نسب اشغال الغرف تدنت لتصل إلى 50%، بمعنى أن هناك نصف الغرف فارغة وغير مشغولة (طاقة عاطلة) ماذا تعمل، على المدى القريب، والمتوسط والبعيد؟

5- اذا أردت ان تحمي المنظمة من الاخطار والخسائر المحتملة وبأدنى كلف، كيف تعمل ذلك، وضح وناقش مع زملاءك؟

*** أسئلة خيارات متعددة

1- انشطة متعلقة بعمليات تحديد الاهداف والافعال وتخصيص الموارد اللازمة لانجاز هذه الاهداف

A- التنظيم   B- الرقابة

C- القيادة   D- التخطيط

2- ان اعطاء العاملين سلطة اتخاذ القرارات والافعال الخاصة بهم بعد اعدادهم وتأهيلهم جيداً هو

A- التمكين   B- التحفيز

C- المشاركة   D- التفويض

3- كثرة مكونات ومتغيرات وعناصر بيئة المنظمة وامكانية تجزئتها العالية يدعى

A- عدم التأكد   B- التعقيد

C- التغير   D- جميع ما ذكر

جميع ما يلي يدلل على وجود مشاكل في ادارة الوقت لدى المدير عدا واحدة ليس منها

A- الارهاق والتعب في الجانب العاطفي الذهني وكذلك الجسمي.

B- التأخر المتكرر والدائم والمستمر واهمال المواعيد واللقاءات.

C- العمل الدائم والمكثف والبقاء وراء المواقيت المحددة.

D – انجاز الاعمال في أوقاتها وأخذ الوقت الكافي لاساسيات الحياة.

5- تقوم النظم التحليلية في الانتاج على أساس تجميع المدخلات لايجاد منتجات نهائية أو تغيير المدخلات إلى منتجات مختلفة:-

A- نعم هذا صحيح.

B- لا، هذه نظم تداؤبية.

C- لا وجود لاختلاف بين النظم التحليلية والنظم التداؤبية.

D- جميع ما ذكر أعلاه صحيح.

6- جميع ما يلي تعتبر طرق لاختيار الموقع للوحدات الانتاجية ما عدا واحدة ليس منها

A- طريقة مركز الجذب

B- طريقة تحليل نقطة التعادل

C- مؤشر درجة القياس

D- طريقة ما يصل أولاً يخرج أخيراً

7- تحسب حجم الوجبة الاقتصادية (EOQ) للشراء لتكون تكاليف الخزين عند أدنى مستوى كالآتي:

A- $EOQ = \sqrt{\frac{H}{2OD}}$

B- $EOQ = \sqrt{\frac{2OD}{H}}$

C- $EOQ = \sqrt{\frac{2H}{OD}}$

D- $EOQ = \sqrt{\frac{D}{2OH}}$

8- تدعى دراسة التفاعل والتوافق والمطابقة بين الافراد والمكائن والمعدات:-

A- Ergonomics

B- Quality

C- Benchmarking

D- 6-Sigma

9- جميع الابعاد التالية تعود لجودة الخدمات ما عدا واحدة:-

A- التوقيت

B- المتانة

C- السرعة في التقديم

D- شخصية مقدم الخدمة

10- مجموعة الافراد والمنظمات والتي تحتاج إلى السلع والخدمات والافكار ولديها القابلية والرغبة والصلاحية لشراء هذه المنتجات:-

A- المنفعة
B- الحصة السوقية
C- السوق
D- تجزئة السوق

11- ان جعل المنتج متوفر في الوقت الذي يحتاجه الزبون يدعى

A- منفعة شكلية
B- منفعة مكانية
C- منفعة حيازية (تملك)
D- لا شيء مما ذكر

12- هي منتجات كثيرة الانواع متكررة الشراء في الغالب غير مرتفعة الثمن

A- منتجات تسوق
B- منتجات غير منشودة
C- منتجات ميسرة
D- منتجات خاصة

13- يدعى الجزء الذي يلفظ من العلامة

A- العلامة Brand
B- العلامة التجارية Tradmark
C- الاسم التجاري Trade name
D- اسم العلامة Brande Name

14- جميع العوامل التالية تؤثر على التسعير للمنتجات ما عدا

A- المنافسة
B- الطلب
C- الكلف
D- الانتاج المستمر

15- عند وضع سعر للمنتج بشكل (14.95) دينار بدلاً من (15) دينار يدعى هذا

A- تسعير الحزمة
B- تسعير الرقم الفردي
C- التسعير المرجعي
D- تسعير الوحدات المتعددة

16- جميع أنواع التسعير أدناه يقع في اطار مجموعة تسعير خط الانتاج ما عدا واحدة

A- التسعير الآسر
B- التسعير الاقل كل يوم
C- تسعير الاولوية
D- التسعير المحدود

1- عندما تنساب المنتجات من المنظمة التي انتجتها إلى المستهلك دون أي وسيط تدعى القناة التوزيعية هنا

A- تجار الجملة
B- الوكلاء والسماسرة
C- قناة مباشرة
D- تجار التجزئة

18- ان الجمع بين المهام المتخصصة في وظيفة واحدة بهدف زيادة تحفيز العامل في الوظيفة هو

A- اثراء الوظيفة
B- تصميم الوظيفة
C- التداؤب
D- توسيع الوظيفة

19- الاخطار التي تؤثر بشكل مباشر على الافراد العاملين، ولكن لها تأثير غير مباشر على المنظمة الصغيرة هي:

A- أخطار شخصية
B- أخطار عامة
C- أخطار السوق
D- لا شيء مما ذكر أعلاه

20- اذا تم التركيز على ايقاف الخسارة من ان تحدث، مثل استخدام وسائل الانذار المبكر وغيرها فهذا يدعى

A- الوقاية من الخطر
B- تجنب الخطر
C- تقليل الخطر
D- جميع ما ذكر أعلاه

المصـــــادر

تم ترتيب المصادر كما وردت في تسلسلها في المتن.

1- Hatten, Timothy, S. (2006): "**Small Business Management, entrepreneurship and beyond**", 3ed edition, Houghton Mifflin Company, Boston.

2- Hill, Linda: "Hardest lessons for first – Time Manager", **Working Women,** Februry, 1994.

3- Mintzberg, Henry: "The Manager's Job Folklore and Fact", **Harvard Business Review**, March – Appril, 1990.

4- Goleman, Daniel: "Leadership that gets results", **Harvard Business Review**, vol. 78, No. 2, March – April, 2000.

5- العامري صالح مهدي والغالبي، طاهر محسـن (2008): " **الادارة والاعـمال**"، الطبعـة الثانيـة، دار وائـل للنشر والتوزيـع، عمان، الاردن.

6- Longenecker, Justin et al (2006): "**Small business management, an enterpeneurial emphasis**", south – Western, Thomson.

7- Mullins, John, N. (2007): "**The new business Road test**", Prentice – Hall.

8- Pfeffer, Jeffrey and Veiga, John: "Putting people first for organizational success", **Academy of Management Executive**, vol. 13, No. 2, May, 1999.

9- Woo, Carolyn, Y. et al: "The development and interpretation of enterpreneurial typologies", **Journal of Business venturing**, vol. 6. No.2, March, 1991.

10- Megginson, Leon, C. et al (2003): "**Small Business Management, an enterpreneur's guidbook**", 4th edition, McGraw - Hill.

11- Siropolis, Nicholas (1994): "**Small Business Management, A guide to entrepreneurship**", Houghton Mifflin Company, Boston.

12- Denali, Jacquelyn: "Keeping growth under control", **Nation's Business**, July, 1993.

13- Churchill, Neil, G. and Lewis, Virginia, "The five stages of small business growth", **Harvard Business Review**, May – June, 1983.

14- SBA office of Advocacy: 'The fact about small Business, 1997, www.sba.gov/ADVO/stats/fact.

15- Fenn, Donna: "when to go Pro", **Inc.** 500, 1995.

16- Bennis, Warren: "why leaders can't lead", **Training and Development Journal**, April, 1989.

17- Deresky, Helen (1994): "**International management: managing across borders and cultures**", Harper Collins, New - York.

18- Sheremarhorn, John, S. (2005): "**Management**", 8th edition, wiley and sons, New - York.

19- Demers, Julie "Crossing the cultural divides", **CMA Management**, September, 2002.

20- Bowen, David and Lawler, Edward: "Total Quality - oriented, Human Resource Management". **organization Dynamics**, spring, 1992.

21- Wellner, Alison, S.: "The time Trap", **Inc.** June, 2004.

22- العميان، محمود سلمان (2002): " **السلوك التنظيمي في منظمات الاعمال**"، الطبعة الاولى، دار وائل للنشر والتوزيع، عمان، الاردن.

23- جواد، شوقي ناجي (2000): " **سلوك تنظيمي**"، دار الحامد للنشر والتوزيع، عمان، الاردن.

24- Martha, Daris et al (1982): "**The relaxation and stress reduction workbook**", New Harbinger publication.

25- برنوطي، سعاد نائف (2005): "**ادارة الاعمال الصغيرة، أبعاد للريادة**"، دار وائل للنشر والتوزيع، عمان، الاردن.

26- Tully, Shawn: "you'ill never guess who really makes....", **Fortune**, 3, October, 1994.

27- أبو قحف، عبد السلام (2001): "**التسويق وجه نظر معاصرة** "، كلية التجارة، جامعة بيروت العربية، لبنان.

28- Pugh, Douglas, S. et al.: "Driving sercive effectiveness through employee - customer linkage", **Academy of Management executive** vol. 16, No. 4, November, 2002.